REIHE ZEILE BLOCK & PUNKT

REIHE ZEILE BLOCK & PUNKT

Wohnungen, Häuser, Siedlungen im Raum München

Südhausbau 1936–1996

Deutscher Kunstverlag

Herausgeberin, Interviews
Hilke Gesine Möller (für Südhausbau)

Konzeption
Hilke Gesine Möller, Matthias Ottmann

Assistenz
Martina Fuchs

Redaktionsassistenz
Christoph Hölz

Mitarbeiter
Hermine Bauer, Angelika Dressler, Helga Edenhofer,
Mirko Milovanivic, Erika Reidt, Wolfgang Schneck, Helmut Sloim,
Alfred Stahl, Eva Weber

Schirmherr
Oberbürgermeister der LH München Christian Ude

Technische Planung
Karl Bauer, Bernhard Helzel, Werner Holtkötter, Rudolf Rett

Lektorat
Elisabeth Motz

Zusätzliche Recherchen
Uta Klinger, Hans-Peter Rosinski

Gestaltung, Satz, Herstellung
Konturwerk, Helga Schörnig

Druck
Appl-Druck, Wemding

Lithos
Repro-Center Färber, München

Die Deutsche Bibliothek – CIP-Einheitsaufnahme
Reihe, Zeile, Block & Punkt : Wohnungen, Häuser, Siedlungen
im Raum München ; Südhausbau 1936–1996 : [Ausstellung
in der Pasinger Fabrik vom 14. Mai bis 13. Juli 1997] / Hrsg.,
Interviews Hilke Gesine Möller. Mitarb. Hermine Bauer ...]. –
München : Dt. Kunstverl., 1997
ISBN 3-422-06212-2

Die Herausgeberin bedankt sich bei
Bettina Jäger, Christiane Meyer-Stoll, Friederike Kaiser,
F. A., Jürgen Kemnitzer, Regina Möller, Regina Prinz,
Silvana Weber

© Herausgeberin, Autoren und Fotografen, 1997

Ausstellung in der Pasinger Fabrik vom 14. Mai bis 13. Juli 1997
Geschäftsführer: Michael Stanic
Mitarbeiter: Friederike Kaiser, Anna Urban, Carsten Mayer,
Marcus Wörlen, Jo Hübner, Adriano Coppola, Romeo Yakub

ISBN 3-422-06212-2

Inhalt

CHRISTIAN UDE
Grußwort des Oberbürgermeisters
der Landeshauptstadt München　　　　　　　　7

PAUL OTTMANN
Vorwort　　　　　　　　　　　　　　　　　　8

HILKE GESINE MÖLLER
Wohnungsbau ist Städtebau　　　　　　　　　10

Kapitel 1
Wohnungsbau im Dritten Reich

ULRIKE HAERENDEL
Zwischen Siedlungsideologie und Kriegswirtschaft:
Münchner Wohnungsbaupolitik im Dritten Reich　16

UTA KLINGER
Die Siedlung »Am Perlacher Forst«　　　　　23

PETER HEMMER
Wohnungsbau und Repräsentation
Die Randbebauung der Forstenrieder Straße　32

GESPRÄCH MIT FRANZ RUF
Forstenrieder Straße und Parkstadt Bogenhausen:
Siedlungsbau vor und nach dem
Zweiten Weltkrieg　　　　　　　　　　　　41

Kapitel 2
Wiederaufbau: Tradition und Neubeginn

NICOLA BORGMANN
Erste Schritte zum Wiederaufbau　　　　　　46

KATINKA HEINEMANN
»Schwabing« und Maxvorstadt – der Wiederaufbau　53

ANDREA NIEHAUS
Der Wiederaufbau in der Au　　　　　　　　63

GESPRÄCH MIT ALFRED UND ILSE ORENDT
Ein Architekten-Ehepaar
erinnert sich der »ersten Stunden«　　　　　68

GESPRÄCH MIT HANNS EGON WÖRLEN
Wiederaufbau und Stadtsanierung in Passau　71

GESPRÄCH MIT HELMUT FISCHER
Zerstörung, Wiederaufbau
und Wohnungsbau nach dem Krieg　　　　　73

Kapitel 3
Neubeginn nach dem Krieg

GEORG GÖTZE
Neue Siedlungen nach dem Krieg　　　　　82

MONIKA NISSLEIN
Die Wohnanlage Emilienhof　　　　　　　87

GESPRÄCH MIT HANS GÜNTHER SCHÖNMANN
Die Rolle der Pfandbriefhypothek im Wohnungsbau
der fünfziger Jahre　　　　　　　　　　　96

GESPRÄCH MIT
DIETER GUTEKUNST UND FRANZ LOBINGER
Aufgaben der Obersten Baubehörde:
Sozialer Wohnungsbau und Städtebauförderung　99

GESPRÄCH MIT RUDOLF RETT
Drei Jahrzehnte Wohnungsbau in München:
Vom Emilienhof bis zum Olympischen Dorf　102

GESPRÄCH MIT HANS KOCH
Die Oberste Baubehörde im Bayerischen
Staatsministerium des Innern:
Wohnungs- und Städtebau　　　　　　　106

Kapitel 4
Parkstädte am Stadtrand

GEORG GÖTZE
Neue Siedlungen am Stadtrand　　　　　110

MONIKA NISSLEIN
Die Wohnsiedlung Am Hasenbergl　　　115

GESPRÄCH MIT ALEXANDER FREIHERR VON BRANCA
Münchens konservatives Image: Wiederaufbau
und Hasenbergl　　　　　　　　　　　126

GESPRÄCH MIT OTTO BARBARINO
Aufgaben der Finanzpolitik
in der Nachkriegszeit　　　　　　　　　128

GESPRÄCH MIT ERNST MARIA LANG
Traditionen der Moderne im Siedlungsbau:
Hasenbergl und Parkstadt Bogenhausen　131

GESPRÄCH MIT JOHANN CHRISTOPH OTTOW
Städtebauliche Zielsetzungen nach dem Krieg 135

Kapitel 5
Wohnstadt – Trabantenstadt

STEFFEN KRÄMER
Wohnstadt – Trabantenstadt –
Planungen für München 140

ANTJE GÜNTHER
Die Siedlung Neuaubing-Ost »Am Westkreuz« 148

GESPRÄCH MIT HANS-JOCHEN VOGEL
Wohnungsbaupolitik und Stadtplanung
der sechziger und frühen siebziger Jahre 159

GESPRÄCH MIT OSKAR PRESSEL
Architektonische Konzepte der siebziger Jahre:
Terrassenbauweise und Elementa-System 165

GESPRÄCH MIT JOHANN CHRISTOPH OTTOW
»Am Westkreuz« – Städtebauliche
Zielsetzungen und der Bau von »Ramses« 168

GESPRÄCH MIT KARL ZEUNER
Fertigbauweise mit Großtafeln 172

Kapitel 6
Ende der Wachstumsära

HILKE GESINE MÖLLER
München 1972 – Olympia-Euphorie und
Abschluß der Wachstumsära 178

GESPRÄCH MIT KARL RAVENS
Das Städtebauförderungsgesetz von 1971
und die Eigentumsförderung im Wohnungsbau 184

ULRICH KIRSTEIN
Zurück zur Stadt – Konzepte zur Wiedergewinnung
des Lebensraums Innenstadt 191

Kapitel 7
München und sein Umland

JÖRG LIPPERT
Von der Stadt zur Region 200

MATTHIAS OTTMANN
Großsiedlung Poing-Nord – eine unendliche
Planungsgeschichte 209

GESPRÄCH MIT ULRICH HOLZSCHEITER
Städtbauliche Überlegungen zu Poing –
Bebauungsplan und Zentrumsplanung 216

GESPRÄCH MIT WOLFGANG HEROLD
Die Entwicklung einer neuen Gemeinde –
Zorneding Am Daxenberg 220

GESPRÄCH MIT PAUL OTTMANN
Planungen der Südhausbau für den
Münchner Osten: Poing und Zorneding 222

Kapitel 8
Eigenheimsiedlungen im Wandel

JÖRG BLASS
Die Förderung des Wohneigentums
in der Bundesrepublik Deutschland 228

HEIKE HILDEBRANDT
Die Eigenheimsiedlungen Obermenzing und
Pullacher Platz.
Oder: Ist Wohnbau auch Architektur? 234

GESPRÄCH MIT WERNER GROTZECK
Stadthaus-Architektur am Pullacher Platz 243

GESPRÄCH MIT PAUL OTTMANN
Die Geschichte der Südhausbau 245

Kapitel 9
Stadt-Ansichten

PETER OTTMANN
Das Hasenbergl: Weiterbauen an einer Siedlung
der sechziger Jahre 260

GESPRÄCH MIT ULI WALTER
Nachkriegsarchitektur und Denkmalschutz 267

FERDINAND STRACKE
Der urbane Raum 270

Literatur 277

Abbildungsnachweis 288

Grußwort des Oberbürgermeisters der Landeshauptstadt München

CHRISTIAN UDE

»Zeige mir, wie du baust, und ich sage dir, wer du bist.« So hat es der Münchner Dichter Christian Morgenstern einst Architekten, Bauherren und Bauunternehmen ins Stammbuch geschrieben, mit einem Merksatz, der entweder Drohung sein kann oder Anerkennung verspricht. Nicht für jeden Angesprochenen dürfte das »von Haus aus« ganz eindeutig sein. Völlig klar ist der Fall allerdings bei der Südhausbau: Was dort gebaut wurde in der nunmehr über sechzigjährigen Firmengeschichte, hat ungeteilte Zustimmung verdient. Daran läßt die Leistungsbilanz, die das von Kommerzienrat Adolf Stöhr am 13. Mai 1936 gegründete und damit älteste private Wohnungsbauunternehmen in Bayern vorlegen kann, keinen Zweifel. Und die Publikation wie auch die Jubiläumsausstellung zum 60. Geburtstag der Südhausbau in der Pasinger Fabrik bestätigen und bekräftigen das noch.

12.000 Mietwohnungen allein im sozialen Wohnungsbau hat die Südhausbau in den sechzig Jahren ihres Bestehens in Bayern gebaut, darüber hinaus 5.800 Eigenheime und Eigentumswohnungen, auch sie vorwiegend für die breiten Schichten der Normalverdiener. Der Löwenanteil davon kam der Landeshauptstadt München zugute. Rund 10.000 Wohnungen und Eigenheime hat die Firma seit der Unternehmensgründung im Raum München errichtet. Die Südhausbau hat damit nicht nur einen ganz maßgeblichen Beitrag zur Wohnungsversorgung und zur Lebensqualität in unserer Stadt geleistet, sie hat auch die Baugeschichte und das Stadtbild Münchens in den letzten sechzig Jahren mitgestaltet und mitgeprägt. Und sie hat dabei auch wichtige Akzente für neue Entwicklungen in der Architektur und im Städtebau gesetzt. Als aktuelles Beispiel sei hier nur die Nachverdichtung am Hasenbergl genannt, wo die Südhausbau geradezu modellhaft vorführt, wie kostengünstiger, flächensparender, stadtverträglicher und bürgerfreundlicher Wohnungsbau aussehen kann.

Auch damit steht die Unternehmenspolitik der Südhausbau im besten Einklang mit der Münchner Stadtpolitik, für die der Wohnungsbau auch weiterhin ein zentrales Anliegen ist. Denn auch wenn die wohnungspolitische Offensive der Stadt aus den letzten Jahren bereits erste Früchte trägt und das soziale Problem der Wohnungsnot und der explodierenden Mietpreise mittlerweile spürbar entschärft werden konnte, so steht eine Lösung dieses Problems, ein wirklich bedarfsgerechtes Angebot an bezahlbarem Wohnraum zu schaffen, nach wie vor aus.

Auch in den nächsten Jahren müssen deshalb alle Möglichkeiten ausgeschöpft werden, um den Wohnungs- und Siedlungsbau in München weiter voranzutreiben. Und umgekehrt muß daher all denen eine deutliche Absage erteilt werden, die notwendigen Wohnungsbau in München verhindern wollen, gegen die Interessen der Wohnungssuchenden, gegen die Interessen der Bauwirtschaft, gegen gesamtstädtische Belange. Ein solcher Stadtteil-Egoismus getreu dem St. Florians-Prinzip: Wohnungsbau überall, nur nicht bei uns, darf in München keine Chance bekommen.

Wie unverzichtbar der Wohnungsbau für München war und ist, zeigt auf besonders anschauliche und überzeugende Weise auch diese umfangreiche Publikation, mit der die Südhausbau begleitend und ergänzend zu ihrer Jubiläumsausstellung in der Pasinger Fabrik ein wichtiges Kapitel der Baugeschichte in unserer Stadt beleuchtet. Dafür sage ich der Südhausbau herzlichen Dank.

Dipl. Ing. Paul Ottmann, der als Seniorchef über vierzig Jahre für die vorausschauende und erfolgreiche Unternehmenspolitik der Südhausbau verantwortlich war, hat die Leitung inzwischen in die Hände seiner Söhne, Dr. Hans Paul Ottmann und Dr. Matthias Ottmann, gelegt. Das »Haus der Südhausbau« ist also bestens bestellt: Es hat die besten Aussichten, daß die erfolgreiche Unternehmenspolitik bei der Südhausbau auch in Zukunft kontinuierlich fortgeführt wird. Und das schafft wiederum beste Voraussetzungen, daß die Südhausbau für die Landeshauptstadt München auch weiterhin bleibt, was sie immer war: ein kompetenter und verläßlicher Partner im Wohnungs- und Siedlungsbau. Auch Christian Morgenstern könnte da nichts anderes sagen.

PAUL OTTMANN **Vorwort**

Über die Zeit des Wiederaufbaus und des Siedlungsneubaus Münchens nach dem Zweiten Weltkrieg ist bislang, mit Ausnahme eindrucksvoller Bildbände, relativ wenig veröffentlicht worden. Es muß jedoch – vor allem für die junge Generation – festgehalten werden, wie sich der Wiederaufbau Münchens vollzogen hat und in welcher Zeitfolge und durch welche Kräfte die gewaltigen Aufbauleistungen dieser Stadt in den fünfziger, sechziger und siebziger Jahren vollbracht wurde.

Durch den tiefen Einschnitt des Zweiten Weltkrieges – die Einwohnerzahl verringerte sich um etwa 400.000 auf 479.000 und die Stadt wurde fast zur Hälfte zerstört – verwandelte sich München in eine Trümmerlandschaft. Ganze Stadtteile mußten wiederaufgebaut und neue Konzepte für die Stadtplanung entwickelt werden. Mit dem wirtschaftlichen Aufschwung stieg dann die Bevölkerungszahl rasch an, 1972 erreichte sie 1,34 Millionen und damit das Dreifache der Nachkriegszeit. Der Wohnungsbestand, der sich bei Kriegsende auf ungefähr 194.000 nutzbare Wohnungen belief, stieg im selben Zeitraum auf ca. 510.000 an.

In der vorliegenden Publikation und der begleitenden Ausstellung stellen wir Wohnungen, Häuser und Siedlungen der Südhausbau im Raum München von 1936 bis 1996 vor. Die Südhausbau ist die erste private Wohnungsbaugesellschaft Bayerns und hat mit ihren Bauten und Siedlungen ein Stück Münchner Stadtgeschichte geprägt.

Kommerzienrat Adolf Stöhr gründete im Jahr 1936 die Südhausbau als Tochtergesellschaft der Bauunternehmung Karl Stöhr. Gemäß der Satzung sollte sie »Wohnungsbau mit privater Initiative« betreiben. Damit wollte er die Auftragslage der Muttergesellschaft für konjunkturschwache Zeiten stärken. Zugleich schloß er eine wichtige Marktlücke, indem die bis zu diesem Zeitpunkt allein agierenden gemeinnützigen Wohnungsbaugesellschaften erstmals Konkurrenz durch ein freies Wohnungsbauunternehmen erhielten. Die weitreichende Bedeutung dieser Firmengründung zeigte sich dann vor allem nach dem Zweiten Weltkrieg, als der Wohnungsbau dringender als jeder andere Wirtschaftszweig gebraucht wurde.

Nach meiner Rückkehr aus russischer Gefangenschaft im Jahr 1949 konnte ich das kleine, aber intakte Wohnungsunternehmen, das nach dem Krieg fast ausschließlich mit Verwaltungsaufgaben beschäftigt war, 1951 durch Einstellung des Wohnungsbaufachmannes Dr. Robert Koppe reaktivieren. Die Südhausbau stellte sich unverzüglich in den Dienst des sozialen Wohnungsbaus für die obdachlos gewordenen Menschen und für den Wiederaufbau der zerstörten Städte.

Ab dem Jahr 1952 wurde bereits ein Bauvolumen von etwa 1.000 Wohnungen pro Jahr bewältigt. Die öffentlichen Stellen und Banken hatten keinerlei Bedenken hinsichtlich des riesigen Bauprogramms von Dr. Koppe. Sie verließen sich auf die Solidität und Reputation der Stöhr'schen Muttergesellschaft.

Die Firma Karl Stöhr galt als eines der angesehensten Bauunternehmen in München. Nach Gründung seines Baugeschäfts im Jahr 1885 errichtete mein Großvater Karl Stöhr viele namhafte Bauten für prominente Bauherrn und öffentliche Auftraggeber, auch nach eigenem Entwurf, u. a. den neuen Justizpalast, das Verkehrsministerium, das Regina Palasthotel und das städtische Hochhaus an der Blumenstraße.

Die überzogenen Pläne des Geschäftsführers Dr. Koppe brachten die Südhausbau 1954/55 in eine bedrohliche Lage. Nach Ende meines Studiums und dem Ausscheiden bei Stöhr (gegen die Gesellschaftsanteile an der Südhausbau) übernahm ich im März 1955 die Geschäftsführung. Dr. Koppe schied gleichzeitig aus. Es gelang meinen Mitarbeitern und mir dann, in wenigen Monaten die Krise zu bewältigen und das Unternehmen zu reorganisieren. Durch den forcierten Bau gewinnbringender Eigenheime verdienten wir das notwendige Eigenkapital, um die umfangreichen Mietwohnungssiedlungen finanzieren zu können. In 25 Städten Bayerns errichteten wir bis 1996 ca. 18.000 Mietwohnungen und Eigenheime, wobei der Schwerpunkt auf München und Ingolstadt lag.

In der vorliegenden Firmengeschichte haben wir nur die Bauleistung der Südhausbau im Münchner Raum dargestellt. Jedoch muß erwähnt werden, daß die Südhausbau ein beachtliches Bauvolumen außerhalb der Region München erbracht hat. Als überregionaler Träger hat die Südhausbau unter anderem in nachfolgenden Städten gebaut:

Grassau	rd. 80	Wohnungen
Ingolstadt	rd. 2.200	Wohnungen
Kaufbeuren	rd. 390	Wohnungen
Nürnberg/Fürth	rd. 280	Wohnungen
Ober- und Neutraubling	rd. 240	Wohnungen

Im Rahmen dieser Bauprogramme hat die Südhausbau wesentlich zum Abbau der Wohnungsnot in bayerischen Kommunen beigetragen und die Unterbringung von wohnungssuchenden Flüchtlingen ermöglicht.

Seit 1968 ist die Südhausbau in Kanada und USA tätig, seit 1991 auch in den neuen Bundesländern sowie in Berlin.

Das gewaltige Ausmaß an Wohnbauaufgaben zur Bewältigung der übergroßen Wohnungsnot in vielen Städten Bayerns kann heute als lehrreiches Spektrum für den Wohnungsbau nach dem Kriege gelten. Gerade die Siedlungsbeispiele der Südhausbau aus den fünfziger und sechziger Jahren demonstrieren den Wiederaufbau der Stadt München, den Bau von Sozial- und Großsiedlungen rings um die Innenstadt, aber auch die Anfänge des Wohnungseigentums in der Hand breiter Bevölkerungsschichten.

An dieser Stelle ein Wort zu den Gefahren des Großsiedlungsbaus bzw. des Baus von ganzen Stadtteilen aus der Retorte. Die amerikanische Soziologin Jane Jacobs und der deutsche Psychoanalytiker Alexander Mitscherlich haben in den sechziger Jahren in zwei kritischen Schriften »Leben und Tod amerikanischer Großstädte« und »Die Unwirtlichkeit unserer Städte« die Einfältigkeit und Monostruktur sowie die Gefahr der Ghettobildung in den Nachkriegsstädten angeprangert. Wir nahmen diese Mahnungen damals sehr ernst – ich selbst habe sie in mehreren Vorträgen in den sechziger Jahren verbreitet – und setzten uns als Leitmotiv für den Siedlungsbau, auf die Vielfältigkeit der Bevölkerungszusammensetzung altersmäßig und einkommensmäßig zu achten und für eine lebendige Infrastruktur und Kommunikation die gewachsene Stadt mit ihren Strukturen zum Vorbild zu nehmen. In unseren beiden selbstverantwortlich gebauten »Städten« Aubing »Am Westkreuz« und Zorneding »Am Daxenberg« sind wir diesem Ziel sehr nahe gekommen.

Der Bau von sechs Millionen Wohnungen für die ausgebombten und evakuierten Familien sowie für über zehn Millionen Flüchtlinge aus dem Osten in der Zeit von 1950 bis 1962 ist angesichts der knappen Ressourcen, die der Bundesrepublik zur Verfügung standen, eine bewundernswerte Leistung. Daß dies gelang, ist vor allem der hervorragenden Zusammenarbeit und dem Einsatzwillen aller am Wohnungsbaugeschehen Beteiligten, den Städten und Gemeinden, den Bewilligungsstellen, Banken und Wohnungsunternehmen zu verdanken. Günstig wirkten sich natürlich auch die äußerst niedrigen Bau- und Grundstückspreise aus: die Wohnung kostete 1955 ca. DM 10.000, das Reihenhaus ca. DM 25.000.

Einem Mann in München gebührt hierbei herausragende Anerkennung: Helmut Fischer konnte als Wiederaufbau- und Baureferent in der Zeit von 1946 bis 1964 neben der Bewältigung des Wiederaufbaus dank seines entschiedenen Willens und seiner vielfältigen Initiativen den Bau von über 200.000 Wohnungen in München verwirklichen. Ein ausführliches Interview mit ihm finden Sie in dieser Schrift.

Die Versorgung von Millionen wohnungssuchender Bürger nach dem Krieg durch den staatlichen sozialen Wohnungsbau stellt vorbildhaft die nachhaltige soziale Fürsorge für die Familie und deren berufliche Wiedereingliederung dar. Der öffentlich geförderte Wohnungsbau, entsprechend den Absichten des ersten Wohnungsbaugesetzes von 1950, ermöglichte in den fünfziger und sechziger Jahren auf Grund der niedrigen Herstellungskosten außerordentlich günstige Mieten. Für die relativ kleinen Familienwohnungen von 50 bis 70 qm betrug die monatliche Mietbelastung etwa 50 DM bis 80 DM und damit nur 5 % bis 10 % des Monatsbudgets. Niedrige Mieten galten vor allem der Förderung der Familie, damit sie sich mehr Kinder leisten konnten. Der Kauf eines Eigenheims mit wenigen Tausend Mark Eigenkapital bedeutete durch die spätere enorme Wertsteigerung eine sichere reale Vermögensgrundlage.

Diese als Festschrift zum sechzigjährigen Jubiläum der Südhausbau erarbeitete Publikation ergänzt die Ausstellung in der Pasinger Fabrik durch historisch aufschlußreiche Interviews mit Zeitzeugen und noch lebenden Verantwortlichen für den Wiederaufbau und Neubau der Stadt.

In dem umfangreichen Textteil haben wir eine Reihe von jungen Autoren zu Wort kommen lassen, die aus der Sicht des Historikers von heute die Geschichte der Stadt und der Firma betrachten.

Allen diesen Mitgestaltern der Publikation möchte ich für ihren Beitrag, der diese Schrift bereichert und die Vergangenheit lebendig werden läßt, ganz herzlich danken. Besonderes Verdienst kommt hierbei Hilke Gesine Möller als Kunsthistorikerin zu, die die schwierige Aufgabe der gesamtverantwortlichen Vorbereitung und Gestaltung der Ausstellung sowie der Bearbeitung aller Texte hervorragend gemeistert hat.

Meinem Sohn Matthias möchte ich als Hauptinitiator des Projektes für die immense Vorbereitungs- und Koordinierungsarbeit herzlichen Dank sagen.

Ich freue mich besonders, daß die Stadt München mit der Übernahme der Schirmherrschaft durch Oberbürgermeister Christian Ude das Geleit der Ausstellung übernommen hat.

HILKE GESINE MÖLLER **Wohnungsbau ist Städtebau**

Die Schaffung notwendigen Wohnraums kennzeichnet die architektonische und städtebauliche Entwicklung der vergangenen 150 Jahre. Die historischen Einschnitte 1918, 1933 und 1945 sowie in der jüngeren Vergangenheit 1968 (Studentenrevolte), 1973 (Öl- und Wirtschaftskrise) und 1989 (Wiedervereinigung) markieren innerhalb dieser Zeitspanne nicht nur gravierende politische Veränderungen, sondern haben ihren Niederschlag auch in den architektonischen und städtebaulichen Konzepten gefunden: »Block – Zeile – Reihe – Punkt« beleuchten dabei schlaglichtartig die veränderten wirtschaftlichen und sozialen, aber auch die ästhetischen und technischen Ziele und Möglichkeiten der Architektur der Zeit.

Parallel zur Industrialisierung seit der Mitte des 19. Jahrhunderts und dem ungeheuren Wirtschaftswachstum der Gründerzeit nach 1871 setzte ein rasantes Bevölkerungswachstum ein, das vor allem in den Ballungsräumen der Großstädte zu akuter Wohnungsnot führte. Die notwendig gewordene Errichtung von Wohnungen setzte eine städtebauliche Entwicklung in Gang, in der das Gesicht der Städte nicht mehr alleine durch öffentlich-repräsentative Architektur, sondern vor allem durch Wohnbauten geprägt wurde: Um 1900 lag der Anteil an Wohnungen bereits bei 80 % des bebauten Gebietes einer Stadt. Städtebau bedeutet seither in erster Linie Wohnungsbau.

Realisiert wurde dieses immense Bauvolumen durch private Bauunternehmungen. Zu diesen zählte auch das 1885 gegründete Baugeschäft Karl Stöhr, aus dem später als Tochtergesellschaft die Südhausbau hervorging. Stöhr avancierte neben Leonhard Moll und Heilmann und Littmann zu einer der Baufirmen, die das Gesicht Münchens nachhaltig geprägt haben. Neben repräsentativen Wohn- und Geschäftshäusern errichtete Stöhr Banken, Kirchen und Theater, seit dem Ersten Weltkrieg auch Fabriken, Verkehrsanlagen und Tiefbauten. Auf dem Gebiet des Wohnbaus gelang es der Firma, drei der größten und bedeutendsten Wohnhauskolonien des Deutschen Reiches zu errichten: die Erweiterung der Siedlung Margarethenhöhe 1915/16 in Essen und in München die »Alte Haide« ab 1918 sowie die Siedlung Ramersdorf 1928. Die Bauten der Firma wurden teils nach eigenen Entwürfen, teils nach Plänen von Architekten der Münchner Schule, die meist auch Professoren an der Technischen Hochschule waren, wie Friedrich von Thiersch, Theodor Fischer und German Bestelmeyer, ausgeführt.

Wohnraum wurde in der Gründerzeit zum Spekulationsobjekt. Die Mietskasernen – geschlossene Baublöcke, häufig mit einer Vielzahl ineinander gestaffelter, unbegrünter Innenhöfe – mit Kohle beheizten und schlecht zu lüftenden, dunklen Räumen bewohnten vor allem Arbeiterfamilien. Für die Ärmsten der Armen, ein Heer von Tagelöhnern ohne Schul- oder Berufsbildung, blieb meist nur ein Zimmer, oft sogar nur ein Bett, das sie auch noch mit anderen »Bettgängern« in Schlafschichten teilen mußten. Die sanitären und hygienischen Verhältnisse in den überbelegten Wohnungen waren katastrophal. Um diese Verhältnisse zu verändern, formierten sich seit Ende des 19. Jahrhunderts verschiedene bürgerliche Reformbewegungen, wie die Gartenstadtbewegung. Gleichzeitig begannen Sozialdemokraten und Gewerkschaften, Baugenossenschaften für die Arbeiterschaft zu gründen. Das Ziel dieser Reformer bestand darin, den Bau von preiswerten, gesünderen Wohnungen mit besserer sanitärer Ausstattung zu erreichen.

Die Katastrophe des Ersten Weltkrieges setzte die Zäsur, die das eigentliche Ende des 19. Jahrhunderts bedeutete. Für die Bauwirtschaft markierte er eine entscheidende Wende. Der Wohnungsmangel hatte sich noch verstärkt, da während des Krieges keine Wohnungen gebaut werden durften und in der unmittelbaren Nachkriegszeit neben den Wirtschaftsproblemen vor allem die Auflösung der Großfamilie und zahlreichen Familiengründungen die Wohnungsfrage weiter verschärften. 1918 fehlten in Deutschland rund 800.000 Wohnungen, 1921 waren es schon mehr als eine Million. In der Weimarer Republik übernahm der Staat die Verantwortung für den Wohnungsbau, der bisher weitgehend auf Privatinitiative beruht hatte. Die Weimarer Verfassung legte im Artikel 155 fest, daß jedem Deutschen eine gesunde Wohnung zu sichern sei. Viele Kommunen finanzierten ihre Wohnungsbauprogramme ab 1924 in erster Linie über die Hauszinssteuer – eine Steuer, die auf Altbaubestand erhoben und hauptsächlich den Gemeinden zur Verfügung gestellt wurde. Die zum Teil sozialdemokratisch regierten Großstädte, wie Hamburg, Magdeburg, Frankfurt und Berlin, griffen neue Vorstellungen im Siedlungsbau auf: Eine junge Architektengeneration kehrte aus dem Krieg zurück und versuchte, den Wohnbau zu reformieren. Sie erkannte sehr schnell, daß »die Überwindung der Wohnungsnot keine bauliche Frage ist, sondern eine ausschließlich sozial- und deshalb finanzpolitische...« (Bruno Taut, in: Wohnungswirtschaft 1928, 311). Diese jungen Architekten diskutierten neue Konstruktionen, Materialien und Siedlungsformen. Unterschiedliche Ansichten über die »Wohnung für das Existenzminimum« sowie die gegensätzlichen Standpunkte in der Frage Flachdach oder Satteldach, Hochhaus oder Flachbau beherrschen die parteipolitisch aufgeladenen Architekturdebatten der zwanziger Jahre. Aus der Industrieproduktion übernahm die Avantgarde ihre Leitbilder wie Rationalisierung, Typisierung und Normierung. Das Wohnhaus sollte funktionieren wie eine »Wohnmaschine«.

Ernst May errichtete beispielsweise in Frankfurt am Main zwischen 1927 und 1931 einige bahnbrechende Großsiedlungen (Römerstadt, Praunheim, Westenhausen): Zwei- oder dreigeschossige Zeilenbauten in Nord-Südrichtung mit Flachdach und zugeordneten Gärten.

Das Erstaunen, aber auch die Begeisterung, die diese neuen, hellen und sonnigen Siedlungen hervorriefen, wird an einer Eintragung Harry Graf Kesslers in sein Tagebuch deutlich. Der Schriftsteller und Kulturpolitiker besuchte zusammen mit dem französischen Bildhauer Aristide Maillol am 4. Juni 1930 die Siedlung Römerstadt: »Nach Tisch fuhr ich mit Maillol zum Stadion, wo wir [...] dem Bade- und Sonnenbetrieb zusahen. Maillol war begeistert über die unbefangene Nacktheit [...] Ich erklärte ihm, daß dieses nur ein Teil eines neuen Lebensgefühls, einer neuen Lebensauffassung sei, die in Deutschland nach dem Kriege siegreich vorgedrungen sei, man wolle wirklich leben, Licht, Sonne, Glück, seinen eigenen Körper genießen. Es sei eine nicht auf einen kleinen, exklusiven Kreis beschränkte, sondern eine Massenbewegung, die die ganze deutsche Jugend ergriffen habe. Eine andere Äußerung dieses Lebensgefühles sei die neue Architektur, die neue Wohnkultur. Um ihm diese zu zeigen, fuhr ich mit ihm [...] zur Römerstadt. Maillol war fast sprachlos vor Erstaunen. [...] Ich erklärte ihm nochmals, daß diese Architektur nur der Ausdruck des gleichen neuen Lebensgefühles sei, das die jungen Leute zum Sport und zur Nacktheit treibe und daher ihre Wärme beziehe [...]. Nur wenn man diese deutsche Architektur in das Ganze einer neuen Weltanschauung hineinstelle, könne man sie verstehen.«

1927 feierte der Architekturkritiker Walter Curt Behrendt bereits den »Sieg des Neuen Baustils« – so der

Ernst May. Siedlung Römerstadt, Frankfurt am Main, 1927–30. Es handelt sich um Zeilenbauten mit Flachdach.

Titel seiner Streitschrift –, als die Bewegung mit der Ausstellung des Deutschen Werkbundes »Die Wohnung« in Stuttgart ihren Höhepunkt erreichte: Am Bau der sogenannten »Weißenhofsiedlung« beteiligten sich die international bedeutendsten Architekten, wie Ludwig Mies van der Rohe, Le Corbusier, Johann Jakobus Pieter Oud und Walter Gropius.

Trotz großer Anstrengungen seitens der Kommunen und Architekten konnte die Wohnungsfrage in den zwanziger Jahren nicht befriedigend gelöst werden, zumal moderne Siedlungen nach den Vorstellungen des Neuen Bauens nur in geringer Zahl errichtet wurden. Die Masse der Wohnbauten in der Weimarer Republik entstand weiterhin in traditionellen Bauformen und -techniken. Gerade im süddeutschen Raum beherrschten die Stuttgarter Schule unter Paul Bonatz sowie die Nachfolge von Theodor Fischer in München das Baugeschehen. Die konservativen Architekten übernahmen zwar einzelne Elemente des Neuen Bauens, aber ihre Devisen lauteten »regionales Bauen« und »Erneuerung der Architektur vom Handwerk her« unter Verwendung natürlicher Baustoffe und materialgerechter Verarbeitung.

Die Machtergreifung Adolf Hitlers 1933 beendete abrupt die »Moderne« im Wohnungsbau. Staatlich doktrinierte Weltanschauung beherrschte jetzt das Siedlungswesen. Das Individuum mußte sich der »Volksgemeinschaft« unterordnen. Die Nationalsozialisten nutzten das Wohnbauproblem für ihre Propaganda, setzten dabei jedoch ideologisch auf das Einfamilienhaus in sogenannten »Reichskleinsiedlungen.« Aber auch ihnen gelang es nicht, trotz gegenteiliger Bekenntnisse, den Wohnraummangel zu beheben. Im Wohnungsbau setzte sich wieder der Geschoßwohnungsbau durch; und obwohl die äußere

München-Ramersdorf, ›Mustersiedlung‹, 1939–34 bestehend aus Einfamilienhäusern mit Satteldach und Rauhputz.

Rechts: ›Alte Haide‹, 1918–30. Architekt: Theodor Fischer. Erste Siedlung im reinen Zeilenbau.

Form durch das traditionelle Schema mit Satteldach und Rauhputz bestimmt war, behielten die aus der Moderne übernommenen Vorstellungen über Standardisierung und Normierung aus wirtschaftlichen Gründen ihre Bedeutung.

1936 gründete die Bauunternehmung Karl Stöhr in München eine Tochterfirma, die Süddeutsche Grundbesitz- und Hausbau GmbH, genannt Südhausbau. Ihr oblag nun der gesamte Kleinwohnungsbau innerhalb der Bauunternehmung Stöhr. Im Auftrag der Reichsluftwaffe errichtete sie Kleinwohnungen für Mitglieder und Angestellte in Fürstenfeldbruck, Sonthofen und Füssen. In München entstand als prominentestes Beispiel die auf einer Länge von 1,7 km geplante Randbebauung an der Forstenrieder Straße (Architekt Franz Ruf), der damaligen »Olympiastraße« nach Garmisch-Partenkirchen. Bis 1942, als kriegsbedingt alle Bauvorhaben eingestellt wurden, errichtete die Südhausbau circa 500 Wohneinheiten.

1945 boten die deutschen Städte ein Bild der Verwüstung. München verlor beispielsweise durch die Luftangriffe die Hälfte seiner Bausubstanz. Von 262.000 Wohneinheiten (1942) standen bei Kriegsende noch 182.000; nur 2,2 % der Wohnungen waren unbeschädigt geblieben. Zwar sank im gleichen Zeitraum die Einwohnerzahl von 885.000 (1942) auf 479.000 (1945), doch ließen Kriegsheimkehrer und Flüchtlinge die Bevölkerung trotz Zuzugssperren rasch wieder ansteigen: 1950 war die Einwohnerzahl der Vorkriegszeit bereits überschritten. Für den Aufbau boten sich zwei Möglichkeiten: Entweder Festhalten an den alten Baulinien oder eine grundlegende Neuordnung, die jedoch Enteignungen vorausgesetzt hätte. Der Wiederaufbau in München erfolgte größtenteils entlang der ursprünglichen städtebaulichen Strukturen. Neue städtebauliche Vorstellungen, wie sie etwa Rudolf Hillebrecht in Hannover durchführte, kamen zugunsten einer Wiederherstellung des alten Stadtbildes nicht zum Tragen. Neue Siedlungsstrukturen waren nur am Stadtrand vorgesehen. Bis Anfang der fünfziger Jahre

verhinderte der Kapitalmangel ohnehin jedes größere Bauvorhaben. Erst als der Staat Fördermittel bereitstellte, konnten große Siedlungen in Angriff genommen werden. Der soziale Massenwohnungsbau wurde nach dem Krieg weitgehend von gemeinnützigen Unternehmen getragen. Anfangs beteiligten sich nur wenige private Firmen am Wohnungsneubau. Die Südhausbau – mittlerweile als eigenständiges Unternehmen unabhängig von der Karl Stöhr AG – begann nach dem Krieg zunächst, öffentlich geförderte Mietwohnungen zu erstellen. Um das dafür erforderliche Eigenkapital zu erwirtschaften, baute und verkaufte sie seit 1953 auch Eigenheime.

Die staatlich geförderten Eigenheime – vorzugsweise Reihenhäuser – stellten in der Nachkriegszeit einen wichtigen Faktor der Wohnungsfürsorge dar: In Westdeutschland verstanden die verantwortlichen Politiker die Eigenheimförderung als »Bollwerk gegen den Bolschewismus« (Konrad Adenauer). Wie aus dem Zweiten Wohnungsbaugesetz hervorgeht, sollten dadurch vor allem die Familien gestärkt werden.

Im Sozialen Wohnungsbau der jungen Demokratie versuchten die Architekten, an die Errungenschaften der zwanziger Jahre anzuknüpfen. Auf Achsenbildung und strenge Symmetrien wurde verzichtet. Man bediente sich für die neuen Geschoßsiedlungen einer gemäßigten Moderne und griff auf die Zeilenbauweise zurück. In der architektonischen Gestaltung waren es aber vor allem Neuerungen der dreißiger und vierziger Jahre in Schweden und der Schweiz, die vorbildhaft wirkten. Dort hatte sich das Neue Bauen ohne staatliche Restriktionen weiterentwickeln können.

Im freifinanzierten Wohnungsbau, weitgehend ohne öffentliche Förderung, wurde Anfang der fünfziger Jahre begonnen, wieder Anschluß an die internationale Entwicklung zu finden. Während in Berlin die »Internationale Bauausstellung 1957« mit der Bebauung des Hansa-Viertels vorbereitet und damit ein deutschlandweites Vorbild geschaffen wurde, setzte Franz Ruf 1952 bis 1956

Modell der Parkstadt Bogenhausen, 1952–56.
Gesamtplanung: Franz Ruf.

Zeichnung zum Hansaviertel, anläßlich der Internationalen Bauausstellung 1957. Deutlich sichtbar sind die in eine Parklandschaft eingebetteten Punkthaus-Dominanten.

mit der Parkstadt Bogenhausen neueste Tendenzen des Städtebaus auch in München um. Die Planung ging auf eine Initiative der Südhausbau zurück und wurde von der Neuen Heimat vollendet. Die Gebäude mit unterschiedlichen Höhen wurden in großzügige Grünflächen eingebettet. Innerhalb der Siedlung verlaufen nur schmale Straßen. Ein zentraler Grünzug verbindet die Hauptteile der Siedlung miteinander. Die Erschließung erfolgt über eine ringförmige Straße. Die Hoch- oder Punkthäuser dominieren als Solitäre die Siedlung und bilden zu den flachen Gebäuden einen städtebaulichen Kontrast. Mit solchen Siedlungen wurde ein neues städtebauliches Muster eingeführt, das bis Ende der sechziger Jahre Geltung hatte. Sie richteten sich an der Funktionstrennung der »Charta von Athen« aus, die eine Trennung von Auto- und Fußgängerverkehr vorsah.

Auch für den Sozialen Wohnungsbau, wie etwa der Siedlung »Am Hasenbergl« in München, die ab 1959 unter Beteiligung der Südhausbau errichtet wurde, galten die neuen Vorstellungen. Hier mußte jedoch auf Grund der öffentlichen Förderung extrem sparsam gebaut werden. Das Erscheinungsbild sollte einheitlich sein, Stockwerkshöhen und Dachneigung waren vorgegeben.

Doch trotz aller Anstrengungen ließ sich in den fünfziger Jahren die hohe Nachfrage nach Wohnraum in München nicht befriedigen. So entwickelte die Stadt Ende der fünfziger Jahre einen »Plan zur Behebung der Wohnungsnot« und Anfang der sechziger Jahre als erste bundesdeutsche Großstadt einen »Stadtentwicklungsplan.« Im Wohnungsbau sah er Großsiedlungen am Stadtrand sowie »Entlastungsstädte« vor, die als Subzentren Arbeits- und Wohnfunktionen miteinander verbinden sollten. Große Verkehrsstraßen und später öffentliche Verkehrsmittel stellten die Verbindung zur Stadt her. Die Häuser mit einem hohen Anteil an Sozialwohnungen wurden oftmals in Fertigbauweise erstellt. Wohnungsbau wurde nach modernsten Produktionsmethoden ›industrialisiert.‹

Ungebremstes Wachstum im »Wirtschaftswunder«, kritikloser Zukunftsglaube im technischen Zeitalter, zugleich die fehlende Aufarbeitung der Geschichte, die Alexander Mitscherlich als »Unfähigkeit zu Trauern« charakterisiert hat, führten zu einem massiven Unbehagen vor allem bei der jüngeren Generation und kulminierten in den Studentenrevolten der späten sechziger Jahre. Die gesellschafts- und sozialpolitische Kritik, die hier laut wurde, fand unter anderem Ausdruck in Mitscherlichs vielzitierter Publikation über die »Unwirtlichkeit unserer Städte« (1965). Viele Architekten teilten diese ablehnende Haltung gegenüber dem kommerziellen Diktat des »Betonbrutalismus«. Der Amerikaner Robert Venturi stellte 1966 schließlich in der architekturtheoretischen Streitschrift »Complexity and Contradiction« die für die Nachkriegsmoderne gültigen Kategorien generell in Frage und plädierte für eine »sprechende« Architektur, für Bauten »mit Gesichtern« und für ein »menschliches Maß«.

Diese massive Kritik führte zu einem allmählichen Umdenken hinsichtlich städtebaulicher und architektonischer Zielsetzungen. Einige Wohnungsbauunternehmen versuchten sehr schnell, nachdem die Kritik geäußert worden war, durch eine gemischte Nutzung der beklagten Eintönigkeit entgegenzuwirken. Mit der seit Ende der sechziger Jahre anzutreffenden Terassenbauweise wird ein weiteres Konzept durchgesetzt, um die Monotonie der vorherigen Siedlungskonzepte zu durchbrechen und zugleich Urbanität durch Verdichtung zu schaffen. Zum anderen fand die Kritik auch im Städtebauförderungsgesetz 1971 ihren Niederschlag. Denn hier wurden Instrumente geschaffen, um eine behutsame Sanierung alter Häuser anstelle von Flächensanierungen zu fördern. Durch den Einbruch des Wohnungsmarktes im Frühjahr 1973, die Ölkrise und die nachfolgende allgemeine Wirtschaftskrise wurde der Wohnungsbau allerdings bis 1977 weitgehend eingestellt. Die dann wieder einsetzende Bautätigkeit vertrat erneut gewandelte Vorstellungen: Zur Rückgewinnung städtischen Wohnens und urbaner Qualitäten rückten die behutsame Stadtsanierung und -reparatur in den Vordergrund. Infolgedessen wurden die städtebaulichen Qualitäten der Blockrandbebauung wiederentdeckt und zugleich die historistische Architektur rehabilitiert. Als der Wiener Architekturprofessor Rob Krier im Rahmen der »Internationalen Bauausstellung in Berlin 1987« ab 1979 eine Wohnanlage in der Ritterstraße in Anlehnung an die traditionelle Kreuzberger Blockbebauung entwarf, versetzte dies die Architekturwelt vorerst in Schrecken. Dessen ungeachtet eroberte der Block in den folgenden Jahren seine architekturhistorische Bedeutung zurück. In der gesamten Republik schossen Siedlungen nach dem städtebaulichen Vorbild der IBA '87 aus dem Boden. Gleichzeitig hielt der Fassadenkult der »Postmoderne« Einzug. Architektur wurde wieder als Kunst der Fassade erkannt.

Wohnungsbau bleibt Städtebau. Wohnbauten bestimmen unsere städtische Umwelt nicht nur, sie schaffen diese Umwelt erst. Wohnungs- und Siedlungsbau entstand, und entsteht auch heute noch, in enger Wechselwirkung mit wirtschaftlichen, politischen, sozialen und ästhetischen Bedingungen der Zeit. Im 20. Jahrhundert manifestiert sich Architekturgeschichte in hohem Maße im Mehrfamilien- und Geschoßwohnungsbau. Viele bedeutende Architekten widmeten sich dieser Aufgabe und entwickelten nicht nur vorbildliche Lösungen, sondern schufen auch Meilensteine der Baugeschichte. Aber erst zusammen mit der Masse der unspektakulären Wohnhausbauten zeigt sich das Spektrum der Architektur als Spiegelbild der jeweiligen Gesellschaft. Und gerade weil die Wohnbauarchitektur besonderen Anforderungen unterliegt, funktional, zeitgemäß und kostengünstig sein muß, lohnt der Blick auf diese Bauten »von der Stange«, auf ihren spezifischen Entstehungskontext und die daraus resultierenden städtebaulichen Konsequenzen.

KAPITEL 1

Wohnungsbau im Dritten Reich

ULRIKE HAERENDEL

Zwischen Siedlungsideologie und Kriegswirtschaft: Münchner Wohnungsbaupolitik im Dritten Reich

Verglichen mit der faschistischen Repräsentationsarchitektur ist der Wohnungsbau als Alltagsarchitektur des »Dritten Reiches« kaum ins öffentliche Bewußtsein gedrungen. Diese scheinbar alltägliche Architektursprache schien nicht dazu geeignet, Aussagen über die Kunstideologie oder gar über Politik und Herrschaftssystem des Nationalsozialismus machen zu können, und wurde deshalb in der Architekturgeschichte lange Zeit wenig beachtet.[1] Daß allerdings auch die Wohnhausbauten und die mit ihnen verbundenen Siedlungskonzepte von den politischen und ideologischen Zielen des Nationalsozialismus geprägt wurden, soll im folgenden anhand einer Untersuchung der nationalsozialistischen Wohnungsbaupolitik in München gezeigt werden.

Die staatliche Wohnungsbauförderung im nationalsozialistischen München spiegelt nicht nur die bevölkerungs-, gesundheits- und rassenpolitischen Zielsetzungen des Regimes wider, sie steht auch im Zeichen sparsamer Verwendung öffentlicher Mittel, die im Nationalsozialismus überwiegend der Aufrüstung zuflossen. Während der äußere Rahmen somit vom Reich diktiert wurde, blieb der Stadt in der Planung und Durchführung der Bau- und Siedlungsprojekte eigener Entscheidungsspielraum, so daß wir auch für die Zeit des Nationalsozialismus von einer spezifisch Münchnerischen Wohnungsbaupolitik sprechen können. Sie läßt sich in vier Phasen unterteilen.

Die erste Phase (1933–1935) wurde vor allem durch den Siedlungsbau bestimmt. Während die vom Münchner Wohnungsreferenten Guido Harbers konzipierte »Mustersiedlung Ramersdorf«[2] als Modell für Mittelstandswohnen nicht die gewünschte Breitenwirkung erzielte, dominierte der Kleinsiedlungsbau, der im wesentlichen auf einem Programm der Reichsregierung von 1931 beruhte. Vor dem Hintergrund der Weltwirtschaftskrise hatte dieses Programm ursprünglich der Erwerbslosenfürsorge gedient: Der Bau kleiner Häuschen im Grünen sollte den Erwerbslosen Arbeitsmöglichkeiten geben und deren Versorgung mit Nahrungsmitteln (zum Beispiel durch Kleintierhaltung) verbessern.[3] Gesellschaftspolitisch intendierte das Programm, der zunehmenden Desintegration dieser Bevölkerungsschichten entgegenzuwirken und dadurch die sozialen Spannungen zu entschärfen. Unter Aufsicht des städtischen Hochbauamtes hatten die Bauarbeiten für diese Reichskleinsiedlungen im Mai 1932 in Freimann, an der Zamdorfer Straße und am Perlacher Forst begonnen.[4] Ein kleines Steildachhäuschen mit rund 60 qm Wohnfläche, ein Kleintierstall (zunächst sogar unter demselben Dach) und ein Nutzgarten von rund 800 qm bildeten die typische Siedlerparzelle, deren Gesamtpreis von 3.000 Mark nur durch die Eigenarbeit der Siedler und den geringen Wohnkomfort eingehalten werden konnte.[5] Ganz ähnlich sahen auch die Kleinsiedlungen der nationalsozialistischen Ära in München aus, deren Errichtung die Stadt in den Jahren 1933–1935 beschloß und die als Siedlungen am Hart, Neuherberge und Kaltherberge bis 1937 fertiggestellt wurden.[6] Allerdings instrumentalisierten die Nationalsozialisten die mit den Kleinsiedlungen verbundenen Absichten immer stärker im Sinne ihrer eigenen Ideologie.[7] Die Siedlung stand nun nicht mehr im Zeichen der Erwerbslosenproblematik – die sich in der Rüstungskonjunktur nach wenigen Jahren bereits in einen Arbeitskräftemangel verwandelte –, sondern sollte dazu dienen, ein loyales Staatsvolk heranzuziehen. So steht 1935 im »Völkischen Beobachter«:

»Gibt man dem deutschen Arbeiter ein Anrecht auf ein Stück Heimat, auf Mutterland und Vaterscholle, dann wird er zu ihr stehen und sie mit dem Einsatze seiner ganzen Kraft verteidigen.«[8]

Während einerseits die Loyalität der siedelnden »Volksgenossen« gefordert wurde, grenzte man auf der anderen Seite die »Gemeinschaftsfremden« aus, die als politisch verdächtig galten oder den rassistisch-erbbiologischen Kategorien nicht entsprachen. 1936 wurden erstmals allgemeinverbindliche Kleinsiedlungsrichtlinien für das Reich aufgestellt, in denen es heißt:

»[...] als Siedlungsanwärter (können) grundsätzlich zugelassen werden alle ehrbaren minderbemittelten Volksgenossen, und zwar vornehmlich gewerbliche Arbeiter und Angestellte, die ebenso wie ihre Ehefrauen deutsche Reichsangehörige, deutschen oder artverwandten Blutes, politisch zuverlässig, rassisch einwandfrei, gesund und erbgesund sind.«[9]

Die Umsetzung dieser Richtlinien bedeutete in der Praxis ein kompliziertes Auswahlverfahren, an dem verschiene Behörden und Parteistellen zu beteiligen waren. Außerdem war es für das Münchner Wohnungsreferat schwierig, geeignete Grundstücke zu finden und die Finanzierung der freistehenden Häuschen zu sichern, die das Reich zwar ideologisch bejahte, finanziell aber immer weniger subventionierte. Noch bevor die Siedlungsprojekte im Münchner Norden abgeschlossen waren, beschloß die Stadt daher, sich verstärkt wieder dem Bauen in Reihen und Geschossen zuzuwenden, das die Wohnungspolitik der **zweiten Phase (1935–1838)** bereits deutlich prägte.

Zu Beginn des Jahres 1935 initiierte der städtische Wohnungsreferent Guido Harbers ein »Kleinwohnungsbauprogramm«, in dessen Rahmen jährlich 1.000 Geschoßwohnungen gebaut werden sollten.[10] Das war eine eher bescheidene Größenordnung im Vergleich mit dem »Gesamtbauprogramm«, das Harbers' Vorgänger Karl Sebastian Preis ins Leben gerufen hatte. In den Jahren 1928 bis 1930 wurden im Gesamtbauprogramm 12.756 Wohnungen erstellt, die durch öffentliche Mittel stark subventioniert wurden.[11] Unter der nationalsozialistischen Herrschaft hingegen wurde es sehr viel schwieriger, Wohnbaumaßnahmen mit öffentlicher Unterstützung zu finanzieren.[12] Die Hauszinssteuer, durch die der soziale Wohnungsbau in den zwanziger Jahren getragen worden war, nahm seit der Weltwirtschaftskrise nicht nur deutlich ab, sondern wurde überwiegend zur Deckung des allgemeinen Finanzbedarfs verwendet. Das Reich gewährte daher nur relativ niedrige Wohnbaudarlehen für einige Spezialprogramme, während es sich sonst damit begnügte, über Reichsbürgschaften die Einwerbung von zweiten Hypotheken zu günstigen Zinsbedingungen zu erleichtern. Und selbst diese Bürgschaften waren an enge Richtlinien gebunden. Die Münchner Wohnungsbaugesellschaft GEWOFAG mußte das erfahren, als sie Mitte der dreißiger Jahre eine ihrer Großsiedlungen aus dem Gesamtbauprogramm 1928/30 im Rahmen des jetzt initiierten Kleinwohnungsbauprogramms weiterführte. Das Reich wollte die Bürgschaften nicht übernehmen, weil am Walchenseeplatz in Fortsetzung der bisherigen Wohnhäuser viergeschossig gebaut wurde, was dem ideologischen Kampf der Nationalsozialisten gegen die »Mietskasernen« der Weimarer Zeit widersprach. Erst nach zähen Verhandlungen mit dem Reichsbürgschaftsausschuß, der sich vor Ort überzeugte, daß von »Mietskasernen [...] bei den Bauten der Gewofag nicht gesprochen werden« kann, konnte die Münchner Wohnungsgesellschaft die Sicherheiten des Reiches in Anspruch nehmen.[13] Außerdem erhielt sie aus dem Kleinwohnungsbauprogramm städtische Darlehen, so daß sich die Mieten auf den relativ günstigen Satz von 80 Pfg/qm senken ließen. Die städtischen Mittel für den Kleinwohnungsbau, die gleichfalls auf dem Kreditweg besorgt

Reichskleinsiedlung am Hart, die 1935 mit 338 Siedlerstellen fertiggestellt wurde. Architekt: Karl Meitinger.

werden mußten, waren allerdings so beschränkt, daß in diesem Rahmen bis einschließlich 1938 nur 2.749 Wohnungen erstellt werden konnten.[14] Auch sonst blieb der Stadt wenig Spielraum für öffentliche Wohnungsbauförderung. Wenn es trotzdem gelang, in den Vorkriegsjahren eine Bauleistung zu erbringen, die auf ähnlichem Niveau wie in der Hauszinssteuerära lag, so war das vornehmlich der Beitrag der privaten Bauwirtschaft, die 1936 den Wohnungsneubau in München zu drei Vierteln, 1937 zu zwei Dritteln trug.[15] Zur Stärke privater Bautätigkeit dürften vorrangig die allgemeine Konjunkturlage und die wohnungspolitische Linie des Reiches[16], daneben auch die spezielle Anreizpolitik der Stadt beigetragen haben, die etwa im Baulückenprogramm den Bauherren Vergünstigungen und Nachlässe bei den anfallenden städtischen Gebühren gewährte.[17] Schon 1938 ging aber die gesamte Wohnungsproduktion unter den Bedingungen verstärkter Aufrüstung zurück, und die private Bauwirtschaft, die vom Mangel an Arbeitskräften und Baumaterialien als erstes betroffen war, erlitt massive Einbrüche.[18]

Bei aller finanziellen Zurückhaltung der öffentlichen Hand ließ das Reich doch erkennen, daß es keinen völligen Rückzug aus der Wohnungspolitik anstrebte, sondern bei restriktivem Einsatz von Mitteln eine inhaltlich genau definierte Förderungspolitik betreiben wollte. Hatte diese sich zunächst vor allem auf Kleinsiedlungen und den Eigenheimbau konzentriert, reifte seit Mitte der

Volkswohnungsanlage Berg am Laim, sog. Maikäfersiedlung, entworfen vom städtischen Wohnungsreferat und von der GWG. Baubeginn 1936.

dreißiger Jahre auch in Berlin die Erkenntnis, daß allein mit dem Einfamilienhausbau die Wohnungskrise nicht zu lösen war. Das Schlüsselkonzept des Reichsarbeitsministeriums seit 1935 hieß »Volkswohnungsbau«, der »billigste Mietwohnungen in ein- oder mehrgeschossiger Bauweise« umfassen sollte, »die hinsichtlich Wohnraum und Ausstattung äußerste Beschränkung aufweisen«.[19] In München entstand die erste Volkswohnungsanlage in Berg am Laim mit zunächst 611 Wohnungen, die die städtische Wohnungsgesellschaft GWG baute.[20] Aufgrund der Verbilligung durch die Reichsdarlehen für den Volkswohnungsbau lagen die niedrigsten Mieten bei nur 29 Mark monatlich. Allerdings erhielten nicht alle Wohnungen der Anlage solche Reichsdarlehen, für deren Bewilligung strenge Vorschriften über Größe und Baukosten der Wohnungen galten. So konnte unter größten Mühen lediglich die Hälfte der Wohnungen als »echte« Volkswohnungen gebaut werden, die die Höchstgrenze von 3.500 Mark für die Herstellungskosten zwar nur wenig überschritten, aber auch nicht größer als 37,5 qm waren. Nach dem Modell »Kammer, Küche, Kabinett« wurden hier Familien mit bis zu zwei Kindern untergebracht, die über ein niedriges, aber gesichertes Einkommen verfügten und als »zuverlässige Volksgenossen« galten. Offensichtlich verbauten sich die Nationalsozialisten mit den engen Größenbeschränkungen ihre eigenen bevölkerungspolitischen Absichten und wurden deshalb sogar von ihren eigenen Eugenikern kritisiert. So kam aus dem Rassenpolitischen Amt der NSDAP die Forderung nach dem Bau von 70 qm-Wohnungen mit vier Räumen, weil unter zu bedrängten Verhältnissen allenfalls »asoziale Großfamilien«, nicht aber die erwünschten »kinderreichen Volksgenossen« gedeihen könnten.[21] Solchen Argumenten beugten sich schließlich auch die Beamten des Reichsarbeitsministeriums. Nach und nach lockerten sie die anfangs so engen Bestimmungen und ließen den Bau größerer Wohnungen als Volkswohnungen zu.

Bemerkenswert und heute noch repräsentativ für den nationalsozialistischen Wohnungsbau vor dem Krieg ist die Architektur der Volkswohnungsanlage in Berg am Laim, für die sich aufgrund ihres gartenstädtischen Charakters und der winzigen Wohnungen bald der Spitzname »Maikäfersiedlung« einbürgerte. Trotz der kleinen Wohnflächen und der engen Kostengrenzen legte man hohen Wert darauf, keinesfalls die immer wieder angeprangerten Mietskasernen – die als Symbol sozialdemokratischer Wohnungspolitik und Brutstätte sozialistischer Umtriebe galten – zu bauen. Im ersten Bauabschnitt war kein Haus mehr als ein Stockwerk hoch, nicht mehr als fünf Parteien teilten sich einen Eingang. Schmale Vorgartenstreifen und Parzellengärtchen verstärkten den Siedlungscharakter der Anlage. Man baute die Ein-, Zwei- oder höchstens Fünffamilienhäuser allerdings in Reihen, weil das die Grundstücks-, Bau- und Heizkosten gegenüber dem freistehenden Einfamilienhaus herabsetzte; trotzdem blieb man noch weit unter dem Ausnutzungsgrad im mehrgeschossigen Miethausbau. Während äußerlich die traditionelle deutsche Hausform mit Giebeldach fortgesetzt wurde, kamen angesichts der Notwendigkeit, schnell und kostengünstig bauen zu müssen, im bautechnischen Bereich auch moderne Materialien zur Anwendung. Im Münchner Volkswohnungsbau wurde nicht Ziegel auf

Wohnungszugang in München 1933–1938 (und 1925–1930)

Jahr	Zugang	Abgang (davon Abbruch)	Reinzugang
Jahresdurchschn. 1925–1930	3754	59 (35)	3695
1933	2204	452 (74)	1752
1934	3109	407 (135)	2702
1935	3438	236 (103)	3202
1936	4754	280 (90)	4474
1937	5290	350 (193)	4940
1938	4175	401 (248)	3774
Jahresdurchschn. 1933–1938	3828	354 (140)	3474

Sowohl in den Zugangs- wie auch den Abgangszahlen sind Umbauten enthalten, sofern sie die Wohnungsziffer beeinflußten.

Quelle: Statistisches Handbuch 1928, 47–50; Statistisches Handbuch 1938, 61; für 1938: Der Wohnungsbau in München im Jahre 1938, Stadtarchiv München, Planungsreferat 83/6, 354.

Modell der »Ost-West-Achse« für München mit dem »Denkmal der Bewegung« im Vordergrund und dem neuen Hauptbahnhof im Hintergrund. Entwickelt in der Dienststelle des Generalbaurates 1939.

Ziegel gesetzt, sondern mit Kunststeinen aus der IG-Farben-Forschung gearbeitet. Außen gaben der Rauhputz und vereinzelte Sgraffitomalereien mit volkstümlichen Motiven dann wieder das erwünschte heimatliche Gepräge. Wir treffen in der Maikäfersiedlung somit auf eine architektonische Lösung, bei der versucht wurde, die Forderungen der urbanen Industriegesellschaft nach billigem, sich auf das Notwendige beschränkenden und massengeeigneten Wohnraum in einer Form zu verwirklichen, die zumindest partiell die vorindustriellen Ideale der Schollenverbundenheit und des »Einfamilienwohnens« aufrechterhielt.

Bei der Fortsetzung des Volkswohnungsbaus zeigte sich, daß das in Berg am Laim noch verwirklichte Ideal der Volkswohnung als Kleinsthäuschen mit Garten nicht länger durchführbar war. Typischerweise entstanden bei der Weiterführung des Programms ein- bis zweistöckige, aneinandergereihte Häuser mit fünf oder sechs Wohnungen, die allerdings nach wie vor die Verschachtelung der klassischen Mietskaserne vermieden.[22] In das Programm integrierten sich schließlich auch weitere gemeinnützige Wohnungsbaugesellschaften, so daß bis 1942 etwa 5.000 Volkswohnungen in München entstanden.[23] Als einfache Mietwohnungen im Geschoßbau können sie als typisch für die nationalsozialistische Wohnungspolitik der **dritten Phase (1938–1942)** gelten, die im Zeichen der Rationalisierung und Verbilligung stand, wohingegen Schlagworte wie Heimstätte und Schollenverbundenheit an den Rand gedrängt waren.

Das Jahr 1938 markiert aber auch deshalb eine Zäsur für die Münchner Baupolitik, weil Hitlers Gestaltungsvorhaben für die Stadt in ein akutes Stadium traten. Am 1. Mai 1938 veröffentlichte der »Völkische Beobachter« die Ausbaupläne für das neue München, das jetzt auch im äußeren Erscheinungsbild dem 1935 von Hitler verliehenen Titel »Hauptstadt der Bewegung« gerecht werden sollte.[24] Der Schwerpunkt des Ausbauprogramms lag daher bei den Repräsentationsbauten, die vor allem entlang

Abbrucharbeiten an der
von-der-Tann-Straße, 1937.

einer neu angelegten Ost-West-Achse vom Bahnhofsplatz bis nach Pasing in gigantischen Ausmaßen entstehen sollten.[25] Immerhin umfaßten die Ausbaupläne auch ein Wohnungsprogramm, das schon deshalb dringend notwendig war, weil der Aufbau der neuen »Hauptstadt der Bewegung« zugleich den Abbruch vieler bestehender Wohnungen bedeutete und zwar in einer Situation, in der der Wohnungsfehlbedarf der Stadt auf über 30.000 Wohnungen beziffert wurde.[26] Schon bis 1938 hatten die Nationalsozialisten für Repräsentationszwecke wie den Ausbau der Von-der-Tann-Straße auch Wohngebäude bedenkenlos abgebrochen (vgl. Abbruchzahlen in der Tabelle). Jetzt entwickelten sie ein »Ersatzwohnungsbauprogramm«, das nicht nur Wohnraum für »Abbruchmieter« bereitstellen, sondern auch stadtplanerische Gestaltungszwecke erfüllen sollte. So war ein Ziel, »unter bewußter städtebaulicher Ausgestaltung« große Einfahrtsstraßen wie die Forstenrieder Straße »als repräsentative Eingangspforte nach München« in ein neues Licht zu rücken.[27] Unter dem Einfluß des im Dezember 1938 ernannten Generalbaurats für die »Hauptstadt der Bewegung«, Hermann Giesler, dehnten sich diese Konzepte schließlich bis zur Planung völlig neuer Wohntrabantenstädte aus. Von Bedeutung ist hier besonders die »Südstadt«, die zwischen Ramersdorf und Giesing als »vorbildliche Wohnanlage für alle Glieder der Volksgemeinschaft« errichtet werden sollte und für die der Reichsschatzmeister der NSDAP, Franz Xaver Schwarz, die persönliche Schirmherrschaft übernahm.[28]

Auch im sogenannten Wohnungssofortprogramm für die Jahre 1938–1942 nahm der Ersatzwohnungsbau mit insgesamt 27.500 Wohneinheiten, die an Stelle der für die Umgestaltung abgebrochenen Häuser errichtet werden sollten, den breitesten Raum ein. Daneben waren 12.000 Volkswohnungen und 8.000 weitere Wohnungen vorgesehen – insgesamt die scheinbar eindrucksvolle Zahl von 47.500 Wohnungen, die jedoch Programm blieb.[29] In Wahrheit klaffte seit Kriegsbeginn die Schere zwischen Planvorgaben und realisierten Bauten weit auseinander. Beispielsweise hätten 1940 nach dem Sofortprogramm 13.000 Wohneinheiten erstellt werden sollen. Wie ein Bericht der Stadtverwaltung belegt, wurden aber nur 3.500 Wohnungen im ersten Kriegsjahr gebaut.[30] In den folgenden Jahren sank die Zahl an Neubauten weiter ab, bis der Reichswohnungskommissar Robert Ley am 15. März 1943 schließlich jeglichen regulären Wohnungsneubau untersagte.[31]

Bis zum Baustopp von 1943 bestimmte das Kriterium »kriegswichtig« die Neubautätigkeit, die entsprechend häufig in den Dienst der Rüstungswirtschaft gestellt wurde und unter anderem der Unterbringung von Arbeitern der Rüstungsbetriebe diente.[32] Eine Ausnahmebewilligung vom grundsätzlich geltenden Neubauverbot für alle nicht kriegswichtigen Bauvorhaben konnte in München nur der Generalbaurat Hermann Giesler erteilen, der auch entschied, ob eine Baumaßnahme als Ersatzwohnungsbau anzuerkennen war und damit entsprechend finanziell unterstützt werden konnte.[33] Für den Ersatzwohnungsbau, der der Aufwertung der »Hauptstadt der Bewegung« galt, hatte sich das Reich in Abkehr von seiner sonst so zurückhaltenden Darlehenspolitik entschlossen, ein Kontingent von 50 Millionen Mark bereitzustellen, das im Krieg allerdings nur noch zu geringen Teilen ausgeschöpft wurde.[34] Der Generalbaurat Giesler übte seine Schlüsselfunktion in Münchens Bauwesen der Kriegszeit als »Gebietsbeauftragter« für die Regelung der Bauwirtschaft aus. Wichtiger noch als sein Amt in der Kriegswirtschaftsbürokratie war seine persönliche Vertrauensstellung bei Hitler, der ihn im Dezember 1938 mit Münchens Neugestaltung beauftragt und ihn als Generalbaurat zur obersten Instanz für alle Stadtplanungsfragen in München gemacht hatte.[35]

Daß Giesler zusammen mit Hitler fast bis zum völligen Zusammenbruch des Reiches Pläne und Modelle für die künftige »Hauptstadt der Bewegung« aufstellte, ist symptomatisch für die Planungshypertrophie der Kriegszeit. So beschäftigte sich der »Arbeitsstab Wiederaufbauplanung zerstörter Städte« unter Albert Speer mit der Nachkriegsgestaltung einzelner Städte, und Robert Leys Mitarbeiter entwarfen immer neue Grundrisse für den »sozialen Wohnungsbau« der Zukunft.[36] Ley war als Reichswohnungskommissar allerdings auch verantwortlich für den Behelfsheimbau seit 1943, das **letzte Wohnungsprogramm** der Reichsregierung, das neue Quartiere für Ausgebombte bereitstellen sollte.[37] Natürlich war der Behelfsheimbau nur noch eine Verzweiflungsstrategie; die Nationalsozialisten übten sich aber auch in diesem Sektor bis zuletzt in Euphemismen und Ablenkungsmanövern, die das wahre Ausmaß der Katastrophe verschleiern sollten. So schrieb einer der Architekten:

»Wir machen den Großstädter durch das Behelfsheim selbständiger und widerstandsfähiger gegen die Feindeinwirkungen und stärker für Krieg und Sieg. So mag in dem Luftterror ein Teil jener Kraft wirksam werden, die stets das Böse will und stets das Gute schafft.«[38]

Wieviel treffender war da der Begriff von den »Ley'schen Hundehütten«, den der Volksmund bald für die Behelfsheime fand. Die Besonderheit dieser Hütten lag darin, daß es sich nicht um ein reines Provisorium, sondern immer noch um eine von oben gesteuerte und durch enge Richtlinien bestimmte Bauweise handelte. Angesichts der Ressourcenknappheit durfte zwar aus jedem Material gebaut werden – »aus Dreck, Mist usw.«, wie Ley sich ausdrückte[39] – Grundriß, Größe und Form waren aber genau vorgegeben. Nach dem zunächst von Ernst Neufert entwickelten »Kriegseinheitstyp« setzte sich schließlich der nochmals minimierte »Reichseinheitstyp« von Hans Spiegel durch, eine 20 qm-Laube, die in einen Wohn- und einen Schlafraum unterteilt wurde. In München wurden einige rüstungswichtige Betriebe am Behelfsheimbau beteiligt, deren Belegschaften ohne Rücksicht auf ihre individuelle Gefährdung durch den Luftkrieg möglichst in der Nähe des Arbeitsplatzes untergebracht werden sollten. Die Stadtverwaltung ihrerseits beauftragte wieder die GWG, die nach dem ›Reichseinheitstyp 1002‹ 175 Behelfsheime an der Salzmannstraße in Waldperlach errichtete: nichts anderes als kleine Holzhütten mit Pultdach.[40]

Die Normierung und Typisierung, die im Behelfsheimbau noch einmal ihren letzten Ausdruck fand, war ein charakteristischer Zug nationalsozialistischer Wohnungsbaupolitik, der im Krieg schließlich vorherrschend wurde. Robert Ley hatte als Reichskommissar für den sozialen Wohnungsbau 1940 den Auftrag übernommen, den deutschen Wohnungsbau der Zukunft zu entwerfen, ihn in seiner Gesamtheit zu typisieren, zu normieren und den Bauvorgang zu mechanisieren. Das neue Wohnungsbauprogramm, das die Vierraumwohnung im Geschoßbau zur Norm erhob, wurde damals als große Wende, sogar als Abkehr von nationalsozialistischen Prinzipien empfunden, die viele noch in unbedingter Bevorzugung der Bodenverbundenheit und des Siedlungsgedankens sahen.[41] Tatsächlich setzte sich aber in diesem Programm ein auch vorher schon vorhandener Leitgedanke nationalsozialistischer Wohnungspolitik durch. Denn die Uniformierung und Normierung war bereits in den Kleinsiedlungen mit ihren vereinheitlichten Grundrissen und der simplifizierten Baugestaltung praktiziert worden. Neu war allerdings – und das löste bei vielen Ablehnung aus –, daß jetzt ein offenes Bekenntnis zum modernen städtischen Massenwohnungsbau abgelegt wurde. Lange Zeilen und drei bis vier Geschosse waren kein Tabu mehr, Hochbauten traten an die Stelle von Flachbauten, öffentliche Grünflächen statt parzellierter Kleingärten sollten für Durchgrünung sorgen. In der Wohnungsproduktion lag nicht mehr die Betonung auf handwerklichen Elementen und heimischem Baugewerbe, sondern auf Verbilligung, Normierung und Mechanisierung.[42] Zwar wurde die von den Nationalsozialisten entwickelte Wohnung der Zukunft nur noch in einigen Erprobungstypen realisiert. Die Notwendigkeit des schnellen Wiederaufbaus zwang aber auch nach 1945 dazu, an der rationalisierten Massenwohnungsproduktion in unseren Städten festzuhalten.

Behelfsheime an der Salzmannstraße in Waldperlach nach dem von Hans Spiegel entwickelten »Reichseinheitstyp«.
Baujahr 1944.

Anmerkungen

1 Siehe jetzt aber als grundlegenden Überblick über Architektur und Politik der Nationalsozialisten im Wohnungssektor: Harlander 1995 mit der älteren Literatur.
2 Zu Harbers und der Mustersiedlung Ramersdorf: Henn 1987.
3 Siehe Dritte Verordnung des Reichspräsidenten zur Sicherung von Wirtschaft und Finanzen und zur Bekämpfung politischer Ausschreitungen. Vom 6. Oktober 1931. Vierter Teil (Wohnungs- und Siedlungswesen), Kap. II, § 1, in: Reichsgesetzblatt 1931/I, 551.
4 Zum Bau der ersten Kleinsiedlungen in München, vgl. Haerendel 1995, 226–236, Klotz 1992, 15–82, und Klotz 1993.
5 Zu Struktur und Kosten der Münchner Siedlerstellen: Beblo 1933.
6 Haerendel 1995, 237–251.
7 Vgl. Schickel 1993, bes. 254.
8 Münchener Beobachter. Tägliches Beiblatt zum Völkischen Beobachter. 80. Ausg. vom 21. März 1935.
9 Gisbertz/Gase 1936, 8f.
10 Genehmigt wurde das Programm in der Sitzung der Beiräte für das Wohnungswesen vom 15. Mai 1935 (Stadtarchiv München, Ratssitzungsprotokolle 708/6).
11 Zum Gesamtbauprogramm vgl. Preis, Kurzer Abriß der Geschichte des Wohnungsbaues der Nachkriegszeit und der Gemeinnützigen Wohnungsfürsorge A.G. München, (28. Februar 1933, Stadtarchiv München, Wiederaufbaureferat 1).
12 Zu den Änderungen der Wohnungsbaufinanzierung im Nationalsozialismus gerade im Vergleich mit den zwanziger Jahren s. Fey 1936.
13 Sitzung der Beiräte für Verwaltungs-, Finanz- und Baufragen vom 5. März 1936 (Stadtarchiv München, Ratssitzungsprotokolle 709/2).
14 Siehe Aufstellung »Leistungen der Stadt für den Wohnungsbau in den Jahren 1933–1941« (Stadtarchiv München, Wiederaufbaureferat 1).
15 Statistisches Handbuch 1938, 68.
16 Das wohnungspolitische Credo des Reiches zielte darauf, öffentliche Mittel einzusparen und »die Wohnbau- und Siedlungsfinanzierung soweit als möglich auf den Kapitalmarkt, auf die Sparkraft der Siedler und sonstigen Baulustigen, auf das Eigenkapital der Wohnungsunternehmen und die tatkräftige Mithilfe der Betriebe abzustellen« (Seldte 1939, 162f.).
17 Zum Baulückenprogramm, das München seit 1934 betrieb, s. Haerendel 1995, 329–339.
18 Vgl. »Der Wohnungsbau in München im Jahre 1938« (Stadtarchiv München, Planungsreferat 83/6, 354).
19 Vgl. den Volkswohnungserlaß vom 27. Juli 1935, in: Büge/Griesheimer 1940, 51–54.
20 Zur Entstehungsgeschichte, Architektur und Bevölkerungsstruktur der Volkswohnungsanlage Berg am Laim: Haerendel 1995, 357–387 und Walter 1993, 83–88.
21 Knorr 1939.
22 Für diese Volkswohnungen der späteren Phase sind die Anlagen der GWG an der Milbertshofener Straße und am Harthof typisch. Vgl. Walter 1993, 88–91.
23 Aufstellung »Leistungen der Stadt für den Wohnungsbau in den Jahren 1933–1941« (Stadtarchiv München, Wiederaufbaureferat 1).
24 Völkischer Beobachter (Münchener Ausgabe) Nr. 121 vom 1. Mai 1938.
25 Grundlegend zum Komplex der Neuplanungen Rasp 1981, Bärnreuther 1993.
26 Statistisches Amt der Hauptstadt der Bewegung an das Dezernat 7 vom 29. Juni 1939 (Stadtarchiv München, Planungsreferat 83/6, 354). Die Besserung der materiellen Situation vieler Familien nach dem Ende der Weltwirtschaftskrise, aber etwa auch die aktive Familienpolitik der Nationalsozialisten und der Ausbau Münchens als Sitz der Reichsleitung der NSDAP, als Standort der Wehrmacht, der Luftwaffe und der Rüstungsindustrie hatten den Wohnungsbedarf in München seit 1933 in einem Maße steigen lassen, dem die Bauproduktion in keiner Weise standhielt.
27 Dezernat 7, Niederschrift über das Wohnungs- und Siedlungswesen anläßlich der Besprechung mit dem Generalbaurat der Hauptstadt der Bewegung am 25. Januar 1939 (Stadtarchiv München, Hochbauamt 897/5, Bl. 199–203, hier 201).
28 Vgl. die Akte »Zweckverband Südstadt« (Stadtarchiv München, Baureferat 78/1, Bund 8).
29 Niederschrift (wie Anm. 27).
30 Stadtverwaltung 1940, 53.
31 Erlaß über die Wohnraumversorgung der Bevölkerung im Kriege vom 15. März 1943, in: Harlander/Fehl 1986, 409–412.
32 Das galt z. B. für die Wohnanlage der GWG am Harthof, die mit über 1.000 Wohnungen bis 1942 gebaut wurde und in der zu einem großen Teil Arbeiter der BMW-Flugmotorenbau GmbH untergebracht wurden. Haerendel 1995, 460–463.
33 Zeitschrift für Wohnungswesen in Bayern 38, 1940, 64f.
34 Einer nach dem Krieg gefertigten Aufstellung zufolge wurden für Ersatzwohnungsbauten in München nur noch 3,75 Millionen Mark an Reichsdarlehen abgeschöpft. Akte »Volkswohnungsbau und Wohnungsbau nach dem Kriege« (Stadtarchiv München, Baureferat 78/1, Bund 8).
35 Zur Tätigkeit Gieslers und seiner Dienststelle: Rasp 1981 und Bärnreuther 1993.
36 Zur ausgedehnten Planungstätigkeit: Durth 1988 und Harlander/Fehl 1986.
37 Zum Behelfsheimbau: Haerendel 1995, 488–497.
38 Zitat von Hans Spiegel, abgedruckt bei: Harlander/Fehl 1940, 324.
39 Ley bei der Tagung der Gauwohnungskommissare in Hamburg am 27./28. Januar 1944 (Stadtarchiv München, Nachlaß Hanffstengel, Ordner 1).
40 Geschäftsbericht der GWG für 1944, 6 (Stadtarchiv München, Wiederaufbaureferat 1094).
41 Alarmiert fragte z.B. der bayerische Ministerialrat Gruber in einem Brief an den Münchner Oberbürgermeister vom 9. Oktober 1940, »weshalb nun ausgerechnet am Ende des siegreichen Krieges [!] die nationalsozialistischen Ideen von der Wichtigkeit, die Arbeiter mit dem Heimatboden durch Eigenbesitz zu verbinden, die Zusammenballung weiterer Volksmassen in den Großstädten möglichst hintanzuhalten und die Volksgenossen in den Landratsbezirken durch Besserung der Wohnungsverhältnisse festzuhalten, aufgegeben werden sollen.« (Bundesarchiv Koblenz R 43/II, 1007a, Bl. 7–9).
42 Zur Auseinandersetzung zwischen Heimatschützern und Rationalisierern, die im Krieg im wesentlichen zugunsten letzterer entschieden wurde: Harlander/Fehl 1986, 35–44.

Die Siedlung »Am Perlacher Forst«

UTA KLINGER

Die Siedlung »Am Perlacher Forst« entstand zwischen 1938 und den frühen sechziger Jahren. In ihrer architektonischen Gestalt spiegelt sich noch heute ihre wechselvolle Planungs- und Baugeschichte wider, die von den jeweiligen politischen Ereignissen – der Zeit des Nationalsozialismus, dem Zweiten Weltkrieg und der anschließenden Wohnungsnot der Nachkriegszeit – nachhaltig geprägt ist. Die Siedlung läßt sich damit als ein Zeugnis deutscher Geschichte begreifen.

Schon bei den Vorarbeiten für den neuen Friedhof am Perlacher Forst 1927-1928 war eine einheitliche Gestaltung des Bereichs nördlich des Friedhofs »nach den übergeordneten Planungsabsichten der Stadt« vorgesehen[1], was auf erste Vorüberlegungen für eine Wohnsiedlung schließen läßt.

Spätestens im Juni 1938 muß es dann konkrete Vorgaben vom damaligen Münchner Stadtrat Guido Harbers gegeben haben.[2]

Dessen Planungen legten für den Bereich zwischen der Chiemgaustraße im Norden, der Stadelheimer Straße im Süden, der Schwanseestraße im Osten und den bereits vorhandenen Häusern an der Hohenschwangaustraße im Westen sowohl die Straßenführung als auch Platzanlagen fest und sahen eine Bebauung mit »West-Ost-Blöcken« in vier Baublöcken vor, die mit Doppelhäusern kombiniert werden sollten.[3]

Mit der Umsetzung der Planungen wurde die Südhausbau betraut. Nach den Plänen der Architekten Carl Jäger, Julius Nebel, Regierungsbaumeister Uli Seeck und später auch Emil Freymuth[4] von 1938 sollten mehr als 2.000 Wohnungen in sechs Baublöcken mit Ladenbauten, Garagen und zwei Tankstellen entstehen.[5]

Im November 1938 begannen die Arbeiten für den ersten Bauteil mit 350 Wohnungen, die im Oktober 1939 bezugsfertig waren. Im Juni 1939 folgte der Baubeginn des zweiten Bauabschnitts, für den 490 Wohnungen vorgesehen waren. Nach mehreren Planungsänderungen, auf die später noch eingegangen wird, legte der Generalbaurat im Sommer 1942 schließlich fest, daß auf die übrigen vier Baublöcke verzichtet und lediglich der im Bau befindliche zweite Abschnitt fertiggestellt werden sollte. Die Kriegsereignisse verhinderten dieses Vorhaben allerdings, so daß der zweite Bauteil bis Kriegsende unvollendet blieb.[6]

Das architektonische Konzept dieser beiden Bauteile verbindet die Blockrandbebauung mit den Vorteilen der Zeilenbebauung. Im ersten Bauteil werden zwei Zeilenhäuser von einer Randbebauung umfaßt, deren Ecken

Lageplan der Siedlung »Am Perlacher Forst«.

nicht geschlossen sind, so daß die ungünstig geschnittenen Eckwohnungen der klassischen Blockrandbebauung entfallen. Im zweiten Bauteil sollten vier Zeilenhäuser an drei Seiten eingefaßt und auf der Südseite entlang des Hohenschwangauplatzes durch eingeschossige Ladenbauten abgeschlossen werden. Beide Blöcke werden im Westen an der Eschenbach- bzw. der Schloß-Berg-Straße von einer zusätzlichen Häuserzeile flankiert.

Die Häuser wurden in ausgedehnte Grünanlagen eingebettet (ein Drittel Bebauung, zwei Drittel Grünfläche), die Nutzflächen, Ziergärten und Kinderspielplätze in den Höfen umfaßten. Zwei Straßen innerhalb des Siedlungsareals sollten durch begleitende Grünflächen platzähnlich erweitert werden.

Die dreigeschossigen Häuser wurden als Zweispänner konzipiert, die meisten Dachgeschosse jeweils zur Hälfte

Detail Eingang, Bauteil II.
Architekten: Emil Freymuth,
Carl Jäger.
Baujahr ca. 1939–1942.
Foto 1996.

mit Zwei- bis Dreizimmerwohnungen ausgebaut. Im ersten Bauabschnitt reichte die Spannweite von Zweizimmerwohnungen mit ca. 45 Quadratmetern bis zu Dreieinhalbzimmerwohnungen mit ca. 72 Quadratmetern, im zweiten Bauteil waren zusätzlich Einzimmerwohnungen geplant. Für die verschiedenen Wohnungstypen hatten die Architekten jeweils einheitliche Grundrisse entworfen. In den kleinsten Wohnungen des ersten Bauteils gab es je ein größeres Zimmer mit ca. 14 bis 18 Quadratmetern sowie ein kleines Zimmer mit ca. 10 bis 15 Quadratmetern, das als Kinderzimmer gedacht war. Alle Räume gingen von einem durchgehenden, schmalen Flur ab.[7]

Die Wohnküche, mit eingebautem Speiseschrank und kohlekombiniertem Elektroherd, hatte ein Fenster zum Nutzhof mit den Kinderspielplätzen. Bad mit Badewanne und WC waren meist getrennt, wobei einige wenige Wohnungen nicht mit einem Bad ausgestattet waren. Geheizt wurde jede Wohnung mit Kohleheizung.[8]

Als Gemeinschaftseinrichtung hatte jede Zeile eine Waschküche und jeder Block eine Wäschemangel. Jedes Haus verfügte über einen Luftschutzraum im Keller. Nach einem Dokument von 1943 war für jedes Haus des zweiten Bauteils »eine Gemeinschaftsantenne angeordnet, jede Wohnung erhält eine Steckdose zum Anschluss für den Radioapparat.«[9]

Beim ersten Bauteil handelt es sich um ungegliederte Baukörper mit glatten, verputzten Fassaden und Walmdächern.

Die gleichmäßige Reihung gleich großer Fenster, im Erdgeschoß mit Fensterläden, bewirkt eine gewisse Monotonie der Fassade. Einzige Gliederungselemente sind die Hauseingänge, die jeweils durch zwei bis zum Boden reichenden Treppenhausfenster und ein darüberliegendes Rundfenster betont werden, pro Zeile ein asymmetrisch angeordneter Erker sowie vereinzelte Balkone. Aus diesem Schema fällt die symmetrische Gestaltung der Nordfassade mit Erkern und einem Mittelrisalit mit zwei Balkonen und barockisierenden Putzfeldern heraus.

Der zweite Bauteil weist in der vor 1945 ausgeführten Blockrandbebauung differenziertere Baukörper auf: Das Gebäude entlang der Schloß-Berg-Straße ist mit einem viergeschossigen Mittelteil über einer runden Tordurchfahrt ausgestattet.[10]

Im Sommer 1938 wurde die Siedlung auf Betreiben der Südhausbau in das »Sofort-Sofort-Programm« der Stadt München aufgenommen. Aus einem Brief geht hervor, daß die Wohnungen als »erste Ersatzwohnungen für die bereits abgebrochenen und noch abzubrechenden Häuser in München«[11] gebaut werden sollten, um den Verlust von Wohnungen für die Umgestaltung der »Hauptstadt der Bewegung« auszugleichen. Im Gegenzug für die finanzielle Unterstützung verpflichtete sich die Firma zu einer Begrenzung der Miete sowie dazu, 80 %

Bombentrichter am Scharfreiterplatz nach Fliegerangriff am 2. September 1940. Im Hintergrund Bauteil I. Im Vordergrund Baracke für Kriegsgefangene. Foto 1940.

der Mieter in den ersten fünf Jahren durch die Stadt auswählen zu lassen.[12]

Einem Schreiben des städtischen Wohnungsnachweises ist zu entnehmen, daß nur »ordentliche, rein arische Familien, die unverschuldet in Wohnungsnot geraten sind« als Mieter in Frage kamen.[13] Ein Witwer, der 1939 mit seinen drei Kindern in einer städtischen Notunterkunft lebte, wurde von der Stadt abgelehnt und auf das frei vermietbare Kontingent der Südhausbau verwiesen, als sich herausstellte, daß seine Kinder nicht »rein arisch« waren.[14]

Die vorhandenen Mieterlisten zeigen, daß letztlich statt der vorgesehenen »Abbruchmieter« vorwiegend Mieter von außerhalb die Wohnungen bezogen.

Die politische Situation schlägt sich auf unterschiedliche Weise auch in der Bautätigkeit und Planung der Siedlung nieder. Die zuständige Baufirma Karl Stöhr brachte am Hohenschwangauplatz und am Schwanseeplatz Kriegsgefangene in Lagern unter[15], so daß anzunehmen ist, daß diese für den Bau der Siedlung eingesetzt wurden. Ein 1940 aufgenommenes Foto zeigt einen Bombentrichter mit einer Baracke und im Hintergrund den ersten Bauteil. Die Beschriftung lautet:« [...] Trichteraushub in der Nähe der mit Polen bewohnten Baracke«.[16] Damit dürfte feststehen, daß es sich auch hier um Kriegsgefangene oder um zum Bau der Siedlung verpflichtete Zwangsarbeiter handelt.

Nachdem zuvor schon die Baumaterialien rationiert worden waren, wurde schließlich im November 1939 im gesamten ›Reichsgebiet‹ die Einstellung aller nicht kriegswichtiger Bauten angeordnet.[17] Ein reines Wohnungsbauprojekt konnte eine Einstufung als ›kriegswichtig‹ unter diesen Umständen nur über seine Mieter erwirken. 1940 billigte der Stadtrat die Vergabe eines gewissen Kontingents der Wohnungen an »Gefolgschaftsmitglieder« des Rüstungsbetriebs Steinheil Söhne.[18] In der Diskussion waren auch die Firma Dynamit AG, die Gesellschaft zur Verwertung chemischer Erzeugnisse und 1942/43 die Bayerischen Motorenwerke.[19]

Doch schon vor dem allgemeinen Baustop hatten sich die Arbeiten für den zweiten Bauabschnitt durch die Interventionen des im November 1938 zum Generalbaurat von München ernannten Hermann Giesler verzögert. Im Zusammenhang mit den Planungen für die letztlich nicht realisierte ›Südstadt‹ mußten die Pläne für den zweiten Bauteil wiederholt geändert werden.[20]

In ihrem Entwurf von 1938 grenzt die Siedlung »Am Perlacher Forst« unmittelbar an die projektierte ›Südstadt‹ Gieslers an. Beide Areale lagen an der Chiemgaustraße, deren genauer Verlauf aufgrund der nicht abgeschlossenen Planungen für die ›Südstadt‹ lange nicht feststand. Von den jeweiligen Änderungen waren die Planungen des zweiten Bauteils der Siedlung unmittelbar betroffen.[21]

Im Juli 1940 erließ der Generalbaurat eine Baulinienänderung, die eine »gänzliche Neuplanung für Bauteil II«[22] erforderlich machte: Die Achse des Garagenhofes mußte um eine Hauslänge nach Süden verschoben werden. Bei den Häuserzeilen entlang der Chiemgaustraße und am Scharfreiterplatz sprach sich der Generalbaurat gegen Dachgeschoßwohnungen aus. Die geplanten Gie-

Bauteil I, Hohenschwangauplatz.
Architekten: Julius Nebel, Uli Seeck. Baujahr ca. 1938–1939.
Foto 1996.

Bauteil II, Schloß-Berg-Straße.
Architekten: Emil Freymuth,
Carl Jäger, Uli Seeck.
Baujahr 1939 bis ca. 1942.
Foto 1996.

Schloß-Berg-Straße 12, nach
Luftangriff am 9. Juni 1944 mit
6 Toten. Foto 12. Juni 1946.

beldächer sollten durch Walmdächer ersetzt werden. In der Debatte um die Anzahl der Geschosse bei den Häusern an der Chiemgaustraße wurde im April 1941 gegen den Vorschlag des Architekten Emil Freymuth, fünf Geschosse zu bauen, die viergeschossige Bauweise festgelegt. Vermutlich sollte vermieden werden, daß die Zeile durch ihre Geschoßhöhe in Konkurrenz zur Bebauung der Südstadt trat.

Auch die Fassadengestaltung dürfte auf Intervention des Generalbaurats geändert worden sein. In den Plänen von Freymuth und Jäger vom Februar 1942 ist für die Bebauung am Scharfreiterplatz ein langgestreckter viergeschossiger Baukörper mit fünfgeschossigem Mittelbau vorgesehen, der mit einer Tordurchfahrt und drei Erkern ausgestattet ist. Die obersten Fenster im Mittelbau sowie die Fenstereinfassungen der gesamten Zeile erinnern an Barockformen.[23] Durch den daraus resultierenden schloßartigen Charakter setzt sich die Zeile von den übrigen schlichten Bauten deutlich ab.[24]

Diese Aufwertung könnte damit zusammenhängen, daß die »Südstadt« auf beiden Seiten ihrer Hauptachse geschlossene Wohnblöcke mit renaissancehaft gestalteten Fassaden erhalten sollte.

Doch selbst in ihrer verkleinerten Planung vom Sommer 1942 konnte die Siedlung wegen des Krieges nicht vollendet werden. Mehrere Häuser in der Schloß-Berg-Straße wurden durch Bombenangriffe zerstört. Bis 1945 war der erste Bauteil ganz, der zweite mit seiner westlichen Blockrandbebauung und den beiden folgenden Zeilen nur teilweise fertiggestellt bzw. befand sich im Rohbau.

Angesichts der immensen Wohnungsnot nach Kriegsende bestand ein großes Interesse daran, die Siedlung weiterzubauen.

Die Luftbildaufnahme (ca. 1955) zeigt die Nachkriegsbebauung zwischen Chiemgaustraße (oberer Bildrand) und Schwanseestraße (am rechten Bildrand) mit dem Laubenganghaus von Franz Ruf. Linker Bildrand: Scharfreiterplatz mit dem Laubenganghaus von Matthä Schmölz und den Zeilenbauten von Emil Freymuth.

Wie schon in den späten zwanziger und den dreißiger Jahren wollte die Stadt das verbliebene Areal zunächst einheitlich gestalten: »[...] Es wäre im Interesse einer einwandfreien städtebaulichen Gestaltung des dem Friedhof am Perlacher Forst vorgelagerten Geländes gelegen, wenn der arrondierte städtische Liegenschaftsbesitz nicht durch den Verkauf von Einzelparzellen geschmälert würde und in seinem vollen Umfang erhalten bliebe [Ustr. im Original] bis zu dem Zeitpunkt, zu dem eine großzügige und einheitliche Bebauung gemäß den Absichten der Stadt möglich wird [...]«.[25]

Spätestens im Frühjahr 1952 wurde das Gelände dann jedoch an verschiedene Gesellschaften vergeben. Es war zwar vor dem Krieg als »Vorbehaltsgelände« für die Südhausbau bestimmt gewesen, aber da »[...] die Gesellschaft [...] nach Kriegsende nicht in der Lage war, die Grundstücke in absehbarer Zeit zu bebauen, wurde die vorerwähnte Neuaufteilung im Hinblick auf den außerordentlichen Mangel an baureifem Gelände mit Genehmigung des Stadtrates vorgenommen [...]«.[26]

Im Laufe der fünfziger und sechziger Jahre wurde das Gelände dann von Siemens, der Stadt München und anderen Bauträgern bebaut. Selbst die nicht fertiggestellten Teile des zweiten Bauteils wurden unter anderer Leitung vollendet. Sie wurden zwar noch entsprechend der Zeilen des alten Baulinienplanes durchgeführt, die architektonischen Formen änderten sich jedoch mit dem jeweiligen Architekten. Besonders deutlich wird dies am östlichen

Scharfreiterplatz.
Architekt: Emil Freymuth.
Baujahr ca. 1952–1953.
Foto um 1954.

Torbogenhaus, bei dem sich zwei verschiedene Bauhöhen in der Mitte treffen.

Für die Südhausbau errichtete Emil Freymuth östlich des Scharfreiterplatzes zwischen 1950 und 1953 zwei viergeschossige Zeilen, die an ihrer Ostseite das Fassadenschema der vor Kriegsende gebauten Zeilen aufnehmen. Dies kann als Hinweis darauf verstanden werden, daß die Südhausbau zu Baubeginn noch eine einheitliche Bebauung in Anlehnung an die Vorkriegsplanung – zumindest für Teile des alten Siedlungsareals – für möglich hielt. Die Pläne Freymuths erwecken den Eindruck, als seien Vorkriegspläne lediglich überarbeitet und im Grundriß modifiziert worden. Die Häuser haben nun allerdings an der Westseite Balkone, die die Fassade leicht und fast graphisch gliedern.

Hier stellt sich die Frage, warum fünf Jahre nach Kriegsende auf alte Pläne zurückgegriffen wurde. Vermutlich wurden diese Wohnungsbauplanungen nicht als »nationalsozialistische Architektur« angesehen und die 1938 gefundenen Lösungen für die Probleme durch die enorme Wohnungsnot als angemessen erachtet.

Die nachfolgenden Bauten richteten sich dann nicht mehr nach den alten Planungen, auch die alten Baulinien wurden ad acta gelegt.

Ganz auf der Höhe der Zeit errichtete die Südhausbau ab 1953 nach Plänen von Matthä Schmölz am Scharfreiterplatz/Scharfreiterstraße und ab 1954 nach Plänen von Franz Ruf entlang der Schwanseestraße/Ecke Scharfreiterplatz zwei Laubenganghäuser, deren außen liegenden Zugänge mit Hilfe einer filigran wirkenden Konstruktion aus runden Metallstützen vor die Fassade gesetzt sind. Die langgestreckten Baukörper sind unterschiedlich gegliedert: bei Schmölz durch mehrere weit vorspringende, geschlossene Gebäudeteile auf der Laubengangseite, bei Ruf u. a. durch das Rückspringen eines Bauteils hinter die Baulucht.

Die Laubengänge beider Gebäude sowie die kubischen Balkone auf der Rückseite des Ruf-Baus brechen das glatte, abgeschlossene Volumen einfacher Wohnhausarchitektur auf.

Beide Bauten enthalten Kleinwohnungen, die Zeile von Ruf umfaßt zusätzlich Appartements in der Größe von ungefähr 33 Quadratmetern. Die Erschließung der einzelnen Räume hat sich gegenüber der Vorkriegszeit merklich geändert: In einigen Wohnungen von Schmölz sind Küche und Schlafzimmer nur über das Wohnzimmer

Laubenganghaus von Matthä Schmölz am Scharfreiterplatz/Scharfreiterstraße.
Baujahr ca. 1953.
Foto um 1954.

erreichbar, und in den Appartements von Ruf gibt es eine Art »Erschließungsweg«, der U-förmig durch alle Räume führt. In Anlehnung an die »Frankfurter Küche« hat die Küche hier keine Wohnfunktion mehr; die Appartements sind durchweg nur noch mit Kochnischen ausgestattet.

Wie schon bei den Nachkriegsbauten von Freymuth haben die Zeilen keine ausgebauten Dachgeschosse.

Seit den sechziger Jahren wurden die Gebäude der Siedlung modernisiert, Dachgeschosse ausgebaut und Balkone angebaut, so daß sich das äußere Erscheinungsbild der Siedlung gegenüber dem ursprünglichen Eindruck verändert hat.

Die Siedlung »Am Perlacher Forst« steht am Schnittpunkt verschiedener Architekturauffassungen, wobei fortschrittliche und traditionelle Lösungen nebeneinanderstehen.

Mit ihrer Zeilenbauweise, den als Zweispänner angeordneten Kleinwohnungen, den Wohnküchen, deren Fenster zu den Kinderspielplätzen hinausgehen, und der Einbettung der Wohnbauten in großflächige Grünanlagen[27] übernimmt sie Konzeptionen der zwanziger Jahre, jedoch in einer einseitigen Fortschreibung der konservativen

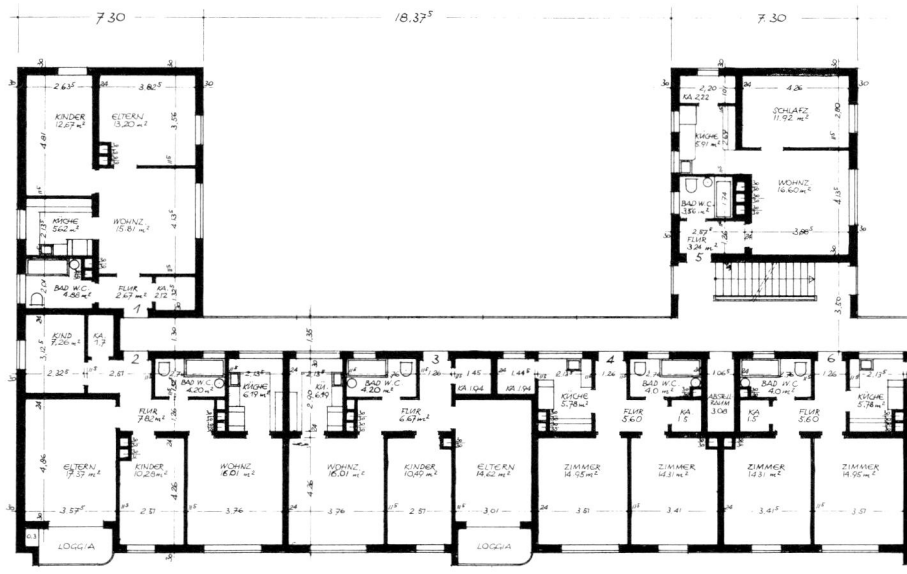

Grundriß des Laubenganghauses von Matthä Schmölz.
Baujahr ca. 1953.

29

Bauteil I, Blick von der
Eschenbachstraße.
Architekten: Julius Nebel,
Uli Seeck.
Baujahr ca. 1938–1939.
Foto 1996.

Richtung. Im Vergleich mit der Vielfalt der Formensprache, Grundrißkonzeptionen und Siedlungsstrukturen in den zwanziger Jahren findet am Perlacher Forst eine Reduktion in jeder Hinsicht statt – zum einen aus ideologischen Gründen, weil das experimentelle Moment der Moderne im Nationalsozialismus verpönt war, zum anderen aus finanziellen Gründen, die zu einer rationalisierten Bauweise und damit zu einer Verwendung gleichartiger Elemente zwangen.

Die Siedlung entspricht mit ihrer Blockrandbebauung, den dreigeschossigen Zeilen mit ausgebautem Dach und der Betonung jedes einzelnen Fensters, ohne eine zusammenfassende Wirkung zu beabsichtigen, dem »Einheitstyp« nationalsozialistischen Wohnungsbaus, wie ihn Gert Kähler beschreibt.[28]

Demgegenüber spiegeln die schloßartigen Entwürfe für die Zeilen an der Chiemgaustraße und am Scharfreiterplatz einen nationalsozialistischen Repräsentationswillen wider, der in ungleich größerem Maß Ausdruck in den Planungen für die »Südstadt« findet.

Die Bauten der Nachkriegszeit orientieren sich – mit Ausnahme der Zeilen Emil Freymuths – an der fortschrittlichen Formensprache der Moderne. Deutlich wird dies bei den Laubenganghäusern, die einen Typus der zwanziger Jahre aufgreifen, und an der Fassadengestaltung des Ruf-Baus, die durch ein asymmetrisches Wechselspiel von Raum und Fläche gekennzeichnet ist.

Wenngleich die Rentabilität der Bauten und ihrer Grundrißlösungen im Vordergrund stand, veranschaulicht diese Architektur das Bestreben, die vormals verfemte Moderne wieder in ihr Recht zu setzen.

Laubenganghaus von
Matthä Schmölz.
Scharfreiterplatz/Scharfreiterstraße. Baujahr ca. 1953.
Foto um 1954.

Anmerkungen

1 Schreiben von Referat 12/E1 an Referat 10 – Abtlg. Grundstücksverkehr vom 10.5.1950 (Stadtarchiv München, Baureferat – Bauverwaltung 83/2, 29. Südhausbau, Mappe Ref.12/E1, Akt Nr.86, SHB – Allgem. Schriftwechsel, Blatt 19).

2 Im Archiv der Südhausbau findet sich ein Brief vom 9.12.1938, in dem der Kunstmaler Karl Throll sen. seine Beteiligung an der Planung reklamiert, und aus dem eine frühe Mitarbeit von Carl Jäger hervorgeht: »[...] Ich hatte schon in den Jahren 1929-35 [...] versucht, Herrn Baurat Harbers für die Grundstücke zu interessieren [...] Ich habe dann mit Herrn Professor Jäger [...] Bebauungspläne ausgearbeitet, diese mit Herrn Harbers vielfach besprochen und eingereicht [...]« (SHB, PF BT I). Throll gibt in diesem Brief auch an, die Südhausbau für dieses Projekt vorgeschlagen zu haben.

3 Brief von Julius Nebel vom 13.6.1938 und Brief von Carl Jäger vom 16.6.1938 an die Südhausbau (beide SHB PF Ordner BT I+II).

4 Verträge der Südhausbau mit den Architekten vom 1.8.1938 (SHB, Ordner Urkunden 2).

5 Vgl. Anmerkung 3 und Schreiben der Südhausbau an das Staatsministerium für Wirtschaft, Abteilung für Arbeit und Fürsorge, vom 27.8.1938 (Stadtarchiv München, 78/I, Bd.15a, Blatt 60/61); leider konnte die Verfasserin keine Entwürfe finden, die einen Überblick über diese Gesamtplanung gestattet hätten. In den Akten der Südhausbau existiert ein Plan zum 6. Block von Seeck vom Mai 1939 (SHB BT I, Brief von Seeck an die Südhausbau vom 30.5.1939), und im Münchner Stadtarchiv gibt es einen Übersichtsplan vom 12.11.1940, auf dem eine annähernd achsensymmetrische Spiegelung des zweiten Blocks auf das Areal östlich vom Scharfreiterplatz angedeutet ist (Stadtarchiv München, 78/I, Bd.15a, Mappe Block 2); einen vagen Eindruck vermitteln auch die Münchner Neueste Nachrichten vom 18.6.1940.

6 Brief der Südhausbau an Dezernat 7/12 (ohne Datum) (Stadtarchiv München, 78/I, Bd.15a, Blatt 132); Nachweis der Verkäuflichkeit von Bauteil I durch die Firma August Münemann (ohne Datum) (SHB PF BT I); Schreiben der Südhausbau an das Wohnungs- und Siedlungsdezernat vom 4.7.1939. (Stadtarchiv München, 78/I Bd.15a, BT II, Blatt 196); Dokument »Weiterführung der Bauarbeiten in der Wohnbauanlage »Am Perlacher Forst« Bauteil II, für die Bayerischen Motoren Werke« vom 18.9.1942 (SHB PF BT I+II).

7 Stadtarchiv München, 78/I, Bd.15a, BT I und BT II.

8 Schätzung des Grundstücks- und Gebäudewertes von Haus 1 mit 8 in BT 2 vom 28.7.1943 durch den Architekten Franz S. Baumann, S.9 (SHB PF Ordner BT II, Zeile 1-4, 5/8, 6, Köhl, Verkäufe).

9 Siehe Anmerkung 8, S.10, und Schreiben der Südhausbau an Stadtrat Harbers vom 6.8.1942 (Stadtarchiv München, 78/I, Bd.15a, BT I).

10 Für beide Bauteile waren Wandmalereien vorgesehen, die jedoch nicht ausgeführt wurden (SHB PF Ordner BT I+II, Rubrik »Nagel«).

11 Schreiben der Südhausbau an das Staatsministerium für Wirtschaft, Abteilung für Arbeit und Fürsorge, vom 27.8.1938 (vgl. Anmerkung 5).

12 Urkunde errichtet von Notar Justizrat Wiesinger am 14.12.1938, Urk.-Rolle Nr.4800, S.9 und 11 (SHB PF); 1938 war vorgesehen, die Mieten auf 47-54 Mark monatlich zu begrenzen (Schreiben des Bayerischen Staatsministeriums für Wirtschaft, Abtlg. für Arbeit und Fürsorge, an den Reichsarbeitsminister vom 27.8.1938, Stadtarchiv München, 78/I, Bd.15a, BT I, Blatt 46); entgegen dieser Planungen bewegten sich die Mieten später zwischen ca. 52 und 86 Mark (SA 78/I, Bd.15a, BT I, Blatt 306).

13 Schreiben des Städtischen Wohnungsnachweises an Herrn Dr. G. Stupe vom 11.7.1939 (Stadtarchiv München, 78/I, Bd.15a, BT I, Mappe »Wohnungsvergabe«).

14 Schreiben des Städtischen Wohnungsnachweises an Dezernat 7/11 vom 30.6.1939 (Stadtarchiv München, 78/I, Bd.15a, BT I, Mappe »Wohnungsvergebung«).

15 Vgl. Heusler 1993, 87/88.

16 Fotoarchiv im Münchner Stadtarchiv, Zweiter Weltkrieg, Fliegerschäden, Mayer, Scharfreiterplatz.

17 Kähler 1996, 436.

18 Besprechungsprotokoll vom 17.4.1940 (Stadtarchiv München, 78/I, Bd.15a, BT I, Mappe »Wohnungsvergabe«); Heusler 1993, 82.

19 Stadtarchiv München, 78/I, Bd.15a, Blatt 295-298; Schreiben des Stadtrats an die Südhausbau vom 15.5.1940 (Stadtarchiv München, 78/I, Bd.15a, BT I, Mappe »Wohnungsvergebung«); Rubrik »Bayerische Motorenwerke« (SHB PF Ordner BT I+II).

20 Zur »Südstadt« siehe Rasp 1981, 185-194, besonders Abb.158.

21 Schreiben der »Neuen Heimat« vom 27.10.1939 an das Dezernat 7. (SHB PF Ordner BT I+II); vgl. auch Rasp 1981, 182.

22 Schreiben der Südhausbau an Uli Seeck vom 31.7.1940 (SHB PF Ordner BT I+II).

23 Die Form der Fenster entspricht der Gestalt der Putzfelder an der nördlichen Zeile des ersten Bauteils, was die Frage nach einer eventuellen Einflußnahme des Generalbaurats auch beim ersten Bauteil aufwirft; die Fenstereinfassungen sind in einer der eingestellten Zeilen des zweiten Bauteils realisiert worden.

24 In den Plänen ist eine entsprechende Bebauung der Chiemgaustraße angedeutet; die Wohnungen mit viereinhalb bis fünfeinhalb Zimmern, u. a. auch für »Personal«, und mit Zentralheizung waren sicher nicht für finanzschwache Mieter gedacht (Stadtarchiv München, 78/I, Bd.19, Block 2, Plan für Haus 9 vom April 1942; Dokument »Weiterführung der Bauarbeiten in der Wohnbauanlage »Am Perlacher Forst« Bauteil II, für die Bayerischen Motoren Werke« vom 18.9.1942, vgl. Anm. 6).

25 Schreiben von Referat 12/E1 an Referat 10 – Abtlg. Grundstücksverkehr vom 10.5.1950 (Stadtarchiv München, Bauref. Bauverwaltung 83/2, 29. Südhausbau, Mappe Ref.12/E1, Akt Nr.86, SHB-Allgem. Schriftwechsel, Blatt 19).

26 Ebd.

27 Gert Kähler erwähnt die Ähnlichkeit zwischen einer umgesetzten Gartenstadtidee und einer aufgelockerten Bauweise »zum Schutz vor Bombenangriffen«, allerdings ohne irgendwelche Unterscheidungskriterien anzuführen (Kähler, 306).

28 Kähler, 417.

Abkürzung
SHB: Archiv Südhausbau

Wohnungsbau und Repräsentation
Die Randbebauung der
Forstenrieder Straße

PETER HEMMER

Die Architektur in München zur Zeit des Dritten Reichs ist seit einigen Jahren verstärkt Ziel wissenschaftlicher Forschung. Dennoch verbindet man heute mit dem Begriff »nationalsozialistische Architektur« vor allem Vorstellungen mehr oder weniger gigantomaner neoklassizistischer Repräsentationsbauten, die sich an wenigen exponierten Plätzen und Straßen immer noch deutlich im Stadtbild behaupten. Dort ist es leicht, Architektur als Instrument eines totalitären Staates zu erkennen.

Weit weniger auffällig ist die Architektur des Wohnungsbaus dieser Zeit. Die Siedlungen sind meist ein unspektakulärer Bestandteil unserer alltäglichen Umgebung und geben im Gegensatz zur repräsentativen öffentlichen Architektur ihre Entstehungszeit nicht so eindeutig zu erkennen. An der Nordseite der Autobahn München – Garmisch zwischen dem Luise-Kiesselbach-Platz und dem Kreuzhof (Fürstenrieder Straße) befindet sich die Oberlandsiedlung. Obwohl sie von Architekten entworfen wurde, die als entschiedene Vertreter der Moderne in die Architekturgeschichte der Nachkriegszeit eingegangen sind, stellt sie doch – vor allem wegen ihrer repräsentativen Funktion an der Autobahn – ein wichtiges Beispiel für den Wohnungsbau in München während des Dritten Reichs dar.

»Die Oberlandsiedlung nimmt das große Dreieck-Gelände ein, das im Münchner Südwesten von der Waldfriedhof-, der Fürstenrieder und der Forstenrieder Straße eingesäumt wird. Sie hat sich in der kurzen Zeit ihres Bestehens zu einem der schönsten Wohngebiete entwickelt, das sich durch gediegene Eigenheimbauten auszeichnet. Im vorigen Jahr ist auch ein großer Teil der nördlichen Randbebauung an der Waldfriedhofstraße ausgeführt worden. Inzwischen wurde die südliche Randbebauung an der Forstenrieder Straße in Angriff genommen.«[1]

Mit diesen Worten beginnt ein Bericht der Münchner Neuesten Nachrichten vom 2. Juli 1941 zur südlichen Randbebauung der Oberlandsiedlung. An dieser Randbebauung, einem der größten jener Wohnungsbauprojekte, welche in München auch während des Krieges zu großen Teilen realisiert wurden, ist federführend die Süddeutsche Grundbesitz- und Hausbaugesellschaft (genannt: Südhausbau) mit drei weiteren Bauunternehmen, den Firmen Gottschall, Riepl und Ludwig, beteiligt. Der Bebauungsplan zur gesamten Oberlandsiedlung stammt vom Architekten Franz Ruf, die Häuser der südlichen Randbebauung wurden von Franz Ruf, seinem Bruder Sep Ruf und Hans Holzbauer entworfen.

Die Oberlandsiedlung ist ursprünglich als Eigenheimsiedlung für ein bauwilliges Publikum aus dem gehobenen Mittelstand projektiert.[2] Im Auftrag der Bayerischen Grundstücksverwertungsgesellschaft, die lediglich die Grundstücke für die zu errichtenden Eigenheime vertreibt, erstellt Franz Ruf 1935 einen Bebauungsplan, nach dem die Häuser von den neuen Grundstückseigentümern errichtet werden sollten. Ein erhaltener »Siedlungspolitischer Fragebogen«[3] aus dem Jahr 1937 gibt nähere Auskunft über Planung und Stand der Ausführung:

Auf den 367 zum Verkauf gestellten Grundstücken sollten ebensoviele Eigenheime (als zweistöckige Walmdachhäuser und zwei- bzw. einstöckige Giebelhäuser) und »einige Reihenhäuser bis zu drei Stockwerken als Randbebauung« entstehen. Anfang 1937 waren 192 Grundstücke verkauft, 102 Eigenheime waren fertiggestellt, 36 weitere begonnen. Das heißt, daß zu diesem Zeitpunkt mehr als die Hälfte der baureifen Grundstücke entweder nicht verkauft oder nicht bebaut war. Dabei bevorzugen die Käufer eindeutig die großen Walmdachhäuser: die zweistöckigen Giebelhäuser sind kaum, die

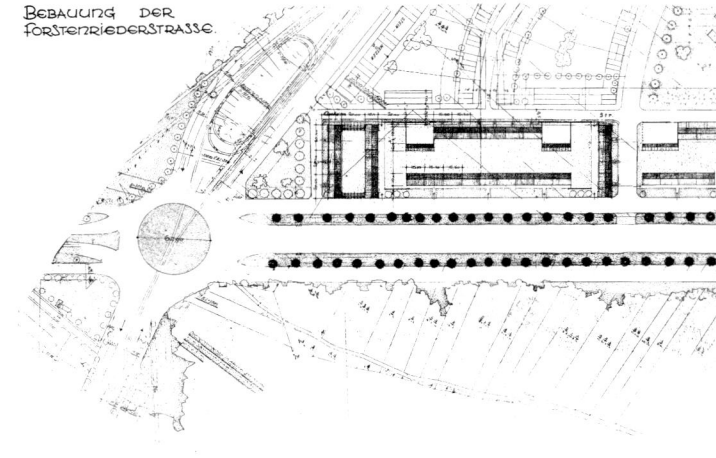

einstöckigen überhaupt nicht verkauft. In Punkt 7 des Fragebogens heißt es dazu:

»Es wird sich nicht umgehen lassen, den Bebauungsplan dahingehend abzuändern, daß die große Anzahl erdgeschössiger Giebelhäuser durch andere Haustypen ersetzt wird. Das ist der Fall südlich der Cimbernstrasse [...]«[4]

Aus wirtschaftlicher Notwendigkeit einerseits und andererseits durch eine Initiative des Wohnungsbaudezernenten der Stadt, Guido Harbers[5], der gegenüber Franz Ruf das »zerrissene Erscheinungsbild« der Oberlandsiedlung bemängelt, wird mit einer Neuplanung der südlichen Randbebauung begonnen: In einem Brief vom 5. November 1937 an den Dezernenten[6] nimmt Ruf zu dessen Kritik Stellung, indem er wiederum auf den schleppenden Absatz der Häuser hinweist und in diesem Zusammenhang Harbers um Mithilfe bei der Suche nach einer interessierten größeren Baugesellschaft bittet, welche die Randbebauung an der Cimbernstraße (immer noch aus Einfamilienhäusern, wie bereits 1935 geplant) ausführen soll. Außerdem würde sich, so Ruf, durch die bereits spürbar zunehmende Materialknappheit eine Verzögerung der Baumaßnahmen nicht vermeiden lassen.[7] Im Dezernat für Wohnungswesen nimmt man Rufs Stellungnahme zur Kenntnis und erklärt sich grundsätzlich bereit, bei der Vermittlung eines Bauunternehmens behilflich zu sein: Allerdings müsse dann die vorgesehene Bebauung mit Einfamilienhäusern zugunsten von mehrgeschossigen Wohnungsbauten aufgegeben werden. Nur so könne das Projekt für ein größeres Bauunternehmen von wirtschaftlichem Interesse sein.[8] Für das Areal zwischen der Cimbernstraße und der Forstenrieder Straße erstellt Franz Ruf einen neuen Bebauungsplan, der in zwei Varianten im Januar 1938 der Stadt vorgelegt wird: Im ersten Entwurf bleiben die kleinen Einfamilienhäuser an der Cimbernstraße bestehen, lediglich entlang der Forstenrieder Straße schließen dreigeschossige Längsbauten

Modell der Randbebauung an der Forstenrieder Straße, das die ausgeführte Bebauung zeigt, sowie die Planung, den ersten doppelten Querriegel spiegelbildlich auf der anderen Straßenseite zu wiederholen. Foto 1938.

Bebauungsplan der Forstenrieder Straße, Oktober 1938. Architekt: Franz Ruf.

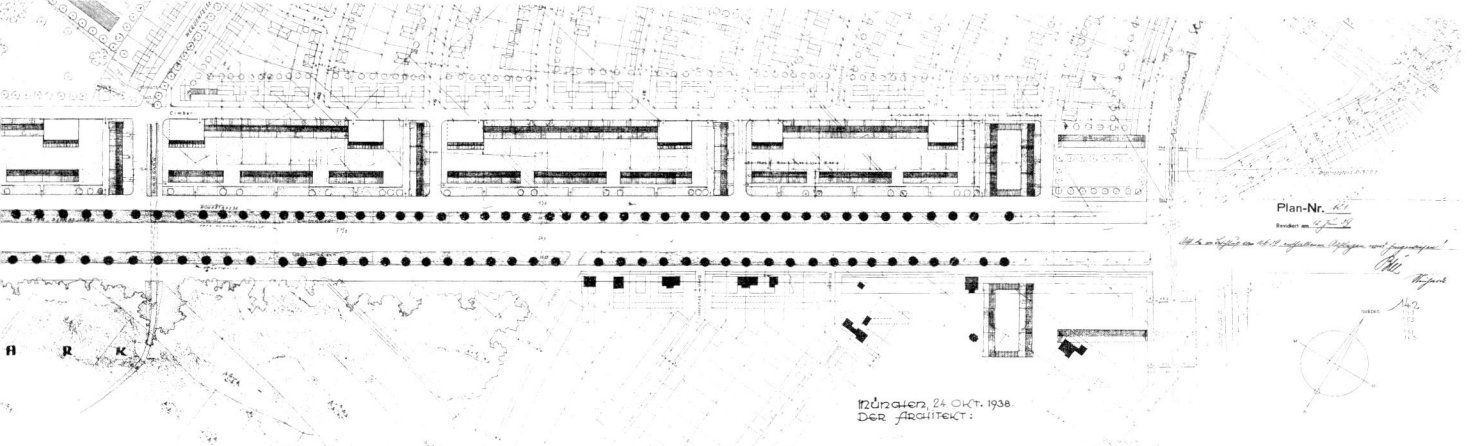

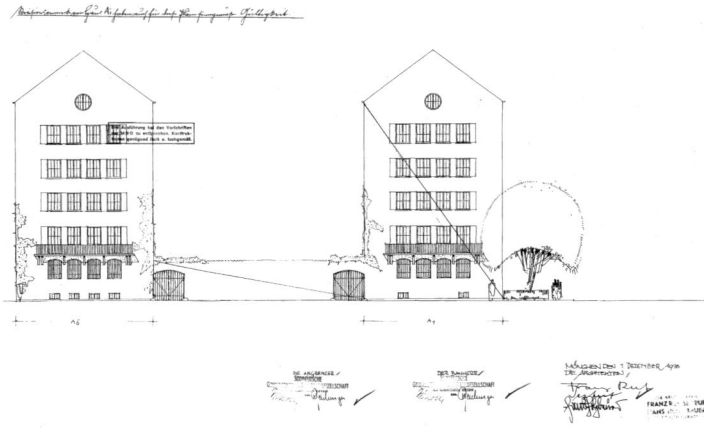

Giebelseiten der verdoppelten Querriegelbauten, Dezember 1938. Architekten: Franz und Sep Ruf, Hans Holzbauer.

die Siedlung ab. Durch sechs quergestellte, ebenfalls dreigeschossige Wohnblöcke zwischen Cimbern- und Forstenrieder Straße entlang den Querstraßen gliedert sich die Randbebauung in drei »Blöcke«, wobei der erste von der Höllental- bis zur Innerkoflerstraße reicht, also eigentlich zwei durch die Straßenführung bedingte Blöcke zu einer Einheit überspannt. Die Fläche zwischen der Werdenfels- und der Markomannenstraße, an der auch die Cimbernstraße unterbrochen sein sollte, ist als parkähnlicher Grünstreifen in bogenartiger Verlängerung des Sportgeländes ohne abschließende Randbebauung geplant. Die zweite eingereichte Version, die der tatsächlich ausgeführten Planung wesentlich näher kommt, gliedert sich entsprechend der Sraßenführung in vier Blöcke – wiederum bleibt allerdings die Fläche zwischen Werdenfels- und Markomannenstraße »offen«: lediglich ein

Querriegel Forstenrieder Straße/Ecke Fürstenrieder Straße. Im Hintergrund ist ein in Bau befindliches Haus zu sehen. Am rechten Bildrand verläuft die Olympiastraße. Foto ca. 1942.

Einer der mittleren Querriegel
mit anschließendem Längsbau
Typ C, der 1949–51 von der
Südhausbau für die Siemens
Wohnungsbaugesellschaft
errichtet wurde.

Einer der mittleren Querriegel,
der 1939–42 errichtet wurde.

HJ-Heim ist in der Nähe des Sportplatzes vorgesehen. Auf die Einfamilienhäuser wird vollkommen verzichtet, während die dreigeschossigen Längsbauten, in jeweils drei identische Zeilen geteilt, direkt an die Cimbernstraße gerückt sind. Die Fläche hinter diesen Häusern zur Forstenrieder Straße hin sollte – fast ein Relikt des nationalsozialistischen Ideals der Siedlerstellen – zur Selbstversorgung der Bewohner in einzelne Mietgärten parzelliert werden.⁹ Die wesentliche Neuerung gegenüber dem ersten Plan stellen die sechs Querriegelbauten zwischen der Forstenrieder Straße und der Cimbernstraße dar. Im Gegensatz zu den dreigeschossigen Längsbauten sind diese jetzt als fünfstöckige Wohnhäuser geplant. So wird andererseits eine stärkere Gliederung der Randbebauung erreicht, andererseits erhöht sich die Anzahl der Wohnungen im Vergleich zum ersten Entwurf deutlich. Auf der anderen, südlichen Seite der Forstenrieder Straße ist als Pendant zum ersten Querriegel ein weiterer, ebenfalls fünfstöckiger Riegelbau geplant. Wie ein Tor zur Stadt sollen die beiden Häusergruppen die Straße einfassen. Allerdings wurde die Planung auf der anderen Seite der Straße weder weitergeführt noch das Geplante realisiert.

Da die Forstenrieder Straße eine der Hauptausfallstraßen der Stadt nach Südwesten als Zubringer zur Olympiastraße nach Garmisch darstellt und Zubringerstraße zur neuen geplanten Reichsautobahn München – Lindau werden sollte¹⁰, kommt der Randbebauung erhöhte städtebaupolitische Bedeutung zu: Stadtbaurat Alker legt die Pläne im Februar 1938 Adolf Hitler vor, der den Bebauungsplan billigt, was aus einem internen Vermerk Harbers' vom 18. Februar 1938 hervorgeht:

»Unter Bezugnahme auf die mündliche Mitteilung von Herrn Stadtbaurat Prof. Dr. Alker in der letzten Dezernentenbesprechung vom 15. des Monats bitte ich um Übermittlung von Planungsunterlagen für die vom Führer dem Vernehmen nach gebilligte Bebauungsweise. Es ist möglich, daß bald ein entsprechender Bauträger gefunden wird.«¹¹

In der Folge wird Franz Ruf vom Stadtbaurat mit der Oberleitung der Planung betraut und sein Projekt am 31. März 1938 durch Alker endgültig genehmigt. Die Bayerische Grundstücksverwertungsgesellschaft wird daraufhin beauftragt, geeignete Bauherren zu finden:

»Herr Geigenberger (Bayerische Grundstücksverwertungsgesellschaft, Anm. d. Verf.) teilte mit, daß er mit Heilmann und Littmann wegen der Bebauung der Grundstücke an der Forstenrieder Straße verhandelt habe, leider ohne Erfolg, da die Immobiliengesellschaft München – Berlin sich in Liquidation befindet und das Baugeschäft über eigene Mittel nicht verfügt, [...] Geigenberger will in dieser Frage in den nächsten Tagen mit verschiedenen größeren Unternehmen verhandeln, so mit der Süddeutschen Grundbesitz- und Hausbaugesellschaft [...].«¹²

Am 30. Mai 1938 werden die Vertreter interessierter Bauunternehmen zu einer Vorbesprechung geladen, zu deren Verlauf Harbers in einer internen Besprechung des Dezernats folgert:

»daß hier für die Bauträger sich Gelegenheit biete, eine schöne vom Führer gestellte Aufgabe, deren gute und rasche Ausführung auch im Interesse der Stadt liegt, zu lösen.«¹³

Am 3. Juni 1938 übermittelt die Stadt ein Angebot an

die Interessenten (»Grundsätzliches zur Projektbearbeitung«), das bereits über Details der zu errichtenden Gebäude und Wohnungen Aufschluß gibt. Dort heißt es:

»Die Regelwohnung soll durchschnittlich 70–75 qm und zwar ein Wohnzimmer mit 20 qm, ein Schlafzimmer mit 16–18 qm, eine Küche von 8–12 qm, eine Kammer von 6–8 qm, daneben Flur oder Diele, Bad und Abort umfassen. Neben diesen Wohnungen sind auch solche mit 3 1/2 Zimmern und einer Wohnfläche von ca. 90 qm vorzusehen. Die Anordnungen noch größerer Wohnungen, insbesondere in den Riegelbauten, soll nicht ausgeschlossen sein. [...] Es wird zweckmäßig sein, einen Teil der Wohnungen, besonders in den Riegelbauten, mit Zentralheizung auszustatten. Im übrigen wird die Ausstattung der guten Wohnlage anzupassen sein. [...] Die Mieten dürfen nicht höher angesetzt werden als es die Aufwendungen für die Verzinsung des zum Grunderwerb und zum Bau der Häuser aufgewendeten Kapitals erfordern. [...] Die Stadt sichert den kontingentierten Rohstoffbedarf zu.«[14]

Während die Bayerische Grundstücksverwertungsgesellschaft nun in intensive Verhandlungen mit den Grundstückseigentümern hinsichtlich der Grundstücksverkäufe an die ausführenden Bauunternehmen tritt – die Grundstücke werden letztlich alle zu einem regulären Preis von fünf bis sieben RM/qm von den bisherigen Eigentümern verkauft – kalkulieren die Bauunternehmen erneut die Kosten: In einem von den Direktoren aller vier Gesellschaften (Südhausbau, Riepl, Ludwig und Gottschall) unterzeichneten Brief an Harbers heißt es:

»Bei der nach den Plänen des Architekten Ruf vorgesehenen Bebauung der Längs- und Riegelbauten ist nach unserer Ansicht der gemäß unserem Finanzierungsplan errechnete Mietpreis für den qm Wohnraum zu hoch.«[15]

Als Lösung zur Kostendeckung wird vorgeschlagen, die Längsbauten um ein Stockwerk zu erhöhen und die Stockwerkshöhe der Riegelbauten zu senken, um ein zusätzliches Stockwerk zu gewinnen. Weiter:

»Eine nicht unwesentliche Verteuerung der Mieten bringen auch die unbenutzbaren großen Vorgartenflächen mit sich.«[16]

Auf die Kritik der Bauherren reagiert Ruf sofort und teilt dem Dezernat 7 am 12. August 1938 mit, daß das Projekt eine Umarbeitung erfahren solle.[17]

Diese von Ruf angekündigte »grundsätzliche Umarbeitung« des Projekts orientiert sich in noch stärkerem Maße als die früheren Planungen am Ausbau der Forstenrieder Straße, der am 1. September 1938 endgültig beschlossen wird: Die Zubringerstraße zur Reichsautobahn nach Lindau, zur Olympiastraße und zum Brenner/Reichsgrenze soll in einer Breite von 71,5 m ausgebaut werden. Nach der Breite der Straße haben sich die Dimensionen der Gebäude, vor allem die Höhe der Riegelbauten, auszurichten. Mit den Straßenbaumaßnahmen wird unmittelbar nach dem Beschluß begonnen – im Zuge dieser Arbeiten wird die Infrastruktur für die Randbebauung, wie Kanalisation etc. ausgeführt.[18]

Die angekündigte Umarbeitung Rufs verfolgt nun im wesentlichen zwei Ziele: Zum einen soll die Wirtschaftlichkeit erhöht werden, indem zusätzlicher Wohnraum geschaffen wird, zum anderen muß die Bebauung dem neuen repräsentativen Charakter der Forstenrieder Straße angepaßt werden: Die Lösung findet sich in einem zweiten, ebenfalls aus drei Zeilen bestehenden Längsbau entlang der Forstenrieder Straße, der auch auf diese hin ausgerichtet ist, und einer Verdoppelung der Querriegel an den beiden Enden des Geländes. Außerdem sollen alle

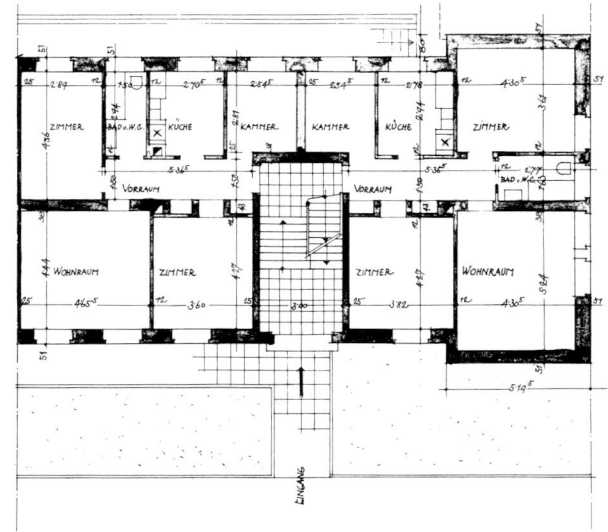

Grundriß Querriegel Typ A.
Architekten: Franz und Sep Ruf,
Hans Holzbauer. 1938.

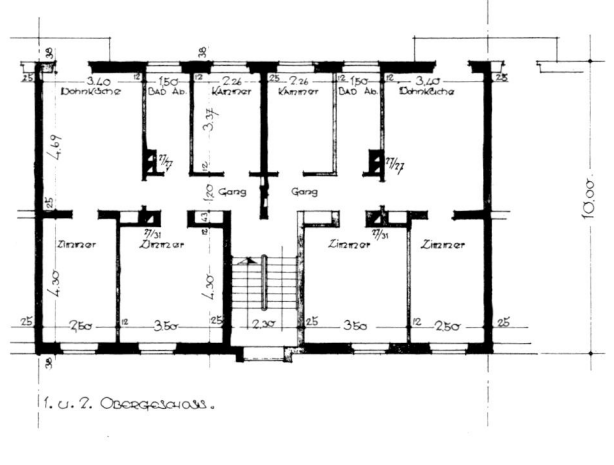

Grundriß Längsbau Typ D.
Architekten: Franz und Sep Ruf,
Hans Holzbauer. 1938.

fünf Blöcke nahezu einheitlich bebaut werden, das ursprünglich vorgesehene HJ-Heim weicht also zusätzlichen Wohnhäusern. Am 5. Oktober 1938 treffen sich die Bauherren mit Ruf und Harbers zu einer Besprechung:

»Durch Ausnutzung des rückwärtigen Geländes wird eine erheblich bessere Wirtschaftlichkeit gegenüber dem ersten Projekt erreicht. Es wurde von Herrn Stadtrat Harbers den Firmen angeraten, entlang der Cimbernstraße ebenfalls 6-Familienhäuser in Flußbauweise vorzusehen.«[19]

Außerdem waren sich alle Bauträger »darüber einig, daß es am zweckmäßigsten sei, in erster Linie Zweizimmerwohnungen und nur wenige Dreizimmerwohnungen, noch weniger aber Vierzimmerwohnungen zu erstellen.«[20]

Am 1. November 1938 liegen die von Franz Ruf, Sep Ruf und Hans Holzbauer ausgearbeiteten Pläne vor. Harbers schreibt zu diesen Plänen:

»Der neue Lageplan zeigt an der Murnauer Straße und gegen die Fürstenrieder Straße zwei fünfgeschossige Doppelriegelbauten. Die zwischen den Riegelbauten vorgesehenen Längsbauten sind dreigeschossig und zwar an der Forstenrieder Straße zwischen je zwei Riegelbauten drei Zeilen und an der Cimbernstraße je eine Zeile angeordnet. An den Zeilenenden sind an der Cimbernstraße Garagen vorgesehen. Die Fassadengestaltung der Riegelbauten sollte auf der Seite, wo die Treppenhäuser angeordnet sind, noch in der Weise abgeändert werden, daß die allzu starke Betonung der Symmetrie vermieden wird durch eine lockere Anordnung der Fenster in den Mittelfeldern zwischen den Treppenhäusern. Die Fassaden der Zwischenbauten zeigen Sparrengesimse und eine sehr gute Gestaltung der Treppenhausachsen und der Erker. Die Giebelmauern sind gegenüber den Längsfronten um ca. 50 cm vorgezogen. Bei diesen Zwischenbauten soll auf Anregung des Dezernenten stärker als bei den Riegelbauten mit Farbe gearbeitet werden. [...]«[21]

Dieses Projekt, das letztlich auch realisiert wurde, setzt sich aus nur vier Gebäudetypen je Block zusammen, die 798 geplanten Wohnungen verteilen sich auf lediglich neun verschiedene Wohnungsgrundrisse.[22] Die Riegelbauten bestehen aus zwei Häusertypen: Typ A bildet die beiden an den Giebelseiten vorspringenden Eckhäuser aus, von denen ein Haus Typ B eingeschlossen wird. In den Riegelbauten befinden sich die größten Wohnungen der Siedlung, nämlich pro Haus und Stockwerk je zwei zum Treppenhaus symmetrisch angeordnete Dreizimmerwohnungen mit Küche, Kammer und Bad/WC, die eine Wohnfläche von 81,5 qm bzw. 88 qm an den verbreiterten Giebelseiten (Typ A) aufweisen. Die Längsbauten zur Forstenrieder Straße hin bestehen aus dem Haustyp C: Sie setzen sich aus dreigeschossigen Giebelhäusern zu je drei Zeilen aus vier Häusern zusammen. Sie enthalten Zwei- und Zweieinhalbzimmer-Wohnungen mit Wohn-

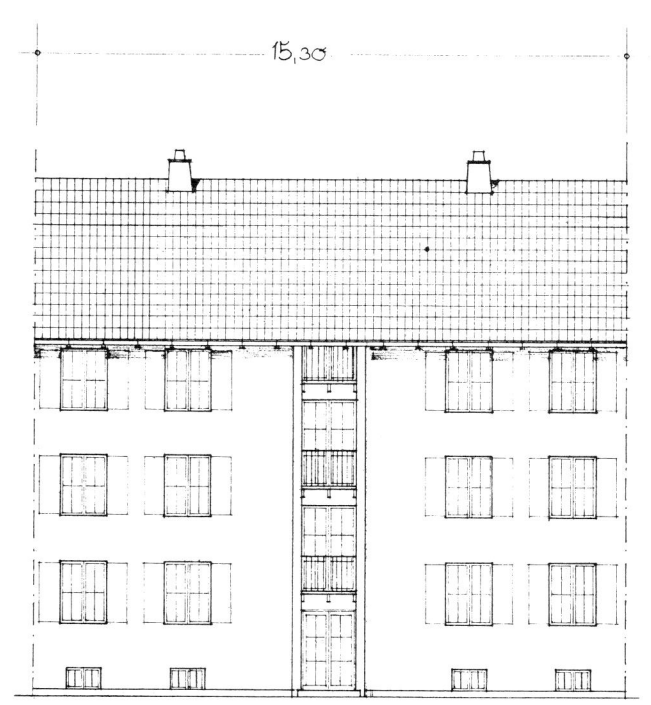

Fassade Längsbau Typ D,
Cimbernstraße.
Architekten: Franz und Sep Ruf,
Hans Holzbauer, 1938.

küche und Bad/WC mit Wohnflächen von 54,5 qm und 65 qm. Die Eingänge befinden sich an der Forstenrieder Straße, die Treppenhäuser sind an der Hofseite. Die Häuser an der Cimbernstraße, zu einer Zeile in Flußbauweise[23] ausgeführt, bilden Haustyp D: In den Proportionen entsprechen die Häuser dem Haustyp C, sie enthalten sechs Zweizimmer-Wohnungen mit Wohnküche, Kammer und Bad/WC, die Wohnfläche beträgt 59,15 qm. Die Grundrisse sämtlicher Haustypen orientieren sich an den funktionalen Errungenschaften des »Neuen Bauens«. Die Wohnungen der Längsbauten sind alle nach Süden ausgerichtet, die der Riegelbauten hauptsächlich nach Westen. An den Innenseiten der Doppelriegelbauten und den Südseiten der Längsbauten Typ D sind Balkone vorgesetzt. Die Gliederung der Wandflächen ist durch die geöffneten Fensterläden stark horizontal betont, was bei den braun gestrichenen Längsbauten besonders deutlich wird.[24] Dagegen setzen die Treppenhausachsen, die ganz der Formensprache des »Neuen Bauens« verhaftet sind, vertikale Akzente, was bei den Längsbauten an der Cimbernstraße in bemerkenswerter Weise demonstriert wird: Dreieinhalb fast direkt übereinandergestellte Glastüren sind durch zwei leicht vorspringende, rechteckige Lisenen eingefaßt. So entstehen Glasflächen, die eindeutig an Treppenhausgestaltungen in der Architektur der Weimarer Republik erinnern.[25] Bezüge zum »Neuen Bauen« lassen sich auch in anderen Details finden[26], aber auch die Formensprache

Einhornallee 6, Längsbau.
Detail Eingang.

Einhornallee 6, Längsbau Typ C.
Detail Hauseingang.

Cimbernstraße 13 A, Querriegel.
Detail Treppenhaus.

aus dem frühen Werk Sep Rufs ist zu erkennen: so z. B. die an den Enden aller Häuserzeilen vorgezogenen Giebelwände[27] oder die Gestaltung der Treppenhausachsen der Längsbauten an der Forstenrieder Straße.[28]

Ein Modell dieser Planung wird zusammen mit einem Modell des genehmigten älteren Projekts am 13. Dezember 1938 in der grundlegenden Besprechung zur Neugestaltung der »Hauptstadt der Bewegung« Hitler zur Begutachtung vorgelegt. Hitler entscheidet sich für den neuen Entwurf, da »die Bebauung viel besser erscheint als beim ersteren, bei dem der Blick von der Straße aus in die Hinterhöfe gegangen wäre.[29] Das Projekt wird in das »Sofort-Sofort-Programm« im Rahmen des Ersatzwohnungsbauprogramms[30] zur Neugestaltung der »Hauptstadt der Bewegung« aufgenommen. Das heißt, daß die Stadt, die im Rahmen des Baulückenprogramms[31] bereits die Erschließungskosten übernommen hat, zusammen mit dem Reich den Bau der Siedlung finanziell fördert: Von den veranschlagten Gesamtkosten in Höhe von 9.326.178 RM sind 1.943.500 RM öffentliche Darlehen.[32] Für den betreuenden Träger Südhausbau heißt das, daß dem aufzuwendenden Eigenkapital von 323.897 RM Hypotheken in Höhe von 3.016.500 RM gegenüberstehen, von denen 715.500 RM öffentliche Darlehen sind, die mit nur 1,5% verzinst werden. Aus den Baukosten errechnet sich ein Mietpreis von 1,21 RM/qm: der damals teuerste öffentlich geförderte Wohnraum Münchens (Mietpreis Borstei 1,04 RM/qm). Dies wird auch in den Mieterlisten bei Erstbezug der Wohnungen 1941–1943 deutlich: Fast ausschließlich gehobene Beamte, Offiziere, Selbständige bzw. freiberuflich tätige Personen können sich die Wohnungen leisten.[33]

Am 25. Januar 1939 tritt Hermann Giesler als Generalbaurat seine – von Hitler geschaffene – Stelle an.[34] Von ihm wird der Bau am 30. März 1939 freigegeben, zwei Tage, nachdem die Stadt ihre Zusicherung der Materialversorgung zurückgezogen hat: Am 28. März 1939

»eröffnete (der Vertreter der Stadt) den beteiligten Firmen, daß er ihnen bei der Beschaffung von Material und Arbeitskräften nicht behilflich sein könne. Er wies dabei vertraulich auf die wehrpolitischen Erfordernisse des Reiches an der Ostfront [!] hin.«[35]

Obwohl noch 1939 mit der Bautätigkeit begonnen wird,[36] kommt die Ausführung infolge des Kriegsbeginns zum Stillstand. Erst als ab Mitte 1940 Kriegsgefangene zur Zwangsarbeit eingesetzt werden, wird der Bau weitergeführt.[37] Um die Baustelle in ausreichendem Maß mit Arbeitskräften zu versorgen, wird an der Cimbernstraße ein Kriegsgefangenenlager errichtet.[38] Mit mehreren Unterbrechungen aufgrund der kriegsbedingten Materialknappheit wird bis zum 1. März 1943 gebaut. In dieser Zeit ist der vom Kriegsdienst befreite Sep Ruf als beratender Architekt in der Planungsabteilung des Generalbaurats für die Randbebauung der Oberlandsiedlung zuständig.[39] Am 15. März 1943 wird mit dem »Erlaß über die Wohnraumversorgung der Bevölkerung im Kriege« jeglicher Wohnungsneubau im Reich zugunsten der Errichtung primitivster »Behelfswohnbauten« für Fliegergeschädigte eingestellt.⁴⁰ Die Realisation großer Teile dieser zivilen Wohnsiedlung während des Krieges erfolgt unter schwierigsten Bedingungen und ist nur durch den menschenverachtenden Einsatz von Zwangsarbeit möglich gewesen.

In der Oberlandsiedlung sind im September 1945 genau 540 Wohnungen bezogen: Die Blöcke III (Südhausbau) und V sind vollendet, die Blöcke I und IV sind teilweise bebaut. In Block II (Südhausbau) dagegen sind nur Erd- und Fundierungsarbeiten ausgeführt. Ein geringfügiger Fliegerschaden am Querriegelbau Block V an der Markomannenstraße (beschädigte Türen und Fensterstöcke sowie einige Mauerrisse) wird ausgebessert.⁴¹ Block II wird von der Südhausbau in den Jahren 1948–1956 für die Siemens Wohnungsbaugesellschaft nach den alten Plänen (lediglich in den Zweieinhalbzimmerwohnungen der Häuser Typ C wird der große Raum in zwei kleinere Zimmer geteilt) ausgeführt.⁴² Dabei wird nach dem Krieg die Fortführung dieser nationalsozialistisch – repräsentativen Bebauung nicht in Frage gestellt.⁴³ Block I wird ebenfalls nach den originalen Plänen weitergebaut, während die nicht bebaute Fläche von Block IV an der Cimbernstraße in kleinere Grundstücke parzelliert und mit verschiedenen Reihenhäusern bebaut wird. Jüngste Veränderungen sind neu angebrachte Balkone an den Längsseiten fast aller Querriegelbauten.

Bedingt durch wirtschaftliche und wohnungsbaupolitische Gründe, vor allem aber durch die repräsentative Funktion der Bebauung als »Tor zur Stadt«, entsteht mit der Oberlandsiedlung ein Siedlungsbau, der in den Dimensionen der Gebäude für nationalsozialistische Wohnbauarchitektur ungewöhnlich, für die Repräsentationsarchitektur aber obligatorisch ist. Traditionelle Elemente in der Formensprache sind so selbstverständlich, wie deutliche Aspekte des Neuen Bauens bemerkenswert pragmatisch sind.

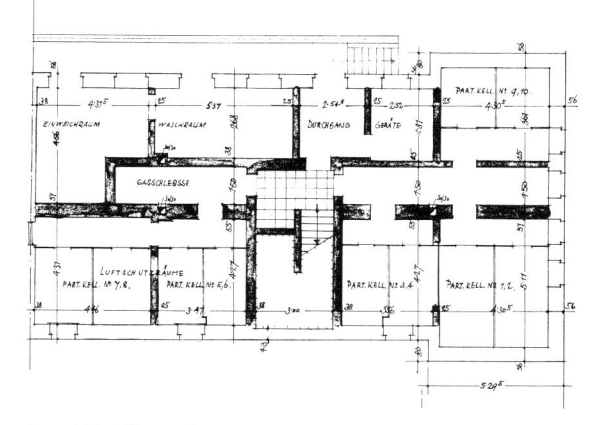

Grundriß Kellergeschoß, Querriegel Typ A. Deutlich erkennbar sind die im nationalsozialistischen Wohnungsbau obligatorischen Luftschutzkeller. Architekten: Franz und Sep Ruf, Hans Holzbauer, 1938.

Längsbauten, die 1949–51 von der Südhausbau für die Siemens Wohnungsbaugesellschaft gebaut wurden. Foto ca. 1951.

Anmerkungen

1 Münchner Neueste Nachrichten, Nr. 203 vom 2. Juli 1941. Eine weitere Beschreibung findet sich im Völkischen Beobachter, Münchner Ausgabe vom 22. November 1938.
2 Peltz-Dreckmann 1978, 154. Siehe auch: Fiehler 1937, 173.
3 Der »Siedlungspolitische Fragebogen« sollte vom 31.12.1936 an vierteljährlich von den Siedlungsunternehmen zur Dokumentation und statistischen Auswertung der entstehenden »Münchner Gemeinschaftssiedlungen« an die Stadtverwaltung geschickt werden (StadtAMü, PR 83/6, 354).
4 Siehe Anm. 3.
5 Zum Lebenslauf von Guido Harbers und zu dessen Schlüsselposition für die Wohnungsbaupolitik der Stadt von 1933 bis 1945 siehe Henn 1987, 91–99. Vor allem aber: Haerendel 1995, 76–85.
6 StadtAMü, Baureferat Wohnungswesen 78/1, 37.
7 Da sich die wirtschaftlichen Anstrengungen des Staates zur Vorbereitung des Krieges zunehmend auf die Rüstungsindustrie beschränken, wird die Realisation größerer Projekte für die zivile Bauwirtschaft aufgrund unzulänglicher Rohstoffversorgung und der schwierigen Arbeitsmarktlage (verfügbare Arbeitskräfte werden für die Rüstungsindustrie benötigt) immer mehr erschwert.
8 Siehe Anm. 6.
9 Skizzen zur Aufteilung der Parzellen finden sich in StadtAMü, Baureferat Wohnungswesen 78/1 37. Im Gegensatz zum »modernen« Siedlungsbau der Weimarer Republik, wo die Grünflächen meist zu Parkanlagen gestaltet sind, spielt der »Nutzgarten« in der nationalsozialistischen Wohnungspolitik abgesehen von den »Kleinsiedlerstellen« vor allem in den Siedlungen des Volkswohnungsbaus eine große Rolle.
10 Die Planungen für den Ausbau der Forstenrieder Straße waren im Frühjahr 1938 in vollem Gange. Siehe hierzu: München 1993, 64–65 und StadtAMü, Baureferat Wohnungswesen 78/1, 37.
11 StadtAMü, Baureferat Wohnungswesen 78/1, 37 Fol 12.
12 StadtAMü, Baureferat Wohnungswesen 78/1, 37 Fol 25.
13 StadtAMü, Baureferat Wohnungswesen 78/1, 37 Fol 33.
14 StadtAMü, Baureferat Wohnungswesen 78/1, 37 Fol 30.
15 StadtAMü, Baureferat Wohnungswesen 78/1, 37 Fol 55, Brief vom 12. Juli 1938 an das Dezernat 7.
16 Quelle siehe Anm. 13. Die erhaltenen Skizzen zur Gartengestaltung weisen diese allerdings nicht als Vorgärten aus, sondern als hinter dem Haus gelegen.
17 StadtAMü, Baureferat Wohnungswesen 78/1, 37 Fol 64.
18 StadtAMü, Baureferat Wohnungswesen 78/1, 37 Fol 73.
19 StadtAMü, Baureferat Wohnungswesen 78/1, 37 Fol 74. Die Flußbauweise (mehrere Häuser sind fließend zu einer einzigen Zeile angeordnet), die Harbers anregt, wird von den Architekten in die Planung übernommen und letztlich auch ausgeführt.
20 Siehe Anm. 16.
21 StadtAMü, Baureferat Wohnungswesen 78/1, 37 Fol 78.
22 Hier exemplarisch der von der Südhausbau errichtete Block II.
23 Siehe Anm. 19.
24 Die Fassadengliederung der Borstei ist – auch einem Wunsch Hitlers entsprechend – Vorbild für den Geschoßwohnungsbau in München. Bärnreuther 1993, 135.
25 Siehe die GEWOFAG Siedlung Neuhausen, an der unter Hans Döllgasts Oberleitung u. a. auch Franz Ruf, Sep Ruf und Guido Harbers mitgewirkt haben, oder die Bauten Wilhelm Brünings in der Siedlung »Weiße Stadt« in Berlin.
26 Die Fenster in den Dachgeschoßen der Riegelbauten finden sich bei einigen Bauten des »Neuen Bauens« in München, sowohl z. B. bei der GEWOFAG Siedlung Neuhausen 1928–1930 am Steubenplatz, als auch bei Robert Vorhoelzers Postbauten.
27 Diese Gestaltung der Giebelwände findet sich u. a. auch bei Sep Rufs Wohnhaus am Tegernsee 1937/38 (Wichmann 1986, 199/31). An den Längsseiten stehen die Dächer über, die Dachsparren sind zu sehen, während die Zeilen an den Giebelseiten »glatt« abschließen. Dies ist insofern bemerkenswert, weil nicht überstehende Dächer bei Häusern der Mustersiedlung Ramersdorf von den Kritikern als »Relikte der kubischen Bauweise« bemängelt wurden. Siehe Haerendel 1995, 280, bzw. Henn 1987, 347.
28 Siehe Wichmann 1986, 196/19 und 201/38.
29 StadtAMü, Stadtbauamt Hochbau 898, Fol 151. Besprechungsprotokoll des OB Fiehler.
30 Zum Wohnungssofortprogramm siehe Haerendel 1995, 443–449 und Rasp 1981, 180–183.
Für den Wohnraum, der durch die Neugestaltung der Stadt (Ost-West-Achse, Straßenverbreiterungen etc.) verlorengeht, soll öffentlich geförderter Ersatzwohnraum geschaffen werden.
31 Siehe Haerendel 1995, 329–339.
32 Zur Finanzierung des Projekts: StadtAMü, Baureferat Wohnungswesen 78/1, 37.
33 StadtAMü, Baureferat Wohnungswesen 78/1, 76: Fliegergeschädigte Bewerber werden bevorzugt.
34 Bärnreuther 1993, 135–140.
35 StadtAMü, Baureferat Wohnungwesen 78/1, 37 Fol 162.
36 Die Ausführung für die Südhausbau übernimmt die Baufirma Gebr. Rank & Co. (Abrechnung vom 9.11.1939).
37 Der Einsatz von Kriegsgefangenen war eine Auflage der Stadt, ohne deren Erfüllung keine Freigabe erteilt wurde. (StadtAMü, Baureferat Wohnungswesen 78/1, 76 Fol 103).
38 Siehe Anm. 37 und allgemein: Heusler 1996.
39 Rasp 1981, Anm. 445. Dies erklärt auch, warum Sep Ruf im Jahresbericht 1941 der Planungsabteilung des Generalbaurats als alleiniger Architekt aufgeführt ist. Rasp 1981, 214.
40 Zum Erlaß und dem daraus resultierenden »Behelfsheimprogramm« siehe: Haerendel 1995, 488–97.
41 StadtAMü, Baureferat Wohnungswesen 78/1, 37.
42 Die Ausführung für die Südhausbau übernimmt die Baufirma Stöhr AG. Siehe auch: Krause 1991, 270 und 365, Abb. 131.
43 Eine zu erwartende Diskussion angesichts der ideologischen »Belastung« des Projekts findet nicht statt. Auf Grund der intakten Infrastruktur, auch für die nicht begonnenen Teile der Bebauung, ist es möglich, sofort mit dem Neubau einer größeren Zahl von Wohnungen zu beginnen. Eine deutlich veränderte Neuplanung würde einerseits das einheitliche Erscheinungsbild der Siedlung stören und hätte andererseits durch neue Erschließungsmaßnahmen eine zeitliche Verzögerung sowie eine Kostensteigerung zur Folge.

Abkürzung
StadtAMü: Stadtarchiv München

EIN GESPRÄCH MIT
DIPL.-ING. FRANZ RUF
AM 19. SEPTEMBER 1996
IN GMUND AM TEGERNSEE

Forstenrieder Straße und Parkstadt Bogenhausen:
Siedlungsbau vor und nach dem Zweiten Weltkrieg

Sie haben in München studiert?

Ja, in der Staatsbauschule in München. 1929 war ich fertig. Ab 1939 habe ich selbständig gearbeitet, davor habe ich mit meinem Bruder gearbeitet, vorwiegend im Wohnungsbau. Er hat den Wohnungsbau später aber weitgehend aufgegeben und ist auf Verwaltungsgebäude und ähnliches umgestiegen.

Die Siedlung an der Forstenrieder Straße stammt von Ihnen und Ihrem Bruder?

Ja, von uns und Hans Holzbauer. Ich hatte die Oberleitung, und die Pläne sind von Sep Ruf, von mir und Hans Holzbauer. Wir waren zu dritt.

War das ein Wettbewerb?

Nein. Es war nur ein Auftrag. Auftraggeber war die Stadt München.

Wurde die Anlage an der Forstenrieder Straße im Rahmen des Sofortprogramms von Oberbürgermeister Fiehler gebaut?

Nur der eine Teil. Den anderen hatte die Bayerische Grundstückverwertung, die dann einzelne Grundstücke verkauft hat. Der Bebauungsplan blieb natürlich verbindlich und gab vor, welche Art von Häusern gebaut werden konnte.

Hat man damals schon gemerkt, daß die Nazis auf die Architektur Einfluß genommen haben?

Nein.

Modell der Oberlandsiedlung.
Links Forstenrieder Straße mit einer frühen Planung.
Foto Anfang 1938.
Architekt: Franz Ruf.

Den Auftrag bekamen Sie kurz nach der Siebert-Siedlung, oder schon vorher?

Nachher, das war kurz vor dem Krieg. Zum Teil wurden die Häuser noch im Krieg gebaut.

Hatten Sie da auch die Bauleitung?

Nein, wir haben nur die Pläne gemacht. Es gab zwei oder drei verschiedene Bauherren: das Baugeschäft Ludwig, die Südhausbau und einen dritten, an den ich mich leider nicht mehr erinnern kann.

Stand der Auftrag in Zusammenhang mit dem Bau der Olympiastraße?

Ja, das ist damals alles mitgebaut worden.

Die Oberlandsiedlung hatten Sie vorher schon gebaut, oder?

Ja, die war etwas vorher, aber das ging zeitlich fast ineinander über. Die Oberlandsiedlung habe ich aber nicht gebaut.

Ich hatte dort die Oberleitung und habe den gesamten Bebauungsplan gemacht.

1938 habe ich dort noch ungefähr zehn Häuser gebaut. Den Rest haben dann verschiedene andere Architekten gemacht. Die Siedlung war schon vor dem Krieg abgeschlossen und steht, glaube ich, heute noch. Später sind dort nur noch einzelne Häuser hinzugekommen.

Die Siedlung bestand aus Einfamilienhäusern?

Ja, hauptsächlich.

Gehörten die Planungen für die Forstenrieder Straße und die Oberlandsiedlung zusammen?

Ja. Die Forstenrieder Straße sollte als Ausfallstraße dienen. Die geschlossene Bebauung sollte dort einen Abschluß bilden, damit die ganze Geschichte ein Gesicht bekommt.

War das in verschiedenen Bauabschnitten geplant?

Das wurde während des Krieges gebaut, ab 1939. Als es fertig wurde, war ich gerade im Krieg, aber die Pläne waren da.

Wer hat in der Forstenrieder Straße die einzelnen Häuser entworfen?

Wir drei gemeinsam, Sep Ruf, Hans Holzbauer und ich.

Auf der Gesamtansicht der Siedlung fallen die Zwischenbauten besonders auf.
Die wollten wir als Dominanten. Damit es nicht so langweilig wird, haben wir diese Riegel dazwischen gesetzt.

Hinter diesen Riegeln erstreckt sich dann das Einfamilienhausgebiet, das durch die Riegel gefaßt wird?
Ja, genau. Die Bauten an der Waldfriedhofstraße habe ich gebaut.

Es ging darum, die innere Siedlung gegen die Straße abzuschirmen?
Ja, aber auch damit eine Gliederung, ein Abschluß da ist und nicht alles ineinander übergeht.

Zur Forstenrieder Straße hin wirken diese Riegel wie bewußt ausgebildete Fassaden. Auffällig sind hier auch die Balkone, die fast wie ein Sockel wirken. Waren die von Anfang an geplant?
Ja. Wir wollten sie als Anhaltspunkt für die Fassade. Außerdem wurde dadurch die Verbindung über Mauer und Hof zum nächsten Zwischenriegel augenfällig.

War es für die damalige Zeit nicht ungewöhnlich, so hohe Häuser zu bauen?
Doch, es war ungewöhnlich. Aber diese kleine Straße hat nach einem solchen städtebaulichen Akzent verlangt, das war im Bebauungsplan so festgelegt.

Waren Sie nicht durch die Staffelbauordnung eingeschränkt?
Eigentlich nicht. Das gab es damals noch nicht. Man hat einfach gesagt: Das ist eine neue Siedlung, die wird jetzt aufgestellt. Es war also völlig anders als heute, wo die Stadtplanung alles festlegt. Freie

Franz Ruf

1909	geboren
1929–34	Studium an der Staatsbauschule München
1934–39	Bürogemeinschaft mit dem Bruder Sep, Schwerpunkt Wohnungsbau
ab 1939	Eigenes Büro, heute Büro Franz und Andreas Ruf

Bebauung gibt es heutzutage ja nicht mehr.

Die kleineren Längshäuser verfügen über Erker, die aber sehr unregelmäßig eingesetzt sind.
Wir brauchten etwas zur Belebung, damit die Sache nicht zu regelmäßig wird.

Waren Sie, was die Fassadengestaltung angeht, durch die Mittel eingeschränkt?
Nein, da hatte man freie Hand.

Warum gibt es am Anfang und am Ende diese Verdoppelungen?
Um einen Abschluß zu haben. Damit gibt es einen definierten Anfang, ein definiertes Ende und dazwischen die Akzente durch die Riegel.

War die Gestaltung auf die Sicht durch die Straße, die Bewegung der Straße ausgerichtet?
Ja, das war schon die Absicht.

War die Bepflanzung vorgesehen?
Ja, eine Allee. Die ist erst gepflanzt worden. Am Anfang war gar nichts da.

An den zurückgesetzten Stellen befinden sich Garagen. Waren die von Anfang an vorgesehen?
Ja.

Wissen Sie noch, wieviele Wohneinheiten in dem Gebiet geplant waren?

Ich glaube, für etwa 1.000 Bewohner.

Was ich besonders spannend finde: Jeder dachte, daß gegenüber dieser Anlage noch ein spiegelbildliches Pendant geplant war, daß die ganze Anlage also verdoppelt werden sollte.
Nein, nein. Das war nie geplant. Das sieht man auch im Bebauungsplan.

Hatten Sie für eine solche große Planung irgendwelche Vorbilder?
Nein.

Gab es in den zwanziger Jahren Architekten, die Sie beeindruckt haben?
Naja, vielleicht Norkauer. Ich fand seine ruhigen Fassaden interessant, weil sie nicht so zerpflückt waren. Heutzutage gibt es das kaum noch, weil das für langweilig gehalten wird.

Sie wurden auch noch eingezogen? Wann war das?
Im Herbst 1939.

Wo waren Sie beim Militär?
Beim Nachschub. Für die kämpfenden Truppen war ich schon zu alt. Das war mein Glück.

Wann kamen Sie wieder nach Hause?
1945.

Wurde Ihr Bruder auch eingezogen?
Der wurde auch eingezogen und hat danach wieder weitergearbeitet.

Dann haben Sie während dieser Zeit von den ganzen Planungen für München - zum Beispiel die Südstadt und die Nordstadt - gar nicht viel mitbekommen?
Nein. Außerdem waren wir im wesentlichen auf den Wohnungsbau spezialisiert. Später habe ich

auch anderes gebaut, Kirchen zum Beispiel. Aber unmittelbar nach dem Krieg waren wir auf den Wohnungsbau spezialisiert.

Wie war die Situation in München, als Sie 1945 zurückkamen?
Trostlos.

Welche Möglichkeiten als Architekt hatten Sie zu dieser Zeit?
Es kamen einzelne Bauherren, die gesagt haben, sie wollten wieder aufbauen. Zum größten Teil wurde dann frei gebaut, ohne besondere Pläne. Beim Wiederaufbau war das noch nicht so streng wie heute. Auflagen für die Gestaltung oder die Verkehrssituation gab es noch nicht. Man war frei in seinen Möglichkeiten.

Hat sich die Planungspolitik nach dem Krieg verändert?
Erst später. Unmittelbar nach dem Krieg war man völlig frei. Erst später, als die Stadtplanung kam, hat sich das stark verändert.

Sie wurden dann mit den Planungen für die Parkstadt Bogenhausen beauftragt?
Ich habe damals mit Herrn Koppe von der Südhausbau zusammengearbeitet. Aus dieser Zusammenarbeit ergab sich dann auch Bogenhausen, zusammen mit der Neuen Heimat. Herr Koppe hat das Projekt später an die Neue Heimat übergeben.

Waren Sie dort leitender Architekt?
Ja. Der gesamte Bebauungsplan ist von mir. Im weiteren wurden dann vier oder fünf andere Architekten von uns eingeschaltet. – Das war die erste größere Siedlung, die nach dem Krieg in München entstanden ist. Die Grundsteinlegung mit Helmut Fischer und Oberbürgermeister Wimmer war 1954. Im gleichen Jahr sind schon die ersten Bewohner eingezogen.

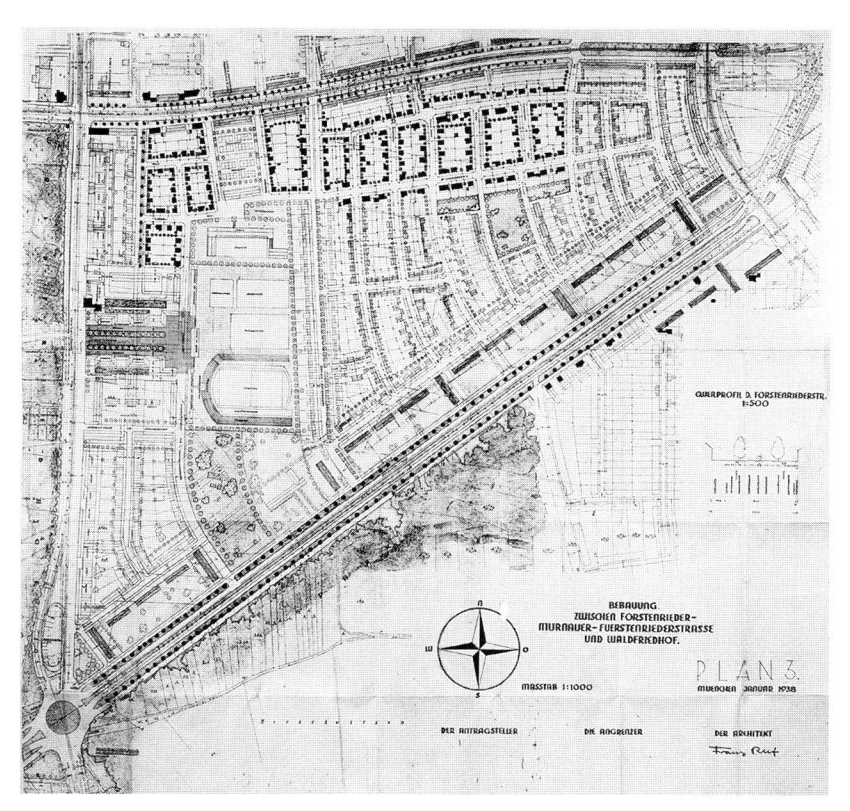

Bebauungsplan der Oberlandsiedlung. Januar 1938.
Architekt: Franz Ruf.

Wie kam es zu der speziellen Form dieser Siedlung?
Die richtete sich nach den Straßen, einer Ring- und einer Hauptstraße.

An den Ring- und Sternstraßen handelt es sich fast um eine Blockbebauung?
Ja, das ist eine sehr geschlossene Geschichte. Aber bei der Ringstraße war die Situation anders: Hätte man das Haus dort hingestellt, wäre der ganze Straßenlärm direkt auf die Wohnungen gegangen. Deshalb fungieren die Häuser dort nicht als Abschluß zum Ring, sondern sind nach Westen orientiert. Schöne Westwohnungen.

Wie kam es zu dem inneren Ring?
Das hat sich aus dem Gelände ergeben. Wir wollten eine Art inneres Zentrum schaffen. Da sind zum Beispiel Schulen und das Ladenzentrum. Insofern mußte niemand mehr auf die Hauptstraße gehen.

Gab es solche Überlegungen auch schon bei der Forstenrieder Straße und bei der Oberlandsiedlung?
Nein, da führten nur Nebenstraßen hi... Außerdem war der Verkehr damals ja auch noch nicht so schlimm.

Das war ja die erste Großplanung nach dem Krieg. Woran haben Sie sich orientiert? Gab es Vorbilder im Ausland für Sie?
Nein. Wir haben einfach ausprobiert, was funktionieren könnte. Wir wollten eine Lösung finden, um der ganzen Geschichte ein bißchen Halt zu geben.

Hatten Sie ein großes Büro?
Nein, so groß war es damals eigentlich nicht. Jetzt geht es viel schlimmer zu...

Jetzt hat Ihr Sohn das Büro?
Ja. – Gott sei Dank.

KAPITEL 2

Wiederaufbau: Tradition und Neubeginn

NICOLA BORGMANN **Erste Schritte zum Wiederaufbau**

Der Zweite Weltkrieg bedeutete für die Stadtgeschichte Münchens – wie für viele andere Städte auch – eine Zäsur ungeheuren Ausmaßes. Die großflächigen Zerstörungen erzwangen sowohl kurzfristige Entscheidungen über Notmaßnahmen als auch längerfristige Konzepte, die die architektonische Entwicklung der Stadt bestimmen sollten. Seit 1940 hatten insgesamt 66 Luftangriffe 45% der gesamten baulichen Substanz zerstört. Bei Kriegsende standen den 568.000 Einwohnern nur noch 182.267 teils stark beschädigte Wohnungen zur Verfügung. Das bedeutete gegenüber 1939 einen Verlust von fast 80.000 Wohnungen.[1]

Trotz der von der Militärregierung im August 1945 verhängten Zuzugssperre und der Festsetzung des Bevölkerungsstandes auf 520.000 Einwohner kamen Evakuierte, Kriegsheimkehrer und Flüchtlinge aus den ehemaligen Ostgebieten nach München[2], was die Wohnungsnot, die bereits durch die Zerstörungen bestand, weiter verschärfte. Die Militärregierung und die UNRRA (UN Relief and Rehabilitation Administration) beschlagnahmten Wohnungen, um Militärpersonal, Flüchtlinge und Displaced Persons, wie die ehemaligen Zwangsarbeiter genannt wurden, unterzubringen.[3] Schon 1947 hatte die Stadt wieder die Einwohnerzahl von 1939 erreicht.[4] Aufgrund der wirtschaftlichen Bedingungen war an Neubautätigkeit bis zur Währungsreform jedoch nicht zu denken; die notdürftigen Instandsetzungen gingen nur schleppend voran. Die Erfassung und die Zwangsbewirtschaftung des Wohnraums waren unter diesen Umständen unumgänglich.

Die Stadtverwaltung war am 1. Mai 1945 von der US-amerikanischen Militärregierung unter Leitung des Colonels Eugene Keller übernommen worden.[5] Nach der Kapitulation am 8. Mai 1945 ging die gesamte staatliche Gewalt auf die alliierten Siegermächte über. In München wurde Karl Scharnagl, bis 1933 Oberbürgermeister der Stadt, mit der kommissarischen Leitung der Stadtverwaltung beauftragt. Ihm oblag auch die Zusammensetzung des neuen Stadtrats, der mit einem Wiederaufbauausschuß von Fachleuten über grundsätzliche Fragen des Wiederaufbaus entschied. Die Bauverwaltung und das Bauwesen waren als Folge ihrer Verflechtung mit der Rüstungsproduktion von der Entnazifizierung zunächst zwar stark betroffen, doch setzte sich der Bedarf an Fachkräften aus den Reihen politisch belasteter Personen im Zuge des forcierten Wiederaufbaus bald gegenüber dem Säuberungsanspruch durch.[6]

Das neu strukturierte städtische Bauwesen war seit 1945 in drei Referate aufgeteilt: das Stadtbauamt, das Wohnungsreferat und das neugebildete Wiederaufbaureferat.[7] In der bisherigen Form bestehen blieb die Lokalbaukommission als Genehmigungsbehörde.[8]

Auf Landesbene spielte die Oberste Baubehörde im Innenministerium eine wichtige Rolle für den öffentlich geförderten Wohnungsbau.[9]

Die gesetzlichen Grundlagen des Bauwesens konnten für den akuten Planungs- und Handlungsbedarf des Wiederaufbaus nicht umfassend und schnell genug überarbeitet werden.[10] Voraussetzung einer grundsätzlichen Erneuerung der Städte im Sinne einer übergreifenden Planung wäre die Änderung des Bodenrechts und damit der Besitzverhältnisse gewesen. Außer Bayern und Bremen hatten alle Länder der späteren Bundesrepublik seit 1948 provisorische »Aufbaugesetze« erlassen, die auch bodenrechtliche Maßnahmen wie Enteignung und Zusammenlegung zuließen.[11] Je weiter der Wiederaufbau auf den früheren Grundstücksgrößen von privater Bauherrenschaft unter einer Art »Faustrecht der Wirtschaft«[12] voranschritt, desto geringer wurden die Chancen einer Rechtsreform. Teilregelungen aus der Zeit vor und nach 1933 waren eine lückenhafte Grundlage des Bau- und Bodenrechtes.

Das um die Jahrhundertwende entstandene kommunale Baurecht mit der Münchner Bauordnung[13] und der Münchner Staffelbauordnung[14] hatte zwar weiterhin Gültigkeit; den Erfordernissen des Wiederaufbaus mit Notmaßnahmen und veränderten städtebaulichen Leitvorstellungen war es jedoch bald nicht mehr angemessen, so daß immer öfter Ausnahmeregelungen getroffen wurden.

Neben diesen unzureichenden Rechtsgrundlagen prägte die Wiederaufbauplanung der ersten Nachkriegsjahre der wirtschaftliche und finanzielle Notstand, das Mißverhältnis zwischen Geld- und Sachwert sowie die

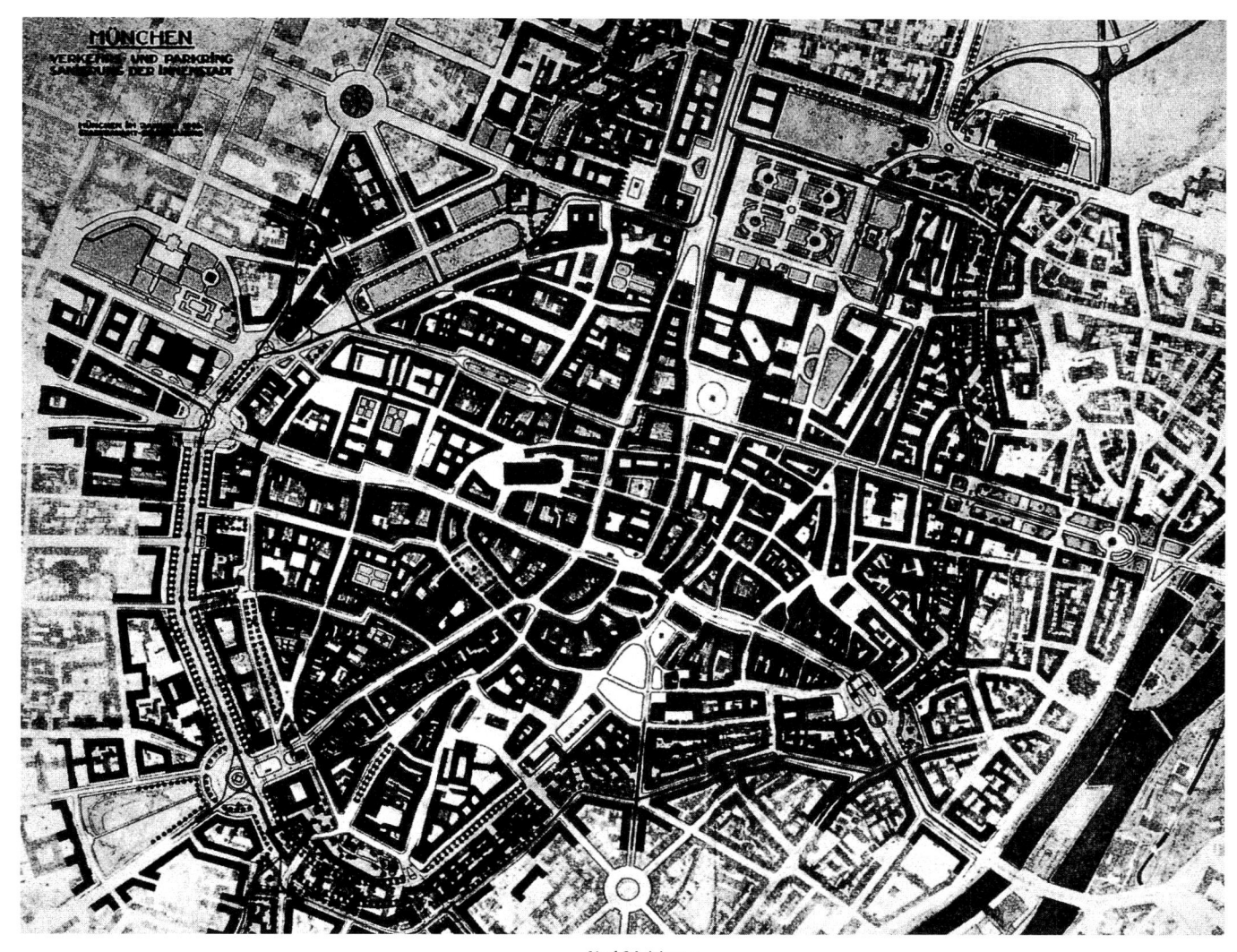

Karl Meitinger.
Straßenführung des geplanten Altstadtringes.
Die grauen Flächen innerhalb der Bebauung (schwarzen Flächen) zeigen die zu entfernenden Hofgebäude.
Plan von 1946.

Zwangswirtschaft. Bis 1949 wurden die Wiederaufbauleistungen der Stadt München vor allem auf die Trümmerräumung verwendet. Die Verteilung der finanziellen Mittel zur Behebung des akuten Wohnungsnotstandes einerseits und für denkmalpflegerische Maßnahmen andererseits führte zu heftigen Auseinandersetzungen zwischen Wohnungsamt und Denkmalpflege.[15] Der finanzielle und wirtschaftliche Mißstand wurde Argumentationsgrundlage für einen den Wiederaufbau Münchens prägenden Entschluß, das alte Stadtgefüge mit der bestehenden Straßenstruktur und dem zum Teil erhaltenen unterirdischen Versorgungsnetz beizubehalten.[16]

Bis zur Währungsreform hatten unter den privaten Bauherren zunächst nur diejenigen die Möglichkeit zu bauen oder instandzusetzen, die Baumaterialien und Arbeitskräfte für Tauschware bieten konnten. Begünstigt durch die unklare Rechtslage entstanden die sogenannten »BMW-Bauten« (Bauten von Bäckern, Metzgern und Wirten). So wurde noch vor einem möglichen offiziellen Beschluß punktuell mit dem Wiederaufbau begonnen, wodurch eine übergreifende Gesamtplanung zunehmend illusionär wurde.

Die akute Notlage erforderte umgehendes planerisches und praktisches Handeln. Das Wiederaufbaureferat legte in der 1945 erschienenen Denkschrift »Der erste Schritt zum Wiederaufbau unserer Stadt« die Vorgehensweise bei der Trümmerräumung und den ersten Notmaßnahmen fest:[17] Auf der Grundlage der Schadenserhebung sollten die Sortierung und Wiederverwertung des Materials sowie der Abtransport des Schutts auf Kippen erfolgen.

Aufräumarbeiten in der Georgenstraße. Deutsche Kriegsgefangene beladen unter amerikanischer Bewachung die Kleinbahn. Foto 1945.

Grafik des Wiederaufbaureferates zur Verdeutlichung des Schuttproblems, 1949.

THE RUBBISH PROBLEM IN MUNICH
AMOUNT OF RUBBISH AT THE END OF WAR 5 MILLION CUBIC METERS
DIMENSIONS OF THE CHEOPS-PYRAMID
BASIS: 54 289 m² — HEIGHT: 145 m
SPIRES OF CATHEDRAL 99 m
THE CHEOPS-PYRAMID, ONE OF THE 7 WONDERS OF THE WORLD
HAS A VOLUME OF 2,6 MILLION m³
WITH THE RUBBISH MASSES IN MUNICH NEARLY
TWO CHEOPS-PYRAMIDS COULD BE ERECTED

DAS SCHUTTPROBLEM MÜNCHENS
SCHUTTMENGE BEI KRIEGSENDE 5 MILLIONEN KUBIKMETER
AUSMASSE DER CHEOPSPYRAMIDE:
GRUNDFLÄCHE: 54 289 qm — HÖHE: 145 m
TÜRME DER FRAUENKIRCHE: 99 m
DIE CHEOPSPYRAMIDE, EINES DER 7 WELTWUNDER
HAT EINEN RAUMINHALT VON 2,6 MILLIONEN cbm
AUS DER SCHUTTMASSE MÜNCHENS KÖNNTEN FAST
ZWEI CHEOPSPYRAMIDEN AUFGEBAUT WERDEN

RECONSTRUCTION DEPARTMENT
WIEDERAUFBAUREFERAT

Um die Schutträumung auf eine wirtschaftliche Grundlage zu stellen, wurde im Dezember 1946 die Münchner Aufbaugesellschaft (MAG) durch die Stadt und die Interessenvereinigungen des Münchner Baugewerbes als gemeinnützige Gesellschaft gegründet. Zweck der Gesellschaft war zunächst die organisierte Schuttbeseitigung und Verwertung der Trümmer, ab 1949 die Auftragsvergabe und Bauleitung beim Wiederaufbau von öffentlichen Gebäuden und Wohnbauten.[18] Damit übernahm die MAG die entscheidende Vermittlung zwischen Öffentlicher Hand und Privatwirtschaft.

Schon während des Krieges waren die Straßen der Stadt nach Luftangriffen mit Hilfe einer Kleinbahn von Trümmern geräumt worden. Im März 1946 begann dann die Gebäudeschutträumung, zunächst bei den wertvollen Grundstücken der Kern- und Innenstadt, die durch Bebauung mit erdgeschossigen Behelfsläden bald wieder provisorisch genutzt werden konnten.

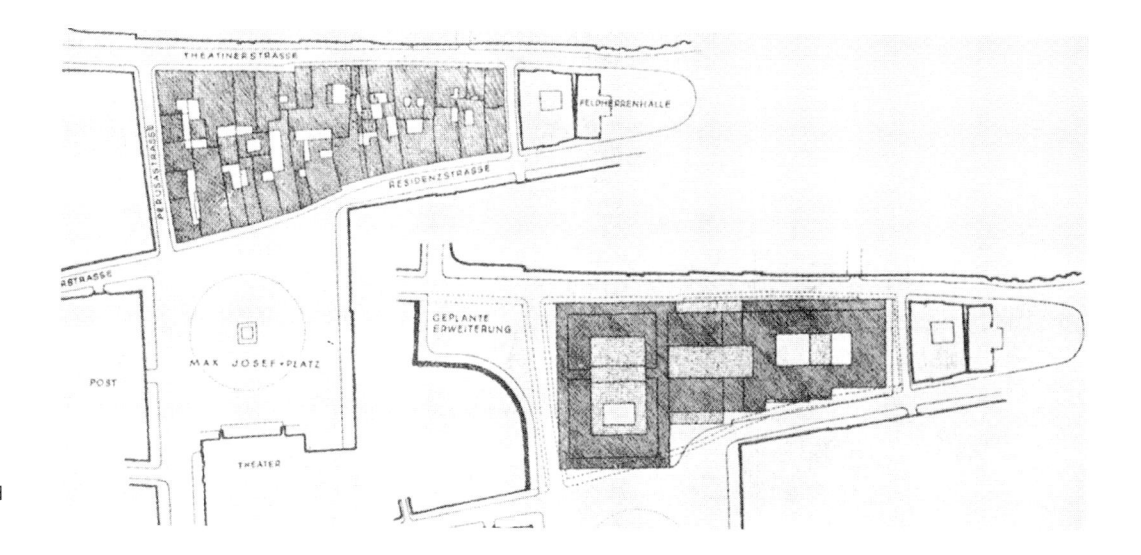

Vorschlag von Otto Voelckers zur Bebauung des Blocks zwischen Theatiner- und Residenzstraße, 1946. Beibehalten werden sollte die alte gewachsene Straßen- und Platzstruktur.

Die eingesetzten Bauunternehmungen bekamen anfangs die Selbstkosten erstattet. Mit der Übernahme der Schutträumung durch die MAG 1947 und der Aufteilung der Stadt in Räumbezirke wurden die Firmen nach Leistung bezahlt, was die Räumungsaktion beschleunigte.[19] Die Stadt verkaufte die sortierten Altmaterialien und nahm damit die spätere Praxis des **Trümmergesetzes** vorweg.[20] Bei der Ablagerung des Schutts auf Endkippen wurden bereits spätere Projekte wie das Großstadion Oberwiesenfeld oder die Bebauung von Neuhofen berücksichtigt.

Nach der Währungsreform vom Juni 1948 konnten die Baufirmen die Schutträumung mit Hilfe neu angeschaffter Maschinen beschleunigen, was besonders dringlich war, weil die nunmehr anlaufende Neubautätigkeit die umgehende Räumung der Grundstücke erforderlich machte. Wenige Tage nach der Währungsreform trat der neue Oberbürgermeister Thomas Wimmer sein Amt an, dessen Name noch heute mit dem erfolgreichen Übergang von der Trümmer- zur Wiederaufbauzeit verbunden ist.

Noch bevor die Schutträumung im vollen Umfang angelaufen war, lag die Planung zum Wiederaufbau Münchens vor. Bereits im August 1945 legte Karl Meitinger, der seit 1910 mit der Stadtentwicklung Münchens befaßt war – seit 1939 als Stadtbaurat –, seine Vorschläge zum Wiederaufbau dem Stadtrat vor. Sein detaillierter Gesamtplan war eine Fortschreibung der bisherigen Stadtplanung, nunmehr unter Berücksichtigung der Kriegsschäden und ohne NS-Großprojekte. Diesem Konzept liegt die Idee einer sinngemäßen Wiederherstellung des Gesamtbildes der Stadt zugrunde: »In neuem Gewande, aber im alten Geist.«[21] Die Zerstörung der Innenstadt wurde als Gelegenheit für Straßenaufweitungen und Hofauskernungen betrachtet. Ein Verkehrsring, der in etwa dem heutigen Altstadtring entspricht, sollte die Altstadt umschließen. Außerhalb dieses Ringes sollte sich die Stadt gemäßigt modern und dabei wachstumsorientiert entwickeln. Wie auch schon in den Planungen der NS-Zeit wurde die Entwicklung neuer Siedlungsgebiete mit über 100.000 Wohnungen vorgesehen sowie der Ausbau von Trabantenstädten und die Schaffung neuer Autobahnringe und Radialstraßen.[22]

Durch Oberbürgermeister Scharnagl und den Stadtrat erfuhr der »Meitinger-Plan« volle Unterstützung. Schon im September 1945 äußerte Scharnagl den Wunsch, aus dem Wiederaufbau solle möglichst rasch und langfristig wirtschaftliches und quantitatives Wachstum der Stadt entstehen.[23]

Auch nach Meitingers Entlassung aus dem Dienst blieb sein Entwurf bis in die sechziger Jahre richtungsweisend für die Stadtplanung.

Der neue Stadtbaurat Hermann Leitenstorfer stellte sich die Bebauung außerhalb der Altstadt »ungehemmt modern« vor.[24] 1947 legte er den »Freiflächenplan für das gesamte Stadtgebiet« vor. Auf die großflächigen Zerstörungen der Außenbezirke reagierte das Konzept mit aufgelockerten und durchgrünten Siedlungen, wie sie dann in den fünfziger Jahren realisiert wurden.

Die umfassende planerische Antwort der Stadtverwaltung auf die Kriegszerstörung wirkt aus heutiger Sicht erstaunlich. Eine öffentliche Diskussion ging nicht voraus, sondern folgte erst, als die Weichen für die Stadtentwicklung bereits gestellt waren. Im rückblickenden Vergleich läßt sich die Meitinger-Planung unauffällig in das Spektrum der seinerzeit diskutierten Wiederaufbaukonzepte einordnen. Die zunächst auf die Auseinandersetzung der zwanziger Jahre bezugnehmende Diskussion um Tradition oder Moderne wich bald einem pragmatischen Vorgehen und der Einigung auf funktionale Ver-

Vorschlag Robert Vorhoelzers für den Bau von Wohnhöfen in Schwabing, 1946.

besserung. Ideologische Diskussionen wurden oftmals bewußt umgangen, grundsätzliche Reformgedanken waren zu allgemeinem Konsens geworden. Befürworter des völligen Neubaus waren ebenso selten vertreten wie die der reinen Rekonstruktion.[25] Von fast allen Planern wurden die Möglichkeiten des zeitgemäßen Aufbaus unter ausdrücklicher Berücksichtigung der traditionellen Werte diskutiert. Diese pragmatische und zugleich traditionsorientierte Planung in Verbindung mit dem oben dargestellten Wirkungsgeflecht von wirtschaftlichen, rechtlichen und administrativen Faktoren prägte in entscheidendem Maß die kontinuierliche Weiterentwicklung der Stadt München.

Unmittelbar nach dem Krieg entstanden unter dem Eindruck von Zerstörung und Not neuartige Konzepte des Städte- und Wohnungsbaus, die jedoch keine Umsetzung fanden. Die folgenden zwei Beispiele zeigen, wie die Grundidee des städtischen Wohnblocks für die Wiederaufbauplanung weiterentwickelt wurde und welche Alternativen zum durchgeführten Wiederaufbau bestanden hätten:

Auf der Grundlage einer Studie von Robert Vorhoelzer entwarf die **Arbeitsgemeinschaft Aufbauplanung München Schwabing**[26] 1946 ein Konzept für die Neubebauung des Viertels zwischen Georgenstraße und Brienner Straße, Englischem Garten und Oberwiesenfeld. Das Prinzip Wohnblock wurde, um das Stadtbild zu erhalten, sinngemäß beibehalten, aber zu an den Schmalseiten geöffneten Wohnhöfen modifiziert.[27] Die Absicht war, die Höfe zu revitalisieren und ein gutes Wohnklima zu schaffen.[28]

Der Münchner Architekt Otto Voelckers veröffentlichte 1946 den **Vorschlag zum blockweisen und genossenschaftlichen Wiederaufbau.** Die Besitzer der einzelnen Parzellen eines Blocks sollten sich zu einer GmbH zusammenschließen, um den Neubau möglichst wirtschaftlich errichten und betreiben zu können. Voelckers sah eine innerstädtische Blockbebauung unter Berücksichtigung der alten Straßen- und Platzräume mit Gewerbe und intensiver Wohnnutzung vor.

Beide Konzepte hätten aber zur Realisierung einer entsprechenden übergreifenden Bauleitplanung bedurft, um die Eigentümer der Einzelgrundstücke des Blocks zu gemeinschaftlichem Handeln zu veranlassen.

Von den Baubehörden wurde schon unmittelbar nach Kriegsende für die Zeit des Wiederaufbaus vorausgearbeitet. Auf Anregung des Wiederaufbaureferats entwickelte Otto Voelckers 1945/46 Notstands-Kleinstwohnungen.[29] Das Arbeitsministerium legte schon 1946 Grundrißempfehlungen für den Wohnungsbau vor,[30] und die Oberste Baubehörde führte 1949/50 den **Wettbewerb zur Erlangung von Typenplänen für den sozialen Wohnungsbau** durch.[31] In der materiellen Not der Nachkriegsjahre befaßten sich Architekten und ehemalige Rüstungsbetriebe mit der Entwicklung und Herstellung typisierter Einfachstwohnungen in Montagebauweise. Die Münchner Versuchsbauten von Dornier[32] und Messerschmitt[33] blieben jedoch Einzelstücke, obwohl die Planungen dafür in technischer Hinsicht weit vorangetrieben worden waren.

Neben solchen Versuchen, neue zeit- und kostensparende Entwicklungen umzusetzen, kamen vor allem herkömmliche Methoden des Notwohnungsbaus zum Ein-

Wohnungszugänge von 1949–1951			
Jahr	**1949**	**1950**	**1951**
Wohnungszugang insgesamt	3.057	10.099	9.847
Davon: Neubau	564 (18,5%)	4.033 (40,0%)	5.882 (59,7%)
Wiederaufbau	502 (16,4%)	2.973 (29,4%)	2.743 (27,8%)
Wiederinstandsetzung	1.612 (52,7%)	2.605 (25,8%)	596 (6,1%)
Um-, An- und Ausbau	379 (12,4%)	488 (4,8%)	626 (6,4%)
Private Bauherren	2.110 (69,0%)	6.490 (64,3%)	5.646 (57,3%)
Gemeinnützige Wohnungsunternehmen	737 (24,1%)	2.979 (29,5%)	2.529 (25,7%)
Behörden oder Körperschaften des öffentlichen Rechts	210 (6,9%)	630 (6,2%)	1.672 (17,0%)
Quelle: Wiederaufbau 1952, 38.			

Einfachstwohnungen in Messerschmitt-Bauweise für den Beamtenwohnungsverein in München, 1950.
Architekt: Sep Ruf.

satz. Eine provisorische Barackenbauweise sollte zwar staatlicherseits verhindert werden,[34] doch in der Notlage mußten behelfsmäßige Unterkünfte geschaffen werden, die vor allem Flüchtlingen und sogenannten »unzumutbaren Mietparteien«[35] zugedacht waren. Man richtete Sonderunterkünfte in umgebauten Holzbaracken und Hochbunkern ein. Einfachste Siedlungen in Massivbauweise wurden beschleunigt fertiggestellt, um mit Flüchtlingen belegte öffentliche Gebäude wieder nutzen zu können.

Langwierige Planungs- und Genehmigungsvorgänge wurden von der notleidenden Bevölkerung oftmals umgangen. In den Randbezirken der Stadt entstanden »wilde Siedlungen« auf ehemaligem Militärgelände.[36] In Selbsthilfe[37] und teilweise mit nachträglicher finanzieller Unterstützung der Stadt[38] wurden einfache Gebäude ohne ausreichende Infrastruktur errichtet. Der Beitrag der mehr oder weniger behelfsmäßigen und in privater Eigenleistung errichteten Behausungen zur Linderung der Wohnungsnot kann mangels Dokumentation aber kaum gerecht bewertet werden.

Erste Maßnahmen zur Schaffung von Wohnraum in München nach der Währungsreform waren in großem Umfang soziale Wohnungsbauten für niedrige Einkommensstufen. Der Wohnraum mußte rasch, billig und in großem Umfang errichtet werden. In der ersten Phase des Wiederaufbaus im Wohnungsbau wurden daher bestehende Wohnanlagen instandgesetzt und durch den Krieg unterbrochene Bauvorhaben vollendet.[39] Unter dem Eindruck der Wohnungsnot und der eingeschränkten Mittel war es geboten, diese Möglichkeiten einer verkürzten Planungsphase zu nutzen.

Nach dem Krieg geplanter Wohnungsneubau entstand vorrangig innerhalb bereits erschlossener Baugebiete und in Baulücken. In kurzer Bauzeit wurde einfacher, nicht aber behelfsmäßiger Geschoßwohnungsbau errichtet, dessen karges Äußeres noch heute die damalige Situation widerspiegelt.

Die 1949 einsetzende städtische Baustatistik zeigt beeindruckende Leistungen des Münchner Wohnungsbaus in den ersten drei Jahren nach der Währungsreform. Das jährliche Bauvolumen überstieg das der Vorkriegszeit. Fast zwei Drittel des Wohnungszugangs nach der Währungsreform haben private Bauherren bestritten, den Rest gemeinnützige Wohnungsunternehmen und staatliche Bauherren. Zwei Drittel aller geschaffenen Wohnungen waren öffentlich gefördert. In den ersten drei Jahren nach der Währungsreform verlagerte sich der Schwerpunkt der Bautätigkeit deutlich von der Instandsetzung auf den Neubau, der 1949 einen Anteil von 18,5 % am Wohnungszugang hatte und 1951 auf 59,7 % stieg.[40] Ein Abklingen der Wohnungsnot war dennoch nicht absehbar. Der rege Zuzug nach München erforderte mehr Wohnraum und die Ausdehnung der Stadt in neue Siedlungsgebiete. Bald konnten mit dem Umschwung vom Wiederaufbau zum Neubau auch innovative Formen des Wohnungsbaus umgesetzt werden.

Gemessen an den Ansprüchen eines grundsätzlichen Reformversuchs nach einem materiellen und ideellen Zusammenbruch zeigt München das Bild eines unvollkommenen Ansatzes. Im Rückblick auf die Planungsphase wird deutlich, daß im Stadtbild die verschiedenen – nicht unbedingt reformorientierten – Einflüsse der Zeit widergespiegelt werden. Weniger eine gezielte Planungsvorgabe als vielmehr wirtschaftliche und rechtliche Faktoren sowie der bewußte Wille, Traditionen fortzusetzen, bestimmten die Stadtentwicklung Münchens in den ersten Nachkriegsjahren.

Anmerkungen

1 München 1952, 34 ff.
2 Im Dezember 1945 waren es bereits 664. 780 Einwohner, bis 1957 stieg die Einwohnerzahl auf eine Million.
3 Die Beschlagnahmungen betrafen vorrangig Wohnungen ehemaliger NSDAP-Parteimitglieder auf der Grundlage des »Notgesetzes zur Sicherung eines angemessenen Raumausgleichs« vom 25. Okt 1945, vgl. Bauer 1988, 12.
4 H. Fehn. Bayerns Bevölkerungsentwicklung seit 1800, in: Spindler 1974, 684.
5 Deuerlein 1974, 556 ff.
6 Niethammer 1972, 483 ff.
7 *Das Stadtbauamt* war zuständig für den Hoch -und Tiefbau (ohne Wohnungsbau) sowie für das Stadtplanungsamt. Geleitet wurde es zunächst weiterhin von Karl Meitinger, der bereits seit 1933 Stadtbaurat war. Seine durch die Militärregierung angeordnete Entlassung erfolgte im Februar 1946, der Nachfolger war Hermann Leitenstorfer bis 1950.
Das *Wohnungsreferat* befaßte sich nach Kriegsende bis zur Auflösung 1950 mit der Verteilung des Wohn- und Siedlungsraumes.
Das neugebildete *Wiederaufbaureferat* übernahm einen Großteil der Aufgaben, die ursprünglich Sache des Wohnungsreferats waren: Durchführung des Wohn-, Siedlungs- und Gewerbebaues sowie des Öffentlichen Bauens als Wiederaufbau und Neubau, die Verwaltung von Baustoffkontingenten und Arbeitskräften und die finanzielle Abwicklung von städtischen Bauprogrammen. Es war auch Bewilligungsbehörde für Anträge auf Sozialwohnungen. Nach dem Tod des ersten Leiters Karl Sebastian Preis 1946 wurde das Referat von Stadtrat Helmut Fischer übernommen.
8 Die seit 1804 bestehende *Lokalbaukommission (LBK)* war weiterhin zuständig in Fragen der Baugenehmigung, der Bauabnahme und der Erteilung von Befreiungen. Die LBK spielte mit der Veränderung von Standards und Leitlinien im Städte- und Wohnungsbau zunehmend eine wichtige Rolle.
9 Die bereits bestehende *Oberste Baubehörde* erhielt 1948 per Gesetz die Zuständigkeit für Belange des Siedlungs- und Wohnungsbaues und wurde dem Bayerischen Innenministerium angegliedert, nachdem dafür bisher das Arbeitsministerium zuständig war. Sie verteilt die Mittel für den öffentlich geförderten Wohnungsbau in Bayern, erarbeitet die sachlichen Grundlagen für Gesetze und Verordnungen, entscheidet über Ausnahmeregelungen und entwickelt Musterlösungen für den Wohngrundriß im sozialen Wohnungsbau.
10 Beyme 1987, 130.
11 Auch in Bayern gab es zahlreiche Entwürfe für solche Aufbaunotgesetze, die jedoch keine Rechtsgültigkeit bekamen. (Stadtarchiv München, Wiederaufbaureferat Nr. 1112 und Nr. 1105, Bayerisches Hauptstaatsarchiv, Akten der Bayerischen Staatskanzlei Stk 113759).
In Bayern gab es nur ein Trümmergesetz, das den Abtransport und die Verwertung der Trümmer rechtlich regelte.
12 Durth 1988, 125.
13 Krause 1991, 91 ff.
14 Krause 1991, 96 ff.
15 Vgl. dazu Nina A. Krieg. »Denkmalpflege und Wiederaufbau« in: Aufbauzeit 1984; 181 f., besonders zur Diskussion »Kunst- und Kulturstadt« gegen »Wohnstadt« München.
16 Pfister 1946.
17 Preis 1945.
18 MAG 1952.
19 MAG 1952, o. Seitenangabe.
20 Vgl. Anm. 11.
21 Meitinger 1946, 8.
22 Meitinger 1946, vgl. dazu auch: Nerdinger 1992, 334ff.
23 Scharnagl 1945.
24 Leitenstorfer 1946, 27–36.
25 Ohly 1947, 188 ff. (zit. n. Krieg 1984, 77, Anm. 62); der Architekt und Stadtplaner Bodo Ohly machte den Vorschlag, ein neues München am Starnberger See aufzubauen.
26 Robert Vorhoelzer mit den Mitarbeitern Gerhard Wegener, Ernst Maria Lang, Ernst Hürlimann, vgl. Aicher/Drepper 1990.
27 Aicher/Drepper 1990, 149 ff.
28 Gespräch zwichen Ernst Hürlimann und Ernst Maria Lang. Lang führt aus: » [...] er (Vorhoelzer) glaubte, daß genau diese Revitalisierung der Höfe, dieses Einbeziehen der Bewohner münchnerisch ist. Der Münchner mag seinen Biergarten, der Münchner mag so die kleineren Bereiche, wo man sitzen kann und nicht nur flanieren.« in: Aicher/Drepper 1990, 150 f.
29 Aufbauzeit 1984, 105.
30 Bayerisches Arbeitsministerium 1946: »Das Wohnhaus im Aufbau«, Zwölf Wohnungstypenvorschläge für Zwei-Vierspänner im Geschoßbau, München 1946, vgl. dazu Krause 1991, 75.
31 Krause 1991, 75.
32 Nach einem Entwurf der Wohntechnischen Gesellschaft und Walther Schmidt errichtete die Firma Dornier 1946/47 in Lochham bei München ein vorfabriziertes Wohnhaus in Stahlrahmenbauweise. Vgl. Durth 1987, 70.
33 Im Jahre 1949 entstand an der Bad-Schachener-Straße ein zweigeschossiger Montagebau von Sep Ruf mit sechs Wohnungen nach einem Patent des Flugzeugbauers Messerschmitt. Dieses Gebäude wurde 1983 abgebrochen. Vgl. Baumeister 1949, 270 ff, vgl. auch Aufbauzeit 1984, 105 f. und Münchner Stadtanzeiger vom 26.5.50, 3 sowie Die Bauzeitung 4, 1950, 136–142.
34 In den Richtlinien für den Wohnungsbau in Bayern 1946 werden »zur unbedingten Vermeidung sog. wilder Siedlertätigkeit [...] Behelfsheime sowie jede Art Behelfsbauten für Wohnzwecke ausgeschlossen«. (Bayerisches Hauptstaatsarchiv, Akten der Bayerischen Staatskanzlei, Mü Sta 113825, Richtlinien für den Wohnungsbau in Bayern 1946 vom Bayerischen Arbeitsministerium, 21.3.1946).
35 MAG 1952, o. Seitenangabe.
36 München 1987, 107.
37 Ausgebombte Münchner und Flüchtlinge errichteten beispielsweise auf dem ehemaligen Schießplatzgelände in Freimann 1950/51 die Kieferngartensiedlung mit 200 Wohneinheiten.
38 Münchner Stadtanzeiger vom 26.5.1950, 3.
39 So wurden zum Beispiel zerstörte Wohnanlagen an der Landsberger-/Sandrartstraße oder der Agnesstraße wiederaufgebaut. Die GWG baute mit den Wohnanlagen an der Hechtseestraße und der Griegstraße durch den Krieg unterbrochene Bauvorhaben nach Vorkriegsplänen weiter, vgl. Walter 1993, 105 ff.
40 München 1952, 37 f.

KATINKA HEINEMANN

»Schwabing« und Maxvorstadt – der Wiederaufbau

Zerstörung

Von den Bezirken Maxvorstadt[1] und dem angrenzenden West-Schwabing war nach den Luftangriffen des Zweiten Weltkriegs über weite Strecken nur noch eine Trümmerwüste übrig.[2]

Dieses größte zusammenhängende Schadensgebiet Münchens hatte vor seiner Zerstörung über eine besonders hohe Wohnungsdichte verfügt. Nach Kriegsende waren in der Maxvorstadt mehr als zwei Drittel aller noch bewohnten Wohnungen beschädigt, in Schwabing-West mehr als die Hälfte.[3]

Zur historischen Bebauungsstruktur

Das zu Beginn des 19. Jahrhunderts nördlich der Altstadt planmäßig angelegte, von zwei Prachtstraßen (Brienner- und Ludwigstraße) durchschnittene Stadterweiterungsgebiet »Maxvorstadt« markiert den »Gründungsakt für das moderne München.«[4] Frühere Pläne zu einer ringförmigen Erweiterung in Fortführung der Altstadt, die ein Expandieren der Stadt behindert hätten, waren 1808 zugunsten eines großzügig bemessenen rechteckigen Straßenrasters (Abstand zwischen den Straßen 232 x 189 Meter), der »zwar gerichtet, jedoch richtungsneutral, allseits offen und potentiell unbegrenzt« war, aufgegeben worden.[5]

Die monumentalen Häuser in Pavillonbauweise für adeliges und großbürgerliches Wohnen inmitten von parkartigen Gärten erstreckten sich allerdings nur auf wenige Straßen. Bereits ab etwa 1816 war man unter Leo von Klenze zunehmend zu einer geschlossenen Bebauung übergegangen.[6]

Vor allem der Mangel an kapitalkräftigen Bauherren und die mittelständisch-bürgerlichen Lebensbedingungen – Arbeits- und Wohnfunktion waren miteinander verbunden – führten in den langen und tiefen Straßengevierten zu einer dichten Hinterhofbebauung mit Gärten, Holzlegen, Wagenremisen, Waschhäusern und Gewerbestätten.[7] In der zweiten Jahrhunderthälfte wurden in bis zu drei Häuserzeilen hinter dem Vorderhaus einfache Mietwohnungen für die ärmeren Schichten errichtet.[8]

Zur Wahrung der öffentlichen Gesundheit wurde 1879 die »offene Bauweise« eingeführt,[9] durch die die totale Verfügungsgewalt der Eigentümer erstmals beschnitten wurde.[10]

Doch erst die Staffelbauordnung, die Theodor Fischer als Leiter des Stadterweiterungsbüros entwarf, schuf ab 1904 eine verbindliche Rechtsgrundlage und lieferte der Stadt ein Mittel zur Festlegung der Höhe und Dichte der Bebauung in den einzelnen Straßenabschnitten.[11]

Die Bebauung der Maxvorstadt erfolgte bis in die 1890er Jahre. Durch kürzere Straßenabstände nahm dabei die Tiefe der Hofbebauung ab. Um den Josephsplatz entstand ein mittelständisches, in Richtung Teng- und Elisabethstraße auch herrschaftliches Mietshausgebiet mit der Augustenstraße als Subzentrum. Auch die weni-

Das Luftbild vom 4. Juli 1946 zeigt die geräumten Grundstücke (weiße Flächen) um den alten Nordfriedhof. Die schwarzen Flächen zeigen weitgehend intakte Dächer.

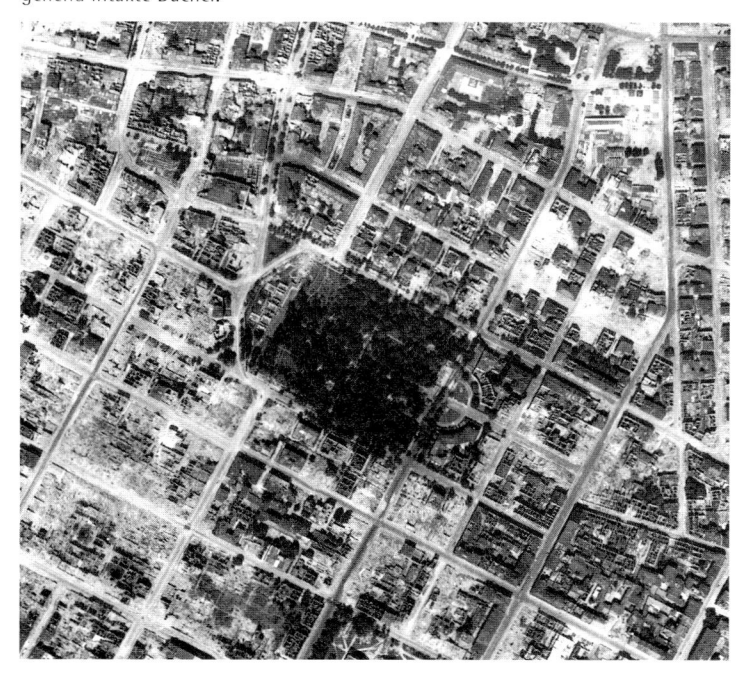

Blick über die westliche Maxvorstadt, den alten Nordfriedhof und die St. Josephskirche nach Westen. Sichtbar ist die aufgelockerte Pavillonbauweise um den Friedhof. Foto um 1920.

Änderung des Baulinienplans nördlich des alten Nordfriedhofs durch Theodor Fischer, 1895.

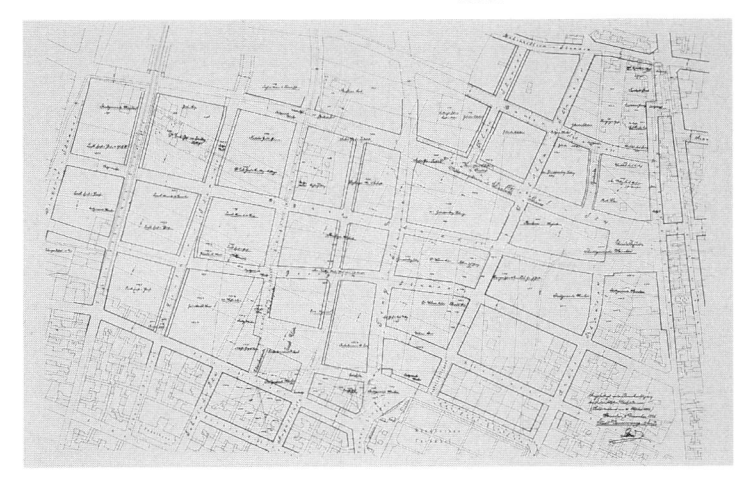

ger begehrten Grundstücke um den nördlichen Friedhof wurden bebaut.[12] Dort waren, entsprechend der damaligen Annahme, daß von den »Leichenackern« gesundheitsschädliche Dämpfe emporsteigen würden, Vorgärten und offene Bauweise vorgeschrieben worden.[13]

Angesichts der rasch anwachsenden Einwohnerzahl erwiesen sich die geometrischen Planungen beim Übergang zur Bebauung der umliegenden, nun eingemeindeten Vorstädte[14] als nicht praktikabel.[15] Deshalb überplante Theodor Fischer die früheren, schematisch angelegten Baulinienpläne nach dem Prinzip der malerischen Stadtplanung.[16]

Dieser Wendepunkt in der Stadtbaugeschichte Münchens läßt sich in der Übergangszone zwischen Maxvorstadt und West-Schwabing[17] anhand der Veränderung der Baulinien des alten Nordfriedhofs gut nachvollziehen.[18] Durch die gekrümmte Linienführung der Tengstraße wurde mit dem für die Maxvorstadt charakteristischen »Rechteckrasterprinzip« gebrochen.[19]

Die gleichförmige Augustenstraße erhielt durch die leicht schräg gestellte und nach vorn verschobene Fassade der Josephskirche einen optischen Abschluß. Beim Motiv der geschwungenen Straße handelt es sich aber nicht etwa um ein rein ästhetisches Motiv, sondern vielmehr um eine geschickte Ausnutzung der vorliegenden Besitzverhältnisse, die durch die städtebaulichen Ideen Camillo Sittes ihre künstlerische Rechtfertigung erhielten.[20] So wurden die von »Zenetti völlig vernachlässigten, weil systemsprengenden Feldwege [...] zum Grundgerüst« des Straßennetzes in West-Schwabing.[21]

»Wiederaufbau« – Planungen

Ein 1946 im Auftrag des Stadtbaurats von Robert Vorhoelzer entworfener Bebauungsvorschlag[22] für das Gebiet zwischen Englischem Garten und Oberwiesenfeld, Königsplatz und Kunstakademie zielte auf eine radikale Modernisierung:[23] »1. Englischer Garten und Oberwiesenfeld sollen mit einer durchlaufenden Begrünung verbunden werden. 2. Fußgänger und Radfahrer werden von der Straße abgezogen und durch die Blöcke geführt. 3. Die Baublöcke werden geöffnet und neu geordnet. 4. Das bepflanzte Blockinnere wirkt mit dem großen Grünzug zusammen. 5. Höherzonung der Wohnbauten.«[24]

Anders als Vorhoelzer ging der Leiter des Stadtbauamtes, Hermann Leitenstorfer, in seiner Wiederaufplanung 1946 von einer genauen Schadensanalyse aus. Jedoch schwebte auch ihm keine Rekonstruktion der früheren Bebauung vor. Er sah die Zerstörung ebenfalls als Chance zu einer Modernisierung der alten stadtplanerischen Konzeption. Dies zeigen seine Grundgedanken zum »Neuaufbau« des »ungeheuer schwere[n] Schadensgebiet[es]« im »westlichen Schwabing«[25]: Sie zielten aus praktischen Überlegungen auf eine Orientierung am alten Straßengefüge, enthielten aber auch Elemente moderner Stadtplanung, wie Blockentkernungen und Blocköffnungen, die den Eindruck einer aufgelockerten Bebauung mit ausgedehnten Grünflächen bewirken sollten, wenn auch in weit geringerem Maße als Vorhoelzer das vorgesehen hatte.[26]

Nachdem Leitenstorfer Mitte 1947 zu Meitingers Nachfolger als Stadtbaurat berufen worden war, wichen seine früheren Vorstellungen einem nüchternen Pragmatismus. Er setzte auf Privatinitiative und die Macht der bestehenden Eigentumsverhältnisse. Grundbedingungen des Wiederaufbaus waren der Erhalt der noch vorhandenen Gebäude, die Berücksichtigung der früheren Nutzungsstruktur[27] und die Beibehaltung des alten Straßennetzes sowie des darunterliegenden Leitungs- und Kanalsystems, dessen Wert – wie die Befürworter dieser Form des Wiederaufbaus argumentierten – dem der verlorenen oberirdischen Bebauung gleichzusetzen war.[28]

Welche Lösungen die Baufirmen und Architekten innerhalb dieser Rahmenbedingungen fanden, läßt sich exemplarisch an den Bauten der Südhausbau aufzeigen.

Wiederaufbauplanungen von Robert Vorhoelzer, 1946, mit durchgehend geöffneten Höfen.

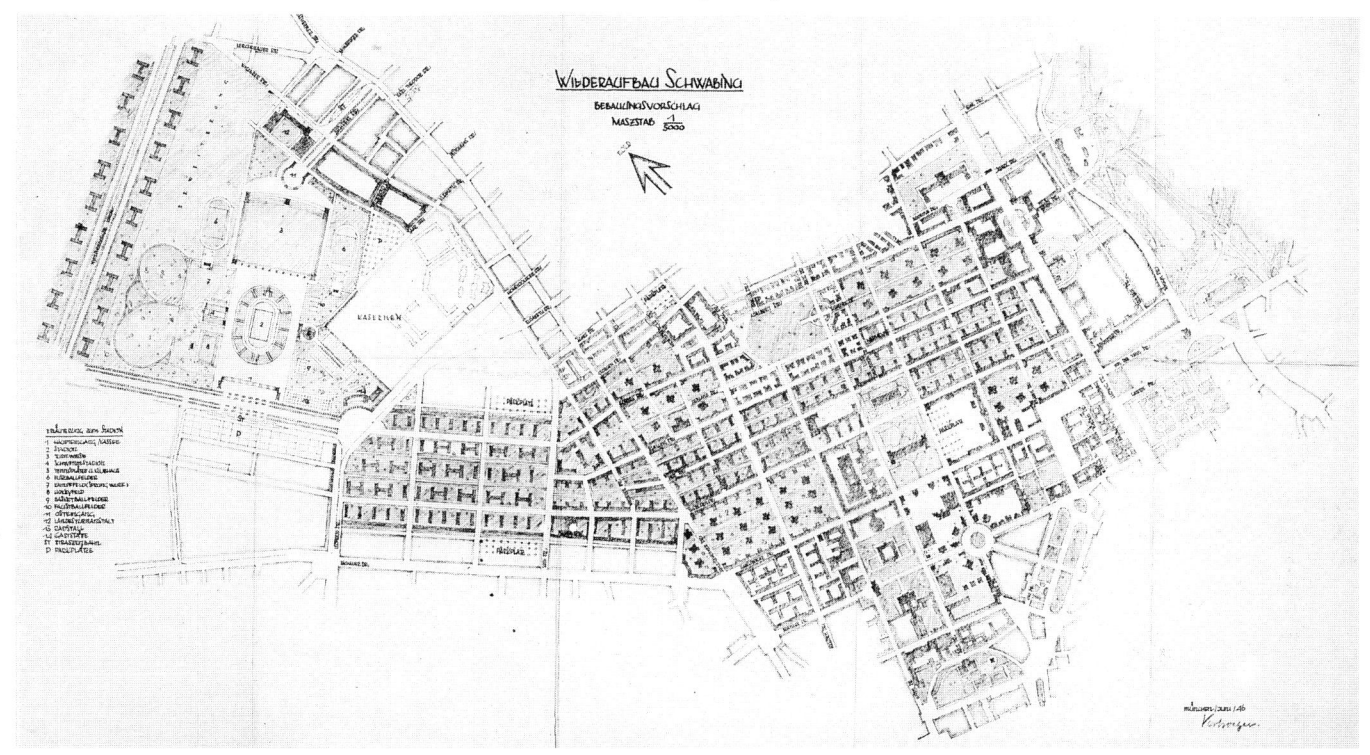

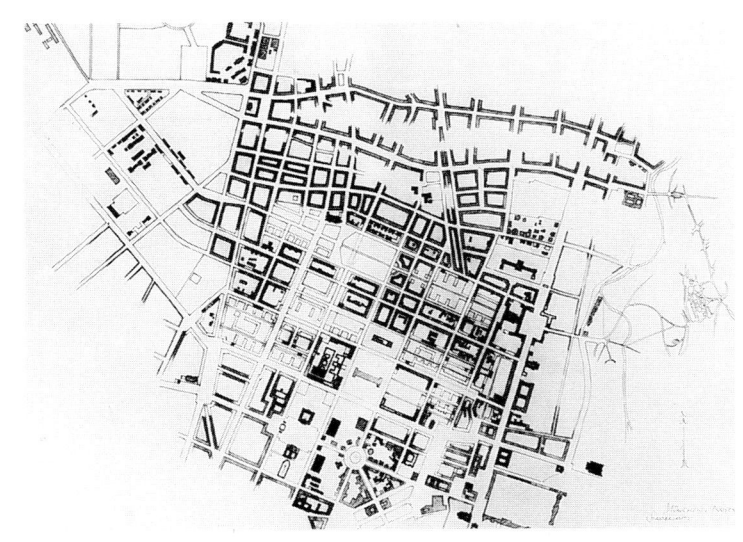

Wiederaufbauplanung von
Hermann Leitenstorfer, 1946,
(Stadtplanungsamt) mit
Blockstruktur aber unbebauten
Höfen.

Der Wiederaufbau am Beispiel der Südhausbau

Beim Wiederaufbau des Schadensgebietes Maxvorstadt und West-Schwabing errichtete die Südhausbau 486 Wohnungen.[29] Ein Schwerpunkt ihrer Bautätigkeit lag in dem Gebiet um den alten nördlichen Friedhof.

Dazu gehörten sowohl Mietshäuser im Umfeld gründerzeitlicher Bauten (Josephstraße) und im Fassadenverband mit zeitgleich enstehenden Neubauten (Schelling- und Zieblandstraße) als auch der Aufbau ganzer Straßenabschnitte (Görresstraße bis zur Augustenstraße).

In dem Geviert zwischen Joseph-, Teng-, Görres- und Adelheidstraße errichtete die Südhausbau in den Jahren 1952–1954 auf den schutträumten Ruinengrundstücken die Anwesen Josephstraße 1 und 3,[30] Tengstraße 3,[31] Görresstraße 2,[32] 4,[33] 6[34] und 8.[35]

Auch die gegenüberliegenden Grundstücke Görresstraße 1 (15 WE und eine Gaststätte[36]) sowie 3 und 5 (je 18 WE[37]) wurden bebaut, so daß zwischen Teng- und Augustenstraße ein geschlossener Straßenzug entstand. Nicht alle Baugründe befanden sich im Eigentum der Südhausbau.[38]

Görresstraße

Die Planung lag in den Händen der Architekten Hellmut von Werz und Alfred Orendt unter Mitarbeit von Johann Christoph Ottow.[39] Die frühere Baustruktur mit zehn Meter breiten Pavillonabständen zwischen je einem Doppelhaus wurde als zu kleinteilig angesehen. Klar und großzügig sollte die neue Architektur wirken.[40]

Durch die Beratung der Be-Ge-Bau (Tochtergesellschaft der Südhausbau) stimmten erstmals in München, die Alteigentümer einer Bebauung als »geschlossene [...] Häuserzeile« mit »einheitlichen Fassaden« zu.[41]

Unter Beibehaltung der Blockrandbebauung sollten jetzt im Vergleich zu früher Großblocks mit größeren Höfen und verkürzten Gebäudetiefen eine übersichtlichere und gleichzeitig effiziente Raumausnützung mit verbesserter Belüftung und Besonnung gewährleisten.

Um die geringere Gebäudetiefe auszugleichen, planten die Architekten eine geschlossene Bauweise und eine

Blick vom alten Nordfriedhof auf die neue Bebauung Görres-Ecke Tengstraße.
Foto Ende der fünfziger Jahre.

Eckhaus Görresstraße 2/
Tengstraße 3. Fassade: Stefan
Braunfels 1984.

Erhöhung der Stockwerkszahl. Dafür mußten die Vorgaben der weiterhin gültigen Staffelbauordnung[42] durch Ausschöpfung der Höchstgrenzen und durch Dispenserteilungen, erlassen von der Lokalbaukommission im Wiederaufbaureferat, im Einvernehmen mit der Stadtplanung, der Notsituation und den neuen städtebaulichen Zielen angepaßt werden. Durch die Verringerung der lichten Deckenhöhe von über drei Meter auf etwa 2,55 Meter konnten auf der geltenden Traufhöhe von höchstens 18 Metern, fünf statt drei Stockwerke untergebracht werden.

Einer beliebigen Erhöhung der Wohnungsanzahl setzte auch die Leistungsfähigkeit des unterirdischen Versorgungssystems eine Grenze.

Bei der vorherigen offenen Bauweise befanden sich die Durchfahrten zum Hof jeweils seitlich der einzelnen Häuser. Mittels einer Zusammenlegung der Parzellen im Hinterhof wurden jetzt zwei Häuser mit einer Durchfahrt versehen, die vom ersten Stockwerk an mit Wohnungen überbaut wurde. Der rückwärtige Teil der Grundstücke wurde nicht mehr mit Gebäuden, sondern mit Garagen bebaut.

Für die Straßenseite wurden vom Stadtbauamt strikt die früheren Baulinien vorgegeben.[43] Auch die zehn Meter tiefen Vorgärten beidseitig der Straße mußten beibehalten werden.[44] Das gleiche gilt für die von Theodor Fischer gefundene konvex ausschwingende Ecklösung[45] an der Görresstraße 2/Tengstraße 3, dem späteren Sitz der Südhausbau, die in den ersten Neuplanungen der Architekten noch als eine zurückgesetzte Innenecke mit einem vorgesetzten Treppenhaus entworfen worden war.[46]

Neuartig hingegen ist die Fassadengestaltung, die in einer Wechselbeziehung zwischen innerer Grundrißfunktion und äußerer Einheit des Straßenzuges steht. Während sich die Fenster der Wohn- und Schlafzimmer bei den Gründerzeitbauten zur Straßenseite hin öffneten und die Küchen-, Bad- und Aborträume mit ihren kleineren Fenstern zur Seite oder zum Hof zeigten, sind hier die Seitenlagen weggefallen, und die Ausrichtung der Räume ist unter möglichst geschickter Ausnutzung der Lichtverhältnisse erfolgt.

Die Aufgabe, pro Stockwerk drei Kleinwohnungen[47] in der gegebenen Nord-Süd-Ausrichtung der Fensterfronten so zu verteilen, daß keine reinen Nordwohnungen entstehen, lösten die Architekten, indem sie die mittlere Wohnung jeweils nach Süden ausrichteten und die gegenüberliegenden Treppenhäuser auf die Nordseite legten. Bei den seitlichen, querbelüftbaren Wohnungen wurden Schlafzimmer, Kammer und Küche auf der nördlichen Seite untergebracht, das Wohnzimmer, mit etwa 20 qm der größte Raum, im südlichen Teil plaziert.

Die Räume haben je nach Funktion unterschiedlich große Fenster. Die breiten, bis zum Fußboden reichenden Balkonfenster der Wohnzimmer zur südseitigen Görresstraße sind leicht in die Mauer zurückversetzt, von einem niedrigen Gitter begrenzt und über die gesamte Länge der Fassade, mit Ausnahme des Erdgeschosses, durch einen weiß abgesetzten Mauerlauf verbunden, wodurch die Form eines Erkers mit eingesetzten Loggien angedeutet wird.

Da die Fassaden an der Nordseite der Görresstraße keine Wohnzimmerfenster aufweisen, wäre die angestrebte gestalterische Einheit zwischen den Fassaden der

Lageplan Görres- und Zieblandstraße.

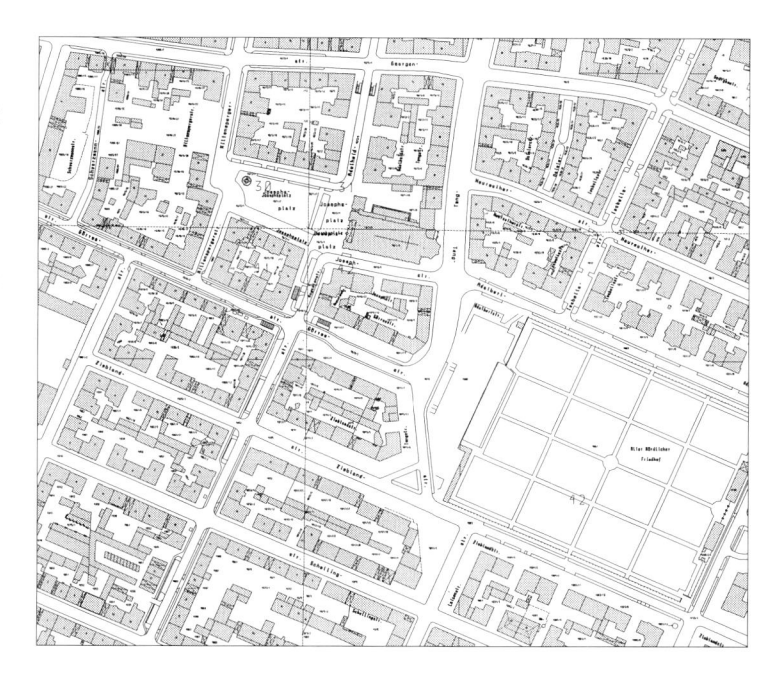

Görresstraße 2–6, Bebauung der Nordseite. Foto Mitte der fünfziger Jahre.

Görresstraße 1–5, Bebauung der Südseite. Foto Mitte der fünfziger Jahre.

rechten und linken Straßenseite beeinträchtigt gewesen. Indem aber das zentrale, leicht nach vorne springende Treppenhaus von Görresstraße 1, 3 und 5 ebenfalls über die gesamte Höhe verglast und durch eine umlaufende Mauer hervorgehoben wurde, bleibt die ästhetische Korrespondenz zwischen den beiden Straßenseiten gewahrt.

Zieblandstraße und Schellingstraße

Unweit dieses Gebietes hat die Südhausbau in den Jahren 1953–1956 an der Ziebland- und Schellingstraße auf der Höhe zwischen Luisen- und Augustenstraße aneinandergrenzende Grundstücke bebaut, deren Mietshäuser völlig zerstört worden waren.[48]

Die beauftragten Architekten Johannes Ludwig und Franz Ruf gingen auch hier von der offenen zur geschlossenen Bauweise über, was von Seiten der Stadtplanung unterstützt wurde, die für eine »intensivere Grundstücksausnutzung durch Überbauung des Pavillonzwischenraumes« eintrat.[49]

Aufgrund der »gegebenen finanziellen Unmöglichkeit einer Gesamtneuaufbereitung des Geländes« verwarfen die Architekten eine »Nord-Südriegelbebauung«. Um jedoch für die an der früheren Bebauungsstruktur ausgerichtete Ost-West-Vierhauszeile »freiere und sonnigere« Höfe zu erhalten, schlugen Ruf und Ludwig der Stadtplanung vor, die Gebäude um fünf Meter in die zehn Meter tiefen nordseitigen Vorgärten vorzuverlegen.[50] Schließlich wurde vereinbart, daß das Haus Nr. 27 entlang der alten Baulinie zu errichten sei, um mit dem bereits wiederaufgebauten Nachbarhaus Nr. 25 eine »einheitliche Gruppe« zu bilden.[51] Die Häuser Nr. 29, 31 und 33 wurden mit vorgezogener Baulinie genehmigt[52] und das vom Studentenwerk entworfene Haus Nr. 35 durch Vorverlegung der Baulinie ebenfalls der Südhausbau-Planung angepaßt.

In der Zieblandstraße 39, 31 und 33 wurden insgesamt 58 Kleinwohnungen und Appartements mit je sieben Garagen im Hof errichtet. Die Anzahl der Stockwerke wurde per Dispens von drei auf vier erhöht.[53]

Mit Ausnahme des Erdgeschosses von Haus Nr. 29 und 33 – dort verlaufen die Einfahrten zum gemeinsamen Hof – befinden sich pro Stockwerk je vier Wohneinheiten, zwei Kleinwohnungen und zwei Appartements.

Auch hier wurden bei den seitlich angeordneten, ca. 60–70 qm großen, querbelüftbaren Wohnungen die Wohnzimmer nach Süden gerichtet, während Schlafzimmer, Küche und Kammer nach Norden zeigen. Die mit Einbauküche, WC und Dusche ausgestatteten Ein- und Zweizimmer-Appartements liegen dem nordseitigen Treppenhaus gegenüber nach Süden. Alle Wohnungen vom ersten Stockwerk an haben einen Südbalkon, der jedoch mit 0,52 und 0,87 qm sehr klein ist. Die Fassade wurde glatt verputzt und weist keinerlei Schmuck auf.[54] Die im Verhältnis zu den Wohnräumen kleinen Fenster des Treppenhauses verstärken den Eindruck dichten Wohnens mit der Notwendigkeit der präzisen Verplanung jeden Quadratmeters.

Die vormalige Gründerzeitbebauung, die nicht nur Zweispänner, sondern auch relativ kleine Dreispänner aufwies[55], war hierarchisch nach Stockwerken differenziert. Im ersten Stock befand sich, wie üblich, die Beletage. Im Erdgeschoß von Zieblandstraße 29 gab es eine Gastwirtschaft mit Garten und in den Häusern Nr. 27 und 31 kleine Eckläden.[56] Durch den »Wiederaufbau« mit reiner Mietshausbebauung veränderte sich die Nutzungsstruktur nach dem Prinzip der Funktionstrennung.

Das an den Hof der Zieblandstraße 27 angrenzende Grundstück Schellingstraße 92 wurde zeitgleich als Betreuungsbau errichtet. Baubeginn für das rechts danebenliegende Haus Nr. 90 war erst 1955, wobei die SHB als Bauherrin und Eigentümerin fungierte. Die architektonische Planung oblag, wie in der Zieblandstraße, Franz Ruf und Johannes Ludwig.

Man ging zur geschlossenen Bauweise über[57], erhöhte die Anzahl der Stockwerke von drei auf vier bei gleichzeitiger Verringerung der lichten Deckenhöhe auf 2,55 Meter, behielt die Traufhöhe von knapp 16 Metern und die vordere Baulinie bei, verkürzte jedoch die hintere Baulinie auf etwa 12 Meter. Da die frühere Bebauung sehr tief gewesen war, verringerte sich die bebaute Fläche um fast die Hälfte.[58]

Die Grundrisse der Neubauten Schellingstraße 92[59] und 90[60] basieren auf demselben Typ wie die Südhausbau-Gebäude in der Zieblandstraße 29–33. Ungewöhnlich bei den damals üblichen, kleinräumlichen Grundrissen sind allerdings die über 30 qm großen Wohnräume der seitlichen Wohnungen bei ca. 70–75 qm Gesamtfläche. Zur Südseite hin verfügen alle Wohnungen ab dem ersten Stockwerk über Loggien, so daß an der Fassa-

Linke Straßenseite: Schellingstraße 92 (dunkler Farbton) und 90 (Bildmitte). Bei Hausnummer 92 sind noch die originalen Balkone zu sehen, die der Horizontale der Fensterbänder eine vertikale Struktur entgegensetzen. Foto 1997.

Blick von der Schellingstraße über den Hof zur Zieblandstraße. Foto 1997.

de die Anzahl der Wohneinheiten ablesbar ist. Die Kochküchen haben sehr kleine, trapezförmig zulaufende Balkone (0,37qm), die als Ersatz für die eingesparten Speisekammern dienen konnten.[61]

Im Gegensatz zur Zieblandstraße erhielten alle Wohn- und Schlafräume zwei Fenster, wodurch bei den südseitigen Zimmern auf einer Breite von 4,75 Metern mehr als 3 Meter verglast sind. Dadurch verstärkt sich die großzügige Wirkung der Räume. Gleichzeitig gewährleistet die Verglasung einen größeren Lichteinfall, so daß der Mangel an Sonneneinstrahlung, hervorgerufen durch die Bebauung der gegenüberliegenden Straßenseite, ausgeglichen wird.

Durch die Licht-Luft-Sonne-Orientierung des Raumprogramms sowie die detaillierte Festlegung der Wohnfunktionen bieten die Bauten der Wiederaufbauzeit oftmals wenig Variationsmöglichkeiten. Trotz der zunehmenden Verkehrsbelastung können Räume kaum anders als entsprechend ihrer ursprünglich vorgesehenen Funktion genutzt werden.

Die beschriebenen Beispiele der Südhausbau reichen vom kleinen Einzimmerappartement bis zur geräumigen Fünfzimmerwohnung. Je nach Finanzierungsmöglichkeit[62] und Mieterschaft wurden die Grundrisse und die jeweilige Ausstattung differenziert.[63] Dennoch wird deutlich, daß die zuständigen Architekten bemüht waren, auch die sehr kleinen Einheiten wohntechnisch sinnvoll durchzuplanen und den Bewohnern dieses Stadtbezirks mit »gehobenem Wohncharakter«[64] nach Möglichkeit ein »einwandfreies und fortschrittliches Wohngefühl« zu geben.[65]

Fazit

Das Gebiet Maxvorstadt/West-Schwabing wurde im wesentlichen entsprechend den alten Strukturen und der vormaligen Nutzung wiederaufgebaut.[66] Auf einigen Grundstücken wurden allerdings reine Mietshäuser errichtet.

Die Staffelbauordnung bildete die Grundlage des Wiederaufbaus. Das Stadtbild veränderte sich im Vergleich zur gründerzeitlichen Bebauung in seinen Proportionen. An die Stelle der alten Pavillonbauweise trat teilweise eine geschlossene Bauweise und die Traufhöhen ganzer Straßenzüge wurden vereinheitlicht. Die Fassadenstrukturen sind durch niedrigere Stockwerkshöhen und demonstrative Schlichtheit geprägt.

Der Begriff Wiederaufbau, der an die Rekonstruktion alter Gebäude denken lassen könnte, meint hier also die Neubebauung eines vorher bebauten Grundstückes unter weitgehender Beibehaltung der früheren Funktion, der Straßen- sowie Platzstruktur.

Material- und Geldmangel zwangen die Architekten dabei zu äußerst knappen Lösungen, die aber gleichzeitig die damaligen Vorstellungen des modernen Massenwohnungsbaus – in Anknüpfung an progressive Tendenzen der zwanziger Jahre – veranschaulichen.

Anmerkungen

1 In der Literatur wird häufig vom Wiederaufbau »Schwabing« gesprochen, obwohl sich das gemeinte Gebiet städtebaulich betrachtet in der Maxvorstadt befindet. Dem liegt eine kulturhistorische Verwendung des Ausdrucks zugrunde, da sich viele Treffpunkte des »Klassischen Schwabings« der Jahrhundertwende in der Maxvorstadt befanden.
Im folgenden werden die Ausdrücke »Maxvorstadt« und »Schwabing« als städtebauliche Begriffe verwendet.
2 Im 7. Stadtbezirk, dem Bereich um den alten nördlichen Friedhof, begrenzt durch Georgen-, Winzerer-, Theresien- und Barerstraße, waren 66,9 % aller Gebäude total zerstört, 15,9 % schwer in Mitleidenschaft gezogen. Ein entsprechendes Zerstörungsbild – 82,6 % aller Gebäude waren total oder schwer beschädigt – lag im Stadtbezirk 6 vor, abgesteckt durch Theresien-, Schleißheimer-, Dachauerstraße, Maximiliansplatz und Barerstraße. Im Stadtbezirk 5, um die Ludwigstraße, begrenzt durch Barer- und Königinstraße, betrug der entsprechende Anteil zerstörter Gebäude etwa 70 %.
In dem an den 7. Stadtbezirk angrenzenden 26. Stadtbezirk, West-Schwabing, der das Rechteck zwischen Clemens-, Winzerer-, Georgen-, und Friedrichstraße ausfüllt, wiesen 60,2 % aller Gebäude schwere oder totale Schäden auf (Stadtarchiv München, Akten Wiederaufbauamt 1095/II).
Die hier angeführten Bezirks- und Viertelsbezeichnungen folgen der amtlichen Verwendung bis 1992 (vgl. Dürr 1991). Nach einer Übergangslösung wurden 1996 die Bezirke teilweise neu abgesteckt und mit einer neuen Numerierung versehen. Dabei wurden die Stadtbezirke 5, 6, 7, zum Stadtteil 3, Maxvorstadt, zusammengefaßt. Der Stadtbezirk West-Schwabing wurde nach Norden bis zum Petuelring erweitert und erhielt die Nr. 4. Siehe die Karten: Städtisches Vermessungsamt München. Übersichtskarte von München. 1: 50.000. Bezirksgrenzen. Stand: 1.1.1989 und Kleinräumlich topographische Gliederung der Landeshauptstadt München. Viertelsgliederung. Stand: Mai 1996.
3 München 1950, 30; Beschädigungsgrad der Wohnungen im Gesamtstadtgebiet: 31,9 % total und schwer; 58,5 % mittel und leichter; 9,6 % unbeschädigt (Stadtarchiv München, Akten Wiederaufbauamt 1095/II).
4 Lehmbruch 1980, 199.
5 Lehmbruch 1980, 206.
6 Zimmermann 1984, 9–12.
7 Zimmermann 1984, 8, Abb.1.
8 Bauer 1995, 122.
9 Fisch 1988, 167. In den 1870er Jahren wurden erstmals baupolizeiliche Reglementierungen zur Wahrung der öffentlichen Gesundheit erlassen. Z.B. Verbot fensterloser Zimmer, da sich herausgestellt hatte, daß diese als Magdkammern benutzt wurden.
10 Fisch 1988, 262. Vgl. Rodenstein 1988.
11 Vgl. Staffelbauplan der K. Haupt- und Residenzstadt München 1904, ergänzt bis 1912 als farbige Karte mit der Übersicht der Baustaffeln, in: München und seine Bauten 1912, o. S.
12 Heisler 1994, 125–126; 154.
13 Bezeichnend sind die späteren Versuche der Bauwilligen, vom Magistrat eine »Erleichterung der Bauvorschriften für die Umgebung des nördlichen Friedhofs« zu fordern, die aber in einer dem Schriftstück hinzugefügten und u.a. von Theodor Fischer unterschriebenen »Vorbemerkung« negativ bewertet wurde. Die Ablehnung wurde damit begründet, daß die Antragsteller schließlich beim Kauf von den geltenden Vorschriften gewußt hätten. Die Vorgärten seien als »Ersatz« für den geringen Hofraum zu werten und die offene Bauweise bei Umwandlung des Friedhofs in eine öffentliche Anlage die »passendere Umgebung« als »hohe Zinskasernen«. (Stadtarchiv München, Akten LBK 218/II, Protokoll Nr.4118, März 1900).
14 Die an die Maxvorstadt angrenzenden Orte Schwabing und Neuhausen wurden 1890 eingemeindet. Vgl. Dürr 1991, 22.
15 Fisch 1988, 195.
16 Es handelte sich dabei um die fünf größeren Stadtsektoren »Schwabing im Norden, Neuhausen und Nymphenburg im Westen, Laim und Sendling und Thalkirchen im Südwesten, Bogenhausen im Osten und Giesing im Südosten.« Selig 1978, 107.
17 Mit der Eingemeindung Schwabings nach München 1890 hob man die frühere Burgfriedensgrenze in Höhe des Nikolaiplatzes und der Hohenzollernstraße auf und erweiterte den damaligen XXII. Stadtbezirk (Schwabing) bis zur Georgenstraße. Durch den enormen Bevölkerungszuwachs Schwabings um die Jahrhundertwende (1895–1900: 44,3 %) wurde aus dem westlichen Teil der XXVI. Stadtbezirk (Schwabing-West). Bauer 1993, 34.
18 Albers 1980, 15, Abb. 10; Baulinien nördlich des nördlichen Friedhofes: »Abänderung des Alignements zwischen der Görres- Nordend- Hohenzollern- und Winzererstraße« Dez. 1895, genehmigt vom königlichen Staatsministerium des Innern am 6. Okt. 1896. (Stadtarchiv München, Akten LBK 107, Plan Nr. 24065).
19 Selig 1978, 107.
20 Vgl. Camillo Sitte, 1889.
21 Fisch 1988, 235.
22 Die Darstellung in diesem Abschnitt folgt: Aufbauzeit 1984.
23 Ebd. Abb. 18 u.19.
24 Ebd. 93.
25 Er bezog sich dabei auf das gesamte Gebiet zwischen Königsplatz, den Universitäten und dem Oberwiesenfeld, das größtenteils zur Maxvorstadt gehört. Ebd. 163.
26 »Unter Beibehaltung der Hauptzüge des Straßennetzes, an das die im Boden liegenden Leitungsnetze binden, soll an Stelle dieser endlos gleichen Straßen und Blöcke ein Wechsel der Bebauung, ein Gewinn an Freiflächen in ausgleichendem Zusammenhang mit einer Steigerung der Bauhöhen entstehen. Es sollen zerstörte Strecken von Straßen platzartige Breite annehmen zur Entlastung der Fahrbahnen vom parkenden Verkehr; ebenso soll das Innere der Blöcke unter Gewinnung von möglichst zusammenhängenden Grünflächen für den Fußgänger und örtlichen Verkehr erschlossen werden, der dann auf ruhigen und anmutigen Wegen die Fahrstraßen meiden und entlasten kann. Die Tendenz dieser Streifen geht vorwiegend in Ost-West-Richtung. Eine Steigerung des Gedankens ergibt sich in der Achse der Universität durch die Lage des alten Nordfriedhofes, der zu einem Schwerpunkt des Grünzuges wird, und durch die starken Zerstörungen entlang dem nach Westen anschließenden Hauptzugang zum Oberwiesenfeld, dem gegebenen Grüngebiet zwischen den beiden Stadtteilen Schwabing und Neuhausen [...].« Leitenstorfer 1946. Teilabdruck in: Aufbauzeit 1984, 162–164, hier: 163–164.
27 Rekonstruktion der Nutzungsstruktur der Gebäude des Innenstadtgebietes im Jahr 1938/39 nach Wohnzweck, gemischter Nutzung und ausschließlichem Gebrauch als Betriebsstätte. Zusammenfassung dieser Studie und Folgerungen für den Wiederaufbau in: LH München 1950.
28 Meitinger 1946, 9.
29 Südhausbau 1961 a, 6–7. Zeitgenössische Fotos der Neubauten in Maxvorstadt/Schwabing siehe: Südhausbau 1956 a.
30 Jeweils Erdgeschoß und vier Stockwerke mit insges. 10 Wohneinheiten mit ca. 70 qm Wohnfläche (Archiv Südhausbau, Akte 29).
31 Erdgeschoß und fünf Stockwerke mit insges. 12 Wohneinheiten mit je über 100 qm Wohnfläche (Archiv Südhausbau, Akte 20).
32 Erdgeschoß und fünf Stockwerke mit insges. 12 Wohneinheiten, davon 1 Verkaufsladen mit Wohnraum. Wohnfläche jeweils über 100 qm (Archiv Südhausbau, Akte 21).
33 Erdgeschoß und fünf Stockwerke mit insges. 15 Wohneinheiten und im Erdgeschoß 1 Laden mit Büroraum. Wohnfläche ca. 50–63 qm (Archiv Südhausbau, Akte Be-Ge-Bau).
34 Erdgeschoß und fünf Stockwerke mit insges. 17 Wohneinheiten mit ca. 50–63 qm (Archiv Südhausbau, Akte 22).
35 Erdgeschoß und fünf Stockwerke mit insges. 17 Wohneinheiten und einem Büro im Erdgeschoß. Wohnfläche ca. 35–77 qm (Archiv Südhausbau, Akte 53).
36 Erdgeschoß und fünf Stockwerke mit insges. 15 Wohneinheiten und einer Gaststätte im Erdgeschoß. Wohnfläche ca. 50–80 qm (Archiv Südhausbau, Akte Be-Ge-Bau).
37 Erdgeschoß und fünf Stockwerke mit insges. 18 Wohneinheiten mit ca. 50–65 qm (Archiv Südhausbau, Akte 28 u. 54).
38 Die Tochtergesellschaft Be-Ge-Bau betreute die Hackerbräu A.G., der das Anwesen Görresstraße 1 gehörte und den Eigentümer von Görresstraße 4, Josef Ilmberger. Die Betreuung umfaßte die gesamte planerische, technische und wohnungswirtschaftliche Abwicklung.
39 Das Gebäude Görresstraße 7 wurde erst 1958 durch die Aufbaugesellschaft Bayern GmbH für eine Erbengemeinschaft errichtet. Der Architekt war Alfred Orendt. Hier wurden steuer-

begünstigte 3- und 4-Zimmer-Wohnungen als Zweispänner gebaut. (LH München, LBK, Akte Görresstraße 7).

40 Ottow 1996.

41 SZ 19.7.1954, 7.

42 Für die Görresstraße 1, 3, 5, 7 und 2, 4, 6, 8 galt die Baustaffel 7, d. h. offene Bauweise; Erdgeschoß und drei Stockwerke bis 18 m Höhe; das Rückgebäude durfte mit Erdgeschoß und einem Stockwerk nicht mehr als 12 m Höhe übersteigen; ein Drittel des Hofraums mußte als Hoffläche belassen werden; die Gruppenlänge der Häuser durfte 45 m nicht überschreiten; der Pavillonzwischenraum mußte wenigstens 9 m betragen. Für die Tengstraße galt ab der nördlichen Ecke Görresstraße die Baustaffel 2 und damit dieselben Eckwerte wie bei Baustaffel 7, aber geschlossene Bauweise (München und seine Bauten 1912, Staffelbauplan, o. S.).

43 Dies geht z. B. aus einem Brief der SHB vom 2. Sept. 1952 hervor, in dem die Planung von Görresstraße 2/Tengstraße 3 erläutert wird (Archiv Südhausbau, Akte 21).

44 Ein Antrag auf Verkürzung der Vorgartenlinie von 10 m auf 5 m zugunsten einer tieferen Bebauung war 1950 von Seiten der Stadtplanung unter Hinweis auf die auslaufende Grünfläche vom alten nördlichen Friedhof gegen die dichte Bebauung im Nordwesten abschlägig beschieden worden. Erst 1958 wird die ehem. Vorgartenlinie auf der nördlichen Seite der Görresstraße auf 8,5 m zugunsten einer Verbreiterung der Straße verringert. (Stadtarchiv München, Akten LBK 24217, Baulinien Görresstraße).

45 LH München, LBK, Akte Görresstraße 2; Stadtarchiv München, Akten LBK 218/I, Nr. 8068, 1895.

46 Ottow 1996.

47 Dies bezieht sich auf die Häuser Görresstraße 4, 6, 8 und 1, 3, 5.

48 In der Zieblandstraße gehörten der Südhausbau die Anwesen Nr. 29 und 33. Die Grundstückseigentümer von Nr. 27 und 31 wurden von der Be-Ge-Bau betreut. Eigentümer der Zieblandstraße 27 war Hubert Schneider, dem auch das über Hof angrenzende Grundstück Schellingstraße 92 gehörte. Eigentümer der Zieblandstraße 31 war Fritz Herrle.

49 Aktenvermerk, Stadtbauamt-Stadtplanung, Betreff: Zieblandstraße 29, Wiederaufbau des Wohnhauses, Georg Wilhelm, 1. März 1952 (LH München, LBK, Akte Zieblandstraße 29).

50 Brief der SHB (12.8.53) an: Stadtrat der Landeshauptstadt München, Wiederaufbaureferat, Lokalbaukommission (LH München, LBK, Akte Zieblandstraße 33).

51 Das Haus Nr. 27 erhielt 15 Wohnungen (2 x ca. 80 qm; 1 x App. zu 25 qm) und 7 Garagen (Archiv Südhausbau, Akte 60404, B 7/8).

52 Abschrift Stadtbauamt-Stadtplanung, 23. Sept.1953 an Lokalbaukommission (LH München, LBK, Akte Zieblandstraße 33).

53 Die Traufhöhe liegt mit mehr als 15 m etwas über derjenigen der früheren Gebäude (ca. 14,5 m), die mit ihren hohen Dachböden, welche um die Jahrhundertwende häufig zu »Ateliers« umgebaut worden waren, eine vergleichbare Gesamthöhe aufweisen.

54 Auf eine Mängelbeanstandung bzgl. des Fassadenanstrichs von Seiten des Wiederaufbaureferates reagiert die SHB mit dem Hinweis, daß »bei dem augenblicklich von der Architektenschaft verwandten glatten Fassadenputz [...] kleinere Verfärbungen, bedingt durch die Witterungseinflüsse, unvermeidlich [sind].« Brief vom 22.10.1955 (Archiv Südhausbau, Akte 35).

55 Z. B. Zieblandstraße 29 mit drei Wohnungen pro Stockwerk, darunter jeweils zwei, die nur aus zwei Räumen (je ca. 15 qm), Küche, Vorplatz und Abort bestanden. (Stadtarchiv München, Akten LBK 10899, Zieblandstraße 29).

56 Ebd. und Stadtarchiv München, Akten LBK 10897, Zieblandstraße 27; Akten LBK 10901, Zieblandstraße 31.

57 Gemäß Staffelbauordnung galt für die südliche Seite der Schellingstraße, zwischen Schraudolph- und Augustenstraße, die aus hygienischen Gründen in der Umgebung des Nordfriedhofs eingeführte, offene Bauweise, welche nach dessen Auflassung im Jahr 1939 nicht mehr mit dieser Argumentation durchgesetzt werden konnte. Vorgärten, wie im direkten Umfeld des Friedhofs, gab es in der Schellingstraße nicht. (Stadtarchiv München, Akten LBK 107, Baulinien Maxvorstadt).

58 Bei einer Grundstücksgröße von 600 qm waren ehemals 450 qm überbaut. Bei den Neubauten betrug die bebaute Fläche noch ca. 250 qm. (Archiv Südhausbau, Akte 85, Schellingstraße 90).

59 Hier wurden 16 Wohneinheiten und eine Arztpraxis geplant. Ab dem 2. Stock befinden sich pro Geschoß 4 Wohneinheiten, zwei Wohnungen mit ca. 70 qm und zwei Einzimmerappartments mit ca. 25 qm. (Archiv Südhausbau, Akte 60404, B 7/8).

60 Hier wurden 15 Wohneinheiten als Dreispänner mit Wohnflächen zwischen ca. 50 und 75 qm errichtet. (Archiv Südhausbau, Akte 85).

61 Über das Fehlen von Speise- und Besenkammern in den Neubauten des sozialen Wohnungsbaus, siehe: Karin Friedrich »Hausfrauen jammern: Zu wenig Kammern.« in: SZ vom 27.12.1955 (Stadtarchiv München, Zeitungsausschnittsammlung).

62 Die Wohnungen wurden alle im Rahmen des »sozialen Wohnungsbaus« gebaut: Dabei wurden, auch innerhalb eines Gebäudes, zwei Finanzierungsmöglichkeiten gemischt: »der steuerbegünstigte, freifinanzierte Wohnungsbau für Mieter ohne Einkommensbeschränkung und der öffentlich geförderte Wohnungsbau für Berechtigte innerhalb eines bestimmten Einkommens, vor allem Personenkreise wie Flüchtlinge, Ausgebombte, unzureichend Untergebrachte, kinderreiche und junge Familien. [...] Während die Finanzierung des steuerbegünstigten Wohnungsbaues weitgehend durch Kapitalmarktmittel, Aufbaudarlehen [...] bzw. Mieterdarlehen, Arbeitgeberdarlehen und Eigenkapital erfolgte, wurden beim öffentlich geförderten Wohnungsbau neben Kapitalmarktmitteln unverzinsliche staatliche Baudarlehen eingesetzt, die durch nachrangig gesicherte Aufbaudarlehen, Arbeitgeber- oder kommunale Darlehen und Eigenkapital [...] ergänzt wurden.« Ottmann 1986, o. S.

63 So waren die Häuser in der Zieblandstraße vor allem für Bank- und Versicherungsangestellte sowie Pendler bestimmt, die Wohnungen Ecke Görres-/Tengstraße jedoch für Universitätsprofessoren und Beamte des deutschen Patentamtes.

64 In dem Artikel »Gibt es noch ›Beamten‹- und ›Arbeiterviertel‹. Eine interessante Statistik zur ›Soziologie der Wohnviertel‹« wurde 1952 eine »Auswertung des Statistischen Amtes der Landeshauptstadt von den Ergebnissen der letzten Volkszählung« veröffentlicht: Demnach wohnten 1950, in dem Gebiet um den alten nördlichen Friedhof (Stbz. 7) im Jahr 1950 überdurchschnittlich viele Selbständige und Angestellte, gefolgt von den Beamten und einer schwach vetretenen Arbeiterschaft. Münchner Stadtanzeiger Nr. 34, 22.8.1952. (Stadtarchiv München, Zeitungsausschnittsammlung).

65 Vgl. Anm. 43.

66 Sofern durch Verkürzung der rückwärtigen Baulinien große Höfe entstanden, so wurden diese meist abgezäunt und als Gewerbefläche oder Autoabstellplatz, nicht aber als autofreier, durchgehender Fußgängerraum verwendet. Eine Ausnahme bildet z.B. der große Wohnblock um den Steinickeweg. Bei dieser »Neuplanung« [!] wurde die Randbebauung höher gezont und versucht, die Innenhofbebauung unter Fortfall der Grundstücksumzäunungen »flächen- und lichtmäßig locker zu gestalten.« Durch die Anlage des Steinickeweges für den Anliegerverkehr fielen die Durchfahrten in den einzelnen Anwesen weg. Diese vor Verkehrslärm schützende Blockrandbebauung entstand im Auftrag des Bundesministers für Wohnungsbau vom 3.7.1952 mit dem Ziel, Erfahrungen bei der Grundstücksumformung, speziell »Zusammenlegung« in Hinblick auf den Wiederaufbau Münchens und das anvisierte Bundesbaugesetz zu sammeln. Der Durchführung des Projektes Mitte der fünfziger Jahre gingen sehr komplizierte und langwierige Verhandlungen des Wiederaufbaureferates mit den Eigentümern voraus. Brief des Wiederaufbaureferates v. 27.5.1953. (Stadtarchiv München, LBK 26916; Münchner Stadtanzeiger, 1954, Nr. 6; Stadtarchiv München, Zeitungsausschnittsammlung).

ANDREA NIEHAUS **Der Wiederaufbau in der Au**

Der Münchner Stadtteil Au, der im Zweiten Weltkrieg zu etwa 70 % zerstört wurde, ist heute von einer Mischbebauung geprägt.[1] Einige noch bestehende charakteristische Herbergshäuser aus dem 19. Jahrhundert, die geschlossene Blockrandbebauung der Jahrhundertwende und die modernen Nachkriegsbauten ergeben ein uneinheitliches Gesamtbild.[2] Eine Bewertung des Wiederaufbaus in der Au hat sich daher sowohl mit der historischen Entwicklung als auch den unterschiedlichen Konzepten und Lösungen der städtischen Planungen nach 1945 zu beschäftigen. Denn trotz Aufbruchsstimmung in der Architektur der Nachkriegszeit war auch Rücksichtnahme auf gewachsene Strukturen gefordert, was sich an den Gebäuden der Südhausbau in der Au exemplarisch zeigen läßt. Hier stand man vor der schwierigen Aufgabe, die Baulücken der nach 1900 entstandenen Wohnhausanlage Dosch zu schließen.

Im Krieg vernichtete Herbergen in der Au bei der Mariahilfkirche, Foto 1945.

Vergangene Romantik: Alte Herbergshäuser in der Au

Die Au war bis ins 15. Jahrhundert ein außerhalb der Münchner Stadtgrenzen gelegenes Müller- und Fischerdorf.[3] Im 16. und 17. Jahrhundert siedelten sich hier kleinere Gewerbebetriebe vor allem der Holz- und Papierverarbeitung an. 1808 wurde die Au offiziell zur Münchner Vorstadt erhoben und 1854 eingemeindet.

Bis zu diesem Zeitpunkt hatten die Münchner Bauvorschriften in dem vorwiegend von sozialen Unterschichten besiedelten Gebiet keine Geltung gehabt. Die einzige Freifläche war die Platzanlage um die von Joseph Daniel Ohlmüller errichtete Mariahilfkirche (1831–1839), die auch heute noch einen wichtigen städtebaulichen Akzent setzt. Um die Kirche drängte sich ein dichtes Gewirr von Klein- und Herbergshäusern. Der Begriff »Herberge« bezeichnet in diesem Fall Stockwerke, Wohnungen oder Einzelzimmer, die nicht vermietet, sondern verkauft wurden.[4] Da der Nachweis von Besitz eine Voraussetzung für die Ansiedlung war, stellte der Ankauf von Herbergseigentum für viele der landflüchtigen Tagelöhner die einzige Möglichkeit gegen die ansonsten drohende Ausweisung dar.[5] Im Laufe des 18. Jahrhunderts war die Nachfrage nach Herbergseigentum so sehr gestiegen, daß man die bestehenden Häuser immer weiter unterteilte. Zahlreiche neue, zum Teil winzige Wohneinheiten entstanden, die vielfach durch Außentreppen erschlossen werden mußten. Die in Holz ausgeführten Herbergshäuser haben mit ihrem bäuerlich-ländlichen Charakter das Bild der Au nachhaltig geprägt. Von ihren malerischen Winkeln fühlte sich im 19. Jahrhundert so mancher Künstler angezogen, so daß die Au als »Montmartre Münchens« bezeichnet wurde.[6]

Dieser romantisierende Blick täuscht jedoch darüber hinweg, wie schlecht die Lebensverhältnisse der Bewohner in den überfüllten Herbergen waren.[7] Mangelnde Luft- und Lichtzufuhr, Feuchtigkeit sowie fehlende Kanalisation boten den Nährboden für zahlreiche Krankheitserreger, die sich in der überbevölkerten Au rasch ausbreiteten.[8] Erst gegen Ende des 19. Jahrhunderts setzte eine Verbesserung der Situation ein. Die 1879 erlassene neue Münchner Bauordnung berücksichtigte erstmals hygienische Aspekte. Dies erforderte jedoch die Beseitigung der Herbergshäuser. Die komplizierten Eigentumsverhältnisse führten die Stadtverwaltung dazu, die Grundstücke nach und nach aufzukaufen und die Herbergshäuser allmählich durch große Mietshäuser zu ersetzen.[9] Nur auf dem Gebiet zwischen Zeppelinstraße und Mariahilfplatz sowie nördlich davon blieben die Herbergshäuser vorerst bestehen.

Bürgerliches Bauen in der Au: Die Wohnhausanlage Dosch

Um die Jahrhundertwende wurden die städtischen Bestrebungen, das Gassengewirr der Au zu ordnen, fortgesetzt. Die Staffelbauordnung von 1904 teilte die Au in vier Staffeln. Die erste Baustaffel, die geschlossene fünfgeschossige Bebauung, wie sie für die Altstadt Münchens galt, wurde auch für die Bereiche am Nordende der Au, entlang der Isar und um den Mariahilfplatz bindend. Diese Entscheidung wurde sicherlich auch durch das nahgelegene renommierte Bauvorhaben des Deutschen Museums (1903 bis 1925) auf der Kohleninsel motiviert.

Das Erscheinungsbild der Au wurde zunehmend von repräsentativen Mietshäusern bestimmt, die vielfach unter privaten Bauträgern entstanden. Dies gilt auch für die Wohnhausanlage Dosch. Den aus zwölf Gebäuden bestehenden Komplex zwischen Eduard-Schmid, Schweiger-, Mariahilf- und Zeppelinstraße ließen die Zimmermeister Georg und Michael Dosch errichten, in deren Besitz sich das Grundstück seit etwa 1864 befand.[10] Die geschlossene Blockrandbebauung mit Rückgebäuden und fünf kleinen Innenhöfen entstand in zwei Phasen zwischen 1910 und 1914.[11] Der Architekt Franz Deininger schuf fünfgeschossige, teilweise noch heute bestehende Mietshäuser mit Erkern und Quergiebeln sowie großen ausgebauten Mansarddächern. In den Gliederungselementen mischen sich Neurenaissance- und Neubarockmotive zu einer historisierenden Formensprache.

Der Wiederaufbau der Wohnhausanlage Dosch durch die Südhausbau

Bei Kriegsende waren sowohl die charakteristischen Herbergshäuser als auch die Blockbebauung aus der Zeit der Jahrhundertwende zu großen Teilen zerstört. Wegen ihrer günstigen Wohn- und Verkehrslage sollte die Au möglichst schnell wiederaufgebaut werden. Auf dem alten Gebiet der Herbergen plante die Stadt München selbst zwei Aufbaueinheiten, die das größte und modernste Wiederaufbauprojekt im Münchner Wohnbereich darstellten.[12] In der Wahl der Gestaltungsmittel war man jedoch weniger anspruchsvoll. So weisen etwa die drei 1952 bis 1956 von Ludwig Stangl errichteten Zeilenbauten, die den Mariahilfplatz westlich abschließen, eine eintönige Formensprache auf.[13]

Deutlich wird dies gerade im Vergleich mit dem Wiederaufbau der Wohnanlage Dosch durch die Südhausbau. Die Grundstücke der Mariahilfstraße 5 bis 11 und der Zeppelinstraße 16 bis 18 wurden der Firma 1952 angeboten. Erst als jedoch die Stadt im Rahmen des »Sonderbauprogramms für die innerbayerische Umsiedlung und Lagerräume« Förderungsmittel zur Verfügung stellte, nahmen die Wiederaufbaupläne im Frühjahr 1953 konkrete Formen an.[14] Dabei verpflichtete sich die Firma, auch die alten teilzerstörten Rückgebäude wiederherzustellen, eine Maßnahme, die im Wiederaufbaukonzept der Stadt eigentlich gar nicht mehr vorgesehen war. Das Konzept Karl Meitingers, das vom Stadtrat als Leitbild des Wiederaufbaus verabschiedet worden war, sah zwar für die Altstadt und ihre angrenzenden Gebiete die geschlossene Blockbauweise vor. Statt der traditonellen kleinen Innenhöfe sollte aber die Bebauung in großen Blöcken mit großzügigen Grünanlagen im Innern erfolgen.[15] Angesichts der Notwendigkeit, möglichst preiswert viel Wohnraum zu schaffen, zeigte sich die Stadt allerdings kompromißbereit. Die formalen Vorgaben der Stadt beschränkten sich auf die Zurücklegung der Baulinie um 3,40 Meter und die Erweiterung um ein Geschoß.[16] Vor allem der Verlauf der Baulinien sowie der Anschluß an die Mansarddächer und damit die Frage der First- und Trauf-

Lageplan Zeppelinstraße und Mariahilfstraße. Deutlich wird die Einpassung der neuen Gebäude in die alte Bebauung und die zurückgelegten Baulinien.

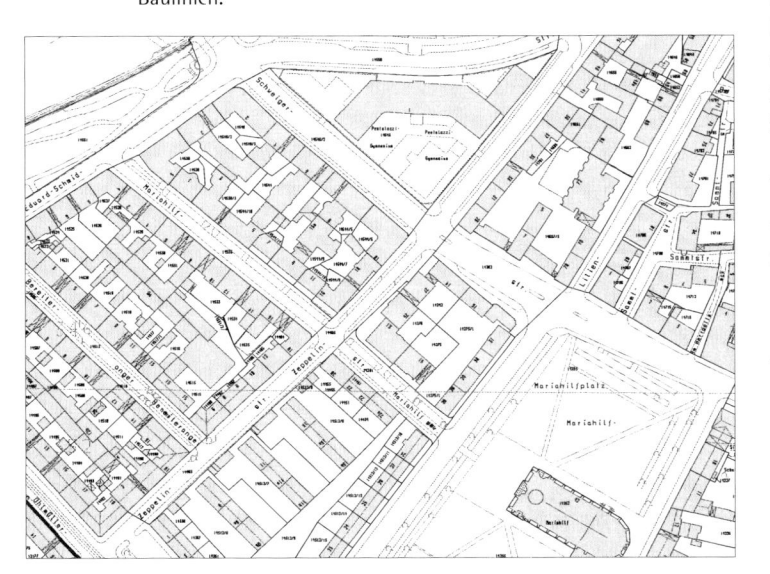

Mariahilf-/Ecke Zeppelinstraße (1953). Links hinten wird die vorspringende Baulinie deutlich, rechts der Übergang zum alten Eckgebäude an der Schweigerstraße.
Architekt: Heinz Schwarz.
Foto 1996.

Unten
Grundriß Mariahilfstraße 7, 1. und 2. Stock, 1953.
Architekt: Heinz Schwarz.

höhen waren Gegenstand mehrerer Besprechungen im Stadtbauamt.¹⁷

Dem zuständigen Architekten der Südhausbau, Heinz Schwarz, gelang der Ausgleich zwischen preiswertem Bauen und gestalterischen Anforderungen durch ein zurückhaltendes Konzept. Dies hatte sich vor allem an den kritischen Punkten zu bewähren, an den Übergängen vom Alt- zum Neubestand. In der Mariahilfstraße schließt der sechsgeschossige Neubau (Mariahilfstraße 5) mit gleicher Dachneigung, aber geringerem Dachvorsprung an den fünfgeschossigen Altbau (Mariahilfstraße 3) an. Da die Geschoßhöhen des Neubaus jeweils niedriger sind, liegt die Trauflinie in gleicher Höhe mit derjenigen des Altbaus. Entsprechend wurde für den Neubau auch das ausgebaute Dachgeschoß übernommen, wobei dessen Fenstergauben mit dem ersten Absatz des Mansarddachs korrespondieren. Die Flucht des Altbestands wird in dieser Form über eine Häuserlänge weitergeführt. In seiner Orientierung an dem Altbau fungiert das Gebäude Mariahilfstraße 5 somit als eine Art Gelenk, das zwischen Alt- und Neubestand vermittelt.

Der geforderte Rücksprung von der alten Baulinie wird erst beim benachbarten Gebäude (Mariahilfstraße 7) vorgenommen. Hier mußte zudem berücksichtigt werden, daß die Neubauten (Mariahilfstraße 7 bis 11) zwar ebenfalls sechsgeschossig sind, aber kein ausgebautes Dachgeschoß mehr besitzen. Dachansatz und Trauflinie liegen dadurch höher. Auch die Fassadengestaltung betont diese Schnittstelle in ihrer Fenstergliederung. Zweiteilige kleine Fenster wechseln sich ab mit langen französischen Fensterbahnen, die schmale Balkone besitzen. Diese Fenstertüren sind beim Haus Mariahilfstraße 5 zwei- und vierteilig. Sie dienen als optische Kantenverstärkung und schließen somit die Fassade in sich ab. Das Gliederungssystem der Gebäude Mariahilfstraße 7 bis 11 ist anders gestaltet. Hier wechseln sich jeweils zwei kleine Öffnungen mit dreiteiligen französischen Fenstern ab und bilden einen gleichmäßigen Rhythmus, der die gesamte Häuserfront überzieht und somit beliebig fortsetzbar ist. Die Zäsur innerhalb der Neubaufront wird somit stärker betont als zwischen Neu- und Altbestand.

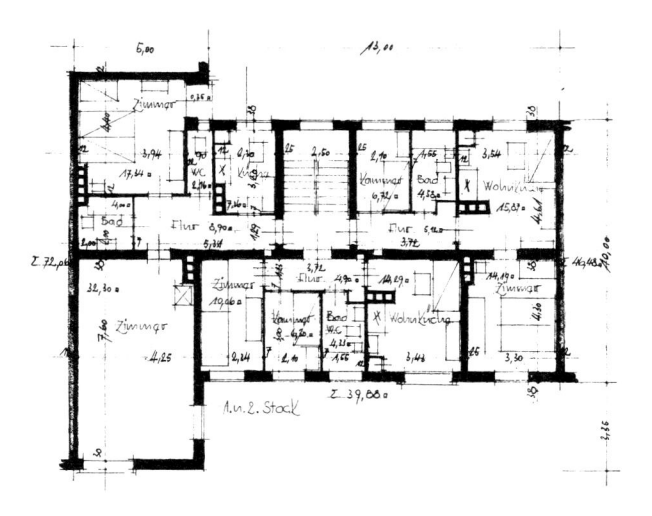

Der Anschluß in der Zeppelinstraße wird auf andere Weise gelöst. Zwischen dem alten Eckhaus Schweigerstraße 10 und dem Haus Zeppelinstraße 18 vermittelt ein Erker sowohl in der Traufhöhe als auch in der Tiefe. Der Erker führt die Flucht des Altbaus über eine Fensterachse weiter und schließt oben in Höhe des ersten Absatzes vom Mansarddach ab. Der 1,80 Meter tiefe Rücksprung wird hier jedoch vollkommen in die Fassadengestaltung integriert. Zusammen mit dem Nebengebäude Zeppelinstraße 16 wird eine einzige Wandfläche ausgebildet, die durch den Wechsel von zweiteiligen kleinen und drei-

Übergang Zeppelinstraße zum
Eckhaus der alten Bebauung
Dosch. Foto 1996.

bzw. vierteiligen französischen Fenstern rhythmisiert wird. Die Fenstertüren markieren über der zentralen Hofdurchfahrt die Fassadenmitte. Spiegelsymmetrisch entsprechen sich die Wandflächen beider Seiten. Darüber hinaus bilden die langen Fensterbahnen jeweils auch den äußeren Abschluß. Durch diese Art der seitlichen Einfassung wird der Rücksprung in die Gesamterscheinung der Fassade optisch eingebunden. So überspielt die Symmetrie der Flächengliederung die Asymmetrie des Baukörpers.

Neues Wohnen in alter Lage

Die Südhausbau erstellte insgesamt 137 Wohneinheiten und verdoppelte somit die Anzahl der Wohnungen im Vergleich zur alten Wohnanlage Dosch.[18] Zum einen hatte man durch eine andere Stockwerksanzahl und niedrigere Raumhöhe ein Geschoß hinzugewonnen. Zum anderen waren die alten Hausgrenzen verlegt und damit statt drei großer nun vier kleinere Gebäude geschaffen worden. Dies hatte natürlich Auswirkungen auf die Grundrisse: Statt der ursprünglich zwei Wohnungen konnten auf einer Etage nun drei oder vier untergebracht werden. Die alte Wohnfläche hatte im Durchschnitt bei zwei bis vier Zimmern und Küche etwa 60 bis 140 Quadratmeter pro Wohnung betragen. Die neuen Wohnungen sind wesentlich kleiner. Sie haben ein bis vier Zimmer und sind nur noch zwischen 40 und 80 Quadratmeter groß. Bei dem alten Grundriß lagen nach bürgerlichem Wohnideal alle Zimmer nebeneinander zur Straße. Sie waren durch Türen verbunden und auch von einem großen Flur aus zugänglich. Die Wirtschaftsräume befanden sich hinten zum Hof hin. Bei den neuen Wohnungen ist der Grundriß verwinkelt. Hier spielten ökonomische Gesichtspunkte eine Rolle. Zimmer, Küche und Bad liegen sowohl zur Straße als auch zum Hof. Bereiche, die nicht in erster Linie Wohnraum sind wie etwa der Flur sind knapp gehalten.

Der Erstbezug fand im April 1954 statt. Das Mieterprofil war im Vergleich zur Wohnhausanlage Dosch, die weitgehend von gut gestellten Handwerkern bewohnt war, gemischt. Dies lag nicht zuletzt daran, daß in den Wohnungen der Südhausbau vornehmlich Flüchtlinge untergebracht wurden. Die ersten neuen Mieter stammten aus unterschiedlichen sozialen Schichten.[19]

Bei dem Gebäude in der Zeppelinstraße 18 herrschten durch die Art der Vorfinanzierung andere Voraussetzungen. Nach den »Bestimmungen über die Wohnungsfürsorge des Bundes für seine Verwaltungsangehörigen aus Mitteln des Wohnungsfürsorgefonds« konnte das Bauvorhaben als steuerbegünstigter Wohnungsbau durchgeführt werden. Im Gegenzug verpflichtete sich die Südhausbau, die Wohnungen für mindestens 20 Jahre an Bundesbedienstete und in diesem Fall an Angehörige des nahegelegenen Patentamtes zu vermieten.[20] Es handelt sich um Drei- und Vierzimmerwohnungen zwischen 75 und 95 Quadratmeter.[21]

Gesamtwürdigung

Die Forderung nach Schaffung von Wohnraum konnte die Südhausbau mit ihrem Bauvorhaben an der Mariahilf- und Zeppelinstraße in der »Rekordzeit«[22] eines Jahres erfüllen. Auf dem Richtfest, über das die Süddeutsche Zeitung vom 30. November 1953 berichtete, gratulierte der Staatssekretär der Obersten Baubehörde, Franz Fischer, der Südhausbau zu »ihrem Unternehmungsgeist«. Doch nicht nur das Arbeitstempo, sondern auch die Gestaltung konnte überzeugen, wie gerade der Vergleich mit der monotonen Zeilenbebauung der Stadt verdeutlicht. In der Auseinandersetzung mit dem Altbestand entwickelte die Südhausbau eine zurückhaltende Architektur, die sich in den vorhandenen Altbestand harmonisch einfügte. Mit der traditionellen Blockbauweise knüpfte die Südhausbau weitgehend an das Konzept der Jahrhundertwende an und konnte damit gleichzeitig eine Lücke der historisch gewachsenen Stadtstruktur schließen, mit der sich die Au über Jahrzehnte identifiziert hatte.

Anmerkungen

1 Vgl. Bauer/Graf 1985, 45.
2 Vgl. Denkmäler in Bayern 1985, 48.
3 Zur Geschichte der Au vgl. Bauer/Graf 1985, 17-20 und Will 1984, 22-24.
4 Bauer/Graf 1985, 22-24.
5 Der Vorteil für die Landesherrschaft lag in der Nutzbarmachung schlechter Grundstücke, denn die Au war das ehemalige Schwemmgebiet der Isar. Zudem konnte man mit Hilfe außerstädtischer Kleinhandwerker einen nicht zu unterschätzenden Konkurrenzdruck auf die städtische Zunftverfassung ausüben, vgl. Bauer/Graf 1985, 23.
6 Vgl. den Film »München – Streiflichter aus dem Schicksal einer Stadt«, den Erhardt Köhler 1947-1953 im Auftrag des Wiederaufbaureferates drehte. Drehbuch im Stadtarchiv München, Baureferat – Wohnungswesen, 78/2, Bund 101.
7 Arthur Rümann von den Städtischen Kunstsammlungen antwortete 1947 auf eine Anfrage des Wiederaufbaureferates: »Allerdings habe ich auch das Gefühl, daß vieles [...] etwas schön gefärbt wurde und der ehemaligen Wirklichkeit doch nicht ganz entspricht. Diese auch von mir gut gekannten und oft besuchten Herbergen hatten keineswegs das Aussehen von hübschen, malerischen und oft besuchten Sehenswürdigkeiten, [...] ihr Malerisches war vielfach nur der Dreck, die Verwahrlosung, in der sich die meisten Häuschen befanden.« Schreiben vom 2. Februar 1947 von Arthur Rümann an Helmut Fischer vom Wiederaufbaureferat München (Stadtarchiv München, Baureferat-Bauverwaltung Akt 83/6).
8 Allerdings werden noch in einer Wohnungserhebung von 1904 im Münchner Osten die baulichen und hygienischen Zustände in den Herbergsvierteln für menschenunwürdig erklärt, vgl. Bauer/Graf 1985, 41.
9 1891 gibt es noch 499 Herbergsanwesen mit 2971 Herbergen, 1897 sind es nur noch 401 Anwesen und 1756 Herbergen, vgl. Bauer/Graf 1985, 40.
10 Die Adresse der Gebrüder Dosch, die dort ein Baugeschäft führten, lautete zu dieser Zeit Entenbachstraße 10. Die Entenbachstraße wurde umbenannt in die Zeppelinstraße. Michael Dosch war Maurer, dann Zimmermeister und Inhaber einer Dampfsäge sowie Privatarchitekt. Bekannt wurde er durch seine Teilnahme am Stadterweiterungswettbewerb 1893, wo er lobend erwähnt wurde. Vgl. Fisch 1988, 276. 1911 wurde der Abriß des Stall- und Wohngebäudes genehmigt. Schreiben vom 17. März 1911 von Boswau und Knauer GmbH an die LBK. (Stadtarchiv München, LBK 10864/1).
11 Vgl. Denkmäler in Bayern 1985, 300. Die Eduard-Schmid- (ehem. Frühlingstraße) und Schweigerstraße wurde gegen 1910 bis 1911 bebaut (Wohnhausanlage Dosch I). Die Gebäude an der Mariahilf- und Zeppelinstraße entstanden um 1913 bis 1914 (Wohnhausanlage Dosch II). (Stadtarchiv München, LBK 10864/1 und 10864/2).
12 Um den schnellen Wiederaufbau westlich und nördlich des Mariahilfplatzes in die Tat umzusetzen, kaufte die Stadt die Grundstücke an. Allein auf dem Gebiet zwischen Ohlmüller-, Zeppelin-, Schweigerstraße und Mariahilfplatz mußte die Stadt mit 250 Besitzern verhandeln. Vgl. Krause 1991, 198-199.
13 Das rückwärtige Gelände zur Zeppelinstraße wurde erst gegen 1962 bebaut. Vgl. Krause 1991, 200-202.
14 Die Stadt begrüßte die Tatsache, daß Wohnungen für das Umsiedlungs- und Lagerräumungsprogramm nicht nur am äußeren Stadtrand, sondern auch im Stadtinnern verwirklicht wurden. Vgl. dazu auch Krause 1991, 198.
15 Meitinger 1946, 59: »Beim Blockbau werden aus wirtschaftlichen Gründen die Innenhöfe gerade so groß gemacht, daß sie billigen Anforderungen an Wohnkultur und Hygiene noch entsprechen. Die harmonische Unterbringung von Werkstätten und Lagerhöfen, Garagen, Spielhöfen und Pflanzungen ist kaum möglich; dazu müssen je nach Straßenlage einige unbesonnte Hausseiten in Kauf genommen werden. Der Zeilenbau hat immer die Schwäche des Anblicks von Hinterhöfen mit den Balkonen und Loggien, an denen die Betten ausgelegt und die Wäsche getrocknet wird, vieles andere Unschöne ist so halb mit der Straße verbunden, dabei keine wesentlichen Einsparungen an Straßenkosten. Werkstätten, Garagen und Ladenbauten sind schwierig unterzubringen.«
16 Schreiben vom 14. April 1953. Archiv Südhausbau, Akt 27/1.
17 Schreiben vom 18. Juni 1953. Archiv Südhausbau, Akt 27/1.
18 In der Mariahilfstraße 5 bis 11 einschließlich der Rückgebäude und in der Zeppelinstraße 16 entstanden 119 Wohnungen (6.156, 82 qm Wohnfläche): 50 Einzimmer-, 49 Zweizimmer-, 19 Dreizimmerwohnungen und 1 Vierzimmerwohnung, vgl. Zusammenstellung der Wohnungen vom 22. Oktober 1953, Archiv Südhausbau, Akt 27/1 und 27/3.
19 Angestellte und Beamte, Handwerker und Akademiker sowie Künstler bezogen die neuen Wohnungen. Vgl. die Mietaufstellungen vom 12. Mai 1954. Archiv Südhausbau, Akt 27/3.
20 Vgl. § 3 (Wohnungsbesetzungsrecht) im Darlehensvertrag zwischen Bund und Südhausbau vom 20. April 1954. Archiv Südhausbau, Akt 30.
21 Unter den 12 Wohnungen (987,44 qm Wohnfläche) in der Zeppelinstraße 18 befinden sich 6 Dreizimmer-, 5 Vierzimmerwohnungen und 1 Zweizimmerwohnung. Archiv Südhausbau, Akt 30.
22 Vgl. Süddeutsche Zeitung »Richtfest für 300 Wohnungen«, 30.11.1953.

EIN GESPRÄCH MIT
DIPL.-ING. ALFRED UND ILSE ORENDT
AM 13. AUGUST 1996 IN MÜNCHEN

Ein Architekten-Ehepaar erinnert sich der »ersten Stunden«

Wie haben Sie die Zeit unmittelbar nach dem Krieg erlebt?

Am 29. Mai 1945 kam ich aus dem Krieg nach München zurück. Da lag alles in Trümmern, es gab keine Arbeit, kein Material, nichts zu essen. Um die Schwerarbeiterzulage bei Lebensmitteln zu bekommen, habe ich bei Heilmann und Littmann als Maurer und Zimmermann angefangen. Nach zwei Monaten gelang es mir, eine Lizenz als Bauunternehmer zu erhalten. Aber ich hatte absolut nichts. Kein Geld, keine Einrichtung, auch keine Arbeiter. Ich hatte nur einen ukrainischen Maurer gefunden, der der einzige Facharbeiter in meiner Firma war, und fünf Diplomingenieure als Hilfsarbeiter. Außerdem hatte ich von einer Bäuerin, die mit einem Pferd und ihrem Wagen von Siebenbürgen nach München gekommen war, einen Pferdewagen. Das war dann mein Fuhrwerk. In den ersten zwei Jahren hat es für meine Baufirma Arbeit gegeben und wir waren bald 75 Leute. Wir haben sehr viel Ausbesserungen gemacht, was angesichts des Materialmangels außerordentlich schwierig war. Kurz vor der Währungsreform wurde ich beauftragt, den Woolworth in der Kaufingerstraße wieder instandzusetzen. Das war eine ausgebrannte Ruine, die den Amerikanern gehörte. Für BMW in Karlsfeld haben wir die zerbombten Betonhallen repariert. Dann kam eine Krise für die mittelgroßen Unternehmen. Ich war gezwungen, die Firma aufzulassen. Danach war ich kurze Zeit im Finanzbauamt hier in München angestellt. Das war ein Team, das für die Amerikaner Planungen gemacht hat. Darüber lernte ich meine Frau kennen, die auch Architektin ist und in Prag und Brünn studiert hat. Wir gründeten zusammen ein Planungsbüro.

Wie haben Sie die Südhausbau kennengelernt?

Zuerst arbeiteten wir für die Aufbaugesellschaft Bayern. Das war eine halbstaatliche Baubetreuungs- und Finanzierungsgesellschaft, die den Leuten, die gar kein Geld hatten, die Finanzmittel beschafft und das Haus aufgebaut hat. Über einen Rechtsanwalt erfuhren wir, daß eine ältere Dame ihr geräumtes Grundstück Tengstraße 3 verkaufen wollte, da sie für ein Altersheim eine Anzahlung brauchte. Unser Kollege und Freund, Helmut von Werz, erzählte, daß er den Geschäftsführer der Südhausbau, Dr. Robert Koppe, kenne, der für ein Hochschul-Professoren Programm im sozialen Wohnungsbau ein Grundstück in guter Lage suchte. Die Südhausbau kaufte, und wir bekamen den Auftrag, dort zusammen mit dem Büro von Werz/Ottow komfortable Wohnungen mit Zentralheizung zu bauen. Wir machten schließlich auch noch die Planungen für die anschließenden Häuser in der Görresstraße 4, 6 und 8 und auf der gegenüberliegenden Seite 1, 3 und 5. Das Gebäude Görresstraße 7 planten wir dann für einen privaten Bauherren. Damals war es gar nicht einfach, private Bauherren zum Bauen zu bewegen. Denn es ist viel passiert, die Leute sind oft von den Betreuungsgesellschaften übers Ohr gehauen worden. Wir haben viel Überzeugungsarbeit leisten müssen; oft bin ich mit Herrn Ludwig Geigenberger unterwegs gewesen, um Privatleute für den Aufbau von Häusern zu gewinnen.

Die Görresstraße war die erste Baumaßnahme in München, wo mehrere Bauherren zu einer geschlossenen, gleichartigen Bauweise zusammengebracht werden konnten. Während sie sonst immer individuell ihr eigenes Haus bauen ließen, sind hier ungefähr zehn Häuser, also der ganze Straßenzug zwischen Tengstraße und Augustenstraße, in einer einheitlichen, geschlossenen Bauweise entstanden.

Das Haus der jetzigen Südhausbau wurde vom Erdgeschoß bis zum fünften Obergeschoß mit Wohnungen für Hochschulprofessoren gebaut. Nur das Dach durfte damals nicht ausgebaut werden. Die Südhausbau hat dort später Büros eingerichtet. Auch bei anderen Bauten durften wir das Dachgeschoß nicht ausbauen und auch keine Dachgauben machen. Aber wir haben das so vorbereitet, daß man das Dach nachträglich mit relativ wenig Kosten ausbauen konnte. Nach Jahrzehnten kam der Trend zu solchen Ausbauten, denn die Stadt München war daraufgekommen, daß da ein Reservoir von Tausenden von Wohnungen ist. Durch unsere Vorbereitungen mußten die Bauherren nur noch den Ausbau machen, der Estrich am Dachboden war schon da, die Dachbalken waren da, die verkleideten Leitungen waren schon hochgezogen. Später hat die Südhausbau das Haus repräsentativ ausgebaut, und aus den Balkonloggien wurden Wintergärten gemacht.

Alfred Orendt

1909	in Kronstadt, Siebenbürgen, geboren
1928–33	Studium der Architektur in München
1934–40	freier Architekt und später im Stadtbauamt in Kronstadt
1940–45	Ingenieur bei der deutschen Wehrmacht (Organisation Todt)
1945–50	Bauunternehmen in München
seit 1945	eigenes Architekturbüro in München, Schwerpunkt Wohnbau vor allem in Schwabing

Was war Ihr Aufgabengebiet bei der Planung?

Bei der Südhausbau erhielten wir – meist in Zusamenarbeit mit dem Büro von Werz/Ottow – Einzelverträge für jedes Objekt. Im allgemeinen fertigten von Werz/Ottow die Eingabepläne an, während meine Frau und ich die Werk- und Detailpläne machten. Es mußte ja immer sehr sparsam gestaltet werden. Es war schon fast ein Luxus als Herr Ottow die schönen Ziergitter an den Fenstertüren der Südfassaden in der Görres-

Ilse Orendt, geborene Schwind

1920	in Pfrauemberg, Böhmen, geboren
1938–43	Studium der Architektur in Brünn und an der deutschen technischen Hochschule in Brünn und Prag
1946	Flucht nach Landshut und später München. Mitarbeit in verschiedenen Architekturbüros
1954	Heirat mit Alfred Orendt
1953–80	Mitarbeit im Büro von Alfred Orendt

straße entwarf und die Ausführung auch durchsetzte. Manches konnte man – in ständigem Kampf mit den kommerziellen Kontrolleuren – doch im Rahmen der »Künstlerischen Oberleitung« unterbringen, wofür in der Finanzierung »offiziell« 2 % vorgesehen waren. Die Pläne mußten immer rasch angefertigt werden und zur Genehmigung gelangen. Damals hat man oft einen Bau innerhalb von fünf Monaten errichtet.

Kannten Sie denn diesen Straßenzug schon vor dem Krieg?

Ja, flüchtig, weil ich als Student in der Augustenstraße/Ecke Theresienstraße gewohnt habe. So war mir auch der Josephsplatz bekannt, zumal dort auch Freunde von mir wohnten.

Haben Sie sich, als Sie die Häuser geplant haben, an alten Bauten orientiert?

Im Gebiet um die Görresstraße standen ja vorher Bauten in Pavillionbauweise, d. h. es waren jeweils Doppelhäuser und dazwischen gab es einen Abstand zum nächsten. Dort standen oft Bäume, wohingegen die Hinterhöfe meistens mit Rückgebäuden bebaut waren. Die Geschosse dieser Häuser waren recht hoch, die Decken aus Holz. Eine Instandsetzung dieser Häuser, selbst wenn sie nur ausgebrannt waren, wäre nicht sinnvoll gewesen, da man bei einem Neubau bei gleichbleibender Traufhöhe ein bis zwei Geschosse mehr unterbringen konnte. Ein Neubau war auch von daher sinnvoll, da die alten Häuser oft feuchte Keller und Fundamente hatten. Die vielen Rückgebäude nahmen auch viel Licht weg. In der neuen Bebauung haben wir klare geschlossene Fronten zur Straße geschaffen, und die Grundrisse nach der optimalen Besonnung ausgerichtet.

Welche Beschränkungen gab es?

Der Preis war uns genau vorgeschrieben: Wir haben zum Beispiel ein Haus geplant, bei dem wir nur 36 DM pro Kubikmeter verwenden durften. Zur gleichen Zeit wurde in Berlin ein Demonstrativbau erstellt, bei dem 123 DM verwendet werden durften. Es mußte so billig sein, daß auf jede Kachel geachtet wurde. Es durften nur drei Reihen sein. Alles war damals wirklich sehr, sehr spärlich.

Im Gegensatz zu heute war die Finanzierung so streng, daß es nicht einen Pfennig Kostenüberschreitung geben durfte. Nachfinanzieren war nicht möglich. Alles war auf den Pfennig genau ausgerechnet, jeder Quadratzentimeter. Die Kontrollen waren scharf – manchmal haben sie wochenlang die Wohnflächen geprüft – und führten zu lächerlichem Bürokratiekram.

Was die Planung anbetrifft, ist einem aber alles vorgeschrieben worden. Es hieß zum Beispiel, dieses Haus ist ein Programm für zehn Bahnangestellte oder für zwanzig Krankenkassenangestellte und die brauchen soundsoviele Räume und die Wohnungsgröße darf nicht größer sein als soundsogroß. Da mußte man jeden Zentimeter austüfteln. Das Vorzimmer sollte nicht unnötig groß sein, andererseits sollte man sich beim Hereinkommen nicht fühlen, als hätte man eine Scheuklappe auf. Deshalb haben wir uns immer bemüht, einen kleinen Eingangsflur zu machen und dann eine Diele, von der aus man jeden Raum separat betreten konnte. Wesentlich war also, daß man trotz der strengen Wohnprogramme, vor allem in schmalen Baulücken, möglichst individuell geplant hat. Es wurde immer alles solide gebaut, mit Beton und Ziegeln, so daß die Bausubstanz noch heute vor Kritik bestehen kann, selbst wenn nicht modernisiert wurde.

Wo lagen in den ersten Jahren nach dem Krieg die größten Probleme für Sie?

Zum einen in der Materialbeschaffung, was ich vorhin schon erwähnt habe. Zum anderen waren aber auch die Verhandlungen mit den zukünftigen Bauherren oft sehr schwierig. Viele waren aufgrund ihrer Erlebnisse mißtrauisch geworden. Die mußte man dann mühsam überzeugen, daß es auch in finanzieller Hinsicht für sie ein Vorteil ist, ihr Haus von einer soliden Baugesellschaft aufbauen zu lassen. Ein weiteres Problem bestand darin, daß es in einigen Fällen sehr viele betroffene Eigentümer gab. Von jedem einzelnen brauchte man eine Zustimmung. Das waren manchmal wirklich sehr komplizierte Verhandlungen.

EIN GESPRÄCH MIT
DIPL.-ING. HANNS EGON WÖRLEN
AM 26. SEPTEMBER 1996
IN PASSAU

Wiederaufbau und Stadtsanierung in Passau

Wie kamen Sie zum Wohnungsbau?

Als ich im August 1947 nach Passau zurückkehrte, stand ich vor dem Nichts und mußte versuchen, Fuß zu fassen. Zu diesem Zeitpunkt gab es keine großen kommunalen Aufträge, das dringendste Problem war der Wohnungsbau. Da es nach dem Krieg keine privaten Bauträger gab, wurden in Passau, wie auch im übrigen Deutschland, sogenannte gemeinnützige Wohnungsgenossenschaften gebildet. Dazu zählte auch die »Wohnungsaufbau Passau GmbH« (ein Unternehmen der Stadt Passau), die die Aufgabe hatte, Wohnraum im sozialen Bereich zu schaffen. Aufträge wurden auch an freie Architekturbüros übertragen. Die Situation in Passau als Grenzstadt und Stadt an drei Flüssen, war eine ganz besondere: Zwar war Passau weniger stark zerstört als andere Städte, doch hatte man das Problem der Flüchtlingsströme, durch die natürlich ein enormer Wohnungsbedarf entstand, zum anderen die Bewältigung der Hochwässer. 1954 gab es eine große Hochwasserkatastrophe, bei der das Wasser der drei Flüsse über zehn Meter stieg.

Sämtliche Wohnbereiche, die in diesem Überschwemmungsgebiet lagen, waren damit unbewohnbar geworden. Da dieses Problem in Passau schon seit Jahrhunderten bestanden hatte, mußte man grundlegende Lösungen finden. Die Konsequenz war die Hochwassersanierung der Uferbereiche, die von Land und Bund gefördert wurde. Die Wohnungsaufbau Passau GmbH hat die Hochwasserersatzbauten mit der BeGe-Bau, einer Tochter der Südhausbau, abgewickelt. So wurden beispielsweise Wohnanlagen in der Westerburger- und Kraftstraße und später an der Frühlingstraße geschaffen. Nachdem die Bautätigkeit der Südhausbau abgeschlossen war, wurde die Betreuung und Instandhaltung dieser Bauten vom Büro Wörlen übernommen.

Wurden auch in der Altstadt Bauten erstellt oder nur in den äußeren Stadtbezirken?

Was die Südhausbau betrifft, handelte es sich nur um Bauten am Stadtrand, die inzwischen auch durch die städtebauliche Entwicklung zum äußeren Stadtkern gezählt werden können. Mit der Altstadtsanierung dagegen hatte die Südhausbau nichts zu tun. Diese wurde erst 1974 durch Städtebauförderungsmaßnahmen und mit Mitteln des Denkmalschutzes in Gang gesetzt. Die ersten baulichen Sanierungsmaßnahmen begannen 1978 in der Altstadt, längs der Donau. Zeitlich vorausgehend (Ende der fünfziger und Anfang der sechziger Jahre) wurden aber bereits Hochwasserfreilegungsmaßnahmen in der Ilzstadt am Ilzufer durchgeführt. Das war sehr interessant: Die Ersatzbauten für die betroffenen Häuser mußten bis zur Höherlegung der Straßen, die ebenfalls hochwasserfrei werden sollten, um ein Geschoß gestelzt werden, so daß während der Bauzeit (etwa zwei Jahre) die vorgesehenen Keller als Garagen genutzt werden konnten. Für die Bewohner der betroffenen hochwasserfreien Neubauten an der Ilzstadt mußten vorher Ersatzbauten in höherliegenden Bereichen in Passau-Grubweg geschaffen werden. Alles in allem kann man sagen, daß diese Sanierungen erfolgreich durchgeführt wurden. Das Problem in Passau war, ähnlich wie auch bei anderen Städten, daß die Altstadt zunehmend entvölkert worden war, da die Wohnbedingungen nicht mehr tragbar waren. Gleichlaufend wurden in der Altstadt verkehrsberuhigte Wohnungbereiche mit verbesserter Wohnqualität geschaffen.

Gab es für Passau in der Nachkriegszeit auch Planungen für Großsiedlungen am Stadtrand?

Nicht in dem Umfang wie in Großstädten, z. B. München oder Berlin, wo eigene große Wohnstädte entstanden sind. Zwar sind in Passau auch einige neue Wohnquartiere gebaut worden, aber in entschieden kleinerem Maße. Es ging eher um Größenordnungen von zwanzig oder dreißig, vielleicht auch mal hundert Wohnungen.

Dann blieb Passau auch von den Problemen verschont, die die Großstädte zum Teil mit solchen Siedlungen haben?

Das ist richtig, allerdings bringen auch kleinere Erweiterungsmaßnahmen immer gewisse infrastrukturelle Probleme mit sich, für die Lösungen gefunden werden müssen. Probleme der Be- und Entwässerung, der Stromversorgung, der Einrichtung von Schulen, Kindergärten, Krankenhäusern. Diese Probleme stellen sich auch in kleineren Städten wie Passau, das derzeit eine Bevölkerung von etwa 50.000 Einwohnern hat.

Welche Art von Wohnungen baute man?

Die gemeinnützigen Wohnungsgesellschaften, zu denen auch die Städtische Wohnungsaufbau Passau GmbH zählt, waren verpflichtet, familiengerechte Wohnungen zu bauen. Dies hat sich erst geändert, als Passau vor etwa zwanzig Jahren Universitätsstadt wurde, wodurch natürlich ein großer Bedarf an Studentenappartements entstand. Außerdem hatten sich zwischenzeitlich eine Reihe von Bauträgergesellschaften gebildet, die in erster Linie an finanziellem Gewinn interessiert waren. Dadurch wurden vor allem kleine Wohnungen gebaut, die verhältnismäßig hohe Mieteinnahmen gewährleisten.

Gab es strenge Auflagen für den öffentlich geförderten Wohnungsbau?

Für Sozialwohnungen gab es präzise Vorgaben in bezug auf Wohnraumgröße, Belichtung, Belüftung und dergleichen. Die Planungen mußten jeweils mit dem zuständigen Baureferat der Regierung abgestimmt werden, wobei auch gestalterische Fragen eine Rolle gespielt haben.

Wie konnte bei solch beschränkten Mitteln »Kunst am Bau« finanziert werden?

Es gab die Bestimmung, daß zwei Prozent der Bausumme für die künstlerische Ausgestaltung verwendet werden sollte. Allerdings

Hanns Egon Wörlen
1915	in Marnheim (Rheinpfalz) geboren
1920	Übersiedlung nach Passau
1936–39	Studium der Architektur an der TH in München
1939–45	Kriegsdienst
1945–47	in englischer Kriegsgefangenschaft in Ägypten; dort in einer Kriegsgefangenenarbeitskompagnie am Bau z. B. eines Squash Court, einer Badeanstalt, von Truppenunterkünften und im Wege- und Wasserleitungsbau sowie einer Eisfabrikationsanlage und Telefonzentrale mitgearbeitet
1948	Gründung eines eigenen Büros in Passau
1988	Gründung des »Museums Moderner Kunst-Stiftung Wörlen« in Passau

war das keine Muß-, sondern eine Sollbestimmung. Da ich mich aber sehr mit Kunst befasse, habe ich mich immer für die Realisierung solcher Projekte eingesetzt. Auch im Bereich des Sozialen Wohnungsbaus wurden künstlerische Gestaltungen integriert, wie Sgraffitos oder von Künstlern gestaltete Türgriffe in Bronze oder Emaille.

Gab es in den Passauer Neubaugebieten nach dem Krieg auch die Diskussion, ob Zeilenbauten oder Blockbebauung vorzuziehen wäre?

Ja und nein. Das hing natürlich weitestgehend von der Beschaffenheit des Grundstücks ab. Im Vordergrund stand die optimale Ausnutzung des Grundstücks, die sich einerseits an die bestehenden Regeln des Baurechts zu halten hatte, und andererseits zu einem stimmigen Preis-Leistungs-Verhältnis führen mußte. Zudem läßt sich eine solche Diskussion eigentlich nur führen, wenn entsprechend große Bebauungsflächen zur Verfügung stehen.

Welche Veränderungen gab es hinsichtlich der Ausstattung?

Ich kann mich entsinnen, daß die ersten Wohnungen noch mit Kohleöfen auch in den Küchen ausgestattet waren. In den Bädern gab es eine Standbadewanne mit einem Kohlebadeofen. Später wurde dann in der Küche allmählich ein Gas- oder Elektroherd installiert sowie ein Kohlebeistellherd, zur Erwärmung der Küche. Dann gab es eine Periode mit einzelbeheizbaren Ölöfen, die an einen zentralen Öltank angeschlossen waren und die Möglichkeit boten, einzelne Zimmer nach Bedarf zu heizen. Anfang der sechziger Jahre setzten sich Zentralheizungen durch. Ende der siebziger und Anfang der achtziger Jahre wurden die alten, einfach ausgestatteten Wohnungen durch sanitäre Verbesserungen aufgewertet. Denn zwischenzeitlich waren die Anforderungen an den Komfort natürlich entschieden gestiegen.

Gab es Probleme durch die Umwandlung der Altbauten in Eigentum?

Insgesamt ist das glücklicherweise sehr sachte vor sich gegangen. Zwar gab es Bauträger, die sich durch Spekulationen den schnellen Gewinn erhofft hatten. Aber die Stadt hat diesen Tendenzen durch gewisse Auflagen einen Riegel vorgeschoben. Beispielsweise war eine sogenannte Baugestaltungsverordnung aufgestellt worden, die Dachterrassen und Aufzugsüberbauten im Bereich der Altstadt verbot. Durch solche Auflagen war es möglich, die Altstadt sehr behutsam zu sanieren. Von Vorteil war außerdem, daß mit der Altstadtsanierung zu einem recht späten Zeitpunkt – 1978 – begonnen wurde. Dadurch konnte man sehr überlegt planen und war nicht von Zufälligkeiten abhängig, wie es unmittelbar nach dem Krieg der Fall gewesen war.

HELMUT FISCHER
BERUFSMÄSSIGER STADTRAT A.D.
IM GESPRÄCH MIT PAUL OTTMANN
UND HILKE GESINE MÖLLER
AM 4. SEPTEMBER 1996
IN MÜNCHEN

Zerstörung, Wiederaufbau und Wohnungsbau nach dem Krieg

Möller: Wie ging der Wiederaufbau vonstatten?

Fischer: Im Wohnungsbau hatten wir nach dem Kriege drei Phasen. Die erste Phase war die Zeit vor der Währungsreform 1948 mit der Bewirtschaftung der Baustoffe. Zu der Zeit konnte nur bauen, wer Baustoffe zugeteilt erhielt oder begehrte Tauschware zu bieten hatte. Dies traf vor allem auf Bäcker, Metzger und Wirte zu, daher wurde damals auch von den BMW-Bauten gesprochen. Die zweite Phase spielte sich bald nach 1948 ab, als der Baustoffmarkt wieder florierte; nun fehlten aber in vielen Fällen das Baugeld, so daß der Weiterbau stockte. Ich kann mich zum Beispiel erinnern, daß wenige Monate nach der Währungsreform etwa 28 größere Bauvorhaben nicht weitergeführt werden konnten, da das Baugeld fehlte, und zwar insbesondere deswegen, weil die im Einzelfall beteiligten Banken ihre früher gegebenen ersten Hypotheken nach der Abwertung nicht aufstocken wollten oder konnten. Ich habe dann die Vertreter der beteiligten Banken ins Wiederaufbaureferat eingeladen und ihnen eröffnet, daß wir nicht aus dem Sitzungssaal gehen würden, bevor nicht die vorgelegten Bauten finanziert seien. Und so geschah es. Die zweite Phase des Wohnungsbaus bzw. Wiederaufbaus dauerte bis in die Mitte der fünfziger Jahre. Nach der Währungsreform ging der Prozentsatz der Wiederherstellungsaufträge gegenüber den Neubauaufträgen immer stärker zurück. Es gab damals eine Reihe von Vorschlägen, man sollte die großen Trümmerflächen liegen lassen oder völlig neu – unter Aufgabe des bisherigen Straßennetzes – aufbauen. Wir aber mußten der Auffassung sein, daß das Kapital, das in den Straßen und den darunter liegenden Leitungen steckte, unter gar keinen Umständen aufgegeben werden konnte. Am 9. Juni 1946 wurde ich zum vortragenden Stadtrat gewählt und mir das Wiederaufbaureferat übertragen, zu dem neben der Schutträumung auch die Baustoffbewirtschaftung und vor allem der Wohnungsbau gehörten. Als ich etwa 1948 zusätzlich das Wohnungsreferat übernehmen mußte, hatten wir ungefähr 100.000 Vormerkungen von Wohnungssuchenden. Meiner und meiner Mitarbeiter Meinung nach konnte diese Zahl deshalb nicht stimmen, weil sie mit der Zahl der damals rückkehrenden Bevölkerung nicht übereinstimmte. Sie kam dadurch zustande, daß es damals in den einzelnen Bezirken verschiedene Wohnungsämter gab, und wer eine Wohnung suchte, meldete sich nach Möglichkeit bei jedem Wohnungsamt an und wurde damit mehrfach registriert. Ich förderte daher zunächst den Bau eines zentralen Wohnungsamtes, in der Burgstraße, und zweitens die Auflösung der örtlichen Wohnungsämter bis auf die Außenstelle Pasing. Mit der Eröffnung des zentralen Wohnungsamtes in der Burgstraße habe ich dort bei der Stadt die erste Hollerithanlage (Lochkartenmaschine, Vorläufer des heutigen Computers) einrichten lassen. Jeder Antrag auf Wohnungszuteilung wurde genau ausgewertet nach Personenzahl, benötigtem Wohnraum, gewünschter Stadtlage, Dringlichkeit der Zuteilung und der finanziellen Leistungsfähigkeit des Antragstellers. Dieses Material war ständig aktuell greifbar und diente in Zukunft als Grundlage der Wohnraumzuteilung. Damit hatten wir auch für die weitere Planung des Wohnungsbaus Grundlagen, weil man aus der Auswertung der Anträge sehen konnte, wieviel Wohnungen nach Raumzahl und Leistungsfähigkeit der Wohnungssuchenden gebaut werden mußten. Ob nun Dreiraumwohnungen oder Vierraumwohnungen, welche Größe, Lage und Preislage und in welchem Stadtteil benötigt wurden, konnte so relativ einfach ermittelt werden. Es zeigte sich, daß ein umfangreiches Wohnungsbauprogramm, insbesondere zur Erfüllung des sozialen Wohnungsbaus, durchgeführt werden mußte.

Die drei Wohnungsunternehmen, an denen die Stadt beteiligt war, die GEWOFAG, die GWG und die Heimag – an ihr war die Stadt neben der GAGFAH nur mit 50 % beteiligt – die sozialen Wohnungsbauunternehmen und die Genossenschaften konnten den Wohnungsbedarf selbstverständlich nicht allein decken. Daher haben wir ein Wohnungsbauprogramm aufgelegt, das durch einen Beschluß des Stadtrats vom Jahre 1960 gebilligt wurde. Für das Bauprogramm mußten neben den städtischen und genossenschaftlichen Trägern auch die geeigneten Unternehmen des privaten Wohnungsbaus gefunden und interessiert werden. Ohne staatliche Wohnungsbaumittel aber wäre das Programm nicht durchführbar gewesen. Die ursprüngliche Idee der staatlichen Förderung im Wohnungsbau war darauf abgestellt, daß von der Regierung die öffentlichen Mittel für die Einzelbauvorhaben bewilligt werden.

In dem von mir geführten Bayerischen Aufbaurat wurden seinerzeit die beabsichtigten Verordnungen und Gesetze für den Wohnungsbau von den Fachleuten vor Erlaß beraten. So wurde u. a. erreicht, daß den vier am schwersten kriegsbeschädigten Städten – München, Nürnberg, Würzburg und Augsburg – die staatlichen Mittel pauschal über die Landesbodenkreditanstalt zugeteilt wurden, und sie selbst die einzelnen Vorhaben, die gefördert werden sollten, bestimmen konnten. Die Stadtverwaltung konnte also für ein bestimmtes Vorhaben die Mittel der öffentlichen Hand bereitstellen, vorbehaltlich der Prüfung der Kreditwürdigkeit des Bauwerbers (Bauherren) durch die Landesbodenkreditanstalt. Nur auf diese Weise war es auch möglich, große Bauprogramme durchzuführen. Für die Bewilligung der Mittel hat der Stadtrat seinerzeit einen eigenen

Helmut Fischer

1911	in München geboren
1930–33	Jurastudium in München und Berlin
1936–45	Referent an der Landesplanungsstelle
1946–64	Berufsmäßiger Stadtrat der LH München, zunächst Wiederaufbaureferent dann Baurefent und zuletzt Referent für Tiefbau und Wohnungswesen
1964–65	Hauptgeschäftsführer der Messegesellschaft

Ausschuß eingesetzt, der die Vorschläge des Referates prüfte und verabschiedete.

Hasenbergl

Ottmann: Um auf das Hasenbergl und die Alte Heide zu kommen: Für den Emilienhof hat Oberbaurat Clemens Böhm die Planung gemacht. Im Zuge dieser Planung haben wir die Grundstücke gekauft. Bei Ihnen waren die wesentlichen Gespräche. Es ist die Siedlung, die direkt an die Alte Heide von Theodor Fischer anschließt.

Fischer: Ja, ich weiß. Ich habe mich bemüht, Oberbaurat Böhm wieder für die Stadtplanung in den städtischen Dienst zurückzuholen, aber er wollte leider nicht. Ich habe ihn deswegen selbst in Reichenhall aufgesucht. Er und auch seine Frau meinten, daß er gesundheitlich nicht mehr in der Lage sei, die Aufgabe auszuführen.

Ottmann: Sie haben uns beim Hasenbergl mitgekürt. Wir haben uns damals sehr gefreut, vor allem darüber, daß Oberbürgermeister Thomas Wimmer neben vier gemeinnützigen, uns als privaten Träger mit ausgewählt hat.

Fischer: Ja, das Hasenbergl war zu groß für einen. Im Hasenbergl gab es große Schwierigkeiten, zum einen mit der Erschließung, zum anderen mit dem Lager Frauenholz. Das war ein ehemaliges Luftwaffenlager, in dem wir damals vor allem die Leute unterbringen mußten, die von den Gerichten aus Wohnungen herausgeklagt worden waren. Wir haben dieses Lager Frauenholz – das glaubt man heute gar nicht mehr – mit nur einem städtischen Verwaltungssekretär, einer Schreibkraft und einer kleinen Polizeiwache in Ordnung gehalten. Im Frauenholz waren zunächst immerhin 3.000 Bewohner untergebracht, überwiegend solche, die nach gerichtlicher Auffassung einem Hausbesitzer, ob nun privat oder gemeinnützig, als Mieter nicht zumutbar waren. Die Gemeinde hatte die gesetzliche Verpflichtung, auch diese Leute unterzubringen. Natürlich gab es im Frauenholz auch viele ganz normale Mieter, die wegen Eigenbedarfs aus ihren Wohnungen herausgeklagt worden waren und irgendwo untergebracht werden mußten, bis eine Wohnung zugeteilt werden konnte.

Man muß sich immer wieder vor Augen halten, was für ein Problem es für die Stadt war, daß die Bevölkerung von 452.000 nach Kriegsende sehr schnell auf 800.000 Einwohner anwuchs. Denn zu den zurückkehrenden Evakuierten kamen dann noch die unzähligen Flüchtlinge, die nach München transportiert wurden. München war ja zunächst der Endpunkt der Züge für die Flüchtlingstransporte vor allem aus dem Osten.

Außerdem mußte die Stadt ja auch dafür sorgen, daß sich die Wirtschaftskraft in München hob, und das bedeutete, daß sie auch für die Neuansiedlung und für den Ausbau von Industrie- und Gewerbebetrieben sorgen mußte. Die Betriebe erwarteten von uns insbesondere die Bereitstellung von Wohnraum für ihre Beschäftigten. Die Firmen haben zwar meist für alle höheren Angestellten freifinanzierte Wohnungen gebaut, aber für die anderen Beschäftigten verlangten sie die Mithilfe der Stadtverwaltung, die ja auch die steuerliche Einnahme z. B. aus der Gewerbesteuer erwartete. So war ich maßgeblich beteiligt an der Verlegung des Patentamtes von Berlin nach München, an der Verlegung der Generaldirektionen der Allianz und der Firma Siemens hierher. Später kam die Übersiedlung des Institutes von Professor Heisenberg (Atomphysikalisches Institut) nach München dazu.

Westkreuz

Ottmann: Wir haben damals in Aubing-Ost Grundstücke gekauft, ohne das der Stadt mitzuteilen.

Fischer: Das haben wir aber schon gewußt, daß Sie diese langen Handtuchgrundstücke gekauft hatten.

Ottmann: Dann haben wir den Ringtausch durchgeführt. Sie haben die öffentlichen Flächen bekommen. Und wir haben die Federführung von der GEWOFAG übernommen, weil die noch keine Grundstücke hatte.

Fischer: Die GEWOFAG hat Fürstenried I, II und III gebaut. Das lief sehr schnell, weil es ein städtisches Gut war, auf dem gebaut werden konnte. Somit war die GEWOFAG dort beschäftigt. Wir haben immer darauf gesehen, wer kann und wer kann nicht. Und uns kam es in erster Linie darauf an, daß Wohnungen schnell entstanden.

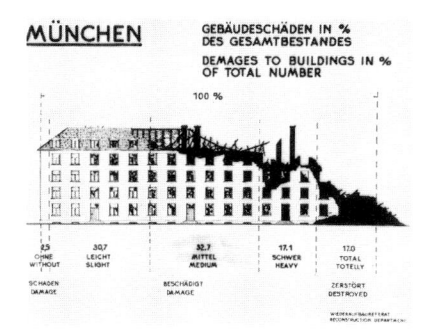

Verkehrsplanung und Wiederaufbau

Möller: Wie war das mit den verschiedenen Plänen für den Wiederaufbau in München?

Fischer: Nach dem Ende des Krieges gab es große Diskussionen, was zu machen wäre. Da gab es Leute wie Sep Ruf, die nach den damaligen städtebaulichen Auffassungen vieles grundsätzlich neu gestalten wollten, während andere eine Restaurierung des Vorkriegsbildes wollten. Wieder andere vertraten folgenden Standpunkt: München ist eine sehr wichtige Fremdenverkehrsstadt in Deutschland. Die Besucher, die nach München kommen, haben vielfach noch das München im Gedächtnis, wie es in der Vorkriegszeit war. Der Stadtbaurat und die Stadtplanung sowie die Lokalbaukommission einigten sich darauf, daß bestimmte Altstadtquartiere und Straßenzüge, die von ihrer Anlage und Fassadengestaltung her wesentlich für das Erscheinungsbild von München waren, möglichst so erhalten bleiben sollten, wie sie vor dem Kriege waren. Dazu gehörten insbesondere der innere Stadtkern, die Ludwigs- und die Leopold-, die Brienner und die Maximilianstraße, zum Teil auch die Prinzregentenstraße. Die ersten Hochhauswünsche, die damals für die Kaufinger- und Neuhauserstraße geäußert wurden, fanden daher keine Zustimmung. Die Lokalbaukommission hat aber da, wo sie es für vertretbar hielt, auch neue Gestaltungen genehmigt, wie z. B. den Neubau nach den Plänen von Sep Ruf auf dem Gelände der ehemaligen Maxburg. Der Bauantrag wurde einer privaten Firma genehmigt und das Objekt später nach Fertigstellung vom bayerischen Staat übernommen.

Ottmann: Die alte Stadtstruktur von Ludwig I. sollte erhalten bleiben, ebenso auch die bewährten alten Baulinien.

Fischer: Das war ja auch der Grund, warum man die Frage der Verkehrsplanung sehr intensiv prüfen mußte. Es gibt einen Kataster der Bundes-, Staats- und Kreisstraßen. In ihm ist der Verlauf dieser Straßen durch die einzelnen Orte auf Plänen und in Beschreibungen genau festgelegt. Alle Fernstraßen waren in ihrem Verlauf in der Vorkriegszeit in München über die Achsen z. B. Hauptbahnhof – Isartor, Leopold – Ludwigstraße, Weinstraße und Sendlinger Straße über den zentralen Marienplatz katalogisiert. Aus dieser Überlegung heraus ist dann durch die Referatsabteilung Hauptstraßenbau die Planung der Ringe entstanden. Nach Verhandlungen mit der Obersten Baubehörde und dem Bundesverkehrsministerium konnten wir die Ortsdurchfahrten der großen Fernstraßen auf den Mittleren Ring umlegen. Damit war der Ring von Bund und Land bezuschussungsfähig. Aber die bundes-, landes- und städtischen Mittel reichten damals leider nicht aus, um die Hauptkreuzungspunkte des Mittleren Ringes mit den Radialstraßen kreuzungsfrei auszubauen.

Ottmann: Haben Sie damals eigentlich den Stern von Högg unterstützt?

Fischer: Nein, den Stern von Högg und Finsterwalder haben wir nicht unterstützt. Der Stern hätte im wesentlichen nur den Verkehr der Berliner und Salzburger Autobahn verbunden. Aber die anderen Verkehrsströme wären davon nicht aufgefangen worden. Ich war diesem Fehler zunächst auch verfallen und bin zusammen mit einem Fachmann des Autobahnbauamtes auch davon ausgegangen, daß es die wichtigste Verbindung sei. Ein später eingeholtes Gutachten des Ingenieurbüro Dorsch hat dann ergeben, daß diese Verbindung für die Zukunft allein nicht ausreichend sei. Daher kam es zur Ringlösung.

Ottmann: Das Problem der Autobahntrassen haben wir in der Siedlung Obermenzing besonders zu spüren bekommen. Auf dem Gelände lagen plötzlich drei Trassen. Wir haben gegen diese Trassen gekämpft. Der Högg'sche Stern ist in dem Bereich erhalten geblieben, und da zeichnet sich auch heute noch die Bebauungsgrenze ab.

Schwabing und Au

Möller: Schwabing und die Au waren ja extrem schwer getroffen. Sie sagten, es wurde weitgehend nach den alten Baulinienplänen gebaut. Galt das auch für Schwabing und die Au?

Fischer: Nein, nicht überall für die Au. Dazu muß man aber wissen, daß die Au ein Gebiet mit Stockwerkseigentum war. Das waren überwiegend kleine Häuser. An den Stockwerksbauten konnten fünf oder noch mehr Eigentümer beteiligt sein. Dem einen gehörte ein Zimmer, dem anderen die Küche, der nächste hatte wieder einen anderen Teil. Das waren also keine Eigentumswohnungen im heutigen Sinn, sondern eigentlich nur Zimmereigentum.

Möller: Wie kam das?

Fischer: Das hat sich so entwickelt. Die Au war ja ursprünglich, soweit ich weiß, eine Ansiedlung von Tagelöhnern, von Häuslern und ehemaligen Kriegsgefangenen, die nach Kriegen in München zurückgeblieben waren und hier angesiedelt wurden. Es war also ein ganz spezielles Gebiet. Es erstreckte sich nicht nur unten in der Isarniederung, sondern reichte bis dorthin, wo der Hofbräukeller stand. Auch auf der rechten Isarhochseite gab es einzelne Partien von diesen Häusern.

Man hat auch hier versucht, die Hauptlinien der Straßen zu erhalten und überwiegend mit neuen Blöcken zu bebauen. Es war teilweise außerordentlich schwierig, dort aufzubauen. Das Referat hat dort Wohnbauten errichtet, z. B. das Hochhaus am Auer Mühlbach. Private Bauherren scheiterten vielfach an den Leuten, die ihre Grundstücke – zum Teil nur mit zwei Quadratmetern – nicht zu entsprechenden Preisen hergeben wollten. Wir mußten uns mit ihnen auf irgendeine Weise arrangieren. Ein solcher Eigentümer hat natürlich genau gewußt, daß, wenn alle anderen verkauft haben und er als einziger nicht, wir nicht bauen können, wenn wir nicht auf seine Forderungen eingingen. Mit einem Eigentümer wurden wir z. B. nicht einig. Wir haben sein Grundstück von acht Quadratmetern in den Vorgarten gelegt, später hat er dann doch verkauft.

Möller: Die Stadt plante dann eine normale Wohnbebauung?

Fischer: Ja, es hätte keinen Sinn gemacht, völlig zerstörte Häuser in der Au wiederaufzubauen, wie es auch manchmal angeregt wurde. Später hat man oben am Gasteig einige dieser Vorkriegsbauten im Wege des Denkmalschutzes erhalten. Aber in der Au stand fast nichts Brauchbares mehr. Außerdem waren viele der früheren Bauten durch den Auer Mühlbach in ihren Fundamenten durchfeuchtet.

Möller: Die Häuser werden durch ihre Holzbauweise auch schnell gebrannt haben.

Fischer: Auch die Steinbauten haben die Luftangriffe nicht ausgehalten. Die Amerikaner haben seinerzeit gemeint, sie hätten unsere ›Slums‹ zerstört. Ich habe ihnen erklären müssen, daß diese Bauten keine Slums im amerikanischen Sinn gewesen seien.

Möller: Schwabing war auch extrem zerstört. Hielt man sich dort an die alten Baulinien?

Fischer: Nein, nicht an alle alten Baulinien. Man erhielt das alte Straßengefüge, wobei sich natürlich die Bebauungspläne gegenüber früher vielfach änderten. Zum Beispiel hinsichtlich der Hinterhofbebauung.

Ottmann: Im Bereich von Schwabing hat die Südhausbau 486 Wohnungen aufgebaut. Uns ist damals sehr zugute gekommen, daß wir günstig finanzieren konnten. Die Grundstückseigentümer haben die Grundstücke in die Finanzierung eingebracht und ansonsten Sozialmittel bekommen. Das hat ausgereicht, um ein Haus wieder aufzubauen.

Fischer: Schwierigkeiten gab es vor allem mit einer Kategorie von Grundstücken, den von einzelnen Brauereien. Denn die Brauereien gehörten zu den größten Grundbesitzern von München, weil sie die Häuser, in denen Wirtschaften waren, an die sie das Bier lieferten, meist erworben haben. Die haben natürlich zunächst einmal für ihre Braustätten gesorgt und erst dann für die Wohnhäuser. Da haben wir so manche Diskussion gehabt.

Ottmann: Für die Hacker-Brauerei haben wir das Haus mit dem Café Glockenspiel am Marienplatz aufgebaut.

Fischer: Wir haben damals die Grundstücke im Einvernehmen mit

THE RUBBISH PROBLEM IN MUNICH DAS SCHUTTPROBLEM MÜNCHENS

den Grundeigentümern des ganzen Blockes umgelegt und so erst den Wiederaufbau der Südseite des Marienplatzes ermöglicht. Einige Bauten hat auch die Münchner Aufbaugesellschaft errichtet. Beim Aufbau ergab sich eine Schwierigkeit dadurch, daß angeblich vorher niemand wußte, daß durch die Rosenstraße ein starker Grundwasserstrom fließt. Wir mußten deshalb an der Rosenstraße Grundwassersperrmauern einbauen. Es wurde immer gesagt, der Löwenturm sei ein Befestigungsturm gewesen. Wissen Sie, was er wirklich war? Er war der Wasserturm der früher hier befindlichen herzöglichen Gärten. Aus diesem Grundwasserstrom wurde das Wasser entnommen und hochgepumpt. Der Rinderbrunnen liegt im Gebiet der ehemaligen herzöglichen Gärten.

Möller: Für den inneren Bereich Innenstadt galt also Rekonstruktion, für die äußeren Gebiete galt es beim Wiederaufbau, sich an das Straßengefüge zu halten?

Fischer: Ja. In den äußeren Gebieten hielt man sich im wesentlichen an das Straßengefüge, da in den Straßen die Abwasserkanäle und die sonstigen Erschließungsanlagen lagen, die ein enormes Kapital darstellten.

Ottmann: Ist denn nicht dieses Baulinengesetz von 1901 oder 1902 zugrundegelegt worden? Das war doch ein ganz großer Vorteil.

Fischer: Ja, das ist zugrundegelegt worden. Nach dem von meinem Referat ausgearbeiteten und vom Stadtrat gebilligten Wohnungsbauprogramm wurden die großen Siedlungen auf damals noch nicht mit Baulinien ausgestatteten Flächen festgelegt. Das war zweifellos von Vorteil.

Möller: Warum wurde nach 1945 die Staffelbauordnung nicht aufgehoben?

Fischer: Da man sich entschlossen hatte, den Kern wieder so aufzubauen, wie er vorher gewesen war, mußte man sich an die Staffelbauordnung halten. Es konnten dann nicht von einem vier Stockwerke und vom nächsten etwa elf Stockwerke verlangt werden. Das ging nicht. Freier gestalten konnte man, wenn man ein neues Gebiet erschloß oder ein größeres kriegsbeschädigtes Quartier wiederaufbaute. Allerdings haben wir immer Wert darauf gelegt, daß die Bebauungsdichte nicht über ein erträgliches Maß hinausgeht. Zu bedenken war auch bei größeren Neuanlagen, was die Hauptkanäle der Entwässerung leisten konnten. Der Kanal ist immer ein ganz wesentlicher Faktor, und zwar hinsichtlich Höhenlage und Leistungsfähigkeit. Das war vor allem bei der Bautätigkeit im Westen zu beachten.

Möller: Waren die Kanäle nicht durch den Krieg betroffen?

Fischer: Natürlich waren sie betroffen, an Hunderten von Stellen. Aber sie waren mit das erste, was auch im Krieg immer wieder sofort geflickt wurde, da ja sonst der Ausbruch von Seuchen zu befürchten gewesen wäre. Entscheidend für das Leben der Stadt war das Netz der Wasser- und Gasversorgung, der Energieversorgung und das Telefonnetz und, wie vorher schon erwähnt, der Abwasserableitung und die Abwasserklärung.

Möller: Wenn man die Zerstörung sieht, dann wundert mich nur, daß da überhaupt Leute überlebt haben.

Fischer: Man hat alles getan, um zu überleben. Ich habe zweimal das Haus gelöscht, in dem ich gewohnt habe und heute noch wohne.

Schutt und Ruinen

Möller: Haben Sie daran geglaubt, daß diese Ruinenstadt je wieder entstehen wird?

Fischer: Man mußte daran glauben. Ich kann mich noch daran erinnern, wie ich mit meiner Frau durch das zerstörte Schwabing gegangen bin. Da habe ich zu ihr gesagt: Was wird daraus einmal entstehen, wer wird das alles einmal aufräumen müssen. Man konnte ja vom Elisabethplatz bis zur Josephskirche schauen, da war fast nichts mehr dazwischen. Die Josephskirche und der Friedhof waren auch schwer zerstört. Ich habe aber in der Kriegszeit nicht daran gedacht, daß ich an der Schutträumung und dem Wiederaufbau der Stadt einmal maßgeblich beteiligt sein würde.

Möller: Aus Materialmangel wurde nach dem Krieg alles, was noch stand, wiederbenutzt?

Fischer: Ja, soweit es standfest und baulich noch verwertbar war. Alles andere wurde abgebrochen und das Altmaterial, soweit es noch brauchbar war, wieder verkauft. Als ich an meinem ersten Arbeitstag bei der Stadt mein Referat betrat, stand eine lange Menschenschlange in den Gängen. Ich habe gefragt, was die Leute alle wollen. Ich wußte nicht, daß das Referat die Baustoffbewirtschaftung als Pflichtaufgabe hatte. Dann hieß es, alle die Leute wollen vor allem Altmaterial, denn neues Material gab es in jener Zeit fast nicht. Sie haben dann also einen Schein gekriegt für 1.000 Altziegel oder 10.000 Altziegel und dergleichen. Ich habe diese Aufgabe dann sehr schnell der MAG (Münchner Aufbau Gesellschaft), die auf meinen Vorschlag gegründet wurde, übergeben. Da wurde wirklich alles verwertet, was irgendwie verwertbar war.

Ottmann: Wir haben alle alten Ziegel, die aus der Schutträumung noch da waren, abgeklopft und damit die Häuser gebaut. Dann wurde auch mit den Ziegelhohlblocksteinen gebaut. Da standen große Mühlen, die aus dem Schutt Split gemacht haben.

Fischer: Was nicht mehr standfest war, wurde schon aus Sicherheitsgründen meistens von der städtischen Bauwacht abgebrochen. Der Schutt wurde auf die großen Kippen gefahren. Wir hatten zunächst sechs Kippen: Neuhofen, Pullacher Platz, Oberwiesenfeld, am Eisbach am Rande des Englischen Gartens, an der Theresienwiese und am Luitpoldpark. Sehr schnell aufgelöst haben wir die Kippen am Eisbach und auf der Theresienwiese, weil man dort wieder Platz für das Frühlingsfest gebraucht hat. Aus den drei großen Kippen Luitpoldpark, Neuhofen und Oberwiesenfeld wurden dann von der Stadtgartendirektion große Grünanlagen geschaffen.

Besatzung

Möller: Haben die Amerikaner Sie denn gewähren lassen oder haben die sich beim Wiederaufbau eingemischt?

Fischer: Die Amerikaner haben sich sehr bald aus dem Wiederaufbau zurückgezogen. Die Amerikaner hatten das Interesse, daß die Stadt sicher und befahrbar wird, daß die Straßen geräumt wurden und die einsturzgefährdeten Ruinen an den Rändern der Straße gesprengt wurden. Denn die Amerikaner hatten immer Angst, es könnte irgendetwas passieren, in den Ruinen könnten irgendwelche Leute versteckt sein, die auf sie schießen oder so etwas. Aber ansonsten haben sie uns gewähren lassen. Sie haben der Stadt aber große Schwierigkeiten gemacht, weil sie sehr viele Wohnungen für ihre Leute beschlagnahmt haben. 1948 wollten sie noch einmal 500 Wohnungen beschlagnahmen. Ich mußte deshalb, das war noch vor der Währungsreform, eine Reise durch ganz Deutschland machen, um die Richtigkeit der Behauptung nachzuprüfen, daß in allen anderen Städten Wohnungen für die Besatzung gebaut würden, nur nicht in München.

Die aufgestellten Behauptungen haben nicht gestimmt, wir haben daraufhin die Anlage Ramersdorf an der Rosenheimerstraße mit insgesamt rund 500 Wohnungen für die Amerikaner gebaut. Innerhalb von sechs Monaten sollten die ersten 100 Wohnungen und innerhalb eines Jahres die ganze Siedlung bezugsfertig übergeben werden. Für den Bau stellte der Marshallplan-Fond 20 Millionen als Darlehen zur Verfügung.

Keiner hatte sich getraut, das 20 Millionen-Projekt bei den gestellten Bedingungen durchzuführen. Die staatlichen Bauämter nicht, die GEWOFAG nicht, jeder hat sich gedrückt. Deshalb mußten wir die Verantwortung selbst übernehmen. Die Planung wurde im Referat gemacht, Tag und Nacht haben wir an den Plänen gearbeitet. Die Münchner Aufbaugesellschaft hat die Bauleitung übernommen. Die Grundrisse und Installationsplanung der Wohnungen wurde so durchgeführt, daß die großen Wohnungen später dem deutschen Bedarf angepaßt werden konnten. Später ging dann das Objekt in das Eigentum der GEWOFAG über. Die Münchner kamen zu Hunderten und Aberhunderten und haben gesagt, für die Amis geschieht etwas, aber für uns geschieht nichts. Diese Einstellung konnte man sich bei der damals herrschenden Wohnungsnot doch vorstellen.

Ottmann: Stimmt es, daß Dr. Karl Scharnagl damals in den zwanziger Jahren nach Amerika gefahren ist und sich dort Geld gepumpt hat, um die Siedlung Ramersdorf bauen zu können?

Fischer: Ja, das stimmt für die GEWOFAG-Siedlung Ramersdorf.

Ottmann: Ich glaube, er mußte für jeden Dollar Anleihe einen Schuldschein unterschreiben.
Mit diesen acht oder neun Millionen Dollar, die er mitgebracht hat, wurde dann Ramersdorf gebaut.

Fischer: Ja, davon wurde in den zwanziger Jahren u. a. die GEWOFAG-Wohnanlage Ramersdorf gebaut. Und auch einige andere, zum Beispiel der Künstlerhof drüben beim Rotkreuzplatz.

Ottmann: Ohne grauen und schwarzen Markt ging damals nichts.

Fischer: Die Schutträumung ging auch nicht ohne grauen Markt. Es ging gar nicht anders. Nur so war es möglich die Schutträumung, die nach ersten Prognosen etwa zwanzig Jahre dauern sollte, in etwa 7 1/2 Jahren nach Kriegsende abzuschließen. Ohne Schutträumung hätte es keinen Wiederaufbau gegeben.

Unvollendete Bauten

Möller: Während des Krieges wurden die Bauten eingestellt, mit denen vor dem Krieg begonnen worden war. Wie ist denn die Stadt damit umgegangen?

Fischer: Wir haben vor allem versucht, die hängengebliebenen Bauten fertigzustellen, ob das nun Wohnungsbauten oder zum Beispiel das Krankenhaus rechts der Isar waren. Denn das war die Substanz, die am wertvollsten war, weil man nicht ganz vor vorne anfangen mußte. Es gab ja eine ganze Menge von solchen Neubauruinen. Wir haben dafür gesorgt, daß diese Bauten als erstes fertiggestellt wurden.

Ottmann: Sind da auch die beiden Planungen, die die Südhausbau vor dem Krieg gemacht hat, weitergeführt worden?
Eines war die Forstenrieder Allee.

Fischer: Die Forstenrieder Straße war eines der ersten Projekte, das fertiggestellt worden ist.

Ottmann: Mit Hilfe von Siemens. Das zweite war die Planung Perlacher Forst. Das war vor dem Krieg eine Großplanung mit über 2.000 Wohnungen im Bereich Scharfreiterplatz.

Fischer: Das habe ich nicht mehr in Erinnerung. Da ist aber auch nichts geschehen, weil man natürlich den Wohnungsneubau möglichst in die Gebiete gelegt hat, in denen Versorgungseinrichtungen vorhanden waren.

Möller: Was die Fortsetzung der Bauten betrifft: Wurden die mit Hilfe der vorhandenen Pläne zu Ende gebaut?

Fischer: Ja, natürlich. Man mußte ja auch schauen, daß man nicht zusätzliche Mittel für Umplanungen und Umbauten aufwenden muß.

Ich habe ja schon gesagt, daß Sie immer die drei Phasen anschauen müssen:

In der ersten, der sogenannten BMW-Phase waren größere Neubaumaßnahmen überhaupt nicht möglich.

Dann kam die zweite Phase nach der Währungsreform, wo es langsam möglich wurde, die Baustoffe für größere Wiederaufbauten und für Neubauten zu beschaffen.

Erst in der dritten Phase konnten die großen Anlagen entstehen, wie z. B. Fürstenried I, II, III, Hasenbergl, die Heimag-Siedlung vor Pasing, die Wohnanlage am Westkreuz und die Wohnanlage zur Rückführung alter Evakuierter. Und auch die Großsiedlung Perlach ist in ihr entstanden. Etwas mehr als 200.000 Wohnungen sind in München während meiner 18jährigen Tätigkeit wieder aufgebaut oder neugebaut worden – eine großartige Leistung der Bauherren, darunter auch die Südhausbau.

Ottmann: Mein Vorgänger hat die Parkwohnanlage Bogenhausen initiiert, die auf dem sogenannten Führergelände liegt.

Fischer: Das sogenannte Führergelände hat der Stadt gehört. Der Vorschlag, die Parkwohnanlage auf diesem Grundstück zu bauen, stammt von mir. Aus der Prüfung des städtischen Grundstücksbestandes für Wohnbauzwecke wußte ich von diesem Führergelände, das die Stadt seinerzeit erworben hatte, um es dem »Führer« als Baugrundstück zu schenken. Das Kommunalreferat hat auf meinen Vorschlag hin das Grundstück für den Wohnungsbau freigegeben. Bei der Höhe des Grundstückpreises kam es im wesentlichen nur für den freifinanzierten Wohnungsbau eines leistungsfähigen Bauträgers in Frage.

Möller: Sind Sie nach dem Krieg gleich Wiederaufbaureferent geworden?

Fischer: Nein, nach dem Krieg war zunächst Sebastian Preis vortragender Stadtrat für den Wiederaufbau. Er starb im Jahr 1946. Preis war vor dem Dritten Reich schon bei der Stadt gewesen. Er war SPD-Mann und somit im Dritten Reich verfemt, nach dem Krieg kam er wieder zurück. Nach seinem Tod übernahm ich dann den Posten des Wiederaufbaureferenten.

Resümee des Wiederaufbaus

Möller: Später wurde ja teilweise beklagt, daß im Wiederaufbau die Chance vertan worden ist, neue Stadtstrukturen durchzusetzen. Wie würden Sie den Wiederaufbau beurteilen?

Fischer: Rückblickend kann man vielleicht folgendes Resümee ziehen: Nach den immensen Kriegsschäden – übrigens waren rund 40 % aller in Bayern angerichteten Kriegsschäden in München – hatte nach Kriegsschluß wohl kaum jemand gedacht, daß die Stadt in der relativ kurzen Zeit von etwa zehn Jahren wieder ein voll funktionsfähiges Gemeinwesen sein würde. Nach dem Abschluß des Wiederaufbaus wurden zwar manche Stimmen laut, man hätte z. B. in der Altstadt oder in Schwabing eine völlige Neugestaltung des Straßen- und Baugefüges durchführen müssen, wie es auch einige Architekten nach Kriegsende am Reißbrett wohlmeinend aufgezeigt hatten. Bei dieser Kritik wird aber vieles übersehen, insbesondere die damalige wirtschaftliche und finanzielle Lage der Stadt, die immense Bevölkerungszunahme nach Ende des Krieges und die rechtliche Situation, insbesondere im Bereich des Baurechts, das für Bauaufgaben im Frieden geschaffen worden war. Dazu kam, daß die Besatzungsbehörden die Bevölkerung darüber aufklärten, daß die Autorität der Ämter und ihrer Weisungen sehr angreifbar seien, was von vielen falsch verstanden und zu Klagen und Einsprüchen bei der Stadt und den vorgesetzten Behörden Anlaß gab. Zwar hatten vor allem die amerikanischen Bomberflotten ein immenses Zerstörungswerk vollbracht, in den betroffenen Gebieten blieben aber einzelne Häuserzeilen oder Einzelobjekte stehen, deren Instandsetzung aus technischen, wirtschaftlichen und finanziellen Gründen machbar war, und deren baurechtliche Ablehnung nicht möglich gewesen wäre, und zwar nicht nur wegen des fehlenden Aufbaugesetzes. Daß jede Chance der schnellstmöglichen Schaffung von Wohn- und Gewerberaum nach der Zerstörung von 80.000 Wohnungen und von Hunderten von Betrieben genutzt werden mußte, darüber gab es damals keine Diskussion. Man mußte den privaten Hausbesitzern, den Betrieben, den gemeinnützigen und freien Wohnungsunternehmen sowie den Wohnungsbau-Genossenschaften dankbar sein, daß sie alsbald nach Abschluß der Kriegshandlungen an die Instandsetzung oder den Wiederaufbau der Häuser herangingen oder sich bereits an Neubauten wagten. Es drängten bald nach Kriegsende über eine halbe Million Menschen in die Stadt, Evakuierte, entlassene Militärpersonen, Stadtflüchtlinge der Kriegszeit und viele Flüchtlinge aus den Ostgebieten. Sie alle wollten Wohnungen, denn nur wer eine Unterkunft nachweisen konnte, bekam die Zuzugserlaubnis, und nur wer die hatte, bekam eine Arbeitserlaubnis. Die meinem Referat nachgeordneten Ämter – Wohnungs-, Evakuierten-, Flüchtlings- und Zuzugsamt – konnten sehr drastisch belegen, wie unvorstellbar groß die Not war und wie jede schnelle Hilfe dankbar anerkannt wurde.

Zwar konnte man durch die Schutträumung abgeräumte Grundstücke in Bauland umwandeln; das ganze Geflecht der rechtlichen und wirtschaftlichen Beziehungen und Belastungen, z. B. Grunddienstbarkeiten und Schulden, Hypotheken usw., das mit dem zerstörten Gebäude verbunden war, blieb jedoch erhalten. Es hat in Einzelfällen Jahre gedauert, bis befriedigende Lösungen gefunden werden konnten, die den Aufbau ermöglichten. Wie viel länger hätte es gedauert, wenn man einen zerstörten Stadtteil nach einem ganz neuen Plan hätte aufbauen wollen.

Die für das Bauen im vormaligen Frieden maßgeblichen Gesetze galten weiter, sie gaben den Bauwerbern einerseits Rechte und räumten andererseits auch – von der Kreisregierung von Oberbayern im Einzelfall zu genehmigende – Ausnahmen von den allgemeinen Vorschriften ein. Es ist den Stadtbauräten, der Stadtplanung, der Bauberatung, dem Kommunalreferat und der Lokalbaukommission sowie der Regierung zu danken, daß in der überwiegenden Zahl der Aufbaufälle Lösungen zustande kamen, die unter den damals obwaltenden Umständen als gut oder mindestens befriedigend eingestuft werden konnten. Mein Referat hat bei den Bauten des Sozialen Wohnungsbaus bei der Bereitstellung der öffentlichen Mittel zusätzlich miteingegriffen.

Nicht vergessen sei auch die durchaus positive Mitwirkung der Kreditinstitute bei der Baufinanzierung, insbesondere der Hypothekenbereitstellung, des Grundbuchamtes, der Verwaltungsgerichte und vieler anderer beteiligter Instanzen. Es ist jedenfalls einfacher, einen neuen Stadtteil wie etwa das Hasenbergl oder das Westkreuz zu planen und auszuführen, als einen teilzerstörten Stadtbereich wiederaufzubauen. Ich habe schon betont, daß die Stadt bei der Vielzahl ihrer Kriegsschäden an Krankenhäusern, Sozial-, Versorgungs-, Kultureinrichtungen, Schulen usw. nach Kriegsschluß alles daran setzen mußte, das zu nutzen, was noch nutzbar war. Dazu gehörten das Straßennetz und damit die darunterliegenden Ver- und Entsorgungsleitungen. Daß deren uneingeschränkte Nutzung alsbald nach Kriegsende möglich war, ist den Abteilungen Straßenbau und Stadtentwässerung meines Referates sowie den Stadtwerken für Gas, Wasser und Energie zu danken. Gleiches gilt für die Inbetriebnahme der innerstädtischen Verkehrslinien durch die Verkehrsbetriebe sowie für Bahn und Post. Das damals vorwiegend gute Verhandlungsklima zwischen den Fraktionen des Stadtrates unter der Führung der Herren Oberbürgermeister und Bürgermeister hat zur Beschleunigung des Wiederaufbaus und des späteren Wohnungsneubaus sehr beigetragen.

Ich glaube nicht, daß wir damals eine andere Wahl gehabt haben, als den Wiederaufbau so durchzuführen, wie wir es für richtig hielten, auch wenn im einen oder anderen Fall rückblickend vielleicht eine modernere Lösung möglich gewesen wäre.

KAPITEL 3

Neubeginn nach dem Krieg

GEORG GÖTZE **Neue Siedlungen nach dem Krieg**

Durch die Währungsreform im Juni 1948 waren für Wiederaufbau und Neubau die wirtschaftlichen Voraussetzungen geschaffen. Die mühevoll begonnene Schutträumung konnte bis 1956 beschleunigt und zum Abschluß gebracht werden[1], während die Bautätigkeit bereits voll anlief. Der Schwerpunkt des Bauens lag zunächst auf der Instandsetzung und der Erstellung von einfachstem Wohn- und Gewerbebau. Dem Kriegsverlust von fast 80.000 Wohnungen in München stand ein Wohnungszugang von nur etwa 10.000 Wohnungen in den Jahren 1945 bis 1948 gegenüber.[2] Dem Zuzug von Flüchtlingen und Evakuierten nach München folgte mit dem wirtschaftlichen Erstarken der Stadt ein jährlich zunehmender Wanderungsgewinn. War 1949 bereits die Einwohnerzahl der Vorkriegszeit erreicht, so wurde München 1956 zur Millionenstadt. Die Wohnraumerfassung im Rahmen der Volkszählung 1950 bilanzierte einen Fehlbestand von 89.000 Wohnungen.[3] Von der US-Militärregierung beschlagnahmter Wohnraum wurde nach teilweise zähen Verhandlungen nach und nach freigegeben, die Stadt errichtete einfache Unterkünfte als Wohnraum für Flüchtlinge, der Wohnungsbau begann. Der bloße Wiederaufbau konnte aber den steigenden Wohnungsbedarf ebensowenig befriedigen wie die bauliche Nutzung innenstadtnaher Flächenreserven. Das Wachstum der Stadt mußte sich daher an die Peripherie verlagern.

Die Stadtplanung sah mit den Konzepten der Stadtbauräte Meitinger und Leitenstorfer eine zweigleisige Entwicklung vor: Während das Stadtbild der Altstadt wiederhergestellt und gepflegt werden sollte, wurden die Peripherie und das Umland für die Ausdehnung der Stadt vorgesehen. Der seit 1938 bestehende **Wirtschaftsplan** für den Großraum München mit Vororten wurde fortgeschrieben und schon im September 1946 genehmigt. Diese Planung deutet bereits eine Dezentralisierung der Stadt durch Neubau von Siedlungen am Stadtrand und Trabantenstädte an. Bis zur Verabschiedung neuer Wirtschafts- und Generalverkehrspläne 1958 fehlte jedoch eine weitergehende und großräumige Planungsgrundlage. Die mit der enormen Bautätigkeit[4] verbundene Stadterweiterung vollzog sich daher zunächst in Einzelprojekten ohne übergreifendes städtebauliches Konzept.

Neues Bauland wurde am Stadtrand erschlossen. Auf großen zusammenhängenden Flächen konnten sich nun neue und umfassende Siedlungsmodelle entwickeln, wie sie aus dem bisherigen Schema der Baulanderschließung, nämlich der Parzellierung von Straßenblöcken, nicht hatten entstehen können. Das unverändert bestehende Bodenrecht ließ in den bereits erschlossenen Baugebieten Grundstückszusammenlegungen durch Eingriffe in die Besitzverhältnisse nicht zu. Großflächige, gemeinschaftliche und innovative Konzepte für den Wiederaufbau wurden dadurch zurückgehalten.[5]

Das kommunale Baurecht[6] der Nachkriegszeit hatte weiterhin Gültigkeit. Um die Jahrhundertwende entstanden, ging es von einer zentrischen Entwicklung der Stadt aus und war den neuen Anforderungen bald nicht mehr gewachsen: Zunächst waren es einfachste Gebäude im Rahmen der Notmaßnahmen nach dem Krieg, die erst durch Ausnahmen genehmigungsfähig wurden. Dann erforderten Bauvorhaben nach neuen Wohn- und Siedlungskonzepten im jeweiligen Einzelfall eine Befreiung von den baurechtlichen Vorschriften.[7] Die vom Stadtrat schon 1950 geforderte Änderung der Münchner Bauordnung[8] wurde erst durchgeführt, nachdem 1960 das neue Bundesbaugesetz verabschiedet war. Es gab einzelne Modifizierungen des Baurechts, sie folgten aber, etwa im Falle der **Hochhausrichtlinien,** zeitverzögert den bereits geschaffenen Tatsachen.[9]

Die Ausdehnung der Großstadt in das Umland machte es notwendig, die Planungen der Gemeinden im Großraum aufeinander abzustimmen. 1950 wurde zu diesem Zweck der **Planungsverband Äußerer Wirtschaftsraum München** gegründet, ein Zusammenschluß der Stadt, der angrenzenden Landkreise und deren Gemeinden sowie des Bezirksverbandes Oberbayern.

Die anhaltende Wohnungsnot betraf vorrangig die Nachfrage nach preiswertem Wohnraum, der jedoch im allgemeinen nicht die Renditeerwartung privater Bauträger erfüllte. Der Kapitalmangel stellte ein Hemmnis für die Errichtung freifinanzierter Wohnungen dar. Um für breite Bevölkerungsschichten preiswerten Wohnraum zu schaffen, wurden deshalb Wohnungsbauprogramme von öffentlicher Seite notwendig.[10]

Vor diesem Hintergrund entstand das **Erste Wohnungsbaugesetz** vom 1. April 1950, novelliert 1953 und gültig bis Ende 1956. Für diesen Zeitraum war bundesweit die Schaffung von zwei Millionen Sozialwohnungen vorgesehen. In der Folge lag im Jahr 1951 der Anteil der Sozialwohnungen am Neubauvolumen in München bei 85 %.[11] 1952/53 machten sie knapp die Hälfte aus, in den folgenden Jahren je etwa ein Drittel. Im Hinblick auf Entwurf und Konstruktion entstanden anfangs einfachste Wohnbauten, die aufgrund der gestiegenen Standards und billiger Ausführung den Ansprüchen bald nicht mehr genügten und schon seit den achtziger Jahren durch Neubauten ersetzt werden.

1956 folgte – das in der Neufassung von 1990 noch heute gültige – **Zweite Wohnungsbaugesetz**, das einen höheren Größen- und Ausstattungsstandard der Wohnungen festschrieb und großen Wert auf die Eigentumsbildung legte. Nach der ersten Zeit des umfangreichen, schnellen und billigen Aufbaus kam nun eine Wendung zur Qualität: Die Durchschnittsgröße der Sozialwohnung stieg von 48 qm (1950), über 57,3 qm (1956) auf 70 qm (1960)[12] bei gleichzeitig sinkender Belegung. Mit dem steigenden Ausstattungsniveau der Wohnungen entwickelte sich aber wiederum ein steigender Wohnungsbedarf der finanziell schwächeren Bevölkerungschichten.[13] Der Fehlbestand konnte nur langsam abgebaut werden.

Die internationale Entwicklung des Wohn- und Siedlungsbaus beeinflußte auch die Neuplanungen für München. Die Stadtbauräte Karl Meitinger und Hermann Leitenstorfer hatten für den Neubau von Siedlungsgebieten noch den straßengebundenen Wohnblock und die Großblockbauweise mit innenliegenden Zeilenbauten vorgeschlagen.[14] Vorbild dafür sollten wohl die Projekte der zwanziger Jahre sein wie etwa die Großsiedlungen Neuhausen und Walchenseeplatz der GEWOFAG oder die Versuchssiedlung der Post an der Arnulfstraße. Sie hatten sich als erfolgreiche Form urbaner Wohnbaukonzepte erwiesen, die aber nach dem Krieg kaum noch fortgeführt wurde.

An vielen Wohnsiedlungen der frühen Aufbauzeit ist eine Vereinfachung der städtebaulichen Muster abzulesen. Beispiele dafür sind etwa die GWG-Siedlungen Krüner Straße 15 und Ramersdorf-Süd (ab 1952)[16] oder die städtische Wohnanlage Kleinhadern (1951-59)[17]. Die aufgelockerte Zeilenbauweise wurde zur gängigen Bauform, raumbildende Variationen wie Zeilenkarrees oder Doppelzeilen blieben dagegen die Ausnahme. Die straßenbegleitende Bebauung wurde aufgegeben, die Gebäude wurden über Stichwege fußläufig erschlossen.

Durch Versatz und Schrägstellung der Zeilenbauten wurde zwar versucht, Raumbildung zu erzeugen, doch wirken die Siedlungen mit einheitlicher Orientierung so-

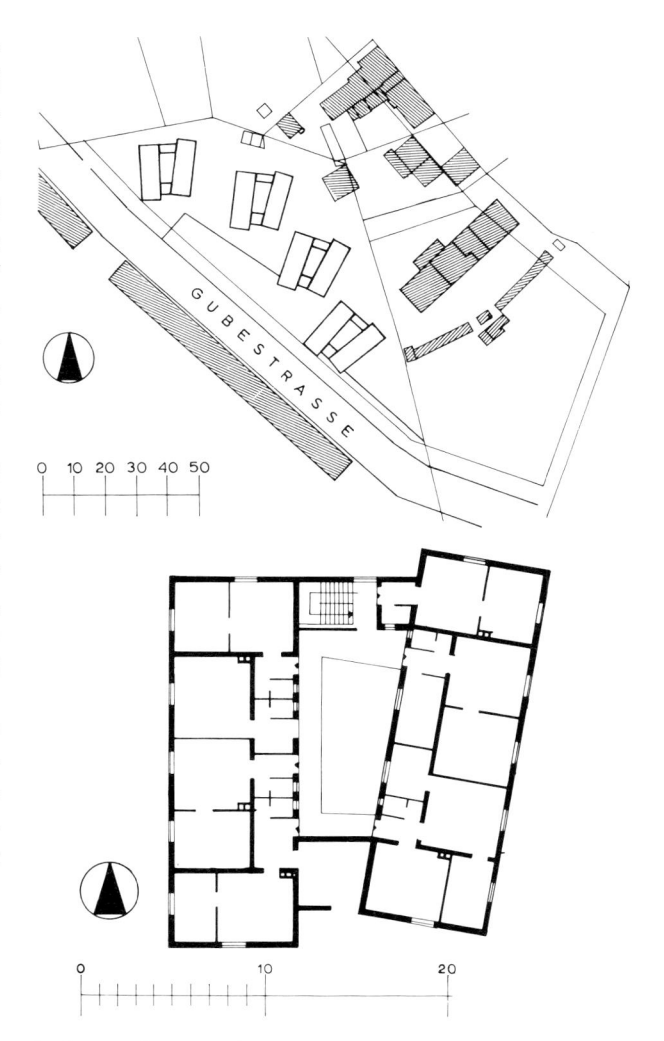

Laubenganghäuser an der
Gubestraße, 1951/52.
Lageplan und Grundriß eines
Laubenhauses.
Architekt: Gustav Gsaenger.

wie durchgehenden Gebäudehöhen und Dachformen oftmals gleichförmig. Die knappen Finanzmittel führten zur Minimierung von Grundriß und Ausstattung, der äußeren Gestaltung liegen wenige und einfache Regeldetails zugrunde. Die Ideen der Moderne, Licht und Luft zu schaffen, wurden zwar im Ansatz verwirklicht, sie reduzieren sich jedoch auf die rationale Anordnung der Gebäude, ihre Typisierung und die Loslösung von der straßengebundenen Blockbebauung.

Wie die folgenden Beispiele zeigen, gab es in München gleichzeitig auch Ansätze zu neuentwickelten Bauformen:

Ein ungewöhnlicher Versuch kostengünstigen Bauens war die städtische Wohnanlage mit vier hofbildenden Doppelzeilen an der Gubestraße in Moosach: Die 91 Wohnungen mit Größen zwischen 27 qm und 50,6 qm waren über Laubengänge erschlossen. Nach dem Stan-

Siemens-Siedlung an der
Boschetsriederstraße, 1955.
Architekt: Emil Freymuth.
Foto 1955.

dard für Einfachstwohnungen hatte jede Wohnung WC, Wasserstelle und Spülbecken. Die Küche, Gemeinschaftsbäder sowie Wasch- und Trockenräume befanden sich in den Kellern. Die Gebäude wurden 1952 nach einem Entwurf von Gustav Gsaenger erbaut und 1978 abgebrochen.[18]

Aus einem bundesweiten Architektenwettbewerb zum kostengünstigen Wohnungsbau, dem ECA-Wettbewerb (Economic Cooperation Administration), entstand 1952 am Harthof eine Wohnanlage mit sogenannten Schlichtwohnungen nach Plänen von Fritz Vocke. Dreigeschossige Ost-West-orientierte Zeilenbauten lagen paarweise an Wohnwegen, flexible Dreispännergrundrisse auf einem durchlaufenden Achsraster von 3,65 m ließen Variationen von der Einzimmer- bis zur Fünfzimmerwohnung zu. Schon 1972-74 wurden die Gebäude wegen Baufälligkeit abgerissen.[19]

GWG-Siedlung an der Krüner Straße, erster Bauteil, 1952.
Pläne: Oberste Baubehörde.

Das 1951/52 erbaute achtgeschossige Wohnhaus von Sep Ruf an der Ecke Theresien-/Türkenstraße ist noch heute ein bemerkenswertes Einzelstück. Durch seine Höhe, die zurückspringende Baulinie und die vorgelagerte kleine Grünanlage setzt es sich deutlich von seiner städtischen Umgebung ab. Im Rahmen des Wiederaufbaus der Maxvorstadt findet sich hier ein Ansatz zur Auflockerung der wiedererrichteten Blockrandbebauung. Die Baukosten dieses im Rahmen des sozialen Wohnungsbaus und im Auftrag des **Vereins zur Behebung der Wohnungsnot Nürnberg** entstandenen Gebäudes lagen dank moderner Stahlbetonskelettbauweise sehr niedrig. Das Äußere wird vom Flachdach, raumhohen Fensterelementen und durchlaufenden Balkonen mit schlanken Stahlstützen geprägt.

Ebenfalls zu Beginn der fünfziger Jahre entwickelten sich neue Konzepte eines differenzierten Siedlungsbaus. Beispielhaft für München sind in diesem Zusammenhang die 1954 erbaute **Siemens-Siedlung** in Obersendling und die **Parkstadt Bogenhausen** von 1955-56[20], die heute beide unter Denkmalschutz stehen.

Die **Siemens-Siedlung** an der Boschetsrieder Straße wurde vom Münchner Architekten Emil Freymuth für Siemens entworfen. 528 Wohnungen verteilen sich auf zwei 17-geschossige Sternhochhäuser, eine 13-geschossige Hochhausscheibe, zehn Zeilenbauten und ein Laubenganghaus. Hier, am damaligen Stadtrand, finden sich die ersten Wohnhochhäuser Münchens, eingebunden in ein eigenständiges Siedlungskonzept.[21] Die Wärmeversorgung erfolgt durch ein eigenes Fernheizwerk, die haustechnische Ausstattung mit Müllschlucker, Gemein-

Parkstadt Bogenhausen, im Vordergrund Eigenheimsiedlung der Südhausbau. Foto um 1958.

schaftsantenne und Gegensprechanlage war für die damalige Zeit von hohem Niveau. Schwingflügelfenster und großzügige Freisitze zeigen eine für die Zeit neuartige Offenheit der Fassaden. Das heutige Erscheinungsbild zeigt im Unterschied zum Originalzustand veränderte Fenster und farbige Fassaden, wohingegen die Gebäude ursprünglich einheitlich in Weiß gehalten waren.[22]

Die **Parkstadt Bogenhausen** mit rund 2.000 freifinanzierten Wohnungen für 6.000 Bewohner entstand nach einem Bebauungsplan von Franz Ruf. Die Planung wurde von der Südhausbau begonnen, die auch das Grundstück von der Stadt beschaffte. Die Anlage enthält eine Schule, einen Kindergarten, ein Ladenzentrum und ein Heizkraftwerk. Die von verschiedenen Architekten[23] entworfenen Häuser werden mit durchgängigen Details optisch zusammengefaßt. Neuartig waren die »amerikanischen« Grundrißlösungen mit der Erschließung von Küche, Eßplatz und Schlafräumen über den Wohnraum. Vom Einzimmer-Appartement bis zur 4 1/2-Zimmer-Wohnung werden 15 verschiedene Wohnungstypen in Reihenhäusern und neun- bis zwölfstöckigen Hochhäusern angeboten.

An beiden Beispielen zeigt sich die städtebauliche Tendenz zur Loslösung der Bebauung vom Straßennetz und die Aufgabe der strengen Anordnung in Blöcken oder Zeilen. Freigestellte, teils skulptural gestaltete Baukörper[24] mit differenzierter Höhenentwicklung gruppieren sich zu räumlichen Kompositionen mit Sicht- und Orientierungsbezügen. Diese neuen Siedlungen haben minimierte Erschließungsflächen für den Fahrverkehr, die Gebäude stehen in weitläufigen, zusammenhängenden Parks. Diese Entwicklung leitet sich ab aus der Forderung moderner Stadtplanung nach Trennung von Wohnen und Arbeit, von Erholung und Verkehr, wie sie in der **Charta von Athen** schon 1933 formuliert worden war.[25]

Die neuen Siedlungen sind mit Grundversorgung ausgestattet und als Nachbarschaftseinheiten mit durchmischter Belegung und verschiedenen Haustypen konzipiert. Diese Eigenständigkeit sollte ein lebendiges Funktionieren der Siedlungen ermöglichen. An die gewachsene Stadt waren sie aufgrund ihrer Randlage nicht angebunden. Damit deutet sich hier bereits die Entwicklung zu autarken neuen Stadtteilen an, wie sie im folgenden Jahrzehnt dann stärker vorangetrieben wurde.

Noch bevor die zukünftige Massenmotorisierung zu entsprechenden Maßnahmen zwang, wurden mit diesen Siedlungen weitgehend autofreie Anlagen mit großzügigen, gemeinschaftlichen und zusammenhängenden Grünanlagen geschaffen. Durch die Aufgabe der straßenbegleitenden Bebauung geriet auch das stadttypische Konzept von Straße und Hof und damit von öffentlichem und privatem Raum in Vergessenheit. Eine grundsätzliche Diskussion über »Block oder Zeile« wurde nicht mehr geführt.

Der anhaltende Zuzug nach München vor dem Hintergrund der wachsenden wirtschaftlichen Bedeutung der Stadt erforderte immer dringlicher stadtplanerische Konzepte. 1958 verabschiedete der Stadtrat einen vom Hochbaureferat erarbeiteten Wirtschaftsplan und einen Generalverkehrsplan. Zudem eröffnete die neue Baugesetzgebung auf Bundes- und Landesebene ab 1960 neue Möglichkeiten zur vorausschauenden Stadtplanung.

Anmerkungen

1 Die großflächige Schutträumung kam im Frühjahr 1950 zum Abschluß, womit grundlegende Voraussetzungen für den Neubau geschaffen waren. Das Wiederaufbaureferat und die MAG blickten stolz auf die Leistungen der Enttrümmerung zurück und sahen München an der Spitze vergleichbarer Städte. Als Grundlage des Erfolges wurde die geschickte privatwirtschaftliche Lösung des Enttrümmerungsproblems bewertet, wohingegen andere Städte sich langwierig mit kommunaler Organisation der Trümmerräumung aufgehalten hätten (vgl. dazu MAG 1952). Das Wiederaufbaureferat wurde 1956 aufgelöst.

2 Statistisches Jahrbuch 1993, Tabelle 0601.

3 Walter 1993, 108.

4 Fortgeschriebener Stand an seit 1945 fertiggestellten Wohnungen, in Klammern der Zuwachs des Jahres:
1945–1948. 10.326, 1949: 13.383 (+ 3.057), 1950: 23.242 (+ 9.859), 1951: 32.691 (+ 9.449), 1952: 45.307 (+12.616), 1953: 58.658 (+13.351), 1954: 72.329 (+13.671), 1955: 88.684 (+16.355), 1956: 106.866 (+18.182) ,1957: 119.268 (+12.402), 1958: 134.453 (+15.185), 1959: 150.104 (+15.651). Vgl. Statistisches Jahrbuch 1993, Tab. 511, 116.

5 Die bereits in Kapitel 2 beschriebenen Ansätze von Voelckers und Vorhoelzer blieben damit Visionen.

6 Die Münchner Bauordnung von 1895 regelte die Einzelvorhaben bezüglich Baulinien und -höhen sowie bezüglich des Genehmigungsverfahrens und der Anforderungen an die Gebäude. Mit der Münchner Staffelbauordnung von 1904 als übergreifendem Stadtentwicklungskonzept wurde das Leitbild der zentrischen Stadt mit hierarchischen Höhe- und Dichtestaffeln baugesetzlich verankert.

7 In den frühen fünfziger Jahren z. B. eine aus Kostengründen vorgenommene Unterschreitung lichter Raumhöhen, etwa in der städtischen Wohnanlage am Dornfinkenweg (Freimann) oder der städtischen Großsiedlung Senftenauerstraße (Kleinhadern) 1951/52, vgl. Krause 1991, 94.

8 Süddeutsche Zeitung vom 1.3.1950, vgl. Krause 1991, 95.

9 Bis 1954 erforderte die Genehmigung eines Hochhauses (mit sechs und mehr Vollgeschossen oder höher als 22 m) eine Dispenserteilung. Als dann die Hochhausrichtlinien erlassen wurden, bestand in München bereits eine Reihe von Hochhäusern, z. B. in der Siemens-Siedlung in Obersendling.

10 Walter 1993, 108.

11 Statistisches Jahrbuch 1993, Tabelle 511 und 116.

12 Walter 1993, 120.

13 Vgl. auch Walter 1993, 120, Anm. 249: Verweis auf Schreiben des Münchner Baureferats (Helmut Fischer) von 1958.

14 Meitinger 1946 sowie Wiederaufbauplan für Schwabing des Stadtbauamtes/Stadtplanung vom November 1946, dokumentiert in: Aufbauzeit 1984, 95.

15 Krause 1991, 136f. und 388ff.

16 Krause 1991, 145ff. und 394ff.

17 Krause 1991, 206 und 418ff.

18 Baumeister 1, 1953, 22f.; Krause 1991, 249ff.; München und seine Bauten,1984, 303.

19 Zur Weiterentwicklung kostengünstigen Wohnbaus schrieb das Bundesministerium für Wohnungsbau mit der ECA (Economic Cooperation Administration) 1951 einen Wettbewerb für ca. 3.300 Wohnungen in 15 Städten der BRD aus. Maximal 9.000 DM Gestehungskosten pro Wohnung waren mit Kostenangeboten nachzuweisen. Für die BRD standen 37.5 Mio. DM aus dem ERP zur Verfügung, mit denen die reinen Baukosten finanziert werden sollten. Eine Einflußnahme der Stadt oder des Bauträgers GWG war bei diesem Modellvorhaben nicht möglich. In München wurden 1952 am Harthof 10 Reihenhäuser mit 243 Wohnungen errichtet (Architekt Fritz Vocke). Vgl. Krause 1991, 67ff. und 83ff., Deutsche Bauzeitung 1952,154, Walter 1991, 116.

20 Die Parkwohnanlage Bogenhausen wurde zunächst von der Südhausbau im Auftrag der Neuen Heimat Hamburg geplant (Information von Paul Ottmann 27. Januar 1996).

21 Das ursprüngliche städtebauliche Konzept wurde nur zu etwa 60 % verwirklicht, vgl. Krause 1991, 275ff. Der östliche Abschnitt der Planung (mit weiteren sieben Gebäuden) entfiel ebenso wie das dritte Sternhochhaus. Hierzu liegt inzwischen (1996) eine Planung der Architekten Steidle & Partner vor.

22 Krause 1991, 285f.

23 Beteiligt waren Helmut von Werz, Matthä Schmölz, Franz Ruf, Johannes Ludwig und Hans Knapp-Schachleiter.

24 Zum Baustil, vgl. Nerdinger 1990, 38–49 sowie gekürzt in: Bode 1992, 49–54.

25 Die von der internationalen Architektengemeinschaft CIAM (Congrès Internationaux d'Architecture Moderne) 1933 erarbeiteten und 1943 von Le Corbusier als »Charta von Athen« herausgegebenen Grundsätze faßten den Stand der modernen Stadtplanung zusammen. Überarbeitet 1948/49 und veröffentlicht in Deutschland, in: Neue Bauwelt 37, 1949, 573ff.

MONIKA NISSLEIN **Die Wohnanlage Emilienhof**

In den Jahren 1952–1958 errichtete die Südhausbau auf dem Gelände nördlich der Wohnsiedlung Alte Heide[1] zwischen der Dietersheimer-, Wandlet-, Domagk[2]- und Garchingerstraße in acht Bauabschnitten die Wohnanlage Emilienhof mit 745 Wohnungen, 12 Geschäften, einer Gaststätte und einigen Garagen.

Damit entstand »eine der größten, wenn nicht die größte zusammenhängend errichtete Wohnanlage Münchens der 50er Jahre, die von einem einzelnen, nicht gemeinnützigen privaten Wohnungsunternehmen realisiert wurde.«[3]

Benannt ist die Wohnanlage nach der Ehefrau und der Tochter[4] von Karl Stöhr, die beide den Vornamen Emilie trugen. Nach nur zwei Monaten Bauzeit konnte am 26. September 1952 das Richtfest[5] für die ersten 529 Wohnungen gefeiert werden.

Die öffentlichen Mittel[6] für die Wohnungen am Emilienhof wurden über die Sonderbauprogramme[7] Innerbayerische Umsiedlung, Lagerauflösung und Wohnungsbau für Sowjetzonenflüchtlinge bereitgestellt.

In München war das Wiederaufbaureferat[8] unter der Leitung von Helmut Fischer für die Vergabe der Gelder zuständig.[9] Die Bewilligungsbehörden gewannen dadurch großen Einfluß auf die bauliche Planung neuer Wohnsiedlungen.

Rahmenbedingungen des sozialen Wohnungsbaus

In Bayern wurde die Ausführung des 1. Wohnungsbaugesetzes von 1950 durch verschiedene Bestimmungen geregelt, die Mindestanforderungen bezüglich des Wohnstandards und der Gestaltung von Wohnbauten festschrieben.[10] So sollte die »Ausstattung der Wohnungen [...] eine wirtschaftliche Führung des Haushalts ermöglichen und den gesundheitlichen und sittlichen Bedürfnissen der breiten Schichten der Bevölkerung entsprechen. Jeder unzeitgemäße Aufwand ist zu vermeiden.«[11]

Die Bewilligungsbehörden hatten zu prüfen, »ob nicht durch Normung, Rationalisierung und Typisierung die Baukosten [...] gesenkt werden können«.[12] Allgemeine städtebauliche Zielsetzungen und Richtlinien für die architektonische Gestaltung der Gebäude wurden in den ›Technischen Bestimmungen‹ festgelegt:

»Ziel jeder Wohnungsplanung muß die aufgelockerte Bebauung in Licht, Luft und Sonne, in Baumbestand und Gartengrün sein. Der sorgfältigen städtebaulichen Planung, die zumindest den Wohnblöcken eine ständige Durchlüftung und den Hauptwohnräumen eine ausreichende Besonnung sichert, ist besondere Aufmerksamkeit zuzuwenden.«[13] [...]

»Die Bauten sind in die bauliche und landschaftliche Umgebung harmonisch einzugliedern. Ihre Gestaltung soll bei angemessener Rücksichtnahme auf die Belange des Heimat- und Denkmalschutzes in sauberer und werkgerechter Baugesinnung den Stempel unserer Zeit tragen. Hierbei ist eine ängstliche Rücksichtnahme auf architektonisch unbedeutende Bauten ebenso wenig angebracht wie eine falsch verstandene und unwirtschaftliche Neuzeitlichkeit um jeden Preis. Ferner soll mit dem Wohnungsbau nicht allein eine soziale, sondern auch eine kulturelle Aufgabe erfüllt werden.«[14]

Blick von der Alten Heide (Vordergrund) Richtung Marchgrabenplatz.
Foto fünfziger Jahre.

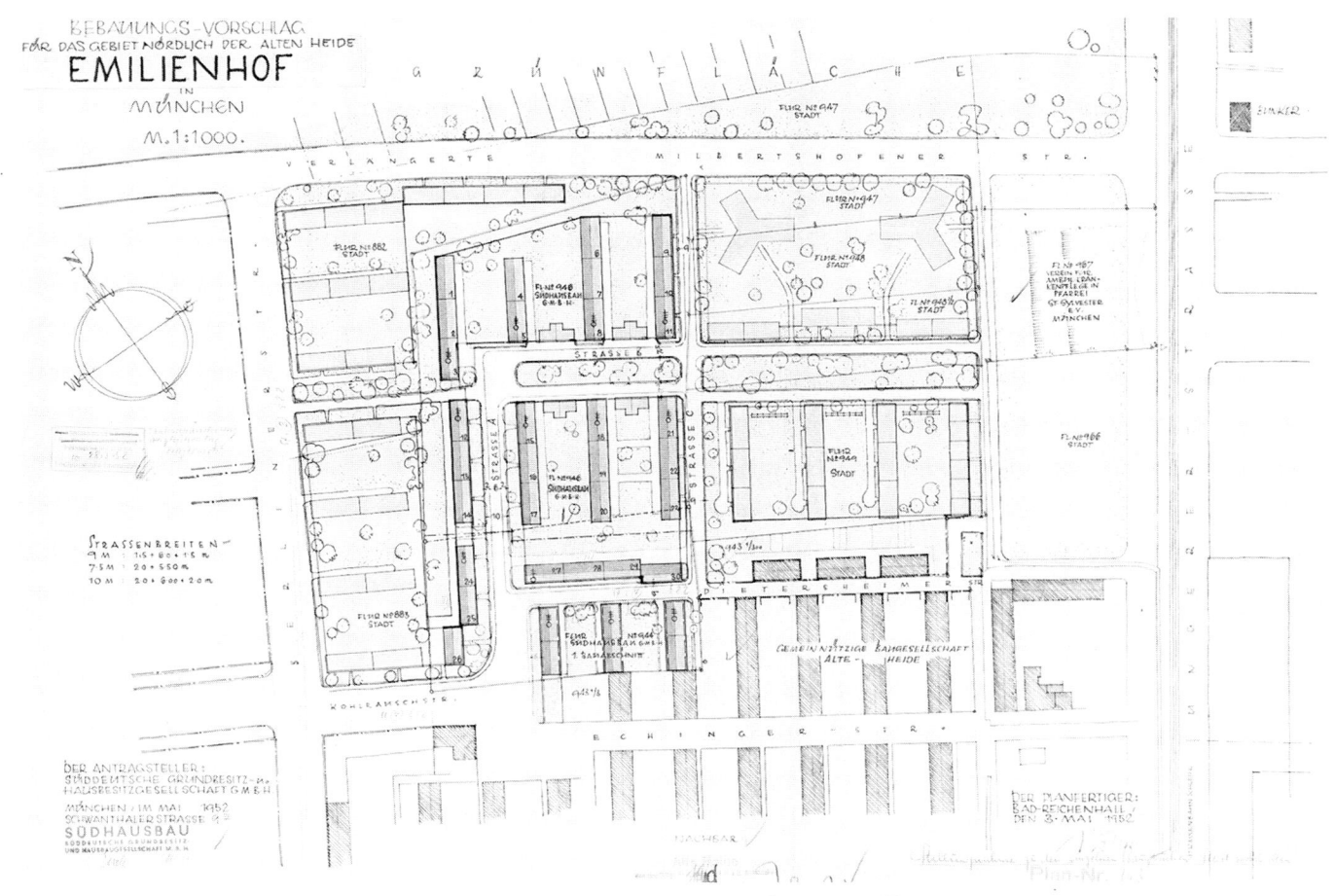

Bebauungsvorschlag mit eingezeichneten Sternhäusern, 1952.
Straße A: Wandletstraße,
Straße B: Marchgrabenplatz.

Geschlossene Randbebauung und Wohnungen in reiner Nordlage galten nicht als förderungsfähig – die Zeilenbauweise wurde als besonders kostengünstig favorisiert.[15]

Die Entwürfe v. a. größerer Baumaßnahmen sollten von anerkannten Fachleuten ausgeführt werden. Typenpläne[16] waren eine Empfehlung – sie konnten für die Durchführung von Sonderbauprogrammen aber auch vorgeschrieben werden. Jede Wohnung mußte eine abgeschlossene Einheit mit eigenem WC bilden. Die Grundausstattung[17] war vom Bauherren zu stellen.

Damit waren die Rahmenbedingungen für den sozialen Wohnungsbau der ersten Nachkriegszeit festgelegt. Die Bestimmungen wurden in der Wohnanlage Emilienhof nahezu buchstäblich umgesetzt.

Clemens Böhm legte die Grundkonzeption der Siedlung fest. Vorgesehen war zunächst eine Bebauung mit Zwei- und Dreihauszeilen in Nord/Süd-Richtung und einer Zeile in Ost/West-Richtung. Auf dem Gelände Domagk-/Ecke Garchingerstraße sollten zwei Sternhochhäuser entstehen, die nicht verwirklicht werden konnten. Diese Planung wurde mit nur geringfügigen Modifikationen auch unter der künstlerischen Oberleitung von Dominikus Weißkirchen[18] bis zum Jahr 1954 beibehalten.

Die Zeilenbebauung mit ihren Vorteilen hinsichtlich Besonnung und Belüftung entsprach einerseits den Vorstellungen der Obersten Baubehörde von kostengünstigem Bauen und nahm andererseits die in der Wohnsiedlung Alte Heide vorgegebene städtebauliche Situation auf. Die Grundrisse waren an den Typenplänen[19] der Obersten Baubehörde orientiert. Die einfache Ausstattung der Wohnungen entsprach ebenfalls den behördlichen Vorgaben.

Gestaltung der Wohnanlage

Der Emilienhof wird durch ein rechtwinklig angelegtes Netz schmaler Wohnstraßen mit Fußwegen erschlossen. Die Gebäude sind durch Grünstreifen von den Fußwegen abgesetzt.

Die Fassaden an der Dietersheimer- und Wandletstraße, am Marchgrabenplatz und die beiden Vierhauszeilen östlich des Zaunweges[20] sind identisch gestaltet.

Marchgrabenplatz, 1953. Blick zur Wandletstraße. Foto Mitte der fünfziger Jahre.

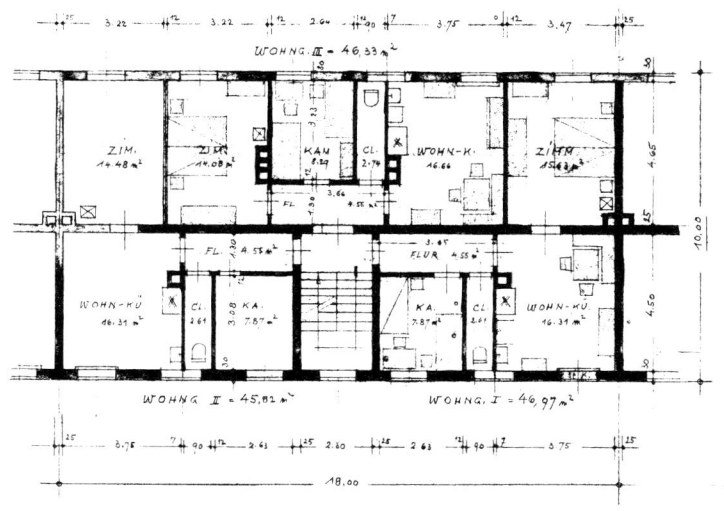

Grundriß eines Dreispänners, 1952, jeweils mit Wohnküche. Bei den beiden äußeren Wohnungen ist das Zimmer nur über die Küche zugänglich. 1., 2. und 3. Obergeschoß.

Die Schmalseiten der Gebäude treten in gleichem Maße wie die risalitartig hervorspringenden Treppenhäuser gegenüber den Längswänden hervor. Die Treppenhäuser haben drei- oder vierflügelige, bis zum Boden reichende Fenster, die Eingänge flache Vordächer. Die glatt verputzten Fassaden sind lediglich durch meist paarig neben den Treppenhäusern angeordnete kleinere Fenster, durch die zweiflügeligen Fenster der Wohnräume und zum Teil mit Balkonen gegliedert. Die Schmalseiten der Häuser haben, je nach Typ (Drei- oder Vierspänner) eine oder zwei Fensterreihen. Gedeckt sind die Häuser mit Satteldächern, die die hervortretenden Schmalwände und Treppenhäuser überfangen.

Südlich der Dietersheimerstraße grenzen zwei Zweihauszeilen (Nord/Südrichtung) unmittelbar an zwei Wohnblöcke der Alten Heide an. Mit Ausnahme von zwei Blöcken an der Dietersheimer- und Domagkstraße wurden streng parallel ausgerichtete Zwei-, Drei- und Vierhauszeilen mit vier Geschossen in Nord/Süd-Richtung gebaut. Zwischen den Zeilen wurden allgemein zugängliche Grünanlagen mit Wäschetrockenplätzen und Kinderspielplätzen angelegt.[21]

Der Gefahr allzu großer Monotonie wirkt die Gestaltung des Marchgrabenplatzes als Mittelpunkt der Wohnanlage entgegen. Sechs Wohnblöcke sind mit ihrer Schmalseite zu dessen begrüntem Mittelstreifen hin orientiert. Die vier dazwischen liegenden Ladengebäude[22] (sechs Geschäfte und ein Zweigpostamt) auf T-förmigem Grundriß sind paarweise einander gegenüberliegend angeordnet und tragen so durch die optische Verklammerung der Gebäude zum Platzcharakter bei.

Die Gaststätte im Gebäude an der Wandlet-, Ecke Kohlrauschstraße liegt dem Konsumgebäude der Alten Heide gegenüber. Damit entstand am südlichen Ende des Emilienhofes ein weiteres, kleineres Zentrum.

Die Grundrisse variierten entsprechend der Konzeption der Häuser als Drei- oder Vierspänner und nach der Größe der einzelnen Wohnungen. Bei beiden Typen waren Bad/WC, die Wohnküche und – so vorhanden – die Kammer vom Flur aus zu betreten. Hatte die Wohnung nur ein Zimmer, so wurde dies über die Wohnküche erschlossen. War ein zweites Zimmer vorhanden, so war auch dieses vom Flur aus zu betreten. Eine Ausnahme bilden hier die Vierspänner, wo es zum Teil durch die Hintereinanderstaffelung aller Räumen zu noch ungünstigeren Grundrissen mit Durchgangszimmern kam. So lag hinter der Küche das Kinderzimmer, und hinter diesem das Schlafzimmer. Lediglich bei den mittleren Wohnungen im Typ Dreispänner konnte die Hintereinanderstaffelung von Räumen vermieden werden: Bad/WC, ggf. Kammer,

Wandletstraße, 1953. Foto Mitte der fünfziger Jahre.

Wohnküche und Zimmer hatten vom Flur aus einen eigenen Eingang. In der Regel waren die Fenster einer Wohnung nach einer Himmelsrichtung ausgerichtet. Querlüftung war nur in den Eckwohnungen von Dreispännern möglich.

Die Größe der Wohnungen unterschied sich nach Anzahl der Räume: 1-Zimmer-Wohnungen ohne Kammer (ca. 33 qm), 1-Zimmer-Wohnungen mit Kammer (ca. 46 qm), 2-Zimmer-Wohnungen ohne Kammer (ca. 51 qm), 2-Zimmer-Wohnungen mit Kammer (ca. 62 qm).[23]

Wandletstraße, 1953.
Foto Mitte der fünfziger Jahre.

Neuchinger-/Garchingerstraße, 1955. Foto Mitte der fünfziger Jahre.

Die Ausstattung war für alle Wohnungen gleich: ein Kohleherd mit Gasanhang, ein Ausguß und ein Speiseschränkchen unter dem Fenster in der Küche, ein Allesbrennerofen in einem Zimmer, Toilette mit Wasserspülung und ein kleines Handwaschbecken. Jedes Haus hatte im Keller eine Waschküche mit Waschkessel und ein Gemeinschaftsbad. Die Miete betrug 1,00 DM bis 1,10 DM pro Quadratmeter und entsprach damit der behördlicherseits vorgegebenen Richtsatzmiete.

Auf dem Gelände zwischen Zaunweg, Domagk-, Neuchinger- und Garchingerstraße plante die Südhausbau 1954, nachdem die ursprünglich geplanten Sternhochhäuser abgelehnt worden waren, die Bebauung mit zwei Vierhauszeilen (Dreispänner, Nord/Süd-Richtung), deren jeweils an der Domagkstraße liegenden Häuser leicht nach Westen versetzt waren.

Durch eine Einschränkung der Sonderbauprogramme gegenüber dem Jahr 1953 konnte das Wiederaufbaureferat der LH München nur die Förderung von 84 statt 96 Wohnungen, d. h. von sieben der acht Häuser, im Rahmen des Lagerauflösungsprogrammes und des Sonderprogrammes für Sowjetzonenflüchtlinge zusagen. Um die geplanten zwei Vierhauszeilen beibehalten zu können, wurde das achte Haus (Domagkstraße/Ecke Zaunweg) von der Südhausbau freifinanziert. So entstanden im Rahmen des sozialen Wohnungsbaues 84 Wohnungen mit einfacherer Ausstattung.[24] Für die 12 freifinanzierten Wohnungen waren dagegen zusätzlich gefliese Einbaubadewannen und Gas-/Kohleherde mit drei Gaskochstellen und einem Gasbratrohr sowie eine Verfliesung über Herd und Spülbecken vorgesehen. Die Häuser sind von Westen aus zu betreten. Die vollverkleideten Balkone mit abgerundeten Ecken richten sich nach Osten. Sie sind bis heute erhalten geblieben. Bezogen werden konnten die Wohnungen im Januar bzw. Mai 1955.

1955/56 wurden östlich dieser beiden Wohnblöcke, also ebenfalls auf dem für die Sternhochhäuser gedachten Gelände an der Neuchingerstraße, zwei weitere viergeschossige Zweihauszeilen in Nord/Süd-Richtung (Eingänge nach Osten, Loggien nach Westen) und an der Domagkstraße eine viergeschossige Dreihauszeile in Ost/West-Ausrichtung (Eingänge im Norden, Loggien nach Süden) errichtet. Die spätere Erbauungszeit spiegelt sich in der verbesserten Ausstattung wider: von 84 Wohnungen waren nur noch 25 ohne Bad (mit Anschluß für Badewanne und -ofen), 59 aber mit einer freistehenden Badewanne, Kohlebadeofen und teilweiser Verfliesung von Küche und Bad versehen. Die Fassaden sind im Vergleich zu den vorherigen Bauabschnitten durch ein mehrfaches Vor- und Zurücktreten der Wand und das Zurücktreten des Treppenhauses aus der Bauflucht, aber auch durch die hier erstmals zur Anwendung kommenden großen Loggien (an den Ecken jeweils vier Loggien übereinander, die übrigen paarweise angeordnet) wesentlich differenzierter gestaltet.

Den Abschluß der Wohnsiedlung bildet an der Domagkstraße eine Vierhauszeile in Ost/West-Richtung. Im Sommer 1956 war von Seiten des Baureferates der LH München bei der Südhausbau nachgefragt worden, ob

Dietersheimerstraße von Osten.
Baujahr: 1953,
Renovierung: 1992. Foto 1996.

Dietersheimerstraße von Osten.
Baujahr: 1952,
Renovierung: 1992. Foto 1996.

diese daran interessiert sei, auf dem Grundstück an der Nordwestecke der Siedlung Emilienhof, das sich im Besitz der Stadt München befand, 36 bestausgestattete Wohnungen für Angestellte des Max-Planck-Institutes zu errichten. Die Südhausbau erwarb dazu das Grundstück von der Stadt. Das Max-Planck-Institut war durch seinen Architekten Böttcher an der Planung beteiligt. Der im Oktober 1957 begonnene Bau konnte im Juli 1958 bezogen werden.

Errichtet wurde eine Vierhauszeile im Zwei- bzw. Dreispännertyp mit insgesamt 36 Wohnungen. Dieser Wohnblock unterschied sich, obwohl ebenfalls öffentlich gefördert, hinsichtlich Wohnungsgrößen und Ausstattung ganz erheblich von den bis dahin gebauten Wohnungen. Neben Appartements und 2- und 3-Zimmerwohnungen entstanden auch 4- und sogar zwei 5-Zimmerwohnungen, die Mehrzahl der Wohnungen mit Loggien zur Südseite. Die Bäder waren mit Einbaubadewannen, Waschbecken, Wandspiegeln und Glasablageplatten, die Küchen mit Elektroherden, Doppelspülbecken und Speiseschränkchen ausgestattet. Bäder und Küchen waren teilweise verfliest. Alle Wohnungen hatten Zentralheizung. Die Warmwasserversorgung erfolgte durch 80 Liter-Elektrospeicher. Die Quadratmetermiete sollte 1,60 DM betragen.

Abgeschlossen wird die Wohnanlage Emilienhof im Norden durch die 1988 begonnene, freifinanzierte Wohnanlage der Südhausbau mit 20 Eigentumswohnungen und einer Tiefgarage (38 Stellplätze) an der Domagkstraße (Architekt: Rüdiger Möller).[25]

Seit 1976 wurden umfassende Modernisierungsmaßnahmen (Einbau von Bädern) durchgeführt. Die Sanierung der Außenanlagen und Höfe, die von der Stadt München im Rahmen des ›Zuschußprogrammes zur Verbesserung des Wohnumfeldes‹ gefördert wurde, fand 1980 ihren Abschluß. Daß damit die Steigerung des Wohnwertes einer älteren Wohnsiedlung durch Umweltverbesserung gelungen ist, zeigte die positive Resonanz bei einer Besichtigung des Emilienhofes im Rahmen eines Kongresses des Internationalen Fachverbandes der Landschaftsarchitekten (IFLA).[26]

Mit 1. Januar 1986 fiel durch Rückzahlung der öffentlichen Mittel die Belegungsbindung weg. Die bestehenden Mietverhältnisse wurden dadurch nicht angetastet, die Mieten allerdings im Rahmen der gesetzlich zulässigen Erhöhungen sukzessive angehoben.

Zu Beginn der neunziger Jahre wurden Fenster und Fassaden erneuert und die Häuser zum Teil mit vorgestellten Balkonen versehen. Die Anhebung der Dachstühle ermöglichte den Ausbau der Dachgeschosse.[27]

Durch diese Sanierungsmaßnahmen wurde eine Verbesserung der Wohnqualität und die Gewinnung neuen Wohnraums erreicht. Allerdings ging in der Gestaltung der Häuser das Typische einer Siedlung der fünfziger Jahre fast gänzlich verloren.[28]

Sternhochhäuser

Die Zielsetzung aller an der Planung Beteiligten (Südhausbau, Oberste Baubehörde, Wiederaufbaureferent Fischer, Stadtbaurat Högg), auch im einfachen sozialen Wohnungsbau eine künstlerisch ansprechende Lösung zu finden, hatte während der Erbauung des Emilienhofes zu lebhaften Diskussionen geführt.

Von Seiten des Wiederaufbaureferates wurden im Jahr 1952 »Verbesserungen in der architektonischen Gestaltung, eine Belebung des monotonen Bildes«[29] gefordert. Stadtbaurat Högg monierte in der Gestaltung der Fassaden eine »besonders offenkundig werdende Uniformierung und einen langweiligen Schematismus.«[30] Auf diese Kritik geht vermutlich die Planung der zwei Sternhochhäuser an der Nordostecke der Siedlung (Kreuzung Domagk-/Ungererstraße) zurück.

Stadtbaurat Högg[31] befürwortete im Januar 1953 die Errichtung zweier Sternhäuser. In einer Aktennotiz[32] desselben Jahres wird erneut »die uniforme Eintönigkeit« der bisher errichteten Wohnzeilen bemängelt und »Wert darauf gelegt, daß diese Kasernen nicht fortgesetzt werden.«

Die Südhausbau erklärt sich zur Errichtung zweier Punkthäuser[33] bereit, »um nicht nur eine aufgelockertere und markantere Bebauung dieses Gebietes zu erreichen, sondern auch die Möglichkeit zu untersuchen, inwieweit überhaupt im Rahmen des öffentlich geförderten sozialen Wohnungsbaues Punkthäuser errichtet werden können«.[34] Die Oberste Baubehörde stand diesem Vorhaben zunächst positiv gegenüber[35] und stellte sogar Bundesvergleichs- und Versuchsbaumittel[36] in Aussicht, forderte aber im Juli 1953 eine Verschiebung des Projektes auf das nächste Jahr.[37]

Geplant waren 144 Wohnungen in zwei Sternhochhäusern (Entwurf: Dipl.Ing. Franz, künstlerische Oberleitung: Dominikus Weißkirchen) mit 12 Geschossen und 36 Wohnungen in einer Dreihauszeile (Typ Dreispänner) parallel zum Zaunweg.

Durch die Sternform, genauer den dreiflügeligen Y-Grundriß, ergibt sich eine große Außenfläche und damit eine optimale Belichtung der Wohnungen, aber auch des Treppenhauses.[38] Pro Treppenhaus waren zwei Lifte für je vier Personen geplant. Je Stockwerk sollten sechs Wohnungen[39] mit einer Durchschnittsgröße von 52 qm durch die tragenden Mauern getrennt in den Gebäudeflügeln paarweise angeordnet werden. Für jede Wohnung war ein großzügig geschnittener Balkon bzw. eine Loggia nach Süden, Osten oder Westen vorgesehen. Da man befürchtete, daß den zukünftigen Mietern die Kosten einer Zentralheizung zu hoch sein könnten, entschied man sich für eine Ölofenheizung. Die Quadratmetermiete sollte 1,30 DM (Grundmiete, Liftzuschlag, Zuschlag für die Bäder mit Gasdurchlauferhitzer und Raumheizung) betragen.

Das Baureferat hielt diese Miete zwar für vertretbar, war aber der Ansicht, daß für den vorgesehenen Mieterkreis (zum überwiegenden Teil Personen aus staatlichen Flüchtlingslagern) normale Wohnhäuser mit entsprechend niedrigerer Grundmiete zweckmäßiger wären.[40] Außerdem wurden die von der Südhausbau angegebenen Baukosten für zu niedrig gehalten, und man befürchtete, daß die Sternhäuser ohne Nachforderungen nicht fertiggestellt werden könnten.

Das Projekt Sternhochhäuser wurde daraufhin fallengelassen und nach der vorläufigen Zurückstellung im Juli 1953 zu Beginn des Jahres 1954 endgültig ad acta gelegt. Obwohl man sich von Seiten der Stadt darüber klar war, daß es sich um eine »für München neuartige Wohnanlage«[41] gehandelt hätte, kehrte man zur Zeilenbauweise zurück.

Das Ziel, durch eine optische Auflockerung den Reiz der Wohnanlage zu steigern, und die Schaffung eines städtebaulichen Akzentes an einer der Hauptausfallstraßen Münchens wurde nicht erreicht.

Das gescheiterte Sternhochhaus-Projekt ist auch deshalb von besonderer Bedeutung, weil es in etwa zeitgleich mit den hochgelobten Sternhochhäusern der Siemenssiedlung[42] an der Boschetsriederstraße (Architekt Emil Freymuth) in Planung ging. Auch wenn eine so hohe gestalterische Qualität wie bei den Siemens-Häusern im sozialem Wohnungsbau sicherlich nicht zu erreichen gewesen wäre, hätten die projektierten Sternhochhäuser im Emilienhof dennoch als ein frühes Zeichen[43] des »gestalterischen und konzeptionellen Wandels«[44] gerade im öffentlich geförderten Wohnungsbau gelten können. Insofern kann man mit einigem Recht von einer verpaßten Chance sprechen.

Zusammenfassung

Die heute kaum mehr vorstellbare Wohnungsnot in München nach Kriegsende[45] machte es notwendig, möglichst schnell möglichst viele kostengünstige Wohnungen zu

Vierhauszeile westlich des Zaunweges an der Wendingerstraße und den originalen Balkonen aus den fünfziger Jahren. Foto 1996.

Dietersheimerstraße. Blick in den umgebauten Hof, 1993/94. Foto 1996.

bauen. Um die vom Gesetzgeber vorgesehenen Richtsatzmieten einhalten zu können, mußte Quantität vor Qualität stehen. »Es galt das Motto: so schlicht wie möglich bzw. gesetzlich zulässig.«[46]

Die Planungs- und Baugeschichte der Wohnsiedlung Emilienhof zeigt das Zusammenwirken von Bauträger und beteiligten Behörden im Ringen um kostengünstiges Bauen, bei dem einerseits die vom Gesetzgeber vorgeschriebenen Bedingungen einzuhalten waren, andererseits aber auch städtebaulich ansprechende Lösungen angestrebt wurden. In ihrer Gestaltung spiegelt die Siedlung innerhalb der vorgegebenen Rahmenbedingungen die städtebaulichen und architektonischen Tendenzen der Nachkriegszeit wider.

Vergleicht man die Wohnanlage Emilienhof mit anderen Münchener Wohnsiedlungen aus dieser Zeit, so zeigt sich, daß der Rückgriff auf den Zeilenbau der zwanziger Jahre mit seinen unbestreitbaren Vorteilen im sozialen Wohnungsbau der frühen fünfziger Jahre nicht zuletzt aufgrund der gesetzlichen Vorgaben üblich war. Die architektonische Gestaltung dieser Siedlungen wurde aufgrund der fehlender Strukturierung und Hierarchisierung der Baukörper häufig als monoton kritisiert – eine Kritik, die auch auf den Emilienhof zutrifft, wenngleich dort versucht wurde, die starre Anordnung von Zeilen durch das traditionelle Mittel der Platzgestaltung aufzulockern.

Für die Schaffung städtebaulicher Dominanten in Form von Hochhäusern war im sozialen Wohnungsbau die Zeit noch nicht reif. Die Verwirklichung solcher Konzepte blieb nur wenige Jahre später entstehenden Wohnsiedlungen vorbehalten.

Anmerkungen

1   Die von Theodor Fischer geplante und 1919-1930 errichtete Wohnsiedlung Alte Heide (767 einfach ausgestattete Arbeiterwohnungen, Konsumgebäude, gemeinschaftliches Zentralbad) gilt als erstes Beispiel für die reine Zeilenbauweise in Deutschland.
Die 16 Nord/Süd- und drei Ost/West-Zeilen werden durch Wohnwege erschlossen, die Freiflächen zwischen den Häusern als Mietergärten genutzt. Bauträger war die durch sieben Großfirmen im Jahr 1918 gegründete Baugesellschaft Alte Haide. Heute befindet sie sich im Besitz von Krauss-Maffei (90%) und der Deutschen Bahn AG (10%).
Zur Alten Heide siehe Alte Heide 1979, Gebhard 1980, 80 und 83, München und seine Bauten 1984, 269, Selig 1988, 13, Herde 1993, 28, Blohm 1994, 249, Fischer 1994, 30-31, und am ausführlichsten Krause 1991, 80, 259-263, sowie Nerdinger 1988, 93 (Abb. 130), 120 (Abb. 75-177), 121-122, 286-288 (Nr. 236) mit weiterer Literatur.

2   In den Plänen und Akten aus den fünfziger Jahren wurde die heutige Domagkstraße noch Milbertshofenerstraße bzw. verlängerte Milbertshofenerstraße genannt. Um eine bessere Orientierung zu ermöglichen, wird im Text die Bezeichnung Domagkstraße verwendet.

3   Krause 1991, 441; vgl. auch Münchner Bauzeitung 1953, 1, 1: »Rund 2600 Menschen konnte der Traum einer anständigen Wohnung im Emilienhof erfüllt werden dank der Initiative der Südhausbau GmbH, die dieses Projekt in drei Bauabschnitten im Stadtgebiet der Landeshauptstadt durchführte ... München kann stolz auf die Wohnungsbauten sein.« Ermöglicht wurde der Einsatz privater Wohnungsbauunternehmen durch das 1. Wohnungsbaugesetz von 1950, das den sozialen Wohnungsbau als vordringliche Aufgabe bestimmte. Durch Einsatz öffentlicher Mittel sollten von 1951-1956 2 Millionen Sozialwohnungen gebaut werden, die nach Größe, Ausstattung und Miete für Mieter mit geringem Einkommen geeignet sind. Vgl. Wandersleb 1966, 4-5, Becker 1981, 64, Walter 1993, 108-109, Krause 1991, 31-35, und Hafner 1993, 114-120 mit einer detaillierten Analyse der Auswirkungen des 1. Wohnungsbaugesetzes auf den sozialen Wohnungsbau.

4   Paul Ottmann, der damalige Geschäftsführer und heutige Inhaber der Südhausbau, ist der Sohn von Emmy Stöhr-Ottmann und damit der Enkel von Karl und Emilie Stöhr. Eine damals noch ins Auge gefaßte Bezeichnung der Hauptstraße der Wohnanlage als Emilienstraße kam nicht zustande (Archiv Südhaubau, Akt Emilienhof).

5   SZ vom 29.9.1952 und MM vom 29.9.1952.

6   Diese Mittel wurden von der Obersten Baubehörde im Bayerischen Staatsministerium des Innern nach einem bestimmten Schlüssel auf Regierungsbezirke und Kommunen verteilt. Zur Tätigkeit der Obersten Baubehörde vgl. Oberste Baubehörde 1955, 1973 und 1980 sowie Interviews mit Dieter Gutekunst und Hans Koch.

7   Ziel der Sonderbauprogramme war es, dort Wohnungen zu errichten, »wo obdach- und heimatlose Menschen seßhaft werden können«, weil sie dort ihren Arbeitsplatz haben (Oberste Baubehörde 1951, 50). Das Sonderbauprogramm für innerbayerische Umsiedlung sollte den Wohnungsbau dort, wo Arbeitsplätze vorhanden waren, forcieren, das Lagerauflösungsprogramm Menschen, die in Lagern und Notunterkünften lebten zu einer Wohnung verhelfen (Vgl. Reinhardt 1957, 21-27).
Ein Teil der Wohnungen des Emilienhofes war für die Unterbringung von Betriebsangehörigen (Ausgebombte und Flüchtlinge) der Firma Karl Stöhr bestimmt, die in den Barackenlagern an der Brudermühlstraße, in Unterföhring und Germering lebten.

8   Zur Tätigkeit des Wiederaufbaureferates vgl. Krause 1991, 104-108.

9   Krause 1991, 42-43.

10   Von Bedeutung sind hier v. a. die ›Bestimmungen über die Förderung des sozialen Wohnungs- und Kleinsiedlungsbaues im Lande Bayern durch Gewährung staatlicher Baudarlehen‹ (Bekanntmachung des Bayerischen Staatsministeriums des Innern vom 21.12.1950 Nr. 9200/302 zur Ausführung des ersten Wohnbaugesetzes vom 24.4.1950, veröffentlicht im Bayerischen Staatsanzeiger Nr. 52 vom 30.12.1950, 3-6) und die ›Technischen Bestimmungen für die Förderung des sozialen Wohnungsbaus durch Gewährung staatlicher Baudarlehen‹. Bekanntmachung des Bayerischen Staatsministeriums des Innern vom 30. Januar 1951 Nr. 9200/5, veröffentlicht im Bayerischen Staatsanzeiger Nr. 5 vom 3.2.51, 2).
Zu erwähnen ist auch noch die Bekanntmachung des Bayerischen Staatsministeriums des Innern vom 8.11.52 Nr. IV B 7-9102a 212 über die Einführung von Pflichtnormen für den sozialen Wohnungsbau und das öffentliche Bauwesen, veröffentlicht im Bayerischen Staatsanzeiger Nr. 49 vom 6.12.52, 2-3. Sie bezieht sich auf DIN-Normen (Tür- und Fenstermaße, Geschoßhöhen, Treppensteigungen, Stellflächen für Möbel, Öfen, etc.).
Vgl. auch Oberste Baubehörde 1951, wo alle wichtigen Bestimmungen abgedruckt sind; außerdem Reinhardt 1957, 36-42.

11   Bayerischer Staatsanzeiger Nr. 52 vom 30.12.1950, 3.

12   Ebd.

13   Bayerischer Staatsanzeiger Nr. 5 vom 3.2.51, 2.

14   Ebd.
Nach der Novellierung des 1. Wohnungsbaugesetzes von 1953 wurden von der Obersten Baubehörde erneut ›Technische Förderungsvoraussetzungen‹ herausgegeben: »Die Bewilligung öffentlicher Mittel setzt eine sorgfältige städtebauliche Planung, eine einwandfreie Gestaltung der Bauten und Außenanlagen (einschließlich Vorgärten und Grünanlagen) und eine wohntechnisch zweckmäßige und rationale Grundrißanordnung voraus.« (Bekanntmachung des Bayerischen Staatsministeriums des Innern vom 6.2.54 Nr. IV C 7-9200 A/1 über die Förderung des sozialen Wohnungsbaus in Bayern durch öffentliche Baudarlehen – Wohnungbauförderungsbestimmungen 1954, 2, veröffentlicht im Bayerischen Staatsanzeiger Nr. 7 vom 13.2.54, 2-4).

15   »Der Geschoßwohnungsbau in der Zeilen- oder Reihenbauweise stellt wegen seiner relativ geringsten Grundstückserschließungs- und Baukosten je Wohnung die wirtschaftlich günstigste Hausform dar und wird mit Vorrang gefördert.« (Bayerischer Staatsanzeiger Nr. 5 vom 3.2.51, 2).

16   Typengrundrisse waren vom Bayerischen Arbeitsministerium bereits 1946 herausgegeben worden. »Sie sind notwendig zur Vereinfachung der im Großen erforderlichen Wohnungsherstellung und zur Verbesserung der Wohnkultur in den Kleinwohnungen der wirtschaftlich schwachen Volksschichten.« (Bayerisches Arbeitsministerium 1946, o. S.). Interessanterweise wird in derselben Publikation dezidiert auf Wohnanlagen der dreißiger Jahre verwiesen: »Die jetzt brachliegenden Kräfte lassen sich produktiv in den Siedlungsbau dann einschalten, wenn dieser in technisch primitiver Methode organisiert wird, ähnlich wie dies in den Jahren 1931 und 1932 bei den vorstädtischen Kleinsiedlungen vielfach mit Erfolg geschehen ist.«

17   Lt. Anlage 1 zu Ziffer 15 der Technischen Bestimmungen galt als Normalausstattung: Ausguß bzw. einfaches Spülbecken, einfaches Waschbecken, Spülklosett, Küchenherd mit Bratrohr, 1 Ofen, gemeinsame Waschküche, Keller- und Speicherabteil (Bayerischer Staatsanzeiger vom 3.2.51, 2).

18   Lt. Krause 1991, 338 Anm. 69 war Weißkirchen einer der Architekten, die in Bayern angewandte Typenpläne erarbeiteten.

19   Vgl. Krause 1991, 75-77.

20   Bauabschnitte I-V (1952-1955).

21   Im Unterschied zur Alten Heide. Dort befinden sich zwischen den Häusern Mietergärten.

22   Mittlere Höhe der Ladenbauten 3,30 m, Entfernung von den Wohnbauten 5,00 m. Weitere Ladengebäude, ebenfalls auf T-förmigem Grundriß, an der Dietersheimer- und Neuchingerstraße.

23   1-Zimmer-Wohnung ohne Kammer: Zimmer ca. 15 qm, Wohnküche ca. 11,5 qm, Bad/Toilette ca. 3,8 qm, Flur ca. 3,2 qm;
1-Zimmerwohnung mit Kammer:
Zimmer ca. 15 qm, Kammer ca. 8,6 qm, Wohnküche ca. 15 qm, Bad/Toilette ca. 3,6 qm, Flur ca. 4,5 qm;
2-Zimmerwohnung ohne Kammer:
1 Zimmer ca. 16,7 qm, 1 Zimmer ca. 11,4 qm, Wohnküche ca. 15 qm, Bad/Toilette ca. 3,6 qm, Flur ca. 4,5 qm;
2-Zimmerwohnung mit Kammer:
1 Zimmer ca. 16,7 qm, 1 Zimmer ca. 11,4 qm, Kammer ca. 8,6 qm, Wohnküche ca. 15 qm, Bad/Toilette ca. 3,6 qm, Flur ca. 4,5 qm.

24   In der Küche Gas-/Kohleherdkombination und Doppelspülbecken, Speiseschränkchen mit Außenlüftung, im Bad Toilette, Handwaschbecken und Anschlüsse für Badewanne bzw. -ofen.

25 Im Jahr 1993 erhielt diese Anlage den von der Landeshauptstadt München vergebenen ›Ehrenpreis für guten Wohnungsbau, Wohnen im Alter und vorbildliche Sanierung‹ (Archiv Südhausbau, Akt Emilienhof).
26 Doll 1984, 23.
27 Durchgeführt von der Architektengemeinschaft Dirtheuer-Ebe.
28 Typische Details haben sich lediglich an den beiden Vierhauszeilen westlich des Zaunwegs an der Neuchingerstraße erhalten.
29 Stadtarchiv München, Akte Baureferat/-Geschäftsleitung 95/1, Nr. 121: Siedlungsbesprechung vom 3.3.52.
30 Stadtarchiv München, Akte Baureferat/-Bauverwaltung 83/2, Nr. 29: Besprechung vom 23.5.52.
31 Stadtarchiv München, Akte Baureferat/-Wohnungswesen 78/8, Band 1: Entwurf vom 16.1.53.
32 Stadtarchiv München, Akte Baureferat/-Wohnungswesen 83/6, Nr. 6: Vormerkung vom 21.4.1953 zum Kaufantrag der Südhausbau für das in Frage stehende Grundstück.
33 Gemeint sind wohl die Sternhäuser.
34 Stadtarchiv München, Akte Baureferat/-Wohnungswesen 78/8, 1953, Band 1: Schreiben der Südhausbau vom 12.5.53 an das Wiederaufbaureferat.
35 Ebd.
36 Tatsächlich wurden vom Bund für die Sternhäuser Mittel für Versuchsbauten in Höhe von 288.000 DM (2.000 DM je WE) bereitgestellt (Stadtarchiv München, Akte Baureferat/Wohnungswesen 83/6, Nr. 6: Besprechung vom 14.7.53).
37 Stadtarchiv München, Akte Baureferat/-Wohnungswesen 78/8, 1953, Band 1: Schreiben der Südhausbau vom 29.7.53 an das Wiederaufbaureferat.
38 Ein kreuzförmiger Grundriß mit vier Flügeln hat demgegenüber den Nachteil der mangelnden Besonnung und Belüftung auf der Nordseite und eine schlechtere Belichtung des Treppenhauses.
39 Wohnzimmer mit Kochnische, Schlafzimmer, Kinderzimmer, Bad mit WC und jeweils zwischen zwei Wohnungen Abstellräume als Ersatz für den fehlenden Speicher.
40 Stadtarchiv München, Akte Baureferat/-Bauverwaltung 83/6, Nr. 6: Vormerkung vom 29.6.53 zum Bauvorhaben der Südhausbau.
41 Stadtarchiv München, Akte Baureferat/-Wohnungswesen 83/6 Nr. 6, 29.6.53.
42 Höhe 51 Meter, 17 Geschosse. Vgl. Baumeister 1955 mit ausführlichen Zeichnungen und Photos, außerdem LH München 1958, 14, LH München 1962, o. S., München und seine Bauten 1984, 284.
So blieb es den Sternhochhäusern der Siemenssiedlung vorbehalten, mit den Worten: »Endlich hat nun auch München seine Wohnhochhäuser« gefeiert zu werden (Harbers 1955, 252).
43 Hafner 1993, 174: »Von 1953/54 an kam es in ganz Deutschland zu einem verstärkten Hochhausbau. Die neuen Wohnsiedlungen erhielten damit jene von den Stadtplanern geforderten städtebaulichen Dominanten, die aus den Stadtlandschaften herausragten und bestimmte Plätze und wichtige Straßenkreuzungen markierten«. Im Jahr 1955 befürwortete Wiederaufbaureferent Helmut Fischer Hochhäuser, wenn sie sich in die Umgebung einfügen, also städtebaulich vertretbar sind und bestimmte Ausstattungsmerkmale wie Lift, ausreichende Heizung etc. gegeben sind: »[...] wenn dies alles garantiert ist, dann sollte man sie, solange sie nur Hochhäuser und nicht Wolkenkratzer sind, nicht grundsätzlich als etwas geradezu Übermenschliches ablehnen... Das Hochhaus ist keine ›Modekrankheit‹, sondern auch ein Ausdruck unserer Zeit [...] Es kommt immer auf das Wo und Wie an«. (LH München 1955, 10-11).
Zur Diskussion über Wohnhochhäuser vgl. auch Rabeler 1986, Teil 2, 87-91.
44 Walter 1993, 119.
45 Zur Wohnungssituation in München zu Beginn der fünfziger Jahre vgl. Krause 1991, 20-26, LH München 1952, 36-52, LH München 1954, 4-7: 1950 und 1951 wurden je 10.000, 1952 und 1953 je etwa 13.000 Wohnungen errichtet. 1952 lebten immer noch 38.000 Menschen in Baracken und Behelfsunterkünften. Vgl. auch LH München 1958, Tabelle 8, 10, und zur Förderung des sozialen Wohnungsbaues ebd., 10-12, sowie Boustedt 1961, 19-23 und Tabelle 11, 15.
Fey 1951 gibt einen Überblick über den Stand des Wohnungsbaus in der Bundesrepublik bis zum Jahr 1951 (Verteilung des Wohnungsbaus auf die Länder, Wohnungsgrößen, Finanzierung des Wohnungsbaus, Baukosten, Angaben zu Wohnungsdefizit und Wohnraumbedarf).
46 Hafner 1993, 117.

Abkürzungen
MM: Münchner Merkur
SZ: Süddeutsche Zeitung

EIN GESPRÄCH MIT
DR. HANS GÜNTHER SCHÖNMANN
AM 11. JUNI 1996 IN MÜNCHEN

Die Rolle der Pfandbriefhypothek im Wohnungsbau der fünfziger Jahre

Sie traten 1949 in die Bayerische Vereinsbank ein und waren ab 1950 im Hypothekenbankgeschäft tätig. Demnach hatten Sie sehr früh mit den Konzepten der Wohnungsbaufinanzierung zu tun?

Naja, als Hypothekenbanker hatte ich zunächst – wie damals alle jungen Leute – Verwaltungsaufgaben, und zwar hauptsächlich Hypothekengewinnabgabe und Rückerstattung. Das Neugeschäft lief sehr schleppend an, weil die Pfandbriefe kaum zu verkaufen waren und eine steuerliche Förderung notwendig war, um den Absatz überhaupt in Gang zu bringen.

Könnten Sie mir kurz etwas zur Rückerstattung sagen? Was ist das genau?

Die Rückerstattung war ein Gesetz, das die Ansprüche politisch und rassisch Verfolgter regelte, die im Dritten Reich durch die politischen Ereignisse zu Vermögensschaden gekommen waren. Dabei ging es nicht nur um Grundstücke, die von Banken eingesteigert worden waren, sondern auch um Hypotheken, die zum Erwerb der Objekte gegeben worden waren. Deren Bestand wurde anhand der Überprüfung, ob hier einem rassisch oder politisch Verfolgten Unrecht getan worden war, noch einmal festgestellt.

Die Anspruchsteller, die aufgrund dieses Gesetzes in der Lage waren, ihre Objekte zurückzuverlangen, mußten ein Verfahren einleiten, das meistens durch spezielle Organisationen und spezialisierte Anwälte getragen wurde und durch mehrere Instanzen bis zum sogenannten »Court of Restitution Appeals« in Nürnberg ging.

Was passierte, wenn dem Rückerstattungsantrag stattgegeben wurde?

Dann mußten Objekte, die eingesteigert worden waren, zurückgegeben werden; und Hypotheken, die gegeben worden waren, mußten wieder gelöscht werden.

War das für die Bank nicht ein ziemlich teures Verfahren?

Nein, denn die Vereinsbank galt ja im Dritten Reich – da bis 1938 Juden im Vorstand waren – als »Judenbank«. Sie ging mit ihren Kunden pfleglich um und handelte nicht aus rassischen oder politischen Erwägungen. In manchen Verfahren erfolgte statt der Rückerstattung eine Zahlung auf dem Vergleichswege.

Bis wann erfolgten diese Rückerstattungen?

Etwa bis Mitte der fünfziger Jahre. Ich selbst hatte damit zu diesem Zeitpunkt aber nichts mehr zu tun, weil sich meine Aufgabe zunehmend auf das Hypothekengeschäft verlagerte.

Über das Hypothekengeschäft würde ich gerne etwas erfahren. Wie lief die Finanzierung von Neubauten von seiten der Bank ab?

Die Bayerische Vereinsbank ist eine Pfandbriefbank, eine sogenannte gemischte Hypothekenbank, die neben dem allgemeinen Bankgeschäft auch das Hypothekenbankgeschäft betreiben kann. Das Hypothekenbankgeschäft beruht auf Pfandbriefbasis.

Die Pfandbriefe werden verkauft und der Gegenwert wird in Hypotheken ausgeliehen. Diese Hypotheken müssen als Deckung für Pfandbriefe geeignet sein, also im Rahmen der ersten 60 % des Grundstückswertes auslaufen. Der Ertrag muß neben der Kapitaldeckung auch die Zinsdeckung für die Pfandbriefe bringen und der Bank die Möglichkeit geben, ihr Geschäft weiter betreiben zu können sowie ihre Aktionäre zu bedienen.

Wurden die Pfandbriefe zur Finanzierung des Wiederaufbaus eigens geschaffen?

Nein, die Pfandbriefe kamen 1769 unter Friedrich II. von Preußen zum ersten Mal auf den Markt. Seit dieser Zeit haben sie sich in allen deutschen Teilstaaten bewährt. Durch das Hypothekenbankgesetz von 1900 wurden sie reichseinheitlich etabliert und im Sinne eines Verbraucherschutzes für die Absicherung der Pfandbriefgläubiger gesetzlich im Detail festgelegt. – In der Inflation nach dem Ersten Weltkrieg waren die Pfandbriefe als Geldwerte betroffen, während die Hypotheken noch Erträge brachten, weil die Grundstücke keine Kriegsschäden aufwiesen. Das wurde zum Teil durch die sogenannte Aufwertung korrigiert, die im Schnitt etwa ein Viertel des Pfandbriefwertes wiederherstellte. Anders als Kontoinhaber, die in dieser ersten Inflation alles verloren, erhielten die Pfandbriefinhaber dadurch 25 % ihrer Gelder in der neuen Währung, der Reichsmark, zurück. Dasselbe Spiel wiederholte sich nach dem Zweiten Weltkrieg, als der Grundstücksbestand weitaus mehr geschädigt war. Aber auch da wäre es möglich gewesen, die Aufwertung in sehr viel höherem Maße vorzunehmen, als sie dann gesetzlich geregelt wurde, nämlich mit nur 10 %. Sogenannte Altsparer, die schon in der Friedenszeit, vor dem 1. Januar 1940, angespart hatten, erhielten zusätzlich 10 % Altsparerentschädigung. Für sie blieben nach dem Zweiten Weltkrieg 20 %.

Wer gab die Pfandbriefe aus?

Einige Banken, die dem Hypothekenbankgesetz unterworfen waren, hatten das spezielle Pfandbriefprivileg. Es konnte also nicht jeder Pfandbriefe ausgeben, sondern nur die Institute, die dafür zugelassen waren. Und das waren in Deutschland zwischen den Kriegen ungefähr 25 Institute.

Behielten sie dieses Recht auch nach dem Zweiten Weltkrieg?

Soweit sie fortbestanden, ja. Im großen und ganzen haben aber alle Pfandbriefinstitute überlebt. Die aus dem Osten wurden in den Westen verlagert und konnten dort

Dr. Hans Günther Schönmann

1921	geboren in München
1940	Beginn des Jurastudiums
1947	Referendar-Examen
1948	Promotion zum Dr. jur.
1949	Assessor-Examen
1949	Eintritt in die Bayerische Vereinsbank
1957	Stellvertretendes Mitglied im Vorstand der Bayerischen Handelsbank
1959	Ordentliches Mitglied im Vorstand der Bayerischen Handelsbank
1966	Ordentliches Mitglied im Vorstand der Bayerischen Vereinsbank
1986	Pensionierung

ihr Geschäft wiederaufnehmen. Der Wiederaufbau nach dem Zweiten Weltkrieg wurde dann in hohem Maße durch die Pfandbriefhypotheken getragen. Und gerade Herr Ottmann hat die Vorteile der Pfandbriefhypothek erkannt: nämlich den langfristig festen Zins. Der Zins betrug – entsprechend dem Markt zur Ausgabezeit der Pfandbriefe – während der gesamten Laufzeit in der Regel zwischen 6,5 % und 7,5 %. Im Rahmen einer Annuität (Jahresleistung) war ursprünglich dazu 1 % Tilgung zu zahlen. Der durch Kapitalminderung ersparte Zins wuchs der Tilgung zu. Damit konnte die Laufzeit auf etwa dreißig Jahre beschränkt werden. Zudem ergab sich dadurch für denjenigen, der Wohnungen baute, eine hohe Kalkulierbarkeit der Mieten.

Wurden die Pfandbriefe eigentlich gleich ab 1948, also nach der Währungsreform, ausgegeben?

Die ersten Pfandbriefe wurden meines Wissens im Herbst 1948 genehmigt. Das waren aber nur ganz kleine Beträge, Emissionen von dreieinhalb bis zehn Millionen. Heutzutage hingegen gibt es Hypothekenpfandbriefe und öffentliche Pfandbriefe zur Finanzierung öffentlicher Einrichtungen mit Emissionsbeträgen von mehr als einer Milliarde DM.

Aber früher waren die Pfandbriefe nur für das Baugeschehen gedacht?

Ja, Pfandbriefe waren nach 1948 im wesentlichen für das Wohnungs- und daneben für das gewerbliche Bauwesen gedacht. Für die öffentlichen Finanzierungen gab es das Instrument der Kommunalschuldverschreibung (Kommunalobligation).

Gab es während des Dritten Reichs auch Pfandbriefe?

Nur in sehr begrenztem Maße. Denn die öffentliche Hand, das Reich, wollte die Rüstung finanzieren und verfügte deshalb einen Emissionsstop für Hypothekenbanken. Daraufhin mußten sich die Banken darauf beschränken, die Tilgungen ihrer alten Hypotheken neu auszuleihen. Das war ein sehr mühseliges und ärmliches Geschäft.

Aber wie wurde dann im Dritten Reich der Wohnungsbau finanziert?

Der Emissionsstop kam nicht sofort. Er dauerte von 1935 bis 1938. Natürlich haben auch die Einlagenbanken, die Sparkassen und Bausparkassen, sehr viel zur Finanzierung beigetragen.

Sie erwähnten eine besondere steuerliche Förderung für den Pfandbrief nach dem Krieg. Wann war das und wie sah das genau aus?

Die Förderung resultierte aus dem sogenannten ersten Kapitalmarktförderungsgesetz von 1952, das bis 1954 Geltung hatte. Es wurde später noch auf die ersten Monate des Jahres 1955 ausgedehnt, aber dann war Schluß. Dann herrschte der freie Kapitalmarkt, in dem sich die Zinsen selber bilden mußten. Die steuerliche Begünstigung der Emission galt – damit überhaupt jemand kauft – für die Zinsen und das Kapital. Das heißt, es gab einen steuerlichen Abschlag und die Zinsen waren steuerfrei. Diese Emissionen sind in der Zwischenzeit längst ausgelaufen, für den heutigen Markt spielen sie keine Rolle mehr. Sie haben aber durch die steuerliche Vergünstigung einen billigen Zinssatz ermöglicht: 5,5 % bis 6 % Hypothekenzins für den Wohnungsbau – eine gute Grundlage für niedrige Mieten.

Aber 1949 war doch gar kein Geld vorhanden. Da konnten die Leute doch gar nicht kaufen, oder?

Das hat sich im Laufe der Zeit schon eingespielt. Gemessen an heutigen Verhältnissen sind die damaligen Absatzzahlen natürlich marginal. Allerdings darf man nicht vergessen, daß damals eine Wohnung ungefähr 10.000 bis 15.000 Mark gekostet hat. Heute kostet sie das Zwanzigfache.

Als die steuerliche Förderung auslief, hatte sich der Pfandbrief also durchgesetzt?

Da hatte sich der Pfandbrief freigeschwommen. Lange Zeit wurde er dann mit dem Standardtyp 6 % emittiert, aber es gab auch Schwankungen, durch die er zum Teil bis auf 10 % hinaufging – Schwankungen, die sich aus der Überforderung des Kapitalmarktes, aus der Stabilitätspolitik der Bundesbank und aus Restriktionen der öffentlichen Hand ergeben haben.

Welche weiteren Förderungsmittel für den Wohnungsbau gab es seitens der Bundesregierung und der Länder?

Es gab die öffentliche Förderung, die etwa 40 % der Gesamtmittel ausmachte. Diese öffentlichen Mittel wurden in Bayern durch die Bayerische Landesbodenkreditanstalt ausgeliehen.

Was war aus Ihrer Sicht noch wichtig für die Förderung des Wohnungsbaus nach dem Krieg?

Das wichtigste war die Initiative derjenigen, die Wohnungen bauen wollten. Denn ohne das unternehmerische Wagnis und ohne das notwendige Engagement hätte es ja niemanden gegeben, der den Wohnungsbau getragen hätte.

Privatleute waren zwar daran interessiert, ihre Häuser wieder aufzubauen oder ihr neu verdientes Geld in Realwerten anzulegen. Aber die eigentlichen Impulse, die sich über den ganzen Markt erstreckten, kamen von den institutionellen Bauträgern: Auf der einen Seite von den gemeinnützigen Wohnungsunternehmen, die es in dieser Form seit einigen Jahren nicht mehr gibt, weil die Gemeinnützigkeit abgeschafft wurde, und auf der anderen Seite von den privaten oder freien Wohnungsunternehmen, zu denen auch die Ottmann-Gruppe gehörte. Diese Wohnungsunternehmen mußten sich im freien Wettbewerb behaupten, ohne die steuerliche Begünstigung, die die Gemeinnützigkeit mit sich brachte.

Gab es damals viele private Wohnungsbauunternehmen?

Es gab mutige Einzelunternehmer, seien es Architekten, seien es Kaufleute, die sich zusammentaten und aus dem Nichts, ohne einen Pfennig Eigenkapital, nur mit Pfiffigkeit und unternehmerischer Leistung etwas auf die Beine gestellt haben. Und es gab Wohnungsunternehmen wie die Südhausbau, die schon zwischen den Kriegen bestanden hatten. Zu dieser Zeit hatten auch andere freie Wohnungsunternehmen, vor allem in Norddeutschland, schon erfolgreich gearbeitet. Diese Unternehmen konnten aufgrund ihrer Kenntnisse und ihres Besitzstandes schneller wieder Fuß fassen als die Neuankömmlinge. Diese Newcomer waren zwar sehr rege und tüchtig, aber sie verfügten weder über notwendige Erfahrung noch Eigenmittel. Wenn die Sache gutging, kam das Geld wieder herein, bevor man von den Gläubigern »am Krawattl gepackt« wurde. Wenn man aber eine Vielzahl derartiger Objekte hatte, für die eine Unternehmensfinanzierung notwendig war, brauchte man natürlich eine solide Kapitalgrundlage. Dabei war nicht nur das Vertrauen der Gläubiger in die unternehmerische Leistung von Bedeutung, sondern – und das vergessen die meisten – auch der Charakter des Unternehmers. Der Geldgeber und der Kapitalverbraucher müssen miteinander auskommen können, müssen einander kennen und vertrauen. Das war das entscheidende Moment bei der Verbindung zu Herrn Ottmann: Man hat sich vertraut, lag auf der gleichen Wellenlänge. So konnten Schwierigkeiten gemeinsam aus dem Weg geräumt werden, wenn der Markt holprig war und die Absatzverhältnisse stockten.

Die Besonderheit der Ottmann-Gruppe liegt in ihrer stetigen Vorwärtsstrategie, die auch das Auf und Ab des Marktes berücksichtigt. Neben Mietobjekten für den Eigenbestand hatte sie Verkaufsobjekte, durch deren Erlöse das Eigenkapital aufgestockt werden konnte, und Betreuungsbauten für private Investoren. Zwar gab es auch andere, die derartige Betreuungsbauten hatten, aber ich habe privat von Anfang an mit der Ottmann-Gruppe zusammengearbeitet, denn Herr Ottmann erschien mir besonders vertrauenswürdig und solide – auch in seinem technischen Baugeschehen.

EIN GESPRÄCH MIT
PROF. DR. DIETER GUTEKUNST
UND FRANZ LOBINGER
AM 20. DEZEMBER 1996
IN MÜNCHEN

Aufgaben der Obersten Baubehörde: Sozialer Wohnungsbau und Städtebauförderung

Welche Funktion hat die Oberste Baubehörde heute?

Die Oberste Baubehörde ist die oberste Landesbehörde für das Bauwesen in Bayern, also zuständig für den Staatlichen Hochbau, für den Straßenbau, den Wohnungsbau und die Stadtsanierung. Als Teil des Bayerischen Staatsministeriums des Innern ist sie an der Bundesgesetzgebung im Bundesrat beteiligt. Sie erläßt Verwaltungsvorschriften zum Vollzug der Gesetze im Wohnungswesen und verwaltet die Haushaltsmittel für die Wohnungsbauförderung, also die Landesmittel sowie die Bundesmittel, die dem Land Bayern zugeteilt werden.

Aber Sie sind nicht nur im gesetzgeberischen Bereich tätig, sondern initiieren auch Projekte.

Ja, das ist richtig. Die Oberste Baubehörde baut nicht selbst. Wohnungen werden von Wohnungsunternehmen und privaten Einzelbauherren gebaut. Aufgabe des Staates ist es, den Sozialen Wohnungsbau zu fördern. Im Rahmen des Sozialen Wohnungsbaus haben wir uns immer darum bemüht, kostengünstiges Bauen und einen hohen Wohnwert miteinander zu verbinden. Diese Bemühungen haben wir seit einigen Jahren erheblich verstärkt. Wir fördern Modelle eines kostengünstigen und flächensparenden, auch eines ökologischen Wohnungsbaus mit einem hohen Wohnwert und wollen damit für den allgemeinen Wohnungsbau richtungweisende Modelle schaffen.

Seit wann gibt es die Oberste Baubehörde?

Die Oberste Baubehörde wurde auf Vorschlag des berühmten Architekten Leo von Klenze 1830 von König Ludwig I. gegründet. Klenze war auch ihr erster Leiter. Allerdings zählte im 19. Jahrhundert die Förderung des Wohnungsbaus noch nicht zu den Aufgaben des Staates. Der Wohnungsbau blieb ganz dem Markt überlassen. Der staatliche Einfluß auf den Wohnungsbau setzte erst zu Beginn des 20. Jahrhunderts langsam ein; die Anfänge des Sozialen Wohnungsbaus liegen dann in der Zeit nach dem Ersten Weltkrieg.

Nach dem Zweiten Weltkrieg wurde der soziale Wohnungsbau dann aber zur Hauptaufgabe?

Ja. Deutschland war 1939 schon mit einem Wohnungsdefizit in den Krieg gegangen; am Ende des Krieges war dieses Defizit natürlich riesig. Viele Wohnungen waren völlig zerstört oder so schwer beschädigt, daß sie unbewohnbar waren. Außerdem kamen Millionen von Flüchtlingen und Vertriebenen ins Land. Mit hohen Mitteln nahm der Staat damals den Sozialen Wohnungsbau wieder auf – wobei die Qualität der Wohnungen zunächst sekundär war. Entscheidend war ihre Zahl. Es war wichtig, für die Menschen ein Dach über dem Kopf zu schaffen. Deshalb wurden im Sozialen Wohnungsbau vor allem sogenannte Schlichtwohnungen gebaut, also Wohnungen mit einem einfachen Standard. Dem lag die Überlegung zugrunde, zunächst einfache Wohnungen zu bauen, die verbessert werden konnten, sobald die Umstände dies zuließen.

Hingen die Typenpläne der Obersten Baubehörde mit diesem Schlichtwohnungsprogramm zusammen?

Die Oberste Baubehörde hat damals Typenpläne im Wohnungsbau entwickelt, die sie Architekten und Wohnungsbauherren zur Verfügung stellte: Pläne für Schlichtwohnungen, aber auch schon für etwas bessere Wohnungen. Allerdings waren diese Typenpläne nie verbindlich, sondern stellten nur eine Anregung, ein Beispiel dar.

In den Typenplänen wurden aber nur Grundrisse, keine Fassaden vorgeschlagen?

Ja. Soweit ich weiß, handelte es sich nur um Grundrißpläne. Also Pläne für einen sinnvollen, vernünftigen Wohnungsgrundriß.

Wie funktioniert die Zusammenarbeit zwischen der Obersten Baubehörde und der Stadt München?

Die Oberste Baubehörde mußte sofort nach dem Krieg festlegen, welche Behörden für die Entscheidung über einzelne Förderanträge zuständig sein sollten. Zu Förderbehörden des Sozialen Wohnungsbaus wurden die sieben Bezirksregierungen erklärt. Zusätzlich wurden die Städte München, Nürnberg, Augsburg und Würzburg zu Bewilligungsstellen erhoben, weil das die Großstädte mit den schlimmsten Kriegszerstörungen waren.

Das heißt, die Stadt München war – und ist auch heute noch – die zuständige Bewilligungsstelle des Sozialen Wohnungsbaus für ihr Gebiet. Die Oberste Baubehörde teilt jährlich der Stadt München, wie auch den anderen Bewilligungsbehörden, staatliche Mittel für den Sozialen Wohnungsbau zu, und zwar Landes- und Bundesmittel. Die Stadt München gibt nach eigener Entscheidung eigene Mittel dazu. Dann beschließt sie innerhalb der Förderrichtlinien, die die Oberste Baubehörde aufstellt, welche einzelnen Objekte gefördert werden. Die Stadt hat Verbindung zu Wohnungsbauinvestoren, regt Wohnungsbauinvestitionen an und entscheidet dann über die Förderung einzelner Förderanträge.

Nach dem Krieg war die Eingliederung der Flüchtlinge ein wichtiges Thema. In welcher Weise war die Oberste Baubehörde hier tätig?

Die großen Wohnungsbauaufgaben in den ersten Nachkriegsjahrzehnten waren die Eingliederung der vielen Flüchtlinge und Vertriebenen und der Wiederaufbau des kriegszerstörten Landes. Die Flüchtlinge und Vertriebenen sind damals zu großen Teilen in Barackenstädten untergekommen, oftmals in Baracken früherer

Franz Lobinger, Ministerialrat

1938	geboren
1963	Examen als Diplom Volkswirt
1979	Beginn bei der Obersten Baubehörde, Leiter des Sachgebietes Wohnungswirtschaft

Rüstungsbetriebe. Nach und nach hat man in diesen Gebieten dann Städte gegründet, damit die Menschen aus den Baracken in dauerhafte Wohnungen umziehen konnten. Auf diese Weise sind die Städte Traunreut, Neugablonz (Teil von Kaufbeuren), Waldkraiburg, Neutraubling und Geretsried entstanden. Es gab auch ein mehrjähriges Programm der innerbayerischen Umsiedlung. Dieses Programm hatte zum Inhalt, Flüchtlinge und Vertriebene, die zunächst notdürftig untergebracht waren, aber keine Arbeit finden konnten, dorthin umzusiedeln, wo Arbeitsplätze vorhanden waren. Innerhalb des Sozialen Wohnungsbaus in Bayern (wie auch in anderen Ländern) gab es bis Ende der fünfziger Jahre Sonderprogramme für die Lagerauflösung, um für die notdürftig untergebrachten Menschen Wohnungen zu bauen.

Sind diese genannten Städte völlig neu gebaut worden oder gab es da schon etwas außer den Baracken?

Nun, überwiegend sind sie – zumindest als Orts- oder Stadtteile – völlig neu entstanden. Das gilt besonders für Neugablonz.

Kaufbeuren gab es natürlich schon seit Jahrhunderten, aber den Stadtteil Neugablonz hat man damals neu geschaffen für die Menschen, die aus der Schmuckstadt Gablonz im Sudetenland gekommen waren.

Wichtig für die Arbeit der Obersten Baubehörde war in den siebziger Jahren die Städtebauförderung. Wie kam die zustande?

In den fünfziger und vor allem in den sechziger Jahren hatte es bereits sogenannte Programme für Studien- und Modellvorhaben gegeben. Sie umfaßten schon die Förderung eines modellhaften Wohnungsbaus und die Förderung der Verbesserung des Städtebaus. Aber Ende der sechziger und Anfang der siebziger Jahre wurde immer deutlicher, daß Programme zur Beseitigung städtebaulicher Mißstände notwendig waren. 1971 wurde deshalb die Städtebauförderung begründet, die die Beseitigung städtebaulicher Mißstände und die Sanierung von Städten förderte.

Dazu gehört dann auch die sachgemäße Sanierung von Häusern?

Ja. Als man mit der Förderung der Stadtsanierung begann, gab es leider auch in Bayern betrübliche Fälle von Flächensanierung, in denen zur Beseitigung städtebaulicher Mißstände Häuser abgerissen und neu gebaut wurden. Das hat man aber doch sehr bald bereut und deshalb nach einigen Jahren die behutsame Sanierung vorgezogen. Man hat sich bemüht, von der alten Bausubstanz so viel wie nur möglich zu erhalten, damit das alte Stadtbild nicht verloren geht. Diese behutsame Sanierung, die mehr auf Modernisierung setzt, war und ist in vielen Fällen teurer, aber sie ist einer Radikalsanierung natürlich vorzuziehen.

Wurde da auch mit den Denkmalämtern zusammengearbeitet?

Ja, denkmalgeschützte Häuser werden auch saniert, und zwar in enger Zusammenarbeit mit der Denkmalpflege. Die Denkmalpflege hat nicht viele Fördergelder zu vergeben. Aber die geringen Gelder, die sie hat, werden bei der Sanierung von denkmalgeschützten Häusern in Sanierungsgebieten miteingesetzt.

Läuft die Städtebauförderung über Wettbewerbe oder Plangutachten?

Ja, in einigen Fällen. Solche Plangutachten und Wettbewerbe können auch aus staatlichen Mitteln gefördert werden.

Wie beurteilen Sie die gegenwärtige Situation im Wohnungsbau?

Wir haben heute schon auf vielen Teilwohnungsmärkten deutliche Entspannungstendenzen, sektoral sogar in München. Das sind, so denken wir, doch schöne Erfolge der Wohnungswirtschaft und der staatlichen Wohnungsbauförderung. Aber diese Entspannungsanzeichen auf einigen Wohnungsmärkten dürfen uns natürlich nicht darüber hinwegtäuschen, daß wir in einigen Ballungsgebieten immer noch einen empfindlichen Fehlbestand an preisgünstigen Wohnungen für einkommensschwächere Haushalte haben. Deswegen muß der soziale Wohnungsbau noch auf längere Sicht mit hohen Mitteln fortgesetzt werden. Der Bund ist wegen seines knappen Etats dabei, die Wohnungsbauförderung deutlich zu kürzen. Der Freistaat Bayern hat dagegen seine Mittel bisher glücklicherweise nur unwesentlich gekürzt.

Innerhalb des Sozialen Wohnungsbaues gibt es seit einigen Jahren Überlegungen, die Methode der Wohnungsbauförderung zu ändern. Es soll einkommensorientiert gefördert werden, das heißt, es sol-

Prof. Dr. Dieter Gutekunst, Ministerialdirigent

1934	geboren
1960	Staatsexamen in Jura
1961	Eintritt in die Oberste Baubehörde, Leiter der Abteilung Wohnungswesen und Städtebauförderung

len Fördermethoden gefunden werden, bei denen keine Fehlsubventionierungsfälle entstehen. Eine Fördermethode, die auf das individuelle Einkommen des Geförderten ausgerichtet ist. Wenn beispielsweise ein Einkommensschwacher in eine Wohnung einzieht, hat er Anspruch auf eine niedrige Miete. Wenn sein Einkommen dann aber steigt, ist ihm zuzumuten, daß er eine höhere Miete zahlt und daß die Subvention abgebaut wird.

Mit dieser Methode sollen wieder Gelder für den Sozialen Wohnungsbau bereitgestellt werden?

Ja, das ist der Sinn dieser Überlegungen, dieses Schrittes hin zu mehr Markt und zu mehr Einkommensorientierung. Der Sinn liegt natürlich vor allem darin, daß wir mit den knappen Fördermitteln den Bau von möglichst vielen Wohnungen fördern können.

Hat sich eigentlich das Volumen der Fördermittel nach dem Kriege verringert, oder ist es immer ungefähr auf einem Level geblieben?

Die Mittel der Förderung, in Mark und Pfennig ausgedrückt, sind im Laufe der Jahrzehnte gestiegen. Die Zahl der geförderten Wohnungen hat aber abgenommen. In den allerersten Nachkriegsjahren konnte man eben günstiger bauen, im Laufe der Zeit sind dann die Wohnungsherstellungskosten, die Grundstückskosten, aber auch die Baukosten immer weiter gestiegen, so daß der Staat für die Förderung des Baus einer Wohnung immer höhere Mittel benötigt hat. So ist dieses Paradoxon zu erklären – die Mittel sind gestiegen und dennoch ist die Zahl der geförderten Wohnungen im Laufe der Jahre und Jahrzehnte immer mehr gesunken.

Welche Bedeutung hatten Kapitalmarktmittel für den Wohnungsbau der Nachkriegszeit?

In der ersten Nachkriegszeit wurde mehr als die Hälfte aller neugebauten Wohnungen im Sozialen Wohnungsbau gefördert. Nur eine knappe Hälfte wurde freifinanziert oder im damaligen sogenannten steuerbegünstigten Wohnungsbau gebaut.
Kapitalmarktmittel, d. h. Kredite, waren damals sehr knapp, weil der Kapitalmarkt noch nicht belebt war. Hypotheken waren also sehr schwer zu bekommen, so daß der Staat das Fehlen dieser Mittel im Sozialen Wohnungsbau ausgleichen mußte.

EIN GESPRÄCH MIT
DIPL.-ING. RUDOLF RETT
AM 15. JULI 1996 IN MÜNCHEN

Drei Jahrzehnte Wohnungsbau in München: Vom Emilienhof bis zum Olympischen Dorf

Sie haben die Planung für den Emilienhof gemacht?

Ja, das war 1952. Damals ging es ja gerade erst so richtig los mit der öffentlichen Förderung. Die Typenpläne für den Emilienhof gingen auf die Oberste Baubehörde zurück und orientierten sich an einem Typengrundriß, der schon während des Dritten Reichs von der Obersten Baubehörde für die sogenannte Reichsheimstätte entwickelt worden war. Diese Typengrundrisse waren dann auch für die Neubauten nach dem Krieg vorgegeben. Sie sind zwar knapp und lassen nur wenig Raum für Variationen, aber eigentlich sind diese Grundrisse sehr gut geschnitten und funktionieren auch heute noch. Pro forma hatte der Architekt Dominikus Weißkirchen die Eingabepläne gemacht, die dann aber von der Südhausbau überarbeitet wurden.

Ungewöhnlich allerdings war beim Emilienhof, daß eine private Wohnungsbaugesellschaft sich damals so für den sozialen Wohnungsbau engagierte. Andere Firmen haben die Südhausbau deshalb belächelt, weil sozialer Wohnungsbau wirklich nur zur Beseitigung der Wohnungsnot diente und keinen Gewinn abwarf. Für einen privaten Bauträger war das wirklich eine erstaunliche Einstellung.

Waren auch die Anzahl und die Anordnung der Häuser beim Emilienhof von der Obersten Baubehörde vorgegeben?

Nein, nur indirekt über die Finanzierung für die insgesamt 800 Wohneinheiten. Das lief jeweils über verschiedene städtische und staatliche Programme, z. B. Lagerauflösung oder Umsiedler sowie auch mit Arbeitgeberdarlehen. Bei der Gestaltung der Gebäude waren wir frei. Aber es war natürlich eine Zeit, in der man versuchen mußte, innerhalb der Planung mit den geringsten Mitteln ein optimales Ergebnis zu erreichen. Wir mußten die Kosten zusammenhalten. Die künstlerische Gestaltung hat deswegen eine sehr untergeordnete Rolle gespielt. Das ist heute natürlich anders, vor allem beim Eigentumsbau. Allerdings hat man da den Eindruck, manche Gestaltung diene eigentlich nur der Selbstbeweihräucherung des jeweiligen Architekten...

Der Emilienhof befindet sich in unmittelbarer Nachbarschaft zur Alten Heide. Hat die Nähe zu einer architektonisch so bedeutenden Siedlung eine Rolle für die Planungen gespielt?

Nein, denn Denkmalschutz gab es damals noch nicht und eigentlich fehlte auch die Sensibilität, auf eine bestehende Architektur Rücksicht zu nehmen. Wir haben uns darauf konzentriert, die größtmögliche Zahl von Wohnungen zu bauen, die zu dieser Zeit dringend gebraucht wurden.

Der Emilienhof ist in Ziegelbauweise mit Betondecken gebaut worden?

Ja, wobei die Betondecken ein Novum waren, weil man vor dem Krieg nur Holzbalkendecken gehabt hatte. Insofern hat man bei den ersten Bauten auch noch einige Fehler gemacht, weil die Dehnungsspannung der Betondecken zuwenig berücksichtigt wurde.

Wie waren die Häuser ausgestattet?

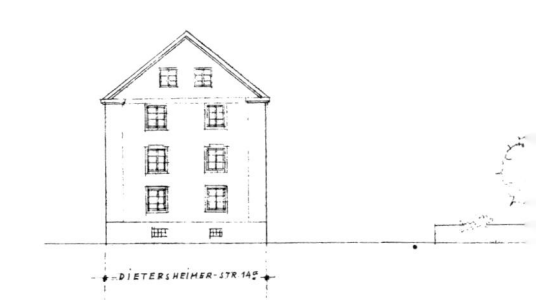

Also wirklich ganz einfach – mit Herd und Spüle und ohne Zentralheizung. Stattdessen gab es Einzelöfen. Im Keller wurden Gemeinschaftsbäder mit bis zu fünf Wannen pro Block eingerichtet. Die Leute mußten sich also absprechen, wer wann baden durfte. Außerdem gab es Gemeinschaftswaschküchen mit Waschtischen und Waschkessel – also keine Waschmaschinen. Rubbeln mit Waschbrett war angesagt, was man sich heute gar nicht mehr vorstellen kann.

Haben Sie auch Wiederaufbau-Projekte betreut?

Ja. Allerdings haben wir bei Wiederaufbauten im Stadtbereich meistens einem freischaffenden Architekten, zum Beispiel Hellmut von Werz oder Alfred Orendt, die Entwurfs- und Eingabeplanung übertragen. Die Werk- und Detailplanung wurde dann aber bei uns im Hause gemacht, weil wir dadurch die Kosten besser kontrollieren konnten. Tatsächlich sind uns in all den Jahren die Kosten auch nie davongelaufen. Aus dem gleichen Grund haben wir meistens auch die Bauleitung selbst gemacht. Letztlich kann man einem freien Architekten auch nicht unbedingt zumuten, in erster Linie an die Wirtschaftlichkeit zu denken.

Vor allem in Schwabing sind zu Beginn der fünfziger Jahre viele Bauten entstanden.
Wurde dabei die ursprüngliche Bebauung berücksichtigt?

Wenn man damals durch Schwabing ging, war es wirklich grausam. 1943 war dort schon alles zerbombt. Ich war dort als 15-jähriger bei Aufräumarbeiten eingesetzt. Gerade der Bereich um den alten Nordfriedhof herum war völlig zerstört, da stand kein Haus mehr. Das Haus Görresstraße 2/Tengstraße 3 war eine der ersten Wiederaufbaumaßnahmen der Südhausbau, dann kamen weitere Häuser in der Görresstraße dazu. Auf die alten Grundrisse konnte allerdings keine Rücksicht genommen werden, weil dann bestimmte Vorgaben wie Abstandsflächen nicht mehr hätten eingehalten werden können. Zum Teil waren die Keller noch vorhanden, auf diesen wurden die Neubauten mit überwiegend reduzierten Gebäudetiefen errichtet.

Die Münchner Staffelbauordnung war für den Wiederaufbau maßgebend. Für Schwabing gab es sogenannte rote Baulinien, an die zwingend hingebaut werden mußte. Außerdem gab es die davorliegenden grünen Baulinien, die die Straßenbegrenzungen bzw. Vorgartenlinien darstellten, nach denen man sich richten mußte. Das heißt, das alte Bauliniengefüge wie auch das straßenbegleitende Grün blieben erhalten; ebenso wurden z. B. in der Görresstraße die Vorgärten beibehalten. Natürlich wurde auch die Stockwerkshöhe geändert. Bei den alten Bauten war die Höhe so zwischen 3,00 und 3,50 Meter, beim Wiederaufbau waren 2,75 Meter Höhe vorgeschrieben. Durch die Differenz konnte man oft ein zusätzliches Stockwerk einpassen.

Es war jedoch immer schwierig, da uns die Lokalbaukommission mit ihren einschneidenden Auflagen oft Kummer bereitete.

Da soviel zerstört worden war, entstanden zum Teil ganze Straßenzüge neu. Gab es da Absprachen, um eine einheitliche Fassadengestaltung zu erreichen?

Wenn die Häuser vom selben Bauherrn oder Architekten erstellt wurden, ist die Architektur meist identisch. Das gilt zum Beispiel für die Häuser Görresstraße 1, 3, 5 und 7, die alle von der Südhausbau gebaut wurden.

Handelte es sich aber um einen Einzelbau, wie in der Schellingstraße 90, war eine solche Einheitlichkeit nicht gegeben, weil die Nachbarbauten von anderen Architekten erstellt wurden.

Die haben sich wenig um eine Angleichung gekümmert; es war die Aufgabe der Lokalbaukommission, auf eine gewisse Einheitlichkeit zu achten.

Andererseits ähneln sich die Bauten alle, weil sie zur selben Zeit entstanden sind und damit alle dem gleichen Zeitgeschmack unterliegen. Um alte Fasssaden wiederherzustellen, gab es kein Geld. Wer hätte sich schon Stuck leisten können.

Wie verlief die Planung beim Hasenbergl?

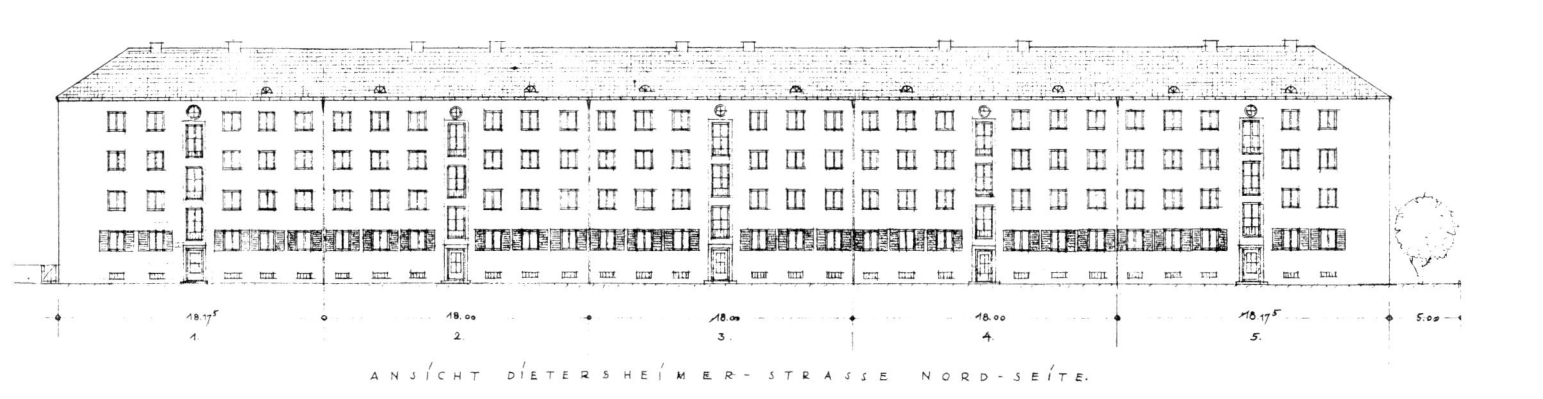

ANSICHT DIETERSHEIMER-STRASSE NORD-SEITE.

Dort wurde ein Architektenwettbewerb der Stadt durchgeführt. Gemeinsam mit den Architekten fuhren die Bauträger nach England, um die neu gebauten Städte zu studieren. Die Engländer hatten bereits während des Krieges Überlegungen zum Bau von Trabantenstädten im Großraum London angestellt. Diese Städte wurden außerhalb der Stadt im Grünen angelegt. Allerdings ließ sich die Konzeption dieser sogenannten »New Towns« nicht im Detail auf die Münchner Verhältnisse übertragen.

Die Eingabeplanung für uns hat Architekt Fritz Vocke gemacht. Es waren aber auch andere Architekten beteiligt; der westliche Abschluß wurde von Matthä Schmölz, das nördliche Hochhaus von Alexander Freiherr von Branca geplant. Vocke war für den mittleren Bereich zuständig.

Den Bebauungsplan für das Hasenbergl hat das Team von Werz/Ottow/Lang gemacht. Waren darin die Bauhöhe und die Anordnung der Häuser schon vorgegeben?

Rudolf Rett

1927	geboren in Laufen/Oberbayern
1945-47	Maurerlehre in München
1947–51	Bauingenieur-Studium am Oskar-von-Miller-Polytechnikum
1951–53	Tätigkeit bei der Firma Stöhr
seit 1953	Planungstätigkeit bei der Südhausbau
1970–92	Mitglied der Geschäftsleitung

Ja, aber auch die Dachneigung und eine einheitliche Dachdeckung. Nur die Fassaden waren die Angelegenheit des jeweiligen Bauträgers.

Das Problem beim Hasenbergl bestand damals aber vor allem in der Materialbeschaffung. Durch den immensen Bauboom kam es seinerzeit zu Engpässen, so daß unsere Ziegeltransporte am Ende der Autobahn von Schleppern abgefangen und auf andere Baustellen umgeleitet wurden. Insofern mußten wir auf andere Materialien umstellen, wie etwa Durisol, einen Mantelbaustein aus der Schweiz (mineralisierte Holzspäne mit Betonkern), was uns dann aber Probleme mit der Isolierung einbrachte. Deshalb interessierten wir uns zunehmend für vorgefertigte Bauweisen. Die Ziegelknappheit hatte zu einer ziemlichen Schlamperei auf dem Bau geführt. Die Vorfertigung bot hier die Chance, zu exakter Qualität zu kommen: Die Großtafelbauweise aus der Fabrik paßte auf einen Zehntelmillimeter genau! Bei der Siedlung Am Westkreuz haben wir viel mit vorgefertigten Teilen gearbeitet. In Neufahrn und in Garching entstanden eigene Fertigbauteil-Fabriken, für die wir und andere große Münchner Bauträger eine Abnahmegarantie gaben.

Später wurde diese Fertigbauweise aber heftig kritisiert?

Ja, aber meines Erachtens zu Unrecht. Ich bin ein ausgesprochener Verfechter der Betonbauweise. Denn wenn die Werbung suggeriert, daß die Ziegelbauweise Vorteile aufweist, weil sie atmungsaktiv, gesund und baubiologisch vorteilhaft wäre, entspricht das keineswegs den Tatsachen. Schon im 19. Jahrhundert hat man festgestellt, daß ein abgeschlossener Ziegelraum keineswegs atmungsaktiv ist. Und heutzutage schließt der Putz das Ziegelmauerwerk so dicht ab, daß es vier Jahre dauert, bis ein Ziegelbau überhaupt trocken ist. Ein Betonbau dagegen ist sofort trocken.

Allerdings wurde bei der Betonbauweise eines zuwenig bedacht: Man glaubte, Beton sei witterungsbeständig und bräuchte keinerlei Imprägnierung und bedachte nicht, daß man ihn auf seiner Außenseite schützen muß, z. B. durch Putz.

Ein weiterer Fehler war sicherlich, daß sehr viele Bauten mit nacktem Beton entstanden, was zugegebenermaßen etwas brutal aussieht.

Im Prinzip kann man aus Beton alles machen. Nur müssen eben die Ästhetik und der Schutz stimmen.

Haben Sie auch beim Bau von Eigenheimen mitgewirkt?

Ja, von Anfang an. Zunächst bei den »Back-to Back«-Typen.

Was versteht man darunter?

Das waren am Rücken zusammengebaute Reihenhäuser mit drei Kommunwänden, wie sie in der Murnauer- und in der Schenkendorfstraße gebaut wurden. Der Vorteil bestand darin, daß die Häuser dadurch über breitere Grundstücke verfügten, der Nachteil darin, daß eine Zeile immer die verkehrte Himmelsrichtung hatte. Eine Süd/Nord-Ausrichtung war hier also nicht möglich, weil der Teil nach Norden nicht hätte verkauft werden können. Deshalb mußten diese Haustypen in West/Ost-Ausrichtung erstellt werden.

Diese Häuser in der Murnauer- und Schenkendorfstraße waren damals sehr günstig, sie haben unter 25.000 DM gekostet. Man hatte wohl auch deshalb viel weniger Reklamationen. Wer dagegen heute eine halbe Million Mark für sein Haus bezahlen muß, fühlt sich verpflichtet, daß er irgendwelche Reklamationen haben muß, ob es begründet ist oder nicht.

Ursprünglich war die Südhausbau doch auch an den Planungen für das Olympische Dorf beteiligt?

Ja, es waren mehrere Bauträger beteiligt und es gab eine Trägergemeinschaft Olympisches Dorf. Die Vorbereitungen waren schon ziemlich weit gediehen, als es zu einer Mauschelei der federführenden Firma kam. Das Problem lag in der Abschlußbebauung zum Mittleren Ring. Im Eck-Bereich waren dort Wohnungen entstanden, die etwa 4,5 Meter breit, aber 26 Meter tief waren! Ein Schlauch, der nicht zu verkaufen war. Wir haben uns deshalb dafür eingesetzt, daß der Bayerische Staat als Träger und Grundstückseigentümer darauf aufmerksam gemacht und der verantwortliche Architekt, der den Wettbewerb gewonnen hatte, zur Korrektur gezwungen wird. Die federführende Firma stellte sich aber mit der Begründung, daß die Zeit zu weit fortgeschritten sei, auf den Standpunkt, alles so zu belassen und erst hinterher Änderungen vorzunehmen. Herr Ottmann wollte aber bei dieser Mauschelei nicht mitmachen und stieg deshalb aus der Bauträgergemeinschaft aus.

Das Olympische Dorf war also ein offiziell ausgeschriebener Wettbewerb?

Ja, wobei unglücklicherweise die Preisträger ihre Wettbewerbsentwürfe ohne Änderungen durchbrachten. Normalerweise werden Wettbewerbsentwürfe nach dem Planungsgutachten überarbeitet und dadurch praktikabel gemacht. Das war hier anders. Vielleicht auch, weil man unter großem Zeitdruck stand und alles zum Termin fertig sein mußte.

Im nachhinein sieht man natürlich, daß zum damaligen Zeitpunkt durch eine gewisse Euphorie viele Fehler gemacht wurden. Plötzlich gab es diesen Bauboom und nur die Südhausbau hat warnend den Zeigefinger erhoben und gesagt: »Leute, so geht das nicht, das sind viel zu viele Wohnungen. Da gibt es Probleme mit dem Absatz.« Aber in dieser Euphorie entstanden viele neue Firmen, die alle schnelles Geld machen wollten. Und plötzlich saß man eben auf 500.000 unvermarktbaren Wohnungen.

Das waren Eigentumswohnungen?

Ja, überwiegend. Seit Mitte der sechziger Jahre hat man sehr viele Eigentumswohnungen gebaut, weil die Leute sich wegen der zunehmenden Geldentwertung in das Betongold flüchteten und zudem aufgrund der schwieriger gewordenen Finanzierung Mietwohnungen im öffentlich geförderten Wohnungsbau nicht mehr so häufig erstellt wurden. Deshalb hat Herr Ottmann schon frühzeitig darauf hingewiesen, daß das alte System der Finanzierung im öffentlich geförderten Wohnungsbau verändert werden müsse. Er hat auch einige Modelle vorgestellt, die aber nie bis zur Regierung vorgedrungen sind. Die jeweiligen Wohnungsbauminister haben sich darauf beschränkt, diese Vorschläge zur Kenntnis zu nehmen. Da aber der Wohnungsbau, vor allem der freifinanzierte Wohnungsbau fast zum Erliegen kam, hätte dringend etwas getan werden müssen. Insofern blieben nur Eigentumswohnungen und öffentlich geförderte Mietwohnungen. Und 1972/73 waren einfach zu viele Objekte vorhanden, so daß man, vor allem in schlechten Lagen, auf ihnen sitzenblieb.

EIN GESPRÄCH MIT
PROF. DR. HANS KOCH
AM 17. OKTOBER 1996
IN MÜNCHEN

Die Oberste Baubehörde im Bayerischen Staatsministerium des Inneren: Wohnungs- und Städtebau

Wie begann Ihre berufliche Laufbahn?

1939 wurde ich, wie alle meines Jahrgangs, mit 26 Jahren zum Wehrdienst eingezogen und schließlich vier Jahre auf meine längste »Dienstreise« geschickt – nach Rußland. Daß ich zu den »Übriggebliebenen« gehörte, war ein Wunder. Nach amerikanischer Gefangenschaft kam ich im Juli 1945 wieder zurück nach Würzburg. Dort habe ich von 1945 bis 1948 den Wiederaufbau Würzburgs als Hochbaureferent bei der Regierung von Unterfranken miterlebt. Würzburg war am 16. März 1945 im Stadtkern total durch Bomben zerstört worden. Es gab auch in den Randgebieten kaum noch Wohnungen, die benutzbar waren. So haben wir uns zunächst darum bemüht, die Schäden in den weniger angeschlagenen Wohnungen zu reparieren. Gleichzeitig hatten wir natürlich auch die vielen ausgebrannten Baudenkmäler vor weiterem Verfall zu sichern. Das mußte auf unkonventionelle Weise improvisiert geschehen – es gab in der ausgebrannten Stadt keine Baustoffe, kein Handwerkszeug mehr und keine Bauleute.

Am 1. Januar 1949 wurde ich in die Oberste Baubehörde nach München versetzt. Die Oberste Baubehörde war provisorisch in Holzbaracken im Leopoldpark untergebracht. Es gab anfangs nur wenige Mitarbeiter in den Abteilungen Staatlicher Hochbau, Straßen- und Brückenbau, Wasserwirtschaft und Sozialer Wohnungsbau. Weil das Baurecht des »Dritten Reichs« obsolet geworden war, wurde eine weitere Abteilung »Planung und Bauordnung« gebildet, in der mir das Sachgebiet »Städtebauliche Planung« übertragen wurde. In dieser Funktion habe ich an der Neugestaltung des bayerischen Baurechts mitgearbeitet, bis 1962 die neue Bayerische Bauordnung in Kraft trat. Ich bin auch an den Beratungen für ein Bundesbaugesetz in Bonn beteiligt gewesen.

Welche Bauvorschriften galten denn vor 1962?

Es gab bis zur Mitte des 19. Jahrhunderts zahlreiche örtliche Bauvorschriften. Erst 1863 wurde eine Münchner Bauordnung und ein Jahr später eine Allgemeine Bauordnung für das übrige Bayern erlassen. Nach 1933 traten dann zahlreiche reichsrechtliche Vorschriften, wie z. B. das Wohnsiedlungsgesetz und die Baugestaltungsverordnung neben die landesrechtlichen Vorschriften. Zudem hatte die rasche Entwicklung der Bautechnik die Forderung nach einheitlichen technischen Baubestimmungen entstehen lassen.

Wodurch unterschied sich die neue von den bisherigen Bauordnungen?

Neben der Berücksichtigung neuer technischer Baubestimmungen im Blick auf Standsicherheit, Brandschutz, Schallschutz, Wärmeschutz u. a. mehr, waren auch Sozial- und Wohlfahrtsaufgaben einzubeziehen: Zum Beispiel Vorschriften für Wohnungen allgemein, für Wohnungen im Kellergeschoß oder im Dachraum, für Kinderspielplätze, für Gemeinschaftsgaragen u. a. mehr.

Ist das Verhältnis zwischen Bundesbaugesetz, Landesbauordnung und kommunalen Bauvorschriften ein hierarchisches?

Das kann man so nicht sagen. Maßgebend waren dafür die Gesetzgebungszuständigkeiten auf dem Gebiet des Baurechts, die nach dem Zusammenbruch des Dritten Reichs neu konzipiert werden mußten.

Diese Zuständigkeiten wurden 1954 durch ein Gutachten des Bundesverfassungsgerichts geklärt. Danach kann der Bund die städtebauliche Planung, den Bodenverkehr, die Baulandumlegung und -zusammenlegung, die Enteignung und die Erschließung regeln. Das hat er auch 1960 im Bundesbaugesetz und im Städtebauförderungsgesetz getan. An deren Stelle ist inzwischen das Baugesetzbuch des Bundes getreten.

Für die Regelung des Bauordnungsrechts sind die Länder zuständig. Nach dem Gutachten könnte der Bund allerdings auch einzelne, spezifisch das Wohnungswesen berührende bauaufsichtliche Vorschriften erlassen. Weil das in der Praxis zu unmöglichen Zuständen geführt hätte, haben die Verantwortlichen in Bund und Ländern 1955 vereinbart, daß der Bund von seiner Kompetenz auf dem Gebiet des Bauaufsichtsrechts keinen Gebrauch macht, wenn die Länder das Bauaufsichtsrecht möglichst einheitlich und umfassend regeln. Das ist dann auch mit der Verabschiedung einer Musterbauordnung geschehen, die die Grundlage für die einzelnen Landesbauordnungen darstellte.

Was ist der Unterschied zwischen Bauplanungsrecht und Bauordnungsrecht?

Zum städtebaulichen Planungsrecht gehören neben den bereits im Gutachten erwähnten Bereichen insbesondere Flächennutzungspläne und in der Regel rechtsverbindliche Bebauungspläne, in denen die Gemeinden u. a. auch Art und Maß der zulässigen baulichen Nutzung festsetzen können.

Die Bauordnung enthält vornehmlich die Vorschriften, die aus Gründen der Gefahrenabwehr an das einzelne Bauwerk zu stellen sind. Daneben aber auch Vorschriften über die Anlage von Kinderspielplätzen, Gemeinschaftsanlagen und Anforderungen an die Mindestausstattung von Wohnungen und Arbeitsstätten. Zur Bauordnung gehören auch noch Vorschriften über die Baugestaltung. Auch hat die Baugenehmigungsbehörde im Einzelfall über Art und Maß der baulichen Nutzung zu entscheiden, wenn die Bauleitpläne (Flächennutzungsplan und Bebauungsplan) darüber nichts aussagen.

Daneben gibt es aber auch noch städtische Baugesetze.

Nein, es verhält sich so: Die Bayerische Bauordnung ermächtigt die Gemeinden zum Erlaß von örtlichen Bauvorschriften. Sie können damit ihren besonderen örtlichen Verhältnissen Rechnung tragen. In örtlichen Bauvorschriften können insbesondere gestalterische Anforderungen gestellt werden.

Die besonderen Gestaltungsanforderungen müssen zur Verwirklichung bestimmter städtebaulicher Absichten erforderlich sein. Sie können sich aber auch auf die äußere Gestaltung einzelner Gebäude beziehen, insbesondere auf Fassaden, Fenster oder Schaufenster.

Anfang der fünfziger Jahre hat die Oberste Baubehörde Typenhäuser entwickelt.
Wissen Sie etwas darüber?

Ja, allerdings war ich daran nicht unmittelbar beteiligt.

Diese Typenhäuser wurden aus den damals neu entwickelten Gasbeton- und Leichtbetonsteinen errichtet. Unternehmer hatten hierzu Vorschläge entwickelt, die bautechnisch geprüft und im Rahmen des Sozialen Wohnungsbaus auch finanziell gefördert wurden.

Das Problem bestand allerdings darin, daß bei diesen Typenhäusern bald Klagen über mangelnden Schall- und Wärmeschutz laut wurden.

Welche Funktion hat die Oberste Baubehörde?

Die Oberste Baubehörde, eine der beiden Hauptabteilungen des Bayerischen Staatsministeriums des Innern, ist der Kopf der bayerischen Staatsbauverwaltung. Sie wurde von König Ludwig I. 1830 unter diesem Namen gegründet und hat in dieser Organisationsform alle staatlichen Regierungswechsel überstanden. Ihr erster Leiter war der bekannte Architekt Leo von Klenze.

Die heutige Oberste Baubehörde gliedert sich in mehrere Fachgruppen, z. B. den staatlichen Hochbau, Straßen- und Brückenbau, Sozialen Wohnungsbau, Planung und Bauordnung u. a. mehr. Ihr nachgeordnet sind Bauabteilungen bei den sieben Regierungen und rund 50 Bauämter in ganz Bayern.

Als oberste Aufsichtsbehörde hat sie in allen Fragen des Bauens beratende Funktion, in der Bauaufsicht auch Entscheidungsbefugnisse.

Wie war die Zusammenarbeit zwischen der Obersten Baubehörde und dem Wiederaufbaureferat in München während des Wiederaufbaus?

Es gab einen engen Kontakt. Man hat Erfahrungen ausgetauscht und sich oft zusammengesetzt, um Probleme gemeinsam zu beraten und entsprechende Regelungen zu finden.

Das erste Beispiel einer solchen Zusammenarbeit war der 1948 gegründete Bayerische Aufbaurat, den der Ministerpräsident ins Leben gerufen hatte.

Die erste Sitzung, an der ich als Baurat aus Würzburg teilnahm, fand 1948 im Münchner Rathaus statt. Das war das erste Gremium, in dem die Landeshauptstadt München und die Bayerische Staatsregierung gemeinsam nach Wegen gesucht haben, wie man den Aufbau in Bayern und insbesondere in München steuern könnte. Dieser Aufbaurat wurde allerdings nach drei oder vier Jahren wieder aufgelöst, weil diese Aufgaben dann von der Verwaltung übernommen wurden.

Gab es bei der Durchführung des Wiederaufbaus Unterschiede zwischen München und anderen bayerischen Orten?

Ja, die gab es schon. Ich habe hier den Vergleich mit Würzburg: Würzburg war zu mehr als 80 % zerstört. Weil nur das Notdürftigste gemacht werden konnte, blieb einfach alles viele Jahre liegen. In München dagegen wurde entschieden energischer vorgegangen. Als Landeshauptstadt hatte München da sicher Vorteile gegenüber anderen, ebenfalls stark zerstörten Städten wie etwa Nürnberg, Augsburg, Würzburg. Zunächst mußten Planungsfragen geklärt werden.

Beispielsweise stellte sich in Würzburg die Frage, ob diese stark zerstörte Stadt überhaupt wieder aufgebaut werden soll oder ob sie als Mahnmal des Krieges, als Ruinenstadt, so belassen werden soll und fünf Kilometer mainaufwärts in einer großen Geländemulde ein neues Würzburg entstehen solle. Unter dem Schock der Zerstörung waren das damals ernsthafte Überlegungen. Ich habe allerdings darauf aufmerksam gemacht, daß unter den Trümmern das gesamte Straßennetz und das unterirdische Leitungsnetz noch vollständig erhalten seien und daß man die berühmten Baudenkmäler – den Dom, die Festung, das Juliusspital – nicht einfach als Ruinen stehenlassen könne. So hat man sich schließlich doch dazu durchgerungen, die Planung an der alten Stelle in die Hand zu nehmen. Aber natürlich war dies mit unendlichen Schwierigkeiten verbunden.

Galt in Würzburg auch die Maxime, den historischen Kern zu rekonstruieren und die Neubauten in die Außenbezirke zu verlegen?

Ja. An erster Stelle standen natürlich die Erhaltung und die Wiederherstellung denkmalgeschützter Gebäude. Der Wohnungsbau wurde in die Außenbezirke verlegt, weil die Schwierigkeiten dort wesentlich geringer waren. Heute hat Würzburg vieles von seinem alten Flair wiedergewonnen.

Gab es auch städtebauliche Wettbewerbe?

Ja, eine ganze Menge. Vor allem in München. Neuperlach war beispielsweise ein großer Wettbewerb. Dann gab es Wettbewerbe für den Altstadtring und in neuerer Zeit natürlich die Wettbewerbe für den neuen Flughafen München II

Prof. Dr. Hans Koch

1913	geboren in Halle/Saale
1937	Beendigung des Architekturstudiums an der Technischen Hochschule in München
1937–39	Referendar in Würzburg
1939	Staatsprüfung in Berlin
1939–45	Kriegsdienst
1945–48	Baurat an der Regierung von Unterfranken in Würzburg
1949–68	Tätigkeit für die Oberste Baubehörde in München, zuletzt als deren Leiter

und für die Bebauung in Riem für das neue Messegelände. Es gab aber auch in anderen Städten städtebauliche Planungswettbewerbe.

Könnten Sie mir etwas über den Altstadtwettbewerb sagen?

Das war ein in den sechziger Jahren von der Stadt München ausgelobter Planungswettbewerb für das Gebiet zwischen Prinzregentenstraße und Maximilianstraße.

Eigentlich geht der Altstadtring auf einen Plan zurück, den der damalige Stadtrat Meitinger als »Meitinger-Plan« bereits in den dreißiger Jahren entwickelt hatte und der schon die ungefähre Linienführung des Altstadtrings in dem Abschnitt zwischen Prinzregentenstraße und Maximilianstraße enthielt.

In dem Planungswettbewerb ging es darum, Vorschläge für die Randbebauung dieses Altstadtrings zu machen.

Das ist aber so nicht zur Realisierung gelangt, so daß anschließend noch weitere Wettbewerbe ausgeschrieben wurden, in denen es um das Armeemuseum und das Prinz-Carl-Palais ging.

Für München ist das eine sehr empfindliche Stelle, um die viel gerungen wurde.

Aus heutiger Sicht wirkt die Bebauung, die nach dem Krieg in manchen Stadtteilen entstanden ist, sehr einheitlich. Damit ist das, was man als eigenes Gesicht einer Stadt bezeichnen könnte, weitgehend verschwunden.

Das würde ich nicht so extrem sehen. Natürlich läßt sich bei den Bauten, die in den fünfziger Jahren entstanden sind, eine gewisse Uniformierung beobachten.

Andererseits war dies durch die Notwendigkeit, möglichst billig zu bauen, unumgänglich. Die gegenwärtige Tendenz, das typische Antlitz einer Stadt wieder stärker zu berücksichtigen, finde ich allerdings sehr begrüßenswert.

Sie erwähnten eingangs, daß Sie sich in den ersten Jahren Ihrer Tätigkeit vorrangig mit der Schaffung des Bundesbaugesetzes und der Neuen Bayerischen Bauordnung beschäftigt haben.
Gab es in dieser Zeit auch eine Diskussion über eine Reformierung des Bodenrechts?

Ja, diese Diskussion gab es. Beispielsweise wurde auch vorgeschlagen, den Boden in Gemeineigentum zu überführen, wie das in großem Umfang etwa in Schweden gemacht worden ist. Das wurde aber sehr rasch aufgegeben.

Im weiteren standen dann Abwägungsprozesse im Vordergrund.

Man hat überlegt, wie weit eine Verfügbarkeit zugunsten des Gemeinwohls gehen dürfe. In diesem Zusammenhang mußte natürlich auch das Enteignungsrecht als selbständiges Rechtsgebiet berücksichtigt werden.

Die Enteignung aus städtebaulichen Gründen ist ja im Bundesbaugesetz, dem heutigen Baugesetzbuch, abschließend geregelt worden.

KAPITEL 4

Parkstädte am Stadtrand

GEORG GÖTZE **Neue Siedlungen am Stadtrand**

Durch Wiederaufbau und Neubau entstanden zwischen 1950 und 1961 rund 180.000 Wohnungen[1], davon 40 % mit öffentlicher Förderung, während die Einwohnerzahl im selben Zeitraum um 253.077 Einwohner anstieg.[2]

Bereits in den fünfziger Jahren war München durch die Verlagerung wichtiger Konzernverwaltungen wie Siemens oder Allianz und durch Neugründungen zum bundesweit größten Dienstleistungszentrum geworden. Die wirtschaftliche Anziehungskraft, das kulturelle Leben und der Freizeitwert der Stadt und ihres Umlandes führten zu enormen Wanderungsgewinnen: Zwischen 1961 und 1970 erhöhte sich die Bevölkerungszahl um weitere 226.964 Einwohner. Als Folge des anhaltenden Zuzugs wurde die Stadt mit zunehmendem Wohnungsbedarf konfrontiert, wobei das Münchner Umland in diesem Zeitraum einen noch größeren Einwohnerzustrom aufzunehmen hatte.[3]

Die Aufhebung der Mietpreisbindung und das Ende der Wohnraumbewirtschaftung markierten die auf Bundesebene seit 1960 betriebene Liberalisierung des Wohnungsmarktes.[4] Dies führte zusammen mit einer Lockerung des Mieterschutzes zur Verschärfung der Wohnsituation für einkommensschwache Schichten, die ohnehin von der Wohnungsnot am meisten betroffen waren.

Parallel dazu erhöhten sich die Bodenpreise aufgrund sinkender Flächenreserven[5] rapide, so daß innenstadtnahe Lagen für den sozialen Wohnungsbau unerschwinglich wurden. Der Anteil der Grundstückskosten an den Herstellungskosten für Wohnraum erhöhte sich von 12 % (1961) auf 23 % (1968). Auch die Erschließungs- und Baukosten stiegen mit höheren Ansprüchen an den Größen- und Ausstattungsstandard im Wohnungsbau, so daß sich die Gesamtkosten für eine Wohnung im sozialen Wohnungsbau von DM 36.700 (1961) auf DM 59.900 (1968) verteuerten.[6]

Die Mieten wurden entsprechend der allgemeinen Steigerung des Lohn- und Preisniveaus laufend erhöht. Die Münchner Mietpreise im freien Wohnungsbau waren 1970 die höchsten im bundesweiten Vergleich.[7] Mit

Siedlungsschwerpunkte entlang der Linien des öffentlichen Nahverkehrs, 1963.

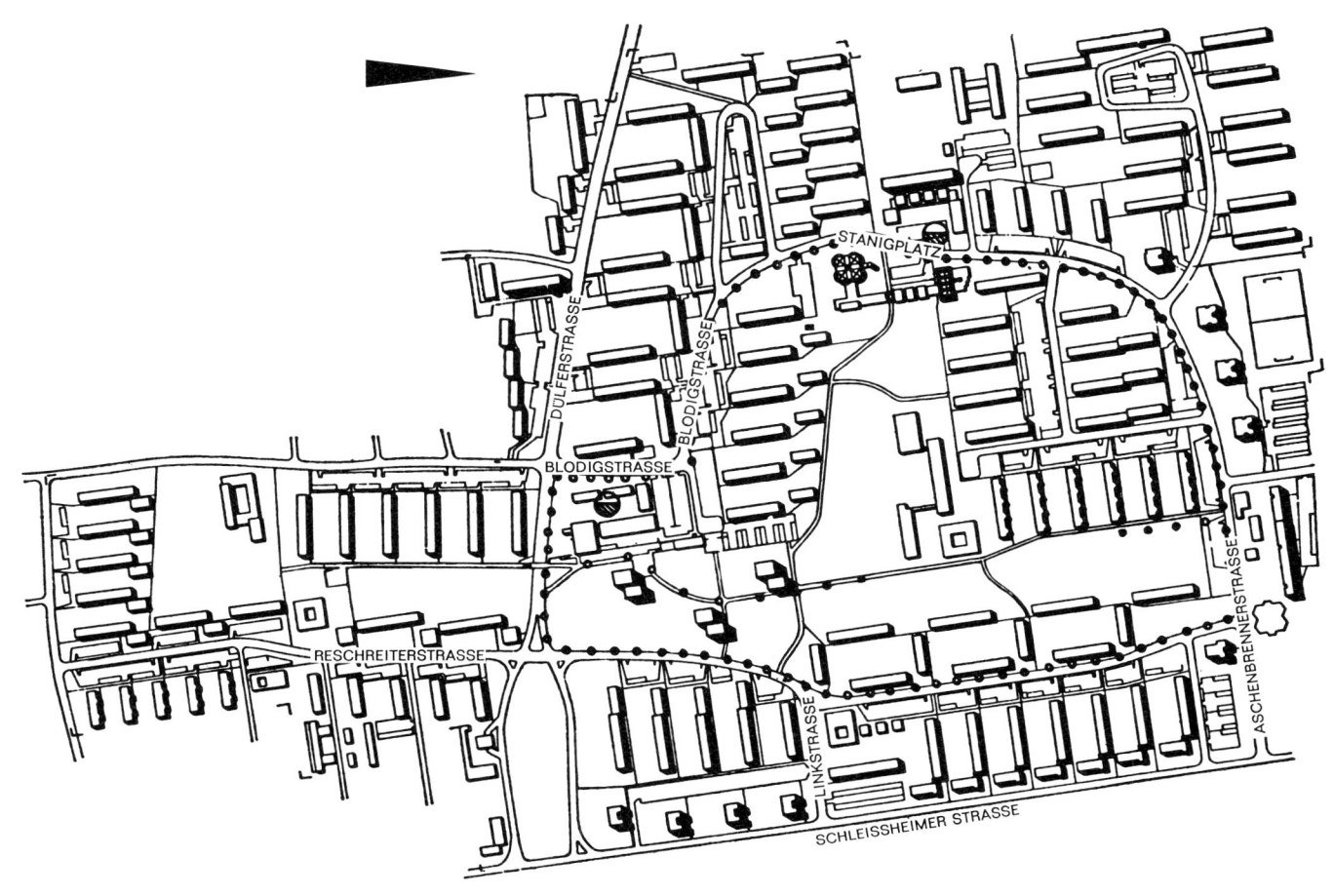

Lageplan Hasenbergl Nord.

wachsendem Wohlstand und durch wohnungspolitische Förderung (Zweites Wohnungsbaugesetz) gewann die Bildung von Wohneigentum an Wichtigkeit, und im Laufe der sechziger Jahre stieg der Anteil an Eigentumswohnungen auch im sozialen Wohnungsbau kontinuierlich.

Die Bevölkerungszunahme und das wirtschaftliche Wachstum stellte die Stadt vor große planerische Herausforderungen. Die beschriebenen Probleme zwangen dazu, die Entwicklung der Stadt im ganzen und die des Wohnungsbaus im speziellen neu zu konzipieren.

Ab 1960 wurden auf Bundes- und auf Landesebene mit dem Bundesbaugesetz (1960), der Baunutzungsverordnung (1960) und der Bayerischen Bauordnung (1962) neue baurechtliche Grundlagen geschaffen: Der 1960 neu gewählte Stadtrat beauftragte die Professoren A. H. Steiner, Max Guther und Kurt Leibbrand mit einem Gutachten zum zwei Jahre zuvor verabschiedeten Wirtschafts- und Verkehrsplan. Dies geschah im Hinblick auf die Ausarbeitung einer vom Bundesbaugesetz geforderten kommunalen Bauleitplanung.[8] Die Gutachter empfahlen die Aufstellung einer systematischen städtebaulichen Planung[9] und nahmen damit die Vorschriften des Bundesbaugesetzes auf.

Daraufhin wurde auf Beschluß des Stadtrates der **Stadtentwicklungsplan** von einer Arbeitsgruppe[10] unter Leitung des Kieler Stadtbaurats Professor Herbert Jensen erarbeitet (»Jensen-Plan«). Der 1963 verabschiedete Plan stellt die »städtebauliche und verkehrsmäßige Ordnung Münchens und seines Umlandes für einen Zeitraum von etwa dreißig Jahren« dar.

Daraus entwickelte sich der **Flächennutzungsplan** von 1965 als vorbereitende Bauleitplanung und als Ersatz für den Wirtschaftsplan von 1958.

Vor dem Hintergrund anhaltender Wohnungsnot wurden weitere Wohnbauflächen ausgewiesen. Neue schwerpunktbildende Stadtteile in sechs bis zwölf Kilometern Entfernung vom Stadtkern sollten neue regionale Zentren mit Einzugsbereichen von 200.000 bis 400.000 Einwohnern bilden: im Norden Schleißheim, im Westen Freiham und im Südosten Perlach.[11] Das zentrische Stadtmodell, das seinen Ausdruck in der Staffelbauordnung von 1904 gefunden hatte, wurde in diesen Planungen durch die polyzentrisch aufgebaute Stadt mit der Kernstadt und jeweils eigenständig funktionierenden Satelliten ersetzt.

Fürstenried I und II, Luftbild von 1962.

Ebenfalls 1960 beschloß der Stadtrat den **Gesamtplan zur Behebung der Wohnungsnot**, den **Ersten Münchner Plan**. Seine Zielsetzungen wurden in den umfassenden Stadtentwicklungsplan von 1963 eingeordnet. Ausgehend vom Fehlbestand an Wohnungen und einer gleichbleibenden Zuwanderung von jährlich etwa 30.000 Einwohnern ging der damalige Referent für Tiefbau und Wohnungswesen, Stadtrat Helmut Fischer, von einem Bedarf von 123.300 Wohnungen für die Jahre 1961 bis 1966 aus. Der Plan sah den Bau von mindestens 48.000 Sozialwohnungen und die Bereitstellung von Baugelände für weitere 75.000 Wohnungen vor. Dieses Ziel wurde aufgrund der bereits beschriebenen Kostenerhöhungen im Bauwesen bei gleichzeitiger Verknappung der Fördermittel schließlich mit zweijähriger Verzögerung erreicht. Den überwiegenden Teil der Wohnungen errichteten die gemeinnützigen Wohnungsunternehmen mit 52,4 %.

Der **Erste Münchner Plan** sollte in erster Linie die einkommensschwächsten Kreise der wohnungssuchenden Bevölkerung versorgen. Der Anteil an eigentumsbildenden Maßnahmen blieb daher mit 12,5 % relativ gering.[12]

Damit begann eine neue Phase des Wohnungsbaus in München. Nach dem Wiederaufbau der Innenstadt wurden nun umfangreiche Baugebiete für Großsiedlungen in der Peripherie der Stadt ausgewiesen. Es entstanden die Großsiedlungen Hasenbergl, Fürstenried, Oberföhring West, Blumenau, Lerchenauer See, Neuaubing-West und Neuaubing-Ost, Parkstadt Solln, Englschalking und Johanneskirchen. Sie wurden nacheinander erschlossen, dem städtischen Verkehrsnetz angegliedert und abschnittsweise bebaut.[13]

Auf einem ehemaligen Militärgelände acht Kilometer nördlich des Stadtzentrums entstand zwischen 1960 und 1965 auf einer Fläche von 120 Hektar die Großsiedlung Hasenbergl, der 1965 bis 1968 der Abschnitt Hasenbergl-Süd folgte. In diesem ersten Projekt im Rahmen des **Ersten Münchner Planes** wurden über 95 % der 8.125 Wohnungen im Rahmen des Sozialen Wohnungsbaus erstellt. Nach dem städtebaulichen Entwurf der Architekten Ernst Maria Lang, Helmut von Werz, Johann Christoph Ottow und Fritz Vocke wurden vier- bis achtgeschossige Zeilenbauten und städtebaulich dominante Wohnhochhäuser errichtet. Durch die minimierte Straßenerschließung konnten große zusammenhängende öffentliche Grünräume geschaffen werden.[14] Für den Münchner Norden leitete der neue Stadtteil mit etwa 25.000 Einwohnern die Umwertung vom traditionellen Industrie- und Gewerbegebiet zur Wohnstadt ein.

Mit der Großsiedlung Fürstenried am Rand des Forstenrieder Parks entstand eine weitere Großsiedlung im Sinne eines selbständig funktionierenden neuen Stadtteils mit über 7.000 Einwohnern. Für die Großplanung wurde das stadteigene Gut Fürstenried aufgelassen und – ohne städtebaulichen Wettbewerb – überplant.

Fürstenried entstand, durch die Straße nach Neuried und die Autobahn nach Garmisch geteilt, in drei Bauabschnitten: Ost (1959–1961 mit 2.656 Wohnungen), West (1961–1963 mit 2.529 Wohnungen) und Neu-Fürstenried (1965–1966 mit 2.194 Wohnungen). Die beiden ersten

Abschnitte waren Demonstrativbauten des Bundes und des Freistaates Bayern mit einem relativ hohen Anteil an eigentumsbildenden Maßnahmen: 68 % der Wohnungen waren Mietwohnungen, 22 % Eigentumswohnungen und 10 % Eigenheime. 60 % der Wohnungen waren öffentlich gefördert.[15]

Das Versorgungs- und Dienstleistungsangebot umfaßt neben Geschäften, Banken und Gaststätten auch Sport-, Gesundheits- und Bildungseinrichtungen. Die Fernwärmeversorgung erfolgt durch das Heizkraftwerk Mittersendling. Nach Einstellung der Straßenbahnlinie 8 ist Fürstenried heute durch die U-Bahn mit der Innenstadt verbunden.

Die einzelnen Bauabschnitte sind durch Grünzüge stark gegliedert und besitzen jeweils eigene Zentren mit den Wohnfolgeeinrichtungen. Die Baugebiete sind jeweils auf einem orthogonalen Grundraster angelegt und durch unterschiedliche Bauformen in Reihungen und Gruppen strukturiert: Wohn- und Scheibenhochhäuser bilden einen markanten Gegensatz zu Reihenhäusern und erdgeschossiger Teppichbebauung mit Atriumhäusern. Zeilenbauten mit Geschoßwohnungen stehen einzeln oder bilden als Zeilenkarrees Wohnhöfe.

Nach ähnlichen städtebaulichen Mustern ist die Anlage Lerchenauer See konzipiert. Zwischen 1964 und 1967 wurden hier 2.542 Wohnungen gebaut und ein neun Hektar großer See mit landschaftlich gestaltetem Erholungsgelände angelegt.[16]

Am westlichen Stadtrand Münchens entstand ab 1965 die Siedlung Neuaubing-West mit rund 2.400 Wohnungen. Diese Siedlung hatte lange Zeit mit sozialen Problemen zu kämpfen. Die unausgeglichene Alters- und Sozialstruktur der neuen Einwohner führte zu mangelnder Wohnzufriedenheit und Jugendkriminalität. Die erhoffte Durchmischung mit den Bewohnern der angrenzenden Einfamilienhausgebiete stellte sich nicht ein.[17]

Das städtebauliche Idee für die Erschließung der Stadtrandgebiete war die Bildung von Nachbarschaftseinheiten, also von Siedlungabschnitten mit begrenzter Einwohnerzahl und mit einer eigenen haushaltsbezogenen Infrastruktur. Dieses urbane Konzept ließ nicht nur hohe Wirtschaftlichkeit durch optimal ausgelastete Versorgungseinrichtungen erwarten. Man hoffte auch, durch Überschaubarkeit und Dichte ein soziales Eigenleben der Siedlungen erzeugen zu können.

In konstruktiver Hinsicht wurde der industrialisierte Wohnungsbau weiterentwickelt. Im europäischen Ausland, zum Beispiel in Frankreich und Schweden, gab es dafür bereits technisch bewährte Vorbilder. Man versprach sich eine Reihe von Vorteilen gegenüber konventionellen Bauweisen, zum Beispiel verkürzte Bauzeiten und damit die Senkung des Lohnkostenanteils und eine höhere Qualität der Ausführung. In München wurden im Wohnungsbau nun zunehmend Fertigteile, Großtafelelemente und Großflächenschalungen eingesetzt.[18]

Lerchenauer See, 1964–1968.
Architekten: Helmut von Werz
und Johann Christoph Ottow.

Die städtebaulichen Grundideen der Entmischung von Nutzungen, des verkehrsberuhigten Wohnens im Grünen und der Bildung von Nachbarschaften wurden jedoch oftmals in der baulichen Umsetzung geschwächt. Industrielle Bauweisen verleihen vielen Bauten ein monotones Erscheinungsbild, die starre orthogonale Grundstruktur (»Reißbrettsiedlung«) des Städtebaus sowie die Reihung gleicher Baukörper mit gestapelten Grundrissen schuf zusätzlich Probleme hinsichtlich der Akzeptanz durch die Bewohner. Der Mangel an sozialen und räumlichen Qualitäten und die Rückwirkungen des Städtebaus auf seine Bewohner wurden schon seit Beginn der sechziger Jahre zum Gegenstand der Kritik.[19] Die großzügigen, klaren und familiengerechteren Wohnungsgrundrisse hingegen wurden als Fortschritt betrachtet. Anfängliche Mängel in der Belegungspolitik und der Infrastruktur konnten im Laufe der Zeit behoben werden, doch warfen die Großsiedlungen der sechziger Jahre Fragen auf, die zur Suche nach neuen Formen des verdichteten Wohnungsbaues führen sollten.

Auch nach Abschluß der Bautätigkeit im Rahmen des **Ersten Münchener Planes** hielt die Wohnungsnot unter der einkommensschwachen Bevölkerung an. Die Wanderungsgewinne nahmen nach einem vorübergehenden Rückgang 1967 wieder zu, und Ende 1968 lagen noch immer 58.700 Anträge auf Zuteilung einer Familienwohnung vor. Mit der bevorstehenden Ausrichtung der XX. Olympischen Spiele 1972 zeichnete sich ein neuerlicher Wirtschafts- und Zuwanderungsboom für München ab.

Anmerkungen

1 Statistisches Jahrbuch 1993, 116, Tabelle 511.
2 Statistisches Jahrbuch 1993, 24, Tabelle 101.
3 Statistisches Jahrbuch 1993, 24, Tabelle 101.
4 Im Juli 1960 trat das »Gesetz über den Abbau der Wohnungszwangswirtschaft und über ein soziales Miet- und Wohnrecht« in Kraft, das sogenannte Überleitungsgesetz (Walter 1991, 125). Bis zum 31.12.65 wurde die freie Wohnungswirtschaft wieder eingeführt. Vgl. Wolowicz in Ude 1990, 25).
5 Innerhalb des Münchener Burgfriedens waren 1960 noch 1.100 Hektar Bauland vorhanden, größtenteils in Privatbesitz und zu teuer für den Sozialen Wohnungsbau. Vgl. Walter 1991, 122.
6 Bauen in München 1970, 177.
7 Ebd., 178.
8 Das Bundesbaugesetz vom 23. Juni 1960 verpflichtet die Gemeinden, Bauleitpläne aufzustellen.
9 Steiner 1960.
10 Arbeitsgemeinschaft Prof. Herbert Jensen, Egon Hartmann und Carl Hidber.
11 Bauen in München 1970, 37.
12 Ebd., 177.
13 Ebd., 176ff.
14 Landschaftsarchitekten der Großsiedlung Hasenbergl waren Alfred Reich, Holm Becher und Peter Leitzmann.
15 Im ersten Bauabschnitt (Ost) beträgt der Anteil an Eigentumswohnungen 36,5% und im zweiten Abschnitt (West) 28%. Durch spätere Eigentumsübertragung an die Mieter erhöhte sich dieser Anteil. Vgl. Peschel 1992, 11.
16 Die Architekten der Siedlung Lerchenauer See waren: Adolf und Helga Schnierle, Helmut von Werz und Johann Christoph Ottow, Landschaftsarchitekt war Alfred Reich.
17 Vgl. hierzu Sozialgeografischer Führer 1987, 563; Blaschke 1980 und »Materialien zum Stadtentwicklungsplan« 1983, Abb. Nr I-1.
18 Arnold Hinteregger, »Wohnungsbau mit Fertigteilen und Großtafelelementen«, sowie Max Kirchmaier, »Industrialisierter Wohnungsbau mit Großflächenschalung«, in: Bauen in München 1970, 181ff.
19 Vgl. hierzu Mitscherlich 1965 und Jacobs 1961.

MONIKA NISSLEIN **Die Wohnsiedlung Am Hasenbergl**

Am 25. Mai 1960 wurde von Oberbürgermeister Hans-Jochen Vogel der Grundstein für die Großsiedlung Am Hasenbergl gelegt.[1] Die Errichtung dieser größten städtebaulich geschlossenen Wohnanlage seit Ende des Zweiten Weltkrieges leitete eine Wende im sozialen Wohnungsbau in München ein.[2]

Hatten sich Stadt und Bauwirtschaft bis dahin hauptsächlich mit der Beseitigung von Kriegszerstörungen und mit der Schließung von Baulücken befaßt, begann jetzt »eine neue Phase des Wohnungsbaus in München, die dadurch gekennzeichnet war, daß nach dem Wiederaufbau der Kernstadt nunmehr umfangreiche Baugebiete für Großsiedlungen im peripheren Bereich der Stadt ausgewiesen, diese in kontinuierlicher Zeitenfolge erschlossen und an das städtische Verkehrsnetz angeschlossen wurden.«[3]

Städtische Vorgaben und erste Planungen

Die Siedlung Am Hasenbergl sollte mit ca. 5.500 Wohnungen Wohnraum für 18.000 Menschen[4] schaffen. Stadtrat und Stadtverwaltung der LH München setzten im Jahr 1959 die Südhausbau GmbH sowie vier weitere Gesellschaften[5] als Bauträger für die Bebauung des ca. 90 Hektar umfassenden Planungsgebietes ein, die die Neue Heimat als Planungsträger wählten. Bei dem nach einer kleinen Bodenerhebung von 5-6 m Höhe benannten Hasenbergl[6] handelte es sich um ein bislang unerschlossenes, westlich der Schleißheimer Straße gelegenes ehemaliges Exerziergelände im Besitz der Stadt.[7]

Geplant war eine Großsiedlung im Grünen, »ein neuer Münchener Stadtteil«[8], der den Ansprüchen an modernes Wohnen gerecht werden sollte und mit allen notwendigen öffentlichen und sozialen Einrichtungen ausgestattet war. Dieses Ziel sollte möglichst kostengünstig (Motto: Komfort, aber kein Luxus) erreicht werden.

Die Architekten Ernst Maria Lang[9], Helmut von Werz, Johann Christoph Ottow und Fritz Vocke erstellten in Zusammenarbeit mit den zuständigen Referaten der Stadt und den beteiligten Bauträgern einen städtebaulichen Entwurf für die Wohnanlage Am Hasenbergl.

Nach einer vergleichenden Betrachtung der Vorprojekte der beteiligten Architekten beschlossen die Baugesellschaften am 18. Juni 1959, daß das Projekt der Architektengemeinschaft von Werz/Ottow vorlagereif ausgearbeitet werden sollte und ernannten Hellmut von Werz zum federführenden Architekten.

Nach den Vorgaben der Stadt München sollte die Durchschnittsmiete ca. 1,50 DM pro Quadratmeter[10] nicht übersteigen, da die Wohnungen für Wohnungssuchende mit geringem Einkommen bestimmt waren. Über die Vergabe der mit öffentlichen Mitteln geförderten Wohnungen entschied das Wohnungsamt nach Dringlichkeit.

An öffentlichen Wohnungsbaumitteln standen maximal 13.700 DM bei durchschnittlichen Gesamtkosten von 28.500 DM pro Wohnung (durchschnittlich 58 qm) zur Verfügung.

Lageplan Hasenbergl
1 Aschenbrennerstraße
2 Petrarcastraße
3 Kiefernwäldchen
4 Kugystraße
5 Linkstraße
6 Harpprechtstraße
7 Dülferstraße

Grundriß des westlichen Blockteils Petrarcastraße.
Architekt: Matthä Schmölz.
3-Zimmer-Wohnung mit Eßküche (66,67 qm).
2-1/2 Zimmer-Wohnung mit Kochküche (57,29 qm).

Östlich der Linkstraße, an der Ecke zur Harpprechtstraße, wurde ein langestreckter Flachbau für acht Geschäfte des täglichen Bedarfs mit einem davorgelagerten kleineren Ladenbau errichtet.

Für den im Osten parallel dazu liegenden Wohnblock (60 WE) in Nord/Süd-Richtung zeichnet wiederum Matthä Schmölz verantwortlich. Es handelt sich um eine fünfgeschossige Vierhauszeile mit Eingängen im Osten, Balkonen im Westen und einem Garagenflachbau im Osten. Dieser Block und die folgenden Laubenganghäuser schließen den Abschnitt der Südhausbau GmbH zur Schleißheimerstraße hin ab.

Die sechs in nordsüdlicher Richtung parallel zur Schleißheimerstraße verlaufenden Laubenganghäuser (Architekt: Fritz Vocke) mit vier Geschossen und einem jeweils am Nordende des Gebäudes leicht nach Osten hervortretenden Treppenhauselement haben nach Westen gerichtete Balkone. Sie treffen im rechten Winkel auf sechs weitere von Osten nach Westen ausgerichte Wohngebäude, mit denen sie über einen Durchgang verbunden sind. Die letztgenannten fünfgeschossigen Vierhauszeilen haben Balkone nach Süden. Die Eingänge befinden sich an der Nordseite. Jeder Gruppe Laubenganghaus/Vierhauszeile ist ein Garagenflachbau in nordsüdlicher Richtung zur Linkstraße hin zugeordnet. In den Bereichen zwischen den Häusern sind wiederum Grünflächen angelegt.[26]

Im Norden der Wohnanlage werden durch zwei Hochhäuser städtebauliche Akzente gesetzt. Das von Alexander Freiherr von Branca entworfene Hochhaus mit vorgelagerter Ladengruppe und das Punkthaus an der Kugystraße (Architekt: Fritz Vocke) wirken als nordöstliche Dominante für die gesamte Wohnsiedlung am Hasenbergl.

Das Branca-Haus bildet den eindrucksvollen Abschluß einer von den Punkthäusern auf dem Hasenbergl ausgehenden und sich im Kiefernwäldchen fortsetzenden Achse und stellte gleichzeitig eine optische Zäsur zu dem damals noch bestehenden, unmittelbar angrenzenden ›Städtischen Wohnlager für Obdachlose‹, dem Frauenholz[27], dar.

Der quergelagerte (O/W-Richtung), scheibenartig ausgebildete Wohnblock (122 WE, Baubeginn 1961) an der Ecke Stösser- und Aschenbrennerstraße ist in der Höhe gestaffelt (acht bzw. neun Geschosse). Die Südfassade ist durch das Hervor- und Zurücktreten der Wand, die unterschiedliche Länge der Balkone bzw. Loggien, die Betonung der Ecken und das asymmetrisch nach rechts verlagerte neunte Geschoß, das nicht die gesamte Breite des Gebäudes einnimmt, sehr differenziert gestaltet. Die ursprüngliche Farbgestaltung (Mauerflächen in einem Ockerton, Balkone bzw. Loggien in Weiß sowie weiße, horizontal verlaufende Farbbänder zur Akzentuierung der

Scheibenhaus, vom Kiefernwäldchen aus gesehen, mit Ladenzentrum.
Architekt: Alexander Freiherr von Branca. Foto Ende der sechziger Jahre.

MONIKA NISSLEIN **Die Wohnsiedlung Am Hasenbergl**

Am 25. Mai 1960 wurde von Oberbürgermeister Hans-Jochen Vogel der Grundstein für die Großsiedlung Am Hasenbergl gelegt.[1] Die Errichtung dieser größten städtebaulich geschlossenen Wohnanlage seit Ende des Zweiten Weltkrieges leitete eine Wende im sozialen Wohnungsbau in München ein.[2]

Hatten sich Stadt und Bauwirtschaft bis dahin hauptsächlich mit der Beseitigung von Kriegszerstörungen und mit der Schließung von Baulücken befaßt, begann jetzt »eine neue Phase des Wohnungsbaus in München, die dadurch gekennzeichnet war, daß nach dem Wiederaufbau der Kernstadt nunmehr umfangreiche Baugebiete für Großsiedlungen im peripheren Bereich der Stadt ausgewiesen, diese in kontinuierlicher Zeitenfolge erschlossen und an das städtische Verkehrsnetz angeschlossen wurden.«[3]

Städtische Vorgaben und erste Planungen

Die Siedlung Am Hasenbergl sollte mit ca. 5.500 Wohnungen Wohnraum für 18.000 Menschen[4] schaffen. Stadtrat und Stadtverwaltung der LH München setzten im Jahr 1959 die Südhausbau GmbH sowie vier weitere Gesellschaften[5] als Bauträger für die Bebauung des ca. 90 Hektar umfassenden Planungsgebietes ein, die die Neue Heimat als Planungsträger wählten. Bei dem nach einer kleinen Bodenerhebung von 5-6 m Höhe benannten Hasenbergl[6] handelte es sich um ein bislang unerschlossenes, westlich der Schleißheimer Straße gelegenes ehemaliges Exerziergelände im Besitz der Stadt.[7]

Geplant war eine Großsiedlung im Grünen, »ein neuer Münchener Stadtteil«[8], der den Ansprüchen an modernes Wohnen gerecht werden sollte und mit allen notwendigen öffentlichen und sozialen Einrichtungen ausgestattet war. Dieses Ziel sollte möglichst kostengünstig (Motto: Komfort, aber kein Luxus) erreicht werden.

Die Architekten Ernst Maria Lang[9], Helmut von Werz, Johann Christoph Ottow und Fritz Vocke erstellten in Zusammenarbeit mit den zuständigen Referaten der Stadt und den beteiligten Bauträgern einen städtebaulichen Entwurf für die Wohnanlage Am Hasenbergl.

Nach einer vergleichenden Betrachtung der Vorprojekte der beteiligten Architekten beschlossen die Baugesellschaften am 18. Juni 1959, daß das Projekt der Architektengemeinschaft von Werz/Ottow vorlagereif ausgearbeitet werden sollte und ernannten Hellmut von Werz zum federführenden Architekten.

Nach den Vorgaben der Stadt München sollte die Durchschnittsmiete ca. 1,50 DM pro Quadratmeter[10] nicht übersteigen, da die Wohnungen für Wohnungssuchende mit geringem Einkommen bestimmt waren. Über die Vergabe der mit öffentlichen Mitteln geförderten Wohnungen entschied das Wohnungsamt nach Dringlichkeit.

An öffentlichen Wohnungsbaumitteln standen maximal 13.700 DM bei durchschnittlichen Gesamtkosten von 28.500 DM pro Wohnung (durchschnittlich 58 qm) zur Verfügung.

Lageplan Hasenbergl
1 Aschenbrennerstraße
2 Petrarcastraße
3 Kiefernwäldchen
4 Kugystraße
5 Linkstraße
6 Harpprechtstraße
7 Dülferstraße

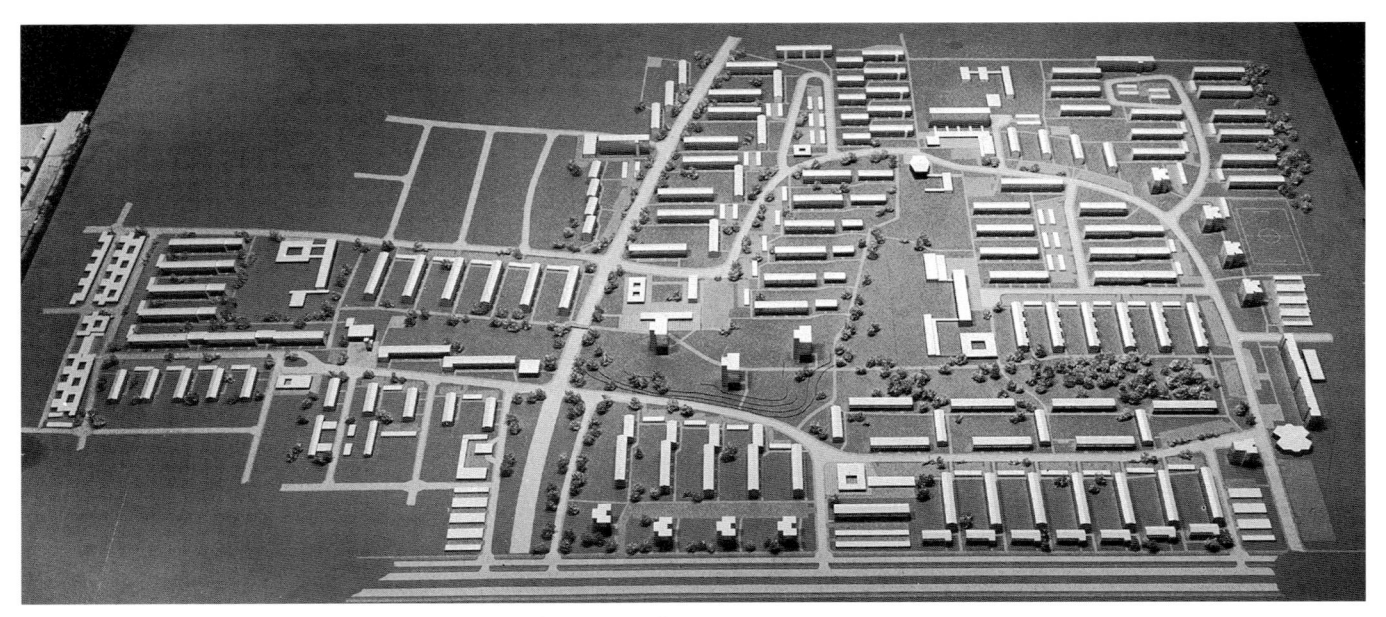

Diese Aufnahme zeigt das realisierte Modell, das von Lang, Vocke und Werz/Ottow konzipiert wurde. Der zentrale Grünzug wird hier durch die Punkthäuser betont. Auf der anderen Seite markiert das Scheibenhaus den Abschluß. Die in Zeilen angeordneten Häuser bilden im Gegensatz zu Vockes Vorschlag teilweise hofartige Räume aus. Alle öffentlichen Gebäude sind erdgeschossig, so daß sich eine Staffelung von Höhen gibt.

Modell von Fritz Vocke von 1959 für den eingeladenen Wettbewerb. In diesem Vorschlag ist die Geländeerhöhung des Hasenbergls nicht bebaut. Die Anordnung der Häuser in Zeilen mit verschiedenen Höhen und eingestreuten Punkthäusern ist ebenfalls vorgesehen. Die Punkthäuser sind jedoch in einen zusätzlichen Grünzug eingebettet. Die einzelnen Abschnitte sind zudem stärker voneinander abgegrenzt.

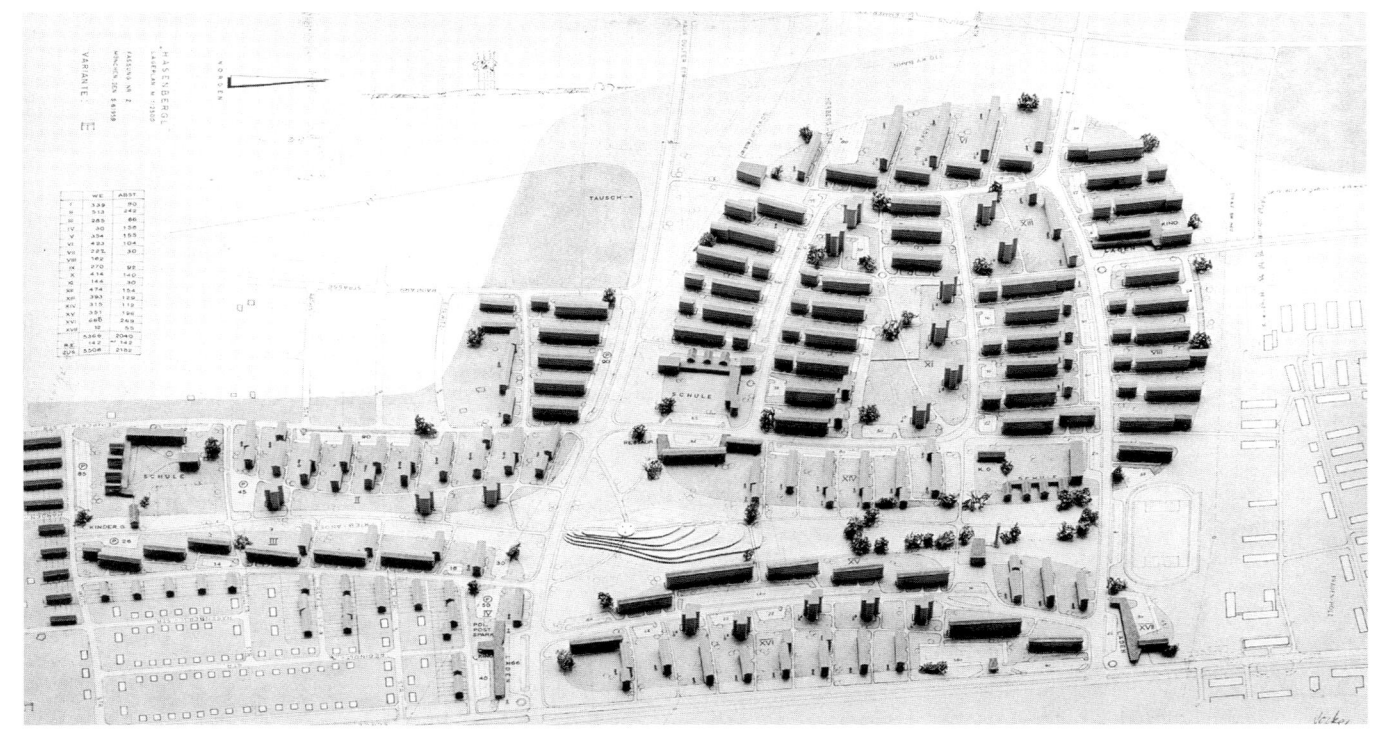

Städtebauliche Konzeption der Wohnanlage

Die Wohnsiedlung ist durch die Dülfer- und die ringförmig verlaufende Aschenbrenner- bzw. Blodigstraße mit der Schleißheimerstraße verbunden und wird intern durch Ring- und Stichstraßen erschlossen – eine Verkehrsführung, die das Wohnen in ruhiger Lage ermöglicht. Für die gefahrlose Überquerung der Dülferstraße wurde eine Fußgängerbrücke[11] errichtet. Die ca. 8 km (Luftlinie) entfernte Innenstadt war durch Omnibusse, durch eine geplante Verlängerung der Straßenbahnlinie 8 und den nahe gelegenen Bahnhof Feldmoching erreichbar.[12]

Nach dem Plan von v. Werz waren insgesamt vier Bereiche (zwei mit je etwa 1.400 Wohnungen und zwei mit je 1.100–1.200 Wohnungen), fünf Ladenzentren, zwei Kirchen, drei Schulen und ein Sportplatz vorgesehen.[13]

Im Zentrum der Siedlung, auf dem eigentlichen Hasenbergl, wurde inmitten der Grünzone durch drei 15geschossige Punkthäuser eine städtebauliche Dominante geschaffen. Sie bilden den weithin sichtbaren, optischen Mittelpunkt der Wohnanlage. Am Stanig-Platz im Westen setzen die Kirchen[14] der beiden Konfessionen einen weiteren, wenngleich umstrittenen Akzent.[15]

Ebenfalls im Zentrum der Siedlung (nördlich der Dülferstraße, den Punkthäusern auf dem Hasenbergl vorgelagert) entstand ein großes, ebenerdiges Ladenzentrum[16] mit diversen Geschäften und einer Großgaststätte mit Restaurant (Mathäser).

Die vier weiteren Ladenkomplexe wurden so konzipiert, daß sie für die Bewohner in den einzelnen Bereichen leicht erreichbar sind. Drei auf die Wohnbereiche hin angelegte Volksschulen[17] im Süden, in der Mitte des Nordteils und am Westrand der Siedlung sollten ohne die Überquerung größerer Straßen zugänglich sein. An weiteren öffentlichen Einrichtungen waren Kindertagesstätten und eine Kinderkrippe, eine Mütterberatungsstelle, ein Jugendfreizeitheim, ein Sportplatz, eine Stadtbücherei, ein Postamt und zwei Banken vorhanden.[18]

Die Geschoßhöhe der Wohngebäude variierte zwischen drei und neun Etagen. Durch die Kombination von Zeilenbauten, Punkthäusern, Laubenganghäusern, einem Scheibenhaus und eingeschossigen Flachbauten und durch die Anordnung der Gebäude sowohl in Nord/Süd- als auch in Ost/Westrichtung wurden nicht nur eine städtebaulich und architektonisch spannungsreiche Gestaltung erreicht und Blickpunkte geschaffen, sondern auch der eigenständige Charakter der Siedlung betont.

Um bei der Gestaltung der einzelnen Häuser Monotonie und starre Einheitlichkeit zu vermeiden, aber dennoch den Charakter eines Ensembles zu gewährleisten, wurde von den beteiligten Architekten eine gemeinsame Linie hinsichtlich der Gestaltung der Dächer (Dachneigung 23–27°, gleiche Dachziegel, fassadenbündiges Gesims,

Blick von der Hochhausscheibe nach Süden zu den Punkthäusern auf dem Hasenbergl. Foto 1996.

bei höheren Häusern mit Flachdach akzentuierte Gestaltung des Dachabschlusses mittels Attika, Dachschürzen etc.), der Fassaden (Gliederung durch unterschiedliche Putzstruktur und Mauerflächen verschiedener Farbigkeit), der Fenster (Abstimmung der Fensterformate, für alle Wohnungen im Erdgeschoß Rolladen) und Balkone (flächige Balkonbrüstungen aus Eternit bzw. Beton, allenfalls mit sparsamer Verwendung von Stäben zur optischen Auflockerung) festgelegt.

Besonderer Wert wurde auf großzügige Grünanlagen gelegt. Das vorhandene Kiefernwäldchen bildet das grüne Rückgrat der Wohnanlage. Ein Teil der Wohnhäuser konnte so in eine Grünanlage mit altem Baumbestand integriert werden – die Bepflanzung der übrigen Freiflächen nimmt das natürliche Grün auf und führt es zwischen den Häusern weiter (Gartenarchitekt Alfred Reich). Um die optische Geschlossenheit der gesamten Siedlung zu unterstreichen, wurden für die Baumbepflanzung ausschließlich Akazien gewählt.[19]

Auch bei der Gestaltung der Wohnungen wurden modernste Gesichtspunkte berücksichtigt. So waren alle Wohnungen mit Bad und Zentralheizung ausgestattet[20] und an die zentrale Warmwasserversorgung angeschlossen – ein Standard, der in den frühen sechziger Jahren keineswegs üblich war und angesichts der von der Stadt vorgegebenen niedrigen Quadratmetermiete von ca. 1,50 DM[21] besonders bemerkenswert erscheint. Größe, Einteilung und Ausstattung der Wohnungen waren auf die angenommenen Bedürfnisse der zukünftigen Mieter abgestimmt: 1-Zimmer-Wohnungen (10 % mit Kochnische, ca. 30 qm, 10 % mit Wohnküche, ca. 40 qm, 35 % mit Wohnküche und Kammer, ca. 52 qm, 20 % mit Wohnküche und 2 Kammern), 2-Zimmer-Wohnungen (5 % mit

Wohnküche und 2 Kammern, ca. 80–85 qm, 5 % mit Eßküche, ca. 50 qm, 10 % mit Eßküche und Kammer, ca. 63 qm, 5 % mit Eßküche und zwei Kammern, ca. 80–85 qm).[22] Die Küchen enthielten in der Regel eine Herd-Spülbeckenkombination, ein Speiseschränkchen und eine Arbeitsplatte. Die überwiegende Zahl der Wohnungen verfügte über Balkone. In den Kellern wurden Waschküchen mit vollautomatischen Waschmaschinen, in den Speichern Wäschetrockenräume eingerichtet.

In diesem Entwurf der Architekten wurden alle Anforderungen an den modernen Städtebau zu Beginn der sechziger Jahre konsequent verwirklicht: »Leitmotiv der Architekten und Stadtplaner war der Entwurf von autonomen, signifikanten Stadtteilzentren. Die Wohnhochhäuser sollten die Funktion von städtebaulichen Dominanten erfüllen. Die Trabantensiedlungen verschwanden nicht im ›Siedlungsbrei‹, sondern markierten weithin erkennbare, scharf umrissene Einheiten. Durch die Kombination von Punkthaus, Scheibe und Zeile versuchte man, eine Höhendifferenzierung der Wohnbauten vorzunehmen, wodurch sich – im Vergleich zur reinen Zeilenanordnung – vielfältige städtebauliche Gestaltungsformen ergaben.«[23]

Luftaufnahme.
Ende der sechziger Jahre.

Die Gebäude der Südhausbau GmbH

Jedem Bauträger wurde zu Beginn der Siedlungsarbeiten ein geschlossener Bauabschnitt zugeteilt, um so möglichst zusammenhängende Komplexe auch hinsichtlich der Außenanlagen und Verkehrswege zu schaffen. Die Südhausbau erhielt den Nordostabschnitt mit 1.157 Wohnungen. Im ersten Finanzierungsabschnitt wurden 1959/60 von allen Bauträgern insgesamt 1.600 Wohnungen errichtet. Die gesamte Bauvorbereitung (vom städtebaulichen Entwurf bis hin zum Genehmigungsverfahren) hatte nur neun Monate in Anspruch genommen. Im Oktober 1959 begannen die Erschließungsarbeiten.

Die Südhausbau errichtete auf dem ihr zugeteilten Areal in einem ersten Finanzierungsabschnitt 663 Wohnungen (zum Teil in Betreuung privater Bauherren). Im Jahr 1961 waren bereits 600 Wohnungen fertig, die restlichen konnten 1963 bezogen werden. Zu den Wohnungen kam noch die Errichtung von 500 Garagen bzw. Stellplätzen, zwei Ladenzentren und einer Gaststätte. Für die Architektur zeichneten Fritz Vocke[24], Matthä Schmölz und Alexander Freiherr von Branca[25] verantwortlich.

Matthä Schmölz übernahm die sechs viergeschossigen Wohnblöcke mit 192 Wohneinheiten zwischen der Petrarcastraße im Westen, der Aschenbrennerstraße im Norden und dem Kiefernwäldchen.

Die Wohnblöcke in Zeilenbauweise sind exakt parallel angeordnet und verlaufen in westöstlicher Richtung. Die asymmetrisch hervorkragenden Balkone liegen auf der Südseite. Die vier Eingangsbereiche im Norden treten ebenfalls asymmetrisch aus der Hauswand hervor, werden aber von dem Satteldach überfangen, das dadurch auf der Nordseite steiler ansteigt und somit die Asymmetrie aufnimmt. Durch die schräge Anordnung der Türen entsteht der optische Eindruck einer in sich gestaffelten Vierhauszeile. Zur Petrarcastraße hin sind Garagenflachbauten rechtwinklig vorgelagert. Zwischen den Gebäuden erstrecken sich Rasenflächen.

Diesen Gebäuden gegenüberliegend wurde auf der anderen Seite des Kiefernwäldchens ein zweiter Bauab-

Links die Hochhausscheibe an der Stösserstraße 2–4, 1961, (Architekt: Alexander Freiherr von Branca), rechts hinten das Punkthaus an der Aschenbrennerstraße 3 (Architekt: Fritz Vocke) und davor die Häuser an der Linkstraße (Architekt: Fritz Vocke). Foto Mitte der sechziger Jahre.

Eingangsbereich Petrarcastraße,
1960/61.
Architekt: Matthä Schmölz.
Foto 1996.

schnitt (im Osten durch die Linkstraße begrenzt) unter dem Architekten Vocke in Angriff genommen. Die vier unmittelbar an den Grünzug und die drei an die Linkstraße angrenzenden satteldachgedeckten Dreihauszeilen mit vier Geschossen verlaufen in Nord/Süd-Richtung in leicht gegeneinander versetzter Parallelstellung. Die Balkone sind nach Westen zum Kiefernwäldchen hin, die Eingänge nach Osten ausgerichtet. Jeweils dazwischen, bzw. im Süden als Abschluß, liegen im rechten Winkel dazu vier niedrigere Blocks (drei Geschosse, zwei Eingänge, jeweils an der Nordseite, Satteldach) in westöstlicher Richtung mit Südbalkonen. Durch den Wechsel von Zweihaus- und Dreihauszeilen auf der einen Seite und die Variation von Höhe und Länge der Baukörper auf der anderen Seite gelingt es, den Eindruck von Monotonie zu vermeiden. Durch die rechtwinklige Anordnung erhalten die Räume zwischen den Häusern den Charakter von begrünten, luftigen Innenhöfen.

Blick auf die Linkstraße (Mitte),
1960/61, von der Schleißheimerstraße (rechts), 1961.
Architekt: Fritz Vocke.
Foto 1996.

Grünanlage zwischen Linkstraße
und Schleißheimerstraße.
Foto 1996.

Grundriß des westlichen Blockteils Petrarcastraße.
Architekt: Matthä Schmölz.
3-Zimmer-Wohnung mit Eßküche (66,67 qm).
2-1/2 Zimmer-Wohnung mit Kochküche (57,29 qm).

Östlich der Linkstraße, an der Ecke zur Harpprechtstraße, wurde ein langestreckter Flachbau für acht Geschäfte des täglichen Bedarfs mit einem davorgelagerten kleineren Ladenbau errichtet.

Für den im Osten parallel dazu liegenden Wohnblock (60 WE) in Nord/Süd-Richtung zeichnet wiederum Matthä Schmölz verantwortlich. Es handelt sich um eine fünfgeschossige Vierhauszeile mit Eingängen im Osten, Balkonen im Westen und einem Garagenflachbau im Osten. Dieser Block und die folgenden Laubenganghäuser schließen den Abschnitt der Südhausbau GmbH zur Schleißheimerstraße hin ab.

Die sechs in nordsüdlicher Richtung parallel zur Schleißheimerstraße verlaufenden Laubenganghäuser (Architekt: Fritz Vocke) mit vier Geschossen und einem jeweils am Nordende des Gebäudes leicht nach Osten hervortretenden Treppenhauselement haben nach Westen gerichtete Balkone. Sie treffen im rechten Winkel auf sechs weitere von Osten nach Westen ausgerichte Wohngebäude, mit denen sie über einen Durchgang verbunden sind. Die letztgenannten fünfgeschossigen Vierhauszeilen haben Balkone nach Süden. Die Eingänge befinden sich an der Nordseite. Jeder Gruppe Laubenganghaus/Vierhauszeile ist ein Garagenflachbau in nordsüdlicher Richtung zur Linkstraße hin zugeordnet. In den Bereichen zwischen den Häusern sind wiederum Grünflächen angelegt.[26]

Im Norden der Wohnanlage werden durch zwei Hochhäuser städtebauliche Akzente gesetzt. Das von Alexander Freiherr von Branca entworfene Hochhaus mit vorgelagerter Ladengruppe und das Punkthaus an der Kugystraße (Architekt: Fritz Vocke) wirken als nordöstliche Dominante für die gesamte Wohnsiedlung am Hasenbergl.

Das Branca-Haus bildet den eindrucksvollen Abschluß einer von den Punkthäusern auf dem Hasenbergl ausgehenden und sich im Kiefernwäldchen fortsetzenden Achse und stellte gleichzeitig eine optische Zäsur zu dem damals noch bestehenden, unmittelbar angrenzenden ›Städtischen Wohnlager für Obdachlose‹, dem Frauenholz[27], dar.

Der quergelagerte (O/W-Richtung), scheibenartig ausgebildete Wohnblock (122 WE, Baubeginn 1961) an der Ecke Stösser- und Aschenbrennerstraße ist in der Höhe gestaffelt (acht bzw. neun Geschosse). Die Südfassade ist durch das Hervor- und Zurücktreten der Wand, die unterschiedliche Länge der Balkone bzw. Loggien, die Betonung der Ecken und das asymmetrisch nach rechts verlagerte neunte Geschoß, das nicht die gesamte Breite des Gebäudes einnimmt, sehr differenziert gestaltet. Die ursprüngliche Farbgestaltung (Mauerflächen in einem Ockerton, Balkone bzw. Loggien in Weiß sowie weiße, horizontal verlaufende Farbbänder zur Akzentuierung der

Scheibenhaus, vom Kiefernwäldchen aus gesehen, mit Ladenzentrum.
Architekt: Alexander Freiherr von Branca. Foto Ende der sechziger Jahre.

Stockwerkseinteilung) betonte den besonderen Charakter des Scheibenhauses im Stil der frühen sechziger Jahre. Über einen auf Pfeilern ruhenden Durchgang gelangt man auf die Nordseite, an der drei Treppenhäuser die Laubengänge zu den Wohnungen erschließen. Der Verlauf der Treppenhäuser wird durch drei Bänder aus Beton mit einer kleinteiligen Gitterstruktur betont.

Der vorgelagerte, ebenerdige Ladenbau besteht aus drei gegeneinander versetzten Gebäuden.[28]

Das schräg gegenüberliegende, flachgedeckte Punkthaus (Architekt: Fritz Vocke) zwischen Aschenbrenner-, Link- und Kugystraße wurde 1960 begonnen. Die 45 Wohnungen verteilen sich auf neun Geschosse. Die durch den unregelmäßigen Grundriß bedingten Ecken im Westen und Osten des Gebäudes werden durch asymmetrisch vorkragende Balkone verschliffen. Der Eingang liegt auf der Nordseite, die Balkone richten sich nach Süden, Osten und Westen.

Der Bauabschnitt der Südhausbau GmbH zeichnet sich durch eine abwechslungsreiche Gestaltung und eine geschickte Staffelung der einzelnen Wohngebäude und Baugruppen unter Einbeziehung des alten Baumbestandes aus. Bei der Ausrichtung der Baukörper wurde konsequent darauf geachtet, daß die Hausseiten mit den Wohnräumen und Balkonen sonnengünstig gegen Süden und Westen, die Eingangsseiten mit den Treppenhäusern, den Neben- und Wirtschaftsräumen dagegen nach Norden und Osten liegen.

Spielplatz an der Petrarcastraße.
Foto Mitte der sechziger Jahre.

Laubengang an der Rückseite (Nordseite) des Scheibenhauses.
Foto 1996.

Hasenbergl damals und heute: Kritische Bestandsaufnahme

Im Zuge der städtebaulichen Vorstellungen der fünfziger und frühen sechziger Jahre (Entballung, Auflockerung der Städte durch neue Stadtviertel im Grünen mit entsprechender Infrastruktur und sozialem Eigenleben) war mit dem Hasenbergl eine Wohnanlage entstanden, die »sowohl für den modernen Städtebau, als auch für künftige Maßnahmen zur Behebung der Wohnungsnot beispielhaft«[29] werden und ihren Bewohnern ein Leben in »Licht, Luft und Sonne«[30] ermöglichen sollte.

Die zunächst sehr positive Resonanz fand ihren Niederschlag in der Presse.[31] Berichtet wurde von einem »sehr erfreulichen Akzent« für den Münchner Norden[32], einem »hoffnungsvollen Vorzeichen für die Linderung der Wohnungsnot«[33], von einer »städtebaulich guten Gestaltung«, von »gut ausgestatteten Wohnungen«[34] und von erfreuten Mietern, die »über die Ausstattung und den Preis ihres neuen Zuhauses begeistert« sind, »vor allem, weil überall Ölheizungen eingebaut sind«[35]. Für die Wohnungen gab es, trotz der etwas abgelegenen Lage, so viele Interessenten, daß über 2.000 Bewerber nicht zum

überzogener Kritik Platz. »Hier wurde wahrlich fehlgeplant« stellte die Süddeutsche Zeitung⁴¹ nach zehn Jahren fest und kritisierte vor allem Isolation, fehlende Geschäfte, Lokale und Einrichtungen für Kinder und Jugendliche. Ursache dafür sind einerseits gestiegene Ansprüche an die Wohnqualität und den Freizeitwert, andererseits aber – mitverursacht durch die vergleichsweise einheitliche Bewohnerstruktur – soziale Spannungen.

Am Hasenbergl entschied das Wohnungsamt über die Vergabe der mit öffentlichen Mitteln geförderten Wohnungen.⁴² Ein erheblicher Teil der Wohnungen war im Rahmen eines Sonderbauprogramms zur Unterbringung von Flüchtlingen aus der damaligen DDR und aus ehemaligen deutschen Gebieten in Polen gefördert worden und damit für diesen Personenkreis zweckgebunden.⁴³ Weiter waren die Wohnungen vorgesehen für langjährig beim Wohnungsamt vorgemerkte Dringlichkeitsfälle, für junge Ehepaare der Dringlichkeitsstufe 1 und für Bewerber, die ihrerseits eine billige Wohnung für Wohnungssuchende mit geringem Einkommen freimachten.⁴⁴ Bei dieser ausschließlichen Belegung mit sozial schwächer gestellten Mietern waren die Gefahr einer Ghettoisierung und damit Probleme sowohl für das Zusammenleben im Viertel als auch für dessen Wirkung nach außen gegeben.⁴⁵ Keinesfalls übersehen werden darf aber in diesem Zusammenhang, daß zu dem negativen Image des Hasenbergls⁴⁶ das an seinem nördlichen Rand gelegene Obdachlosenwohnlager Frauenholz⁴⁷ ganz erheblich beitrug. Dieses hatte bei der Münchner Bevölkerung einen ausgesprochen schlechten Ruf, mit dem sich die Bewohner des Hasenbergls von Beginn an konfrontiert sahen.⁴⁸

Negativen Entwicklungstendenzen durch die Konzentration sogenannter Problemgruppen und durch Veränderungen in der Bevölkerungsstruktur (Abwanderung

Punkthaus (Aschenbrennerstraße 3/Kugystraße), 1961.
Architekt: Fritz Vocke.
Foto Ende der sechziger Jahre.

Zuge kamen.³⁶ Beklagt wurden allerdings unfertige Straßen,³⁷ nicht rechtzeitig fertiggestellte Geschäfte und Schulen,³⁸ ein nur geringes Interesse von Handwerksbetrieben an einer Ansiedelung am Hasenbergl sowie das Fehlen von Ärzten.³⁹

Von den Problemen, die bei anderen in den sechziger und siebziger Jahren entstandenen Großsiedlungen auftraten, blieb aber auch das Hasenbergl nicht verschont, obwohl es in seiner Gestaltung mit der hochverdichteten Bauweise anderer Großsiedlungen nicht zu vergleichen ist.

Sah man Großsiedlungen wie das Hasenbergl zunächst als Chance, schnell günstigen Wohnraum für viele Menschen zu schaffen, galten sie in den sechziger Jahren geradezu als Inbegriff des modernen Wohnens, so setzte bald Kritik ein an fehlenden Kommunikationsmöglichkeiten, dem geringen Freizeitwert, an infrastrukturellen Defiziten und dem mangelnden privaten Versorgungsangebot.⁴⁰ Die anfängliche Euphorie machte einer nüchterneren Betrachtungsweise, teilweise aber auch

Rückseite des Scheibenhochhauses.
Foto 1996.

Ladenzentrum Linkstraße, im Hintergrund Haus an der Harpprechtstraße 4–10, 1962.
Architekt: Matthä Schmölz.
Foto Ende der sechziger Jahre.

einkommensstärkerer Haushalte, Spannungen durch den sich erhöhenden Ausländeranteil,[49] Überalterung der Bewohner)[50] stehen Am Hasenbergl jedoch positive Merkmale wie die vergleichsweise gute Ausstattung der Wohnungen, ausreichende Parkmöglichkeiten und die Einbettung in eine parkähnliche Grünanlage gegenüber, die wesentlich zur Zufriedenheit der Bewohner[51] beitragen.

Trotz der Kritik von außen (»so ziemlich die allerletzte Wohnanlage«)[52] identifizieren sich die Bewohner mit ihrem Viertel.[53] Wie auch in anderen Großsiedlungen, ist eine insgesamt hohe Wohnzufriedenheit bei realistischer Einschätzung von Defiziten und Mängeln trotz des negativen Fremdimages der Wohnanlage festzustellen.[54] Auch heute noch macht das Hasenbergl, wie selbst Kritiker zugeben, einen »äußerlich freundlichen Eindruck«.[55] »Aus der im Konzept eher strengen Anlage [...] ist mit der Zeit eine Siedlung im Park geworden«,[56] »ein menschlicher Planungsmaßstab«[57] ist noch erkennbar.

In den achtziger Jahren setzte schließlich die Diskussion um eine Nachbesserung und Nachverdichtung von Großsiedlungen ein.[58] Für das Hasenbergl konstatiert Christine Scheiblauer, daß »bei einer insgesamt überzeugenden Grundstruktur« dennoch »große Freiflächenanteile wegen mangelnder Differenzierung, Zuordnung und Gestaltung als diffuse Abstandsflächen« brachliegen.[59] Im Auftrag des Planungsreferates der LH München erarbeitete sie von 1989 bis 1992 im »Entwicklungskonzept Hasenbergl«[60] detaillierte Verbesserungsvorschläge, die bei den Bewohnern und in der Presse ein lebhaftes Echo fanden.[61]

Mit dem seit einiger Zeit bestehenden U-Bahn-Anschluß hat sich Am Hasenbergl vieles zum Positiven verändert. Das für München so wichtige Wohnungspotential des Hasenbergls muß so attraktiv wie möglich erhalten und gestaltet werden. Die Wohn- und Lebensqualität sollte durch eine verbesserte Infrastruktur weiter erhöht werden. Entsprechende Überlegungen zur Verbesserung des kommunikativen und gewerblichen Angebotes sind in die Planung der Nachverdichtung eingeflossen. Für die Zukunft liegt darin die Herausforderung an die Wohnungsbauunternehmen und die Stadt München.

Anmerkungen

1   Mit den Erschließungsarbeiten war im Oktober 1959 begonnen worden. Zum Zeitpunkt der Grundsteinlegung war ein erster Abschnitt bereits im Bau. Von den ersten Gesprächen über die Planung der Wohnanlage bis hin zur Grundsteinlegung war also weniger als ein Jahr vergangen.

2   Die Wohnsiedlung Am Hasenbergl ist in direktem Zusammenhang mit dem ›Gesamtplan zur Behebung der Wohnungsnot in München‹ (Gesamtplan 1960) zu sehen. Dieser am 25. November 1960 vom Stadtrat der LH München verabschiedete sogenannte ›Münchener Plan‹ forderte für den Zeitraum von 1961 bis Ende 1966 den Bau von 123.000 Wohnungen (davon 48.000 öffentlich gefördert), um so den durch Bevölkerungszuwachs und starken Zuzug immens angestiegenen Wohnraumbedarf zu decken. Zur Gewinnung preisgünstigen Baulandes wurden von der Stadt größtenteils noch unerschlossene Gebiete als Bauland ausgewiesen. Während der Laufzeit des ›Münchener Plans‹ entstanden 17 Wohnsiedlungen unterschiedlicher Größe, darunter die Wohnsiedlung Am Hasenbergl (vgl. Mosler 1969, 450).
Ausführliches Zahlenmaterial zu Bevölkerungsentwicklung und Wohnraumbedarf in München 1945–1960/61 gibt Krause 1991, 9–26. Zu Bevölkerungswachstum und sozialem Wohnungsbau vgl. LH München 1970, 176–180. Zu Bevölkerungswachstum und Wirtschaftsentwicklung in München vgl. Boustedt 1961, zum Industrieraum Münchner Norden ebenfalls Boustedt 1961, 34. Für einen Überblick über den sozialen Wohnungsbau in Bayern nach dem Zweiten Weltkrieg unter Einbeziehung Münchens siehe Sozialer Wohnungsbau 1973.

3   LH München 1970, 176.

4   LH München 1962, o. S.

5   Zunächst die Südhausbau GmbH, die Neue Heimat Bayern, das Evangelische Siedlungswerk in Bayern, die Gemeinnützige Bayerische Wohnungsgesellschaft A. G., die Gemeinnützige Wohnstätten- und Siedlungsgesellschaft m.b.H. (GWG), die Gemeinnützige Wohnungsbaugesellschaft m.b.H. (Gewog) und nachträglich noch die Bayerische Wohnungs- und Siedlungsbaugesellschaft mbH des VdK.

6   Aufgrund seiner geologischen Beschaffenheit, einer Lehmauflage, ist für das Hasenbergl vor dem 17. Jahrhundert der Name ›Laimpichel‹ (=Lehmbuckel) überliefert. Im Laufe des 17. Jahrhunderts bürgerte sich allmählich der Name ›Küniglberg‹ (von Künnlin=Königshasen) ein. Man glaubte zu dieser Zeit, daß das Hasenbergl ebenso wie vier Hügel im nahegelegenen Schleißheimer Schloßpark künstlich aufgeschüttet worden sei, um dort ausgesetzte Kaninchen jagen zu können. Im 19. Jahrhundert wurde dann der Name Hasenbergl allgemein üblich (vgl. Laturell 1970, 344).

7   Im Norden ist das Gelände durch einen Kiefernhochwald, im Süden durch eine Eigenheimsiedlung (errichtet 1953–1955 im Rahmen des sozialen Wohnungsbaus, 23 Doppel- und 56 Einzelhäuser, vgl. LH München 1969) begrenzt. Ein Grünzug im Westen akzentuiert die Trennung vom benachbarten Feldmoching.

8   Oberbürgermeister Hans-Jochen Vogel in seiner Rede anläßlich der Grundsteinlegung am 25. Mai 1960.

9   Vgl. Interview mit Ernst Maria Lang im Münchner Stadtanzeiger vom 7.12.1989.

10   Zu dieser Zeit betrug die Durchschnittsmiete einer freifinanzierten Neubauwohnung dagegen 3,00 bis 3,50 DM pro Quadratmeter (Gesamtplan 1960, 12).

11   Genauere Angaben zur Planung des Wegenetzes und der Fußgängerbrücke bei Cronauer 1967.

12   Zur Verkehrsanbindung in den sechziger Jahren vgl. Laturell 1970, 329.

13   Eine detailgenaue Aufschlüsselung sämtlicher Daten der gesamten Wohnsiedlung (Ausmaß der Wohnbebauung, Gesamtkosten, Anteil der öffentlichen Förderung, öffentliche und private Einrichtungen etc.) in LH München 1969, o. S.; vgl. auch SZ 8.3.1962.

14   Die katholische St. Nikolaus-Kirche mit Pfarrhof und Pfarrzentrum wurde von Hansjakob Lill, die evangelische Evangeliumskirche mit Pfarrhaus und Gemeindezentrum von Helmut von Werz und Johann Christoph Ottow errichtet. Vgl. auch den autobiografisch angelegten Bericht des ersten evangelischen Pfarrers am Hasenbergl, Otto Steiner: Steiner 1987, 100–101 und 105–108. Zur Architektur der Kirchen: München und seine Bauten 1984, 96; Blohm 1994, 342; Laturell 1970, 319–320; Leitl 1968, 408–411; Schnell 1963, 378–379 u. 431; Schnell 1964; Weyerer 1988, 273.

15   »Die neue Großsiedlung aber bekam mit den beiden nebeneinander stehenden Kirchen einen architektonisch und städtebaulich gut durchdachten Mittelpunkt.« (Laturell 1970, 320). »Für ihre Entstehungszeit typische Baudenkmäler sind die Kirche St. Nikolaus mit ihrem raketengleichen Turm und die Evangeliumskirche, in der man eine Fabrik für Betonfertigteile vermuten kann.« (Weyerer 1988, 237).

16   Feierliche Eröffnung am 26.10.1964, vgl. SZ 27.10.1964 (Walter Fürstweger).

17   Zu den Volksschulen vgl. Laturell 1970, 327–328.

18   Vgl. LH München 1969, o. S. und Stadtteilführer 1978. Beim Bezug der Siedlung gab es nur einen Arzt für 18.000 Menschen (Hinweis von Paul Ottmann, Januar 1997). Bis heute ist am Hasenbergl ein Mangel an Ärzten und Dienstleistungen zu verzeichnen.

19   Information von Paul Ottman, Januar 1997.

20   Neben der monatlichen Grundmiete von ca. 1,50 DM pro Quadratmeter fielen im Jahr 1962 in einer durchschnittlich großen Wohnung ca. 20,00 DM Heizkosten und ca. 5,00 DM an weiteren Nebenkosten an (LH München 1962, o. S.).

21   Einwände der LH München gegen den Einbau von Zentralheizungen wurden von den Bauträgern zurückgewiesen, da die Ausstattung mit Zentralheizungen zukünftiger Standard und die Kosten nur geringfügig höher als bei Ofenheizungen seien.
Den Bauträgern war bewußt, daß bei der wenig attraktiven Lage des Hasenbergls im Münchner Norden für die künftigen Mieter Anreize geschaffen werden mußten.

22   Für die Größe der Räume galten folgende Richtwerte: Kochküche (6–12 qm), Wohnküche (12–20 qm), Wohnzimmer (18–20 qm), Elternschlafzimmer (15 qm), Kammer (8 qm), Zimmer, (12 qm).

23   Walter 1993, 135.

24   Zu Fritz Vocke vgl. Harbers 1959.

25   Zu Alexander von Branca vgl. München 1979 und Dahinden 1980, 853–855.

26   In diesen Abschnitt der Südhausbau GmbH greifen zwei Blocks des VdK an der Schleißheimerstraße (Laubenganghaus und Vierhauszeile in der beschriebenen Gestaltung) sowie drei Punkthäuser am nördlichen Rand ein.

27   Eiber 1992, 54–55 und Anm. 47 zum Frauenholz.

28   Mit Entwurf und Gestaltung des Zierbrunnens vor dem Ladenzentrum wurde der Bildhauer Hanns Goebl beauftragt.

29   Oberbürgermeister Hans-Jochen Vogel in seiner Rede anläßlich der Grundsteinlegung Am Hasenbergl am 25. Mai 1960.

30   Ebd.

31   Neben den nachstehend zitierten Artikeln sei auf die neunteilige Serie ›20 Jahre Hasenbergl – Chronik einer Großsiedlung‹ im Münchner Stadtanzeiger vom 30.1.1981 bis 27.3.1981 verwiesen.

32   SZ 12.2.1960 (Wolfgang Willmann).

33   MM 25.5.1960.

34   MM 2.12.1960.

35   AZ 11.2.1960.

36   SZ 1.12.1960 (Otto Fischer) und MM 2.12.1960.

37   AZ 11.2.1960.

38   SZ 15.11.1960 und SZ 1.12.1960 (Otto Fischer).

39   MM 9.9.1960.

40   Zu Problemen in Großwohnsiedlungen der sechziger Jahre vgl. u. a. Mitscherlich (1965), Herlyn (1970, 1974, 1987), Heil (1971), Gibbins (1988), Franke (1972, 1975), Walter (1993) und Zapf (1969).

41   SZ 24./25.7.1971 (Karin Friedrich).

42   Anteil der Sozialwohnungen am Hasenbergl: 99 % (LH München 1969, o. S.).

43   Unter den 1588 Mietern des ersten Bauabschnittes befanden sich 250 Flüchtlinge aus der damaligen DDR (SZ 1.12.1960).

44   Zu den beim Wohnungamt als wohnungssuchend gemeldeten Personen vgl. LH München 1960, 12 und 29, Anm. 2.

45   So stellt Herlyn 1970, 204–205, fest, »daß in einem Wohnquartier eine Mischung verschiedener sozialer Schichten für die Stabilität und Selbstgeneration des Quartiers vorteilhaft ist.« Gans (1974) diskutiert die Vor- und Nachteile von homogener bzw. heterogener Zusammensetzung der Bewohner in Siedlungen und befür-

wortet eine maßvolle Homogenität für das Zusammenleben. Vgl. auch Marczuk 1989.

46 Als Kuriosität am Rande sei ein Antrag der SPD-Fraktion im Münchener Stadtrat auf Umbenennung des Hasenbergls erwähnt, da dieser Name sowohl von dort Wohnenden als auch von künftigen Mietern wenig attraktiv gefunden werde. Einer kleinen Umfrage der SZ zufolge lehnten jedoch die meisten ›Hasenbergler‹ ein solches Ansinnen ab (Walter Fürstweger in SZ 3.7.1964).

47 Das Wohnlager Frauenholz diente nach dem Krieg zunächst als UN-Flüchtlingslager für ›Displaced Persons‹, dann, seit 1951, als ›Regierungslager für heimatlose Ausländer‹ und schließlich – seit 1953 im Besitz der LH München – als ›Städtisches Wohnlager Frauenholz‹ für Obdachlose. Im Jahr 1960 lebten dort 4037 Personen (756 Familien) in 75 Baracken und im Jahr 1962 noch 2655 Personen (554 Familien). Die Kriminalitätsrate galt als vergleichsweise hoch (vgl. Eiber 1992, Heil 1967 und Steiner 1987, 117–121). Eiber (1992) bestätigt den schlechten Ruf des Frauenholzes bei der Bevölkerung und in der Presse, hält diesen jedoch, insbesondere was die Kriminalität betrifft, für ungerechtfertigt. Auf dem Gelände des Frauenholzes entstand seit 1964 die Wohnsiedlung Hasenbergl-Nord. Die Wohnbaracken wurden bis zum Ende der sechziger Jahre sukzessive geräumt und dann abgerissen.

48 Steiner 1987, 117–124 und Weyerer 1988, 273.

49 Zuletzt in die Schlagzeilen geriet das Hasenbergl nach den Europawahlen 1989 durch den hohen Stimmenanteil der Republikaner. »Bildungsmisere, Furcht vor Überfremdung und Angst um die Wohnung – hier bündeln sich die sozialen Probleme, denen die Reps ihre Wähler verdanken« (Der Spiegel 10/1990, 106).

50 Längsschnittuntersuchungen über die Sozialstruktur der Bewohner von Großsiedlungen liegen nur vereinzelt vor. Am Beispiel mehrerer Hamburger Großsiedlungen wurde als typische Entwicklung ein starker Rückgang von Kindern und Jugendlichen, eine Erhöhung des Anteils der über 60jährigen und eine starke Zunahme des Ausländeranteils festgestellt (Gibbins 1988, 108). Diese Tendenz ist auch Am Hasenbergl festzustellen (vgl. Geipel 1987, 490, Marczuk 1989, Scheiblauer 1990, 40 und Ammermann 1993, 61). Die Grundschule an der Petrarcastraße wurde geschlossen (Information von Paul Ottmann, Januar 1997). Ob das Hasenbergl noch heute »zu den sozial schwächsten Gebieten« (Blohm 1994, 341) zählt, mag allerdings dahingestellt bleiben.

51 Vgl. Bortz 1971, 275, der fand, daß Häuser eher komfortabel erscheinen, wenn ihre Umgebung stark durchgrünt ist und größere Balkonflächen vorhanden sind. Die positive Bewertung von Fassaden wird durch den häufigen Wechsel zwischen Balkon und Fenster sowie durch eine ausgeprägte Durchgrünung der Umgebung verbessert (ebd. 278f.).
Nach Franke 1975, 488–489 spielt die Variabilität in der Gebäudegestaltung für die Bewohner keine Rolle in ihrer Bewertung der Gegend. Vielmehr wird diese positiv erlebt, wenn die Bebauungsdichte gering und der begrünte Freiflächenanteil groß ist, was Am Hasenbergl gegeben ist.

52 Der Spiegel 10/1990, 102.

53 Vgl. Gering 1990 und v.a. die sehr ausführliche Studie von Zapf 1969 sowie Anm. 46.

54 Gibbins 1988, 123.

55 Geipel et. al. 1987, 489.

56 Ammermann 1993, 63.

57 Gering 1990, 7.

58 Vgl. z. B. Feicht 1983, Dresel 1985, Gibbins 1988, Landesinstitut für Bauwesen 1995 und speziell für das Hasenbergl: Scheiblauer 1990, LH München 1992, Herde 1993 und Ammermann 1993.

59 Scheiblauer 1990, 40.

60 Scheiblauer 1990, LH München 1992 und Ammermann 1993.

61 Vgl. z. B. Münchner Stadtanzeiger 3.8.1989, 7.12.1989 (Claudia Wessel-Hanssen), MM 11.12.1989 (Peter Schmidt), tz 9.1.1990 (Martin Prem), MM 9.1.1990 (Hans Jochim), SZ 1./2.4.1989 (Otto Fischer), SZ 18.1.1990, SZ 31.5.1990 (Alfons Kraus).

Abkürzungen
AZ: Münchner Abendzeitung
MM: Münchner Merkur
SZ: Süddeutsche Zeitung

EIN GESPRÄCH MIT ALEXANDER
FREIHERR VON BRANCA
AM 8. AUGUST 1996 IN MÜNCHEN

Münchens konservatives Image: Wiederaufbau und Hasenbergl

Sie haben für die Südhausbau das markante Wohnhaus am Hasenbergl gebaut. Wissen Sie noch, wie der Auftrag zustande kam?

Nein, das ist schon so lange her. Möglicherweise ist die Verbindung zu Herrn Ottmann durch Prof. Ottow zustandegekommen, der ja viel für die Südhausbau gemacht hat. Ich habe damals mit ihm einige Sachen für das Jugendsozialwerk gebaut, zum Beispiel eine Jugendsiedlung in Traunreuth. Insofern könnte ich mir vorstellen, daß die Verbindung über Prof. Ottow lief. Denn es war kein Wettbewerb, sondern ein Direktauftrag.

Dieses Wohnhaus ist städtebaulich sehr markant. Erinnern Sie sich noch, ob damals bei dem Auftrag besprochen wurde, daß damit städtebaulich ein Endpunkt markiert werden sollte?

Ja, das sicher. Obwohl man natürlich bei Sachverhalten, die so weit zurückliegen, mit seinen Aussagen vorsichtig sein muß. Aber ich glaube schon, daß die städtebauliche Grundstruktur vorgegeben war. Es gab die Überlegung, hier mit einer verhältnismäßig horizontalen Scheibe einen Schlußpunkt zu setzen.

Was allerdings von denen, die heutig Kritik an dieser Siedlung üben, übersehen wird, ist die Tatsache, daß die Bauten eine soziale Notwendigkeit zu erfüllen hatten. Es mußte also eine einfache, eine Niedrigpreis-Architektur sein.

Aber es ging Ihnen schon auch darum, diese Vertikale zu betonen? Darauf läßt die betonte Farbigkeit mit den weißen Streifen schließen.

Es ist natürlich so: Eine Alternative zu Hochhäusern oder Punkthäusern bestand gar nicht. Natürlich kann man eine solche Architektur zu Recht kritisieren. Aber man muß einfach davon ausgehen, daß die Mittel knapp waren. Außerdem darf man bei diesen Wohnungen nicht nur die Fassaden sehen, man muß auch die Grundrisse anschauen. Denn zum großen Teil verfügen die Wohnungen über Loggien. Es sind also wirklich ganz nette, einfache Wohnungen mit Blick auf viel Grün. Wenn man Hochhäuser baut – und der Meinung bin ich noch immer – müssen sie wirklich eine hohe Qualität haben.

Am Hasenbergl herrscht ja eine recht hohe Wohnqualität.

Eigentlich ja. Entscheidend ist vor allem das Nachwachsen von genug Grünraum. Das ist ganz wichtig. Erstaunlicherweise kommt man heute wieder auf solche Strukturen. Obwohl ich sagen muß, daß ich zum Wohnungsbau leider etwas den Kontakt verloren habe, weil ich später hauptsächlich Sonderbauten gemacht habe. Kirchen, Universitätsbauten in Regensburg und Würzburg usw. Deshalb erinnere ich mich gerne an die Baumaßnahme von damals, auch wenn es Kritik gab. Die muß man eben hinnehmen.

Es gibt einen Laubengang am Haus, die Zugänge sind auf der Rückseite. Warum haben Sie sich für dieses Konzept entschieden?

Zum einen, weil das Haus eine reine Südlage hat. Die Orientierung aller Wohnräume geht somit nach Süden, auf den Park und die Grünanlage, die Bäder und Küchen liegen im Norden. Zum anderen ist diese Lösung natürlich wesentlich billiger als beispielsweise eine Aneinanderreihung von Drei- oder Vierspännern. Nicht zu vertreten wäre es gewesen, wenn die bewohnten Räume zum Laubengang gingen.

Ich habe noch eine ganz andere Frage zu Ihrer Biographie: Wo haben Sie studiert?

An der Technischen Universität in München. Die Initialzündung erhielt ich durch Prof. Döllgast, dann kamen Prof. Elsässer und Prof. Vorhoelzer. Später hatte ich dann ein Stipendium an der Eidgenössischen Technischen Hochschule in Zürich. Das war ein strenger Laden, da ist es unglaublich schulisch zugegangen. Aber ich muß sagen, daß das sehr geholfen hat.

Und wie haben Sie die Zeit nach dem Krieg erlebt?

Ich kam, wie viele, 1945 zurück und habe zuerst einmal mein Praktikum in den Ruinen der Residenz gemacht. Der Wiederaufbau der Residenz, die vorher schon notdürftig abgedeckt worden war, war ja das erste, was gemacht wurde. Im Herbst 1945 hat Prof. Döllgast da aus eigener Initiative eine Art Vorsemester gemacht.

Dieses Praktikum war die Voraussetzung dafür, daß man Architektur studieren konnte?

Ja. In manchen Ländern ist das sogar heute noch so. Damals gab es dieses Vorsemester, damit diejenigen ihr Studium fortsetzen konnten, die es durch den Krieg oder Gefangenschaft hatten unterbrechen müssen. Es war so eine Art Eignungssemester mit Zeichnen, Mathematik, Statik und Baugeschichte. Dann kam das formale Studium. Es waren damals ja unvorstellbare Zeiten – in den Räumen waren keine Fenster drin. Aber es waren auch aufregende Zeiten.

Als junge Architekten haben Sie maßgeblich das Aussehen der Stadt bestimmt.

Meine ersten Erfahrungen in München habe ich zusammen mit Herbert Groethuysen bei der Herz-Jesu-Kirche in der Buttermelcherstraße gemacht. Dafür gab es damals einen Wettbewerb. Außerdem gab es das Jugendsozialwerk, das viele Wettbewerbe ausgeschrieben hat. Ich hatte damals einfach das Glück, an vielen dieser Wettbewerbe beteiligt zu sein. Was damals vor sich ging, hat München den Ruf des Reaktionären eingebracht. Entscheidungsträger waren aber gar nicht die Architekten, sondern die Stadtpolitiker. Damals gab es eine enge Zusammenarbeit zwischen der SPD und der CSU, zwischen dem Bürgermeister Wimmer und Herrn von Miller. Die waren sich darüber einig, daß München wieder auf dem alten Stadtgrundriß aufgebaut werden muß. Im inneren Stadtbereich sollten also sowohl die Silhouette als auch der Grundriß erhalten bleiben. Heute wird darüber geschimpft, aber ich

Alexander Freiherr von Branca
1919	geboren in München
1946–50	Studium an der Technischen Universität München und ETH Zürich
seit 1950	selbständiger Architekt, mit den Schwerpunkten Kirchen, Städtebau, Verwaltung, Kultur und Bauten in historischer Umgebung
1976–88	Kreisheimatpfleger der Landeshauptstadt München

glaube, man kann glücklich sein, daß München dadurch sein Gesicht bewahrt hat. Wenn heute so viele Besserwisser meinen, München wäre rückständig, dann sollten die einmal nach Rom gehen, nach Florenz oder Neapel. Denn die Italiener, die weiß Gott eine gute Architektur machen, haben für ihre Innenstädte ganz, ganz strenge Vorschriften. Dadurch haben sie den inneren Bereich von Rom, von Florenz und den anderen Städten in ihrer geschichtlichen Struktur erhalten.

Ich glaube, das ist der richtige Weg. Und Prinz Charles, der gesagt hat, die Architekten hätten in London mehr zerstört als die deutschen Bomber, hat nicht so ganz unrecht. In Frankfurt war die Situation natürlich anders, weil dort die Altstadt mit ihren Fachwerkbauten vollkommen zerstört war. Eine Wiederherstellung in Fachwerk war unmöglich. Deshalb hat man sich dazu entschlossen, das Bankenviertel mit seinen Hochhäusern als etwas ganz Neues und Modernes zu bauen. Gleichzeitig hat man den Römer wiederhergerichtet. Da haben zwar viele Architekten gejammert, aber es war eine richtige Entscheidung. Denn hier ging es gar nicht um Architektur, sondern um eine Dokumentation und damit eigentlich um eine geschichtliche Entscheidung. Natürlich gibt es auch Fälle, wo man freier agieren konnte. Das Münchner BMW-Hochhaus vom Kollegen Karl Schwanzer ist zum Beispiel ein hervorragender moderner Bau. Und auch innerhalb von Altstädten ist tadellose moderne Architektur gebaut worden. Aber das führt zu weit von unserem Thema weg.

Wie haben Sie die Zeit des Wiederaufbaus erlebt?

Man hat sich gesagt: Nach dieser schrecklichen Zeit haben wir eine Chance, wir müssen nach vorne. Daß es nach einer so schrecklichen Zeit viele Frustrationen gab, ist klar. Aber es war ein positiver Impetus vorhanden, auch im politischen Bereich. Dieser positive Schub nach dem Krieg bewirkte, daß Menschen wie Herr Ottmann – und da könnte man jetzt auch viele andere Namen nennen – bereit waren, den Wunsch nach persönlichem Erfolg mit dem Dienst an der Allgemeinheit zu verbinden. Eine Firma wie die Südhausbau wollte natürlich auch wirtschaftlich gut abschneiden, was durchaus vernünftig ist. Darüber wurde aber nicht vergessen, daß man im Dienst der Allgemeinheit steht. Genau das war damals unser aller Motiv, unsere Motivation. Dadurch sind sicher auch Fehler gemacht worden. Das ist unvermeidlich in einer solchen Zeit. Aber diese Sucht nach bloßer Selbstprofilierung, wie sie heute vorherrscht, gab es damals noch nicht. Nach diesen schrecklichen Zeiten wußten wir einfach, daß wir zusammenstehen mußten, um eine Chance zu haben. Dieses Miteinander, auch streitbare Miteinander, war das Positivum dieser Zeit. Auch innerhalb der Stadtregierung haben SPD und CSU zusammengearbeitet. Man hat sich nicht ständig mit Dreck beworfen, nur um selbst gut dazustehen. Das war wirklich das Positive in der Nachkriegszeit. Dahin sollte man vielleicht wieder kommen.

EIN GESPRÄCH MIT
PROF. DR. OTTO BARBARINO
AM 17. JUNI 1996 IN BURGHAUSEN

Aufgaben der Finanzpolitik in der Nachkriegszeit

Wie war Ihr beruflicher Werdegang?
Ich wurde am 31. Dezember 1904 in Burghausen geboren. Von 1924 bis 1929 studierte ich Staatswissenschaften in Wien und München. Nach meinem Doktorexamen kam ich im Oktober 1929 nach Berlin, fast genau zu dem Zeitpunkt, als in New York der große Börsenkrach die Weltwirtschaftskrise ausgelöst hat. Ich war im statistischen Reichsamt mit den Zusammenhängen öffentlicher Ausgaben, Steuern und Konjunktur befaßt. Mit der Machtübernahme der Nationalsozialisten begannen schwere Zeiten für mich. Da ich keine Konzessionen gemacht habe, mußte ich sogar mit meiner Entlassung aus dem Reichsdienst rechnen. Außerdem wurde ich ernsthaft krank – das Dritte Reich war mir buchstäblich in den Magen gefahren.

Während des Krieges war ich zunächst in einer Forschungsstelle für Wehrwirtschaft tätig, dann wurde ich eingezogen und kam 1943 als Militärverwaltungsrat nach Italien. Dort kam ich am 1. Mai 1945 in amerikanische Kriegsgefangenschaft. Aber am 3. September 1945 konnte ich in meine Heimatstadt Burghausen zurückkehren.

Durch die Empfehlung meines Doktorvaters von Zwiedineck kam ich in Kontakt mit Ministerialdirektor Kraus, der damals Amtschef der Bayerischen Staatskanzlei war. Nachdem ich meine uneingeschränkte Entnazifizierung in Händen hatte, wurde ich im März 1946 als Regierungsrat ins Bayerische Finanzministerium berufen. Noch im gleichen Jahr wurde ich Oberregierungsrat. Nach einem sechsmonatigen Aufenthalt im Winter 1946/47 in Frankfurt am Main beim gemeinsamen deutschen Finanzrat kehrte ich nach München zurück und wurde Generalreferent des Bayerischen Staatshaushalts. Ich hatte die dreizehn Einzelpläne zu einem Gesamthaushalt zusammenzufassen und für einen ausgeglichenen Staatshaushalt zu sorgen.

Welche Auswirkungen hatte die Währungsreform 1948?
Man kann den Unterschied zwischen den Verhältnissen vor und nach der Währungsreform gar nicht kraß genug schildern: Vor der Währungsreform drohte ständig Inflation, weil die Märkte leer und die Geldbestände – private wie öffentliche – riesig waren. Aber es gab keine Sachgüter. Die bewilligten Haushaltsmittel konnten daher fast nur für die Trümmerbeseitigung verwendet werden. Mit der Währungsreform hatte die Bayerische Staatskasse statt drei bis vier Milliarden Reichsmark plötzlich nur noch einen Kassenstand von null DM! Trotzdem konnten wir den Haushalt von 1948 geordnet abwickeln, weil wir den bereits verabschiedeten Reichsmark-Haushalt beibehielten, aber ihn nur nach vierteljährlichen Betriebsmittelzuweisungen vollzogen haben. Schwierig wurde es dagegen 1949, denn jetzt gab es plötzlich überall Sachgüter, und alle glaubten, daß jetzt umfangreiche öffentliche Maßnahmen für den Wiederaufbau kämen. Aber die Militärregierung hatte gleich nach der Währungsumstellung die Einkommenssteuer drastisch gesenkt. Daher flossen die Steuereinnahmen äußerst karg. Wie wollte man da Kriegsschäden beseitigen und zwei Millionen Heimatvertriebene unterbringen und wirtschaftlich eingliedern?

Wie wurde im Fall der vielen Heimatvertriebenen verfahren?
Tausende von ihnen waren zunächst nur in Flüchtlingslagern untergebracht. Bis diese Lager wieder geräumt werden konnten, dauerte es mehrere Jahre, weil das Unsummen an Wohnungsbauförderungsmitteln erfordert hat. Aber die Aufgabe lautete nicht nur, sie menschenwürdig unterzubringen, sondern auch, ihnen Arbeitsmöglichkeiten zu geben. Das war letztlich nicht nur eine soziale Notwendigkeit, sondern ein staatspolitisches Ziel; denn nur so war es möglich, aus Fürsorgeempfängern

produktive Arbeitskräfte und gute Steuerzahler zu machen. Ihre wirtschaftliche Eingliederung sollte das Sozialprodukt steigen lassen. Das setzte eine wachsende Industrialisierung des Landes voraus, vor allem aber den Wiederaufbau jener Industrie- und Gewerbebetriebe, welche die Heimatvertriebenen in ihrer verlorenen Heimat hatten zurücklassen müssen. Das gilt beispielsweise für die Glasindustrie. Je mehr vertriebene Unternehmer kamen, die ihren Betrieb wieder neu aufbauen wollten, um so mehr mußte der Staat helfend eingreifen. Aber die Betriebe der Heimatvertriebenen sollten möglichst von den Ballungszentren ferngehalten werden. Das war möglich, weil viele dort untergebracht werden konnten, wo schon während des Zweiten Weltkrieges – abseits der Zentren – Produktions- und Lagerstätten für Kriegsmaterial errichtet worden waren. Dort gab es schon Straßen, Wasserversorgung, Kanalisation und Stromanschlüsse. Auf diese Weise entstanden die Flüchtlingsgemeinden Traunreut, Waldkraiburg, Geretsried, Neutraubling und Neugablonz. Aber auch in Nordbayern gab es Schwerpunkte der Flüchtlingsindustrie, hauptsächlich im Fichtelgebirge und in Herzogenaurach.

Wie wurden denn die Betriebe der Heimatvertriebenen finanziert?

Schon 1947 hatte sich im Finanzministerium ein kleiner Kreis von Leuten gebildet, um dieses Problem zu diskutieren. Klar war, daß für die notwendigen Kredite keine Haushaltmittel hergenommen werden konnten, weil die kaum für die wichtigsten Staatsaufgaben reichten. Deshalb brauchten wir ein Bürgschaftsgesetz, damit der Staat den Banken und Kreditinstituten, bei denen die Vertriebenen Kredite aufnahmen, die in der Heimat zurückgebliebenen Sicherheiten durch Staatsbürgschaften ersetzen konnte. Noch 1947 wurde das Gesetz beschlossen. Nach der Währungsreform brach eine Flut von Anträgen über uns herein. Anfangs waren wir nur drei Leute, welche die Anträge geprüft und die Beschlüsse gefaßt haben, ein Herr aus dem Wirtschaftsministerium, ein Herr der Flüchtlingsverwaltung und ich als Vorsitzender des Bürgschaftsausschusses und als Vertreter des Finanzministeriums. Angesichts der wachsenden Zahl von Anträgen drängte sich bald der Gedanke auf, diese Aufgabe an eine dem Finanzministerium nachgeordnete Stelle zu delegieren. Naheliegend wäre als solche Stelle die Bayerische Staatsbank gewesen, die aber ablehnte, weil sie schon die Hausbank zahlreicher Flüchtlingsbetriebe war. Und die Bayerische Landesbodenkreditanstalt war durch die Finanzierung des sozialen Wohnungsbaues völlig ausgelastet. Der soziale Wohnungsbau war in diesen Jahren eine der wichtigsten Staatsaufgaben geworden. Daher mußten wir uns mit dem Gedanken einer Neugründung vertraut machen. Kernstück dieser Neugründung sollte die schon vorhandene Geschäftsstelle im Finanzministerium sein. Schwieriger war allerdings die finanzielle Ausstattung des neuen Instituts, zumal sich auch in anderen Richtungen eine Ausweitung der staatlichen Kredit- und Bürgschaftprogramme abzeichnete. Wichtigstes Ziel war zunächst die Konsolidierung der bereits verbürgten Kredite. Längerfristige Kredite verlangen aber in der Regel eine Absicherung in immobilen Werten, die die heimatvertriebenen Unternehmer noch nicht besaßen. Und so entschloß sich Bayern, vom Bund die Grundstückskomplexe zu kaufen, auf denen bereits neue Flüchtlingsgemeinden entstanden waren. Diese Grundstücke wurden dann in das Kapital der neugegründeten Anstalt, der »Bayerischen Landesanstalt für Aufbaufinanzierung« – kurz LfA – übertragen. Die LfA konnte diese Grundstücke parzellieren und mit hypothekarischer Absicherung an Flüchtlingsunternehmer, andere Heimatvertriebene oder sonstige Interessenten veräußern.

Prof. Dr. Otto Barbarino

1904	in Burghausen a. d. Salzach geboren
1924–29	Studium der Staatswissenschaften in Wien und München
1929–39	Mitarbeiter im Statistischen Landesamt in Berlin und am Institut für Konjunkturforschung, aus politischen Gründen ohne verbeamtet zu werden
1940–42	Mitarbeiter am Institut für Wehrwirtschaft. Berufung angenommen unter der Bedingung, nicht Mitglied der Partei werden zu müssen
1943–45	Kriegsdienst und Kriegsgefangenschaft
1946	Regierungsrat im Bayerischen Finanzministerium
1947–54	Generalreferent für den bayerischen Staatshaushalt
1948	maßgeblich beteiligt an Aktion der staatsverbürgten Flüchtlingsproduktivkredite
1950	beteiligt an der Gründung der Bayerischen Landesanstalt für Aufbaufinanzierung
1954–58	Leiter der Haushaltsabteilung
seit 1958	Fachlicher Leiter des Finanzministeriums
1970	Pensionierung

Wann nahm die LfA ihre Arbeit auf?

Im Herbst 1950 wurde dem Bayerischen Landtag ein Gesetzentwurf vorgelegt, der als »Gesetz über die Bayerische Landesanstalt für Aufbaufinanzierung« verabschiedet wurde und am 7. Dezember 1950 in Kraft trat. Bis die Anstalt ihre Arbeit aufnehmen konnte, vergingen dann aber noch fünf Monate.

Entscheidend für den erfolgreichen Start der LfA war die Überlegung, am sogenannten Hausbankprinzip festzuhalten. Die LfA sollte keinesfalls in Konkurrenz zu den Banken treten, sondern mit ihnen zusammenarbeiten. Daher mußten sich die Banken und die LfA die Verdienstspanne teilen. Aber die Aufgabe der LfA war nicht die Erwirtschaftung hoher Gewinne, sondern die Förderung der wirtschaftlichen Entwicklung Bayerns.

Welche Aufgabe hatten Sie in der LfA?

Die LfA wird von einem Vorstand geleitet, der in allen wesentlichen Entscheidungen an die Beschlüsse eines Verwaltungsrates gebunden ist. Als Vertreter des Finanzministeriums war ich knapp zwei Jahrzehnte Mitglied des Verwaltungsrates.

Wie lange hat der Prozeß der Eingliederung der Vertriebenen gedauert?

Das Problem der wirtschaftlichen Eingliederung konnte bereits 1960 als gelöst gelten. Die LfA hat sich – nachdem ihre Aufgabe als Bank für Heimatvertriebene beendet war – in der Folgezeit als Kreditinstitut des Freistaates Bayern zur Förderung der gewerblichen Wirtschaft und zumal des Mittelstandes bestens bewährt. Ende 1994 belief sich ihre Bilanzsumme auf rund 23 Milliarden DM.

EIN GESPRÄCH MIT
SENATOR E. H. ERNST MARIA LANG
AM 12. JUNI 1996 IN MÜNCHEN

Traditionen der Moderne im Siedlungsbau: Hasenbergl und Parkstadt Bogenhausen

Hasenbergl

Wie begannen Sie als Architekt?

Ich war sechs Jahre im Krieg und kam einigermaßen heil und ungeheuer tatendurstig wieder heraus. Nach der totalen Zerstörung konnten wir völlig neu anfangen. Ich werde diesen Augenblick nie vergessen: Die Erkenntnis, daß jetzt in einer unglaublichen Freiheit alles möglich ist, um etwas Vernünftiges für die Zukunft zu machen. So begann ich mein Studium und kam dann schnell, schon ab 1949 als selbständiger Architekt, an größere Aufgaben. Ich habe immer wieder Wettbewerbe gewonnen und Aufträge bekommen, später dann auch freie Aufträge. – Eine der wirklich großen Aufgaben war der Stadtteil Hasenbergl in München. Hellmut von Werz, Johann Christoph Ottow und ich haben hier eng zusammengearbeitet und die städtebaulichen Planungen für das Hasenbergl gemacht. Über die Gesamtplanung hinaus haben wir auch einzelne Planungen übernommen. Ich habe beispielsweise annähernd 700 Wohnungen, ein Ladenzentrum, eine Post und den Matthäser gemacht.

Wie kam die Anordnung der Häuser im Hasenbergl zustande?

Die Grundstruktur gab das Hasenbergl, eine kleine Geländeerhöhung, vor. Dieses Hasenbergl haben wir mit den drei Punkthäusern erfaßt, als Dominante. Die Siedlung Hasenbergl war zu meiner Zeit noch recht klein. Alles andere ist erst später dazugekommen. Diese Kernstadt war zum Hasenbergl hin ausgerichtet, und wir wollten ein paar zentrale Punkte schaffen: Gleich am Eingang durch das Einkaufszentrum, dann durch die Schule und die Kirche, schließlich noch einmal durch die Punkthäuser im Norden. Aus diesen Schwerpunkten ergibt sich eine natürliche Verbindung, ein Bogen. Innerhalb dieses Bogens haben wir unsere Wohnzeilen so ausgerichtet, daß sie immer optimal belichtet und belüftet sind. Das war für uns maßgeblich. Die Häuser hat man zu Gruppen zusammengefaßt. Es herrscht ein Zusammenhang, so daß durch die Architektur gewisse räumliche Beziehungen spürbar werden.

Wie sieht die Binnenstruktur der Häuser aus?

Um jegliche Monotonie zu vermeiden, haben wir die Wohntypen gemischt. Es gab den kleinsten Wohntyp, das war das Ein- oder Eineinhalb-Zimmer-Appartement (ca. 10 %), dann kamen die Zwei-Zimmer-Appartements (ca. 20 %), die Zweieinhalb- bis Drei-Zimmer-Appartements mit ungefähr 40 % und dann noch Viereinhalb-Zimmer-Appartements (ca. 18 %). So haben wir die Häuser in sich gegliedert, damit sich nicht immer die gleichen Grundrißtypen wiederholen. Dabei sind ganz bestimmte Typen zusammengestellt, so daß die Häuser auch als Körper und Fassade nicht stupide und stumpfsinnig sind, sondern ein bißchen lebhafter. Damit die Leute, die in der Siedlung wohnen, ihre Wohnung als etwas Individuelles ansehen. Man soll nicht das Gefühl haben, sich in einer Massenfabrikation von Häusern zu befinden, sondern in einem Haus, das seinen unverwechselbaren Platz in der Siedlung hat. Und in diesem Haus soll sich der Mensch behaust fühlen.

Schulen und Ladenzentren sind jeweils flach?

Ja, sie sind ganz bewußt abgesetzt gegenüber den Wohnbauten. Bevor ich das Ladenzentrum plante, fuhr ich nach Rotterdam und schaute mir das damals topmoderne Ladenzentrum Lijnbaan an. Es ist flach mit überdeckten Gängen und hat überall gute Verkehrsbeziehungen. Das hat mich angeregt. Nun war mein Programm natürlich anders, aber im Prinzip flach, niedrig und mit guten internen Zusammenhängen, das war maßgeblich.

Die Straßenführung ist von Ihnen geschaffen worden?

Ja, die haben wir festgelegt.

Der Bogen nimmt das Motiv des kleinen Berges auf?

So ist es.

Dann gibt es noch die Straßen, die kleine Inseln bilden.

Das sind die Erschließungsstraßen für die Wohngruppen; jede Wohnung ist durch Straßen erreichbar. Es entstehen Wohninseln, die sind natürlich etwas für Kinder. Wir haben vor dem kleinen Postamt die Skulptur eines sich hinhockenden Pferdes von Alexander Fischer aufgestellt. Als ich jetzt dort war, sind die Kinder auf dem Gaul herumgestiegen. Das hat mich gefreut.

Parkstadt Bogenhausen

Hat die Parkstadt Bogenhausen, die ja unmittelbar vor dem Hasenbergl fertig geworden ist, Sie beeindruckt oder beeinflußt?

Ja, das war der erste Schritt. Uns hat damals die freie Kombination und das Wohlabgewogene von Hoch und Niedrig beeindruckt; die Architektur so zu staffeln, daß auch vom Profil der Siedlung her ein sympathischer, dem Menschen angemessener Eindruck entsteht. Der Mensch darf sich in solchen Siedlungen nicht wie eine Ameise fühlen. Er muß sich als Mensch fühlen können!

In der Parkstadt Bogenhausen gibt es einen zentralen Ring.

Ja, genau einen Bogen, einen Ring, um den sich alles ordnet.

In der Mitte befindet sich ein großer Platz.

Das ist eine bepflanzte Grünfläche mit Einkaufsmöglichkeiten usw. Die Schule ist nicht weit weg.

Ist der Grünzug im Hasenbergl eine ähnliche Konstruktion?

Der hat damit im Grunde nichts zu tun. Am Hasenbergl ging es um die Forderung, landschaftlich die Chancen einzubauen, die gegeben sind. Das war das Hasenbergl, das wir dann ausgebaut haben. Zusätzlich haben wir versucht, neben diesem Grünfeld immer wieder Anger, grüne Buchten zu schaffen, um die sich die Häuser gruppieren.

Diese einzelnen Häuserinseln sind auch räumlich als einzelne Inseln gedacht?

Ja, aber schon im Zusammenhang mit dem großen Ganzen.

Es sind ja keine Hofbildungen, sondern reine Zeilen.

Ja, das war damals ... Die Höfe, vor denen hatte man ein bißchen Angst. Und zwar deshalb, weil man die Entwicklung der Höfe nicht in der Hand hatte. Sehr schnell wird aus einem Hof ein Hinterhof, ein Abstellhof. Man wollte diese negative Form der Höfe verhindern, indem man die Höfe geöffnet hat und das Grün einbezogen hat. Da wußte man, daß nichts passieren kann.

Haben Sie das damals diskutiert?

Ja, natürlich. Wir, Hellmut von Werz, Ottow und ich, haben hier stundenlang am beweglichen Modell probiert und diskutiert, wie man es am besten macht: ob auch tatsächlich Licht und Belüftung stimmen, ob der Windstrich beachtet ist. Damit es nicht in der Siedlung plötzlich Zonen gibt, wo Zugerscheinungen auftreten.

Warum wurde der Grünzug zwischen dem Feldmochinger See und dem Hasenbergl nicht bebaut?

Um das Ineinanderfließen der Vorort-Siedlungen zu verhindern. Sehen Sie, das ist hier genauso. (Weist zum Fenster) Hier geht ein Grünzug nach Süden bis zum Forstenrieder Park. Der muß erhalten bleiben, damit nicht die Baumassen von hier mit denen da drüben zu einem amorphen Brei zusammenfließen. Im großen Baubrei sollen Inseln erkennbar bleiben, die durch Grünzüge getrennt sind. Dadurch ist gewährleistet, daß die getrennten Einheiten ein eigenes Gepräge bekommen.

Es hat eine große Diskussion um das Heizsystem gegeben?

So ist es. Während einer Sitzung mit Baureferent Fischer stellte ich die Frage: »Wie soll die Siedlung beheizt werden?« – »Selbstverständlich mit Ofenheizung« – »Dann können wir den Städtebau vergessen.« – »Ja, wieso?« – »Wenn Sie ofenbeheizte Wohnungen machen wollen, dann müssen alle Häuser gleich hoch sein, denn bei unterschiedlichen Gebäudehöhen gibt es unterschiedliche Windverhältnisse. Wenn Wirbel entstehen, drückt der Wind auf die Schornsteine und die Wohnungen ersticken im Rauch.« – »Ja, ist das so?« – »Natürlich ist das so. Sie müssen zentrale Beheizungsmöglichkeiten vorsehen. Entweder ein zentrales Heizwerk für das Ganze...« – »Das kostet ja Abermillionen.« – »... oder Blockbeheizungen.«

Es wurden zentrale Beheizungen angeordnet. Damit war der Städtebau mit unterschiedlicher Höhe möglich. Ich habe sofort gewußt, halt, wenn wir Städtebau machen wollen, der mit unterschiedlichen Höhen Profil zeigt, dann kann man nicht mit Schornsteinen arbeiten.

Die unterschiedlichen Höhen waren Ihnen wichtig, um ein Charakterbild zu schaffen?

Unbedingt. Nur Hoch und Tief ergibt die notwendige Lebensspannung. Menschen, die in einem Geviert wohnen, in dem alles gleich hoch ist, fühlen sich bedrückt, werden unglücklich, depressiv, mögen nicht zu Hause sein.

Was war damals noch wichtig in den Diskussionen?

Wichtig war damals immer wieder die Proportion von Wohnungstyp und Wohnungszahl, das ist sehr stark in den Städtebau eingeflossen. Kleinwohnung plus mittlere plus größere Wohnung. Wie sollen die überhaupt untergebracht werden. In den Punkthäusern war das anders als in den E+3, also den viergeschossigen Häusern. Darüber wurde immer wieder diskutiert.

Damals galt ja der Münchner Norden als sehr schlechte Wohnlage. Woran lag das?

Das lag am Lager Frauenholz, an der Industrie, die hier angesiedelt worden war, und vor allem an Großlappen. Der ganze Abfall von München wurde nach Norden gefahren. Mit dem Münchner Norden verband sich der Gedanke, da stinkt es. Das hatte einfach einen schlechten Touch.

Gerade wegen des Lagers am Hasenbergl, dem Frauenholz, hat jeder die Hände über dem Kopf zusammengeschlagen: »Hasenbergl wird der Hinterhof der Stadt München«. Wir wußten, was so geredet wird. Da haben wir gesagt, wir machen es anders. Und es wurde kein Hinterhof.

Hat es in der Planung einen Unterschied zwischen sozialem und freifinanziertem Wohnungsbau gegeben?

Theoretisch hätte es einen Un-

Ernst Maria Lang

1916	geboren in Oberammergau
1938/39	Architekturstudium an der TH München
1939–45	Kriegsteilnahme
1945	Wiederaufnahme des Studiums
1947	Diplom
1946–49	Assistent bei Prof. Robert Vorhoelzer
seit 1949	selbständiger Architekt
1955–68	Vorsitzender des Bundes Deutscher Architekten in München und Bayern
1961–81	Leitung der Berufsbildungsschule für Bau und Gestaltung
1970	Gründungsvorsitzender und seit 1971 Präsident der Bayerischen Architektenkammer, jetzt Ehrenpräsident
seit 1987	Rundfunkrat

Außerdem fünfzigjährige Tätigkeit als Karikaturist der SZ und beim Bayerischen Fernsehen

terschied gegeben, aber wir mußten ja immer die Normen einhalten. Nur die Einhaltung der Normen gewährleistete auch die Fördermittel. Schon dadurch wurden der Architektur Zügel angelegt. Bei dem freifinanzierten Wohnungsbau, der zwar auch gefördert wurde, war das nicht so streng. Aber natürlich war der Auftraggeber erpicht darauf, daß die Normen möglichst eng eingehalten werden, damit er ohne viele Schwierigkeiten und Diskussionen Fördermittel bekam. Also haben wir – ich möchte sagen – unsere Freiheit bei dem freifinanzierten Wohnungsbau mehr als eine etwas gezügelte Freiheit gesehen. Sehr groß war der Unterschied somit nicht.

Städtebau

Eine Frage zum Städtebau insgesamt: Mitte der sechziger Jahre setzte – ausgehend von Amerika – auch in Deutschland heftige Kritik an den großen Siedlungen ein. Würden Sie sagen, daß sich diese Kritik auch auf Siedlungen wie das Hasenbergl bezog?

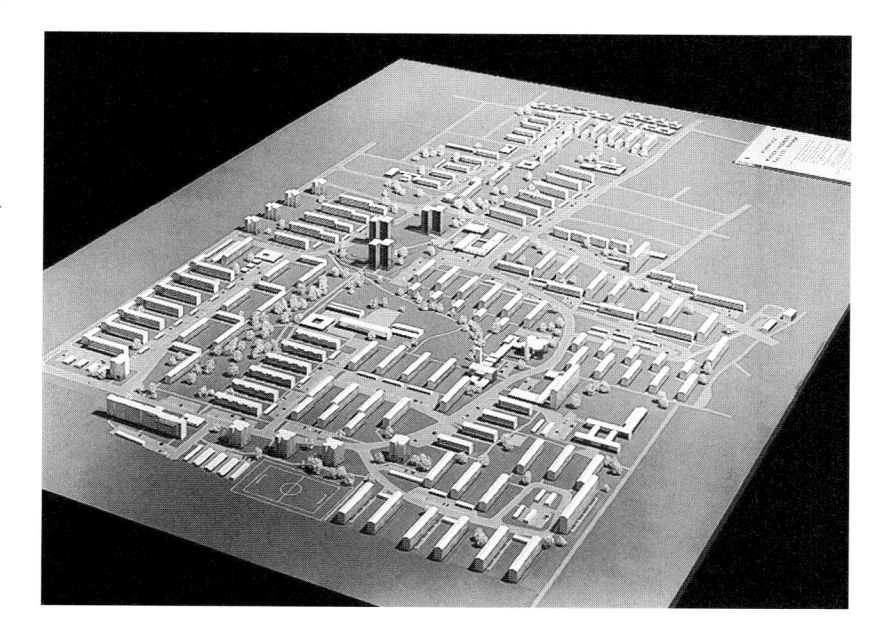

Jane Jacobs hat damals das Buch »Leben und Tod amerikanischer Städte« geschrieben, und etwas später kam Alexander Mitscherlich mit seinem »Die Unwirtlichkeit der Städte«. Aber das bezog sich eigentlich auf die amerikanischen Verhältnisse. Die Kritik ist mit Sicherheit fürs Hasenbergl, für Fürstenried-Ost und -West und auch für die Parkstadt Solln nicht zutreffend. Wir haben erreicht, daß das Verhältnis zwischen bebauter Fläche und noch erhaltener gestalteter Fläche gut ausgewogen ist. Das stellen Sie ja fest, wenn Sie durchfahren: eine grundlegend grüne Stadt. Das ist keine tote Stadt, sondern eine grüne Stadt, und das wollten wir damals erreichen.

Wiederaufbau/Drittes Reich

Wie haben Sie den Wiederaufbau erlebt?

Da ging es heiß her. Nachdem München sehr stark zerstört war, ging es darum, ob man München wieder in seiner alten Substanz so aufbaut, wie man es noch aus den frühen Kupferstichen und Bildern der vergangenen Zeit kennt, oder ob man etwas völlig Neues macht. Der erste Schritt, etwas völlig Neues zu machen, war die Maxburg. Die Maxburg war 1952 ein Wettbewerb, den Sep Ruf gewonnen hat, der sie auch baute. Ich muß sagen, es ist eine grundanständige Sache, die sich heute sehr gut behaupten kann. Aber auch das wurde bekämpft. Flachdach gegen Satteldach, Mansarddach usw. Das waren heftige Auseinandersetzungen und so Leute vom Verein »Alt-München«, die konnten gar nicht genug tun, die neue Architektur zu beschimpfen. Obwohl diese neue Architektur sehr moderat war. Es wurden keine bösen Eingriffe vorgenommen, sondern es wurde verhältnismäßig angepaßt gebaut. Ich kenne nur ganz wenige Punkte in München, wo man sagen muß, das hätte man ein bißchen anders machen können. Aber die Münchner haben auch ihre neugebauten Stadtteile verkraftet, sie leben damit und sie fühlen sich ganz wohl damit. München ist eine an den Menschen angepaßte Stadt.

Wie war das Verhältnis nach dem Ende des Krieges zur Architektur des Dritten Reiches?

Man hat das, was das Dritte Reich umzusetzen versucht hat, vollkommen abgelehnt. Da hat nichts irgendwelche Spuren hinterlassen. Für München lag ja vom Generalbau ... wie hieß er?

Harbers?

Der Guido Harbers war Leiter des Wohnbaureferates von München. Er war zwar Parteigenosse, aber er war ein moderater Nazi. Ich kannte den Guido Harbers, natürlich. Der wollte guten Wohnungsbau machen. Guido Harbers hat bei der Siedlung Ramersdorf beispielsweise versucht, durch die Hinzuziehung von guten Architekten – keineswegs Nazi-Architekten – guten Siedlungsbau zu machen. Das ist ihm im Rahmen der damaligen Möglichkeiten auch gelungen. Aber da gab es den Generalbau ..., wie hieß er nur. Es wurden ja unglaubliche Planungen entwickelt für den neuen Münchner Zentralbahnhof. Allein die Kuppel sollte 300 Meter hoch sein ...
Diese Versuche der Nationalsozialisten waren mit dem Kriegsende vollkommen beendet. Kein Mensch wollte davon noch etwas wissen. Die Architekten, die in der Zeit gearbeitet haben, sind alle für geraume Zeit verschwunden, die waren alle nicht mehr erkennbar. Erst nach etwa 15 Jahren tauchte der eine oder andere mit kleinen Bauvorhaben wieder auf und war glücklich und zufrieden, wenn er noch einigermaßen über die Runden kommen konnte.

Nach dem Krieg herrschte also Aufbruchsstimmung?

Absolute Aufbruchsstimmung. Und dann kamen die ersten Reisen in die Vereinigten Staaten, nach Schweden vor allen Dingen, in die Schweiz und nach England. Das waren aufregende Erkenntnisse. Wir haben ja damals – und ich war bei Kriegsende 29 Jahre alt – nie irgendeine Architekturliteratur gesehen, in der internationale Architektur zu sehen war. Ich hatte zwar vom Bauhaus gehört. Den Namen Gropius hatte ich gehört und ganz nebulös war auch Mies van der Rohe bekannt. Aber jetzt konnte man sie alle greifen, jetzt waren sie da. Jetzt konnte man mit ihnen reden. Jetzt konnte man sehen, was sie alles machen. Das waren die eigentlichen Anstöße.

INTERVIEW MIT
PROF. JOHANN CHRISTOPH OTTOW
AM 24. JULI 1996 IN MÜNCHEN

Städtebauliche Zielsetzungen nach dem Krieg

Parksiedlung Bogenhausen

Sie waren sowohl in dem Team, das unter Leitung von Franz Ruf die Parksiedlung Bogenhausen gebaut hat, als auch in dem Team, das das Hasenbergl gebaut hat.
Wurde die Gestaltung der Parksiedlung damals innerhalb der Gruppe diskutiert?

Gewisse Gestaltungsgrundsätze hat man diskutiert. Auch beim Hasenbergl war das so, weil es ein so riesiges Projekt mit vielen Beteiligten war. Wir hielten strenge Regeln für unumgänglich, damit die Sache nicht aus dem Ruder läuft. Aber letztlich war das Gegenteil der Fall: Es wurde monoton. Und das war bei der Parksiedlung auch schon so. Zwar gibt es gewisse Unterscheidungsmerkmale zwischen den Bauten der verschiedenen Architekten, aber für einen Laien sind sie aus heutiger Sicht kaum wahrnehmbar. Der Pluralismus, der uns heute in der Architektur selbstverständlich ist, den gab es damals noch nicht. Es gab nur zwei Richtungen: die konservative und die moderne.

Neben der Parksiedlung steht eine Wohnanlage, die während des Nationalsozialismus entstanden war. Hat diese Nachbarschaft eine Rolle für Sie gespielt?

Ich kann mich nicht erinnern, daß davon die Rede war. Man hat sich aber auf keinen Fall daran orientiert. Man hat eben akzeptiert, daß diese BluBo-Bauten – BluBo bedeutete ›Blut und Boden‹ – da waren. Obwohl es im Grunde harmlose Bauten waren, trugen sie das Odium der vergangenen Zeit mit ihren ganzen Schrecklichkeiten, und damit wollten wir nichts zu tun haben. Gleich nach dem Kriege kannten wir natürlich nur das, was hier gebaut worden war. Dann hat der »Baumeister« erste Bilder z. B. aus Amerika gebracht. Das hat uns beeindruckt. Als die Parksiedlung gebaut wurde, 1956, war man schon weiter. Wir hatten Zeitschriften, waren in der Schweiz gewesen. Das Thema BluBo hat bei unseren Überlegungen keine Rolle gespielt.

Warum gibt es in der Parksiedlung so wenig Läden?

Es gibt zwei Ladenzentren. Das war für den Anfang genug, weil die Leute, die hier einzogen, so wenig Geld hatten. Es waren viele Flüchtlinge, die keine Sozialwohnung bekommen hatten. Die mußten sich einrichten, ihre Möbel abzahlen. Die Ansprüche sind erst später gewachsen. Als wir dann das Hasenbergl gebaut haben, haben wir schon gewußt, daß der Mangel an Infrastruktur, der Mangel an Arztpraxen, Handwerkern, Rechtsanwälten usw. zu einem Engpaß führen würde. Aber die Stadt, die für den sozialen Wohnungsbau zuständig war, wollte eben jeden Quadratmeter für Wohnungen haben.

Die Parksiedlung ist um einen zentralen grünen Platz gruppiert.

Ein solcher Grünzug war bei all diesen Siedlungen damals das Prinzip. Es ging um eine bewußte Abkehr von der verbauten Enge der ungesunden Großstadt. Das »Zille-Milieu«, das der Blockbebauung anhaftete, sollte überwunden werden.

In den zwanziger und dreißiger Jahren hatte es etwa beim Bauhaus schon diese Richtung gegeben. Damals war die ganz offene Bauweise, die Zeilenbauweise, zur Doktrin erhoben worden. Die benachteiligten dunklen Wohnungen in den Blockecken sollte es nicht mehr geben. Der Sinn war Licht, Luft und Sonne im gleichen Maße für alle Wohnungen. Deshalb planten wir auch relativ große Gebäudeabstände. Überall Durchlüftung und in der Mitte viel Grün. Da es zunächst kaum Autos gab, reichten Parkplätze und ein paar Garagenzeilen.

Es ging darum, den Verkehr im Außenkreis herumzuführen. Im Inneren waren dann die Fußgängerwege durch das Grüne, die zum Laden und zur Schule führen, damit die Kinder sicher zur Schule kommen konnten.

Dieses offene Prinzip hatte etwa zehn Jahre lang Bestand. Anfangs hatte man eben geglaubt, reichlich Platz zu haben, so daß sich die Städte ruhig ausdehnen könnten. In den sechziger Jahren wurde uns dann aber bewußt, daß Deutschland doch begrenzt ist und wir mit dem Baugrund rationeller umgehen müssen.

Haben Sie als junger Architekt auch über ursprüngliche Bebauungen der Stadt nachgedacht oder wollten Sie lieber etwas Neues machen?

Wir wollten etwas Neues machen. Das wollten wir damals überall, auch in der Innenstadt. Wir waren ja jung und radikal. Was in Hannover passierte, wo Rudolf Hillebrecht auf den Ruinen eine vollkommen neue Stadt plante, fanden wir ganz toll. Zeitweise haben wir wirklich bedauert, daß in München nicht so durchgegriffen worden ist. Mein Lehrer zum Beispiel, Prof. Martin Elsässer, hat nach dem Krieg Pläne für den Wiederaufbau von Schwabing gemacht und eine flächendeckende Bebauung nach den neuen Prinzipien vorgeschlagen. Aber das wurde dilatorisch behandelt, die Maßgebenden wollten das nicht so gerne. Wir Jungen haben in dieser Zeit ein Tauziehen um diese Grundsätze mit den älteren Generationen gehabt. Da die Älteren einflußreicher waren als wir, haben sich die neuen Konzepte für München nicht durchgesetzt. Heute sind wir alle froh darüber. Denn München hat durch das, was wir damals einen ›faulen Kompromiß‹ nannten, große Qualitäten bewahrt, aber es hat auch neue Qualitäten dazu bekommen. Ich bedaure nicht mehr, daß es so gekommen ist.

In den siebziger Jahren wurde die Architektur der Nachkriegszeit heftig angegriffen. Vor allem wurde kritisiert, daß nicht mehr rekonstruiert worden ist.

In München gab es weniger Grund, das zu kritisieren, als in anderen Städten. Natürlich sieht man den Häusern der Nachkriegszeit an, daß es Nachkriegsbauten sind. Man hat nicht versucht, die überlebten Grundrisse und die übermäßigen Stockwerkshöhen von Anno dazumal wieder herzustellen oder Neorenaissance-Dekorationen an die Fassaden zu bringen, das wäre dieser Generation verlogen vorgekommen. Man machte alles einfacher. Was aber die alte Stadtstruktur bewahrt hat, ist die gleichgebliebene Parzellengröße. Wir Jungen wollten natürlich, daß in den ganz zerstörten Gebieten die Parzellen zusammengelegt werden, wir wollten eine großzügige Stadt, nicht dieses Kleinkarierte, Spießige. Daß aber in der Großzügigkeit immer auch die Gefahr der Monotonie liegt, haben wir schließlich bei den Sachen, die wir selbst gebaut haben, erleben müssen. Nach den ersten großen Siedlungen haben wir festgestellt, daß diese Maßstäbe für die Menschen in diesen Siedlungen zu groß sind. Deshalb haben wir danach den Wiederaufbau in kleineren Einheiten bevorzugt. Die großzügige Zusammenlegung von Grundstücken, wie das in Hannover, Hamburg oder Köln passiert ist, hat es in München nicht gegeben.

Hasenbergl

Zum Hasenbergl: War das eigentlich ein Wettbewerb?

Nein, es war kein Wettbewerb, sondern ein Plangutachten, ein kooperatives Verfahren. Federführend für die Bauträger war die Neue Heimat.

Worin bestanden die Unterschiede zwischen Ihrem Bebauungsplan und den Vorschlägen der anderen Architekten?

Das kann ich nicht mehr genau sagen. Alle hatten letztlich ähnliche Prinzipien, denn die Planer hatten dieselben Ziele und dieselbe Ausbildung. Insofern zeigten alle Vorschläge Grünzüge und Parallelzeilen. Aber ich glaube, daß wir das einfachste, das klarste System hatten: Eine große Schleife mit einem durchgehenden Grünzug in der Mitte, der sich im Norden, wo es breiter wird, gabelt. Auf dem kleinen Hügel, dem Hasenbergl, habe ich drei Punkthäuser geplant, die dann von Kollegen gebaut worden sind, damit diese Erhebung auch innerhalb der Silhouette deutlich wird. Aber damit habe ich dem Hügel wohl nichts Gutes getan …

Aber die Diskussion um solche Dominanten war damals doch wichtig.

Ja. Jede dieser Großsiedlungen – da waren wir uns alle einig – mußte so eine Dominante haben, die man aus der Ferne sehen kann. Später hat man freilich gemerkt, daß das gar nicht sinnvoll ist, weil plötzlich viele solcher Dominanten verstreut in der Stadtsilhouette standen. Das war das Resultat, weil überall an der Peripherie neue Siedlungen entstanden. Die Dominanten verloren damit ihre Orientierungsfunktion, aber sie störten auch nicht mehr. Denn was damals hoch war, wirkte später nicht mehr hoch, weil sich das Bebauungsprofil insgesamt gehoben hat.

Das Leitbild damals war die organische, gegliederte, aufgelockerte Stadt. Was ist darunter zu verstehen?

»Gegliedert und aufgelockert«, das war der Titel eines Buches von Göderitz. ›Gegliedert‹ bezieht sich darauf, daß man die neuen Siedlungsbereiche, die »New Towns«, die wir damals in England kennengelernt haben, als bebaute Inseln ins Grüne setzt. Wichtig war ein großer, breiter Grünzug zwischen den verschiedenen Siedlungskörpern. Damit sollte verhindert werden, daß alles zu einem Brei zusammenfließt. Denn als einen solchen Brei haben wir die alten Städte empfunden.

›Aufgelockert‹ meinte die Zeilenbauweise. Also keine Blockbebauung, wie sie später wieder praktiziert wurde, sondern einzelne

Baukörper von mäßiger Länge und Höhe, so daß man überall die Grünflächen durchlegen konnte.

›Organisch‹ betraf eine Vorstellung, die wahrscheinlich aus Schweden zu uns kam. Es ist ein Verkehrskonzept, das heute an Gültigkeit verloren hat. Die Magistrale geht über in die Anliegerstraßen, so wie sich ein Stiel im Blatt verästelt. Dem entspricht ein zentrisches Modell der Stadt, bei dem die neuen Gebiete sternförmig einem Stadtzentrum zugeordnet sind und sich der Verkehr in die neuen Gebiete so verästelt, daß zwischen die Wohngebiete Grünzonen gesetzt werden können. Das ist bis heute noch ein Grundgedanke. Allerdings hat man inzwischen gelernt, daß die Vielzahl von Stichstraßen Probleme mit sich bringt. Die Eigengesetzlichkeit des Autoverkehrs hat dieses bildhafte organische Prinzip inzwischen überholt. Der heutige Verkehr braucht ebenso die Tangente und Querverbindungen, er verlangt eher nach Schachbrett- oder Schleifensystemen.

Wie wurde es umgesetzt?

Die Zeilen sollten nicht länger als 80 m sein, der Weg von der Fahrstraße zum Hauseingang durfte nicht zu lang werden. Der Verkehr wurde in Nebenstraßen gesammelt, um ihn dann den Hauptstraßen zuzuführen. Die Fußgängerzüge lagen im Grünen, so daß man möglichst ohne große Verkehrsstraßen zu überqueren, in die Landschaft hinausgehen konnte. Aber es war nicht irgendwie festgelegt, sondern diese Dinge haben wir durch Lektüre und Hören-Sagen gewußt. Das Fach Städtebau an der Technischen Hochschule bezog sich auf Stadtgestaltung. Die Stadtstruktur war anfangs noch kein akademisches Thema. Das kam dann erst mit der Diskussion um diese Fragen.

Am Hasenbergl wurde viel Kritik geübt.

Als das Hasenbergl gerade fertig war, gab es plötzlich ein Stadtentwicklungsreferat, in dem auch Soziologen tätig waren. Soziologie war ein neuer Beruf, den es früher gar nicht gegeben hatte. Dieser wissenschaftliche Blick hat uns interessiert, weil wir alles aus dem hohlen Bauch heraus gemacht haben und uns gar nicht so sicher waren, ob das, was wir gemacht haben, auch anderen verständlich war. Es kamen auch Psychologen ins Spiel, zum Beispiel Alexander Mitscherlich, der das Buch »Die Unwirtlichkeit unserer Städte« geschrieben hatte. Deshalb wurde er von der Neuen Heimat als Berater berufen. Aber unsere Hoffnungen auf Hilfe von Seiten der Wissenschaft wurde enttäuscht. An praktischen Vorschlägen kam nichts. Was die Psychologen und Soziologen lieferten, war zu theoretisch. Vor allem die Soziologen kritisierten lauter Dinge, die an den finanziellen Realitäten vorbeigingen, und die gerügten Mängel an der Infrastruktur kannten wir: Die Wohnungsgrundrisse wären zu klein, zu einfach, zu wenig differenziert, nicht kindgerecht. Kritisiert wurde, daß es zuwenig große Wohnungen für Kinderreiche gibt. Aber es ist eben so, daß diese Wohnungen, weil sie groß sein müssen, teuer waren für die meisten Kinderreichen. Und dann wurde man sie nicht leicht los, jedenfalls nicht an die, für die sie gedacht waren.

Es wurde kritisiert, daß die Zeilen zu gleichartig und zu einfach wären, und daß ein bewegteres Bild wünschenswerter wäre, das war richtig, wir sahen es selbst. Aber der Schwerpunkt der Kritik lag auf soziostrukturellen Fragen, zum Beispiel das Problem der Monokultur, das uns auch beschäftigt hat. Also, daß vorwiegend Schichten derselben Alters- und Einkommensgruppe dort angesiedelt wurden. Das hat sich erst nach Jahrzehnten aufgelöst. Die Kritik ging eigentlich nicht so sehr gegen die städtebauliche Planung, aber letztlich wurde alles in einen Topf geworfen.

Eine Befragung 1968 im Hasenbergl ergab, daß die Bewohner dort sehr zufrieden waren. Demnach kam die Kritik vor allem von außen.

So haben wir das auch empfunden.

Wie würden Sie Ihre Haltung als Architekt beschreiben?

Schon als Kind mochte ich diese Bauten aus der Gründerzeit nicht. Fast so, als hätte ich damals schon ein Gefühl für das Unechte gehabt. Diese Art von Empfindung hat unsere Generation sehr stark geleitet: Das Bedürfnis nach einem Wahrhaftigkeitsbegriff in der Architektur, nach einer moralischen Qualität, die hinter der ästhetischen Qualität steht – dieses Bedürfnis hat unsere Generation in der Tradition der Moderne stark geprägt. Von dieser Auffassung ist, seit ihr durch die Postmoderne widersprochen worden ist, etwas verlorengegangen. Vielleicht war sie nicht ganz realistisch, vielleicht war auch etwas Anmaßung dabei. Bei Mies van der Rohe und Neutra finden sich diese moralischen Ansprüche, und auch schon bei Ruskin. Die Wortführer der Moderne wollten Protagonisten einer neuen und höheren Lebenskultur sein. Rückblickend kann man leicht sagen, sie hätten ihren Mund zu voll genommen, aber das kann man von jedem gescheiterten Idealismus sagen. Ihnen waren in der Massenproduktion des Industriezeitalters die immateriellen Werte wichtig. Diese Gedanken haben auch unsere Generation noch getragen und das Wahrhaftigkeitsbedürfnis ist ja keine Zeiterscheinung und wird weiter wirken.

KAPITEL 5

Wohnstadt – Trabantenstadt

STEFFEN KRÄMER

Wohnstadt – Trabantenstadt – Planungen für München

»Gesellschaft durch Dichte«, so lautete das Fachthema einer Tagung, die vom Bund Deutscher Architekten 1963 in Gelsenkirchen abgehalten wurde.[1] Mit diesem Titel reagierten die Delegierten auf eine Diskussion im deutschen Städtebau, die bereits Anfang der sechziger Jahre begonnen hatte und deren Inhalte und Forderungen sich im Verlauf der Dekade zu einem **neuen urbanistischen Leitbild** kristallisieren sollten.[2] »Urbanität« und »Dichte« waren die Schlagworte, mit denen Städteplaner und Architekten die neue Maxime im deutschen Städtebau prägnant umschrieben. Damit distanzierten sie sich programmatisch von jenen theoretischen Zielsetzungen, die noch bis Ende der fünfziger Jahre die nachkriegszeitliche Städteplanung bestimmt hatten. Ausgangspunkt der Diskussion war die Kritik an dem Idealbild der aufgelockerten, gegliederten und durchgrünten Stadt im Wiederaufbau und dem bereits Mitte der vierziger Jahre wieder einsetzenden, öffentlichen Siedlungs- und Wohnungsbau. Die hierbei gewöhnlich propagierte Gestaltungsformel der »räumlichen Entflechtung« oder »Auflockerung«, die durch eine erhebliche Reduktion der Bebauungsdichte bei gleichzeitiger Erhöhung der Grünflächen erreicht wurde, galt den neuen Vorstellungen zufolge als antiurban und führte scheinbar zwangsläufig zum Verlust des städtischen Raumes. Den städtebaulichen Grundsätzen der fünfziger Jahre wurde nun die »urbane und verdichtete Stadt« als neues Leitbild entgegengehalten. Dieser als »Paradigmenwechsel« bezeichnete Umdenkprozeß etablierte sich nach einer erstaunlich kurzen Phase der Konsolidierung und bestimmte die bundesdeutsche Städte- und Siedlungsplanung bis zum Ende der siebziger Jahre.[3]

In **München** orientierte man sich sehr früh an diesen veränderten Sichtweisen im Städtebau. Im Herbst 1960 verabschiedete der Stadtrat den **»Gesamtplan zur Behebung der Wohnungsnot in München«,** kurz »Münchner Plan« genannt.[4] Neben mehreren Anträgen des damaligen Oberbürgermeisters Hans-Jochen Vogel enthielt dieser Plan einen Bericht des Stadtrates und Referenten für Tiefbau und Wohnungswesen Helmut Fischer, der sich mit dem künftigen Wohnungsbedarf der Landeshauptstadt und den Möglichkeiten zur Deckung dieses Bedarfs auseinandersetzte:[5] Der Ansatzpunkt seines Berichtes war die durch die Kriegsschäden und die rapide Bevölkerungszunahme hervorgerufene eklatante Wohnungsnot in München. Um einen Ausgleich mit dem daraus resultierenden enormen Wohnungsbedarf zu erreichen, mußten laut statistischer Berechnungen bis zum Ende des Kalenderjahres 1966 insgesamt 123.300 Wohnungen errichtet werden. An diesem Gesamtbauvolumen sollte sich die Stadt mit jährlich 8.000 öffentlich geförderten Wohnungen im Sinne des sozialen Wohnungsbaus beteiligen. Da das dafür benötigte Bauland von 2.255 Hektar innerhalb der Stadtgrenzen nur teilweise zur Verfügung gestellt werden konnte, war ein Übergreifen auf den Münchner Außenraum die zwangsläufige Folge. Auf der Grundlage dieser regionalen Erweiterung wurden große Entlastungssiedlungen als zeitgemäße Bebauungslösung im Großraum München vorgeschlagen, die als selbständige Wohnanlagen den Status einer »Trabantenstadt« erhalten sollten.[6] Zur Realisierung dieses Siedlungsprogrammes empfahl der Bericht den Einsatz sogenannter »Planungsträger«, die von der Baulandbeschaffung bis zur architektonischen Durchführung das gesamte Projekt beaufsichtigten.[7] Um die Bauleistung in dem vorgesehenen Zeitraum zu garantieren, wurde die Fertigbauweise gefordert, die durch Rationalisierungsmaßnahmen weiter optimiert werden sollte. Kurze Erwähnung fanden im letzten Abschnitt des Berichtes die beträchtlichen Folgemaßnahmen wie Versorgungs- und Verkehrseinrichtungen, deren Ausmaße und spezifische Zusammensetzung bei solch einem großen Bauvolumen noch nicht abgeschätzt werden konnten.

Die von Fischer in seinem Bericht dargelegten Sachverhalte und seine bezüglich der Siedlungsproblematik aufgestellten Postulate sollten in eine umfassendere Konzeption eingeordnet werden. Eine dafür eigens gegründete »Arbeitsgemeinschaft Stadtentwicklungsplan München« wurde bereits im Juni 1960 beauftragt, als Grundlage für einen späteren Flächennutzungsplan einen **Stadtentwicklungsplan und einen Gesamtverkehrsplan** auszuarbeiten. Das aus den Städte- und Verkehrsplanern Herbert Jensen, Egon Hartmann und Carl Hidber bestehende Gremium legte nach dreijähriger Arbeit ein

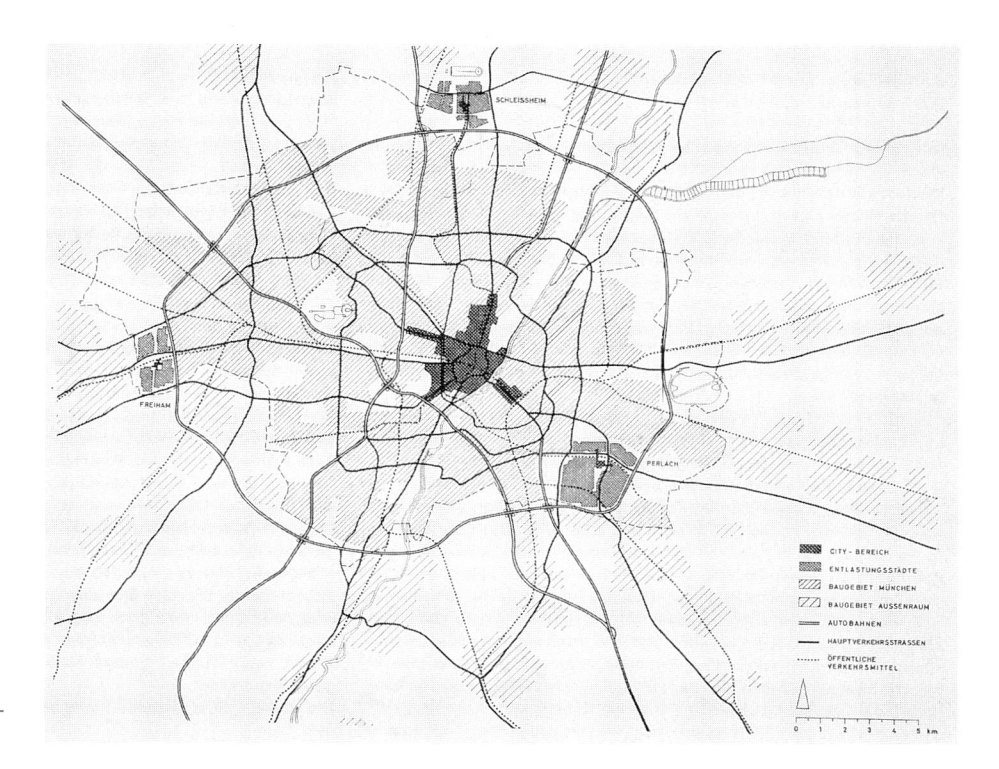

Flächenplan von München mit den drei geplanten Entlastungsstädten.

umfassendes Plankonzept vor, das der Stadtrat im Juli 1963 verabschiedete.[8] Neben einer Konkretisierung der schon von Fischer dargestellten Zielsetzungen erarbeiteten die Planer ein urbanistisches Leitbild für die Stadtregion München, das der städtebaulichen Entwicklung bis 1990 zugrundegelegt werden sollte.[9] Auch befaßten sie sich mit der Standort- und Strukturplanung der im Gesamtplan geforderten Großsiedlungen. Diese bildeten einen Kernpunkt der Erörterungen, da die bereits von Fischer prognostizierte künftige Stadterweiterung eine Siedlungsplanung großen Formats im Münchner Außenraum erlaubte.

Als »Kristallisationspunkte kompakter Bebauung« bezeichnet, wurden diese Großsiedlungen mit wichtigen Stationen des öffentlichen Nahverkehrs verbunden und, konzentrisch vom Stadtzentrum ausgehend, im gesamten Großraum München verteilt. Leitgedanke bei der Auswahl der Bauflächen war die Verkehrserschließung, deren notwendiger Planungsaufwand durch eine entsprechende Verdichtung der Bebauung berücksichtigt werden sollte. Verkehrserschließung und Baudichte standen bei der Siedlungsplanung somit in einem wechselseitigen Verhältnis. Bei der räumlichen Organisation der Siedlungen wurde der größte Wert auf eine zumindest partielle Unabhängigkeit von der Innenstadt gelegt. Das Zentrum plante man als einen dicht bebauten Ortskern mit den notwendigen öffentlichen Einrichtungen, der als zukünftiger »Mittelpunkt des wirtschaftlichen und kulturellen Lebens« einen betont städtischen Charakter erhalten sollte. Um der Gefahr einer reinen Wohnfunktion der Siedlungen vorzubeugen, waren Industrie- und Gewerbeflächen an den Randzonen vorgesehen, deren optimale Nutzung ein hohes Potential an Arbeitsplätzen erwarten ließ. Eine Übereinstimmung von Arbeits- und Wohnstätte wollte man damit garantieren. Bei der Verkehrsplanung wurde der Grundsatz der sogenannten »autogerechten Stadt« vertreten, so daß die Effizienz der Siedlungsprojekte im hohen Maße von der Leistungsfähigkeit des geplanten Verkehrskonzeptes abhängig war. Aus diesem Grunde wurden nur jene Standorte in der Stadtregion ausgewählt, die eine direkte Anbindung an das Hauptstraßennetz erlaubten. Das Resultat dieser Überlegungen waren drei als selbständige Nebenzentren geplante Entlastungs- oder Trabantenstädte im Großraum München: Perlach im Südosten, Freiham im Westen und Oberschleißheim im Norden.

Um ihre Zielsetzungen noch weiter zu präzisieren, wurde die Arbeitsgemeinschaft Stadtentwicklungsplan aufgefordert, den **Flächennutzungsplan** für die Stadt München auszuarbeiten, der als vorbereitender Bauleitplan die konkrete Durchführung der städtebaulichen Richtlinien ermöglichte.[10] Ende 1965 billigte der Stadtrat den Flächennutzungsplan, der für etwa zehn Jahre verbindlich bleiben sollte. Auf den Ordnungsvorstellungen des Stadtentwicklungsplanes basierend, verwiesen die Planer nochmals ausdrücklich auf die Priorität einer Stadtgliederung, die sich im Außenbereich aus eigenständigen, sogenannten »Komplexzentren« zusammensetzte. Eine Sonderstellung nahmen hierbei die bereits erwähnten Großsiedlungen ein, die als überörtliche Zentren der verdichteten Innenstadt Entlastung bringen sollten.

Innerhalb von fünf Jahren wurden mit diesen drei Plänen – dem Gesamtplan zur Behebung der Wohnungsnot, dem Stadtentwicklungsplan und dem Flächennutzungsplan – sämtliche Konditionen für eine Städte- und Siedlungsplanung festgelegt, die die strukturelle Gestalt der Landeshauptstadt mit ihren Außenbezirken in den nächsten dreißig Jahren grundlegend verändern sollten. Die Weichen für die enorme Bautätigkeit der sechziger und siebziger Jahre waren in München damit gestellt.

Vergleicht man dieses Gesamtkonzept mit den **allgemeinen Richtlinien im deutschen Städtebau** der sechziger Jahre, so sind die Übereinstimmungen evident:[11] Hervorgerufen durch den Mangel an Bauflächen in den Städten und ermöglicht durch eine großzügige Verkehrserschließung, wurde das Planungskonzept auf den Außenraum erweitert. Die »Bildung einer Stadtregion« ging mit der Vorstellung einher, den Siedlungsbau nunmehr als Synonym für den Städtebau aufzufassen.[12] Die damit zusammenhängende Vergrößerung der Siedlungsvorhaben in den städtischen Randgebieten konnte nur realisiert werden, indem die öffentlichen Auftraggeber große überregionale Wohnungsbaugesellschaften, wie die Neue Heimat Bayern, zu Planungsträgern bestimmten. Um solch großdimensionierte Projekte in einem zeitlich überschaubaren Rahmen durchzuführen, orientierten sich diese an theoretischen Grundsätzen, die in der Siedlungsplanung bereits zu technischen und organisatorischen Entwurfskonstanten erhoben worden waren.[13] In der architektonischen Gestalt der Siedlungen distanzierte man sich zunächst von den Zielsetzungen der fünfziger Jahre und ersetzte die Kategorien der Entflechtung und Auflockerung durch die neue Maxime der städtischen Großform. Die »Suche nach der verlorenen Urbanität« sollte dabei durch eine intensive bauliche Dichte kompensiert werden.[14] Das Leitbild der »Trabantenstadt« bestimmte von nun an den deutschen Städtebau bis zur Mitte der siebziger Jahre.

Neu war die Idee des **»Trabanten«** allerdings nicht:

In der sogenannten »Gartenstadt-Bewegung«, die von Ebenezer Howard Ende des 19. Jahrhunderts gegründet worden war, verfolgte man bereits das Ziel, kleine durchgrünte Stadteinheiten um eine Zentralstadt anzuordnen.[15] Ihren Höhepunkt fand diese räumliche Organisationsform im Siedlungs- und Städtebau nach dem Ersten Weltkrieg. Sowohl Ernst May als auch Le Corbusier benutzten diesen Siedlungstyp bei ihren Stadtplanungen in den frühen zwanziger Jahren.[16] In München wurde die Idee großer Wohnsiedlungen an der städtischen Peripherie Ende der dreißiger Jahre aufgegriffen: Der Bau von »Trabantenstädten«, »Nord- und Südstadt« genannt, sollte die Zukunftsvision einer nationalsozialistischen Gemeinschaft in der »Hauptstadt der Bewegung« architektonisch versinnbildlichen.[17] Nach dem Wiederaufbau kam es Mitte der fünfziger Jahre zu einer beträchtlichen räumlichen wie auch quantitativen Ausweitung der Siedlungen an den Stadtgrenzen. Aus diesen peripheren Großsiedlungen mit bis zu 10.000 Wohneinheiten wurde Anfang der sechziger Jahre der »Trabant«.[18]

Der Begriff »Trabantenstadt« bezeichnete nun eine städtebaulich geschlossene Siedlungseinheit im städtischen Außenbereich, die trotz einer gewissen Abhängigkeit von der Kernstadt eine eigene urbane Identität entwickeln sollte.[19] Mit der Ausrichtung auf ein autonomes Zentrum zielte das Planungskonzept auf den Erhalt einer städtischen Organisationsform, die man sich, analog zu den Strukturen einer organisch gewachsenen Stadt, architektonisch verdichtet, funktional verflochten und sozial durchmischt vorstellte. Um diese eher abstrakten Intentionen in einem Entwurfsprozeß verwirklichen zu können, wurden konkrete Direktiven zur baulichen Gestaltung festgesetzt: Hierzu gehörten die Planung von öffentlichen Einrichtungen im Kernbereich, die Konzeption eines differenzierten Erschließungs- und Verkehrssystems und die Kombination unterschiedlicher Haus- und Wohntypen. Da bei diesen großdimensionierten Siedlungen mit einem immensen Planungsaufwand zu rechnen war, wurden die Trabantenstädte meist in zeitlich aufeinanderfolgenden Planabschnitten entworfen und stufenweise fertiggestellt.

In München waren durch den 1963 verabschiedeten Stadtentwicklungsplan die Standorte für die drei neuen Trabantenstädte festgelegt worden. Aufgrund elementarer Probleme, die im Verlauf der Untersuchungen bei den geplanten Baugebieten Freiham im Westen und Oberschleißheim im Norden auftraten, konzentrierten sich die Planer zunächst ausschließlich auf das Siedlungsgebiet Perlach im Südosten der Stadt:[20] Eine von der Arbeitsgemeinschaft Stadtentwicklungsplan bereits 1963 erstellte Studie für die **»Planung Perlach«** wurde einem Maßnahmeträgervertrag zugrundegelegt, den die Stadt München mit der Neuen Heimat Bayern noch im selben Jahr abschloß.[21] Darin verpflichtete sich die Neue Heimat Bayern, die Bauflächen zu erschließen und an der Gesamt- bzw. Teilbebauungsplanung mitzuwirken. Nach einer Reihe unterschiedlicher Konzeptionen festigte sich die Planung Anfang 1965.[22] Ein erster Strukturplan, der ein Jahr später aufgestellt wurde, legte das Grundgerüst der räumlichen Erschließung, die Lage des Zentrums und die Verteilung der insgesamt sechs Wohnquartiere mit ihren Nebenfunktionen fest. Am 11. Mai 1967 wurde der Grundstein für die neue »Entlastungsstadt Perlach« gelegt.[23] Im Herbst 1967 folgte ein städtebaulicher Ideenwettbewerb für das Zentrum, der ein Jahr später mit der Annahme

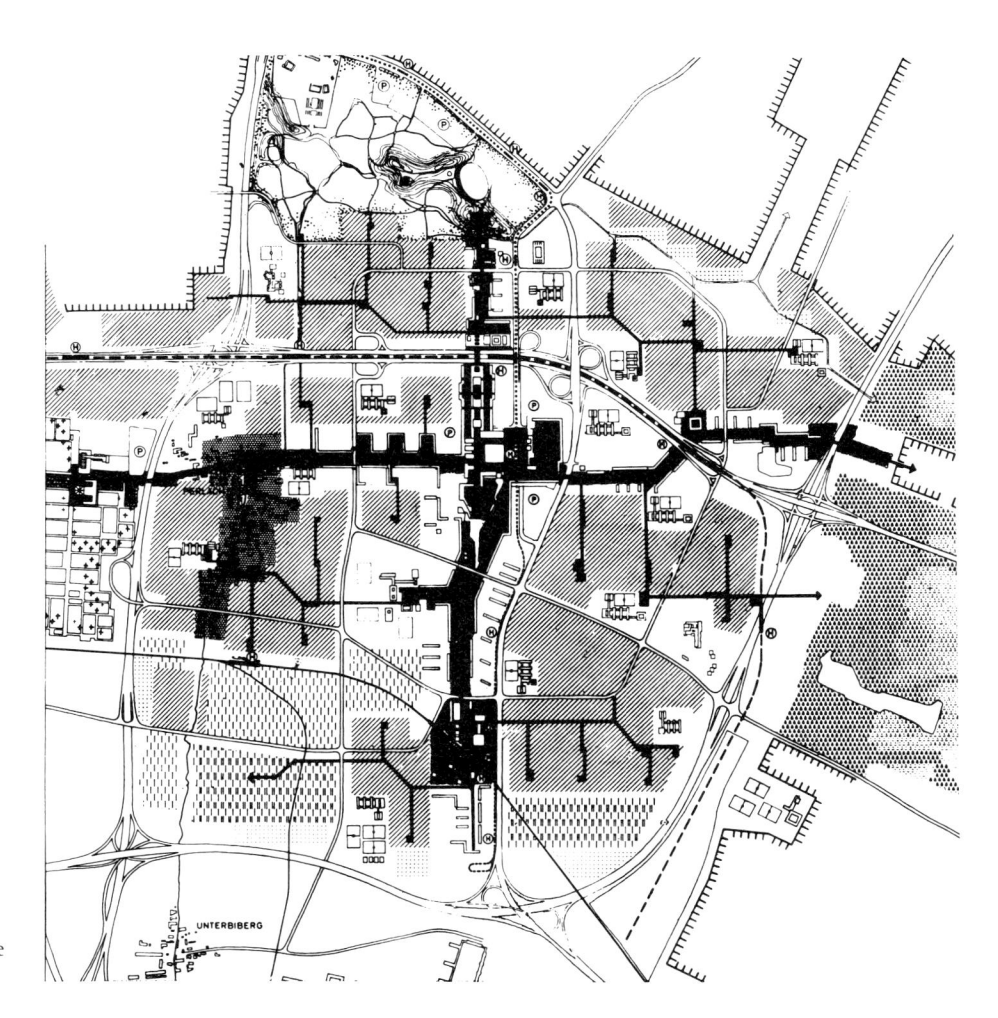

Erster Strukturplan 1966 für die Entlastungsstadt Perlach.

des Projektes des Berliner Architekten Bernt Lauter entschieden werden konnte.[24] Nach mehreren Überarbeitungsphasen legte Anfang 1972 eine nun aus verschiedenen Architekten bestehende, sogenannte »Planungsgruppe Zentrum Perlach« ein gegenüber Lauters Ursprungskonzept erheblich reduziertes Bebauungsprogramm vor, das infolge einer vorläufigen Einstellung der Zentrumsplanung im März 1973 allerdings nur in Ansätzen zur Ausführung gelangte.[25] Noch im selben Jahr wurde der gesamte Siedlungsabschnitt »Nordost« fertiggestellt, während sich die Arbeiten im östlichen Wohnbereich bis 1980 verzögerten. Nach einer grundlegenden Revision des ursprünglichen Gesamtkonzeptes folgten in den achtziger Jahren die Planung und Errichtung der Bauabschnitte »Süd I und II«, deren Fertigstellung bis heute noch nicht vollständig abgeschlossen ist.[26]

Von dem Gesamtplanungsgebiet in Perlach mit etwa 1.000 Hektar waren 330 Hektar für den Wohnungsbau, 84 Hektar für Gewerbe und Industrie und 60 Hektar für einen Park vorgesehen.[27] Der Rest verteilte sich auf die notwendige Infrastruktur, wie das Verkehrssystem, die zentralen Einrichtungen, Freiräume zwischen der Bebauung und dergleichen. Geplant waren etwa 25.000 Wohneinheiten, aufgegliedert in sechs Wohnquartiere mit jeweils 10.000–15.000 Einwohnern. Der Gesamtzahl von mindestens 80.000 Einwohnern stellte man einen Bedarf von etwa 40.000 Arbeitsplätzen in den geplanten Industriegebieten gegenüber. Als überregionales Zentrum sollte Perlach einen Einzugsbereich von etwa 400.000 Einwohnern besitzen. Mit ihrer anfänglich geplanten und später reduzierten Größenordnung – Anfang der neunziger Jahre waren es 20.000 Wohneinheiten für 50.000 Einwohner – repräsentierte die Entlastungsstadt Perlach die größte bundesdeutsche Siedlungsmaßnahme der sechziger Jahre.[28]

Um solch ein gewaltiges Programm durchführen zu können, orientierte sich die Planung an jenen Richtlinien, die für das Konzept einer Trabantenstadt in den sechziger Jahren erstellt worden waren:[29] Der Aufbau einer autonomen Siedlungseinheit basierte auf der Entwicklung eines Hauptzentrums, das mit mehreren sogenannten »Subzentren« in der Wohnanlage vernetzt war.[30] Mit der Vielfalt der Funktionen – Wohnen, Gewerbe und öffentliche Dienstleistungen – wollte man eine städtische Atmo-

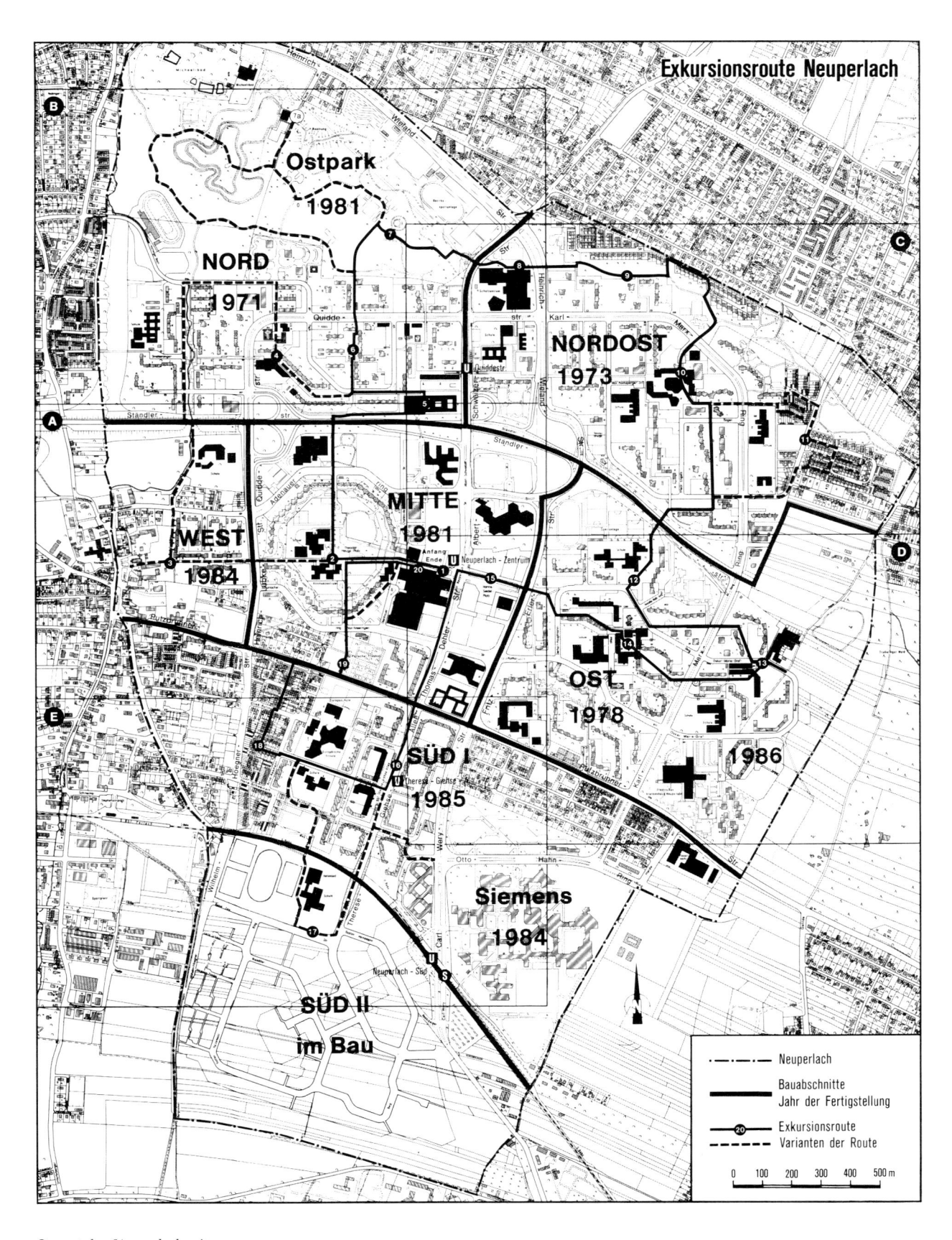

Gesamtplan Neuperlach mit
eingetragener Exkursionsroute, 1987.

sphäre im Zentrum erzeugen, die durch die sukzessive Errichtung einprägsamer Großformen noch weiter intensiviert werden konnte. Die direkte Anbindung der Wohnquartiere sollte dabei den hohen Zustrom der Bewohner garantieren. Das architektonische Initial der Zentrumsplanung war der sogenannte »Wohnring«, der mit einem Durchmesser von 450 Metern eine gigantische Häuserkette mit bis zu 18-geschossigen Wohngebäuden bildete.[31]

Um den optischen Erlebnisgehalt zu steigern, sollte die eigentliche Wohnbebauung unterschiedliche Gebäudetypen umfassen: Dominierten im nördlichen Bereich noch Scheiben- und Punkthochhäuser, so favorisierte man im späteren Ostabschnitt raumbildende »Wohnschlangen«.[32] Verbindlich blieben aber bei dieser Variationsbreite stets eine hohe Wohnkonzentration und eine kompakte bauliche Verdichtung. Mit der Differenzierung in ein viergegliedertes Verkehrssystem sollte schließlich die Maxime der »autogerechten Stadt« umgesetzt werden.[33]

Mit jedem neuen Bauabschnitt, der in Perlach begonnen wurde, traten aber auch die negativen Seiten dieser Siedlungskonzeption immer deutlicher zutage: Die Bereitstellung der notwendigen Infrastruktur hinkte dem Wohnungsbau zeitlich weit hinterher, so daß sich dort, wo man in Perlach eine »beherrschende Stadtkrone« geplant hatte, heute nur eine riesige Leerfläche befindet.[34] Die Dominanz der Verkehrsstruktur führte zu einer Überdimensionierung der Straßensysteme, die jegliches Gefühl für Urbanität vermissen lassen. Die übersteigerte Planungstätigkeit besaß zwar den Vorzug einer präzisen Organisation, hatte aber den Nachteil, daß jeder Quadratmeter in der Siedlung vollständig verplant war. Die oft gepriesene Erlebnisgestaltung wurde damit zu einem simplen und meist einfallslosen Entwurfskalkül degradiert.[35] Die »Rückkehr zur Urbanität« wurde insofern mißgedeutet, als die Architekten eine maximale Bebauungsdichte zum alleinigen Parameter der Planung erhoben und die maßlose Vergrößerung der Baumassen bei

Von oben nach unten:
»Wohnring« in Neuperlach.
Foto 1996.

Hanns-Seidel-Platz in Neuperlach. Blick nach Westen.
Foto 1996.

Hanns-Seidel-Platz in Neuperlach. Blick nach Osten. Foto 1996.

Wohnblock im Bauabschnitt »Süd II« in Neuperlach an der Therese-Giehse-Allee.
Foto 1996.

Modell des Wohnblocks im Bauabschnitt »Süd II« in Neuperlach, Therese-Giehse-Allee. Architekten: Christoph Zobel, Horst G. Weber, Klaus Weißenfeldt. Bauzeit: 1987–89, Südhausbau.

gleichzeitiger Erhöhung der Geschoßzahlen einzig mit dem Anspruch auf eine städtische Lebensweise legitimierten.[36] Der zentrale Wohnring bietet hierfür ein lehrreiches Beispiel. Die in Perlach zu beobachtende räumliche Staffelung, farbliche Differenzierung und plastische Gestaltung der Hochbauten basierten auf dem fast zwanghaften Bemühen, ein im Grunde völlig schematisches und stereotypes Wohnprogramm zu kaschieren. Der vorherrschende Eindruck einer baulichen Monotonie konnte damit jedoch keineswegs beseitigt werden.

Diese und andere Einwände bestimmten in München die kurz nach der Aufnahme der Perlacher Bautätigkeiten bereits einsetzende **Diskussion über die Gefahren und schädlichen Folgeerscheinungen der geplanten Trabantenstädte**. Slogans, wie die »Superstädte aus der Retorte« oder die »Vergewaltigung durch die Umwelt«, beherrschten bald das Feld und dokumentierten das tiefe Unbehagen gegenüber den neuen Siedlungskonzepten.[37] Daß diese Planungsproblematik nicht nur ein spezifisches Münchner Phänomen darstellte, beweisen die fast unzähligen landesweiten Angriffe gegen den bundesdeutschen Siedlungs- und Städtebau in den sechziger und frühen siebziger Jahren. Zum eigentlichen Sprachrohr der Kritik wurde das schon 1965 publizierte »Pamphlet« des Psychologen Alexander Mitscherlich über die »Unwirtlichkeit« der neuen Städte.[38] Darin analysierte Mitscherlich das Wechselverhältnis zwischen Wohnen und sozialem Verhalten im nachkriegszeitlichen Siedlungsbau. Im Mittelpunkt seiner Kritik stand der soziale Wohnungsbau, dessen Bewohner er als kontakt- und beziehungslose, anonyme und vereinsamte Opfer charakterisierte.[39] Als Hauptschuldige dieser sozialen Wohnungsmisere klagte er sowohl den Städteplaner und den Architekten als auch den Bauherrn und die Wohnungsbaugesellschaften an.[40]

Diese kritische Position, die nicht nur von Mitscherlich allein vertreten wurde, führte schließlich zu einem langsamen und allmählichen **Umdenken in der Städteplanung** der siebziger Jahre.[41] In München, wo man diese Probleme auch seitens der Verantwortlichen sehr schnell erkannte, wurden daraufhin die großen Siedlungsprojekte der sechziger Jahre in ihrem Konzept verändert, teilweise reduziert oder völlig eingestellt.[42] Mustergültig läßt sich dies an den beiden südlichen Planungsabschnitten der Großsiedlung Perlach beobachten:[43] Die bereits in den siebziger Jahren eingeleitete Veränderung der ursprünglichen Konzeption zielte primär auf eine Erhöhung der Baudichte bei gleichzeitiger Verringerung der Bauhöhen. Mit der ausschließlichen Verwendung der traditionellen Blockbebauung wollte man das natürliche Wechselverhältnis zwischen dem öffentlichen und dem halbprivaten Raum wiedererlangen. Die dichte Anordnung unterschiedlich gestalteter Wohnblocks mit einer niedrigen Geschoßzahl sollte eine spezifische Textur ergeben, die sich mit dem organischen Gewebe einer historisch gewachsenen Stadtgestalt durchaus vergleichen ließ. Auf einer ähnlichen Vorgehensweise beruhte auch der von den Architekten Petzold und Hansjakob eingereichte Entwurf zum 1983 ausgeschriebenen Wettbewerb für die städtebauliche Planung der neuen Siedlung Freiham im Westen von München.[44] Als erster Preisträger eines vier Jahre später nochmals durchgeführten Auswahlverfahrens wurde das Büro Petzold/Hansjakob im Dezember 1989 aufgefordert, einen Bebauungsplanentwurf auszuarbeiten. Dieser liegt in der überarbeiteten Endfassung seit 1993 vor und soll in den nächsten Jahren realisiert werden.

Ob sich diese Planungsrevisionen in bezug auf eine sozialere und humanere Lebensweise bewähren oder durch neue Siedlungsmuster in einer künftigen Städteplanung ersetzt werden müssen, bleibt abzuwarten. Begründet und notwendig waren diese Korrekturen auf jeden Fall.

Anmerkungen

1   Für die Daten, siehe Reinborn 1996, 238.
2   Zur Frage der deutschen Städtebaudiskussion in den sechziger Jahren und des daraus resultierenden neuen urbanistischen Leitbildes, siehe Hafner 1993, 253–315; Reinborn 1996, 233–302.
3   Zum Begriff des »Paradigmenwechsels«, siehe Reinborn 1996, 277.
4   Für die Daten, siehe Luther 1970, 7; Strecker 1970, 4.
5   Die folgenden Informationen sind dem Bericht von Helmut Fischer entnommen, siehe dazu Fischer 1960, 7–39.
6   Der Begriff der »Trabantenstadt« wurde von Fischer nur in einer Anmerkung genannt, vgl. dazu Fischer 1960, Anm. 25.
7   Für die Münchner Wohnanlagen Fürstenried und Am Hasenbergl wurden bereits »Planungsträger« eingesetzt, vgl. Fischer 1960, 17.
8   Für die Daten, siehe Vogel 1969 a, 437; Mücke 1970, 10; Strecker 1970, 5.
9   Diese und alle folgenden Informationen sind dem Stadtentwicklungsplan, Gesamtverkehrsplan entnommen, siehe Stadtentwicklungsplan 1962, 1–50.
10 Für die Daten und die folgenden Informationen aus dem Flächennutzungsplan, siehe Stock 1970, 15–26.
11 Man vergleiche dazu nochmals die Ausführungen von Hafner 1993, 253–315; Reinborn 1996, 233–302.
12 Die Devise der »Bildung einer Stadtregion« stammt aus einem Text des damaligen Münchner Oberbürgermeisters Hans-Jochen Vogel, vgl. dazu Vogel 1969 a, 437.
13 Die Erstellung solcher Planungskonstanten hängt mit den sogenannten »Demonstrativbauvorhaben« zusammen, die vom Bundesministerium für Wohnungswesen und Städtebau nach 1956 durchgeführt wurden, vgl. dazu Hafner 1993, 294–296. Eine wichtige Planungskonstante war beispielsweise die geforderte Verwendung industrieller Fertigungsmethoden.
14 Die »Suche nach der verlorenen Urbanität« ist ein Slogan, der von Dietmar Reinborn geprägt wurde, vgl. Reinborn 1996, 238.
15 Siehe dazu Reinborn 1996, 46–57.
16 Für die Städteplanung von Ernst May, siehe Hafner 1993, 296; für die Stadtutopien von Le Corbusier, siehe Frampton 1991, 134–135.
17 Siehe dazu Walter 1993, 99.
18 Den Übergang von der Großsiedlung an der Stadtgrenze in den fünfziger Jahren zur Trabantenstadt der sechziger Jahre hat Thomas Hafner eingehend geschildert, vgl. Hafner 1993, 296. In München markiert die ab 1959 konzipierte, aufgelockerte und gegliederte Siedlung Am Hasenbergl diesen Wechsel.
19 Neben dem Begriff des »Trabanten« etablierte sich auch der Terminus der »Satellitenstadt«, vgl. dazu Reinborn 1996, 236. Ebenso wurde häufig der Slogan der »Stadt am Rande der Stadt« benutzt, vgl. dazu Zapf 1969, 10.
20 In Oberschleißheim konnte mit einer Freigabe der Planungsfläche in absehbarer Zeit nicht gerechnet werden, da auf dem vorgesehenen Baugelände verschiedene Streitkräfte stationiert waren. In Freiham fehlten demgegenüber wesentliche Voraussetzungen für die Erschließung und Versorgung des Siedlungsareals. Siehe dazu Luther 1966, 54. Ende der sechziger Jahre zeichnete sich zudem eine Finanzschwächung der Stadt München ab, so daß die Investitionskraft der Stadtverwaltung lediglich für das Siedlungsprogramm Perlach ausreichte. Siehe dazu Dheus 1968, 80.
21 Diese und alle weiteren Daten bzw. Informationen zur Baugenese Perlachs sind folgenden Autoren entnommen: Luther 1966, 54–58; Hartmann 1970, 37–47; Strecker 1970, 5–8; Tzschaschel 1987, 504–508; Thalgott 1993, 37; Reinborn 1996, 263–265.
22 Erst mit dem zehnten Entwurf wurde die Phase der konkreten Ausführungsplanung eingeleitet, siehe dazu Hartmann 1970, 38.
23 Die »Entlastungsstadt Perlach« wurde erst 1972 in »Neuperlach« umbenannt, siehe dazu Tzschaschel 1987, 505.
24 Für die Planung des Perlacher Zentrums, siehe Lauter 1973, 1238–1245. Maßgebend für Lauters Zentrumskonzept war die Berücksichtigung des 1966 erstellten Strukturplanes und des schon größtenteils errichteten, nördlichen Wohnquartiers.
25 Zur Genese dieses stufenweise reduzierten Planungsprozesses für das Zentrum von Perlach, siehe Lauter 1973, 1242–1243.
26 Trotz einer weitgehenden Realisierung des Gesamtkonzeptes Anfang der neunziger Jahre finden sich heute immer noch einzelne Planungsflächen in den beiden südlichen Abschnitten, die z. Zt. bebaut werden oder für eine Bebauung vorgesehen sind, vgl. dazu Tzschaschel 1987, 526–527.
27 Diese und alle weiteren Daten sind folgenden Autoren entnommen: Luther 1966, 54; Mücke 1967, 38; Luther 1969, 442–443; Hartmann 1970, 37–39.
28 Die Daten zur derzeitigen Wohnungs- und Einwohnerzahl in Neuperlach stammen aus einem Bericht der Stadtbaurätin Christiane Thalgott, vgl. dazu Thalgott 1993, 37.
29 Zu den Leitgedanken der Perlacher Planung, siehe Luther 1966, 54–55; Hartmann 1970, 37–47; Tzschaschel 1987, 505–526.
30 Solche »Subzentren« in Neuperlach sind bspw. die sog. »Quidde-, Plett- und Marx-Zentren«, vgl. dazu Tzschaschel 1987, 509–517.
31 Die Idee des »Wohnrings« resultierte noch aus der Zentrumsplanung von Bernt Lauter Ende der sechziger Jahre, vgl. dazu Reinborn 1996, 263. Nach einer erheblichen Reduktion und Verzögerung des Bauprogrammes wurden die im Norden angrenzenden »Perlacher Einkaufspassagen«, kurz »PEP« genannt, erst 1981 eröffnet.
32 »Wohnschlangen« sind extrem differenzierte Gebäudeketten, die einen mehr oder minder stark gefaßten Raumbereich umgrenzen, siehe dazu Hafner 1993, 290; Reinborn 1996, 263.
33 Für die Verkehrskonzeption Neuperlachs, siehe Tzschaschel 1987, 509–512.
34 Gemeint ist der Hanns-Seidel-Platz, der, als Mittelpunkt der Siedlung geplant, heute nur eine riesige Parkfläche darstellt, vgl. dazu Tzschaschel 1987, 524–526. Zum Begriff der »beherrschenden Stadtkrone«, vgl. Luther 1966, 54.
35 Man betrachte nur die sogenannte »Spielstraße« in Neuperlach mit ihren banalen Betonbestandteilen, siehe dazu Tzschaschel 1987, 513.
36 Der Slogan der »Rückkehr zur Urbanität« stammt von Thomas Hafner, vgl. Hafner 1993, 306.
37 Der erste Slogan stammt von Ottmann 1970, 10, der zweite von Strecker 1970, 2. Daß diese kritische Sichtweise in München bereits früher einsetzte, beweist der Vortrag von Paul Ottmann von 1967, vgl. Ottmann 1967, 3–5.
38 Mitscherlich 1996, 9–161.
39 Zur Kritik am sozialen Wohnungsbau, siehe Mitscherlich 1996, 13, 39. Zur Charakterisierung der Bewohner als Opfer des sozialen Wohnungsbaus, siehe Mitscherlich 1996, 44, 47, 70, 74, 75.
40 Zur allgemeinen Schuldfrage, siehe Mitscherlich 1996, 16. Die Schuldzuweisungen an die Wohnungsbaugesellschaften, an die Architekten und Bauherren, siehe Mitscherlich 1996, 29, 45, 46.
41 Diesen Umdenkprozeß haben Hafner 1993, 313–315, und Reinborn 1996, 284–313, eingehend geschildert.
42 Zur Frage der kritischen Einschätzung durch die politisch Verantwortlichen kann man einen 1969 publizierten Text des damaligen Oberbürgermeisters Hans-Jochen Vogel über die Situation der Münchner Siedlungsplanung heranziehen, vgl. Vogel 1969 b, 7–8. Von den drei großen Siedlungsvorhaben der sechziger Jahre wurde das Projekt Oberschleißheim vollständig eingestellt.
43 Vgl. dazu Tzschaschel 1987, 526–527.
44 Dieser Wettbewerb stellte die Wiederaufnahme des bereits in dem Stadtentwicklungsplan von 1963 als Siedlungsgebiet ausgewiesenen Städtebauprojektes Freiham dar. Alle Daten und Informationen bezüglich der jüngsten städtebaulichen Planung in Freiham sind folgenden Autoren entnommen: Herde 1993, 82–84; Thalgott 1993, 33–46.

ANTJE GÜNTHER

Die Siedlung Neuaubing-Ost »Am Westkreuz«

Ausgehend von der Kritik an der Großstadt mit ihren engen, übervölkerten Mietskaseren, dem Schmutz der Industriebetriebe und dem Lärm entwickelten seit dem Ende des 19. Jahrhunderts Städteplaner Reformen für gesundes Wohnen mit Licht und Luft für alle Bewohnerschichten. Dem steigenden Wohnraumbedarf wurde unter anderem mit locker bebauten Siedlungen am Stadtrand Genüge geleistet.[1] Für das rasche Wachstum der Bevölkerungszahl nach dem Zweiten Weltkrieg bot dieses Modell jedoch schon in den sechziger Jahren nicht mehr genug Raum. Die verdichtete Großsiedlung am Stadtrand, in der Wohnungen mit guter Besonnung in einer Parklandschaft eingebettet wurden, schien die ideale Lösung,[2] um eine weitere Zersiedelung des Umlandes zu vermeiden.[3] Eine große Anzahl von Wohnungen konnten so in einer grünen Umgebung fern vom Autoverkehr familienfreundlich ausgestattet werden. Mit der Schaffung einer ausreichenden Infrastruktur glaubte man, die Vorteile des urbanen Wohnens auf die Siedlungen am Stadtrand übertragen zu können. Nach der Realisierung stellte man aber rasch fest, daß die Euphorie der Planer oft weit hinter der Realität zurückblieb; Monotonie und soziale Probleme waren nicht selten die Kehrseite dieser Stadterweiterungen.[4]

Am Beispiel der Siedlung Neuaubing-Ost »Am Westkreuz« sind die Vorteile und Entwicklungsmöglichkeiten, aber auch die Grenzen einer solchen verdichteten Bebauung am Stadtrand besonders deutlich nachvollziehbar.

Sozialgeographische Lage

Das Siedlungsgebiet Neuaubing-Ost, begrenzt im Süden durch die Bodenseestraße, im Osten durch die Eisenbahnlinie von Pasing nach Neuaubing und im Norden durch die Eisenbahnlinie München-Buchloe, verbindet

Ausgeführtes Modell, 1965.
Architekten: Helmut von Werz und Johann Christoph Ottow.

das alte Dorf Aubing mit der ehemals selbständigen Stadt Pasing.

Beide Gemeinden im Westen Münchens wurden erst relativ spät Teil der Landeshauptstadt[5], so daß die alten Siedlungsstrukturen noch deutlich ablesbar sind. In Pasing, einem Ort mit industriellem Einschlag und der ausgebauten Infrastruktur einer Kleinstadt, wohnen vor allem Beamte, Angestellte und Arbeiter, die als Pendler in München ihrem Beruf nachgehen.[6] Eigenheimsiedlungen prägen den Bebauungscharakter der »Stadt am Stadtrand«.[7]

Aubing dagegen ist ein altes Bauerndorf[8] mit einem historischen Dorfkern. Der Zuzug zahlreicher neuer Bewohner seit Beginn dieses Jahrhunderts trug zur Ausbreitung von Neubausiedlungen um das Dorf bei.[9] Ursache für die Entstehung des Ortsteils Neuaubing, der seit 1915 belegt ist, war in erster Linie der Bau der »Centralwerkstätte Aubing« (dem heutigen Eisenbahnausbesserungswerk) durch die Bayerische Staatseisenbahn im Jahre 1902, der zusammen mit der Fertigstellung der Eisenbahnstrecke München-Herrsching zur Bildung eines Aubinger Industriegebietes südlich der Bahnlinie führte. In den neuen Wohnsiedlungen wurden die dort Beschäftigten untergebracht.[10]

Zwischen den Eigenheimsiedlungen Neuaubings und Pasings befanden sich bis kurz vor Baubeginn der Siedlung »Am Westkreuz« noch eine landwirtschaftlich genutzte Fläche sowie einige Wohnbaracken und Schrebergärten, die abgerissen und beseitigt werden mußten.[11] Im Rahmen des am 25. November 1960 vom Münchner Stadtrat verabschiedeten »Gesamtplans zur Behebung der Wohnungsnot in München«[12] wurde dieses etwa 56 Hektar große Areal in Neuaubing-Ost für eines der in diesem Programm zu verwirklichenden 17 Großsiedlungsprojekte ausgewiesen. Die Bezeichnung der Siedlung, »Am Westkreuz«, geht auf einen Vorschlag der Südhausbau GmbH, dem Planungs- und Bauträger der Siedlung, zurück.[13] Ursprünglich sollte »Westkreuz« die Bezeichnung für einen nicht ausgebauten Verkehrsknotenpunkt zwischen einer Ost/West und Nord/Süd-Tangente am westlichen Rand der Siedlung sein.[14]

Die Planung

Als man 1962 mit der Planung für die neue Siedlung begann, prägte das damals aktuelle Siedlungsprinzip einer geschlossenen Wohnanlage mit einer ausgewogenen Infrastruktur, die alle erforderlichen Gemeinschafts-, Versorgungs- und Freizeiteinrichtungen enthalten sollte, das Konzept. Nach einem beschränkten Architektenwettbewerb entschied die Jury – zusammengesetzt aus Vertretern der Stadt, der damals noch beteiligten GEWOFAG

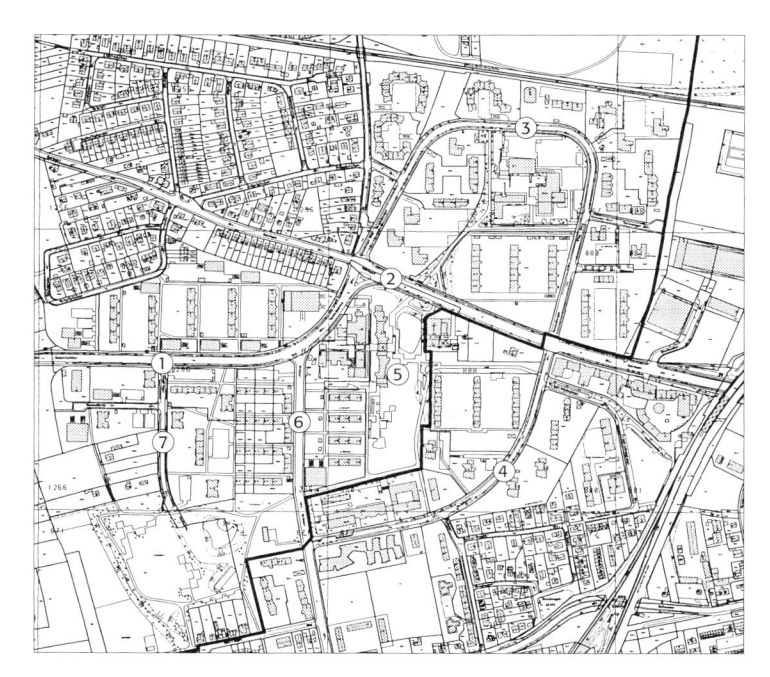

Lageplan der Siedlung »Am Westkreuz«.
1 Radolfzeller Straße
2 Aubinger Straße
3 Ravensburger Ring
4 Reichenaustraße
5 »Ramses«
6 Mainaustraße
7 Sipplinger Straße

und der Südhausbau –, das Architektenteam Helmut von Werz und Johann Christoph Ottow mit der städtebaulichen Gestaltung und der Gesamtplanung zu beauftragen. Das Areal sollte mit 3.500 überwiegend öffentlich geförderten Miet- und Eigentumseinheiten in Stockwerkswohnungen mit ebensovielen Garagen bzw. Autoabstellplätzen und 22 Einheiten für Handel und Gewerbe bebaut werden. Die erwartete Einwohnerzahl der Siedlung von rund 12.000 entspricht der einer mittleren Kleinstadt. Daneben wurde die Einplanung eines Ladenzentrums mit Räumlichkeiten für Handels- und Gewerbebetriebe von der Stadt zur Auflage gemacht.

Arbeitsmodell für »Ramses«,
Maßstab 1:10.
Architekten: von Werz, Ottow.

Punkthäuser an der Reichenaustraße, Großtafelbauweise.
Foto 1972.

Das verkehrstechnische Rückgrat und die Haupterschließungsstraße der Siedlung bildet die Aubinger Straße, die durch ihren Anschluß an die Bodenseestraße die Hauptverbindung zur Münchner Innenstadt und zu den Naherholungsgebieten auf dem Land ist. Um die rapide Zunahme des Individualverkehrs auf der Straße zu kanalisieren und dennoch weiträumige autofreie Zonen zu gewährleisten, wurde das Prinzip der Ringstraßenerschließung gewählt.[15] Die S-Bahn-Station »Am Westkreuz« und drei Buslinien bilden die öffentliche Verkehrsanbindung zur ca. 12 km entfernten Innenstadt.[16]

Als Grundelement der städtebaulichen Gestaltung fungiert eine kreuzförmige Grünfläche mit Fußwegen, die eine Verbindung zwischen den einzelnen Wohnblocks und den öffentlichen Einrichtungen herstellt. Obwohl die städtische Vorgabe eine niedrigere Wohnbebauung vorgesehen hatte, entwarfen die Architekten im Zentrum der Wohnanlage eine städtebaulich dominante 19-geschossige Wohnhausscheibe, neben der das Einkaufszentrum und eine Kirche errichtet wurden. In lockerer Bebauung mit Zeilen- und Punktwohnhäusern – gestaffelt von mindestens vier bis neun Geschossen – gruppieren sich die Wohnbauten gleich Satelliten um die Hochhausscheibe herum.[17] Die Geschoßflächenzahl wurde durchweg unter 1,0 gehalten, um eine vollständige Durchgrünung zu gewährleisten.[18] Neu an der Planung und Durchführung war das Bemühen, in Zusammenarbeit mit Landschaftsarchitekten eine höhenmäßige Abstufung zwischen den einzelnen Siedlungsteilen und damit auch eine höhenmäßige Geländedifferenzierung innerhalb der öffentlichen Grünflächen zu erreichen.[19]

Neben Zorneding ist die Siedlung »Am Westkreuz« die größte Wohnsiedlung, die von der Südhausbau GmbH konzipiert wurde. Sie war von der Stadt als Maßnahmeträger beauftragt und errichtete hier selbst in den Jahren 1964 bis 1983 2.442 Wohneinheiten, davon 1.487 als Eigentums- und 955 als Mietwohnungen. Weitere Wohneinheiten ließen die »Bayerische Versicherungskammer«, die Wohnbaugesellschaft »Mosch«, die Gemeinnützige AG für Angestellten-Heimstätten (Gagfah), die Gemeinnützige Wohnstätten- und Siedlungs-Gesellschaft sowie die Gemeinnützige Bayerische Wohnungsbaugesellschaft erstellen.[20] Zur Infrastruktur der Siedlung gehören eine Grundschule am Ravensburger Ring, eine Hauptschule in der Reichenaustraße, drei städtische, ein kirchlicher und ein privater Kindergarten sowie das Ladenzentrum mit 23 gewerblichen Einheiten.

In zwei großen Bauabschnitten konnte der größte Teil der südlich der Aubinger Straße gelegenen Bebauung zwischen 1964 und 1972 abgeschlossen werden. Die Wohnungen wurden zu zwei Dritteln in Massiv-Fertigbauweise errichtet. Die Systeme Coignet und Hinteregger/Südhausbau – eine Fertigteilbauweise mit massiven, in der Fabrik gefertigten Großtafeln – ermöglichte nicht nur eine erhebliche Bauzeitverkürzung, sondern auch eine Begrenzung der zu der Zeit kontinuierlich steigenden Baupreise.[21]

Erster Abschnitt – Zeilen- und Punkthäuser

Der erste Bauabschnitt im Westen der Siedlung zu beiden Seiten der Radolfzeller Straße mit 1.100 Wohneinheiten war bereits 1965/66 fertiggestellt. Fünf massive neunge-

Punkthäuser an der Nonnenhorn-/Sipplingerstraße,
1965/66.
Architekten: von Werz, Ottow.

schossige Zeilenhochhäuser in der Radolfzeller Straße 8–46 hatten 540 Wohnungen. Vier als Dreispänner konzipierte Wohnhäuser bilden hier jeweils eine Zeile. Die etwa zur Hälfte mit öffentlichen Mitteln finanzierten Wohnungen setzen sich aus 72 Einzimmerwohnungen mit ca. 31 qm, 108 Zweizimmerwohnungen mit ca. 50 qm und 360 Dreizimmerwohnungen mit ca. 72 bis 75 qm zusammen. Alle Wohnungen sind mit Küche, Bad und WC ausgestattet. Die Wohnungsgrößen und ihre Ausstattung entsprachen den Anforderungen an komfortable Wohnverhältnisse für überwiegend junge Familien mit Kindern. Aufzugsanlagen sowie ausreichend Parkmöglichkeiten in Tiefgaragen gehörten gleichfalls zum Standard. Die ursprünglich für einen finanziell weniger gut gestellten Personenkreis errichteten Wohnungen wurden 1982 den Mietern zum Kauf angeboten, so daß sie spätestens zu diesem Zeitpunkt ihr negatives Image von Sozialwohnungen verloren. Doch gerade die monotone Reihung der parallel hintereinander angeordneten Wohnblöcke und ihre geschlossenen kastenförmigen Baukörper, kaum aufgelockert durch die jeweils vier im Westen hervortretenden Aufzugs- und Treppenschächte und den als flache Risalite zusammengefügten Loggien im Osten, begründeten – unter anderem – den oft zitierten Vorwurf einer gesichtslosen Architektur. Das Grün zwischen den Wohnblocks täuscht auch heute kaum darüber hinweg, daß es sich eher um notwendige Abstandsflächen handelt als um gestaltete Freiflächen.

In auffallendem Kontrast zu dieser Zeilenbauweise steht die ebenfalls im ersten Bauabschnitt begonnene Bebauung südlich der Radolfzeller Straße. Hier wurden mehrere viergeschossige Wohnblöcke mit fünf neungeschossigen Punkthochhäusern in einem lockeren Gefüge zueinandergestellt. Im Osten, zur Mainaustraße, bilden vier Nord-Süd-ausgerichtete Wohnblocks mit vorgelagerten, diesen Siedlungsteil gewissermaßen abschirmenden »Kopfbauten« drei begrünte Höfe, die sich zu den Punkthochhäusern öffnen. Das »durchfließende Grün« ist hier zu einem verbindenden Element geworden. Weitere vier viergeschossige Wohnblocks in Zeilenbauweise schließen sich östlich der Mainaustraße an.

Obwohl die Konzeption der Wohnungsgrundrisse mit den oben beschriebenen vergleichbar ist und die Blocks mit den Loggien kaum gestalterisch akzentuiert wurden, trägt die niedrigere Bebauung zu einem intimeren Charakter der Anlage bei.

Vertikale Gegengewichte zu den viergeschossigen Wohnhäusern in Zeilenbauweise bilden die fünf neungeschossigen Punkthochhäuser. Jeweils vier Wohnungen sind hier symmetrisch um den zentralen Aufzug und das Treppenhaus gruppiert. Die Drei- und Vierzimmerwohnungen mit 72,80 bzw. 86,17 qm sind jeweils über Eck angeordnet, so daß sich die Loggien entweder nach Osten oder nach Westen öffnen. Auch hier sind die Wohnungsgrundrisse – wie in den Zeilenbauten – nach dem Prinzip der effektivsten Ausnutzung der verfügbaren Geschoßfläche gestaltet worden, ohne der speziellen Zuordnung von Wohnfunktionen viel Bedeutung beizumessen.[22] Für das Wohnzimmer, den größten Raum der Wohnung, wurden etwa 20 qm vorgesehen, das Elternschlafzimmer ist mit knapp 15 qm gegenüber den z.T. nur 8 bis 9 (höchstens aber 13) qm großen Kinderzimmern als geräumig zu bezeichnen. Typisch ist dabei auch die Ausrichtung der Küchen nach Osten bzw. nach Norden, da sie als reine Arbeitsräume betrachtet wurden, die weniger Sonne benötigen als das Wohnzimmer, das sich nach Westen bzw. Süden hin öffnet.

Aus heutiger Sicht scheint das Grundrißprogramm eine Minimallösung darzustellen. Im Kontext der Wohnungsnachfrage in den sechziger Jahren aber erfreuten sich diese Geschoßwohnungen großer Beliebtheit.

Oben
Innenhof an der Sipplingerstraße.

Unten
Mainaustraße 22–44, 1966.
Architekten: Laut/Zapf.

Blick auf »Ramses« von der Radolfzeller Straße. Foto 1972.

Zweiter Abschnitt – »Ramses«

Am 12. Juni 1969 wurde die Siedlung in Anwesenheit des damaligen Oberbürgermeisters Hans-Jochen Vogel eingeweiht. Gleichzeitig legte man den Grundstein für die Wohnhochhausscheibe »Ramses«, die städtebauliche Dominante der Siedlung.[23] »Ramses« und seine östlichen »Satelliten« entsprechen mit ihrer Ausstattung nicht nur dem durchschnittlichen Standard, sondern kombinieren komfortable Wohnungen mit einem exklusiven Angebot an Sport- und Freizeitmöglichkeiten. Alle 343 Wohneinheiten des 138 Meter langen und an seinem höchsten Punkt im 19. Stockwerk 55 Meter hohen Gebäudes wurden innerhalb kürzester Zeit als Eigentumswohnungen verkauft, zu Preisen, die eine staatliche Förderung im Einzelbewilligungsverfahren ermöglichten.[24] Das höchste und längste Haus der Siedlung ist mit seinen horizontalen und vertikalen Abstufungen ein kühner Solitär. Das Architektenteam von Werz und Ottow setzte Ortbeton und als Fassadenverkleidung Weißeternit zur Gliederung des mittels Vor- und Rücksprüngen aufgelockerten Baukörpers ein.[25] Der oft kritisierten Anonymität solcher Hochhäuser[26] wird hier durch luxuriöse Gemeinschaftsräume entgegengewirkt: Vom beheizten Hallenschwimmbad und der 600 qm großen Sonnenterrasse auf dem Dach können die Bewohner einen einzigartigen Panoramablick über München und das Umland genießen. 1974 wurde der Bau mit dem Ehrenpreis für guten Wohnungsbau der Landeshauptstadt München ausgezeichnet.

Deutlich variabler als in den früheren Beispielen zeigen sich die Wohnungsgrundrisse. 24 verschiedene Wohnungstypen, die von 33,50 qm Einheitsfläche bei Appartements bis zur exklusiven Dachterrassenwohnung mit

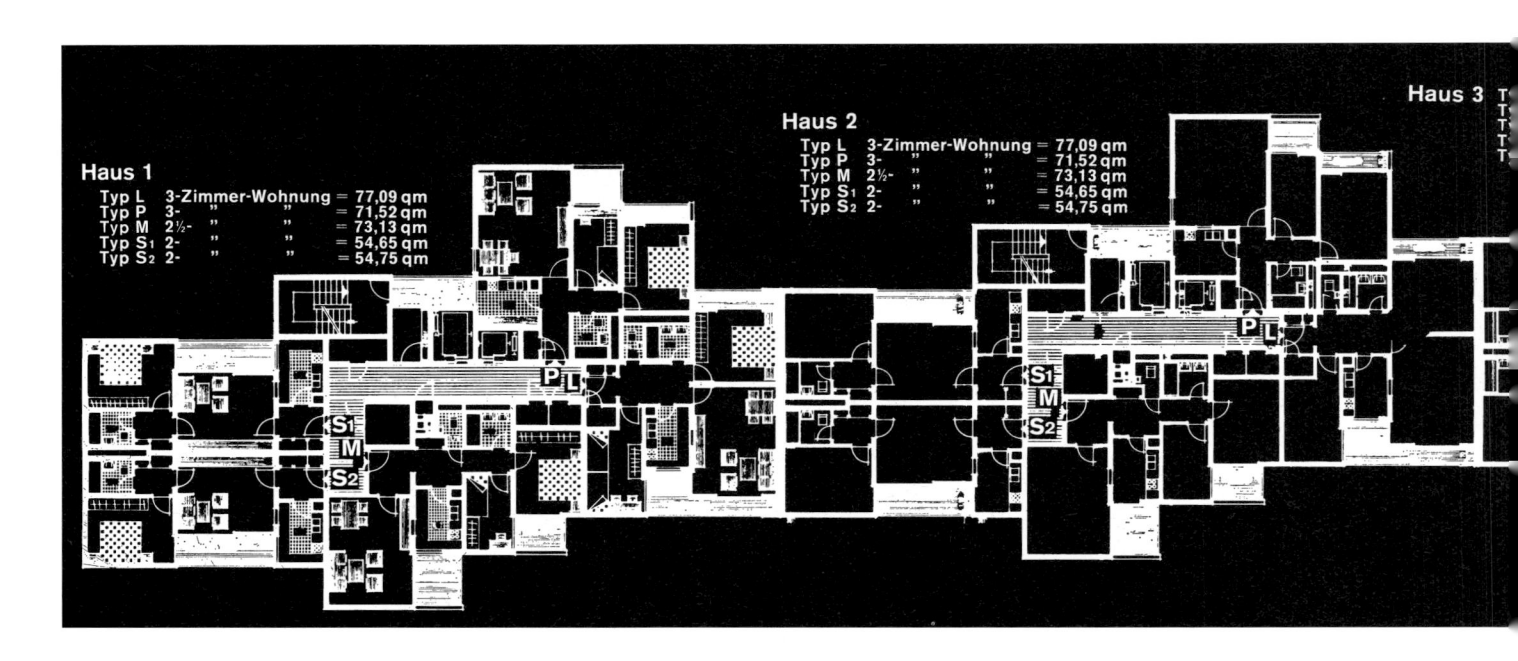

170 qm Wohnfläche reichen, werden unterschiedlichsten Anforderungen an das Wohnen gerecht. Vor allem in den großzügigen Dachterrassenwohnungen gibt es eine fortschrittliche Trennung der Wohnfunktionen.[27]

Um das Wohnumfeld und die städtebauliche Wirkung attraktiver zu gestalten, wurde an der Ostseite des Gebäudes eine Wasser- und Brunnenanlage geschaffen. Die östlich anschließenden Wohnblöcke liegen eingebettet in einer höhenmäßig differenzierten Parklandschaft.[28] Mit einer verhältnismäßig lockeren Verteilung dieser Zeilen- und Punkthochhäuser wurde der zweite große Bauabschnitt Ende der sechziger, Anfang der siebziger Jahre abgeschlossen. Das zwischen den beiden Blöcken Reichenaustraße 24 bis 28 und Friedrichshafenerstraße 4 bis 6 eingefügte Hallenschwimmbad mit Sauna und Freizeitraum wertete auch diese Eigentumswohnungen erheblich auf.

Besonderes Gewicht legte man auf eine ausreichende Infrastruktur.[29] Parallel zur Wohnsiedlung entstanden Sammel- und Tiefgaragen, die jeweils an den Straßen errichtet wurden. Ein ebenerdiger Durchgang im Wohnblock »Ramses« ermöglichte eine Fußgängerverbindung zum Ladenzentrum vor dem Wohnblock. Dieser flache, als horizontales Gegengewicht zur Hochhausscheibe konzipierte Klomplex wurde im Juni 1969 bezogen. Im Oktober 1988 wurde der kleine zentrale Platz innerhalb des Einkaufs- und Versorgungszentrums, der mit seinem Restaurant und dem später hinzugekommenen Fitneßzentrum der kommunikative Treffpunkt der Siedlung sein sollte, nach den Plänen des Architekten Peter Ottmann und des Bildhauers Stephan Huber umgestaltet und erhielt eine Brunnenanlage sowie zusätzliche Bepflanzung.

»Ramses« 1969–1972.
Architekten: von Werz, Ottow.
Foto 1996.

Durchgang unter »Ramses«.
Foto 1996.

Gesamt-Grundriß des 4. bis 14. Obergeschosses von »Ramses«.

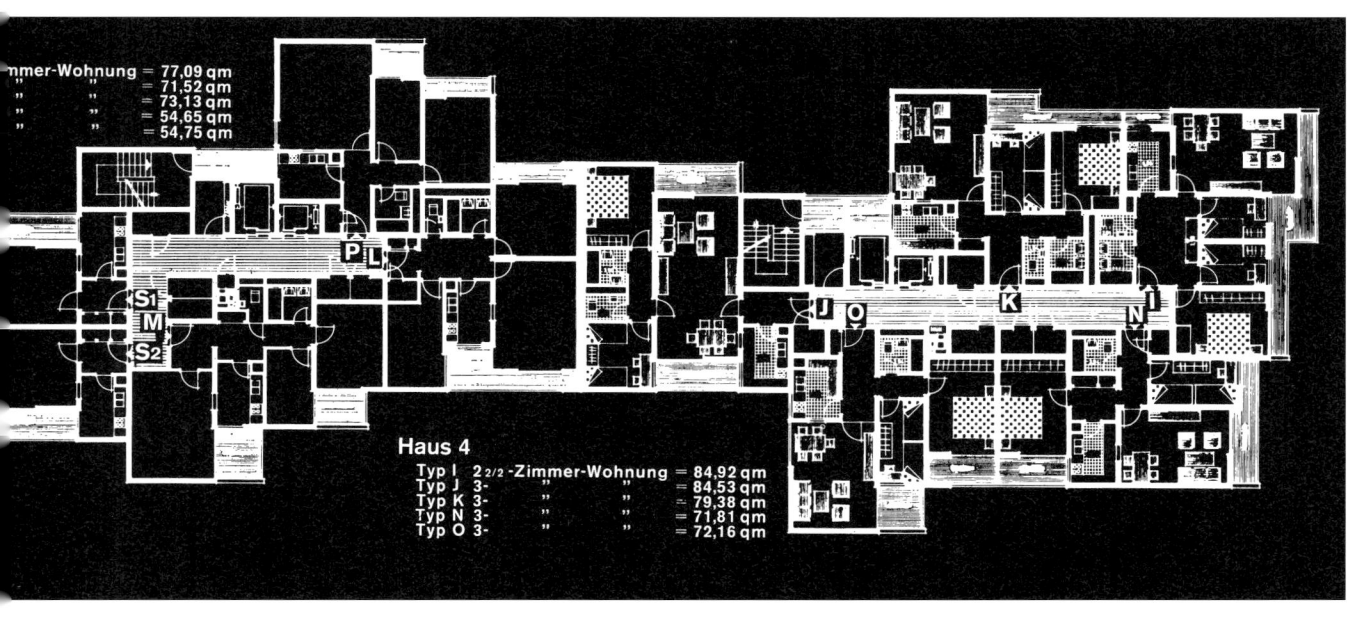

Dritter Abschnitt – Elementa-System

Der weitere Ausbau der Siedlung wurde zu Beginn der siebziger Jahre zunächst eingestellt, da die Wohnungsnachfrage stagnierte und zugleich die Baupreise infolge konjunktureller Schwankungen stark angezogen hatten. Erst 1977/78 wurden in zwei Bauabschnitten wieder sechzig Eigentumswohnungen und 1979/80 weitere dreißig Einheiten in einem dritten Bauteil an der Mainaustraße, Ecke Überlinger Weg errichtet. Basierend auf dem im Frühjahr 1972 vom Bundesministerium für Städtebau und Wohnungswesen in Zusammenarbeit mit dem Magazin »stern« ausgeschriebenen Wettbewerb ELEMENTA 72, bei dem die Architektengruppe Eckert/Pressel und der Bauträger Südbaucommerz/Südhausbau zusammen mit der Bauunternehmung Leonhard Moll den zweiten Preis erhielt, kam das System ELEMENTA 72 auch »Am Westkreuz« zur Ausführung.

Der Wohnungsbau mit vorgefertigten Bauelementen zeichnet sich durch günstige Bau- und Unterhaltskosten bei einem hohen Wohnwert aus. Insbesondere der hohe Anpassungswert an die individuellen, sich ändernden Wohnbedürfnisse der Bewohner ist gegenüber der herkömmlichen Bauweise ein großer Vorteil des Systems. Die Flexibilität bei der Wohnraumaufteilung kennzeichnen die Weiterentwicklung der schematischen Grundrißkonfiguration Wohn-, Schlaf- und Kinderzimmer. Im letzten Bauabschnitt wurde die ELEMENTA-Bauweise zu einem Ein-Stützensystem bei tragenden Außenmauern verändert, wodurch die Flexibilität innerhalb des Wohnfeldes noch erhöht wurde.[30]

Nicht nur die Grundrißdisposition hatte sich verändert, auch das äußere Erscheinungsbild entsprach den neuen Ideen einer attraktiven Wohnumgebung. Man hatte endgültig von den einfachen stereometrischen Formen der Zeilen- und Punkthochhäuser Abschied genommen. Die Höhe der Wohngebäude variiert in allen Bauabschnitten zwischen einem und acht Geschossen. Das Architekturbüro Eckert, Pressel, Jakubik machte die Verwendung genormter Elemente und die Variabilität der Grundrisse in der kubistisch aufgebrochenen Fassadengestaltung augenfällig.[31] Vor- und Rücksprünge mit Balkonen und Terrassen bieten geschützte private Freiräume. Die Gebäude sind so gruppiert, daß ein vom Straßenlärm abgeschiedener Innenhof entstand, in dem neben einer Grünfläche verschiedene Gemeinschaftseinrichtungen, z. B. ein Kinderspielplatz, angelegt wurden.

Vierter Abschnitt – die achtziger Jahre

Der letzte Bauabschnitt in Neuaubing »Am Westkreuz«, die Bebauung am Ravensburger Ring mit 218 Wohneinheiten zu Beginn der achtziger Jahre, zeigt noch dezidierter die Abwendung von der Zeilenbauweise und den mittlerweile als Wohnbauten kaum mehr akzeptierten Hochhäusern. Auch hier sorgt die Abstufung der Baukör-

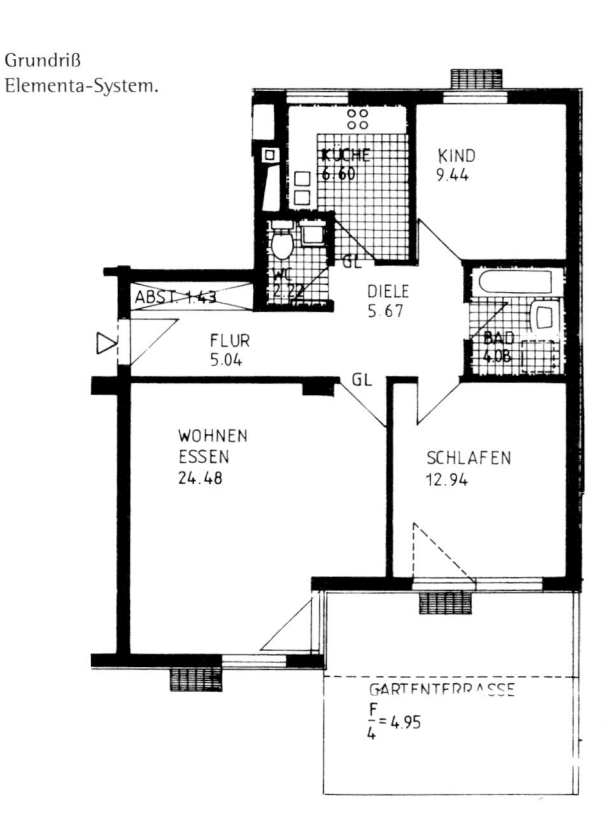

Mainaustraße 7–15.
Elementa-System, 1977–79.
Architekten: Günter Eckert
und Oskar Pressel.
Foto 1996.

Grundriß
Elementa-System.

Ravensburger Ring Mitte.
Architekten: Adolf und Helga
Schnierle, 1983. Foto 1996.

Ravensburger Ring West.
Architekten: Adolf und Helga
Schnierle, 1983. Foto 1996.

per für eine Belebung der Silhouette, wobei nicht mehr als sechs Geschosse übereinandergestellt wurden. Der Schwerpunkt liegt nun sichtlich beim »bodennahen« Wohnen.[32]

Hatten sich die Städte bis dahin vorherrschend auf die Förderung von Sozialwohnungen mit kommunalen Darlehen, ergänzt durch staatliche Baudarlehen, beschränkt, so entstanden diese Wohnhäuser im Rahmen des Münchner Wohnraumbeschaffungsprogramms, das mit 7.000 Wohnungen pro Jahr überwiegend auf freifinanzierte Eigentumsobjekte abzielte.[33] Der Anteil der Sozialwohnungen sollte dabei relativ geringgehalten werden, was der Bebauungs- und Bewohnerstruktur »Am Westkreuz« ohnehin entsprach. 1979, kurz nach der Verabschiedung des Wohnraumbeschaffungsprogramms im Stadtrat, wurde der Südhausbau die Durchführung eines Teils des Sofortprogramms übertragen.

Das als erstes fertiggestellte Haus im Abschnitt Ravensburger Ring-Ost mit 32 Wohneinheiten wurde im Mai 1982 bezogen. Geplant wurde das Gebäude von Theo Niebauer, der in dem klar strukturierten, weiß verputzten Wohnhaus gut durchdachte, geräumige Familienwohnungen unterbrachte. Die Drei- und Vierzimmerwohnun-

Ravensburg Ring Süd,
Ostseite mit Orientierung auf
die Punkthäuser, 1982.
Architekt: Peter Ottmann.

gen mit durchschnittlich 90 qm sind nicht nur deutlich größer als die in den sechziger Jahren erstellten Wohnungen, sie verfolgen auch konsequent die Trennung der Funktionen Wohnen und Schlafen. Alle Schlafzimmer sind so angeordnet, daß eine ungestörte Nachtruhe auch dann gewährleistet ist, wenn sich später Besuch einstellt.

Eine andere Idee verwirklichen die Architekten Adolf und Helga Schnierle, die drei große Wohnringe mit insgesamt 162 Wohneinheiten entwarfen. Küche und Wohnzimmer wurden hier zum Teil als Raumeinheit gestaltet, so daß auch bei einer geringen Quadratmeterzahl ein großzügigerer Raumeindruck entstehen konnte. Die Gruppierung der drei Wohngebäude am Ravensburger Ring ist, dem Straßenzug folgend, ringförmig. Dadurch entstehen begrünte Innenhöfe, in denen Kinderspielplätze und gestaltete Parkanlagen angelegt wurden. Das äußere Erscheinungsbild wird von abgeschrägten Ecken bestimmt, die den Charakter eines »burgartigen« Gebäudekomplexes vermitteln. Neben dem freifinanzierten Wohnhaus mit 44 Eigentumswohnungen wurden 118 Wohnungen im öffentlich geförderten Mietwohnungsbau errichtet. Auf besonderen Wunsch des Stadtbaurats wurden 16 Wohnungen behindertengerecht bzw. behindertenfreundlich ausgestattet (Verzicht auf Schwellen, Verbreiterung von Türen, direkter Zugang von der Garage). Die Wohnungen sind überwiegend für Familien mit Kindern bestimmt. So besteht das Programm zu 85% (ca. 200 Wohneinheiten) aus Drei- und Vierzimmerwohnungen und nur zu 15% aus Zweizimmerappartements.

Am westlichen Rand der Siedlung befindet sich das von dem Architekten Peter Ottmann 1982 realisierte Gebäude »Ravensburger Ring Süd«. Mit nur 24 Wohnungen (16 Zwei- und acht Vierzimmerwohnungen) handelt es sich um eine vergleichsweise kleine Siedlungseinheit. Das als Solitär aufgefaßte Gebäude drückt in seiner Durchbildung die besondere Grundstückslage im Stadtgrundriß aus: Es vermittelt zwischen den kleinteiligen Siedlerhäusern im westlichen Anschluß und den zwölfgeschossigen Punkthäusern im östlichen Siedlungsareal. An dieser Stelle berühren sich der gewachsene Stadtraum und der autonome Siedlungsraum in der städtebaulichen Auffassung der sechziger Jahre.

Zu den Einfamilienhäusern hin ist das Gebäude in einer Abfolge von runden Balkonen gestaltet, die in ihrer auflösenden Wirkung die Kleinteiligkeit der Nachbar-

Ravensburger Ring Süd,
Westseite mit Orientierung auf
die Siedlerhäuser, 1982.
Architekt: Peter Ottmann.

bebauung reflektieren. Zu den mächtig wirkenden Punkthäusern zeigt die fast »herrschaftlich« aufgeßte Fassade. Diese Seite erscheint als Spiel mit verschiedenen Bedeutungsebenen und bildet somit nicht nur inhaltlich einen Kontrast zur modernen Auffassung der gegenüberliegenden Fassade.

Die Wohnanlage insgesamt

Bereits 1975 wurde in einer Studie festgestellt, daß die Gebäudegestaltung für die Bewertung der Wohnumgebung für die Bewohner nur eine untergeordnete Rolle spielt.[34] Die geringe Fluktuation der Bewohner »Am Westkreuz«, auch in den Wohnanlagen der sechziger Jahre, scheint diese These zu bestätigen.[35] Ob monoton und simpel, ob abgestuft und reich differenziert oder gar phantasievoll, für die Akzeptanz einer Wohnsiedlung sind dies nicht die entscheidenden Faktoren.
Nach den heftigen Kritiken an der monotonen Architektur der Großsiedlungen der sechziger und siebziger Jahre, in der man die Ursache für die sozialen Probleme vermutete, versuchte man die Architektur entsprechend zu modifizieren, um die bekannten negativen Folgen möglichst zu vermeiden.[36]
Größere Wohnungen mit variableren Grundrissen bei kleineren und niedrigeren Wohnanlagen sowie eine Abkehr vom »durchfließenden Grün« und eine Hinwendung zu einer Hofbildung zeigen den Trend der späten siebziger und frühen achtziger Jahre.[37]

Auch »Am Westkreuz« läßt sich diese Entwicklung deutlich ablesen. Im Gegensatz zu anderen Großsiedlungen stellten sich hier aber die typischen Probleme einer schnell gewachsenen Großsiedlung gar nicht erst ein. Die Gründe dafür sind vielschichtig. Ganz gewiß bildeten die Wohnungen, die ihren Bewohnern Licht, saubere Luft und einen gewissen Wohnkomfort sicherten, sowie der energisch vorangetriebene Ausbau einer umfassenden Infrastruktur die Grundlage für die Beliebtheit der Siedlung. Daß aus der Großsiedlung aber ein ausgesprochenes Wohngebiet mit lebhaftem städtischen Ambiente entstehen konnte, verdankt sie hauptsächlich ihrer Mischung der verschiedenen sozialen Schichten und weniger der Modifikation in der Architektur. Bei einer verhältnismäßig geringen Anzahl an Sozialwohnungen garantieren die zahlreichen Besitzer von Eigentumswohnungen die Stabilität und geringe Mobilität in der Siedlung.[38]

»Die Mischung der Mieterverhältnisse hat demnach beachtliche Auswirkung auf die Sozialstruktur einer Siedlung: sie ist eines der wenigen Planungsinstrumente, mit denen Planer und Bauträger auf die Zusammensetzung der Bewohner einer Siedlung Einfluß nehmen können.«[39]

Lebendiger Ausdruck des persönlichen Engagements der Bewohner für die Siedlung ist die Bürgerinitiative »Aktionsgemeinschaft Westkreuz« (AGW), die sich große Verdienste um das Gemeinschaftsleben in der Siedlung erworben hat.[40]

Während sich die etwa gleichzeitig entstandene Großwohnsiedlung Neuaubing-West[41] aufgrund ihrer überwiegenden Sozialwohnungsbelegung mit den bekannten Problemen auseinanderzusetzen hat – was sich besonders deutlich in der Diskrepanz zwischen den Strukturen des gewachsenen Dorfkerns von Altaubing und der Neubausiedlung niederschlägt[42] – ist in Neuaubing-Ost »Am Westkreuz« eine Bevölkerungsstruktur entstanden, die jener der Eigenheimsiedlungen im benachbarten Pasing ähnelt. Die gewünschte Struktur einer gewachsenen Kleinstadt hat sich »Am Westkreuz« erfolgreich etabliert, da hier die Waage zwischen dem individuellen Wunsch nach Wohneigentum in grüner Umgebung und der Anforderung, möglichst vielen Menschen Wohnraum zur Verfügung zu stellen, gehalten wurde.

Anmerkungen

1   Howards Idee von der Gartenstadt (1898, deutsche Ausgabe 1907) markierte den Beginn dieser Bewegung.
2   Bentmann 1979, 138–142; Herlyn 1987, 80.
3   Mitscherlich 1965, 58; Herlyn 1987, 80; Hafner 1993, 312.
4   Zu den Problemen der Großwohnsiedlungen der sechziger Jahre vgl. Mitscherlich 1965, Herlyn 1970, 1974; Gibbins 1988; Walter 1993; Zapf 1969.
5   Pasing gehört seit 1938, Aubing seit 1942 zu München; vgl. Vogel 1963 und Stangl 1976.
6   Beamten und Pensionäre aus München waren die ersten, die Pasing als ihr Wohndomizil wählten. Vgl. Gartenstadt 1933; Vogel 1963, 16 und Oberhofer 1980, 79–126.
7   Vogel 1963, 137.
8   Menschliche Spuren sind in der Gemarkung Aubing ab der La-Tène-Zeit nachzuweisen. Eine bajuwarische Besiedlung erfolgte im ausgehenden 6. Jahrhundert. 1808 wurde Aubing zur Gemeinde. Vgl. Stangl 1979, 3; Stangl 1976; Blaschke 1980, 17. Aubing galt bis zu seiner Eingemeindung als größte Landgemeinde Bayerns (vgl. Münchner Stadtanzeiger Nr. 78 vom 27.9.1976, 19).
9   Stangl 1979, 42: Rege Siedlungstätigkeit setzte nach dem 1. Weltkrieg insbesondere im Ortsteil Neuaubing ein: waren es anno 1900 noch 1.431 – vornehmlich im Dorf Aubing beheimatete – Einwohner, so wurden 1919 bereits 3.066 und 1939 sogar 9.550 zum Großteil in Neuaubing lebende Menschen gezählt. Ein gewaltiges Wachstum folgte in den Jahren 1919–1945: Der Dorfkern selbst wuchs allerdings nur zögernd, stattdessen wurden ringsum Wohnsiedlungen gebaut – im Osten die Siedlung Aubing-Ost der »Siedlergemeinschaft Aubing-Ost«.
10   Blaschke 1980, 20.
11   Stangl 1976, 82–83. Die Grundstücksankäufe mußte die Südhausbau AG mit 40 verschiedenen Eigentümern abwickeln.
12   Gesamtplan 1960, Baugebiet XI.
13   Stangl 1976, 82.
14   Zur Planung des Verkehrsnetzes vgl. Niederschrift der Besprechung am 17.5.1963 im Referat für Tiefbau und Wohnungswesen vom 04.06.1963, 8–10.
15   Vgl. Gibbins 1988, 97; Hafner 1993, 308.
16   Vgl. Bauen in München 1970, 14; Stadtentwicklungsplan 1962.
17   Vor allem in der Presse war die anschauliche Bezeichnung »Satelliten« für die niedrigeren Wohnbauten der Siedlung beliebt. Vgl. SZ 18.11.1971.
18   Vgl. AZ 20.3.1964 über das neue Bundesbaugesetz und Südhausbau 1963, 5. Zum Problem des »durchfließenden Grüns« mit seinen städtebaulichen Konsequenzen (Trennung) vgl. Faller 1996, 282–291.
19   Die frühe Planung der Freiflächengestaltung war besonders deshalb sinnvoll, weil so große Teile des Erdaushubs auf dem Gelände blieben und Mehrkosten durch eine entsprechende Erdmassendisposition zwischen den einzelnen Baubereichen vermieden werden konnten.
20   Stangl 1976, 84.
21   Die Normierung der Bauteile ermöglichte es auch, daß nicht alle Wohnbauten von den Architekten entworfen werden mußten, sondern die Bayerische Fertigbau GmbH für ganze Blöcke den Entwurf, die Planung und die schlüsselfertige Ausführung liefern konnte (z. B. Block 104 und 105 in der Radolfzeller Straße), was sehr viel preisgünstiger war. Vgl. Gibbins 1988, 26–32.
22   Faller 1996, 14–22: »Frühe Geschoßbaugrundrisse zeigen zunächst noch keine nennenswerten Ansätze zu einer funktional durchdachten Grundrißanordnung. Der Geschoßbaugrundriß ist charakterisiert durch eine Aneinanderreihung einzelner Zimmer oder Kammern, die [...] über einen Mittelflur erschlossen werden. [...]«. Schon in den zwanziger Jahren wurden allerdings Wohnungsgrundrisse entwickelt, die die Grundfunktionen Wohnen/Küche und Schlafen auch räumlich zu differenzieren versuchten.
23   Vgl. SZ 14./15.6.69: »Festtag in der Westkreuz-Siedlung«.
24   Das Hochhaus war bereits im Oktober 1970 im Rohbau nahezu fertiggestellt. Die ersten Wohnungen konnten im Mai 1971 bezogen werden, bis November 1970 waren alle Appartements verkauft. Vgl. Akte Südhausbau vom 21.9.1970 »Antrag auf Anerkennung von Wohnungen als steuerbegünstigte Wohnungen nach §§ 82 und 83 des Zweiten Wohnungsbaugesetzes« und SZ vom 18.11.1971.
25   Zur Entwicklung der Wohnhochhäuser und der »Dynamisierung« ihrer äußeren Erscheinung durch Abknicken, Versetzen und Kombinieren vgl. Hafner 1993, 298.
26   Gibbins 1988, 17.
27   Zur »Bereichsbildung« bei Familienwohnungen vgl. Faller 1996, 15.
28   Vgl. Aktenvermerk Südhausbau vom 17.1.1964: »Höhenmäßige Entwicklung, Ladenzentrum etc.«
29   Die Kritik an der Großwohnsiedlung »Am Hasenbergl« entzündete sich beispielsweise vor allem am Fehlen von Geschäften, Lokalen und Einrichtungen für Kinder und Jugendliche. Vgl. SZ 24./25. 7.1971.
30   Südhausbau informiert 1982, 5: »Um durch eine vergleichende Bewertung der ausgeführten Wettbewerbsprojekte zu den wirtschaftlichen und technischen Kriterien vorzustoßen, beauftragte das Bundesministerium für Raumordnung, Bauwesen und Städtebau das Institut für Bauforschung e. V. in Hannover mit einer Dokumentation und dem Vergleich der Bausysteme der Bauten des Bauwettbewerbs. Der Bericht lag im Oktober 1978 vor. Darlegung der Erfahrung mit Planung, Ausführung und Nutzung von Bauten mit veränderbaren Wohnungen«. Das Ergebnis des Berichts: »Das Bauen mit typisierten Elementen für flexible Raumaufteilung lohnt sich nur bei einem Käufermarkt mit hohem Anspruchsniveau, wobei das Angebot flexibler Raumaufteilung entscheidend gewertet werden muß.« [...] »Es hat sich erwiesen, daß der Veränderungsgrad bei Umbauflexibilität mit zunehmender Wohnungsgröße ebenfalls ansteigt.« (S. 7). Vgl. auch das Gespräch mit Oskar Pressel am 2. September 1996.
31   Vgl. Gespräch mit Oskar Pressel am 2. September 1996.
32   Faller 1996, 292.
33   Paul Ottmann. »München – Vorbild für eine wohnungspolitische Neuorientierung«. In: Südhausbau informiert 2, 1980, 1 und Wolfgang Schneck. »Das Wohnraumbeschaffungsprogramm der Landeshauptstadt München – eine Chance für viele«. In: Südhausbau informiert. 1, 1982, 9–10.
34   Franke 1975, 488–489. Vor allem die Zufriedenheit mit der Wohnung spielt für die positive oder negative Beurteilung des ganzen Wohngebiets eine wesentliche Rolle. Vgl. Weeber 1971, 42–44 und 175.
35   Südhausbau informiert 2, 1980, 2.
36   Faller 1996, 296.
37   Faller 1996, 292.
38   Herlyn 1970, 202–205.
39   Zapf 1969, 220. Die große Bedeutung der Bewohnerstruktur läßt sich kaum besser nachvollziehen, als in einem Vergleich zwischen der Siedlung »Am Westkreuz« und der etwa gleichzeitigen Großwohnsiedlung Neuaubing-West, die nahezu ausschließlich Sozialwohnungen aufweist und dementsprechend von der Bevölkerung eingestuft wird. Vgl. Blaschke 1980, 49 und 106–107.
40   Daneben bildet die katholische Pfarrgemeinde St. Lukas – gleichfalls im Zentrum der Siedlung – weitere Möglichkeiten der Integration und Kommunikation. Allerdings weist die Integrationsfähigkeit einer solchen Siedlung Grenzen auf. Als Gefahr für den sozialen Frieden empfanden die Bewohner eine Barackensiedlung mit Notunterkünften, die 1989 in der Mainaustraße errichtet werden sollte. Vgl. Zapf 1969, 220: »Der Spielraum, innerhalb dessen eine soziale Mischung möglich ist, hat nach oben und nach unten hin seine engen Grenzen.« Massive Proteste der Anwohner der Siedlung »Am Westkreuz« und der Südhausbau GmbH sowie eine Unterschriftensammlung konnten nicht verhindern, daß die Baracken, die mittlerweile wieder beseitigt sind, gebaut wurden. Südhausbau informiert. 1/1989, 38–45; vgl. SZ vom 7.7.89: »Wermutstropfen im Festbier«; AZ 28.6.89: »Krach um Unterkünfte für Obdachlose am Westkreuz«.
41   Von den zwischen 1965 und 1968 entstandenen 2.400 Wohneinheiten sind 2.200 öffentlich geförderte Wohnungen. Der Bauträger ist die Heimbau Bayern.
42   Blaschke 1980, 108–137.

Abkürzungen
AZ: Münchner Abendzeitung
SZ: Süddeutsche Zeitung

EIN GESPRÄCH MIT
DR. HANS-JOCHEN VOGEL
AM 21. NOVEMBER 1996
IN MÜNCHEN

Wohnungsbaupolitik und Stadtplanung der sechziger und frühen siebziger Jahre

Als Sie 1960 Oberbürgermeister wurden, waren in der Wohnungsbaupolitik schon gewisse Weichen gestellt. Was haben Sie geändert? Was hat Ihnen nicht gefallen?

Der Wohnungsbau in München stand zunächst ganz im Zeichen des Wiederaufbaus. Als ich damals ins Amt kam, standen deshalb quantitative Gesichtspunkte im Vordergrund: Es gab Hunderttausende von Menschen, die dringend auf Wohnungen warteten. Diese Bedürfnisse so rasch wie möglich zu befriedigen, war deshalb die primäre Orientierung. Architektonische oder stadtplanerische Probleme standen damals in der zweiten Reihe. Das sehe ich auch heute nicht als Anlaß zur Kritik. Denn den Menschen damals zu sagen, bleibt ihr mal in euren Notunterkünften, wir müssen in den nächsten Jahren erst einmal über Architektur diskutieren, wäre ziemlich menschenverachtend gewesen. Durch das große Engagement von Helmut Fischer, dem dafür zuständigen Wiederaufbau-Referenten, kam in dieser Zeit der Münchner Plan zustande; im Laufe der Zeit traten dann gestalterische und planerische Gesichtspunkte stärker in den Vordergrund. Der Lerchenauer See war beispielsweise schon ein qualitativer Fortschritt gegenüber früheren Maßnahmen. Aber auch die Parkstadt Bogenhausen, die 1952/53 noch unter Thomas Wimmer gebaut wurde, war nicht schlecht. Ich habe dort selber von 1954 bis 1968 gewohnt.

Ein Problem hat uns allerdings die ganze Zeit begleitet: Nämlich, daß wir die Bezugsfertigkeit der Wohnungen und die Gebrauchsfertigkeit der Infrastruktur nie gleichzeitig realisieren konnten. Es dauerte immer eine kürzere, meistens aber eine etwas längere Zeit, bis schließlich auch die Einkaufsmöglichkeiten, Schulen und Kindergärten vollständig vorhanden waren. Aber hätten wir den Leuten sagen sollen, lassen wir alles erst einmal leerstehen, bis die Infrastruktur steht und lassen wir damit auch die Bundeszuschüsse verfallen? – Die Leute haben damals unsere Vorgehensweise im großen und ganzen auch verstanden.

Ein planerisches Novum stellte Perlach dar, weil wir dort erstmals von Anfang an Arbeitsplätze eingeplant haben. Und zwar insbesondere unter dem Gesichtspunkt der Verkehrsvermeidung. Die Rechnung ist allerdings nur beschränkt aufgegangen, weil ja eine ständige Fluktuation stattfindet. Selbst wenn am Anfang diejenigen, die in Perlach einzogen dort auch arbeiteten, gab es keine Gewähr dafür, daß sie später mit dem Arbeitsplatz auch die Wohnung wechselten und umgekehrt.

Was die äußere Gestaltung angeht: Ich glaube, die Eintönigkeit und Kälte, die viele dem Märkischen Viertel in Berlin zuschreiben und die mir anderswo begegnet ist, die gibt es in Perlach nicht. Tendenzen zu einem sozial kalten Milieu konnten wir auch sonst im großen und ganzen vermeiden. Ich kann mich noch erinnern: Als 1961/62 Kritik am Hasenbergl geübt wurde und es hieß, daß dort Asoziale lebten, kam irgendein Wohlmeinender auf die Idee, man solle diesem Stadtteil einen anderen Namen geben. Da gingen die Leute vom Hasenbergl auf die Barrikaden und sagten: »Dummes Zeug, wir wollen unseren Namen behalten!« Daran sieht man, daß sich dort relativ rasch eine soziale Struktur gebildet hatte.

Wann haben Sie gemerkt, daß der Verkehr zu einem Problem wurde und die Vorstellung von der autogerechten Stadt nicht durchführbar ist.

Das ist offenbar eine unausrottbare Legende. Schon in dem Programm, mit dem ich 1959 zur OB-Wahl angetreten bin, finden Sie den Gedanken, daß das Münchner Verkehrsproblem mit Hilfe des Individualverkehrs nicht zu lösen ist! Bereits damals wurde der gedankliche Grundstein für das Münchner Schienenschnellverkehrssystem gelegt. Wir hatten also nie eine Phase, jedenfalls unter meiner Verantwortung nicht, in der die autogerechte Stadt unser Ziel gewesen wäre. Es war uns völlig klar, daß die Stadt zerstört wird, wenn wir das Verkehrsvolumen allein mit dem Auto bewältigen wollten.

Wir haben auch sehr früh, schon 1960/61, begonnen, den Stadtentwicklungsplan in Angriff zu nehmen, der verschiedene Planungsvorstellungen aus den fünfziger Jahren – zum Beispiel den Högg'schen Stern mit der Zusammenführung der Autobahnen an einem einzigen Punkt der Innenstadt – obsolet gemacht hat. Später haben wir auch Straßen, die der Stadtentwicklungsplan ursprünglich vorgesehen hatte, zum Beispiel die Fortführung der Stuttgarter Autobahn bis zum Mittleren Ring oder eine Isar-Parallele, fallengelassen.

Die Entstehung der Legende hing damit zusammen, daß ich 1967 oder 1968, während der Olympia-Vorbereitung, mit einer kleinen Delegation in Los Angeles war. Dort habe ich hautnah mitbekommen, was passiert, wenn eine Stadt überhaupt keinen öffentlichen Personennahverkehr, sondern nur Autos hat. Es herrschte ein unsäglicher Smog, und statt einer Stadtstruktur gab es einen auseinanderfließenden Stadtbrei. Diese Eindrücke habe ich dem Stadtrat und der Presse gegenüber ziemlich eindrücklich geschildert. Aber nicht als Ankündigung einer Wende in der Stadtplanung, sondern als Bestätigung schon getroffener Entscheidungen.

Allerdings gab es in den fünfziger Jahren Leute, die zugunsten des Verkehrsflusses die Ruine des alten Rathauses abreißen wollten. Thomas Wimmer hat dies bei der Abstimmung mit seiner Stimme verhindert. Dafür verdient er noch heute unseren Dank.

Dr. Hans-Jochen Vogel

1926	in Göttingen geboren
1943–45	Kriegsdienst
1946–48	Studium der Rechtswissenschaften
1962–72	Oberbürgermeister der LH München
1971–72	Präsident des Deutschen Städtetages
1972–74	Bundesminister für Raumordnung, Bauwesen und Städtebau
1974–81	Bundesminister der Justiz
1981	Regierender Bürgermeister von Berlin
1983–91	Vorsitzender der SPD-Fraktion im Deutschen Bundestag
1987–91	Vorsitzender der SPD

Wenn Sie auf den Stadt- und Entwicklungsplan zurückschauen, was würden Sie dann als besondere Leistung sehen?

Die Leistung bestand darin, daß wir das Stadtzentrum – ohne seine Funktion in Frage zu stellen – durch Nebenzentren so entlastet haben, daß es weder überfordert, noch erstickt wurde. Und, daß wir ein Zusammenfließen der Bebauung zu einem großen Stadtbrei verhindert haben. Es gibt deutliche Unterbrechungen und Grünräume, deren Anteil in München – und das nicht nur wegen des Englischen Gartens – weit höher ist als in anderen Städten. Damit haben wir die Vorstellung einer gegliederten Stadtlandschaft einigermaßen durchgesetzt. Auch ist es uns im wesentlichen gelungen, die Eigenart der Stadt in einer Zeit zu bewahren, in der sie innerhalb von zwölf Jahren um eine Viertelmillion Menschen wuchs. Das war keine Selbstverständlichkeit. Natürlich wurden auch Bausünden begangen, wie der Kaufhof am Marienplatz oder der Hertie-Bau an der Münchener Freiheit, der inzwischen beseitigt wurde. Insgesamt aber überwiegen wohl die positiven Momente.

Worin besteht der Zusammenhang zwischen dem Stadtentwicklungsplan und dem Plan zur Behebung der Wohnungsnot?

Der Plan zur Behebung der Wohnungsnot kam zuerst. Er dürfte im Herbst 1960 verabschiedet worden sein und war sehr ehrgeizig. Aber wir brauchten ihn einerseits wegen der Zuschüsse, andererseits, um eine gewisse Orientierung zu geben. Einiges, was dort schon vorweggenommen war, haben wir dann mit kleineren Korrekturen in den Stadtentwicklungsplan – der hauptsächlich das Werk von Herbert Jensen war – aufgenommen. Eine Korrektur betraf beispielsweise das Großprojekt Oberschleißheim, an dem wir 1960 ernsthaft gearbeitet haben. Es scheiterte aus vielerlei Gründen, und so verlagerte sich der Akzent auf Perlach. Das war dann die Alternative. Sonst hat der Stadtentwicklungsplan keine wesentlichen Änderungen gebracht. Er hat aber dazu geholfen, daß wir – was damals kühn war – städtischen Wohnungsbau außerhalb der Stadtgrenzen betrieben haben. Die Siedlung Taufkirchen zum Beispiel entstand im Landkreis München mit massiver städtischer Unterstützung, etwa durch Zuschüsse, die eigentlich für die Stadt München vorgesehen waren. Ähnliches ist in Unterhaching geschehen. Das war eine Phase, in der wir mit dem Landkreis – Herr Hecker war damals Landrat – sehr gut zusammengearbeitet haben.

Waren das die ersten Anstöße für den Regionalentwicklungsplan?

Ja, der Regionalentwicklungsplan ist von der Stadt München initiiert worden. Wir hatten ja hier eine Besonderheit, den Planungsverband Äußerer Wirtschaftsraum. Er stammte, glaube ich, aus der unmittelbaren Nachkriegszeit. Zuständig war dort Herr Schoener. Dieser Planungsverband hat 1968 oder 1969 einen ersten Regionalentwicklungsplan erarbeitet, der dann von der Verbandsversammlung gebilligt wurde. Dabei gab es einen längeren Disput, welchen Grad von Verbindlichkeit er haben sollte. Rechtlich zwingend konnte er nicht sein, weil es dafür keine gesetzliche Grundlage gab. Weil aber die meisten Gemeinden außerhalb Münchens ihre Flächennutzungsplan- und Bebauungsplanentwürfe vom Planungsverband anfertigen ließen, der sich natürlich an seinen eigenen Vorstellungen orientierte, war der Regionalentwicklungsplan trotzdem sehr hilfreich. Nur eine Gemeinde ist ausgeschert, weil ihr der Plan nicht gepaßt hat – das war Herrsching. Aber sonst waren alle einsichtig und haben gesagt: Wir tun uns leichter, wenn wir bestimmte Punkte miteinander abstimmen.

Als der Plan zur Behebung der Wohnungsnot veröffentlicht wurde, waren darin bereits Baugebiete angedeutet. Hat das nicht zu Spekulationen geführt?

Spekulation gab es damals schon auch, aber verglichen mit heute hat sich das damals in Größenordnungen bewegt, die nicht so alarmierend waren. Man muß bedenken, daß damals eine Sozialwohnung mit einem Zuschuß von 10.000 DM gebaut worden ist. Und wenn der Gesamtpreis für eine Sozialwohnung bei 40.000 DM lag, waren darin Bodenpreise enthalten, von denen man heute nur noch träumen kann. Später wurde das ein zentrales Problem, und München war deshalb die Stadt, die als erste konkrete Vorschläge für eine Bodenrechtsreform gemacht hat.

Der Stadtrat hat schon Anfang der siebziger Jahre – und zwar mit großer Mehrheit – ein entsprechendes Konzept beschlossen. Auch die CSU hat das damals unterstützt. Und Kardinal Döpfner hat sich ebenfalls engagiert. Als Wohnungsbauminister habe ich später versucht, dieses Konzept umzusetzen, aber da hat mich die FDP gebremst. Lediglich Reste unserer Vorstellungen wurden schließlich Gesetz.

Welchen Einfluß übten amerikanische Vorstellungen im Wohnungsbau auf Deutschland aus?

Ich kann mich nicht entsinnen, daß Amerika für unseren Wohnungsbau von Bedeutung gewesen wäre. Hingegen hat Wien für unsere Vorstellungen eine gewisse Rolle gespielt, das Wien nach dem Ersten Weltkrieg. Das war ja die Stadt, die im sozialen Wohnungsbau weltweit bahnbrechend war. Die Wohnhöfe, die dort entstanden waren, waren seinerzeit eine enorme Leistung, auch wegen ihrer Finanzierung. Aber ein Vorbild im engeren Sinne hatten wir nicht. Wir waren zwar in Stockholm, wo damals eine große Entlastungsstadt gebaut wurde. Letztlich waren indes die Bedingungen in Österreich und Schweden anders als bei uns. Dort stand man nicht unter dem gleichen Bedarfsdruck. Und in Amerika hatte man mit den weiten Einfamilienhausflächen ganz andere soziale Vorstellungen.

Gab es während Ihrer Zeit als Oberbürgermeister schon Überlegungen, die Innenstadt und die Altbauten – etwa in Schwabing oder Haidhausen – zu sanieren?

Es herrschte am Ende eine ziemliche Spannung besonders hinsichtlich der Nutzung des Lehels: Einerseits gab es den Wunsch, den überkommenen Charakter des Lehels zu bewahren; andererseits gab es aber auch das Bestreben, das Lehel angesichts einer zeitweilig explosiven ökonomischen Entwicklung in ein Gebiet für Büros und Dienstleistungseinrichtungen umzuwandeln. Die 68er und dann die Grünen haben sich dieses Themas angenommen. Auch in der eigenen Partei gab es da sehr pointierte Positionen gegen jede Veränderung. Sie kamen mir damals etwas fanatisch vor, aber im Grunde hatten sie recht.

Wie wurden denn damals die alten Häuser, die zum Teil ja in einem sehr schlechten Zustand waren, überhaupt wahrgenommen?

Es gab eine Zeit, in der sie eher distanziert betrachtet wurden. Aufgrund der Kriegszerstörungen sahen sie ja zum Teil auch ziemlich schlimm aus. Aber es gab in München doch einen Grundkonsens, der sich insbesondere in der zweiten Hälfte der vierziger und der ersten Hälfte der fünfziger Jahre bewährt hat, daß nämlich die Innenstadt wieder so erstehen sollte, wie sie vorher gewesen war. Das wurde nicht förmlich beschlossen, aber die Leute wollten es so, und dann lief es so. Dieser Konsens hatte nicht nur für die Straßenführung und die Grundrisse Konsequenzen, sondern allmählich auch für einzelne Häuser. Und da gab es dann durchaus gelungene Beispiele für Sanierungen. Problematisch erschien mir allerdings die Wiederherstellung alter Fassaden, hinter denen sich dann etwas ganz anderes verbirgt.

Paul Ottmann hat erzählt, daß die Stadt Mitte der sechziger Jahre eigentlich nur die Planung in Neuperlach unterstützt hat und eine Siedlung wie das Westkreuz erst durch die Intervention der freien Wohnungsunternehmen gefördert wurde.

Das ist vielleicht etwas zugespitzt. Richtig ist, daß die gemeinnützigen Wohnungsgesellschaften – und insbesondere die Neue Heimat – eine erhebliche Rolle spielten. Aber das hing einfach auch mit deren Potenz zusammen: Die Zahl derer, die Tausende von Wohnungen innerhalb eines Jahres realisieren konnten, war nicht so groß. Die Mehrheit des Stadtrates hatte auch eine gewisse Affinität zu den Gemeinnützigen. Das war ja noch in der guten Zeit der Neuen Heimat. Das hat sich dann später geändert, als sich herausstellte, daß bei der Neuen Heimat persönliche Interessen und die Interessen der Gesellschaft miteinander verquickt worden waren. Es ist auch richtig, daß sich die freien Träger beschwert haben. Denen habe ich sinngemäß gesagt: »Engagieren Sie sich, meine Herren, machen Sie mit. Der Bedarf ist groß genug.«

Hatten Sie denn als Oberbürgermeister überhaupt Einfluß darauf, in welcher Form Siedlungsplanung unterstützt wurde?

Meine Aufgabe war es, möglichst große Volumina anzupacken, um der Wohnungsnot Herr zu werden; ich mußte für einen Zeitplan sorgen, in dem es keine Engpässe und Stockungen gab; und ich mußte dafür sorgen, daß die notwendigen Finanzmittel zur Verfügung standen. – Bei Wettbewerben war ich, abgesehen von den Olympia-Bauten, in aller Regel nicht in der Jury. Und solange Helmut Fischer da war, kam der mit Vorschlägen, wer beteiligt werden sollte. Daß jemand förmlich zurückgewiesen worden wäre, der Geld mitbrachte und zu anständigen Bedingungen etwas bauen wollte, ist höchst selten passiert.

In Ihren Erinnerungen von 1972 haben Sie Großsiedlungen wie Hasenbergl, Fürstenried, Oberföhring und so weiter als Schlafviertel kritisiert. Haben solche Kritikpunkte eine Rolle bei den Planungen für Neuperlach gespielt?

Ja. Um eine gewisse Vielfalt zu gewährleisten und die Verkehrsbelastung zu vermeiden, erschien es uns sinnvoll, Arbeitsplätze in Fußgängerentfernung zu schaffen. Die Vielfalt ist auch noch vorhanden. Die Idee mit den Arbeitsplätzen in nächster Nähe ließ sich, wie bereits erwähnt, wegen der hohen Fluktuation aber nicht in der geplanten Weise durchsetzen.

Darüber hinaus war ein großes Problem, daß die Bewohnerschaft zu gleichmäßig gealtert ist. Es gab die Anfangsjahre mit vielen jungen Eltern und einem riesigen Schulbedarf; dann waren eines Tages alle 45 und der Bedarf ging wieder zurück. Das hat sich wohl im Laufe der Jahrzehnte etwas ausgeglichen, aber am Anfang waren die Bewohner überwiegend gleich alt.

Dadurch kam es zu Wellenbewegungen, die wir nicht so richtig vorausgesehen hatten. Allerdings hätten wir dagegen auch kaum etwas tun können. Das wäre schon rein rechtlich kaum möglich gewesen.

Trotzdem: Wenn ich mir vergegenwärtige, wie sehr neue Stadtteile anderswo kritisiert werden, dann stelle ich fest, daß die Menschen in München in diesen neuen Vierteln eigentlich kaum klagen. Dazu noch eine kleine Episode: Als die jetzige Stadtbaurätin Christiane Thalgott noch in Kassel war, hat sie in einer Fachzeitschrift einen Artikel über die neuen Entlastungssiedlungen geschrieben, über Allermöhe bei Hamburg, über das Märkische Viertel in Berlin, die Neue Vahr in Bremen und über Perlach. Sie klagte darin über Vandalismus, über Rechtsradikalismus und Kriminalität in diesen Vierteln. Als sie schon hier war, bekam ich den Artikel zufällig in die Hand. Daraufhin habe ich ihr geschrieben und sie um Zahlen und Fakten gebeten. Sie schrieb mir dann fairerweise zurück, sie könne ihre Ausführungen für Perlach leider nicht belegen. Wenn es solche Probleme in Perlach wirklich in nennenswertem Umfang gegeben hätte, wäre das ja sicher auch ein Thema in der Stadt gewesen.

Die Planungen in Perlach umfaßten ja einen längeren Zeitraum. Gab es da eine Gesamtplanung, oder wurde kurzfristig von Abschnitt zu Abschnitt geplant?

Es gab eine Gesamtplanung, aber die war verständlicherweise in einem etwas flüssigeren Aggregatzustand als dann am Ende der Bebauungsplan. Wir haben Planungen nie als starres Konzept verstanden. Auch der Stadtentwicklungsplan ist in unseren Augen nie ein Plan gewesen, der für die nächsten dreißig Jahre bindend gewesen wäre und in der ursprünglichen Fassung realisiert werden sollte. Entscheidend war, daß wir ein Koordinatensystem hatten, anhand dessen einzelne Maßnahmen beurteilt werden konnten. Natürlich wurden keine beliebigen Änderungen vorgenommen, aber die ganze Sache blieb doch immer im Fluß. Das gilt auch für Perlach: Es gab zwar eine Gesamtvorstellung, aber die Konkretisierungen folgten dann sukzessive.

In Perlach ist überwiegend von der Neuen Heimat gebaut worden?
Ja.

Beim Hasenbergl gab es fünf Bauträger, die aus ihrer Mitte einen Maßnahmeträger gewählt haben. Warum ist das in Perlach anders gelaufen?
Nach meiner Erinnerung war der entscheidende Gesichtspunkt, daß Hasenbergl und Fürstenried in erheblichem Umfang städtisches Eigentum waren. In Perlach hingegen gab es das nicht, dort mußte alles erst zusammengekauft werden. Dafür schlug Helmut Fischer aus guten Gründen die Terrafinanz vor, die das erstaunlich rasch bewältigt hat. Viel rascher, als es Umlegungsverfahren oder andere schwerfällige Maßnahmen zugelassen hätten. Erst hinterher kam heraus, daß Leute von der Neuen Heimat persönlich an der Terrafinanz beteiligt waren. Das wußten wir nicht, und das war schon ziemlich ärgerlich. Aber ich muß der Terrafinanz lassen, daß sie die notwendigen Grunderwerbungen in einer Rekordzeit vollbracht hat. Vor allen Dingen konnte die Terrafinanz einen gewissen Druck auf die Eigentümer ausüben: Entweder sie arrangierten sich mit der Terrafinanz, oder es wäre gar nichts gelaufen. Außerdem stand die Neue Heimat Mitte der sechziger Jahre auf dem Zenit ihres Ansehens. Es ist ja auch nicht alles schlecht, was die Neue Heimat gemacht hat.

Die Zielvorstellung für Neuperlach lautete in den sechziger Jahren, man wolle einen urbanen Charakter schaffen. Aus heutiger Sicht würde man aber die dortigen Fußgänger- und Grünzonen keineswegs als urban bezeichnen.
Über die genaue Definition des Begriffes »urban« hat es immer lange Diskussionen gegeben. Der eine stellt sich unter urban dies vor, der andere jenes. Außerdem ist das natürlich ein sehr hoher Anspruch: Mit den Mitteln und Möglichkeiten, die wir zur Verfügung hatten, hätten wir in Perlach nicht eine zweite Münchner Innenstadt schaffen können. Wir haben es halt so gut wie möglich gemacht. Mir war dann schließlich der U-Bahn-Anschluß wichtiger als dieser oder jener urbane Akzent. Denn für die Lebensqualität der Menschen war und ist der U-Bahn-Anschluß in der Tat ein elementarer Faktor.

Das Westkreuz, das die Südhausbau gebaut hat, ist gleichzeitig mit Neuperlach entstanden. Nur natürlich in einem viel kleineren Rahmen.
Ich halte das Westkreuz – wenn man eine Skala machen wollte – für eine Maßnahme im oberen Drittel der Skala.

Wo sehen Sie die entscheidenden Unterschiede zwischen der Planung für Perlach und Westkreuz?
Wie Sie schon sagten, es ist kleinräumiger und deshalb überschaubarer. Vielleicht spielt auch der »Ramses« als architektonischer Akzent eine positive Rolle.

Liegt ein Vorteil beim Westkreuz nicht auch darin, daß aufgrund eines hohen Eigentumsanteils eine gewisse Stabilität erreicht wurde?
Der Eigentumsanteil ist in Westkreuz höher, das ist richtig. Nur muß man eben das Gesamte im Auge haben: Leute, die sich kein Eigentum leisten können, müssen ja auch eine Wohnung haben.

Ende der sechziger, Anfang der siebziger Jahre setzte Kritik an der Fertigbauweise ein. Wie haben Sie das gesehen?
Wir waren eine Zeitlang enthusiasmiert. Ich habe, wie andere, gedacht, daß wir dadurch Kosten

sparen und daß es schneller geht. Aber bald kamen dann die ersten Warnungen: die Bauten seien ungut im Erscheinungsbild, es gebe technische Probleme mit der Feuchtigkeit und der Wärmedämmung. Die Sache ist dann nach meiner Erinnerung allmählich eingeschlafen. Wenn man an die Plattenbauten in den neuen Bundeländern denkt, bin ich über unsere frühzeitige Skepsis eigentlich ganz froh.

Wir hatten schon das Olympische Dorf angesprochen. Auf Intervention von Franz-Josef Strauß wurden keine städtischen Bauträger beauftragt.

Strauß – ich gebe das jetzt verkürzt wieder – hat gesagt, bei euch hat die Neue Heimat weiß Gott genug gebaut, jetzt sollen mal die anderen zum Zug kommen. Ich habe das zwar zunächst problematisiert. Aber wir waren damals froh, wenn jemand eine solche Aufgabe übernahm und gesagt hat, er schafft es innerhalb der gegebenen kurzen Fristen. Und sie haben es ja auch geschafft. Jetzt gibt es zwar allerlei Klagen wegen der etwas komplizierten Eigentumsverhältnisse. Aber ich finde das Olympische Dorf gar nicht schlecht. Das ist schon ein Ort, wo man leben kann – ich selbst habe dort von 1972 bis 1984 gewohnt.

Hat es Ihnen als SPD-Oberbürgermeister nicht weh getan, daß dort kein sozialer Wohnungsbau integriert wurde?

Ich hätte das natürlich gern gehabt. Aber es ließ sich nicht bestreiten: Der Anteil des sozialen Wohnungsbaus in München war überdurchschnittlich hoch, von den rund 181.000 Wohnungen, die während meiner Amtszeit fertiggestellt wurden, gehören an die 53.000 zum sozialen Wohnungsbau. Davon kann man heute nur noch träumen. Daß dann auch einmal eine Maßnahme ohne sozialen Wohnungsbau durchgeführt wurde, mußte man akzeptieren. Wäre München im sozialen Wohnungsbau benachteiligt gewesen, hätten wir uns natürlich gewehrt. Im übrigen war unsere Position auch gar nicht so stark: Der Grund und Boden gehörte dem Bund oder dem Land. In einer solchen Situation macht es keinen Sinn, sich zu verkämpfen.

Es wird oft gesagt, daß das Olympische Dorf mit der Terrassierung eine neue Silhouette in das Stadtbild eingeführt hat. Haben Sie das auch so empfunden?

Ja, also wenn man in Richtung Westen schaut, zum Gaswerk, ist die Linienführung schon ganz originell. Auf der anderen Seite, zum BMW-Hochhaus hin, ist es nicht so aufregend. Da stehen eben hohe Häuser. Aber wenn ich zum Beispiel an die Connollystraße denke – das hat mir schon ganz gut gefallen. Die Architektur dort hat sich auch gut in die eigentlichen Olympia-Anlagen eingefügt. Wichtig war auch, daß der U-Bahn-Anschluß bis zum Bezug fertig war.

Heute sagt man in der Regel, daß für soziale Probleme in den Großwohnsiedlungen nicht die monotone Architektur entscheidend ist, sondern die Häufung von Sozialwohnungen. Hat man diese Erkenntnis Ende der sechziger Jahre auch schon gehabt?

Wir konnten architektonischen Gesichtspunkten im Laufe der Jahre einfach deshalb einen höheren Stellenwert geben, weil der enorme Bedarfsdruck etwas nachgelassen hat; und sie ist für die Wohn- und Lebensqualität der Menschen schon ein wichtiger Faktor. Aber: Eine noch so schöne Architektur kann den Mangel an einer vernünftigen Sozial- und Infrastruktur nicht ausgleichen. Ein architektonisches Meisterwerk relativiert sich auch sehr schnell, wenn keine Verkehrsanbindung vorhanden ist. – Insgesamt finde ich aber, daß sich die Münchner Architektenschaft nicht zu genieren braucht. Was hier entstanden ist, kann sich schon sehen lassen.

Hatten SPD und CSU zu Ihrer Zeit hinsichtlich des Baus von Sozialwohnungen unterschiedliche Vorstellungen?

Das war die Zeit einer sehr intensiven Zusammenarbeit. Die Sozialdemokraten hatten zwar eine absolute Mehrheit. Aber für meine Haltung, die Stadt sei in einer Phase, in der man alle Kräfte konzentrieren muß, habe ich immer Zustimmung gefunden, auch bei der CSU. Alle wichtigen Entscheidungen sind damals gemeinsam verabschiedet worden. Daneben gab es den sogenannten Münchner Block. Er hat die Interessen der Grundbesitzer vertreten und anfangs häufig gegen den sozialen Wohnungsbau gewettert. Letztlich hat auch das dazu beigetragen, daß uns die Füße nicht eingeschlafen sind.

Haben die Olympischen Spiele auch Auswirkungen auf den Wohnungsbau gehabt?

Ja, weil zu den Olympia-Bauten auch noch das Olympische Dorf, das Olympiazentrum und die Studentenwohnungen dazukamen. Das war eine zusätzliche Wohnungsbauleistung, die auch eigens finanziert worden ist. Insofern verdanken wir den Olympischen Spielen in München ein paar tausend Wohnungen.

EIN GESPRÄCH MIT
DIPL.-ING. OSKAR PRESSEL
AM 2. SEPTEMBER 1996
IN MÜNCHEN

Architektonische Konzepte der siebziger Jahre: Terrassenbauweise und Elementa-System

Sie haben in den späten sechziger Jahren in München Architektur studiert. Wie haben Sie damals die Architekturdiskussion wahrgenommen?

Die Zielvorstellung in dieser Zeit beim Städte- und Wohnungsbau war etwa das, was man im Olympischen Dorf sehen kann, unter anderem eine Mischung aus raumbildenden hohen Gebäuden und vorgelagerten kleineren Wohnhäusern, Reihen- und Einfamilienhäusern herzustellen und die Wohnqualität der Geschoßwohnungen zu erhöhen durch die Terrassenbauweise, die jedem einen verhältnismäßig großen, begrünbaren Außenraum gewährt.

Aus einer ähnlichen Grundeinstellung heraus ist das Konzept für Nürnberg entwickelt worden, das hier in München, in Aubing, noch einmal realisiert wurde.

Nürnberg und Aubing wurden nach dem Elementa-System gebaut, durch das ein hohes Maß an Flexibilität erreicht wurde. Wie funktioniert dieses System?

Das Grundprinzip war bestechend einfach: Es handelte sich um rundum geschlossene Betonrahmen mit U-Profil, die neben- und übereinandergestellt wurden. Die dabei entstehenden Hohlräume wurden dann von oben ausgegossen. Nach diesem Prinzip sind zum Beispiel das abgestufte Hochhaus und die Mensa im Olympischen Dorf gebaut. Dieses ursprüngliche System geht zurück auf Günther Eckert, mit dem ich damals auch zusammengearbeitet habe.

Bei den Häusern in Nürnberg ging es vor allem darum, durch eine stützenfreie Wohnungsfläche in der Grundrißgestaltung flexibel zu sein. Auf den Plänen kann man verschiedene mögliche Varianten sehen. Dort hatten wir dreiseitige Rahmen, also Stütze und Unterzug in einem Teil, und sogenannte π-Platten. Diese Deckenelemente mit zwei Balken darunter wurden einfach aufgelegt und an den Eckpunkten verschweißt. Das ging sehr schnell und hatte den Vorteil, daß man witterungsunabhängig war. Auch im Winter konnte man dieses Skelett rasch montieren. Genauso schnell läßt es sich übrigens auch demontieren, man braucht bloß die Stahlverbindung wieder durchzuschneiden. Allerdings ist bisher noch nichts demontiert worden, das steht alles noch. Dieses System war – je nach Bauaufgabe – in verschiedenen Achsmaßen und Höhen möglich. Für Aubing haben wir – ähnlich dem dritten Bauabschnitt in Nürnberg und dem Integra-Projekt in Ludwigshafen-Hernshof – die Konstruktion etwas variiert, um feinere Abstufungen und auskragende Balkone zu ermöglichen. Es gibt ja auch Leute, die gar keine Terrassen haben möchten.

Was für Bauteile wurden sonst noch verwendet?

Die Idee war, daß nicht ein komplettes System mit allen Ausbauteilen produziert werden mußte, sondern Bauelemente verwendet wurden, die es auf dem Markt ohnehin gab. In Nürnberg hatten wir für die Außenwände eine Skelettausfachung aus raumhohen, vorgefertigten Gasbeton-Elementen im Wechsel mit gleich hohen Fenster(-tür)-Elementen. Das Ganze wurde dann mit einer Wärmedämmung versehen und – so war damals eben der Stand der Technik – mit Eternit verkleidet. Damals war die Asbestproblematik in der heutigen Form ja noch nicht bekannt. Wir hätten es allerdings schöner gefunden, wenn das Skelett weiterhin sichtbar geblieben wäre, wie zum Beispiel bei dem anderen Elementa-Projekt in Nürnberg. Allerdings sind dann wesentlich aufwendigere Detaillösungen nötig, um Kältebrücken zu vermeiden und zu verhindern, daß immer wieder irgendwo Wasser hineinläuft. Um das wirklich dauerhaft dicht zu bekommen, bedarf es eines entsprechenden Aufwandes, der dann doch die Baukosten spürbar verteuert.

Wie sind die Innenräume organisiert?

Die Innenwände waren Gipskartonelemente, die es damals gab. Das war ein sehr steifer Kern aus Pappe in Wabenform mit beidseitig aufgeklebten Gipsplatten. Auf den Boden und an die Decke wurden Leisten gedübelt und diese Elemente dann einfach hineingeschoben und mit den Fußbodenleisten fixiert.

Deshalb war es möglich, daß die Bewohner ihre Wände selbst versetzen konnten?

An sich ja, aber ich weiß nicht, ob sie das wirklich gemacht haben, da habe ich keinen Einblick mehr. Wir hatten damals allerdings schon ein bißchen den Eindruck, daß die Leute die gebotene Flexibilität nicht immer optimal nutzten und – zumindest teilweise – den Grundriß einfach um ihre alten Möbel herumkonzipierten. Optimal wäre hier wohl eine Käuferbetreuung durch die Systementwickler, das heißt die Entwurfsarchitekten gewesen. Dies

Oskar Pressel	
1943	geboren
1966–70	Studium der Architektur an der TU München
1971–72	freier Mitarbeiter im Büro Eckert
ab 1973	selbständiger Architekt mit dem Schwerpunkt Wohnungsbau

hätte aber wohl den Kostenrahmen gesprengt.

Was war der Hintergrund für diese Idee des flexiblen Bauens?

Die Veränderungsmöglichkeit. Wir hatten damals einen dicken Katalog, in dem für jede Wohnungsgröße alle möglichen Varianten vorgeschlagen wurden. Damit war es auch möglich, die Wohnungen den jeweiligen Lebensumständen anzupassen. Denn solange zum Beispiel noch Kinder zu Hause sind, sind die Raumbedürfnisse ja anders. Wenn dann die Kinder aus-

gezogen sind, kann man ohne großen Aufwand, mit einfachen Montagemaßnahmen, eine wirklich großzügige Wohnung schaffen. Auf eine solche Möglichkeit haben wir deshalb auch die gesamte Haustechnik ausgerichtet. Alles möglichst einfach, ohne viele Details. Um jede Wohnung herum lief zum Beispiel eine Aufkantung, ein U-förmiges, hochstehendes Bauelement. Das bildete zum einen den Terrassenrand, zum anderen verlief in dieser Aufkantung auch die Heizung. Es war also eine Art Sockelleisten-Heizkörper, wie man ihn heute auch beim biologischen Bauen wieder verwendet. Der Effekt ist, daß man durch eine solche Konstruktion die Wand temperieren kann. Damit hat man ein angenehmeres Raumklima mit Strahlungswärme ohne Zugerscheinungen. Aus einer anderen Überlegung heraus hatten wir diese Lösung damals schon.

Durch die Verschachtelung weisen die Fassaden ein sehr abwechslungsreiches Bild auf.

Durch die kreuzförmigen Gebäudegrundrisse in Verbindung mit der würfelartigen Terrassierung gilt das vor allem für Nürnberg. In Aubing sind die Baukörper weniger abgestuft und gestaffelt. Bei der Weiterentwicklung für Aubing wurde die Grundidee zwar beibehalten, aber noch stärker auf die Wirtschaftlichkeit geachtet.

Das System hat es den Bewohnern auch ermöglicht, selbst die Lage der Fenster festzulegen?

Ja, und in Nürnberg war das schon ziemlich extrem. Inzwischen sehe ich das ein bißchen kritisch. Ich würde das heute stärker selbst gestalten und den Käufern nicht ganz so viel Freiheit lassen. Andererseits war es natürlich auch interessant. Es war vielleicht eine Zeit, in der man die ganzen starren, festgefügten Dinge, wie auch Symmetrie und strenge Ordnung in Frage gestellt hat. Stattdessen wollte man die totale Freiheit. Es war eben diese anti-autoritäre Hippie-Zeit. Ich denke rückblickend, daß man die Fensteranordnung doch etwas mehr in der Hand hätte behalten müssen und die Käuferwünsche noch einmal hätte überprüfen und stärker koordinieren sollen.

Was ist Ihnen an der Terrassenbauweise wichtig?

Während meines Studiums war das, wie vorhin schon kurz erwähnt, ein dominierender Gedanke. Idee war, daß man in einer Geschoßwohnung nicht einfach in einer Kiste wohnt, die bestenfalls einen Balkon wie eine herausgezogene Schublade hat, sondern auch dort noch andere Qualitäten gegeben sind. Die Bewohner sollten großzügige Terrassen zur Verfügung haben, also auch in der Geschoßwohnung richtig »ins Freie« gehen können. Und aus dem Würfelsystem, wenn man das so nennen will, ergab sich die Möglichkeit geräumiger Terrassen. Bepflanzt, mit einem Sonnenschirm oder einer Markise, fast so, als ob man ein Häuschen hätte. Das haben wir als eine wesentliche qualitative Bereicherung empfunden.

In Aubing sind die Häuser um einen Hof herum plaziert. Wie kamen Sie auf diese Lösung?

In Nürnberg ist es im Prinzip auch schon eine Hofsituation. In Aubing haben wir diese Form der Raumbildung noch intensiviert, ähnlich der alten Blockbebauung in München, die ja ihre Qualitäten hat. Ein Karree, außen rundum bebaut, so daß innen ein ruhiger Innenraum entsteht. Das wollten wir auch in Aubing realisieren, wobei wir sogar noch einen Schritt weitergehen wollten, indem wir vorgeschlagen haben, den Innenbereich weitgehend in kleine private Gärten aufzuteilen, ähnlich dem Prinzip der Schrebergärten. Aber daraus ist letztlich nichts geworden, stattdessen kam eine übliche Grünanlage mit Spielplatz dorthin.

Mit einem Betonskelett wird heute fast überall gebaut.
Worin bestand die Besonderheit bei Ihnen?

In der besonderen Art der Fertigteile. Solange wir mit dem System gebaut haben, wurden wir immer wieder unter Druck gesetzt. Man wollte die Vorteile dieser Vorfertigung nicht einsehen. Baufirmen und Handwerker dachten, es wäre wirtschaftlicher, das konventionell vor Ort zu machen. Ich kann diese Einstellung schon verstehen, die wollten lieber so arbeiten, wie sie es gewohnt waren. Aber unser System war eindeutig besser und billiger. Man brauchte nur die richtige Firma, die die Baustelle so organisiert, daß der Rationalisierungseffekt auch zum Tragen kommt. Die konsequente Realisierung war da manchmal schwierig, weil so viele beteiligt sind, der Architekt, die Ingenieure, die ausführenden Firmen und der Bauträger. Trotz mancher Schwierigkeiten war die Zeit damals aber sehr fruchtbar. Und ich rechne es Herrn Ottmann hoch an, daß er auch für solch unkonventionelle Dinge sehr offen war. Daß ein Bauträger sich an solchen Experimenten beteiligt, finde ich nach wie vor höchst anerkennenswert.

EIN GESPRÄCH MIT
PROF. JOHANN CHRISTOPH OTTOW
AM 6. DEZEMBER 1996 IN MÜNCHEN

»Am Westkreuz« – Städtbauliche Zielsetzungen und der Bau von »Ramses«

Könnten Sie die Planungsgeschichte der Siedlung »Am Westkreuz« kurz erläutern?

Es fand ein beschränkter Wettbewerb statt, zu dem die Südhausbau eingeladen hatte. Den haben wir gewonnen und dann wurde mit der Planung begonnen. In ihren Grundzügen folgte diese den Planungsvorstellungen, die damals in solchen Großsiedlungen zur Anwendung kamen:

Im Inneren wurde ein Grünzug angelegt und der Verkehr außen um die Siedlung herumgeführt. Im Falle von Aubing-Ost war die Situation allerdings insofern etwas anders, als der Grünzug von der Aubinger Straße, der Hauptverkehrsader dieses Stadtteils, begleitet wird. Er gabelt sich am Ende, wo sich auch die Aubinger Straße zur Radolfzeller Straße verzweigt. An diesem verkehrstechnisch wichtigen Punkt wurde ein Ladenzentrum angelegt. Quer vor diesem Ladenzentrum liegt als markanter Endpunkt des Hauptgrünzuges die hohe Scheibe des »Ramses«. Dieses Hochhaus fungiert als Landmarke von Aubing-Ost, das dann Westkreuz genannt wurde. Hier verzweigen sich drei S-Bahn-Linien, für die der »Ramses« ein Orientierungsmal darstellt. Die Leute, die hier vorbeifahren, wissen, jetzt sind wir am Westkreuz, dann kommt Pasing und dann fängt die Stadt an.

Der »Ramses« wurde in Terrassenbauweise gebaut.

Ja, das war damals die Zeit, in der man anfing, so zu bauen. Das Terrassenhaus kam damals im Wohnungsbau in Mode. Das kam aus Stuttgart, wo eine junge Gruppe von Wohnungsbauern, Faller und Schröder, diese Bauweise aufgebracht hat. Die haben damals eine provokative Ausstellung mit dem Titel »Heimat deine Häuser« gemacht, in der die Mängel des sozialen Wohnungsbaus aufgezeigt wurden, und Forderungen zur Erhöhung der Wohnqualität aufgestellt wurden. Ein zentraler Gedanke war dabei, die letztlich unbrauchbaren kleinen Balkone, die im sozialen Wohnungsbau üblich waren, durch große Terrassen zu ersetzen. Die konnte man gewinnen, indem man die Häuser hügelförmig baut. Das heißt, das Haus wird nach oben immer schmaler, und in die seitlichen Abdachungen kommen stockwerksweise Terrassen, die nicht ganz überdeckt sind und entsprechend Sonne haben. In dem unteren Teil des Hauses, wo es sehr breit ist, bringt man im Inneren die Garagen unter. Das war der Urtyp der Terrassenbauweise. Beim »Ramses« haben wir dieses Prinzip nicht vollständig übernommen, aber die Idee einer Terrassierung für bevorzugte Wohnungen. Dergleichen war damals in allen Köpfen.

Der »Ramses« verläuft in Nord-Süd-Richtung. Weil aber die bevorzugte Blickrichtung nach Südwesten, also auf die Berge, geht, haben wir versucht, diesen Ausblick in die Wohnungen zu holen. Zumindest in den obersten Stockwerken war das gut möglich. Wir haben die Scheibe einfach zweimal nach Süden abterrassiert, so daß sich oben wunderbare Penthäuser ergeben haben. Die kleineren Wohnungen in den Stockwerken darunter haben durch die Vor- und Rücksprünge des Hauses Balkone, die nach Südosten oder Südwesten ebenfalls den Blick auf die Berge ermöglichen. Da in dieser Gegend die Bebauung ansonsten nicht so charmant ist – es gibt dort auch Industrie – war es wichtig, dem Haus diesen Vorzug des weiten Blicks zu geben.

Wie wurde »Ramses« gebaut?

Der »Ramses« wurde meiner Erinnerung nach im Kern in Ortbeton gebaut. Hochhäuser sind ja aus Gründen der Statik schwer ganz in Fertigteilen zu bauen. Die Fassaden des »Ramses« sind zweischalig – mit vorgehängten weißen Fassaden, hinter denen sich die Wärmedämmung befindet. Die Fassaden bestehen aus vorgefertigten Weißeternit-Platten.

Die Platten werden zur Zeit ersetzt, damit es wieder dieses leuchtende Erscheinungsbild bekommt.

Ja, das Haus muß weiß sein, als strahlender Blickpunkt, der sich vom Grau der Stadt abhebt. Allerdings nicht nur als eine große Wand, als riesige Masse, sondern als etwas individuell Gegliedertes. Denn als wir »Ramses« entwarfen, hatte bereits die Kritik am großen Maßstab der neuen Stadterweiterungssiedlungen wie etwa Hasenbergl oder Fürstenried eingesetzt. Entscheidend für eine höhere Wohnqualität wurde die Teiligkeit des Gesamtbauvolumens, die es den Bewohnern erlaubt, ihre Wohnung als ihren individuellen Anteil am Ganzen zu erkennen. Das hat uns zu der Überlegung veranlaßt, wie sich die große Fläche architektonisch besser gestalten ließe. Deshalb haben wir vertikale, kleinteilige Gliederungselemente eingefügt. Das Gebäude ist in seiner Gesamtheit zwar eine beherrschende Masse, hat aber durch die Kleinteiligkeit im Detail eine humane Maßstäblichkeit.

Der Kontrast zwischen dem Großen und dem Kleinen läßt das Ganze noch größer und das Kleine noch intimer erscheinen.

Prof. Johann Christoph Ottow

1922	geboren in Greifswald
1945–49	Studium der Architektur in München
seit 1952	Partner im Architekturbüro von Werz & Ottow
1973–90	Ordinarius an der Architekturfakultät der Technischen Universität München

Dieser Eindruck wird auch durch die städtebauliche Situation hervorgerufen, in die »Ramses« eingebunden ist.

Das ist richtig. Es sollte eine Siedlung mit normalen Bauhöhen, mit normalen Maßstäben sein, die nur an einer Stelle von einer Höhenstufe überragt wird. Diese Höhenstufe wird durch die kleineren und niedrigeren Bauten interpretiert, die daneben stehen; das ist die Kirche auf der einen und das Ladenzentrum auf der anderen Seite, in dem das Terrassenmotiv wiederkehrt.

Es gibt noch ein Areal, an dem Punkthäuser stehen. War das im Bebauungsplan vorgesehen?

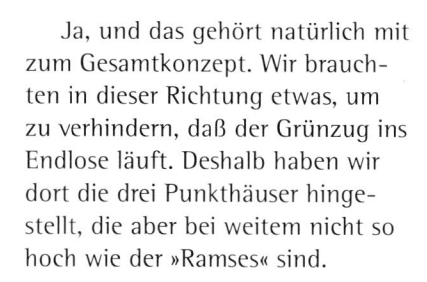

Ja, und das gehört natürlich mit zum Gesamtkonzept. Wir brauchten in dieser Richtung etwas, um zu verhindern, daß der Grünzug ins Endlose läuft. Deshalb haben wir dort die drei Punkthäuser hingestellt, die aber bei weitem nicht so hoch wie der »Ramses« sind.

Für den Bau des »Ramses« haben Sie Versuche im Windkanal durchgeführt. Warum?

Wir hatten noch nie so ein großes Hochhaus gebaut. Und eine solche hohe Scheibe am westlichen Stadtrand, die ihre lange Seite nach Westen hat, ist dem Wind von dort besonders stark ausgesetzt. Es bestand also die Gefahr, daß sich der Wind hier staut. Zur Vorsicht haben wir ein Modell gebaut und es im Windkanal der Technischen Hochschule überprüft. Das hat zum Beispiel dazu geführt, daß wir die Fensterpfosten an den Gebäudeecken verstärkt haben, und zwar weniger wegen des Staudrucks, als wegen der Sogwirkung, die an der windabgekehrten Seite entsteht. Aus dem gleichen Grund haben wir auch die Befestigung der Fassadenplatten stellenweise verstärkt. Es war gut, daß wir diese Versuche im Windkanal gemacht hatten. Sie haben uns mit Sicherheit vor späteren Schäden bewahrt.

Wenn man die Bebauungspläne von Aubing-Ost und dem Hasenbergl miteinander vergleicht, lassen sich gewisse Ähnlichkeiten in der Struktur feststellen.

Der Bebauungsplan vom Hasenbergl wurde 1956 begonnen, der von Aubing-Ost 1963. Dazwischen liegen also nur sieben Jahre. In diesem Zeitraum haben sich die Planungsprinzipien nicht grundlegend geändert. Ein wichtiger Unterschied zwischen diesen beiden Siedlungen besteht allerdings darin, daß das Hasenbergl mit Schrägdächern, Aubing-Ost dagegen mit

Flachdächern gebaut wurde. Denn zum Zeitpunkt, als das Hasenbergl geplant wurde, bestanden noch Zweifel daran, ob man Flachdächer zuverlässig und dauerhaft abdichten könnte. Bei Schrägdächern muß die Außenfront gradlinig sein, damit die Traufhöhe auf gleicher Höhe durchlaufen kann. Im Gegensatz dazu lassen die Flachdächer bewegtere Baukörper und damit auch individuellere Grundrisse zu. Insofern läßt sich für Aubing-Ost doch eine gewisse Weiterentwicklung feststellen.

Ein weiterer Unterschied zwischen Aubing-Ost und dem Hasenbergl besteht darin, daß Aubing-Ost schon viel großstädtischer gedacht ist – und es auch geworden ist. Denn als das Hasenbergl gebaut wurde, war die Münchner Peripherie noch wesentlich weniger dicht besiedelt. Für damalige Vorstellungen hatte das Hasenbergl zwar eine verhältnismäßig dichte Bebauung, aus heutiger Sicht dagegen ist es eher dünn besiedelt. Zu jenem Zeitpunkt gab es die Bayerische Bauordnung und das Bundesbaugesetz noch nicht, die die Abstände und die Bebauungsdichte regeln. Bald darauf wurde aber klar, daß man mit dem Boden viel rationeller umgehen und die Flächen besser ausnutzen mußte. Deshalb wurde später höher verdichtet, was sich bei der Siedlung Aubing-Ost bereits deutlich zeigt.

Inzwischen verfolgt man vor allem die Baulückenfüllung und die Nachverdichtung und versucht sogar, die bisher gültigen Baurechtsnormen zu revidieren, um zu sparsamerer Bodennutzung zu kommen.

Für den Bebauungsplan von Aubing-Ost war die Vorstellung maßgeblich, viel Grün und gute Lichtverhältnisse zu schaffen. Verband sich mit dieser Planung die Idee, dadurch sozusagen »bessere« Menschen hervorzubringen?

Bessere nicht, aber besser entfaltete. Ein Wohnumfeld, das eine freiere und humanere Lebensgestaltung ermöglichen sollte, war ja schon in den zwanziger und dreißiger Jahren erörtert worden. Man wollte heraus aus dem »Zille-Milieu«, aus den dunklen und engen Höfen. Besonders ungesund waren in diesen Wohnverhältnissen die Wohnungen in den Blockecken, weil es in solchen Wohnungen kaum Fenster und keine Querlüftung gab. Deshalb hat man diese Blockform aufgegeben und die gerade Scheibe entwickelt, in der alle Wohnungen dieselben Bedingungen haben. Diese Überlegungen, die damals ganz wichtig waren, haben natürlich immer noch ihre Bedeutung. Allerdings hat man später wieder angefangen, in der Blockform auch die soziale und kommunikative Komponente zu sehen, also die Möglichkeit, daß sich dort gute Nachbarschaften bilden. Deshalb hat man versucht, praktikable Kompromisse zu finden, um die Verhältnisse im Blockbau zu verbessern, beispielsweise dadurch, daß die Ecken ausgeklinkt werden.

Das ursprüngliche idealistische Konzept der Moderne, das für die Werkbundbewegung und das Bauhaus eine zentrale Rolle gespielt hat, steht heute sicher nicht mehr ganz so sehr im Vordergrund. Die Gesichtspunkte haben sich differenziert. Die Architekten haben gelernt, vorsichtiger zu sein und sich nicht als Lebenslehrer aufzuspielen. So etwas kann nur in Zusammenarbeit mit denen entwickelt werden, die sich da besser auskennen sollten – Philosophen, Soziologen und Psychologen. Die Architekten können das nicht ganz alleine bewältigen, wie die Leute am Bauhaus in ihrem großen Idealismus noch geglaubt haben. Sie bekommen aber bisher zuwenig praktische Hilfe von seiten der Humanwissenschaften.

Etwa zeitgleich mit der Siedlung Westkreuz wurde auch Neuperlach geplant.

Beim Nordabschnitt waren freie Architekten an einzelnen Bauaufgaben beteiligt, die Gesamtplanung wurde vom Stadtplanungsamt gemacht. Ich habe erst später, beim zweiten Abschnitt, im Süden an dem kooperativen Gutachterverfahren für die Planung teilgenommen.

Mitte der sechziger Jahre gab es eine Ausschreibung für die Bebauung in Neuperlach. Welche Überlegungen wurden ihr zugrundegelegt?

Strukturell war es so gedacht: Im Westen liegt das Dorf Altperlach, das zwar nicht direkt berührt werden sollte, aber in die Gesamtplanung doch miteinbezogen werden mußte. Im Osten biegt der Nordteil nach Süden ab, so daß es hier zu einem Anschluß an den Südteil kommt. Im Zentrum, zwischen dem Norden und dem Süden, wurde eine große Fläche freigelassen, um dort zentrale Funktionen anzusiedeln, ohne zunächst genau zu wissen, wie das konkret aussehen sollte. Für diesen zentralen Teil wurde ein Wettbewerb veranstaltet, den Bernd Lauter mit der Idee des »Wohnringes« gewonnen hat.

Den Wohnring hat die Neue Heimat mit ihrem eigenen Büro gebaut, das waren damals Hilmer und Sattler. Dann wurde dort das PEP gebaut, das ursprünglich viel größer hätte werden sollen, aber mittlerweile dank der Konzentration ein sehr lebendiges Zentrum geworden ist. Für den Südteil, also den Abschnitt südlich der Putzbrunner Straße, gab es 1972 ein Planungsverfahren mit konkurrierenden Gutachten, an dem wir zusammen mit fünf oder sechs anderen Büros teilgenommen haben. Aufgrund dieser Gutachten kam dann die Blockbebauung im Süden. In diesem Punkt stimmten alle Gutachter überein. Die Putzbrunner Straße bietet nun das interessanteste Beispiel, wie die älteren Vorstellungen der offenen Bebauung aus den sechziger Jahren den neuen Konzepten der wiederentdeckten Blockrandbebauung gegenübertreten.

Neuperlach wurde dann aber bald zu einem Kristallisationspunkt der Kritik an der Unwirtlichkeit solcher Großsiedlungen.

Ja, die offene Bauweise wurde kritisiert, weil sie unpersönlich ist und die Empfindung auslöst, daß es »zieht«. Vor allem aber wurde die große Maßstäblichkeit der Siedlung kritisiert. Die Bewältigung des Großen gehört in der Architektur und im Städtebau allerdings zu den schwierigsten Aufgaben. Denn innerhalb großer Siedlungskörper ist es notwendig, sich orientieren zu können. Eine solche Orientierung läßt sich dort aber nicht durch kleine Formen realisieren, weil dann alles gleich aussieht – so wie in den gründerzeitlichen Innenstadtrandgebieten. Deshalb hat man versucht, die Orientierung durch größere städtebauliche Figurationen zu schaffen. Nur ist dadurch der humane Maßstab, den man in seinem Wohnbereich braucht, verlorengegangen. Dadurch entstand die Kritik an dieser Großmaßstäblichkeit. Die Überlagerung großer und kleiner Formen – daß sich also im Großen das Kleine verwirklicht – hat man erst später gelernt. Da ist der heutige Städtebau sicher weiter, weil man die Zwischengrößen besser beherrscht und in der Gestaltung der Details liebevoller geworden ist. Man muß wirklich beide Dimensionen, die große und die kleine, im Auge behalten.

Hat die Kritik an Neuperlach Ihre Planung für Aubing-Ost beeinflußt?

Die Kritik an Neuperlach gab es zu diesem Zeitpunkt noch nicht. Eher hat die Kritik am Hasenbergl für uns eine Rolle gespielt: Aspekte wie die zu große Gleichförmigkeit, das Fehlen von Blickpunkten, der Mangel an Geschlossenheit und Gemütlichkeit. Wobei diese Kritik heute nicht mehr zutrifft, weil am Hasenbergl inzwischen alles grün eingewachsen ist und durch die Bäume abgegrenzte Zonen entstanden sind. Damals war es aber noch eine Stadt aus parallel stehenden Scheiben auf flachem Feld.

Die Kritik, die deshalb am Hasenbergl geäußert wurde, haben wir uns zu Herzen genommen. Die bewegtere Anlage in Aubing-Ost ist sicher eine Konsequenz dieser Kritik.

EIN GESPRÄCH MIT
DIPL.-ING. KARL ZEUNER
AM 13. FEBRUAR 1997
IN ROTHSCHWAIGE

Fertigbauweise mit Großtafeln

Wie kam es zum Einsatz der Fertigbauweise?

Ende der fünfziger, Anfang der sechziger Jahre hatte die Firma Südhausbau bereits genehmigte Wohnungsbauprojekte in der Schublade. Sie fand dafür aber nicht die nötigen Bauunternehmer, weil es an Maurern, Zimmerern und Betonbauern mangelte. Da kam Herr Ottmann auf die Idee, die großen Münchner Bauunternehmungen für die Entwicklung einer Fertigbauweise im Raum München zu gewinnen. Denn in anderen Ländern – in den Ostblockländern, in Dänemark, in Schweden und in Frankreich – wurde die Fertigbauweise damals bereits in großem Umfang praktiziert. In Deutschland gab es dagegen lediglich eine Firma, Philipp Holzmann, die mit Fertigbauweise arbeitete, und zwar dem System Coignet, das aus Frankreich übernommen worden war. Die anfängliche Begeisterung der Firmenvertreter über die Entwicklung eines Fertigteilsystems hielt aber nicht lange an, und schließlich blieb nur die Firma Hinteregger übrig: Herr Hinteregger wollte zusammen mit Herrn Ottmann ein Fertigteilsystem entwickeln. Und ich wurde mit dieser Aufgabe betraut.

Wie sind Sie dabei vorgegangen?

Wir arbeiteten damals erfolgreich mit der sogenannten Durisolbauweise, die wir in Lizenz aus der Schweiz übernommen haben. Durisolsteine sind Hohlblocksteine aus zementgebundener Holzwolle. Dieses Material wollten wir als Wärmedämmung für die Großtafelbauweise nehmen.

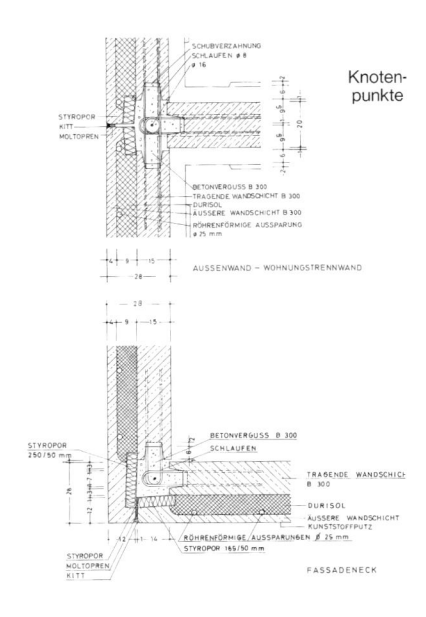

Das erste Projekt waren vier Reihenhäuser in Trudering, nach Plänen der Südhausbau. Das Problem bestand darin, daß diese Pläne natürlich für eine herkömmliche Bauweise entwickelt worden waren. Wir mußten sie also entsprechend umarbeiten, durften dabei aber die Grundrisse nicht verändern. Das war eine schwierige Aufgabe. Ich habe dann nach diesen Plänen für Konstruktion und Montage Detailpläne ausgearbeitet.

Wie groß waren diese Elemente?

Bei dem Reihenmittelhaus in Trudering waren die Elemente, glaube ich, sechs Meter breit und stockwerkshoch – samt Türen und Fenstern. Es war ein Versuch, und die Herstellung erfolgte damals auf einfachste Weise: Die einzelnen Elemente wurden auf Paletten in Sandwichbauweise gegossen. Das heißt, unten eine Betonschicht mit 12 bis 15 Zentimetern, dann neun Zentimeter Durisol als Wärmedämmung und darüber wieder fünf bis sechs Zentimeter Vorsatzbeton. Dann mußte der Beton ein paar Tage aushärten, um die Elemente stapeln zu können. Das ging natürlich alles recht langsam.

Wie ging es mit dem Versuch dann weiter?

Im August 1961 haben wir mit den über hundert Einzelelementen für die vier Häuser begonnen. Als Ziel hatten wir uns gesetzt, in die Elemente sowohl die Elektroinstallation als auch einen Teil der sanitären Installationen mit einzubauen, außerdem bereits verglaste Fenster und Fenstertüren. Darüber hinaus sollten die Elemente fertig verputzt sein und so auf die Baustelle transportiert werden. »Handgestrickt« wären die Häuser, meinte

Herr Ottmann, womit er natürlich recht hatte. Bis Ende des Jahres sollten wir die Elemente fertigstellen. Es kam der Winter, Weihnachten und Neujahr. Die Firma Südhausbau hatte in diesem Zeitraum die Keller und Kellerdecken für die vier Reihenhäuser in herkömmlicher Weise gefertigt. Nach den Weihnachtsferien sind wir auf die Baustelle, haben den Schnee von der Kellerdecke abgeräumt und heimlich, still und leise mit der Montage der ersten Elemente begonnen. Außer Herrn Ottmann und der Südhausbau wußte niemand Bescheid.

Überraschenderweise ist die Montage recht gut gegangen, und so haben wir systematisch weitergemacht, Wandelement an Wandelement gesetzt, darüber die Deckenelemente verlegt und so – mitten im Januar! – die Häuser mit der ersten Großtafelbauweise in Bayern fertiggestellt. Anschließend kamen die Zimmerer und Dachdecker, und die Häuser waren fertig – natürlich ohne Innenausbau. Als die anderen Bauunternehmungen in das Siedlungsgebiet Trudering kamen, haben sie nicht schlecht gestaunt, daß da plötzlich vier fertige Reihenhäuser standen! Es war ein voller Erfolg.

Wie sah die Bauweise technisch aus?
Die einzelnen Elemente hatten hervorstehende Gewindeschlaufen, an denen sie transportiert werden konnten. Diese Schlaufen wurden

Karl Zeuner

1924	in München geboren
1947–49	Studium der Architektur an der Technischen Hochschule München
1949–54	Tätig bei der Bauunternehmung Hinteregger
1955–56	Abschluß des Studiums
bis 1965	weiterhin tätig bei der Firma Hinteregger als Bauleiter und später Technischer Leiter und Prokurist der Firma Montagebau Hinteregger
1965–87	Lehrer und später Schulleiter am Berufsbildungszentrum für Bau- und Gestaltung der Stadt München

anschließend durch Gewindestäbe ersetzt. Beim Einbau der Elemente fungierten diese Stäbe als Verbindungsstück. Mit ihrer Hilfe ließ sich das nächste Element millimetergenau anpassen. Wenn das exakt saß, konnte man mit dem Ausbetonieren beginnen.

Und nach diesen Versuchshäusern in Trudering hat die Firma Hinteregger angefangen, richtig in Produktion zu gehen?

Nun, Herr Ottmann war sehr begeistert von dieser Fertigbauweise und hat der Firma den Auftrag für 121 Reihenhäuser und 11 Bungalows in Neubiberg gegeben. Das war natürlich ein riesiger Auftrag, der mit unserer »handgestrickten« Fertigungsweise nicht zu bewältigen gewesen wäre. Deshalb haben wir unsere Maschinenhalle am Lagerplatz leergeräumt und als Fertigungsstätte eingerichtet. Nach Beratung durch Spezialfirmen haben wir besondere Kipptische konstruieren lassen. Auf ihnen konnten die Fertigteile horizontal hergestellt werden; zum Abheben ließen sich die Tische mit einem Kran kippen. Der Hallenkran hat die einzelnen Elemente dann nach draußen gefahren und gestapelt. Bis die Tische konstruiert und gebaut waren, ist natürlich eine ganze Weile vergangen. Mit ihnen – es waren elf oder zwölf solcher Tische – haben wir dann die 121 Reihenhäuser und die elf Bungalows in Neubiberg gefertigt. Nur war das ziemlich problematisch.

Worin bestand denn das Problem?
Eine solche Vorfertigung ist nur dann wirtschaftlich, wenn man in Serie produzieren kann. Bei einer Reihenhaussiedlung werden aber lauter unterschiedliche Elemente gebraucht – für Mittelhäuser, rechte Eckhäuser, linke Eckhäuser usw.

Das führte dazu, daß wir an unseren wenigen Tischen immer wieder neu einschalen mußten, um die verschiedenen Elemente herzustellen, und somit nicht termingerecht liefern konnten.

Nach diesen Erfahrungen beschlossen Herr Ottmann und Herr Hinteregger, eine dreischiffige Fabrikationshalle in Neufahrn zu bauen. Sie hatte einen riesigen Betonturm, der die einzelnen Tische mit Beton versorgen konnte. Wir hatten diesen Turm aus Italien liefern lassen. Mit einem Förderband wurden verschiedene Kieskörnungen in den Turm befördert und dort gestapelt. Je nach benötigtem Beton konnte eine entsprechende Mischung – grob oder fein – hergestellt werden. Man fing auch an, die Gesamtplanung von vornherein auf die Vorfertigungstechnik abzustimmen, so daß die Umarbeitung herkömmlicher Pläne entfiel. Dadurch gelang es allmählich, die Produktion wirtschaftlich zu machen. Die Firma »Montagebau Hinteregger« – damals hieß die Firma noch »Hinteregger/Ottmann« – hat auf diese Weise viel produzieren können.

Wie lange dauerte der Trocknungsprozeß in dieser großen Halle?

Das ist eine gute Frage (lacht). Die Tische wurden beheizt, um den Trocknungsprozeß zu beschleunigen. Dafür gab es unterschiedliche Methoden, die allerdings manchmal ziemlich brutal waren. In Frankreich habe ich zum Beispiel erlebt, daß der Beton mit über hundert Grad Celsius drei oder vier Stunden lang beheizt wurde. Wenn man diese Elemente genauer angeschaut hat, konnte man überall feine Risse feststellen. Wir waren da vorsichtiger, weil wir Qualität liefern wollten. Deshalb haben wir den Beton 24 Stunden liegenlassen. Wir haben ihn zwar auch beheizt, aber nicht mit solch hohen Temperaturen.

Sie erwähnten vorhin, daß die Fassadenelemente nach dem Sandwichprinzip hergestellt wurden. Wie sahen denn die inneren Wände aus?

Die Innenwände waren reiner Beton, bewehrt mit Baustahlgewebe. Ebenso die Decken. Die Innenwand- und Deckenflächen brauchten auch nicht mehr eigens verputzt zu werden. Das war einer der großen Vorteile der Fertigbauweise: Die Elemente konnten so glatt hergestellt werden, daß ein Innenputz nicht mehr notwendig war. Kleine Unebenheiten konnten gespachtelt werden. Ansonsten wurde lediglich eine dünne Schicht aufgetragen, die als Unterlage für eine Tapete oder den späteren Maleranstrich diente. Außen haben wir statt des herkömmlichen Kalkmörtelputzes drei Millimeter Kunstharzputz aufgetragen. Den gibt es heute noch.

Wurden in der Fabrik die Teile auch, wie bei den Häusern in Trudering, mit Fenstern und Türen produziert?

Nein, da nicht mehr. Das haben wir nur bei den ersten Häusern gemacht. Das war so ein Reklamegag. Wir hatten das in Frankreich gesehen und wollten es probieren. Später haben wir es einem Schreiner überlassen, die Fenster und Fenstertüren einzusetzen.

Aber den Einbau der Elektroinstallation haben Sie beibehalten?

Ja. Wir haben Leerrohre und alle Schalter- und Abzweigdosen nach dem entsprechenden Plan in den Beton gesetzt, so daß der Elektriker hinterher nur noch die Drähte einziehen mußte. Das hat sich sehr gut bewährt.

Wie lange gab es die Fabrik?

Ja, das ist eine schwierige Frage. Auf jeden Fall bis Ende der siebziger Jahre, vielleicht auch noch in den frühen achtziger Jahren. Das habe ich nicht mehr so genau verfolgt, weil ich 1965 als Lehrer an die Bauleiterschule der Stadt München gegangen bin. Der Wohnungsbau war rückläufig, und die Firma »Montagebau Hinteregger« hat sich dann auf Hallen- und Flachbau, Industriebau sowie Hoch- und Tiefgaragen umgestellt.

Etwa Mitte der siebziger Jahre kam die Fertigbauweise ja auch in Verruf.

Sicher, das war immer schon ein Problem. Und wenn Sie heute in die ehemalige DDR fahren, sieht es auch wirklich schlimm aus, weil die Siedlungen dort ohne jegliche Abstufung alle in gleicher Höhe gebaut wurden. Und in schlechter Qualität. Ich hatte mir einige Baustellen in Frankreich angeschaut, in der Nähe von Paris. Da konnte man bei den Teilen, die bereits ausgegossen waren, an allen Ecken und Kanten durchschauen. Das wollten wir auf keinen Fall. Wir haben immer den größten Wert auf Qualität und Maßgenauigkeit gelegt. Was die Kritik betrifft, die Sie angesprochen haben: Letztlich hängt die Gestaltung vom Architekten ab. Ein schlechter Architekt wird ein schlechtes Resultat liefern. Aber es gibt auch genügend Beispiele, wo Architekten mit der Fertigbauweise gute Ergebnisse erzielt haben. Daß sich die Wohnbedürfnisse inzwischen verändert haben und die Fertigbauweise diesen neuen Bedürfnissen nicht mehr ganz entspricht, ist klar. Aber das hat letztlich nichts mit der Tafelbauweise zu tun.

Wie beurteilen Sie rückblickend die bautechnische Qualität dieser Fertigungsweise?

Dazu kann ich Ihnen eine nette Episode erzählen: Nachdem wir die Häuser in Trudering errichtet hatten, kam die Bauausstellung nach München. Wir wurden aufgefordert, dort unsere Fertigungsweise vorzustellen. Also stellten wir ein Haus mit Erdgeschoß und halbem Obergeschoß auf, nach demselben Prinzip wie in Trudering. Das war auch ein großer Erfolg, und das Publikum war ganz begeistert. Ein halbes oder dreiviertel Jahr später mußte unser Haus entfernt werden. Es blieb uns nichts anderes übrig, als das Haus zu sprengen. Der Sprengmeister meinte, das sei kein Problem. Er bohrte in einem Abstand von etwa dreißig Zentimetern Löcher in die Wand- und Deckenverbindungen, füllte sie mit der Sprengladung und verband alles mit Drähten. Dann kam der große Tag, mit Polizeiabsperrung und allem. Als der Sprengmeister den Sprengsatz zündete, gingen wir alle in Deckung. Es gab einen Riesenknall und eine große Rauchwolke. Als wir wieder aufschauten, stand das Haus noch ...

Es war zwar beschädigt, aber nicht eingestürzt. Alle Elemente waren stehengeblieben. Es wäre die perfekte Reklame für erdbebensicheres Bauen gewesen. Schließlich mußten wir eine Abbruchfirma bestellen, die die einzelnen Elemente Stück für Stück zerstört hat. Daran kann man sehen, wie stabil die Fertigbauweise nach unserem System ist.

Glauben Sie, daß die Fertigbauweise angesichts gegenwärtiger Klagen über hohe Baukosten wieder eine Zukunft hat?

Ich glaube nicht. Ich denke, die Großtafelbauweise ist überholt, die wird es nicht mehr geben. Denn wir haben ja gar keine Projekte mehr, deren Größenordnung die Fertigteilbauweise rentabel machen könnte. Die Fabrik »Montagebau Hinteregger« hatte eine Kapazität von tausend Wohneinheiten pro Jahr. Das waren annähernd vier Wohnungen pro Tag – astronomische Zahlen. Wo bekommt man denn heutzutage noch solche Aufträge her?

Also hing der Erfolg dieser Bauweise mit der speziellen Situation zusammen, mit dem riesigen Wohnungsbedarf nach dem Krieg?

Genau. Herr Ottmann hatte damals die Aufträge und die notwendigen Baugenehmigungen. Nur ließen sich all diese Bauten nicht in herkömmlicher Ziegelbauweise bewältigen, weil es einfach zuwenig Maurer gab. Ansonsten wäre man bei der Ziegelbauweise geblieben, davon bin ich überzeugt.

KAPITEL 6

Ende der Wachstumsära

HILKE GESINE MÖLLER

München 1972 – Olympia-Euphorie und Abschluß der Wachstumsära

1972, das Jahr der Olympischen Spiele in München, bildete gleichsam den Abschluß der seit den fünfziger Jahren anhaltenden wachstumsorientierten Aufbauzeit der Bundesrepublik. Nur wenige Jahre vorher hatten die Studentenproteste 1968 zu einem Wandel des gesellschaftlichen Klimas geführt; ein Jahr nach den Spielen veränderten die Inflation auf Bau- und Wohnungsmarkt[1] sowie die Ölpreiserhöhung durch die OPEC, die maßgeblich die schwerste Wirtschaftskrise seit Bestehen der Bundesrepublik auslöste, die wirtschaftliche Situation nachhaltig. Die Planung neuer Großsiedlungen am Stadtrand, wie sie seit den fünfziger Jahren entstanden, wurde nicht weiter vorangetrieben. Die Münchner Verantwortlichen reduzierten (Neuperlach) oder strichen (Schleißheim) bestehende Projekte. Die Planungseuphorie der sechziger Jahre fand mit dem etwa zeitgleich einsetzenden Nachfragestop nach Wohnraum (Frühjahr 1973) ein Ende. Gleichzeitig verdeutlicht die Verabschiedung des Städtebauförderungsgesetzes (1971) einen Umschwung in der Wahrnehmung der Stadt, der zu einem Paradigmenwechsel im Städtebau führen sollte.

Im Rahmen dieser Entwicklung ist das Olympische Dorf das letzte Beispiel für eine städtebauliche Großplanung in der Tradition der Stadtrandsiedlungen der Nachkriegsmoderne in München.[2] Wie auch andere Planungen, die für die Olympischen Spiele realisiert bzw. beschleunigt durchgeführt wurden, spiegelt das Olympische Dorf noch die Wachstumsgläubigkeit[3] der sechziger Jahre wider. Zugleich aber demonstrieren die Probleme, die sich nach den Olympischen Spielen beim Verkauf der Wohnungen ergaben, das Ende der bis dahin beispiellosen Prosperitätsära.[4]

München und die Olympischen Spiele

Auf Vorschlag des damaligen NOC-Präsidenten Willi Daume, daß sich München als Austragungsort für die Olympischen Spiele von 1972 bewerben solle, nahm Oberbürgermeister Dr. Hans-Jochen Vogel im Oktober 1965 Sondierungsgespräche mit den verschiedenen Referaten der Stadt sowie dem Land Bayern auf und traf hier auf allgemeine Zustimmung. Nachdem der Regierende Bürgermeister Willy Brandt Berlins Bewerbung, die Vorrang gehabt hätte, nicht in Erwägung zog, informierte Vogel Bundeskanzler Ludwig Erhard. Dieser unterstützte die Bewerbung Münchens,[5] wohl nicht zuletzt, um eine positive Außendarstellung der Bundesrepublik zu erreichen.[6]

München und sein Umland gehörten in den sechziger Jahren zu den am stärksten wachsenden Wirtschaftsregionen Deutschlands[7] mit einer entsprechenden Sogwirkung auf Arbeitnehmer,[8] die die Nachfrage nach Wohnraum weiter verstärkte. Die gute wirtschaftliche Lage der Stadt dürfte das teure Unternehmen »Olympia« für die städtischen Referate akzeptabel gemacht haben. Dennoch traf das Projekt nicht überall auf Zustimmung. In einem 1972 bei Hanser erschienenen »Anti-Olympia« genannten Buch wird kritisiert, daß zu Zeiten leerer Haushaltskassen, die den Stadtrat im April 1966 sogar veranlaßten, einen Stop für bereits begonnene Bauten zu erwägen, neue Projekte in Angriff genommen werden.[9] Insgesamt bestand in der Öffentlichkeit jedoch die Einschätzung, daß die Vorteile der Spiele deren Nachteile (Kosten) bei weitem übersteigen würden. OB Vogel charakterisierte diese Vorteile folgendermaßen: »Die Stadt konnte eigentlich nur gewinnen. Denn mit Hilfe der Spiele würde München bis 1972 eine Vielzahl notwendiger Einrichtungen erhalten, die es sonst erst viel später oder überhaupt nicht und jedenfalls nicht mit einer über das Übliche weit hinausgehenden finanziellen Unterstützung des Bundes und des Landes erlangt hätte.«[10]

Insbesondere gehörte dazu der U- und S-Bahn-Bau, der bereits geplant war, nun jedoch wesentlich schneller vonstatten gehen mußte. Gleichermaßen mußten Straßen und andere infrastrukturelle Einrichtungen, die schon länger vorgesehen waren, bis zum Jahr 1972 fertiggestellt werden, um den zu erwartenden Ansturm auf die Stadt kanalisieren zu können.

Schon in den Bewerbungsunterlagen für das IOC wurde die Nähe der olympischen Wettkampfstätten zu den Wohnungen der Sportler und dem Pressezentrum, die nur durch einen Grüngürtel getrennt seien, betont, ebenso auch die Nähe zur Stadt mit der Anbindung durch eine U-Bahn-Linie. Da alle benötigten Anlagen neu gebaut werden müßten, würden sie dem neuesten Stand entsprechen.[11]

Die Benennungen als »Spiele der kurzen Wege«, »heitere Spiele« oder »Spiele im Grünen« zeigten die Intention; gleichzeitig wurde damit auch die Zielsetzung der Architektur festgelegt, die sich insbesondere in der Dachkonstruktion der Wettkampfstätten (Architekten: Günther Behnisch und Partner) manifestierte.

Ein nur selten explizit geäußerter Aspekt war der Vergleich mit den Olympischen Spielen von 1936. »Mit den Olympischen Spielen in der Landeshauptstadt ergibt sich für die Bundesrepublik eine Chance ohnegleichen, der Welt zu zeigen, wie weit wir in der Bundesrepublik vom Geist des Jahres 1936 und von den Praktiken jener Machthaber entfernt sind.«[12]

Mit den Olympischen Spielen von 1972 sollte die Erinnerung an Berlin 1936 überschrieben werden. Der Beginn der Spiele ließ darauf hoffen, daß die gesteckten Ziele erreicht werden würden. Das tragische Geiseldrama überschattete dann jedoch das so freudig begonnene Sportfest.

Verkehrstechnische Maßnahmen

Mit dem Bevölkerungszuwachs, der Ausweitung der Wohngebiete in Stadtrandlagen und dem zunehmenden Individualverkehr – in München stieg die Zahl der Kraftwagen, die 1960 circa 182.000 betrug, bis 1970 auf circa 377.000[13] – stellte sich immer dringlicher die Frage nach einem leistungsfähigen Straßensystem und nach einem belastbaren öffentlichen Massenverkehrsmittel, das auch die Vororte einbezog. Gleichzeitig sollte die fehlende Bahnverbindung zwischen Haupt- und Ostbahnhof geschaffen werden.

Bereits im Wiederaufbauplan von Karl Meitinger war um die Altstadt ein Straßenring vorgesehen, der jedoch in der Wiederaufbauphase nicht ausgeführt worden war. Der Stadtentwicklungsplan von 1963 schrieb die Meitinger'sche Trasse erneut fest und verknüpfte sie mit der Einrichtung einer Fußgängerzone in der Innenstadt. Damit wurde die Forderung einer Trennung von Fußgängern und Autoverkehr auf die Innenstadt übertragen. Bis 1972 realisierte man dann den Altstadtring, der sich aus verschiedenen Teilstücken zusammensetzt. Für die neuen Abschnitte wurden Durchbrüche geschaffen (z. B. Kreuzung zur Maximilianstraße), die rückblickend allerdings oft überdimensioniert wirken.[14]

Überlegungen für ein Ringsystem um München finden sich bereits in den Verkehrsplanungen der Nationalsozialisten; so läßt sich der spätere Mittlere Ring schon im Wirtschaftsplan von 1938 ablesen. Die Planung einer sechsspurigen Verkehrsstraße auf Höhe der damaligen Vororte Münchens nahm auch Meitinger 1946 auf. Nach mehreren Debatten über die Notwendigkeit einer solch großen Straße in den fünfziger Jahren und der Frage nach der sinnvollen Form – Ringstraßen oder Sternsystem als Hauptstraßenzüge – wurde von 1960 an ein Straßensystem um die Kernstadt herum gebaut. Zur Olympiade wurden diese Teilstücke zu einem Ring unterschiedlicher Ausbauqualität geschlossen.[15]

Die ersten Überlegungen für eine unterirdische Schnellbahn finden sich schon in einer Denkschrift von 1911.[16] Die Nationalsozialisten begannen 1938 ein ungefähr 600 m langes Tunnelstück für eine Untergrundbahn unter der Lindwurmstraße einschließlich des heutigen U-Bahnhofes Goetheplatz, der 1941 im Rohbau stand und während des Krieges als Luftschutzkeller diente.[17] Im Stadtentwicklungsplan von 1963 wurde ein S-Bahn-System als Verbindung zwischen Stadt und Umland sowie Busse, U- und Trambahn als Zubringer in der Stadt vorgesehen, das in verschiedenen Teilstücken bis 1990[18] realisiert werden sollte. Für die Olympiade wurde die erste große Stufe des Verbundnetzes und die U-Bahn zum Olympiazentrum fertiggestellt.[19] Mit dem Bau des S-Bahn-Tunnels zwischen Haupt- und Ostbahnhof wurden erstmalig die östlichen und westlichen Vorortstrecken miteinander vernetzt.

Das Olympische Dorf: Voraussetzungen und Realisierung

Austragungsort der Olympischen Spiele war das Oberwiesenfeld, ein ehemaliges Militärgelände im Besitz des Bundes, des Landes und der Stadt[20], auf dem nach dem Krieg eine der drei großen Schuttkippen angelegt worden war.

Im Stadtentwicklungsplan 1963 war es als Erholungsfläche mit Stadion eingetragen.[21] Auf der Grundlage des prämierten Behnisch-Entwurfs für das gesamte olympische Gelände sollten die rund 10.000 Sportler und Funktionäre in der Nähe der Sportanlagen untergebracht werden. Im nordöstlichen Bereich waren ein Männer- und ein Frauendorf in Sichtweite des Stadions vorgesehen. Das Olympische Dorf sollte den neuesten Standard des Wohnungsbaus in Deutschland demonstrieren.[22]

Bereits in der Auslobung zum Bau des olympischen Männerdorfes wurde »ein zwischen den beiden Wohnanlagen eingebettetes Zentrum, das während der Spiele die zentralen Einrichtungen des Olympischen Dorfes, wie Kirchen, Restaurant, Läden, Post, Bank und ähnliches, aufnehmen soll und später als Zentrum für die Wohnanlagen gebraucht wird«[23] gefordert. Im Männerdorf sollten 8.000 Sportler, im Frauendorf 1.800 Sportlerinnen untergebracht werden.

»Es ist beabsichtigt, das Olympische Dorf der Männer [...] – die spätere Wohnsiedlung mit 1800 Wohnungen – teils frei finanziert, teils öffentlich gefördert durch private Wohnungsbauträger errichten zu lassen. Als Baugelände kommt voraussichtlich ein Gebiet westlich der Lerchenauer Straße und südlich der Moosacher Straße in Frage. Am Rande des Grundstückes liegt der U-Bahnhof Olympia. [...] Der Grundeigentümer wird voraussichtlich den Bauträgern die erforderlichen Grundstücke zum Ankauf anbieten.«[24]

Die privaten Bauträger mußten das Dorf vorfinanzieren und konnten die Wohnungen erst nach Abschluß der Spiele und den Aufräumarbeiten verkaufen. Weiterhin heißt es in der Auslobung:

»Die Planung der Wohnanlage wird durch einen Bauwettbewerb festgelegt, der von der Olympia-Baugesellschaft nach Anhörung der Bauträger ausgelobt wird. Der Bauträger muß sich verpflichten, die Wohnanlage nach dem vom Auslober anerkannten Wettbewerbsplänen oder nach den aus ihnen entwickelten Bauplänen zu errichten.«[25]

Im weiteren Verlauf entfiel der vorgesehene Wettbewerb jedoch, und das Stuttgarter Architekturbüro Professor Erwin Heinle, Robert Wischer und Partner wurde mit den Planungen für das Männerdorf beauftragt.[26] Das Finanzministerium wählte, nachdem das Thema auch in einer Kabinettsvorlage behandelt worden war, unter mehr als sechzig Bewerbern[27] fünf freie Wohnungsbauunternehmen[28] aus, die die Wohnungen nach dem vorliegenden Entwurf errichten durften.[29]

Bei dem Frauendorf wurden ältere Planungen des Studentenwerkes und der Architekten Günther Eckert und Werner Wirsing, Studentenwohnungen auf dem Oberwiesenfeld zu errichten, modifiziert übernommen. Die beiden Architekten bauten statt der ursprünglich geplanten Wohnheime ein 19-geschossiges, an den Seiten abgestuftes Hochhaus mit 801 Appartements und 800 eineinhalbgeschossigen Maisonette-Bungalows, die an ein »arabisches Dorf«[30] erinnern, sowie 100 Wohnungen für Ehepaare, 18 Personalappartements und neun Wohnungen in einer ein- bzw. zweigeschossigen Stufenbebauung, die in fünf Hausgruppen unterteilt ist. Weiterhin wurde ein zweigeschossiges Gemeinschaftshaus errichtet.[31] Ein Stahlbetonfertigbausystem bildet die Grundlage des Hochhauses, die Flachbauten bestehen aus einer Mischung von Fertigteilen und Ortbeton.[32] Das Richtfest wurde im Oktober 1970 gefeiert.

1980 veröffentlichten Heinle und Wischer eine Publikation, in der sie ihre damaligen Überlegungen zum Bau des Olympiadorfes zusammenfaßten: Der Architektenwettbewerb für das Gesamtkonzept der Spiele war unter dem Leitmotiv »Olympia, Fest der Musen und des Sports – Olympia im Grünen – Olympia der kurzen Wege« ausgeschrieben worden. Sie charakterisierten das Ziel des Wettbewerbgewinners (Büro Behnisch und Partner) dahingehend, daß die quantitative Anforderung der Spiele durch die qualitativen Aspekte Offenheit, Transparenz und Überschaubarkeit ergänzt werden sollte, unter Einhaltung eines menschlichen Maßstabes ohne Monumentalität. Nach den Spielen sollte die gestaltete Natur- und Architekturlandschaft ein Erholungszentrum werden.[33]

»Charakteristisch für den Entwurf der Verfasser ist die Verwandlung des flachen Oberwiesenfeldes in eine bewegte olympische Landschaft mit grünen Mulden, mit den alle Teilbereiche erschließenden, bepflanzten Fußgängerwällen und dem zum See aufgestauten Nymphenburger Kanal, die Überschaubarkeit und funktionelle Gliederung der in das Gelände eingebetteten Bauten und Bereiche und ihre sinnvolle Zuordnung, die überall spürbare neue und eigene Dimension.«[34]

Die drei Wohnstränge des Männerdorfes, die oberirdisch ausschließlich mit Fußgängerwegen erschlossen werden, beginnen im Zentrum, das durch eine Hochhausscheibe mit vorgelagertem eingeschossigen Ladenzentrum dominiert wird. Auf der Nordseite der geschwungenen und mehrfach geknickten, auf und ab führenden Fußgängerwege erheben sich jeweils abgestufte Häuser mit sieben bis zwölf Stockwerken. Jede Wohnung verfügt über eine Terrasse, die in der Regel auf der Südseite liegt.[35] Die Bepflanzung der Terrassen soll den Eindruck »hängender Gärten« erzeugen; optisch wird durch das Grün in den Fußwegen gleichzeitig eine Verknüpfung zum Park hergestellt. Zwischen den Wohnsträngen liegen bis zu dreistöckige Gebäude mit teilweise öffentlicher Funktion (Schule, Kindergarten, Kirche).

Unterhalb der Fußgängerebene verlaufen die Straßen für den Autoverkehr ebenerdig in einem Tunnel. Die Erschließung erfolgt somit auf zwei Ebenen. Die benötigten Parkplätze befinden sich jeweils im Bereich unter den Häusern. Auf Grund dieser Verkehrsanordnung spricht man auch von »Drive-in-Häusern«.

Vorgesehen waren mehr als siebzig verschiedene Wohnungstypen[36], deren konkrete Umsetzung dann jedoch bei den einzelnen Baufirmen lag. Die Wohnungstypen reichten vom Einzimmerappartement über eingeschossige- und Maisonettewohnungen bis hin zu Penthäusern. Einige dieser Wohnungen nehmen allerdings die gesamte Tiefe des jeweiligen Hauses ein, woraus sich ein schlauchförmiger Grundriß mit den entsprechenden Nachteilen ergibt.[37] Die tragenden Querwände der Terrassenbauten bestehen aus Ortbeton mit 20 cm dicken Schotten und Plattendecken[38], die inneren Trennwände hingegen aus Gipsplatten.

Nach den Spielen beschäftigten sich im Herbst 1972 behördliche Prüfer mit den Kalkulationen der Bauträger, weil die Bauträger einen Quadratmeterpreis forderten,

Luftaufnahme 1976. Vorne links die olympischen Wettkampfstätten, dahinter das Olympische Dorf.

der über dem ausgehandelten Basispreis lag.[39] Auch beim Verkauf der Wohnungen gab es Probleme: Im August 1973 war erst die Hälfte der Wohnungen für ungefähr 5.000 Bewohner verkauft, eingezogen waren nach Schätzungen wohl erst 1.300 Einwohner.[40] Die Ursache für diese Absatzschwierigkeiten lag im Zusammenbruch des Wohnungsmarktes im Jahr 1973.[41] Die Wohnungsbaugesellschaften konnten auf Grund der fehlenden Nachfrage die fertiggestellten Eigentumswohnungen nicht mehr verkaufen; gerade im Olympischen Dorf blieben viele Wohnungen leerstehen.[42] Deshalb bürgerte sich im Volksmund die Bezeichnung »Geisterstadt« ein.[43] Erst nach dem Ende der Krise – im Herbst 1978 waren endlich alle Wohnungen verkauft – wurde das Olympische Dorf zur angesehenen Adresse; besonders das prestigeträchtige Mietergefüge aus Freiberuflern und »Bildungsbürgertum« sowie das Engagement der Bewohner sorgten dann für ein gutes soziales Klima. Im Gegensatz zur Trabantenstadt Neuperlach entwickelte sich das Dorf nicht zur Schlafstadt.[44]

Das Olympische Dorf im Urteil der Kritik

Nachdem die Modelle der Öffentlichkeit präsentiert worden waren, urteilte der stellvertretende Vorsitzende des BDA, Peter C. von Seidlein: »Sicher ist die Konzeption Heinles eine Arbeit, die über das Mittelmaß der normalen Wohnbebauung hinausgeht und die eine sichtbare Weiterentwicklung des gegenwärtigen Wohnungsbaues darstellt. Aber wir müssen auch feststellen, daß der Zusammenhang zwischen dem olympischen Dorf und den Sportanlagen einfach fehlt.«[45]

Ähnlich wird Ernst Maria Lang, Vorsitzender des BDA Bayern, zitiert: »Ich halte diesen Entwurf für einen guten Beitrag, der überall verwirklicht werden könnte, nur nicht in Verbindung mit den Sportbauten im Süden des Oberwiesenfeldes.«[46]

Obwohl die Architekten die mangelnde Verbindung zu den Sportstätten kritisierten, würdigten sie die architektonische Gestaltung des Olympischen Dorfes als zeitgemäße Weiterentwicklung bestehender Wohnungsbaukonzepte.

Andere Urteile dagegen fielen weniger positiv aus. Peter M. Bode merkte an, daß der Entwurf zwar gegenüber »Stadtrand-Mittelmäßigkeiten wie Fürstenried oder Perlach« eine »avantgardistische Stadtkonzeption« aufweise, kritisierte jedoch in den Details modische Strömungen ohne sachliche Planung. Dazu gehörten die Entfernung der U-Bahn-Haltestelle vom Olympischen Zentrum sowie die künstliche Landschaft, die höchstens dazu einlade, »abends mit Schäferhunden zu trainieren«.

»Und warum man immer noch nicht erkannt hat, daß die gute alte Straße, relativ eng, mit geschlossenen Häuserfronten rechts und links, zu den wichtigsten Erlebnisräumen einer Stadt zählt (siehe Theatinerstraße), ist schier unbegreiflich. Dem setzt Heinle das Formenspiel von 16 Stock auf der einen – und Flachbauten auf der anderen Seite entgegen. [...] Auch Städtebau ist das Gegenteil von gutgemeint, und eine flächenmäßig kleine, viel konzentriertere ›dichtere‹ Stadt würde besser für die Bewohner, besser für die Landschaft und besser für die Zukunft sein.«[47]

Aus der Publikation von Heinle und Wischer geht hervor, daß die Architektur einen menschlichen Maßstab aufweisen und einer Monotonie entgegenwirken sollte. Aus heutiger Sicht zeigt sich jedoch, daß die Gebäude kaum abwechslungsreich gestaltet sind. Die Häuser gleichen einander, beständig wiederholen sich identische Architekturelemente. Die Terrassen unterscheiden sich nur durch die Achsbreite; Kleinteiligkeit wird allenfalls durch die bepflanzten Terrassen und Abknickungen der Gebäudeschlangen erreicht.[48] Um die Orientierung zu erleichtern, wurde ein von Hans Hollein entworfenes System farbiger Röhren installiert.[49]

Die bis zu den Wohnungen reichenden Grünzüge wie auch die Ausrichtung der Häuser nach Süden galten als »hygienisch wertvolle urbane Lebensform«. Die dynamische Grundform mit ihren verschiedenen städtischen Räumen sollte Identität, Orientierungsmöglichkeit, Einprägsamkeit und Vertrautheit für den Menschen in seinem Wohnbereich schaffen.[50] Die damals aktuellen Vorstellungen des Städtebaus wurden im Olympischen Dorf umgesetzt: Urbanität sollte durch eine hohe Verdichtung geschaffen werden, ohne daß der Verkehr das Wohnen beeinträchtigte. Mit der Verlagerung des Autoverkehrs in eine nicht sichtbare Ebene wurde eine Lösung gefunden, die es ermöglichte, daß sich der Park bis in die Häuser fortsetzt und damit jede Wohnung durch die bepflanzten Terrassen »individuelles Grün« erhält. Man versuchte, der seit Mitte der sechziger Jahre geäußerten Kritik durch eine Änderung des Formenrepertoires – anstelle glatter, weitgehend ungegliederter Fassaden entstanden abgestufte – entgegenzuwirken. Die beklagte Langweiligkeit der Architektur in den Großsiedlungen und die daraus resultierende Monotonie sind hier jedoch ebenso festzustellen, wie die Konzentration der Geschäfte in einem zentralen Ladenzentrum, so daß die »Straßen« unbelebt bleiben. Die städtebauliche Spannung sollte in der Vorstellung der Zeit aus der »volumetrischen Kontrastierung«[51] zwischen hoher und niedriger Bebauung entstehen, wie es geradezu klassisch im Sinne der Nachkriegsmoderne im Ladenzentrum ausgebildet ist. Trotz der Absicht, neue Konzepte zu entwickeln, die sich von den monoton dahinziehenden Stadtrandsiedlungen der späten fünfziger und frühen sechziger Jahre unterscheiden, ist das Olympische Dorf insgesamt entlang der seit den fünfziger Jahren geltenden städtebaulichen Regeln – orientiert an der Charta von Athen – gebaut, so daß von einem neuen städtebaulichen Ansatz nicht gesprochen werden kann.

Olympia und die Folgen für München

Die Vergabe der Olympischen Spiele von 1972 nach München hatte eine Reihe positiver Konsequenzen für die Stadt: Das Projekt Olympia bedeutete für die »Weltstadt mit Herz« nicht nur einen Imagegewinn, sondern ermöglichte auch die zügige Realisierung seit langem geplanter verkehrstechnischer Maßnahmen. Durch die Unterstützung des Bundes war zudem die Finanzierung für die Stadt sehr viel günstiger geworden. Mit der unverwechselbaren Zeltdachkonstruktion erhielt München zugleich ein zeitgemäßes architektonisches Markenzeichen, das zu den wenigen Beispielen Münchner Architektur zählt, die in die neuere internationale Architekturgeschichte eingegangen sind. In diesem Zusammenhang ist auch die überzeugende landschaftliche Gestaltung des Olympiaparks zu nennen: Im Gegensatz zu anderen Austragungsorten Olympischer Spiele blieben die Sportanlagen nach Abschluß der Spiele nicht als störende Relikte übrig, sondern bilden vielmehr ein gelungenes Ensemble mit dem Olympiapark, der weiterhin als Freizeitmöglichkeit und Veranstaltungsort genutzt wird. Innerhalb kurzer Zeit wurde München ›modernisiert‹, mit der Schließung der meisten noch vorhandenen Baulücken aus dem Krieg war die Nachkriegszeit endgültig abgeschlossen.

Besonders im Bereich des Wohnungsbaus wurden die Absatz-Erwartungen durch die Olympischen Spiele verstärkt; diese zeigten sich in dem hohen Zuwachs freifinanzierter Wohnungen mit einem großen Anteil Eigentumswohnungen.[52] Die Hoffnung vieler Bauunternehmen, schnell Profit machen zu können, endete jedoch in vielen Fällen mit großer Enttäuschung. Im Frühjahr 1973 brach der Wohnungsmarkt zusammen, nachdem die Bundesregierung zur Dämpfung der überhitzten Konjunktur die Zinsen angehoben hatte.[53] Mit dem unmittelbar folgendem Beginn der Wirtschaftskrise, die bis 1977 anhielt, wurde das Ende jener seit der Währungsreform anhaltenden Prosperitätsphase markiert. In Folge der Wirtschaftskrise, vor allem auch bedingt durch die Energiefrage, setzte sich in den siebziger Jahren zunehmend das Bewußtsein für die Begrenztheit von Ressourcen durch. Mit dem bereits vorher geäußerten Unbehagen (1968) änderten sich die gesellschaftlichen Vorstellungen in der Bundesrepublik. Gerade vor diesem Hintergrund erscheint das Olympische Dorf im nachhinein nicht als zukunftsweisendes Projekt, sondern als Endpunkt einer gescheiterten Vision aus der Zeit von Wirtschaftswunder, Wachstumsgläubigkeit und Großplanungseuphorie.

Anmerkungen

1   Zur Entwicklung der Kostensteigerung und der Reaktion der Bundesrepublik siehe: Schönmann 1993, 891–896.
2   Erst in den achtziger Jahren wurden wieder große Wohnsiedlungen gebaut, z. B. Berliner Straße.
3   Den Begriff »Wachstumsgläubigkeit« benutzte der Historiker Thomas Ellwein, um die gesellschaftliche Grundstimmung der Zeit Ende der sechziger/Anfang der siebziger Jahre zu charakterisieren (Ellwein 1993, 51). Der »beispiellose Wirtschaftsboom« der Nachkriegszeit förderte diese Haltung (Morsey 1995, 71–73).
4   Die Ölkrise Ende 1973 ist dann das Ereignis, mit dem die beginnenden wirtschaftlichen Schwierigkeiten deutlich werden, oft wird deshalb auch vom »Ölschock« gesprochen. Nach über dreißig Jahren beschreibt der damalige Bundeskanzler Helmut Schmidt die Zeit: »Die Ölpreisexplosion kostete uns vier Prozent unseres Bruttosozialproduktes – das ist unglaublich, schon ein Prozent ist für einen Staat eine ganz gewaltige Sache. Der Strom, die Heizung, das Benzin, alle Mineralölprodukte wurden teurer, und die Energiekosten für die Industrie. Die Inflation war gewaltig. Allein durch die OPEC, die Vereinigung der Ölländer, nahm über Nacht die Arbeitslosigkeit gewaltig zu.« (Schmidt 1997, 12). Ellwein zeigt auf, daß die nachfolgende Wirtschaftspolitik mehr und mehr zum »Krisenmanagement« wird (Ellwein 1993, 52–53).
5   Vogel 1972, 99.
6   Zu der Zeit galt noch die Hallstein-Doktrin, der 1955 entwickelte Alleinvertretungsanspruch der Bundesrepublik. Die Anerkennung der DDR durch dritte Staaten galt als ›unfreundlicher Akt‹ gegenüber der Bundesrepublik, der mit einem Abbruch der Beziehungen beantwortet werden konnte (Morsey 1995, 42). Dies führte auch zu Spannungen mit den Westmächten.
7   Wirtschaftsdaten der sechziger Jahre siehe: Dheus 1968, 89–108 und Dheus 1974, 8–25.
8   In München wuchs die Bevölkerung zwischen 1939 und 1960 um 31,1 %, in Hamburg beispielsweise nur um 7,3 %. Die Zahl der Arbeitsplätze wuchs in München von 546.000 1955 auf 685.000 im Jahr 1962 (Stadtentwicklungsplan 1963, Tabelle 7 und 11).
9   Henschen/Wetter 1972, 61–63.
10 Vogel 1972, 97.
11 Invitation 1966, o. S.
12 Hartstein 1966, 32–33.
13 Sozialgeographischer Führer 1987, 119. Im Stadtentwicklungsplan wurde die Zahl der Personenkraftwagen für 1960 mit 148.867 und die Kraftfahrzeuge insgesamt mit 216.418 angegeben. Für 1975 wurde im ungünstigen Fall ein Bestand von 310.000 insgesamt geschätzt (Stadtentwicklungsplan 1963, Tabelle 16).
14 München und seine Bauten 1984, 693.
15 München und seine Bauten 1984, 703.
16 München und seine Bauten 1984, 658.
17 Rasp 1981, 57. München und seine Bauten 1984, 670. Gebaut wurde das Stück von der Karl Stöhr AG, die auch in den sechziger Jahren die U-Bahn nach Berliner Vorbild baute (Information von Paul Ottmann, 27.2.1997).
18 Stadtentwicklungsplan 1963, 36.
19 München und seine Bauten 1984, 658–687. Zur geplanten Trassenführung siehe Stadtentwicklungsplan 1963, Abb. 26.
20 Vogel 1972, 113–114. Das Gelände des Männerdorfes war im Besitz von Bund (15 ha) und Land (22 ha) (Fisch 1968 b, 13).
21 Stadtentwicklungsplan 1963, 28.
22 Bauliche Probleme München 1969, 469.
23 Ausschreibung in der SZ 25./26.11.1967.
24 Ausschreibung in der SZ 25./26.11.1967.
25 Ausschreibung in der SZ 25./26.11.1967.
26 Der Wettbewerb wurde aus Zeitgründen abgesagt und die dritten Preisträger beim gesamtolympischen Wettbewerb mit der Planung des Männerdorfes beauftragt (Bauliche Probleme München 1969, 469). Gegen diese Entscheidung wurde heftige Kritik geäußert (siehe: Fisch 1968 a; Bode 1968, Schmidt-Grohe, 1968).
27 Seydel 1969.
28 Nach Mitteilung von Dr. Hans-Jochen Vogel wollte vor allem Franz-Josef Strauß private Bauträger (21. November 1996).
29 Unter Federführung der Deba (Deutsche Wohnbau GmbH) waren beteiligt: Bayerische Hausbau KG, Südwohnbau GmbH, Südhausbau GmbH/Südbaucommerz KG und Gemeinnützige Bayerische Wohnungsbau AG. Sie schlossen sich mit der Staatlichen Landesbodenkreditanstalt, der Bayerischen Gemeindebank, der Bayerischen Hypotheken- und Wechsel-Bank und der Bayerischen Vereinsbank zu einer Finanzierungsgemeinschaft zusammen (Seydel 1969). Die Südhausbau verließ das Konsortium jedoch noch vor der Verbriefung, nachdem der Wunsch nach Änderungen vor allem der Grundrisse von den übrigen Gesellschaften abgelehnt wurde. Vgl. Anmerkung 37.
30 Heinle/Wischer 1980, 15.
31 Deutsche Bauzeitung 1972, 834.
32 Heinle/Wischer 1980, 5.
33 Heinle/Wischer 1980, 4.
34 Heinle/Wischer 1980, 4.
35 Olympische Bauten II 1970, 72.
36 Olympische Bauten II 1970, 51.
37 In einem Brief der Südhausbau an die Arbeitsgemeinschaft der Bauträger vom 18. März 1969 mit der Bitte um »Änderung der Planung zwecks besserer Grundrißgestaltung« heißt es: […] Im einzelnen stellen wir folgende grundsätzliche Fehler fest: 1. Die einachsigen Wohnungen, welche die Masse der Wohnungen darstellt, dürften bei einer Laubengangerschließung nicht tiefer als 14 m sein. Die Planung Heinle sieht Tiefen bis zu 23 m vor. […] 3. Wohngebäude, welche terrassiert sind, sollten wegen der nach unten zunehmenden Tiefe des Gebäudes 6 bis 7 Stockwerke nicht überschreiten. 4. Zudem kann gesagt werden, daß Proportionen, Zuschnitt und Größen der Wohnungen so unzweckmäßig sind – insbesondere auch durch das ungünstige Verhältnis der Verkehrsflächen zu den Wohnflächen –, daß selbst bei reduzierten Preisen die Verkäuflichkeit der Wohnungen gefährdet ist […]« (Archiv Südhausbau, Akte Olympia).
38 Olympische Bauten II 1970, 74.
39 Statt des zwischen Bund, Land und Bauträgern ausgehandelten Verkaufsbasispreises von 1.247 DM pro Quadratmeter bebaute Wohnfläche wurde von den Bauträgern 1.700 bis 2.000 DM gefordert (Friedrich 1982, 17–18).
40 Fisch 1973, 13–14.
41 Zur Krise siehe: Ottmann 1996 a, 78–84 und Schönmann 1993, 891–893.
42 Eine Reihe der beteiligten Bauträger geriet deshalb in ernste Schwierigkeiten u. a. die DEBA (Information von Paul Ottmann, 19. April 1996).
43 Friedrich 1982, 17–18.
44 Friedrich 1982, 17–18.
45 Zitiert nach: Fisch 1968 a.
46 Zitiert nach: Fisch 1968 a.
47 Bode 1968, 12.
48 Die Architektur wurde zur Zeit der Bebauung durchaus als abwechslungsreich empfunden: »Im Olympischen Dorf gibt es keine Wiederholung von Baukörper-Formen. Die äußere Form jedes Baukörpers ist bewußt abwechslungsreich gestaltet durch verschiedenartige Versprünge der Terrassen, abwechselnde Versprünge auf der Rückseite der hohen Terassenhäuser, Abstufung der Stockwerkshöhen innerhalb eines Gebäudes, Bereicherung der Oberkanten des Gebäudes durch verschiedene Penthaus-Typen. Die Abstände der Treppentürme auf der Rückseite der hohen Terrassenhäuser sind verschieden gestaltet. […] Die Knicke der Wohnarme sind derart gestaltet, daß die verschiedenartigsten Durchblicke entstehen und die Fußgängerstraße selbst mit einem wechselnd hohen Versprung im Belag, so daß eine abwechselnde Platzfolge entsteht statt einer langweiligen, ungegliederten Fläche. (Deutsche Bauzeitung 1972, 832).
49 Heinle/Wischer 1980, 14.
50 Olympische Bauten III 1972, 22.
51 Ottmann 1995, 157.
52 Angaben des Statist. Landesamtes München zu öffentlich-geförderten, freifinanzierten und insgesamt fertiggestellten Wohnungen in München 1960–1963 und 1967–1977 (telefon. Auskunft vom 7./8.1.1997 von Dr. Firnrohr)

Jahr	frei finanz. Wohnungen	öffentl. geförderte Wohnungen	ins. fertiggestellte Wohnungen
1960	11.553	4.807	16.360
1961	10.585	5.387	15.972
1962	9.491	7.733	17.224
1963	11.033	6.115	17.148
1967	9.805	4.731	14.536
1968	11.470	3.628	15.098
1969	10.724	3.639	14.363
1970	9.178	1.714	10.892
1971	11.164	2.055	13.219
1972	19.828	2.255	22.083
1973	15.337	1.466	16.803
1974	13.622	691	14.313
1975	6.787	932	7.719
1976	3.656	1.531	5.187
1977	3.874	1.536	5.410

53 Vgl. Anmerkung 41.

EIN GESPRÄCH MIT
BUNDESBAUMINISTER A. D.
KARL RAVENS AM 31. JANUAR 1997
IN HANNOVER

Das Städtebauförderungsgesetz von 1971 und die Eigentumsförderung im Wohnungbau

Wie kamen Sie mit dem Städtebau in Berührung?

Zunächst in der Kommunalpolitik. Ich war seit 1956 Ratsherr in meiner Heimatgemeinde und Kreistagsabgeordneter.

Bei der Bundestagswahl 1969 bat mich der damalige Bundesminister für Raumordnung, Bauwesen und Städtebau Dr. Lauritz Lauritzen, Parlamentarischer Staatssekretär in seinem Ministerium zu werden. Er wollte jemanden haben, der zum einen in der Fraktion fest verankert und zum anderen mit wirtschaftspolitischen Zusammenhängen vertraut war. Das erschien ihm insbesondere deshalb wichtig, weil die Verabschiedung des Städtebauförderungsgesetzes unmittelbar bevorstand.

Daran haben Sie dann auch mitgearbeitet?

Ja. Das habe ich durchs Parlament gebracht. Als ich Parlamentarischer Staatssekretär im Ministerium wurde, lag der Entwurf – in der Zeit der Großen Koalition erarbeitet – fast fertig vor.

Was war der Anlaß für das Städtebauförderungsgesetz?

Nach dem Krieg war es die wichtigste Aufgabe, die zerstörten Städte möglichst schnell wieder aufzubauen und die zwölf Millionen Heimatvertriebenen und die Ausgebombten unterzubringen. Im Laufe der Zeit stellte sich dann aber heraus, daß durch den Bau großer neuer Siedlungen an den Stadträndern Probleme in den Innenstädten entstanden waren. Für deren Lösung hatten wir kein ausreichendes Instrumentarium. Denn das bestehende Wohnungsbauförderungsgesetz betraf nur die Neubauförderung, zumeist in den Außenbezirken der Städte.

Welche Rolle spielte hier das Bundesbaugesetz von 1960?

Das Bundesbaugesetz von 1960 war das Gesetz, auf dessen Basis die gesamte Bauleit- und Bauplanung durchgeführt werden konnte. Von der planerischen Seite her war das Bundesbaugesetz ein sehr gutes Instrument. Zur Lösung der speziellen Probleme der Innenstädte konnte es aber nur bedingt beitragen. Und auch die Kombination aus Wohnungsbauförderung, die ja Neubauförderung ist, und Bauplanungsrecht ließ die Belebung der Altstädte nur begrenzt zu.

Worin bestanden die Probleme in den Innenstädten?

Zum einen im schlechten Zustand vieler Altbauten und zum anderen in den besonderen Eigentumsstrukturen: Die Wohnverhältnisse waren unzureichend, ohne ausreichendes Licht, ohne ausreichende Luft. Viele Häuser verfügten weder über Kanalisation – häufig befanden sich die Toiletten auf dem Hof – noch über eine ausreichende Wärmeversorgung. Deshalb zogen die Kaufkräftigen ins Umland der Städte. Somit blieben nur die weniger Kaufkräftigen in den Innenstädten oder alte Leute und Ausländer zogen dorthin. Eine solch einseitige Verschiebung der sozialen Strukturen ist aber gefährlich. Dafür brauchten wir ein neues Instrumentarium. Ministerialdirektor Professor Zinkahn, der Abteilungsleiter im Bauministerium, hatte schon unmittelbar nach 1960 Überlegungen in diese Richtung angestellt. Auch Paul Lücke (langjähriger CDU-Bundesbauminister) hat, intern jedenfalls, Vorschläge zur Erneuerung und Erhaltung unserer alten Städte gemacht, ist in seiner Partei damit aber nicht durchgedrungen.

Galt nicht auch für die alten Wohnungen die Mietpreisbindung?

Wir hatten zu der Zeit noch die komplette Mietpreisbindung. Bis in die Schlußphase der Großen Koalition gab es noch Gebiete mit erhöhtem Wohnbedarf, in denen die komplette Wohnungsbewirtschaftung galt. Aber auch die konnte nicht verhindern, daß Leute mit einem höheren Einkommen wegzogen. Die Strukturen verschoben sich auch unter der Herrschaft dieser Mietpreisbindung.

Ich dachte, daß gerade die Mietpreisbindung dazu führte, daß die Innenstädte verfielen, weil sich Investitionen unter diesen Umständen gar nicht rentierten.

Nein. Ich denke, es war eher umgekehrt, in der Schlußphase jedenfalls. Diese Häuser waren komplett abgeschrieben. Und jede Mark

Miete, die dort von Leuten gezahlt wurde, die sich nicht gegen die schlechten Wohnverhältnisse wehrten oder wehren konnten, war reiner Verdienst. Das heißt, aus rein wirtschaftlichem Interesse gab es niemanden, der bei voller Besetzung seiner Wohnung – es war ja nicht so, daß die Häuser leer standen – gesagt hätte, ich werfe alle meine Mieter hinaus und investiere jetzt noch einmal ungefähr den Neubaupreis, der sich dann erst wieder verzinsen muß.

Und man hätte solche Investitionskosten, zum Beispiel für eine Sanierung, nicht absetzen können?

Man konnte die normale Abschreibung geltend machen. Aber es gab keine Sonderförderung, keine Sonderabschreibung. Für den Eigentümer solcher Altbereiche stellte sich also die Frage, alles beim alten zu belassen und weiterhin seine ordentliche Miete zu bekommen oder viel Geld zu investieren. Im Zweifelsfall haben sich die Eigentümer für ersteres entschieden – zumal in vielen Fällen die Eigentumsverhältnisse äußerst kompliziert waren. Im Südwesten gab es beispielsweise die Erbteilung. Da konnte es passieren, daß ein Haus fünfzehn oder zwanzig verschiedene Eigentümer hatte. Eine solche Erbengemeinschaft davon zu überzeugen, daß sie plötzlich Geld in das Haus investieren sollte, an dem sie doch bisher ausschließlich verdient hatte, war fast unmöglich. Insofern mußten Mittel und Wege gefunden werden, solche Strukturen aufzulösen, um Raum für weitere Entwicklungen zu schaffen. Notwendig waren deshalb zum einen Entschädigungsmöglichkeiten, zum anderen die Möglichkeit, in bestehende Bebauungsstrukturen eingreifen zu können. Dazu brauchte man ein neues Förderungsinstrument, weil für diese Maßnahmen ganz erhebliche

Karl Ravens

1927	geboren in Achim, Kreis Verden/Aller
1941	Flugzeugbau-Lehrling bei Focke-Wulf, Bremen
1944	Facharbeiterprüfung
1945	Rückkehr aus der Kriegsgefangenschaft
1953–61	Lehrlingsausbilder bei Borgwardt in Bremen
1961	Wahl in den Deutschen Bundestag
1969–74	Parlamentarischer Staatssekretär beim Bundesbauminister und beim Bundeskanzler
1974–78	Bundesbauminister
1978–86	Fraktionsvorsitzender der SPD im Niedersächsischen Landtag in Hannover
1986–90	Vizepräsident des Niedersächsischen Landtages
seit 1980	Präsident des Deutschen Verbandes für Wohnungswesen, Städtebau und Raumordnung e. V.

öffentliche Investitionen notwendig waren. Und es war klar, daß diese hohen Investitionen nicht über die Mieten zu finanzieren waren. Das Städtebauförderungsgesetz hat deshalb die Möglichkeit geschaffen, daß Hauseigentümer bei einer ordnungsgemäßen Sanierung solche wirtschaftlich nicht vertretbaren Kosten erstattet bekamen.

Das war die Zeit der sogenannten Flächensanierungen?

Ja, es kam beides zusammen, weil zwei unterschiedliche Konzepte zeitgleich existierten: Erneuerung und Erhaltung. Die Tendenz der Städteplaner ging dahin, solche alten Stadtteile abzureißen und neu aufzubauen. Das extremste Beispiel, was es da gibt, war der Abriß im Innenstadtbereich von Karlsruhe in den siebziger Jahren. In diesem Gebiet, dem »Dörfle«, hatten sehr kleine, alte Häuser gestanden mit engen Straßen, unzureichender sanitärer Ausstattung, ein Gebiet mit sehr hoher Verdichtung, das in einem sehr schlechten Zustand war. Weil inzwischen auch Bordellbetriebe und ähnliches dort eingezogen waren, hoffte die Stadt, mittels der Räumung diese Probleme loswerden zu können. Das ist aber nicht gelungen. Die Probleme verlagerten sich lediglich und bildeten gewissermaßen einen Eiterring um die leergeräumte Mitte. Es dauerte ziemlich lang, bis die Situation durch entsprechende Lösungen entspannt werden konnte. Vorschläge für Räumungen dieser Art gab es damals für viele Städte. Innerhalb dieser Leerflächen wollten die Städtebauer dann ihre städtebaulichen Vorstellungen – gekrönt von einer »städtebaulichen Dominante« – realisieren. Diese Vorstellung war damals absolut vorherrschend – von Neumünster bis Augsburg...

Welche Maßnahmen ermöglichte das Städtebauförderungsgesetz?

Es bot zum Ersten ein Instrumentarium für die kommunale Planung an. Ein Instrumentarium, das auch in die Eigentumsstruktur eingreifen konnte. Das Städtebauförderungsgesetz verlangte nicht Rücksichtnahme auf jeden einzelnen, sondern sah die Möglichkeit vor, auch Ersatzmaßnahmen zu schaffen, um eine sinnvolle Gesamtplanung zu gewährleisten. Zum Zweiten bot es für die öffentliche Hand einen ganzen Gebotskatalog an: Neubaugebot, Reparaturgebot, Modernisierungsgebot. Lauter Gebote, die man einem Eigentümer auferlegen und durch die Erstattung der für ihn nicht rentablen Kosten auch durchsetzen konnte. Zum Dritten verhinderte das Städtebauförderungsgesetz

Bodenspekulationen, indem die Bodenpreise eingefroren wurden. Darüber hinaus hatten wir Finanzierungsangebote, also die Möglichkeit der besonderen Abschreibung, steuerlichen Behandlung und der direkten Zuschüsse – sowohl für die öffentliche Hand als auch für private Eigentümer.

Und: Wir hatten für alle Beteiligten, für die Hauseigentümer, die Mieter und für die Gewerbetreibenden in dem betreffenden Gebiet ein komplettes Mitspracherecht in der Planungs- und der Durchführungsphase. Nichts wurde über die Köpfe der Leute hinweg entschieden. Dem lag die Überlegung zugrunde, daß wir angesichts dieses umfassenden Maßnahmenkataloges, den wir den Gemeinden an die Hand gegeben hatten, ein Kontrollinstrument schaffen wollten. Das bestand in der Bürgerbeteiligung. Man hat uns deshalb den Vorwurf gemacht, wir würden die Planungsvorgänge verzögern. Wir stellten uns aber auf den Standpunkt, daß die positiven Ergebnisse, die durch die Diskussion mit den Beteiligten erzielt wurden, gewisse Verzögerungen durchaus rechtfertigte. Wenn der heutige Bauminister Klaus Töpfer sagt, das Städtebauförderungsgesetz sei eine »Erfolgsstory«, hängt das meines Erachtens vor allem mit dieser Bürgerbeteiligung zusammen. Denn die getroffenen Entscheidungen stammten nicht aus irgendwelchen Amtsstuben, sondern waren das Ergebnis einer engagierten Zusammenarbeit aller Beteiligten. Das gemeinsame Engagement hat Menschen zusammengeführt und dazu beigetragen, daß sie sich über Jahre hinweg für ihren Stadtteil eingesetzt haben, um eine lebenswerte Umgebung mitgestalten zu können.

Dann war das Städtebauförderungsgesetz vom Ansatz her doch sehr konservativ, weil die Erhaltung und Bewahrung des Altbestandes eine so zentrale Rolle spielte?

Nein, es war ganz modern. Es versuchte, das Alte nicht einfach nur zu erhalten, sondern es mit neuen Inhalten zu versehen und für die neue Zeit fit zu machen.

Zum Beispiel durch neue Wohnungszuschnitte, durch den Einbau moderner sanitärer Einrichtungen, durch den Einbau von Blockheizungen, durch Wärmedämmung und Schallschutzmaßnahmen und durch zusätzliche Belichtung und Belüftung. Verbaute Hinterhöfe wurden entrümpelt und als gemeinschaftliche Grün- und Gartenanlagen eingerichtet. Die öffentliche Infrastruktur wurde ausgebaut, Kindergärten, Pflegestationen u. ä.

Welche Bedeutung kam in diesem Zusammenhang dem Denkmalschutz zu?

Die Denkmalpflege spielte eine wichtige Rolle. Das hat sich bei unseren Debatten schnell herauskristallisiert. Anfänglich glaubten wir zwar, dieses Thema der Denkmalpflege-Gesetzgebung überlassen zu können. Doch gerade die Bürgerbefragungen haben immer stärker ins Bewußtsein gerückt, daß wir für die Erhaltung der betreffenden Objekte viel mehr tun mußten. Deshalb haben wir in das Gesetz die Erhaltungssatzung aufgenommen. Damit hatten die Gemeinden die Möglichkeit, einen Stadtteil oder einzelne Straßenzüge oder Ensembles in ihrer Substanz zu erhalten. Alle Veränderungen oder gar der Abriß der vorhandenen Bausubstanz bedurften der vorherigen Genehmigung durch die Verwaltung. Diese Erhaltungssatzung hat ganz wesentlich zum Denkmalschutz beigetragen. Hameln war damals eines unserer Muster-Projekte: Obwohl eine Teilflächensanierung nicht völlig zu vermeiden war, ist es doch gelungen, den historischen Kern der Stadt mit seinen schönen Häusern der Weserrenaissance zu erhalten. Auch eine der jetzt schönsten Straßen von Hameln mit lauter eingeschossigen Fachwerkhäusern konnte so erhalten werden. Mit unserem »Zukunfts-Investitions-Programm«, dem »ZIP«, waren wir in der Lage, die notwendigen Mittel aufzubringen und den Abriß in buchstäblich letzter Sekunde – die Bagger standen schon bereit – zu verhindern. Ein besonderes Beispiel für den sorgfältigen Umgang mit erhaltenswerter Bausubstanz ist auch das nordhessische Alsfeld. Diese Maßnahmen sind praktizierte Denkmalpflege, die durch das Instrument der Städtebauförderung ermöglicht wurden.

1975 war das Europäische Denkmaljahr. Könnte man also von einer europaweiten Bewegung sprechen?

Ja, das lag schon auch an der Zeit. Nach dem Wiederaufbau wuchs das Verständnis dafür, die wenigen noch bestehenden alten Dinge zu erhalten. Angesichts der vielen neuen Siedlungen am Stadtrand war man für die Bedeutung der gewachsenen Altstadtbereiche wieder empfänglich geworden.

In München wurde ja viel von der alten Stadt beim Wiederaufbau erhalten. In den fünfziger Jahren hatten die Architekten deshalb oft das Gefühl ›unmodern‹ zu sein.

Heute zeigt sich, daß es nicht so ist. Wenn ich mit offenen Augen durch München gehe, stelle ich fest, daß es genügend moderne und auch sehr schöne Architektur gibt, die den Altbestand ergänzt. Aber es gibt nicht die Hochhaus-Bebauung, wie sie etwa Frankfurt auszeichnet. Die Frankfurter sind – nicht zuletzt als Standort der großen Banken und Versicherungen – von einer ganz anderen Stadtphilosophie ausgegangen.

Dadurch hat sich dort eine ganz eigene Dynamik entwickelt.

Doch gerade diese unterschiedlichen Vorstellungen, die in den verschiedenen Städten zum Tragen kamen, waren von größter Wichtigkeit, um die Individualität der Städte zu gewährleisten. Denn die Gefahr der Uniformität war eines der größten Probleme innerhalb der Stadtbauförderung. Immer wieder hat man uns in der Debatte um die Städtebauförderung gefragt, welches städtebauliche Leitbild uns da vorschwebte. Lauritz Lauritzen hat immer geantwortet. »Wenn Städtebauförderung dazu führt, daß wir am Ende unsere Städte nur noch an den Bahnhofsnamen unterscheiden können, dann wird das ein schreckliches Bild!«. Wir waren der Auffassung, daß ein allgemein verbindliches Stadtbild weder machbar noch wünschenswert wäre. Denn jede Stadt hat ihre eigene Geschichte, ihren eigenen Charakter. Dies alles muß sich in ihrer städtebaulichen Gestalt widerspiegeln.

1971 kam das Städtebauförderungsgesetz, 1973 der Zusammenbruch des Wohnungsmarktes. Hat nicht auch dieser Zusammenbruch, durch den Neubauten plötzlich gar nicht mehr vermarktbar waren, den Umdenkungsprozeß gefördert?

Ja. Wir sind nach dem Marktzusammenbruch 1973 mit der Ausweisung von neuen Wohngebieten viel vorsichtiger geworden – gerade weil die meisten Leerstände in solchen Neubaugebieten auftraten. Entsprechend wuchs die Orientierung auf die Kernbereiche unserer Städte, zumal wir inzwischen festgestellt hatten, wie wichtig es war, die Innenstädte wiederzubeleben. Denn wenn sich das Leben in den Innenstädten nur noch zu den Öffnungszeiten der Geschäfte und Büros abspielt und die Bürgersteige um 20 Uhr hochgeklappt werden, droht Unwirtlichkeit. Den Gedanken der Wiederbelebung der Innenstädte enthielt das Städtebauförderungsgesetzt bereits im Ansatz. Die Krise von 1973 hat diese Tendenz schließlich verstärkt. Aber für die Umorientierung spielten auch noch andere Faktoren eine Rolle, zum Beispiel die Ölkrise und die allgemeine Rezession.

Vollzog sich dieser Zusammenbruch des Wohnungsmarktes wirklich so plötzlich?

Ja, das ist innerhalb eines kurzen Zeitraumes offenkundig geworden: In rasend schneller Zeit standen wir vor Leerständen, die nicht mehr verkaufbar und nicht mehr vermietbar waren. Als ich 1974 Bauminister wurde, hat mich die CDU im Bundestag immer wieder gefragt, ob ich nicht ein Programm zur Förderung des Verkaufs solcher leerstehenden Wohnungen auflegen wollte. Ich habe immer gesagt, ich setze auf die Marktwirtschaft. Die CDU forderte dagegen Planwirtschaft. Das waren wirklich merkwürdig verschobene Fronten in der Zeit. Ich wollte aber die entstehenden Verluste nicht über den Steuerhaushalt bezahlen. Das mußte sich bereinigen. Und schließlich hat es sich auch bereinigt.

Die Bauwirtschaft ist ja wahrscheinlich ein nicht unerheblicher Machtfaktor.

Ja, das ist wahr und sie ist binnenwirtschaftlich von großer Bedeutung. Um konjunkturell nicht in die Bredouille zu kommen, haben wir 1973/74 die Modernisierungsförderung eingeführt. Also Einbau von schall- und wärmedämmenden Fenstern, Heizung, Bädern und so weiter. Damit haben wir – jedenfalls für den gesamten handwerklichen und baugewerblichen Bereich – ein arbeitsintensives Auftragsvolumen geschaffen. Hier lag die Beschäftigungsintensität viel höher als im Neubaubereich. Der Einbruch der Bauwirtschaft konnte auf diese Weise ganz gut abgefangen werden.

Ich hatte manchmal den Eindruck, daß die Ölkrise im nachhinein als Sündenbock für alles mögliche herhalten mußte. Hat sie innerhalb der komplexen Wirtschaftzusammenhänge wirklich eine so maßgebliche Rolle gespielt?

Ja, durch die exorbitante Energiekostensteigerung und gerade auch durch die Ängste, die sie ausgelöst hat. Wir erlebten auf einmal, daß die Heizöl- und die Benzinpreise explodierten und um das Drei- bis Vierfache stiegen. Das war eine völlig neue Erfahrung. Unser Ölofen, der vorher für fünf Pfennig pro Liter gebrannt hatte, sollte jetzt auf einmal für 50 Pfennig brennen, ohne daß die Einkommen mitgestiegen waren. Das erlebten die Leute als unmittelbare Bedrohung und als zusätzliche Belastung ihres Haushaltbudgets.

Diese finanzielle Belastung war eine der Ursachen dafür, daß die fertiggestellten Wohnungen plötzlich nicht mehr verkauft werden konnten. Die Leute wagten einfach nicht, sich finanziell langfristig festzulegen, sich zu verschulden. Man konnte ja nicht wissen, wie sich die Geschichte weiterentwickeln würde, ob die Preise weiter anziehen würden, die Leute vielleicht arbeitslos werden würden.

Deshalb haben wir Maßnahmen ergriffen, um dieser Situation entgegensteuern zu können, und haben erklärt: Gerade weil die Energiepreise steigen, muß dafür gesorgt werden, den Energieverbrauch zu senken. Wir finanzierten energiesparende Heizungen und Wärmedämmungen, um die hohen Energiekosten einzusparen. Genau das war der Erfolg des Modernisierungsprogrammes.

In einem Buch wurde die Zeit bis zur Ölkrise mit dem Begriff »Wachstumsgläubigkeit« charakterisiert. Können Sie das bestätigen?

Ja. Eigentlich sind wir bis dahin alle miteinander ganz unkritisch gewesen. Dafür spricht auch das Stabilitäts- und Wachstumsgesetz (1967), das als Steuerungsinstrument davon ausgeht, daß wirtschaftliche Einbrüche verhindert werden könnten. Es basiert weitgehend auf der Vorstellung, es gehe immer voran, und alles sei machbar. Das war bis dahin auch unsere Erfahrung gewesen. Die sogenannte »Erhard'sche Krise« von 1968, die für uns damals eine schlimme Erfahrung darstellte, war beispielsweise nach einem Dreivierteljahr überwunden. Erst der Schock der Ölkrise führte zu der Erkenntnis, daß es gegen solche Ereignisse keine nur einfachen Instrumente gab. Wobei man trotzdem sagen muß, daß wir die Ölkrise besser bewältigt haben als die meisten anderen Industrie-Nationen. Zwar konnten wir die Energiepreise nicht senken, aber zumindest etwas gegen den Energieverbrauch tun. Wir haben auf Einsparung gesetzt, dafür die entsprechenden Programme entwickelt und dort Unterstützung geleistet, wo die Einbrüche am schlimmsten waren.

Wie lange war das Städtebauförderungsgesetz gültig?

Es ist noch immer gültig, wurde aber modifiziert. Unser Gesetzentwurf, der 1971 verabschiedet wurde, sah zum Beispiel weitreichende Möglichkeiten für Enteignung vor, was sich in der Form aber nicht umsetzen ließ. Da wir für das Städtebauförderungsgesetz die Zustimmung im Bundesrat brauchten, mußten wir einen Kompromiß eingehen. In Zusammenarbeit mit Hermann Höcherl ist das aber recht gut gelungen. Wir haben einen Weg gefunden, der für uns beide akzeptabel war und die Wirksamkeit des Instruments nicht eingeschränkt hat. Außerdem enthielt das Städtebauförderungsgesetz Entwicklungsmaßnahmen für den Bau neuer Stadtteile. Das ist unter Bundesbauminister Oskar Schneider außer Kraft gesetzt worden, weil auch die Länder der Meinung waren, man brauche solche neuen Stadtteile nicht mehr. Trotzdem aber wäre die Beibehaltung der entsprechenden Paragraphen sinnvoll gewesen, weil sie die Stabilität der Bodenpreise sichern konnten. Nach der Wiedervereinigung wurden sie auch wieder aufgenommen: Plötzlich hatte man angesichts der großen städtebaulichen Probleme in den neuen Bundesländern begriffen, wie wichtig es ist, über ein solches Instrument zu verfügen. Gerade hier zeigt sich, wie bedeutsam das Städtebauförderungsgesetz weiterhin ist. Viele Maßnahmen in den neuen Bundesländern – zum Beispiel die Wiederbelebung der Innenstädte – greifen auf die Instrumente der Städtebauförderung zurück, weil die Probleme gar nicht anders zu lösen wären. Das Städtebauförderungsgesetz hat weiterhin Geltung, wurde aber den veränderten Umständen angepaßt. Das heißt auch, daß augenblicklich für die neuen Bundesländer ungefähr 520 Millionen Mark ausgegeben werden, für die alten Bundesländer dagegen leider nur etwa 80 Millionen. Das ist eigentlich zu wenig, um die Dinge am Laufen zu halten. Ich bin allerdings der Überzeugung, daß wir das Städtebauförderungsgesetz auch für die alten Bundesländer weiterhin brauchen. Wir müssen sehen, daß wir auch hier möglichst schnell wieder Mittel bereitstellen, um auch hier wirksam weiterarbeiten zu können.

Wie sah die Eigentumsförderung aus?

Die Frage nach der Eigentumsförderung hat, jedenfalls zu meiner Zeit, eine wichtige Rolle gespielt. Zum einen war klar, daß die Maßnahmen im Städtebauförderungsgesetz nicht durchgeführt werden konnten, ohne die Frage des Eigentums zu berücksichtigen. Zum zweiten wollten wir Konzepte entwickeln, um junge Familien dazu zu bewegen, wieder in die Innenstädte zu ziehen. Einer der ersten Entwürfe, die ich als Bauminister zur Änderung des sogenannten §7 b Einkommensteuergesetz – später wurde daraus § 10 e – vorgelegt habe, betraf deshalb die Förderung von Eigentumserwerb im Bestand. Das heißt, es galt die gleiche Förderung für denjenigen, der einen Altbau erwarb, wie für denjenigen, der einen Neubau erwarb. Die Konsequenz war, daß viele Familien in die Städte zurückkehrten, weil Altbauten in vielen Fällen sogar günstiger als Neubauten waren. Vorher überalterte Stadtteile verjüngten sich dadurch wieder. Insofern war diese Gleichstellung außerordentlich wichtig. Um so mehr bedauere ich, daß diese Förderung zwischenzeitlich wieder eingeschränkt wurde, indem der Förderbetrag bei Erwerb aus dem Altbestand halbiert wurde. Damit werden junge Familien, die Eigentum erwerben wollen, wieder in die Neubauten abgedrängt. Dabei wäre es meines Erachtens so wichtig, möglichst viele Menschen in den bestehenden Stadtstrukturen zu halten. Und gerade über die Möglichkeit des Eigentumserwerbs wächst doch die Verankerung und damit auch das Engagement zur Erhaltung des eigenen Stadtviertels.

Ein Zweites kommt noch hinzu: Durch den Erwerb von Eigentum in jungen Jahren schafft man sich zusätzliche Sicherheit im Alter. Zwar muß man anfangs mehr bezahlen als jemand, der zur Miete wohnt.

Wenn aber nach dreißig Jahren die Hypotheken abbezahlt sind und man in Rente geht, braucht man keine Miete mehr zu bezahlen. Das bedeutet eine erhebliche Steigerung des Lebensstandards. Um gerade jungen Familien die Möglichkeit zur Eigentumsbildung zu geben, haben wir damals eine Reihe von Modellen entwickelt – Mietkaufsystem, Nachsparen, Teileigentum. Damals konnte sich das am Markt nicht so recht durchsetzen. Interessanterweise aber gibt es heute Neuansätze in diese Richtung. Denn insbesondere heute zeigt sich, wie wichtig es ist, kalkulierbare Eigentumsförderungsinstrumente zu haben. Deshalb habe ich auch für die Umstellung von der steuerlichen Abschreibung auf die Eigenheimzulage plädiert und daran in meiner Eigenschaft als Präsident des Deutschen Verbandes für Wohnungswesen, Städtebau und Raumordnung maßgeblich mitgewirkt.

Was bedeutet die Umstellung von der steuerlichen Abschreibung zur Investitionszulage?

Das bedeutet eine direkte Förderung, die unabhängig von Einkommen und Steuerprogression ist und somit Einkommensschwankungen oder Phasen der Arbeitslosigkeit ausgleichen kann. Mit dieser neuen Förderung bekommen nunmehr auch Familien mit mittlerem Einkommen eine reelle Chance, Wohneigentum zu erwerben. Was wir bisher leider noch nicht haben, ist eine ausreichende Hypothekenversicherung, die wirtschaftliche Notsituationen wie schwere Krankheit oder längere Arbeitslosigkeit zu überbrücken hilft. Die Banken zeigen zwar inzwischen ein gewisses Verständnis, indem sie Hypotheken verlängern, Tilgungen und Zinsleistungen aussetzen. Mir schwebt aber ein Sicherungsfonds vor, der in solchen Phasen als Überbrückungshilfe fungiert. Denn die Vorstellung, nach dem Erwerb von Wohneigentum das Haus und die Ersparnisse zu verlieren und obendrein noch Schulden zu haben, ist für den Erwerb von Eigentum nicht gerade förderlich.

Verglichen mit England oder den USA spielt aber der Eigentumsgedanke bei uns eine eher untergeordnete Rolle.

Das ist richtig. Das hat mit der Struktur unserer Städte und mit unserer Geschichte zu tun. In England hat es Mietwohnungsbau in dem Sinne nie gegeben. Wer wohnen wollte, mußte sich das selber schaffen. Und in Amerika gehört es zur Tradition, daß sich jeder Pionier sein Haus baute. Zudem sind Mietwohnungen – gerade in den Innenstädten – so teuer, daß sie zum Luxus werden. Bei uns war die Situation anders. Hier gehörte es häufig zur Politik der großen Firmen, Wohnraum für ihre Angestellten zu schaffen. Die Fuggerei in Augsburg war beispielsweise Mietwohnungsbau. Hierzulande hatte das nichts Diskriminierendes. Außerdem haben wir in der Bundesrepublik Deutschland weitgehend städtische Strukturen und eine hohe Einwohnerdichte. In einer solchen Struktur bietet es sich an, zur Miete zu wohnen. Insofern sehe ich diese Miet-Tradition keineswegs als Mangel an. Dennoch bin ich der Meinung, daß jeder, der Eigentum schaffen will, dafür auch eine faire Chance erhalten muß. 1974 haben wir in das Zweite Wohnungsbaugesetz die Verpflichtung aufgenommen, daß öffentliche Wohnungsbaumittel mindestens zur Hälfte der Eigentumsbildung dienen sollen. Da man uns Sozialdemokraten ja immer unterstellt hat, wir hätten ein gebrochenes Verhältnis zum Wohneigentum, hat man uns das gar nicht zugetraut. Nur: Mit öffentlichen Mitteln der Wohnbauförderung wird immer Eigentum geschaffen. Die Frage ist eben nur für wen – für Wohnungsbaugesellschaften und Anleger oder für viele Kleine? So habe ich mich 1974/75, als dieses Gesetz diskutiert wurde, dafür eingesetzt, die Hälfte der Förderungsmittel für Einzeleigentum auszugeben. Die steuerliche Förderung, die wir derzeit haben, ist zwar für den mittleren Einkommensbereich sehr hilfreich, reicht aber für größere Familien mit normalen oder aber für Familien mit nur geringem Einkommen nicht aus. Deshalb brauchen wir nach wie vor eine zusätzliche öffentliche Eigentumsförderung. Denn nur mit einem solchen »Paket« öffentlicher Förderungen kann bezahlbares Eigentum zustande kommen.

Stammt die Idee der Eigentumsförderung nicht aus den zwanziger Jahren, als die Sparmodelle für Kleinsiedler begannen?

Die Auseinandersetzung über vernünftige, menschenwürdige Wohnungen begann bereits um die Jahrhundertwende. Damals stellte man zum ersten Mal die Frage, wie Menschen in den engen Quartieren menschenwürdig wohnen könnten. In den zwanziger Jahren setzten dann die Überlegungen zur Gartenstadt, zu Kleinsiedlungen, zur Selbsthilfe und zur öffentlichen Förderung ein.

Diese Entwicklung verstärkte sich nach dem Zweiten Weltkrieg entschieden, weil dadurch die Möglichkeit bestand, möglichst vielen Menschen Arbeit und ein Dach über dem Kopf zu verschaffen. Denn beim Bau eines solchen Hauses mußte auch das Dachgeschoß ausgebaut und als Wohnraum zur Verfügung gestellt werden. In den siebziger Jahren ist diese Form der Selbsthilfe angesichts der gestiegenen Einkommen allerdings ausgelaufen.

Haben die Siedlungsplanungen und die Wohnungspolitik des Nationalsozialismus nicht dazu geführt, daß der Siedlungsgedanke nach dem Krieg obsolet wurde?

Nein, denn die Nationalsozialisten haben damit nur an das angeknüpft, was in den zwanziger Jahren entwickelt worden war. Außerdem wurden die meisten Planungen gar nicht realisiert, weil die Kriegsmaschinerie anlief. Insofern gab es keinen Grund, an solchen Konzepten nach dem Krieg nicht wieder anzuknüpfen, zumal sie sich zur Unterbringung der Heimatvertriebenen und der Ausgebombten anboten. Ich selbst habe 1949 mitgeholfen, für einen Heimatvertriebenen ein Haus in Selbsthilfe zu bauen. Damit hatten diese Leute die Chance, neue Wurzeln zu schlagen.

Wo lagen die Ursachen für die Hausbesetzungen in den achtziger Jahren, als junge Leute leerstehende Häuser besetzten, die von Rechts wegen gar nicht hätten leerstehen dürfen?

Obwohl wir mit dem Städtebauförderungsgesetz ein ausreichendes Instrumentarium hatten, um in den ausgewiesenen Fördergebieten Spekulation zu verhindern, Modernisierung durchzusetzen, so sind diese Instrumente doch nicht überall mit der notwendigen Entschlossenheit eingesetzt worden. Außerdem muß man sehen, daß das besondere Städtebaurecht außerhalb der festgelegten Sanierungsgebiete nicht angewendet werden konnte. Und da gab es natürlich auch Spekulanten. Die ließen ihre alten Häuser verfallen, um an deren Stelle luxuriöse Neubauten zu setzen. Wenn die Städte in solchen Fällen nicht von den ihnen zur Verfügung stehenden Mitteln Gebrauch gemacht haben, haben die jungen Leute mit Recht rebelliert und ihrerseits zu Methoden – Hausbesetzungen – gegriffen, die außerhalb des Rechts stehen.

Wie würden Sie die augenblickliche Situation charakterisieren?

In der Eigentumsförderung haben wir die Umstellung der steuerlichen Förderung von der progressionsabhängigen zur progressionsunabhängigen Eigentumszulage. Das ist ein wichtiger Schritt! Leider gibt es die volle Förderung nicht für den Eigentumserwerb aus dem Altbestand. Gerade aus städtebaulichen Gründen wäre eine Gleichstellung wünschenswert. Die jetzige Bevorteilung des Neubaues birgt die Gefahr der Zersiedlung und des Ausweichens auf die Grüne Wiese in sich.

Allerdings dürfen wir, auch angesichts der zusammenbrechenden Baukonjunktur – jetzt nicht die Mittel der Förderung des sogenannten 1. und 3. Förderweges zurücknehmen. Denn trotz der neuen Form der steuerlichen Förderung bleibt der Wunsch nach Wohneigentum für viele Familien ohne Bausparförderung und zusätzlicher öffentlicher Förderung unerfüllbar.

Und wie sieht es heute mit der Situation im Wohnungsbau aus?

Nach ersten Schätzungen sind 1996 knapp 600.000 Wohnungen fertiggestellt, rund 450.000 in Westdeutschland und 150.000 in den neuen Ländern. Diese Zahlen werden 1997 sicher nicht erreicht! Ersten Prognosen zufolge kann man in diesem Jahr von etwa 540.000 neuen Wohnungen ausgehen. Ein rückläufiger Trend ist damit eingeläutet! Der wird auch nicht durch die von mir schon erwähnte, begrüßenswerte Neuregelung der steuerlichen Wohneigentumsförderung aufgefangen. Das Problem liegt im Mietwohnungsbau! Die Förderung des sozialen Wohnungsbaus wird angesichts der knappen öffentlichen Kassen bei Bund und Ländern zurückgehen. Die bisher vom Bund bereitgestellten Mittel in Höhe von zwei Milliarden DM im Jahr werden in diesem Jahr sicher nicht zur Verfügung stehen. Die Hauptlast der Förderung liegt bekanntlich ohnehin bei den Ländern. Und auch dort verabschiedet man sich von der gewohnten Förderhöhe. Wenn dann noch im Rahmen der für dieses Jahr angekündigten Wohngeldstrukturreform Bund und Länder ihre Beteiligung von je 3,3 Milliarden DM zurückfahren, sieht es für die sozialschwächeren Schichten böse aus. Eine Wohnung im freifinanzierten Neubau ist dann nicht mehr bezahlbar!

Es stellt sich weiter die Frage, ob angesichts der anstehenden großen Steuerreform institutionelle Anleger und Wohnungsbaugesellschaften sich überhaupt noch nennenswert im Mietwohnungsbau engagieren. Die Absenkung des Körperschaftsteuersatzes auf 35 % und des Einkommensteuersatzes auf unter 40 % einerseits und andererseits die Streichung von Sonderabschreibungen sowie die verringerte Degression der Abschreibung führen doch wahrscheinlich zu einer Abkehr vom Mietwohnungsbau.

Ein insgesamt also eher düsteres Szenario zu Ihrer eingangs gestellten Frage! Aber noch stehen wir ja am Anfang des Jahres 1997. Ich werde mich in meiner Eigenschaft als Präsident des Deutschen Verbandes dafür einsetzen, die Düsternis nicht Platz greifen zu lassen. Unsere Mitbürger, vor allem die sozial schwächeren, müssen einen Silberstreif am Horizont sehen. Wohnungsnot oder nicht mehr bezahlbare Wohnungen lösen mit Sicherheit soziale Unruhen aus. Und die können und dürfen wir uns nicht leisten.

ULRICH KIRSTEIN

Zurück zur Stadt – Konzepte zur Wiedergewinnung des Lebensraums Innnenstadt

Die Unwirtlichkeit der Städte: Erkenntnisdämmerung

»Die Stadt – ihre Luft macht in Mitteleuropa seit 1000 Jahren frei, und bis heute garantiert sie diese Freiheit als Chance zum gesellschaftlichen Aufstieg – muß neu entdeckt und geformt werden«[1]. Diese Forderung stellte Uwe Schultz 1971 in dem von ihm herausgegebenen Buch »Umwelt aus Beton oder Unsere unmenschlichen Städte« auf. Damit reagierte er auf Entwicklungen, die seit den sechziger Jahren zu einer Verödung der Innenstädte geführt hatten. Verantwortlich dafür waren im wesentlichen drei Faktoren: Zum Ersten die wirtschaftliche Entwicklung der Städte, durch die immer mehr Wohnungen in Gewerbeflächen umgewandelt wurden, so daß die Funktionen Wohnen und Arbeiten räumlich getrennt wurden; zum Zweiten die daraus resultierende stark anwachsende Verkehrsbelastung; und zum Dritten die mangelnde Bereitschaft der Wohnungseigentümer, notwendig gewordene Sanierungs- und Modernisierungsmaßnahmen durchzuführen – nicht zuletzt ausgelöst durch die Mietpreisbindung für Altwohnraum.

In den Altstadtwohnungen, die zumeist weder über angemessene sanitäre Einrichtungen noch einen zeitgemäßen Komfort verfügten, verblieben schließlich hauptsächlich einkommensschwache Bevölkerungsschichten: ältere Menschen, deren geringe Rente keine andere Wohnsituation zuließ, und häufig wechselnde Mieter wie Studenten und ausländische Arbeitnehmer.

Angesichts dieser Entwicklungen drohten die Städte ihre zentrale, kulturhistorisch notwendige Funktion als Wohn- und Lebensraum zu verlieren. Vor dieser Gefahr warnten insbesondere Psychologen und Soziologen eindringlich. Bücher wie Alexander Mitscherlichs »Unwirtlichkeit der Städte« von 1965, Burkhard Gregers »Städtebau ohne Konzept« (1973) oder Hans Paul Bahrdts »Humaner Städtebau« (1968) dokumentieren die kritische Auseinandersetzung mit der Stadtplanung der sechziger und siebziger Jahre.

Es galt dabei, das schier unlösbare Problem in den Griff zu bekommen, in den Innenstädten Wohnraum zu schaffen, der den immer weiter steigenden Qualitätsansprüchen der Bevölkerung ensprechen konnte.

Die Situation in München

In München war die Lage auf dem Wohnungsmarkt besonders angespannt, weil der Zuzug in den Großraum München durch die Sogwirkung der Landeshauptstadt, das Image als Kulturstadt, die Ausdehnung der Universitäten und das hohe wirtschaftliche Wachstum zukunftsträchtiger Industrien seit den sechziger Jahren außerordentliche Ausmaße angenommen hatte.[2] Der Bau von Trabantenstädten sollte diese Bevölkerungsexplosion abfedern, wurde jedoch 1973 endgültig gestoppt.[3] Das Neubauvolumen in der Münchner Innenstadt sank aufgrund hoher Grundstückspreise und gestiegener Baukosten auf den niedrigsten Wert seit 1950. Gerade der soziale Wohnungsbau war kaum noch finanzierbar. So lebten, trotz des Zuzugs in den Ballungsraum, in der Innenstadt immer weniger Menschen.[4] Die Entwicklung der Altstadt zum Wirtschaftszentrum, ein Prozeß, der bereits im 19. Jahrhundert eingesetzt hatte, intensivierte sich bis Mitte der siebziger Jahre und führte zu einer fortschreitenden Umwandlung von Wohn- in Geschäftsraum. Verstärkt wurde dieser Trend durch das zentrierte öffentliche Nahverkehrssystem mit den 1972 eingeweihten S-Bahn-Linien, das die Innenstadt, speziell den Marienplatz, zum Verkehrsknotenpunkt des Großraums München machte.

Das Konzept der polyzentralen Stadtentwicklung

Im Stadtentwicklungsplan von 1975 wurde ein Konzept der polyzentralen Stadtentwicklung vorgestellt, das Stadtteilzentren außerhalb des Stadtkerns vorsah und die City vom Tertiärisierungsdruck befreien sollte. Aus der »einkernigen, gewachsenen Metropole München (sollte) eine mehrkernige Metropole«[5] entstehen. Als Leitgedanken für die zukünftige Entwicklung Münchens stellte der damalige Stadtbaurat Uli Zech die Erhaltung und Verbesserung der Lebensqualität, die Konsolidierung des Bevölkerungswachstums, die Erhöhung der Konkurrenzfähigkeit gegenüber dem Umland und die Bewahrung der Stadtgestalt in den Vordergrund.[6] Kernproblem war, wie in der Innenstadt attraktiver Wohn- und Lebensraum gestaltet werden konnten, damit auch junge Familien mit höherem Einkommen wieder Gefallen an einem Leben in der City finden würden. Diskussionspunkte, die sich mit dieser Problematik auseinandersetzten, waren Überlegungen zur Verkehrsberuhigung, weiträumige öffentliche Sanierungskonzepte, die Einbeziehung von Bürgern bei Planungsprozessen, die denkmalpflegerische Betreuung von Bausubstanz und ganz konkrete Schritte wie Hinterhofbegrünungen, Wohnumfeldverbesserungen, Stadtbildpflege, Freiflächensanierung etc.[7]

Die Fußgängerzone: Stadtgestaltung und Wirtschaftsförderung

Fußgängerzonen galten in den siebziger Jahren nicht nur als Mittel zur dringend notwendigen Verkehrsberuhigung, sondern auch als Möglichkeit, die wirtschaftliche Leistungskraft von Altstadtbereichen zu sichern. Den 1967 ausgeschriebenen Wettbewerb über die Gestaltung der Fußgängerzone gewann der Architekt Bernhard Winkler, die Ausführung zog sich bis 1972 hin. Ermöglicht wurde sie nicht zuletzt durch den Bau des S-Bahn-Tunnels zwischen Hauptbahnhof und Marienplatz. Die Münchner Fußgängerzone galt als weithin vorbildlich.

»Bereiche mit Brunnenanlagen, gastronomische Inseln, Möblierung mit Pflanztrögen und losen Stühlen [...] ermöglichen Aufenthalt, Verweilen, Sitzen und Ausruhen«.[8]

Mit rund 50.000 qm war sie die größte und »ganz ohne Zweifel auch am besten gelungene Fußgängerzone in Süddeutschland«[9]. Hans-Jochen Vogel schrieb in seinen Erinnerungen, wenn »etwas die Lebensqualität in München in den letzten Jahren fühlbar erhöht hat, dann dieser Fußgängerbereich«.[10] Als Ruhezone, Flaniermeile oder urbanes Zentrum, dessen Bedeutung über rein kommerzielle Aspekte hinausreicht, hat sich die Münchner Fußgängerzone jedoch nicht bewährt. Vielmehr fördert sie in ihrer hektischen Betriebsamkeit alle Vorurteile gegen das Wohnen in der Innenstadt. Durch die astronomisch hohen Ladenmieten[11] und die Verlagerung des Verkehrs in die umliegenden Straßen verdrängte die Fußgängerzone wertvollen innerstädtischen Wohnraum.

Sanierung und Modernisierung

1975 setzte sich der Wohnungsbestand aus einem Drittel Altbauten und zwei Drittel Neubauten zusammen, die zwar praktisch, hochwertig und gut ausgestattet waren, jedoch »viel Mittelmäßiges und nur wenig architektonisch Bedeutsames«[12] aufwiesen. Aufgrund der schlechten Bausubstanz vieler der alten Gebäude hätte deren Sanierung allerdings erhebliche Kosten verursacht. Insofern zogen es viele Hausbesitzer vor, den Prozeß des ›Verwohnens‹ durch eine gezielte Überbelegung mit Studenten und ausländischen Arbeitnehmern zu beschleunigen. Der auf diese Weise künstlich verstärkte desolate Zustand der Häuser ermöglichte ihren Abriß und schuf damit Platz für entschieden rentablere Neubauten. Die städtischen Sanierungskonzepte konnten diesen Tendenzen in den meisten Fällen nicht wirksam entgegensteuern. Im Gegenteil, die Ausweisung ganzer Stadtviertel als Sanierungsgebiete war dem Abbruch preisgünstiger Mietwohnungen und dem Neubau teurer Eigentumswohnungen häufig sogar förderlich. Die Stadt München versuchte energisch, die bereits 1964 festgestellten »Abwertungserscheinungen« der Innenstadt mit einer großzügigen Sanierungsplanung aufzufangen. Die Finanzierung eines mittelfristigen Erneuerungsprogramms der Landeshauptstadt sah sie durch Mittel aus dem Städtebauförderungsgesetz, dem Wohnungs-Modernisierungs-Gesetz, der Modernisierung im Rahmen des Sozialen Wohnungsbaus (§ 17 2. Wo.BauG) und eines eigenen Fonds der Stadt als gesichert an. Die geplante Sanierung umfaßte Haidhausen, das Westend, Teile der Altstadt (Jakobsplatz mit Sebastiansblock), Giesing und Pasing. Wegen der knappen öffentlichen Mittel konnten aber erst 1974 konkrete Schritte unternommen werden. In Haidhausen wurde der Block 14 (zwischen Wolfgang-, Preysing- und Leonhardstraße) als erster Sanierungsabschnitt gewählt. Das vom Stadtbauamt 1976 vorgelegte ›Gesamtkonzept zur Stadtteilsanierung Haidhausen‹[13] umfaßte schließlich 22 Blöcke mit ca. 13.000 Bewohnern. Ein Jahr später folgte das Gesamtkonzept für das Westend. 1978 standen durch die Aufnahme Haidhausens in das Bundesprogramm auch staatliche Gelder zur Verfügung. Für ›Sanierungspakete‹ wurden gutachterliche Stellungnahmen zu bestimmten Blöcken eingeholt. Da die städtische Baubehörde mit den Durchführungsmaßnahmen überfordert war, wurden im Februar 1978 zwei privatwirtschaftliche Sanierungsträger bestellt: Aufbau Bayern und Südhausbau.[14] Schon im nächsten Monat wurde ein Rundschreiben an alle Hauseigentümer in Haidhausen versandt, in dem als Ziel formuliert war, »keine Entwicklung zum Nachteil Haidhausens und seiner Bewohner«[15] einzuleiten. Obwohl sich der Stadtrat zum ›Prinzip der offenen Planung‹[16] bekannt hatte, ohne dieses allerdings näher auszuführen, wurden die Bürger bei den tatsächlich durchgeführten Sanierungsmaßnahmen kaum einbezogen. So regte sich unmittelbar nach Versendung der Rundschreiben Protest sowohl bei den Hausbesitzern als auch bei den Mietern. Die Hausbesitzer wollten nicht auf die für staatliche Zuwendungen verpflichtende Mietpreisbindung eingehen, und die Mieter fürchteten Mieterhöhungen bzw. die Umwandlung ihrer Wohnung in Eigentumswohnungen. Bürgerinitiativen, Stadtteilzeitungen und Mietervereine versuchten, die drohende Sanierung abzuwenden oder notwendige Sanierungs- und Modernisierungsmaßnahmen in Eigenregie durchzuführen. Denn die Erfahrungen der ersten, vereinzelten Sanierungsmaßnahmen, die bereits Ende der sechziger Jahre in der Innenstadt durchgeführt worden waren, hatten bedeutende Strukturveränderungen bewirkt: Alt eingewurzelte Bewohner waren umgesiedelt worden, sozial schwächer Gestellte hatten sich die modernisierten Wohnungen nicht mehr leisten können[17], statt des Einzelhandels zur Grundversorgung hatten sich Boutiquen für den gehobenen Bedarf angesiedelt. Eine positive Bewertung eines ›humanen Wohnens‹ in modernisierten Wohnungen kann jedoch nur erfolgen, wenn die

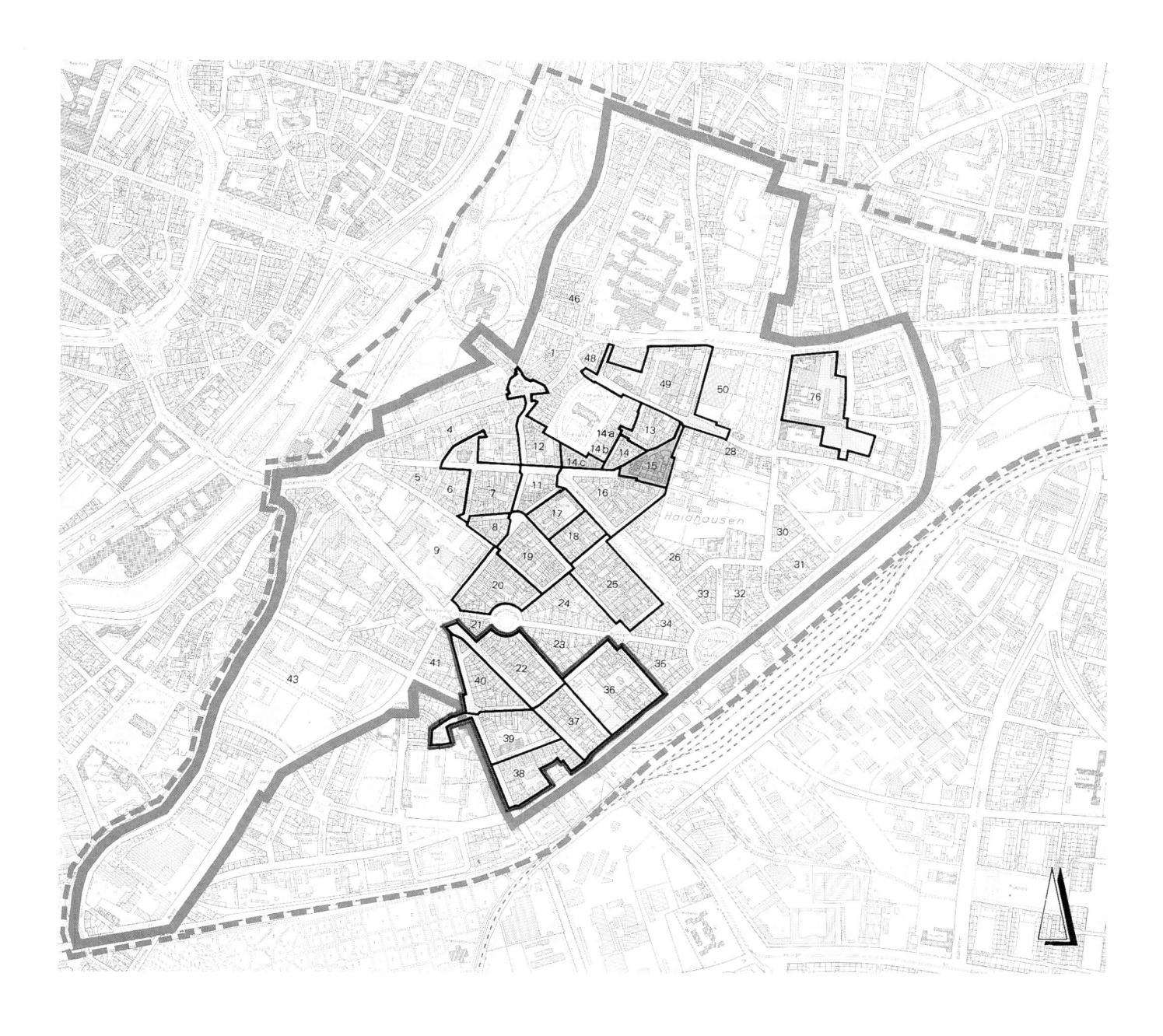

Sanierung in Haidhausen, Übersichtsplan Durchführungsarbeiten.
Maßstab 1:1000.
Landeshauptstadt München, Baureferat – Stadtplanung.
Oktober 1977.

Legende

▬ ▬   Erweiterter Umgriff der Stadtbezirke 14 und 16

▬▬▬   Umgriff §4 StBauFG

22   Flächenzuweisung,
36–40   Südbaucommerz/Treubau (Arge)

1–76   Blocknummern

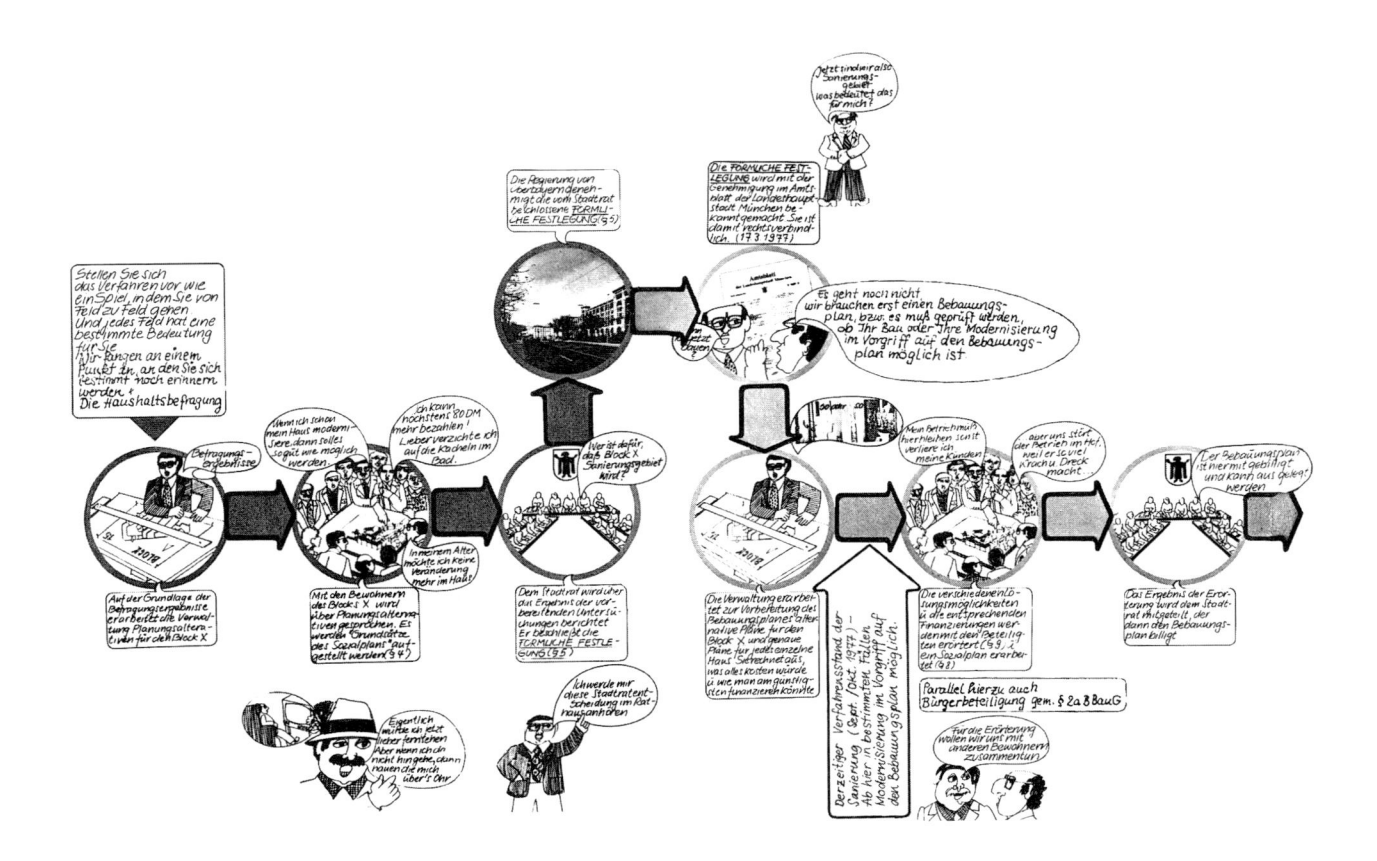

Mieter sich diese auch leisten können, ohne ihren Lebensstandard einschränken zu müssen.[18] Eine 1980 – zwei Jahre nach Sanierungsbeginn in Haidhausen – durchgeführte Studie über die Wirkung dieser Maßnahme kam zu dem Ergebnis, daß »[...] nahezu alle von den befragten Mietern [...] die derzeit praktizierte Form der Stadtteilsanierung ab(lehnen)«.[19] Bereits 1974, im Vorfeld der Sanierung, war in der von der Stadt herausgegebenen Zeitung ›Haidhausen Information‹ zu lesen gewesen, daß ein »Konzept zur Erneuerung eines Stadtteils [...] letztlich nur dann sinnvoll (sei), wenn die Bevölkerung mit den Zielen einverstanden ist und bei der Realisierung mitwirkt«.[20] Somit muß diese Sanierung Haidhausens als nicht »sinnvoll«, wenn nicht gar sinnlos bezeichnet werden. Nach einem Umdenkungsprozeß der Stadt über die Sanierungskonzepte[21] wurde 1979 die ›Münchner Gesellschaft für Stadterneuerung‹ (MGS) gegründet, um die Akzeptanz der städtischen Planung bei den Betroffenen zu erhöhen. Die MGS übernahm die Betreuung des Sanierungsgebietes Haidhausen. Sie zeichnete verantwortlich für die Abwicklung der Modernisierungsmaßnahmen, errichtete Neubauwohnungen als Umsetzwohnungen – meist Sozialwohnungen auf städtischem Bauland – und unterstützte private Sanierungen durch ein eigens entwickeltes Finanzierungsmodell. 1989 konnte die MGS berichten, daß das Resultat der Sanierung in Haidhausen bei den betroffenen Mietern eine hohe Akzeptanz fände. Doch derselben Untersuchung läßt sich auch entnehmen, daß sich die Soziostruktur in Haidhausen 1989 deutlich von derjenigen von 1970 unterscheidet: Es hat eine »grundlegende Veränderung« stattgefunden und Haidhausen wurde »zu einem begehrten, urban geprägten Standort für eine mobile, modischen Trends gegenüber aufgeschlossene, jüngere und kaufkräftigere Bevölkerungsschicht« umgeformt.[22] Die 1974 formulierten Ziele der Haidhausener Sanierung hatten dagegen eine »behutsame Verbesserung der Wohnqualität und -struktur« angestrebt.[23]

Neben den städtischen Sanierungskonzepten entstanden seit den frühen siebziger Jahren auch einige alternative Projekte, die eine sanfte Sanierung, d.h. eine kostensparende, ökologische und gemeinschaftsfördernde Erneuerung in Eigeninitiative anstrebten. Gelungene Beispiele bilden die Breisacherstraße 12, bei der die Mieter einen ›Verein für angewandte Ökologie‹ zur Renovierung gründeten, oder die Lothringer Straße 9, wo die Mieter für die Gestaltung ihres Innenhofes einen Preis der Stadt München erhielten. Auch das ›Öko-Haus‹ in der Pariser Straße 10, das von der MGS unter Einbeziehung der Bewohner saniert wurde, kann hier genannt werden.[24] Diese Beispiele einer »sanften Sanierung« fallen in der Landeshauptstadt München kaum ins Gewicht.

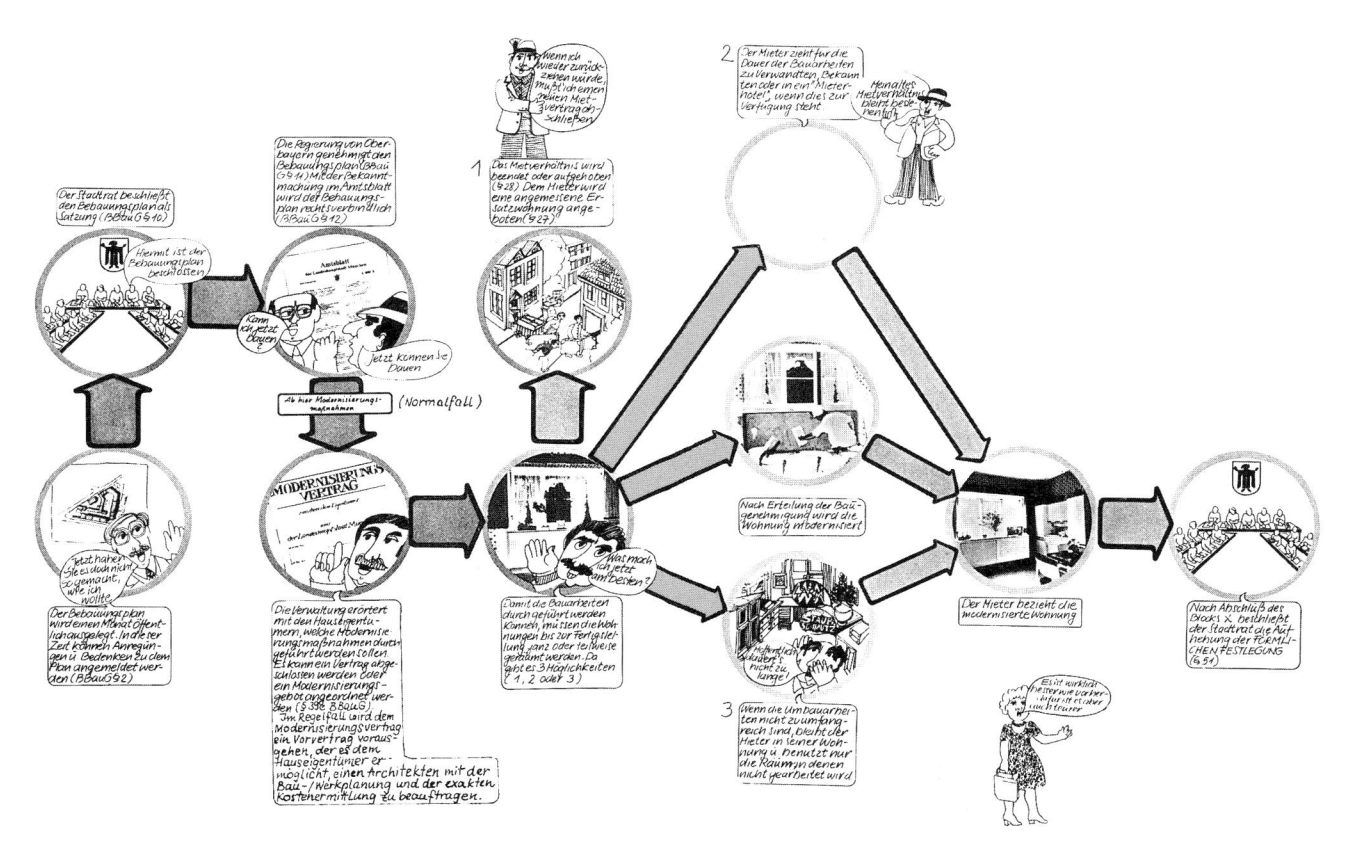

Städtisches Informationsblatt zum Verfahrensschema: Ablauf der Sanierung in förmlich festgelegten Sanierungsgebieten nach dem Städtebauförderungsgesetz (StBauFG) – Normalfall.

Protest und Organisation: Die Reaktion der Bürger

Im Schlepptau der 68er-Bewegung mit ihrer Forderung nach außerparlamentarischer, basisdemokratischer Bürgerbeteiligung wurden in den verschiedenen Münchner Stadtteilen Bürgerinitiativen, Vereine und Foren gegründet, die konkret an der aktuellen Stadtentwicklung beteiligt sein wollten. Diese Vereinigungen umfaßten ein weites Bevölkerungsspektrum: Eine dezidiert links ausgerichtete Jugendszene, die zum Teil durch Hausbesetzungen[25] auf die Problematik leerstehender Häuser aufmerksam machte, zählte ebenso dazu wie wertkonservative Bildungsbürger, die um den Ausverkauf ihres Stadtteils bzw. ihrer Stadt fürchteten. Selbst Kirchengemeindemitglieder protestierten in der vom örtlichen Kaplan mitgegründeten ›Bürgerinitiative Maxvorstadt‹ gegen die Umwandlung ihres Viertels in ein Dienstleistungs- und Verwaltungszentrum,[26] die eine der frühesten organisierten Bürgerbewegungen Münchens darstellte.

Der 1973 gegründete Verein ›Urbanes Wohnen‹ setzte sich für eine Mitwirkung der Mieter bei Sanierungen, eine ökologische Wohnumfeldgestaltung und ein selbstbestimmtes und demokratisches Wohnen ein.

Aus Protest gegen den Ausbau des Altstadtringes Nord-Ost zwischen Isartor und Prinz-Carl-Palais formierte sich am 23.7.1968 das ›Münchner Diskussionsforum für Entwicklungsfragen e. V.‹, das sich zur wichtigsten Plattform einer bewohnerorientierten, offenen Stadtplanung entwickelte. In § 2 der Vereinssatzung ist als Zweck festgelegt, »die Förderung von Ideen und Kenntnissen auf allen wissenschaftlichen Gebieten, die für die städtebauliche Entwicklung Münchens und der Region von Bedeutung sind, insbesondere Schaffung einer Dokumentation als Grundlage für die Diskussion und zur Erweiterung der Informationsmöglichkeiten«[27]. Der Verein wird heute von zahlreichen Organisationen getragen, u. a. den Gewerkschaften, Architekten- und Ingenieurverbänden, Universitätsinstituten und der Stadt München. Es handelt sich also weniger um Betroffene als um Fachleute und Spezialisten. Stark beachtet war die Aktion »Öffnet die Höfe« von 1970, die »Oasen der Ruhe und des genußvollen Stadterlebens«[28] schaffen sollte, und der Aufruf »Rettet die Innenstadt« von 1971.

Diese Bürgeraktivitäten führten zu einer intensiven Auseinandersetzung der Einwohner mit ihrem Stadtteil, mit der Geschichte und Gestaltung ihres unmittelbaren Umfeldes.

Gründerzeitbau (links) neben einem Haus aus dem Wiederaufbau. Teng-/Ecke Görresstraße. Foto 1997.

Der historische Faktor: Stadtqualität durch Denkmalpflege

Seit etwa 1975 galt in München der Leitsatz von der ›Stadt im Gleichgewicht‹. Nach der Modernisierungswelle der sechziger und siebziger Jahre sollte ein behutsamer Umgang mit der vorhandenen Substanz gepflegt werden. Das Bayerische Denkmalschutzgesetz von 1973 und das Europäische Denkmaljahr von 1975 schärften außerdem das Bewußtsein für historische Bauwerke in einer breiteren Öffentlichkeit. Die Denkmalpfleger sahen insbesondere durch die Ausbreitung des tertiären Sektors Gebiete wie das Lehel und die Maxvorstadt als extrem gefährdet an.[29] In der erstmals 1985 veröffentlichten Münchner Denkmalliste des Landesamtes waren 8.000 Objekte verzeichnet, was 7 % des gesamten damaligen Baubestandes entsprach. Die Denkmalpflege suchte nach Lösungen, um der »Unwirtlichkeit der Städte« zu begegnen und prangerte offensiv die Zerstörung der Städte unter dem »Deckmantel der Sanierung« an. Der Münchner Denkmalpfleger Michael Petzet merkte 1979 an, daß »gerade das Erlebnis der historisch gewachsenen Individualität einer unversehrten Stadt aber bedeutet, daß sich der Bürger mit seiner Stadt, mit seiner Heimat, identifizieren kann«.[30]

Rettungsmaßnahmen wie das Ignaz-Günther-Haus, gelungene und preisgekrönte[31] erhaltende Erneuerungsmaßnahmen wie der Alte Hof der Residenz oder eine Bäckerei mit Wohnhaus Am Platzl sind der Neubewertung der Denkmalpflege gutzuschreiben. Leider zeigte sich jedoch, daß an Stellen, wo der wirtschaftliche Druck zu groß war, auch die institutionalisierte Denkmalpflege nichts ausrichten konnte. Dies gilt beispielsweise für den Bau des Europäischen Patentamtes, dem ein ganzer unter Denkmalschutz stehender Straßenzug weichen mußte und der in seiner Unmaßstäblichkeit ein unter Ensembleschutz stehendes Viertel sprengt.

Resümee: Stadtflucht oder Stadtsucht?

Haben nun Verkehrsberuhigungsmaßnahmen, harte und sanfte Sanierung, Modernisierung, Freiflächensanierung, Stadtbildpflege, Denkmalschutz, erweiterte Stadtentwicklungspläne, Organisationen, Verbände und Bürgerinitiativen betroffener Bürger zu einer Wiederentdeckung der Innenstadt geführt? Ziehen einkommensstarke Familien wieder zurück in die City, füllen sich begrünte Innenhöfe mit Kindergeschrei? Armin Mayr konstatierte in einer 1989 veröffentlichten Studie nüchtern:

»Die Hoffnung vieler Kommunalpolitiker und Planer auf eine Rückkehr ›suburbaner Eliten‹ in die (Innen)städte hat sich auch in München nicht erfüllt«.[32]

Seit 1970 leben im Stadtkern ein Drittel weniger Familien mit Kindern, die kinderreichen Familien innerhalb des Stadtgebietes konzentrieren sich auf die Randbezirke wie Aubing, Milbertshofen oder Ramersdorf-Perlach.[33]

Die attraktivitätsfördernden Maßnahmen muten vielmehr wie ›Tropfen auf heiße Pflastersteine‹ an, eine wirkliche Umkehrbewegung hat nicht eingesetzt, eher ein gradueller Verlangsamungsprozeß. Ob die 1992 vom Stadtrat beschlossene Aktion ›City-Management‹ mit Gründung einer Arbeitsgemeinschaft ›Attraktive Innenstadt‹[34] Früchte tragen wird, bleibt – skeptisch – abzuwarten. Denn eine wirkliche Förderung der Innenstadt kann nur erfolgen, wenn die städtische und die regionale Planung zusammengeführt werden und ein gemeinsames Konzept entwickelt und durchgesetzt wird.[35]

Die intensive Baupolitik, die die seit den achtziger Jahren wieder aufkeimende »neue Wohnungsnot« überwiegend mit Bauherrenmodellen, Sparhäusern und einem verschwindend geringen Prozentsatz an Sozialwohnungen[36] zu decken versucht, führt zu einer wachsenden Betonierung der City, wodurch eine weitergehende Zerstörung innerstädtischer Lebensqualität zu befürchten ist.[37] Rein äußerlich hat sich die Lage durchaus zum Positiven verändert: Es gibt »kaum ein Gebäude, das nicht (fast zu) perfekt instandgehalten wird [...] Die City ist schick von der Türschwelle bis zum Dachfirst«.[38] Ob hinter diesen schicken Fassaden noch die Ureinwohner, die echten Münchner, oder die echten Haidhausener oder Altstädter, zu finden sind, ob das Kindergeschrei nicht längst durch Hundegebell ersetzt wurde, ist allerdings die Frage.

Anmerkungen

1 Schultz 1971, 8.
2 Vgl. Stadtentwicklungsplan 1975, der die Landeshauptstadt München als die »attraktivste Stadt« in Deutschland bezeichnet (I-20); außerdem ist München zwischen 1960 und 1970 schneller als jede andere Großstadt gewachsen (III-3); zum Image Münchens, vgl. auch Birkenhäuser 1987, 1-11.
3 Oberbürgermeister Kronawitter verkündete 1973, daß das Projekt Freiham sterben müsse; damit war der Bau der letzten Trabantenstadt gescheitert, vgl. Forssmann 1975, 200.
4 Von ca. 550.000 Bewohnern 1961 (50,7 % der Münchner Bevölkerung) sank die Anzahl auf 495.000 (38,1 %) im Jahr 1980, Sozialgeografischer Führer 1987, 117; fast 50 % der Umzüge deutscher Einwohner in München gingen dabei in das unmittelbare Umland, vgl. Stadtentwicklungsplan 1975, I-9.
5 Zech 1975, 276 und v. a. den Stadtentwicklungsplan von 1975, Kapitel III: Polyzentrale Stadtentwicklung.
6 Zech 1975, 284; in einem Vortrag über »Stadtsanierung. Stand und Problematik in der Praxis«.
7 Der bayerische Minister für Landesentwicklung und Umweltfragen Alfred Dick schrieb 1979 sogar von einem »Konzept der innerstädtischen Erholungslandschaft«, Grub 1979, Vorwort.
8 Architekten und Denkmalpflege 1975, 97.
9 Köpf 1974, 95.
10 Vogel 1972, 152.
11 1984 betrugen sie im Durchschnitt zwischen 200 und 250 DM pro qm, vgl. Sozialgeografischer Führer 1987, 228.
12 Nerdinger 1994, Vorwort.
13 LH München 1976.
14 Zum Engagement der Südhausbau, siehe Ottmann 1996 a, 86-88.
15 Rundschreiben Aufbau Bayern, März 1978 (Archiv Südhausbau).
16 Schon in einer Stadtratssitzung vom 11. März 1970 wurde das ›Prinzip der Offenen Planung‹ beschlossen.
17 Zwischen 1969 und 1972 mußten 73.000 Einwohner des Innenstadtgebietes ihre Wohnungen verlassen. Vgl. Günter/Hasse 1976, 81.
18 Vgl. Thürmer-Rohr 1976.
19 Sanierung Haidhausen 1980, 213.
20 Haidhausen Information Nr. 1, 26.6.1974, 3. Dieses Mitteilungsblatt für die Sanierung in Haidhausen wurde vom Baureferat herausgegeben und sollte die gesetzlich vorgeschriebene Informationspflicht zur dortigen Sanierung erfüllen. Es erschien in unregelmäßigen Abständen und wurde allen direkt Betroffenen zugesandt.
21 Vgl. Materialien 1976, Vorwort von Prof. Gerd Albers.
22 MGS/GFS 1989, 21.
23 Holl 1974, 47.
24 Allerdings zog, bedingt durch die lange Bauzeit, nur eine einzige Mieterin von ihrer Umsetzwohnung in die alte Wohnung zurück. Vgl. zu alternativen Sanierungskonzepten insbesondere Herde 1993 und Breckner 1993.
25 Hausbesetzungen spielten in München, im Gegensatz zu Berlin, Frankfurt oder Hamburg, in den Jahren 1971-1974 nur eine geringe Rolle, 1979 gab es vereinzelt Hausbesetzungen. Eine Gruppe obdachloser Jugendlicher, die ›Steinläuse‹, besetzte im Februar 1980 ein leerstehendes Haus in der Orleansstraße 65a symbolisch, wurde jedoch sofort entfernt und durfte nicht mit in das in diesem Haus gebildete Wohnprojekt integriert werden, um keine ›Haidhausener Hafenstraße‹ zu initiieren. Vgl. Breckner 1993.
26 Vgl. Dantscher 1974.
27 Mantler 1982, 139.
28 Münchner Forum 1970, 3.
29 Habel 1976, 187.
30 Petzet 1979, 13.
31 München wurde Landessieger auf dem Landes- und Bundeswettbewerb ›Stadtgestalt und Denkmalschutz‹ 1977/78, vgl. Stadtgestalt und Denkmalschutz 1979, 43.
32 Mayr 1989, 36.
33 Vgl. Sozialgeografischer Führer 1987, 117: 70 % der deutschen Haushalte haben keine Kinder, zusammen mit den Haushalten der ausländischen Mitbürger sind es 83 %.
34 Will 1993.
35 Vgl. Michael 1982.
36 München hat im Vergleich zu anderen Städten die niedrigste Rate an Sozialwohnungen, dafür aber bei diesen eine der höchsten Fehlbelegungszahlen! Vgl. Mayr 1989.
37 München gehört zu den am dichtesten besiedelten Städten. 1985 waren es 4.058 Bewohner pro qm, im Ruhrgebiet sind es durchschnittlich 3.000. Vgl. Wießner 1989, 10.
38 LH München 1985.

KAPITEL 7

München und sein Umland

JÖRG LIPPERT **Von der Stadt zur Region**

Leben in der Stadt, leben auf dem Land – dieser traditionelle Gegensatz hat in unserem Jahrhundert mehr und mehr an Bedeutung verloren. Kristallisationspunkte dieser Veränderungen sind insbesondere seit dem Ende des Zweiten Weltkrieges und der darauffolgenden Wiederaufbauzeit die Städte und ihr Umland. Annähernd zeitgleich mit den immer engeren funktionalen und räumlichen Verflechtungen von Kernstadt und stadtnahen Bereichen begannen auch die Diskussionen um die damit verbundenen Probleme und Chancen. München als bayerische Landeshauptstadt und Großstadt bietet ein prägnantes Beispiel für raumwirksame Verflechtungen zwischen Stadt und Umland, die nach Art, Intensität und Reichweite eine außerordentliche Vielfalt aufweisen.[1] Im folgenden soll die Siedlungsentwicklung betrachtet werden.

Die Bevölkerungsentwicklung als Basis der Siedlungsentwicklung

Die Entwicklung der Stadt München zum Verdichtungsraum, zum Ballungsraum begann in der Nachkriegszeit mit einem starken Bevölkerungszuwachs, der zunächst vor allem durch Vertriebene und Flüchtlinge bestimmt wurde. Aufgrund der anschließenden wirtschaftlichen Entwicklung Münchens setzte bald wieder, ähnlich wie schon vor dem Krieg, die Land-Stadt-Wanderung aus dem agrarisch geprägten Umland ein. War die Bevölkerungszahl bei Kriegsende auf 550.000 gesunken, so wurden 1950 bereits 820.000 Einwohner gezählt, was in etwa dem Vorkriegsstand entsprach. Durch den kontinuierlichen Zuzug von ca. 30.000 Personen pro Jahr wuchs die Bevölkerungszahl in den fünfziger Jahren weiter an, so daß schon 1956 die Millionengrenze überschritten wurde.[2]

Wirtschaftsstrukturelle Veränderungen setzen sich räumlich um

Der bereits nach dem Krieg einsetzende Wandel der Wirtschaftsstruktur Münchens zur Güterverarbeitung führte dazu, daß die Stadt eine außerordentliche Sogwirkung entfaltete und sich eine Vielzahl von Firmen in die Stadt verlagerte.[3] Seit Anfang der sechziger Jahre gewann der Zuzug ausländischer Arbeitskräfte immer mehr an Bedeutung; etwa seit Mitte der sechziger Jahre verstärkten sich auch die erwerbsorientierten Nord-Süd-Wanderungen innerhalb der Bundesrepublik, die vor allem Südbayern und hier insbesondere dem Raum München erhebliche Wanderungsgewinne einbrachten.[4] So wurden in dieser Zeit jährliche Zuwachsraten von 40.000 Personen ermittelt.[5] Dieser Trend wurde zum entscheidenden Motor der weiteren Stadtentwicklung.

Wohnungsbauoffensive und erste Stadt-Umland-Überlegungen

Der aus dem wachsenden Bevölkerungdruck resultierenden Wohnungsnot wurde zunächst mit verschiedenen Wohnungsbauprojekten innerhalb des Stadtgebietes entgegengewirkt. Maßgeblich war dabei vor allem der »Gesamtplan zur Beseitigung der Wohnungsnot«, der in den Jahren 1960–72 die Schaffung von 123.300 Wohnungen vorsah.

Bereits in der ersten Hälfte der sechziger Jahre wurde jedoch deutlich, daß die Probleme der Überlastungserscheinungen sowohl in der Wohnraumkapazität als auch in der Infrastruktur nicht mehr allein innerhalb der Stadtgrenzen zu lösen waren. Flächenknappheit, höhere Bodenpreise und gestiegene Wohnansprüche zwangen zu einer Umorientierung. Zur selben Zeit entwickelte sich die Stadt-Umland-Wanderung, die vorher nur in Einzelfällen zu beobachten gewesen war, zum zentralen Merkmal innerregionaler Mobilität.[6] Kennzeichnend für diesen bis heute andauernden Prozeß sind nicht nur Bevölkerungsverschiebungen von der Kernstadt ins Umland, sondern auch eine verstärkte Abwanderung von Wirtschaftsunternehmen.

Diese Entwicklungen führten zu neuen planerischen Konzepten, die erstmals auch das Umland miteinbezogen. Der im Jahre 1963 verabschiedete erste Stadtentwicklungsplan umfaßte deshalb folgerichtig neben der Schaffung von Komplexzentren und Entlastungsstädten im Stadtrandbereich erstmals auch die Planung eines Entlastungsstandortes außerhalb der Stadtgrenzen.[7] Darüber hinaus enthielt er bereits Überlegungen zur Kanalisation und Steuerung der Wanderungsströme zwischen Stadt und Umland.

Entwicklung neuer Verkehrssysteme
Als wichtige Voraussetzung für die erfolgreiche Umsetzung des neu zu schaffenden Siedlungsnetzes wurde parallel zu diesen Planungen der intensive Auf- und Ausbau eines leistungsfähigen Verkehrsnetzes eingeleitet. Neben einem System von Ring- und Zubringerstraßen sah es vor allem S- und U-Bahn als öffentliche Personennahverkehrsmittel vor. Damit wurde ein Problem in Angriff genommen, das schon in den fünfziger Jahren die Funktionsfähigkeit und Lebensqualität insbesondere der Münchner Innenstadt extrem beeinträchtigt hatte – die zunehmende Verkehrsbelastung. Der Zahl der Kraftfahrzeuge, die zwischen 1948 und 1959 in München von 33.000 auf 166.000[8] gestiegen war, waren Straßen und Plätze bereits zu diesem Zeitpunkt nicht mehr gewachsen.[9]

Maßgeblichen Einfluß auf die Funktionsfähigkeit des Nahverkehrsnetzes hatte die Entscheidung des Münchner Stadtrates, anstelle der ursprünglich vorgesehenen »Unterpflasterbahn« dem Aufbau des U-Bahn-Netzes Vorrang zu geben und durch den 4,5 Kilometer langen Tunnelstich über Karlsplatz und Marienplatz das westliche und östliche Vorortnetz zu verbinden. Erst damit war ein regionaler Nahverkehrsverbund möglich geworden.[10] Zur Betreuung und Organisation des Nahverkehrsnetzes wurde von Bund, Freistaat und Landeshauptstadt der Münchner Tarif- und Verkehrsverbund (MVV) gegründet.

Der Planungsverband Äußerer Wirtschaftsraum München und der Rahmenplan München-Ost
Ein weiteres, seit langem bestehendes Entwicklungsproblem Münchens war die Überbetonung des Wachstums nach Westen und die Vernachlässigung des Ostens. Benachteiligt war die östliche Region nicht nur durch eine unterentwickelte Infrastruktur, sondern auch durch dort angesiedelte sogenannte Negativeinrichtungen.

Nahezu zeitgleich mit der Erarbeitung des Stadtentwicklungsplanes und den wegweisenden Beschlüssen des Stadtrates begannen deshalb die Überlegungen zur komplexen Aufwertung des Münchner Ostens, die den Planungsverband Äußerer Wirtschaftsraum zur Erarbeitung des Rahmenplanes München-Ost bewogen.

Dieser Planungsverband, 1950 unter maßgeblicher Beteiligung der Regierung von Oberbayern als Planungsgemeinschaft Äußerer Wirtschaftsraum gegründet, besteht bis heute und stellt einen freiwilligen kommunalen Zweckverband dar, dem neben den Landkreisen und der Stadt München eine Vielzahl von Städten und Gemeinden der Region München angehören. Er setzte sich von Anfang an das Ziel, im sich abzeichnenden Verdichtungsraum München die Bauleitplanung der Gemeinden aufeinander abzustimmen und beratend zu begleiten, um so eine geordnete Raumentwicklung zu erreichen.[11]

Bereits 1956 hatte der Planungsverband als erstes Leitbild einen kleinen »Regionalplan« entwickelt, noch bevor 1957 das erste Bayerische Landesplanungsgesetz die Möglichkeit der Aufstellung von Regionalplänen rechtlich fixierte, 1960 das Bundesbaugesetz die Bauleitplanung der Planungshoheit der Gemeinden übertrug und 1965 das Bundesraumordnungsgesetz die Institutionalisierung der Regionalplanung einleitete. In der Folgezeit entwickelte sich der Planungsverband aufgrund seines starken kommunalen Selbstverständnisses zum Sprachrohr seiner Verbandsmitglieder und damit zu einer entscheidenden Kraft im Sinne des vielzitierten »Gegenstromprinzipes« zwischen kommunaler und staatlicher Ebene.

Der 1963 vom Planungsverband erstellte Rahmenplan München-Ost legte als erstes »teilräumliches« Konzept im wesentlichen drei Hauptzielrichtungen fest: die Verbesserung der verkehrlichen Situation, den Aufbau eines leistungsfähigen Abwasserkanalnetzes sowie die Steuerung der Siedlungsentwicklung.

Waren die Voraussetzungen zur Aufwertung im verkehrlichen Bereich durch die Beschlüsse zur Zusammenführung der Bahnnetze bereits gegeben, so waren im Abwasserbereich jahrelange Verzögerungen hinzunehmen, bis Ende der sechziger, Anfang der siebziger Jahre schließlich ein großer Hauptsammler für die Entsorgung des gesamten Ostens gebaut wurde.

Im Bereich der Siedlungsentwicklung orientierte man sich auf eine bandartige Anordnung entlang der S-Bahn-Linien bzw. ihrer Haltepunkte, um ein regelloses Auseinanderlaufen der Siedlungsflächen zu verhindern. Die zwei geplanten Hauptsiedlungsbänder in Richtung Markt Schwaben und Ebersberg konnten realisiert werden, nachdem die Verlängerung der S-Bahn-Linien beschlossen worden war.[12]

Damit hatte der Planungsverband Äußerer Wirtschaftsraum ein Konzept entwickelt, das einen der Vorläufer der eigentlichen Regionalplanung darstellte und beispielhaft für andere Umlandkonzeptionen Münchens wurde.[13]

Regionalentwicklungsplan München

Im Jahre 1968 legte der Planungsverband Äußerer Wirtschaftsraum den »Regionalentwicklungsplan München« vor, der die vorangegangenen Einzelrahmenpläne zu einem Gesamtkonzept für den Ballungsraum München zusammenführte.[14] Grundgedanken der Konzeption waren die Weiterentwicklung der Münchner Innenstadt als Verwaltungs-, Wirtschafts- und Kulturzentrum der Region, die Konzentration und Bündelung der nach außen gerichteten Siedlungsentwicklung an den sternförmig ins Umland führenden S-Bahn-Linien und die Schaffung von Siedlungsschwerpunkten an den Haltepunkten, die den Siedlungsdruck aus der Kernstadt aufnehmen konnten.

Gleichzeitig sollten die Freiräume zwischen diesen Wachstumsachsen erhalten werden und, als bis in die Innenstadt reichende Grünzonen, die Siedlungsbereiche trennen. Die in der äußeren Region liegenden Zentren, insbesondere die Kreisstädte, sollten in ihrer Bedeutung gestärkt werden. Das Leitbild für den Süden der Region bildete eine Erholungszone für den gesamten Verdichtungsraum, die von allen Einrichtungen, die diese Funktion beeinträchtigen könnten, möglichst freizuhalten war.[15] Erstmals wurden damit konkrete freiraumbezogene Aussagen in das Siedlungsleitbild miteinbezogen.

Dieses in der Bau- und damit Siedlungsboomzeit der sechziger Jahre erarbeitete, erste großräumige Entwick-

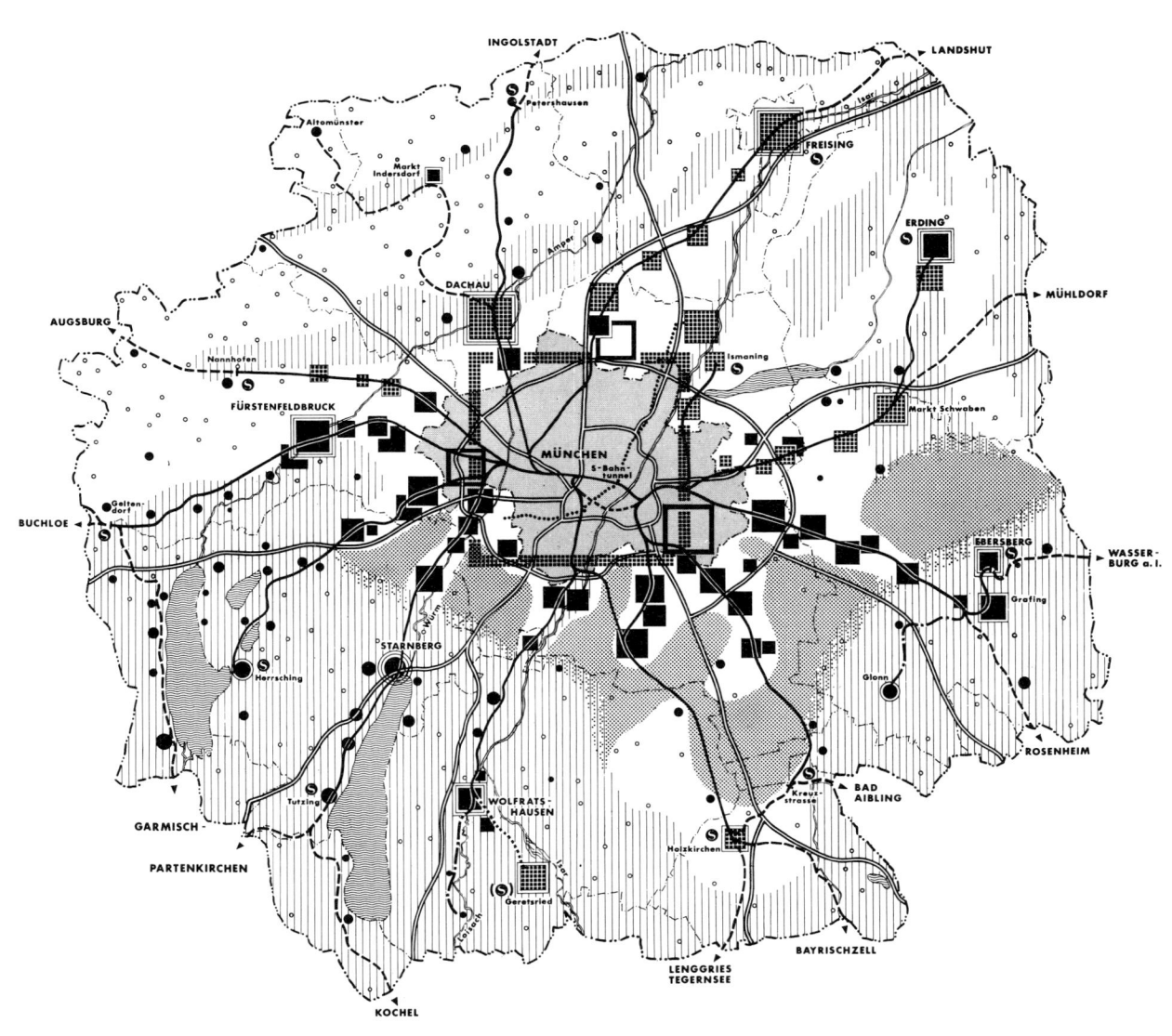

DIE GRÖSSE DER QUADRATE ODER KREISE ENTSPRICHT ETWA DEM FÜR 1990 GESCHÄTZTEN EINWOHNERSTAND

lungskonzept in Bayern entfaltete eine erstaunliche Wirkung. Trotz der fehlenden rechtlichen Verbindlichkeit führten in der Folgezeit viele Kommunen, aber auch private Planungsträger, in einer Art Eigenbindung die Entwicklung der Region im Sinne dieses Konzepts weiter. Noch bis heute gehören die damals festgelegten Leitlinien zu den Grundelementen der Planung im Raum München.[16]

Leitlinien der Siedlungsentwicklung nach dem Regionalentwicklungsplan 1968.

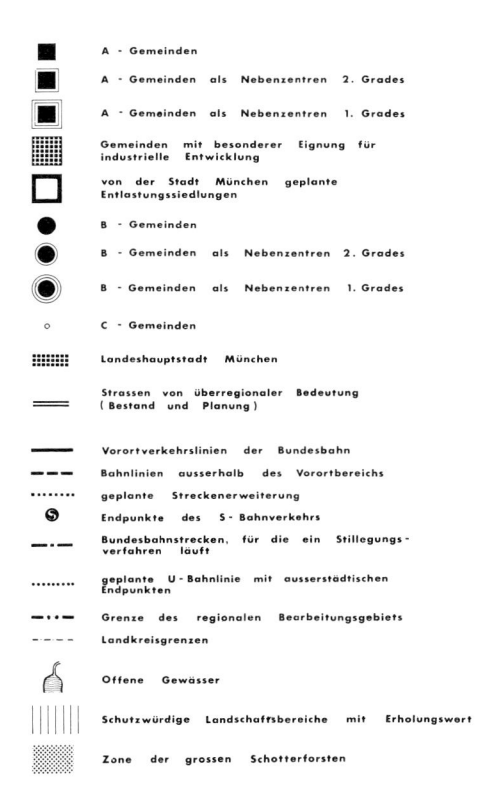

- A - Gemeinden
- A - Gemeinden als Nebenzentren 2. Grades
- A - Gemeinden als Nebenzentren 1. Grades
- Gemeinden mit besonderer Eignung für industrielle Entwicklung
- von der Stadt München geplante Entlastungssiedlungen
- B - Gemeinden
- B - Gemeinden als Nebenzentren 2. Grades
- B - Gemeinden als Nebenzentren 1. Grades
- C - Gemeinden
- Landeshauptstadt München
- Strassen von überregionaler Bedeutung (Bestand und Planung)
- Vorortverkehrslinien der Bundesbahn
- Bahnlinien ausserhalb des Vorortbereichs
- geplante Streckenerweiterung
- Endpunkte des S-Bahnverkehrs
- Bundesbahnstrecken, für die ein Stillegungsverfahren läuft
- geplante U-Bahnlinie mit ausserstädtischen Endpunkten
- Grenze des regionalen Bearbeitungsgebiets
- Landkreisgrenzen
- Offene Gewässer
- Schutzwürdige Landschaftsbereiche mit Erholungswert
- Zone der grossen Schotterforsten

0   2   4   6   8   10   12   14   16   18   20 km

Blütezeit der Siedlungsexpansion

Rückblickend lassen sich die sechziger Jahre als Höhepunkt der Siedlungsexpansion im Raum München charakterisieren. Kernstadt und Umland bauten um die Wette. Insbesondere die 1966 erfolgte Vergabe der Olympischen Spiele von 1972 an die bayerische Landeshauptstadt München wirkte als Katalysator für die Bautätigkeit in der gesamten Region.[17] Von dem hohen Zuzug in den Ballungsraum München profitierten vor allem die Umlandgemeinden, die prozentual zweistellige Zuwachsraten aufwiesen, wohingegen die Kernstadt, insbesondere aufgrund der andauernden Suburbanisierung, zeitgleich sogar einen Einwohnerrückgang zu verzeichnen hatte.

Regionalplanung

Basierend auf den Vorgaben des Bundesraumordnungsgesetzes von 1965 und des diesbezüglich überarbeiteten Bayerischen Landesplanungsgesetzes von 1970 wurde 1972 ganz Bayern in Regionen unterteilt.[18] Die neugebildeten regionalen Planungsverbände erhielten die Aufgabe, Regionalpläne für die jeweilige Region zu erstellen. München und sein Umland faßte man in der Planungsregion 14 zusammen und 1973 wurde der Regionale Planungsverband gegründet. Daß in dieser neu entstandenen Situation der Planungsverband Äußerer Wirtschaftsraum auch weiterhin Bestand hatte, ist durchaus keine Selbstverständlichkeit, war doch mit dem Regionalen Planungsverband als neuer Stadt-Umland-Organisation mit einer langfristigen Aufgabenstellung ein rechtsverbindliches Instrumentarium geschaffen worden. Doch aufgrund seiner langjährigen erfolgreichen regionalen und kommunalen Arbeit blieb der Planungsverband Äußerer Wirtschaftsraum auch nach 1973 bestehen – eine Besonderheit in der gesamten Bundesrepublik.[19] Die Mitgliederstruktur beider Verbände ist heute nahezu identisch, die Geschäftsführung erfolgt gemeinsam.

In der Konsolidierungsphase des Regionalen Planungsverbandes gab der Planungsverband Äußerer Wirtschaftsraum von Anfang an wertvolle Unterstützung und war wesentlich an der Erarbeitung des Regionalplanes beteiligt. Dennoch vergingen bis zur endgültigen Fertigstellung des Regionalplanes noch über zehn Jahre. Um diese Lücke zu schließen, wurden zunächst im ersten Landesentwicklungsprogramm Bayern von 1976 rechtsverbindliche Ziele für die weitere Entwicklung der Region München, wie auch der anderen bayerischen Regionen, festgeschrieben. In ihren Grundzügen entsprachen sie den Leitlinien des Regionalentwicklungsplanes von 1968, die jedoch konkretisiert, ergänzt und im Sinne der strengeren Zielform des Landesentwicklungsprogrammes in Rechtsnormen umformuliert wurden.[20]

Das Ende des Baubooms
1975 erreichte der Großraum München mit 2,3 Millionen Einwohnern seinen höchsten Bevölkerungsstand. Etwa zur gleichen Zeit kam der bis dahin ungebremste Bauboom zum Erliegen.[21] Neben der großen Wirtschaftskrise von 1974-77 waren dafür auch das erklärte Ziel der Staatsregierung, die Entwicklung im Raum München zugunsten anderer Landesteile zu bremsen, sowie zunehmende siedlungspolitische Differenzen zwischen Stadt und Umland verantwortlich. Die staatlichen Reglementierungsversuche schlugen sich vor allem in der sogenannten Richtzahlendiskussion nieder. So enthielt das bereits erwähnte Landesentwicklungsprogramm 1976 zur Steuerung der Gesamtentwicklung des Landes Richtzahlen für das sektorale Wachstum der einzelnen Regionen, die wiederum auf die Gemeinden umgelegt wurden.[22] Obwohl es sich hierbei lediglich um unverbindliche Orientierungsgrößen handelte, wurden die Richtzahlen in der Praxis sehr restriktiv gehandhabt. Trotz des durchaus verständlichen Ansatzes, die teilweise überdimensionalen und unrealistischen Entwicklungsvorstellungen einzelner Gemeinden einzuschränken, waren die Konsequenzen fatal. Nahezu jegliche weitere Wohnbaulandausweisung wurde durch die Umlandkommunen blockiert. Lediglich die bekannten Einheimischenmodelle sowie partiell Luxuswohnungsbau wurden weiterverfolgt.[23] Viele der in den sechziger Jahren in Erwägung gezogenen Entlastungsstandorte konnten deshalb nicht oder nur eingeschränkt realisiert werden.

PROGNOS – Wohnungsmarktuntersuchung
Ebenfalls Mitte der siebziger Jahre führte die Schweizer PROGNOS AG eine regionale Wohnungsmarktuntersuchung im Raum München (Region 14) durch. Diese Studie entwickelte eine Wohnungsmarktprognose für den Zeitraum von 1975 bis 1990.[24] Neben einem durch Sterbeüberschüsse begründeten Einwohnerrückgang wurde vor allem ein drastischer Einbruch im Wohnungsbau prognostiziert, da sich bereits damals eine Verknappung des Baulandangebotes im Umland abzeichnete. Als Folge sagte die Studie eine lang andauernde angespannte Wohnungsmarktsituation mit erheblichen Auswirkungen auf das innerregionale Wanderungsverhalten voraus. Die darauf folgende Entwicklung bestätigte dieses Ergebnis.

Der Flächenkonflikt Wohnen-Gewerbe
Im Gegensatz zur Situation auf dem Wohnungsmarkt hielt die Abwanderung von Gewerbe und Industrie aus der Kernstadt in die Umlandgemeinden an. Nahezu alle Kommunen hatten Ende der sechziger, Anfang der siebziger Jahre große Gewerbegebiete ausgewiesen, um Arbeitsplätze und Steueraufkommen zu binden. Zwischen 1960 und 1981 verlagerten sich beispielsweise 403 Betriebe mit 20 und mehr Beschäftigten von München in die Gemeinden des Umlandes. Diese Betriebe beschäftigten 1982 zusammen ca. 33.000 Arbeitskräfte.[25] Hier kündigte sich der heute noch aktuelle Konflikt zwischen Wohnbauland- und Gewerbeflächenausweisungen bereits an, denn die Gemeinden waren im wesentlichen aus zwei Gründen nicht bereit, für die entstandenen Arbeitsplätze adäquates Wohnbauland zu schaffen: zum einen, weil die Einnahmen aus der Gewerbesteuer deutlich höher lagen als die aus der Einkommenssteuer, zum anderen, weil die Folgekosten des Wohnungsbaus, etwa für notwendige Infrastrukturmaßnahmen, die Gemeinden viel stärker belasteten als die Aufwendungen für Gewerbe- und Industriegebiete.

Forderung nach verstärkter Zusammenarbeit
Im Stadtentwicklungsplan von 1983 wurde das Thema der Einbeziehung des Umlandes in die Stadtentwicklung Münchens stark erweitert. So wurden spezielle Ziele und Maßnahmen zur Gestaltung der Stadt-Umland-Beziehungen in die Planungen aufgenommen, die insbesondere den Ausgleich der unterschiedlichen Interessenlagen, eine klare Aufgabenverteilung zwischen Stadt und Umland sowie eine verstärkte Zusammenarbeit intendierten. Die Sicherung der von der Landesplanung zugewiesenen oberzentralen Versorgungsfunktion an die Stadt München wurde zur Basis der regionalen Verflechtungen.[26]

Teilraumgutachten der Landesplanung
Anfang der achtziger Jahre begann die Bayerische Landesplanung, mit dem Instrument des sogenannten Teilraum- oder Inselgutachtens auf bestimmte Planungs- und Entwicklungsprobleme im Stadt-Umland-Bereich München zu reagieren. Das erste Teilraumgutachten, das 1983 vom damaligen bayerischen Ministerpräsidenten Franz Josef Strauß für die Nachfolgenutzung des Flughafens München-Riem initiiert worden war, wurde beispielhaft für die anderen Landesteile. Vor dem Hintergrund der Verlegung des Münchner Flughafens ins Erdinger Moos und der damit verbundenen Aufhebung der Lärmschutzzone sollte das Gutachten klären, wie die zukünftige Entwicklung des 400 Hektar großen Areales und seiner Umgebung aussehen könnte.[27] In der planerischen Antwort zur Neugestaltung der Fläche fand erstmals das

Drittelprinzip Anwendung, das heißt die Aufteilung der Flächenkapazitäten in ein Drittel Wohnen, ein Drittel Gewerbe und ein Drittel Freiflächen.[28] Durch dieses konzeptionelle Vorgehen sollte eine Harmonisierung der unterschiedlichen Nutzungsansprüche erfolgen, um vor allem den Konflikt zwischen dem Flächenbedarf für Wohnen und dem für Gewerbe zu entschärfen.

Regionalplan München
1985 wurde nach langwierigen Vorarbeiten der »Regionalplan München« durch den Regionalen Planungsverband verabschiedet und 1986 vom Bayerischen Staatsministerium für Landesentwicklung und Umweltfragen für verbindlich erklärt. Damit wurde für die Region München ein Planungsinstrument geschaffen, das wegweisende Ziele für eine ausgewogene ökonomische und ökologische Entwicklung des Ballungsraumes enthält. Kennzeichnend für die Kontinuität der Leitbildentwicklung seit den sechziger Jahren war die Festlegung der überfachlichen Ziele: Die Konzentration einer flächen- und energiesparenden Siedlungstätigkeit an den Haltepunkten der Verkehrsmittel im öffentlichen Personennahverkehr, die Sicherung der kleinteiligen Siedlungsstrukturen im Umland, die Erhaltung der natürlichen und sozialen Umwelt sowie die Freihaltung des südlichen Umlandes zur Sicherstellung der Fremdenverkehrs- und Erholungsfunktion.[29]

Mit der Aufstellung des Regionalplanes wurde die Phase der großen Leitbildfindung im wesentlichen abgeschlossen. Auch die umstrittenen Richtzahlen wurden endgültig ad acta gelegt. In der Folgezeit trat die konzentrierte Auseinandersetzung mit regionalspezifischen Problemen in den Vordergrund.

GEWOS – Wohnungsmarktanalyse und -prognose
Anfang der neunziger Jahre erstellte die GEWOS GmbH aus Hamburg eine weitere bedeutende Wohnungsmarktstudie für den Raum München, die eine Analyse der Entwicklungen zwischen 1970 und 1987 sowie die darauf aufbauende Prognose bis zum Jahr 2000 umfaßte.[30] Das Gutachten kam zu dem Ergebnis, daß zwischen Stadt und Umland starke Unterschiede im Wohnungsmarkt bestehen. So bewirken vor allem die Einwohnerverluste der Kernstadt bei sich erhöhender Zahl der Haushalte, verbunden mit einer deutlich sinkenden Neubautätigkeit, eine wesentlich angespanntere Wohnungsmarktsituation als im Umland. Die trotz kontinuierlicher Wanderungsgewinne entspanntere Situation wird im Umland hauptsächlich auf die jüngere Bausubstanz, die höheren Nettohaushaltseinkommen, die hohe Eigentümerquote und die geringeren Mieten zurückgeführt. Da sich die Rahmenbedingungen in absehbarer Zeit nicht ändern werden, prognostiziert GEWOS auch weiterhin eine unterschiedliche Entwicklung zwischen Stadt und Umland. Auch in diesem Gutachten wird – ebenso wie in der PROGNOS-Studie in den siebziger Jahren – empfohlen, den Neubau zu verstärken, insbesondere um in der Kernstadt den Fehlbestand an Wohnungen zu mildern.

Weitere Teilraumgutachten
In der ersten Hälfte der achtziger Jahre rückte ein weiterer Umlandbereich in den Mittelpunkt des Interesses – der Münchner Norden. Hier gestaltete sich die Situation ähnlich schwierig wie im Münchner Osten. Dies galt vor allem für das Problem der konkurrierenden Nutzungsansprüche sowie der Existenz zahlreicher Negativeinrichtungen. Die Stichworte Müllberge, Klärwerk und Truppenübungsplatz sprechen für sich. Das Image des Gebietes war dementsprechend schlecht.

Um auf die Probleme aufmerksam zu machen und ihre spezifischen Interessen vertreten zu können, gründeten die Umlandgemeinden die sogenannte »Nordallianz«. Die Forderung nach konkreten Maßnahmen als Reaktion auf die besonderen Belastungen des Nordens wurde immer lauter, so daß man auch in diesem Bereich ein Teilraumgutachten einleitete. Das 1988 veröffentlichte, vielbeachtete »Gutachten Münchener Norden« wurde – im Gegensatz zum vorangegangenen, staatlich dominierten Flughafengutachten – auf ausdrücklichen Wunsch der Kommunen durchgeführt.[31] Aufgrund seiner gegenüber der Regionalplanung wesentlich engmaschigeren Raumbetrachtung mündete es in ein integriertes Planungskonzept, das detaillierte Aussagen zur Siedlungs-, Freiraum- und Verkehrsentwicklung formulierte.

Ein letztes, für den Verdichtungsraum München bedeutendes Teilraumgutachten sei noch erwähnt: das »Fachübergreifende Konzept für das Umland des Flughafens München«. Dieses Konzept wurde 1992 von der Landesplanung veröffentlicht, nachdem sich bereits Ende der achtziger Jahre der Planungsverband Äußerer Wirtschaftsraum im »Gutachten über die wirtschaftlichen und verkehrlichen Auswirkungen des neuen Flughafen München« mit den Folgen des Flughafenneubaus auseinandergesetzt hatte. Im Gegensatz zum Gutachten des Planungsverbandes Äußerer Wirtschaftsraum behandelte das Teilraumgutachten die Entwicklungsmöglichkeiten erstmals unter dem Primat der Ökologie im sogenannten Ausschlußverfahren[32] und führte damit eine neue Qualität in die räumliche Planung ein.[33]

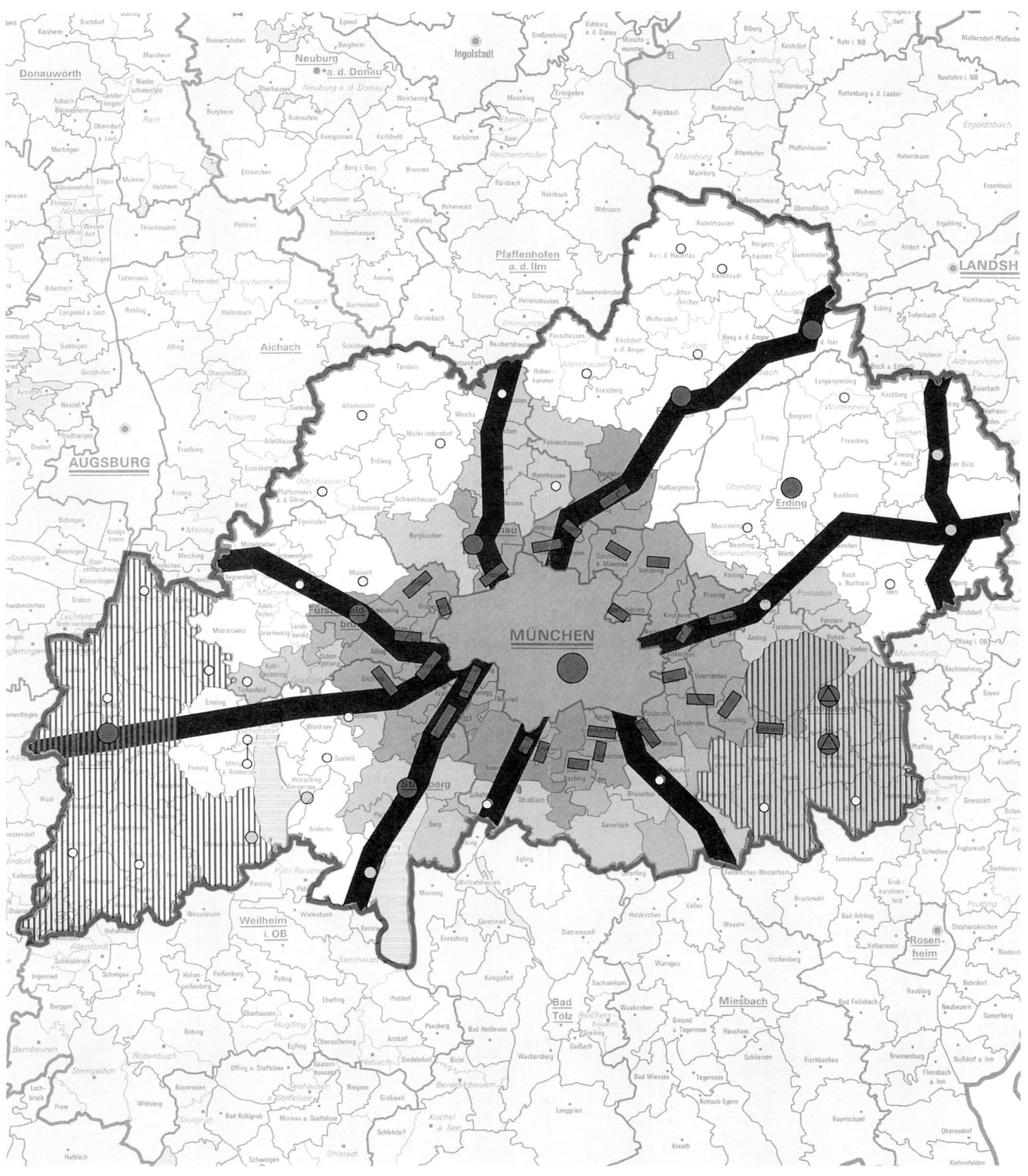

Leitlinien der Siedlungsentwicklung nach dem Regionalplan 1986.

Ziele der Raumordnung und Landesplanung

a) Zeichnerisch verbindliche Darstellungen

    Keine Darstellungen

b) Zeichnerisch erläuternde Darstellungen verbaler Ziele

   ○ Kleinzentrum

   ○—○ Kleinzentraler Doppelort

c) Nachrichtliche Wiedergabe staatlicher Planungsziele

- Verdichtungsraum / Engere Verdichtungszone im großen Verdichtungsraum
- ‖‖‖‖‖‖ Gebiete, deren Struktur zur Verbesserung der Lebens- und Arbeitsbedingungen nachhaltig gestärkt werden soll
- ── Grenze der Region
- ● Oberzentrum
- ● Mittelzentrum
- ○ Unterzentrum
- ⧍ Bevorzugt zu entwickelnder zentraler Ort
- ▬ Siedlungsschwerpunkt im großen Verdichtungsraum
- ▬ Entwicklungsachse von überregionaler Bedeutung

Zentrale Doppelorte sind durch Verbindungslinien gekennzeichnet.

Maßstab 1 : 500 000

Kartengrundlage: Ausschnitt aus der Karte „Kommunale Verwaltungsgrenzen Maßstab 1 : 500 000, Stand 01.01.1980" - herausgegeben von den Bayerischen Staatsministerien des Innern sowie für Landesentwicklung und Umweltfragen
Bearbeiter: Regionalplanungsstelle bei der Regierung von Oberbayern
Kartographie: Regierung von Oberbayern

Herausgeber: Regionaler Planungsverband München
Uhlandstr. 5, 8000 München 2, Tel. 089/53 95 46

München, den 06.05.1985
Regionaler Planungsverband München

gez.
Kronawitter
Oberbürgermeister
Verbandsvorsitzender

München, den 02.02.1987
Regionaler Planungsverband München

gez.
Christmann
Landrat
Verbandsvorsitzender

Erneut war damit die planerische Auseinandersetzung mit dem Flughafenstandort und seinem Umfeld ein Entwicklungsimpuls, der von der Kernstadt ausgehend auch das Umland erfaßte – ein weiteres Indiz für die untrennbaren Verflechtungen zwischen München und seinem Umland.

Fazit

Verdichtungs- oder Ballungsraum sind Synonyme für großstädtische Agglomerationen, die aufgrund ihres enormen Wachstums spezifische Stadt-Umland-Beziehungen entwickeln und oft mit schwerwiegenden Problemen verbunden sind.

Die Region München, deren Einwohnerzahl sich zwischen 1950 und 1990 fast verdoppelt hat, in der die Zahl der Kraftfahrzeuge im selben Zeitraum auf das nahezu Zwanzigfache angestiegen ist und sich die Summe der Tagesberufspendler verfünffacht hat[34], bietet dafür ein prägnantes Beispiel.

Das Begreifen von Stadt und Umland als Einheit ist ein langwieriger und aufwendiger Prozeß. Obwohl dieser Zusammenhang im Raum München sehr früh erkannt wurde, konnten viele Probleme bis heute nicht zufriedenstellend gelöst werden. Unbedingt notwendig für die weitere Entwicklung ist deshalb die Vertiefung der Kommunikation, Koordination und Kooperation zwischen den unterschiedlichen regionalen Akteuren, insbesondere zwischen Stadt und Region aber auch zwischen dem Staat und der Privatwirtschaft. Die Erfahrungen der beiden bedeutendsten Stadt-Umland-Organisationen, des Regionalen Planungsverbandes und des Planungsverbandes Äußerer Wirtschaftsraum, können dabei eine wertvolle Hilfe sein.

Anmerkunngen

1 Vgl. Ruppert 1987, 234.
2 Vgl. Nerdinger 1992, 337.
3 Vgl. Nerdinger 1992, 337-338.
4 Vgl. Ruppert 1987, 236.
5 Körbling 1996.
6 Vgl. Ruppert 1987, 236.
7 Vgl. Nerdinger 1992, 348.
8 Vgl. Nerdinger 1992, 345.
9 Vgl. Gebhard 1984, 42.
10 Vgl. Ottmann 1991, 4.
11 Vgl. Gebhard 1984, 63.
12 Ottmann 1996 b.
13 So wurde etwa Mitte der sechziger Jahre als erstes landesplanerisches Konzept im Raum München der »Regionalplan« Münchner Norden erstellt – ein Konzept, das zwar mit den heutigen Regionalplänen nicht zu vergleichen ist, aber dennoch bedeutende Entwicklungsfragen des Nordens aufgriff. Im wesentlichen handelte es sich dabei um die zukünftige Entwicklung der sogenannten Vorbehaltsflächen A (Hochschulareal in Garching) und B (Standortübungsplatz München). Vgl. Körbling 1996.
14 Planungsverband Äußerer Wirtschaftsraum 1968.
15 Vgl. Gebhard 1984, 63.
16 Vgl. Dick 1990, 8-9.
17 Vgl. Nerdinger 1992, 348.
18 Ergänzend sei erwähnt, daß zeitgleich eine eigene Stadt-Umland-Kommission vor dem Hintergrund der bevorstehenden Gemeindegebietsreform die administrativen Zuständigkeiten im Stadt-Umland-Bereich neu zu ordnen versuchte. Dabei stand die langfristige Lösung der Probleme, die aus der rasanten Wirtschafts- und Siedlungsentwicklung resultierten, im Mittelpunkt. Aufgrund der politischen Brisanz dieses Themas wurden die dargelegten Ideen jedoch weitgehend verworfen. Vgl. Körbling 1996 sowie auch Ruppert 1987, 237.
19 Bernard/Winter 1996.
20 Körbling 1996.
21 Vgl. Ottmann 1991, 5.
22 Körbling 1996.
23 Vgl. Ottmann 1991, 6.
24 Vgl. PROGNOS 1978.
25 Vgl. Heinritz 1987, 145.
26 Vgl. LH München 1983, 71-76.
27 Vgl. Dick 1990, 13-14.
28 Körbling 1996.
29 Vgl. Regionaler Planungsverband München 1987.
30 Vgl. GEWOS 1990 a bzw. 1992.
31 Körbling 1996.
32 Im sogenannten Ausschlußprinzip wurden zunächst alle ökologischen Tabuzonen und anderen Nutzungsansprüche auf die Fläche projiziert, um als letzte Größe die potentiellen Siedlungflächen zu erhalten.
33 Körbling 1996.
34 Planungsverband Äußerer Wirtschaftsraum München 1990.

MATTHIAS OTTMANN

Großsiedlung Poing-Nord – eine unendliche Planungsgeschichte

Am 14. März 1988 wurde der Rahmenvertrag für Folgekosten und Erschließungsmaßnahmen für das Siedlungsgebiet Poing-Nord zwischen der Gemeinde Poing und der Arbeitsgemeinschaft der Bauträger[1] abgeschlossen, mit dem nach zwei Jahrzehnten Auseinandersetzung der Grundstein für die 1,75 Mio. qm große, im Gemeindegebiet Poing liegende Siedlungsfläche gelegt wurde.[2] In der Geschichte der Firma Südhausbau bildet das Engagement in Poing die langwierigste und wahrscheinlich auch umfangreichste Aufgabe. Der Kampf um das wertvolle Baurecht hatte sich bis zum Abschluß des Rahmenvertrags bereits 23 Jahre hingezogen. Während dieser Zeit mußte sowohl zwischen der Gemeinde und den Bauträgern als auch innerhalb der Bauherrenschaft immer wieder ein Konsens gefunden und der steinige Weg durch die Planungsinstrumentarien durchlaufen werden. Der folgende Beitrag gibt Einblick in die Planungsgeschichte dieses Siedlungsgebiets.

Grundstückserwerb

Der Ankauf der Grundstücke begann 1965, als die Firma Südhausbau ein kleines landwirtschaftliches Gut mit ca. 60.000 qm erwarb. Ausschlaggebend für das Interesse der Firma war der 1963 von Baudirektor Raimund Schoener veröffentlichte Rahmenplan München-Ost.[3] Die Vorgaben der Regionalplanung zielten auf eine Stärkung des Münchener Ostens durch Bildung von Siedlungsschwerpunkten zwischen den Bereichen München-Erding, München-Markt Schwaben und München-Ebersberg. Zu diesen Schwerpunkten zählte nach dem ersten in Bayern erschienenen Regionalentwicklungsplan auch die Gemeinde Poing.[4] Voraussetzung für den Bau von Siedlungen bildete der 1962 gegründete »Verband für Abwasserbeseitigung im Siedlungsraum München-Ost«, dessen Kanalsystem als Kernstück die Gemeinde Poing miteinbeziehen würde.

Das vorgesehene Siedlungsgebiet war jedoch so umfangreich, daß sich neben der Südhausbau auch andere Wohnungsbaugesellschaften um den Grundstückserwerb bemühten, obwohl zu diesem Zeitpunkt noch kein Bau-

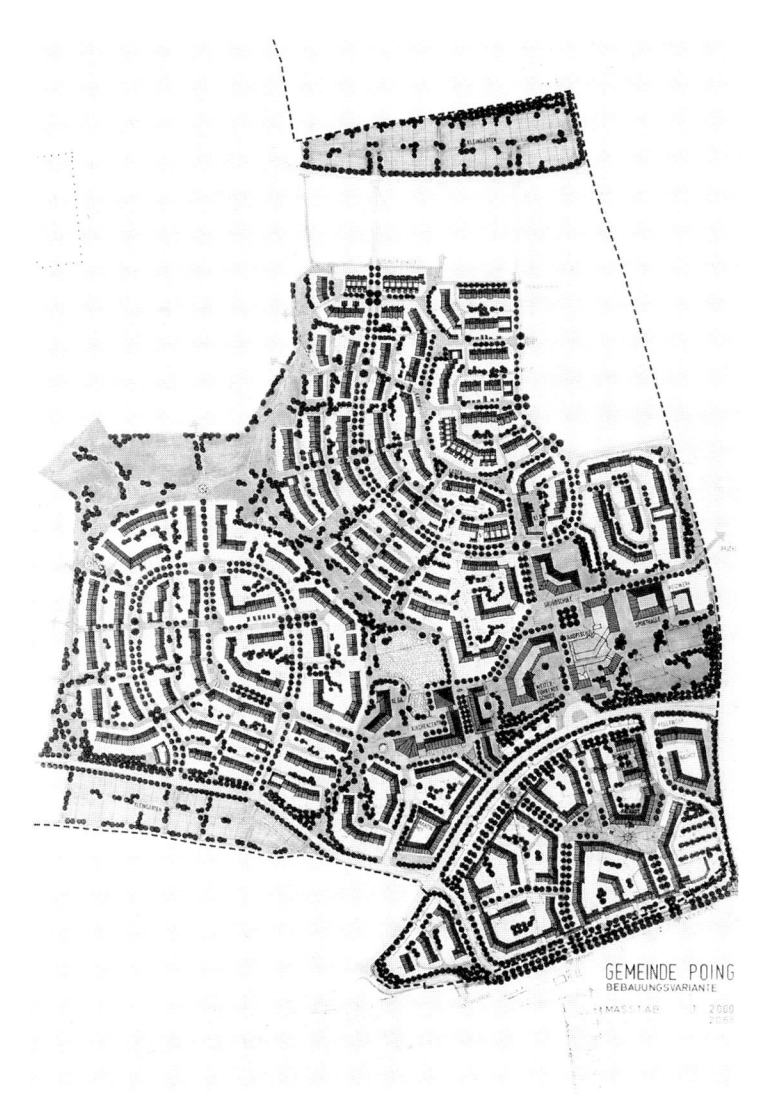

Der Entwurf der Architekten Erik und Klaus Wiesner umfaßt die Entwicklungsstufe 1 und das Zentrum von Nordpoing. Die Einbettung der Schule, des Kindergartens und des Kirchenzentrums in den Grünbereich mag überzeugen, doch erscheint die Kritik der Preisrichter berechtigt, daß die Gebäudeanordnung zu kleinteilig wirkt. Außerdem erfolgt weder eine Hinführung zu städtebaulich markanten und einprägsamen Orten noch glaubt man sich in dem Labyrinth von Straßen zurecht zu finden.

recht ausgesprochen war.[5] Für die Planung schlossen sich die einzelnen Bauträger 1970 zu einer Arbeitsgemeinschaft (Arge) zusammen. Als »Sprecher der Arge« fungierte die Firma GEHAG, die im gleichen Jahr einen Maßnahmenträgervertrag mit der Gemeinde Poing abschloß.

Innerhalb von zehn Jahren sollte das gesamte Siedlungsgebiet bebaut werden. Neben der Wohnbebauung sollten Industrie- und Gewerbeflächen für 8.000 Arbeitsplätze ausgewiesen werden.[6] Doch bevor die Gemeinde Poing mit dem Bauleitplanverfahren beginnen konnte, wies das Bayerische Staatsministerium für Landesentwicklung und Umweltfragen 1971 die Regierung von Oberbayern an, ein Raumordnungsverfahren durchzuführen. Niemandem war damals bewußt, daß mit der Eröffnung des Raumordnungsverfahrens das Projekt Poing-Nord fast vollkommen zum Erliegen kommen würde – nicht zuletzt auf Grund der Ende 1973 eintretenden Baukrise, die nicht vorauszusehen war und wegen der übermäßigen Wohnungshalden zu einem Umdenken bei der Beurteilung des neuen Siedlungsgebiets Poing-Nord führte.

Raumordnungsverfahren

Mit Hilfe des Raumordnungsverfahrens wird in erster Linie festgelegt, ob das geplante Vorhaben mit den Zielen und Grundsätzen der Raumordnung und Landesplanung übereinstimmt. Für die geplante Großsiedlung Poing-Nord war der Regionale Planungsverband München zuständig.[7] In seiner ersten schriftlichen Stellungnahme zu Poing kritisierte er 1973 bereits die ungenügende Anbindung an die Stadt München, die zu erwartende Lärmbelästigung durch die Einflugschneise des Flughafens München-Riem und die übermäßige Belastung des Gemeindehaushalts durch Erschließungs- und Nachfolgekosten infolge der Bebauung.[8]

Diese Aussagen liefen völlig konträr zu den bisherigen Stellungnahmen der Landes- und Regionalplanung, wonach Poing als Siedlungsschwerpunkt ausgebildet werden sollte. Mittlerweile führten jedoch die in Deutschland bestehenden Wohnungshalden und die aus Sicht der Regionalplanung fragwürdige Standortqualität von Poing, vor allem aber die stagnierende Bevölkerungsentwicklung[9] zu der Beschlußvorlage des Planungsverbandes, »[daß] das Vorhaben der Errichtung einer Großsiedlung in Neu-Poing mit 15.000 Einwohnern bis 1985 und 20.000 Einwohnern bis 1990 [...] aus der Sicht der Regionalplanung abgelehnt [wird].«[10]

Auch wären etwaige Vorleistungen der Bauträger, wie Kauf der Grundstücke und Leistungen an den Abwasserverband, auf eigenes Risiko vorgenommen worden, »[...] da rechtsverbindliche Zusagen für eine positive Beurteilung weder von den Landesplanungsbehörden noch von den Baubehörden erteilt worden sind.«[11]

Die Arge-Mitglieder beriefen sich dagegen auf einen zwar schwer einzuklagenden, aber dennoch bestehenden Vertrauensschutz:

»Im Falle Poing ergeben sich aus dem zwischen der Gemeinde Poing und dem Maßnahmeträger abgeschlossenen Vertrag sowie aus der Einleitung der Zustimmung zum Raumordnungsverfahren verbindliche Zusagen. Die Bauträger haben im Vertrauen auf diese Zusagen [...] die Grundstücke rechtzeitig erwerben müssen, um einen für den sozialen Wohnungsbau tragbaren Preis zu erhalten [...]. Ein tragbarer Preis ist auch Voraussetzung für die Finanzierung der erforderlichen Infrastruktureinrichtungen, die [...] von den Bauträgern und mit öffentlichen, also staatlichen Wohnungsbaumitteln, überwiegend finanziert werden müssen.«[12]

Ein Kompromiß wurde erst 1975 nach zahlreichen Konsultationen mit staatlichen und kommunalen Organen erzielt:

»Die Einwohnerzahl wird von bisher 20.000 auf 12.000 reduziert, wobei der für den Endausbau der Siedlung vorgesehene Wert in den Jahren 1985 und 1990 erreicht werden soll. Die Baumaßnahme soll in zwei Abschnitten verwirklicht werden.«[13]

Trotz der abermaligen Empfehlung des Regionalen Planungsverbandes, die Einwohnerrichtwerte auf 7.700 Einwohner einschließlich der bestehenden Bevölkerung festzulegen,[14] und der bereits früher vorgebrachten Einwendungen (Stärkung der Mittelzentren, insbesondere Markt Schwaben, Verhinderung einer weiteren Abwanderung in das Umland der Stadt München) wurde das am 7. Juni 1971 eingeleitete Raumordnungsverfahren im Dezember 1975 abgeschlossen.

Es nahm als Fazit die Empfehlung der Regierung von Oberbayern mit auf, einen zweistufigen Ausbau von jeweils 6.000 Einwohnern vorzusehen. Die Arge hatte damit ihre erste große Bewährungsprobe bestanden. Dennoch sollte sich das Siedlungsgebiet nicht nach den Vorgaben des Raumordnungsverfahrens, sondern nach der restriktiven Einschätzung des Regionalen Planungsverbands entwickeln.

Flächennutzungsplan

Zur Umsetzung der Festlegungen des Raumordnungsverfahrens war die Gemeinde Poing Anfang 1976 gehalten, den Flächennutzungsplan zu erstellen.[15] Ende des Jahres wurden die Leitideen des Flächennutzungsplans – erstellt durch den Maßnahmeträger GEHAG – erkennbar, die zum Teil auch das heutige Siedlungsbild bestimmen:
Der Flächenumgriff des Siedlungsgebiets Poing-Nord

wird im Süden durch die S-Bahn, im Osten durch die Staatsstraße EBE 2 und im Nord-Westen durch die Gemeinde Pliening und das Staatsgut Grub begrenzt. Die Gemeinde Poing, die inzwischen über eine eigene S-Bahn-Anbindung verfügt, wird im direkten Anschluß an den Bahnhof ein neues Zentrum erhalten. Alt-Poing im Süden der Bahngleise wird ein eigener Ortsteil bleiben und nur durch eine Fußgängerunterführung mit dem neuen Zentrum verbunden sein. Vom Zentrum ausgehend gruppieren sich in Richtung Norden die Wohngebiete. Wesentliches städtebauliches Merkmal war ein von Süd nach Nord verlaufender Grünzug, der das Gebiet in die im Raumordnungsverfahren geforderten zwei Entwicklungsabschnitte teilen sollte. Die verkehrsmäßige Erschließung sollte durch eine ringförmig verlaufende Hauptstraße erfolgen, die als einzige Straße den Grünzug durchbrechen und beide Abschnitte verbinden sollte. Innerhalb der Wohngebiete war eine sogenannte Inselbebauung vorgesehen. Diese Inseln sollten selbständige Einheiten bilden, durch Grünflächen voneinander getrennt, und lediglich mit Stichstraßen erschlossen werden.

Der mit dem Landschafts- und Verkehrsplan abgestimmte Flächennutzungsplan lag Ende 1977 vor. Doch bevor die Planung der Gemeinde Poing offiziell übergeben werden konnte, riet die Regierung von Oberbayern dem Gemeinderat, einen von der Arge unabhängigen Architekten mit der Überarbeitung des Flächennutzungsplans zu beauftragen. Im Juni 1978 wurde nach einem Auswahlverfahren Gerhard Knopp damit beauftragt.[16] Ein Jahr später legte er den überarbeiteten Flächennutzungsplan vor, so daß die öffentliche Auslegung Mitte Juli 1979 erfolgen konnte.[17] Beibehalten wurde der vorgesehene Bevölkerungszuwachs von 12.000 Einwohnern, allerdings sollte die Bebauung zeitlich gestreckt in vier Entwicklungsstufen mit jeweils zwei Abschnitten erfolgen.[18] Dieser Flächennutzungsplan von 1979 bildete die Grundlage für die Bebauungspläne.

Bebauungsplan für die 1. Entwicklungsstufe

Nach knapp zehn Jahren Grundlagenforschung war somit im Jahr 1980 endlich der Weg frei für das Bebauungsplanverfahren der 1. Entwicklungsstufe. Diese erstreckt sich auf eine Grundstücksfläche von ca. 543.000 qm, auf der 188.000 qm Geschoßfläche gebaut werden können[19] und teilt sich auf in das Zentrumsgebiet unmittelbar nördlich des S-Bahnhofs und die daran angrenzenden Wohnbereiche. In der Sitzung vom 23. Oktober 1980 legte der Gemeinderat Poing fest, daß sieben Architekturbüros zur Abgabe von Entwürfen aufgefordert werden, um die Bebauung in diesem Gebiet festzulegen. Mit 5:2 empfahl die Jury, den Architekt Detlev Schreiber zu beauftragen.[20] Doch nicht Schreiber, sondern die Architekten Erik und Klaus Wiesner erhielten den Zuschlag, da ihr Konzept den Vorstellungen der Gemeinderatsmitglieder eher entsprach.[21] Das mit dem zweiten Preis prämierte Gutachten überzeugte nach Meinung der Preisrichter durch ein klares inneres Wegesystem, auch wenn die Ausbildung der Ränder zu den Freiflächen zum Teil willkürlich erschien.[22] Außerdem sei nach ihrer Meinung eine vielfältige, kleinmaßstäbliche Platzfolge im zentralen Bereich angeboten, wodurch allerdings die Eindeutigkeit des Gesamtkonzeptes leide.

Die Bauträger widersetzten sich diesem Beschluß des Gemeinderats vehement und beanstandeten insbesondere das städtebauliche Konzept. Dennoch gestaltete sich die Abberufung der Wiesners schwieriger als erwartet. 1983 gelang es Paul Ottmann schließlich, den internatio-

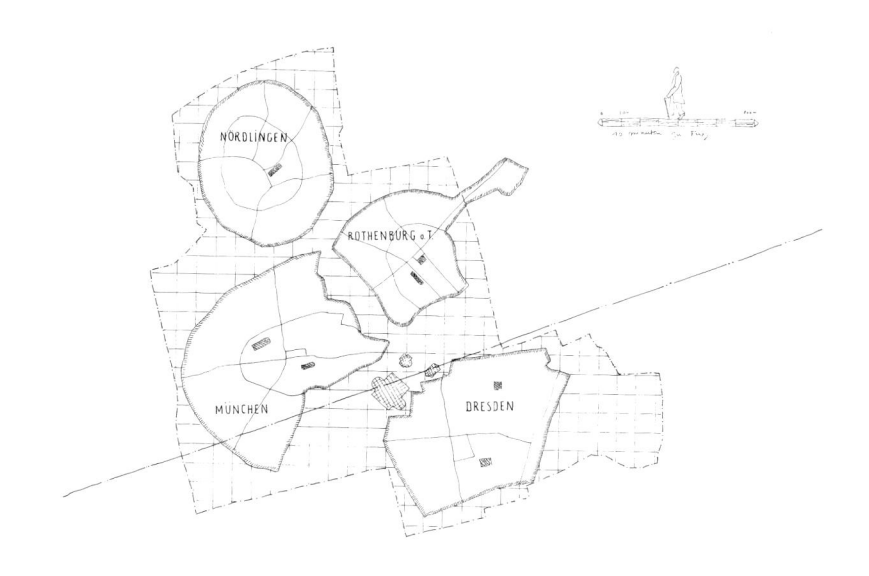

Einprägsam verdeutlicht das Schaubild von Leon Krier das riesige Ausmaß des Siedlungsgebietes, indem er in die Fläche nördlich der S-Bahn von Poing die Stadtkerne von München, Nördlingen und Rothenburg o.T. einzeichnet.

Die Planung von Ulrich Holzscheiter hebt sich deutlich von den vorhergehenden Planungen ab und versucht das schier Unmögliche, städtische Grundformen des Wohnungsbaus in eine neu gestaltete Landschaft einzupassen. Die klare Wegführung und die Betonung des Ortskerns sind weitere Merkmale.

nal anerkannten Städtebautheoretiker Leon Krier für ein Gutachten zu gewinnen. Krier kritisierte darin vor allem die riesige Flächenausdehnung, deren Überdimensionierung er anhand dreier historischer Stadtkerne (Nördlingen, Rothenburg o. d. Tauber und München) aufzeigte, die er gemeinsam innerhalb des Flächenareals des neuen Siedlungsgebiets Poing-Nord abbilden konnte.[23] Außerdem verdeutlichte er, daß allein der geplante Grünzug die Entfernung zwischen Münchner Rathaus und Siegestor übertraf.

Weiterhin bemängelte Krier die Konzentration von öffentlichen Bauten und gewerblichen Flächen im geplanten Zentrum, die zu einer unzumutbaren Trennung zwischen Zentrumsgebiet und den sogenannten Wohninseln führte. Da das Zentrum auf die gesamte Siedlungsgröße ausgelegt sei und somit nur Zug um Zug entstünde, würde dieser Bereich längere Zeit als Torso bestehen bleiben. Seine Empfehlung ging dahin, die Neubaugebiete um fast die Hälfte zu reduzieren und drei unabhängige, abgeschlossene und funktional komplexe Ortsteile mit gleichmäßiger Verteilung der öffentlichen Einrichtungen zu realisieren.[24] Trotz einer Reihe weiterer Kritikpunkte, wie etwa die überwiegend falsche Ausrichtung der vorgesehenen Reiheneigenheime, führten Kriers Argumente nicht zum Einlenken des Gemeinderats, da dies eine völlige Abkehr vom bisherigen Siedlungskonzept bedeutet hätte.[25]

Nach monatelanger Überzeugungsarbeit der Südhausbau und zunehmend der Arge-Partner, aber auch mit Hilfe des gemeindlichen Planungsberaters, Prof. Fred Angerer, wurde der Architekt Ulrich Holzscheiter mit der Ausarbeitung eines neuen, städtebaulichen Konzepts beauftragt. Auf Grund seiner überzeugenden Arbeit wurde er anstelle der Architekten Wiesner als Gemeindeplaner eingesetzt. In der Beurteilung seines Entwurfes wurden die eindeutige Erkennbarkeit des städtebaulichen Ordnungsgedankens, der Variantenreichtum bezüglich der Häusergruppierungen, die weitgehende Austauschbarkeit von Geschoßwohnungsbau und Einfamilienhäusern, die gute Aufteilbarkeit der Siedlungsgebiete zwischen den Bauträgern und die kostengünstige Lösung des Lärmschutzproblemes im Bereich der Bahn hervorgehoben. Mit dem Etikett »heitere Gartenstadt« versehen, sollte Poing-Nord eine städtebauliche Ordnung erhalten,[26] die

In einem Wohnquartier realisierte die Südhausbau 61 Wohnungen und 2 Büros. Die Wohnungstypen erstrecken sich von einer 1-Zimmer-Wohnung (35 qm) bis zur 3-Zimmer-Wohnung mit ca. 70 qm. Auffallend sind die holzverkleideten Balkone, die dem Wohngebäude mit den ›Schlafaugen‹ einen freundlich-einladenden Charakter verleihen.
Architekt: Peter Ottmann.

gute Orientierung, Unverwechselbarkeit und damit Identifikation des Einzelnen mit seinem Quartier ermöglicht.

Die Festsetzungen des Bebauungsplans für die 1. Entwicklungsstufe folgten weitgehend der Planung von Holzscheiter. 1989 begannen die Südhausbau und die anderen Arge-Mitglieder, die Bautätigkeit aufzunehmen, wobei jeder Bauträger für die Entwürfe der Häuser eigene Architekten beauftragte. Bis Dezember 1996 wurden 1.272 Einheiten im Geschoßwohnungsbau und 166 Einfamilienhäuser erstellt.[27]

Planung des Zentrumsgebietes

Wer sich heute dem Siedlungsgebiet Poing-Nord nähert, dem wird neben den neu erstellten Wohngebäuden sofort die große unbebaute Fläche um den S-Bahnhof ins Auge fallen. Das als Zentrum vorgesehene Gebiet, das als wichtiges Bindeglied zwischen dem alten Ortskern und der Neubausiedlung Poing-Nord die Versorgung aller Gemeindebürger übernehmen sollte, ist entgegen der Planung Ende 1996 weder mit öffentlichen noch mit privaten Dienstleistungs- und Versorgungseinrichtungen, geschweige denn mit Wohnungen bebaut worden. Was ist bis dahin passiert?

Bereits 1987 war erkennbar, daß die Deutsche Bundesbahn den Ausbau der Bahntrasse auf vier Gleise zwischen München und Mühldorf in Erwägung zieht.[28] Die kurzfristig nicht lösbaren Schallprobleme zwangen zu einer Unterbrechung der öffentlichen Auslegung. Damit die beiden Ortsteile nicht noch stärker getrennt werden, empfahl der Gemeinderat in Poing, die Bahntrasse im Zentrumsgebiet in einen unter der Erde verlaufenden Tunnel zu verlegen.[29] Dafür sprachen sich auch mehrere Poinger Bürger aus, die im Dezember 1991 die »Bürgergemeinschaft Bahntunnel Poing« gründeten. Dieser Forderung konnte allerdings wegen der hohen Kosten nicht Rechnung getragen werden.[30] Als Ausweg aus der zwischen Bürgern, Gemeinde und Bauträgern verfahrenen Situation empfahl sich ein städtebaulicher Ideenwettbewerb, aus dem 1994 der Architekt Karl-Heinz Wallbrunn als Sieger hervorging.[31] Sein Bebauungsplanentwurf, dessen Erschließungs- und Lärmschutzkonzept jedoch keine Zustimmung bei den Bauträgern fand, ist nunmehr Grundlage des derzeitigen Bebauungsplanverfahrens, das von einem viergleisigen Schienenausbau ausgeht. Mit der Rechtskraft des Bebauungsplanes wird Mitte 1997 zu rechnen sein.

Resümee und Ausblick

Läßt man die Planungsgeschichte von Poing-Nord Revue passieren, so fällt der unverhältnismäßig lange Planungszeitraum zwischen Grundstücksankauf und Baubeginn auf. Die Ursachen für die immer wieder auftretenden Verzögerungen sind vielfältig. Sie veranschaulichen einerseits die Probleme eines solchen Großprojektes, bei dem unterschiedliche Interessen verschiedener Beteiligter aufeinandertreffen, andererseits aber auch die sich wandelnden Vorstellungen hinsichtlich städtebaulicher und wohnungswirtschaftlicher Konzepte.

Zum Zeitpunkt des Grundstückskaufs in den sechziger Jahren herrschte noch eine ungebrochene Wachstumsgläubigkeit vor, die zu umfangreichen Planungen im Siedlungsgebiet führte. Bei Beginn des Raumordnungsverfahrens im Jahr 1971 waren diese Vorstellungen bereits einer kritischen Revision gewichen, die zu einer Modifikation der ursprünglichen Planungen zwang. Nach Erstellung des Bebauungsplanes ergab sich das Problem,

Die von der Südhausbau geplanten 47 Eigentumswohnungen verteilen sich auf drei Gebäude und bilden mit einem vierten Haus zwei Höfe. Die Wohnräume öffnen sich zu dem öffentlichen Grünzug in südwestlicher Richtung. Fertigstellung 1992.

Die »Kettenhäuser« genannten Gebäude folgen wie ein Band dem geschwungenen Straßenverlauf und sind voneinander nur durch Garagen getrennt. Ursprünglich als Mehrgenerationen-Haus mit bis zu 145 qm Nettowohnfläche geplant, setzte sich beim Verkauf fast ausschließlich die geschoßweise Trennung der Häuser mit bis zu drei Einheiten durch.

Die Gebäude in beiden Bildern weisen neben der baurechtlich vorgeschriebenen Dachform einheitliche Fassadenstrukturen wie Schiebeläden, Dachgauben sowie die Verwendung von Holzverkleidungen für die Nebengebäude auf. Fertigstellung 1992. Architekt: Peter Ottmann.

daß sich der von der Gemeinde favorisierte Entwurf für die Bauträger als untragbar erwies, so daß weitere Verzögerungen auftraten.

Allerdings herrschte auch bei den Arge-Mitgliedern nicht immer Einvernehmen. Vereinfacht gesagt, hatten sich zwei Gruppierungen gebildet, die entgegengesetzte Interessen vertraten: Eine Gruppppe, die angesichts steigender Grundstückskosten (Vorhaltekosten) auf eine möglichst rasche Bebauung drang, und eine zweite Gruppe – meist in der Minderheit –, die eine städtebaulich akzeptable Lösung in den Vordergrund ihrer Bestrebungen stellte, nicht zuletzt, um eine bessere Vermarktbarkeit der Bauten zu gewährleisten. Darüber hinaus galt es aber auch, die Interessen derer zu berücksichtigen, die außerhalb der Arge an den Planungen beteiligt waren und sich nur selten den innerhalb der Arbeitsgemeinschaft gefundenen Kompromissen anschlossen.[32]

In dem Zeitraum von nunmehr 31 Jahren zwischen Ankauf des ersten Grundstücks bis heute läßt sich aber auch ein Bedürfniswandel feststellen. Gigantomanisch anmutende Hochhaussiedlungen finden keine Abnehmer mehr. Der einstige Fortschrittsglaube ist einer Renaissance der Kleinteiligkeit gewichen. Die Wohnungssuchenden werden in ihrem Nachfrageverhalten – auch im Raum München – zunehmend anspruchsvoller. Deshalb wird sich ein Wohnungsbauunternehmen trotz des gestiegenen Wohnraumanspruchs des einzelnen und der Zunahme der Single-Haushalte in seiner Produktpolitik auf Marktnischen konzentrieren müssen.

Für Poing als eine der letzten Großsiedlungen im Raum München gilt es, die hierfür erforderliche Flexibilität zu bewahren. Dies ist in den Wohnbereichen der 1. Entwicklungsstufe dank der Entschlossenheit der Bauträger und der Bereitwilligkeit der Gemeinde geglückt. Auch für die Zukunft sollte derjenigen Planung Vorrang eingeräumt werden, die nicht nur in der ganzheitlichen Umsetzung überzeugt (viel zu selten wird ein Flächennutzungsplan oder Bebauungsplan in seiner sukzessiven Entwicklung, sondern meist nur in seiner Abgeschlossenheit bewertet), sondern auch kleine Schritte zuläßt, ohne jedoch das Ganze außer acht zu lassen. Denn nur dann ist es möglich, ein funktionierendes, gemeinschaftliches Leben in einem von allen angenommenen, räumlichen Zusammenhang hervorzubringen.

Anmerkungen

1   Die Arge umfaßte die Firmen GEHAG, Berlin, die beiden in München ansässigen, ehemals gemeinnützigen Wohnungsunternehmen GEWOFAG und GWG, den in Poing angesiedelten Wohnungsbauunternehmer Blieninger, die Firma Südhausbau und mit einem kleinen Anteil die Baulandbeschaffungsgesellschaft mbH, München.
2   Aus dem Rahmenvertrag für Folgekosten und Erschließungsmaßnahmen (Poing-Nord), Notariat Hans-Georg Stühler, UR-Nr. 490/88, 14.3.1988, Seite 1, Archiv Südhausbau, Urkundenakt.
3   Erläuterungsbericht zum Rahmenplan München-Ost, Planungsverband Äußerer Wirtschaftsraum München, Dezember 1963.
4   Planungsverband Äußerer Wirtschaftsraum, Regionaler Entwicklungsplan München, 27.11.1968, Seite 35.
5   Der Ankauf der Grundstücke, die später zu Wohnbauland werden sollten, wurde dadurch erleichtert, daß man den Eigentümern, meist Landwirten, Ersatzgüter im weiteren Umfeld von München angeboten hatte.
6   Regierung von Oberbayern, Schreiben vom 7.6.1971 an die damals beteiligten Träger öffentlicher Belange, Seite 2, Archiv Südhausbau, Akte »Raumordnungsverfahren 1970–1975«.
7   Der Regionale Planungsverband hatte seine Tätigkeit aufgrund des Bayerischen Landesplanungsgesetzes von 1970 im Jahr 1972 aufgenommen. Siehe hierzu auch den Artikel von Jörg Lippert »Von der Stadt zur Region«.
8   Regionaler Planungsverband München, Vorlage des Verbandsvorsitzenden an den Planungsausschuß, Drucksache 25/73, Seite 3 ff.
9   Bis zum Jahr 1990 wurden nicht mehr 500.000 bis 700.000, sondern lediglich 300.000 neue Einwohner für die Region München erwartet. Weiterhin wäre »diese Beschränkung [der Siedlungsentwicklung in Poing] im Interesse der Dämmung des übermäßigen Wachstums des Brennpunkts München zugunsten verbesserter Konkurrenzbedingungen zu fördernder Kreis- und Mittelstände notwendig.« Paul Ottmann, Besprechung mit der Regierung von Oberbayern und dem Planungsverband Äußerer Wirtschaftsraum, Gedächtnisprotokoll vom 24.1.1974, Seite 6, Archiv Südhausbau, Akte »Raumordnungsverfahren 1970–1975«.
10   Regionaler Planungsverband München, Vorlage des Verbandsvorsitzenden an den Planungsausschuß, Druckseite 13/74, Seite 8.
11   Bayer. Staatsministerium für Landesentwicklung und Umweltfragen, Schreiben an die Ottmann GmbH und Co./Südbaucommerz KG vom 12.8.1974, S. 3, Archiv Südhausbau, Akte »Raumordnungsverfahren 1970–1975«.
12   Gemeinnützige Wohnungsfürsorge AG, Schreiben an das Bayerische Staatsministerium für Landesentwicklung und Umweltfragen vom 3.10.1974, Seite 6, Südhausbau-Archiv, Akte »Raumordnungsverfahren 1970–1975«.
13   Regierung von Oberbayern, Schreiben an den Regionalen Planungsverband München, 14.1.1975, Seite 2, Archiv Südhausbau, Akte »Raumordnungsverfahren 1970–1975«.
14   Regionaler Planungsverband, Vorlage des Verbandsvorsitzenden an den Planungsausschuß, Drucksache 19/75.
15   Gemäß des Arge-Protokolls vom 20.9.1974 sollte der Flächennutzungsplan auf Bitten der Gemeinde von dem Wohnungsunternehmen GEHAG erarbeitet werden, der bis 1978 genehmigungsreif vorliegen sollte. Siehe hierzu auch Arge-Protokoll vom 10.5.1976, Seite 2 ff., Archiv Südhausbau, Akte »Bauträgergemeinschaft 1974–79«.
16   Arge-Protokoll vom 26.6.1976, Seite 2, Archiv Südhausbau, Akte »Bauträgergemeinschaft 1974–79«.
17   Arge-Protokoll vom 12.11.1979, Seite 2, Archiv Südhausbau, Akte »Bauträgergemeinschaft 1974–79«.
18   Ottmann 1984, 9.
19   Rahmenvertrag, Beteiligungsverhältnisse § 2 Abs. 7, Seite 27 f.
20   Protokoll über die Sitzung zur Beurteilung des städtebaulichen Plangutachtens zur Aufstellung eines Bebauungsplanes in Poing-Nord, Seite 11 ff., 6.7.1981 (Gemeinderundschau Poing).
21   Gemeinderatssitzung vom 9.6.1982, lfd. Nr. 7c.
22   Protokoll, (Anm. 20), Seite 14.
23   Krier 1984, Seite 39.
24   Krier, 1984, Seite 40.
25   Gemeinderatssitzung vom 8.12.1983, lfd. Nr. 1.
26   Werner Hubert. »Das Etikett ›ländliche Gartenstadt‹ verschafft zunehmd Geltung«, in: Ebersberger Zeitung (Münchner Merkur), 14./15. September 1985, Seite 3.
27   Gemeinde Poing. Bauliche Entwicklung am Bergfeld – Wohngebiet W1 Rest vom 5.12.1996. Nach der letzten Einwohnererhebung Ende 1994 konnte die Gemeinde für das Siedlungsgebiet Poing-Nord einen Zuwachs von 2.800 Einwohnern verzeichnen. Gemeinde Poing. Künftige Einwohnerentwicklung der Gemeinde Poing, 3. Fortschreibung, 24.4.1995, Seite 4.
28   Ulrich Holzscheiter. Gespräch mit Mitarbeitern der Bundesbahndirektion München vom 16.7.1987. Gesprächsprotokoll, Archiv Südhausbau, Akte »Planung Krier, Holzscheiter, Topos«.
29   Björn Theye. »Einstimmung für Tunnel, Verwaltung soll jetzt Finanzen klären«, in: Ebersberger Nachrichten, 15./16.2.1992.
30   Die hohen Kosten einer Untertunnelung, die nach groben Schätzungen bei mehr als 500 Mio. DM liegen würden, sollten nach Einschätzung des Bürgermeisters von Poing, Rainer Lauterbach, nicht nur von der Bahn, der Gemeinde oder anderen staatlichen Körperschaften finanziert werden, sondern auch von den Bauträgern mitgetragen werden (Gemeinde Poing, Schreiben an die Firma Südhausbau vom 31.3.1992, Seite 3, Archiv Südhausbau, Akte »Bauträgergemeinschaft 1987–1993«). Dies hätte allerdings den neu geschaffenen Wohnraum erheblich belastet, so daß dieser Vorschlag auf Ablehnung bei den Bauträgern stieß.
31   Die Wettbewerbsbeiträge schlagen unterschiedliche Möglichkeiten der Bewältigung des Bahnausbaus vor. Neben einem Lärmschutzwall oder einer Einschalung wurden auch Konzepte des passiven Lärmschutzes, wie z. B. ein langgestrecktes Parkhaus entlang der Bahnlinie, vorgeschlagen. Ein Beitrag enthielt sogar eine offene Führung der Bahn über den Marktplatz hinweg, die den Schienenverkehr nicht versteckt, sondern zum hauptsächlichen Gliederungsthema beider Ortsgebiete macht. Die Konzepte unterscheiden sich in der Gebäudefiguration und der Anbindung an Alt-Poing. Die meist als Fußgängerunterführung ausgebildete Verbindung findet je nach Beitrag eine stärkere oder schwächere Akzentuierung, manchmal sogar verbunden mit einer Tieferlegung des Marktplatzes.
32   Auch waren sich Gemeinde und Bauträger nicht immer einig über die Höhe der Nachfolgelasten, die die Arge-Mitglieder finanziell zu tragen hätten. Von der Gemeinde wurden u. a. ein Jugendheim, ein Rathaus, ein Feuerwehrhaus, ein Friedhof und ein Bauhof gefordert. Sogar ein Sporthaus und ein Hallen-Freibad standen zur Diskussion. In dem anfänglich erwähnten Rahmenvertrag einigte man sich neben der Abtretung von Verkehrs-, Grün- und Friedhof-Flächen auf die Bezahlung von 50 Mio. DM für das gesamte Siedlungsgebiet. Dieser Betrag ist von den einzelnen Bauträgern anteilig nach den Geschoßflächen und je nach Entwicklungsstand an die Gemeinde zu leisten. Rahmenvertrag, siehe Anm. 2, Seite 13 ff.

EIN GESPRÄCH MIT
DIPL.-ING. ULRICH HOLZSCHEITER,
HILKE GESINE MÖLLER
UND DR. MATTHIAS OTTMANN
AM 14. OKTOBER UND
16. DEZEMBER 1996 IN MÜNCHEN

Städtebauliche Überlegungen zu Poing – Bebauungsplan und Zentrumsplanung

Bebauungsplan

Möller: Könnten Sie den Bebauungsplan beschreiben, den Sie für Poing erstellt haben?

Von den abgeschlossenen Bebauungsplänen für die Großsiedlung »Am Bergfeld« haben wir zwei verfaßt, und zwar die beiden, die flächenmäßig den bedeutendsten Anteil an der ersten Entwicklungsstufe der großen Ortserweiterung haben: Das sogenannte Wohngebiet 1 Rest, das etwa achtzehn Hektar umfaßt, und das etwas größere Wohngebiet 2 mit 22 ha Geltungsbereich.

Bis 1984 war eine Planung des Kollegen Erik Wiesner verfolgt worden, die nach allgemeiner Auffassung nicht unbedenklich war. Durch zähes Ringen gelang es der Südhausbau schließlich, diese Planung zu verhindern. Den weiteren Überlegungen konnte unsere Konzeption unter dem Leitmotiv »die heitere Gartenstadt« zugrunde gelegt werden. Der Begriff ist natürlich etwas plakativ. Andererseits versinnbildlicht er positive Aspekte wie die Dominanz des Grüns und war insofern geeignet, die Entscheidungsträger von unserer Planung zu überzeugen.

Möller: Worin unterscheidet sich Ihre Planung von der Wiesners?

Den prägnantesten Unterschied sehe ich darin, daß unsere Raumbildungen eine Klarheit und Einfachheit haben, die ich bei der Wiesner-Planung nicht feststellen konnte. Dort gab es keine Hierarchie der Räume, sondern lediglich die Füllung der Bauflächen durch simple Addition eines variierten, aber einzigen Grundelementes. Unser Konzept dagegen sah eine Vielzahl stadträumlicher Grundtypen vor, Grünzüge, Höfe, Plätze, enge Straßen, weite Straßen, gerade Straßen, gekrümmte Straßen usw. Ein weiterer wesentlicher Unterschied bestand darin, daß wir versucht haben, die Pläne so zu gestalten, daß für die spätere konkrete Bebauung möglichst viel Offenheit gewährleistet blieb.

Denn es ist so: Die städtebauliche Planung nach Bundesbaugesetz – jetzt Baugesetzbuch – sieht zwei Plantypen für die geordnete städtebauliche Entwicklung einer Gemeinde vor: Zunächst einen vorbereitenden Bauleitplan, das ist der Flächennutzungsplan, der die grundsätzliche Siedlungsgliederung vorgab. Bei Poing wurde dieser Plan, der die Großsiedlung in insgesamt acht Wohngebiete gliedert, vom Büro Gerhard Knopp gemacht. Der zweite Plantyp ist dann der verbindliche Bauleitplan, der Bebauungsplan. Er umfaßt die konkreten städtebaulichen und räumlichen Vorstellungen innerhalb der vorgegebenen Grundgliederung. Diese Pläne haben wir für die eingangs genannten Wohngebiete erstellt. Wichtig war dabei für uns, die Bauräume, in denen dann viele Architekten die Gebäude entwerfen, so zu konzipieren, daß eine möglichst hohe Flexibilität gegeben war. Wir wollten also, daß innerhalb eines solchen Bauraums sowohl die Möglichkeit für Geschoßwohnungsbau als auch für Einfamilienhausbau bestand. Denn nur so kann man auf die wechselnden Erfordernisse des Marktes reagieren.

Tatsächlich hat sich diese Offenheit der Planung bewährt, weil sich innerhalb kürzester Zeit der Markt veränderte: Ursprünglich war man davon ausgegangen, daß man potentielle Käufer nur mit einem Häuschen im Grünen nach Poing locken könnte. Während wir in dieser Überzeugung an den Bebauungsplänen arbeiteten, begann eine Entwicklung, an deren Ende sich herausstellte, daß solche Häuser nicht mehr finanzierbar waren. Die luxuriöse Siedlungsplanung – mit luxuriös ist hier der hohe Anteil an Grünflächen und die üppige Ausstattung mit öffentlichen Einrichtungen, Sport- und Freizeitanlagen gemeint – zog hohe Infrastrukturkosten nach sich, die natürlich Konsequenzen für die Baulandpreise hatten. Ein Reihenhäuschen mit 180 Quadratmeter Grund und 120 oder 150 Quadratmeter Wohnfläche kostete plötzlich 700.000 DM. Entgegen der ursprünglichen Überlegungen mußte man also doch in weiten Teilen zu Geschoßwohnungsbau umdisponieren.

Möller: Wie beurteilen Sie die Architektur, die in Poing realisiert wurde?

Wir waren davon überzeugt,

daß die Pläne für Poing die Chance geboten hätten, etwas entstehen zu lassen, was von wirklich hoher Qualität ist. Unsere Idealvorstellung war ein Wohnungsbau in nobler Einfachheit, wie man ihn in den skandinavischen Ländern finden kann. Leider unterscheidet sich nun das architektonische Resultat wenig von dem, was wir andernorts im Münchner Großraum, etwa im benachbarten Kirchheim, vor Augen haben.

Die Hausarchitektur hat keine ausgeprägte Gestaltqualität. Vieles fällt auseinander und trägt zu sehr die Handschrift unterschiedlicher Architekten. Nachdem das Baurecht geschaffen war, wurden beträchtliche Teile des Gesamtgebietes an andere Bauträger veräußert. Diese hatten hohe Einstiegskosten und sahen sich offenbar gezwungen, eine Architektur zu realisieren, die möglichst risikolos ist und jedermann gefällt. Damit wurde aber da und dort ein Niveau erreicht, das in der Nähe des Banalen liegt.

Allerdings gibt es auch positive Ausnahmen. Dazu würde ich den Wohnungsbau zählen, den der Kollege Peter Ottmann realisiert hat. Diese Bauten, die mit großem Aufwand und Engagement konzipiert wurden, fallen wirklich positiv auf. Für halbwegs überzeugend halte ich – auch wenn ich da nicht ganz objektiv sein kann – das Feuerwehrgerätehaus, das unser Büro konzipiert hat. Dabei hatten wir natürlich den Vorteil, von den Zwängen, denen man im Wohnungsbau unterliegt, befreit zu sein.

Möller: Sie erwähnten vorhin Ihr Konzept der »heiteren Gartenstadt«. Was konkret war damit gemeint?

Wie ich schon angedeutet hatte, spielte bei der Begriffswahl eine Rolle, daß die Entscheidungsträger überzeugt werden sollten. Aber mir war natürlich klar, daß angesichts

Ulrich Holzscheiter

1948	geboren in Waldshut
1969–74	Architekturstudium an der TU München
1974/75	tätig in London
1975/76	tätig in Paris
1976–85	Wissenschaftlicher Assistent an der TU München
seit 1985	eigenes Büro

der geplanten Bebauungsdichten eine Gartenstadt im klassischen Sinne – also extreme Weitläufigkeit und Begrünung – nicht realisierbar war. Und im Prinzip ist eine dichte Bebauung sowohl städtebaulich als auch ökologisch durchaus sinnvoll. Da die Ballungsräume den Lebensraum für 4/5 der Bevölkerung der Bundesrepublik ausmachen, muß man im Umgang mit Grund und Boden sparsam sein. Deshalb sollte das Versprechen der »heiteren Gartenstadt« im wesentlichen in den öffentlichen Bereichen eingelöst werden: Durch die Anlage großzügiger Plätze und gliedernder Grünzüge, die zwischen den Wohngebieten liegen. Dabei sind wir so vorgegangen, daß möglichst viele Wohnungen davon profitieren können. Das heißt, wir haben diese Grünzüge als langgestreckte Flächen mit großer Umfangslänge konzipiert, so daß tatsächlich sehr viele der Wohnungen an diese Grünzonen anrainen.

Möller: Würden Sie die Architektur von Poing als postmodern bezeichnen?

Nein, nicht im engeren Sinne. Es ist keine Architektur, die sich ausgeprägt irgendwelcher Versatzstücke der Baugeschichte bedient. Was die Architektur von Poing prägt, ist eher eine landauf, landab verbreitete neue »Landhaus-Gemütlichkeit«. Also keine knappe und puristische Architektur, sondern eine Architektur, die einem starken Bedürfnis nach Behaglichkeit entspringt. Das heißt hier Massivbau, Holzfenster mit Sprossen, Klappläden, ein richtiges Dach mit richtigen Ziegeln, oder zumindest in einer Farbe, die der von Ziegeln gleicht. Und natürlich auch hin und wieder etwas »Schnickschnack«.

Der wird erst in fünfzig Jahren erträglich und wiederum nach fünfzig weiteren Jahren denkmalschutzwürdig. Wir haben uns mit den eklektizistischen Auswüchsen des späten 19. Jahrhunderts, gegen die die Architekten der frühen Moderne so heftig opponierten, inzwischen auch ganz gut arrangiert. Was damals entstanden ist, wurde inzwischen von der Denkmalpflege unter die Fittiche genommen, und selbst einem noch so deplazierten Ornament ist mittlerweile eine Qualität an sich zugestanden. Um aber abschließend positive Aspekte für Poing aufzuführen: Ich denke, daß das Grün das Bild dieser Siedlung prägen und für eine neue Qualität sorgen wird. Dann werden die Einzelarchitekturen in den Hintergrund treten, und die Siedlung wird sich letztlich doch positiv von dem abheben, was an vielen Stellen während der späten sechziger und frühen siebziger Jahre im Münchner Umland in viel zu kurzer Zeit entstanden ist.

Zentrumsplanung

Ottmann: Könnten Sie Ihren Entwurf für die Zentrumsplanung von Poing kurz erläutern?

Mit einer alternativen Konzeption der neuen Ortsmitte hatten wir unsere Planungen für Poing begonnen. Die damals verfolgte Bebauungsplanung zeigte nach unserer Überzeugung eine bedenkliche Formlosigkeit mit diffusen Raumbildungen und überzogen ausgedehnten Stellplatzanlagen. Wir setzten dieser Planung ein einfaches Gefüge aus Hofbebauungen, Straßen und Plätzen entgegen mit einem in der Mitte des neuen Zentrums angelegten großen Rathausplatz als neuem Schwerpunkt für den gesamten Ort, über den die Hauptverbindung vom alten Ortsteil in die neuen Wohnquartiere geführt war.

Ottmann: In Ihren Erläuterungen sehe ich gewisse Ähnlichkeiten zu der Argumentation von Leon Krier, zumindest hinsichtlich der Vorstellung, im Zentrumsbereich nicht sämtliche öffentlichen und gewerblichen Funktionen unterzubringen, sondern diese in andere Bereiche zu verlagern.

Leon Kriers Kritik an der früheren Zentrumsplanung habe ich geteilt, ebenso seine Sympathie für klare, einfache Anordnungsprinzipien und für eine ausgeprägte Nutzungsmischung. Bei Krier hatte das allerdings stark romantische Züge. Die Erdgeschosse waren in seiner Vorstellung mit Schuster, Metzger und Bäcker besetzt. Unser Ansatz richtete sich dagegen vor allem darauf, in der Ortsmitte die wichtigen privaten und öffentlichen Versorgungseinrichtungen zu konzentrieren, darüber hinaus aber nur punktuell zu versuchen, die Quartiersmittelpunkte mit Läden und Gasthäusern zu beleben. Daß es dazu nicht gekommen ist, lag an der Empfehlung der Fachberater, die der Meinung waren, dort könne nicht einmal ein Kiosk überleben.

Ottmann: Ihr Konzept sah die Tieferlegung des Marktplatzes vor, um damit die Voraussetzung zu schaffen, die durch die Bahn getrennten Bereiche von Alt- und Neu-Poing zu verbinden. Außerdem war eine Riegelbebauung zur Gruberstraße geplant, um durch Wohnhöfe in Neu-Poing eine gewisse Privatheit zu erzeugen. Das war ein guter städtebaulicher Entwurf. Warum hat die Gemeinde Sie dann eigentlich nicht damit beauftragt, diesen Bereich neu zu überplanen, nachdem die Ausbaupläne der Bahn bekannt geworden waren? Anders gefragt: Warum wurde ein Wettbewerb ausgeschrieben?

Die Diskussionen um die Auswirkungen des zukünftigen Bahnbetriebes fielen in die Zeit eines heftig geführten Kommunalwahlkampfes mit zum Teil irrationalen Auseinandersetzungen. Ich habe dem Gemeinderat in Anbetracht einer ziemlich verfahrenen Situation empfohlen, einen städtebaulichen Wettbewerb zu veranstalten, um eine neue, auf breiterem Konsens gegründete Planung zu beginnen. Diesen Konsens hätten Pläne aus unserem Büro zu jener Zeit niemals gefunden.

Ottmann: Hielten Sie die Überlegung für gut, die Fläche des Wettbewerbes auch auf den südlichen Bereich der Bahngrenze auszuweiten?

Ja, denn wir waren schon immer der Überzeugung, daß man mit dem Denken nicht an der nördlichen Bahngrenze aufhören darf. Eine möglichst attraktive Verbindung des alten mit dem neuen Ortsteil war und ist die besondere städtebauliche Herausforderung bei der Zentrumsplanung. Dafür gibt es viele Möglichkeiten. Unsere Idee war, durch eine Tieferlegung des zentralen Fußgängerbereiches beide Ortsteile »barrierefrei« zu verknüpfen. Nachdem die Pläne für den viergleisigen Ausbau bekannt sind, ist die Einbeziehung des südlichen Bereiches noch wichtiger geworden. Denn Lärmschutzmaßnahmen sind jetzt nicht nur für die neuen Baugebiete im Norden, sondern auch für die bestehenden im Süden und Südosten notwendig.

Ottmann: Es gab unterschiedliche Lösungsmöglichkeiten: Untertunnelung, Einhausung, passiver Lärmschutz, aktiver Lärmschutz. Was halten Sie hier für ein städtebaulich funktionierendes Konzept?

Was wir für nicht vertretbar hielten, war ein Tunnelbauwerk für die Bahnanlagen über zwei Kilometer. Nach ersten Schätzungen hätte sich die Bausumme dafür auf etwa 250 Millionen DM belaufen. In Anbetracht der wenigen Betroffenen wäre diese Investition absurd.

Ottmann: Wie hätten Sie das Problem in Ihrer Planung denn gelöst?

Wir haben einige Möglichkeiten des Lärmschutzes entwickelt, bei denen wir die Grundzüge unseres Konzeptes beibehalten konnten, zum Beispiel mit linearen Parkhäusern an der Nordseite der Bahngleise. Damit wären auch die Freibereiche, Bahnhofs- und Rathausplatz, geschützt worden. Für den südlichen, insbesondere den südöstlichen Bereich erschien mir eine Umnutzung der bahnnahen Wohnbebauung als überzeugendste Konzeption.

Ottmann: Welche Überlegungen gab es zur verkehrsmäßigen Erschließung? Hätte man den Marktplatz befahren können?

Ja, aber nur mit zeitlichen Einschränkungen. Der Alltagsverkehr wäre im rückwärtigen Bereich der Platzrandbebauung abgehandelt worden. Es gab dazu die Überlegung, den ruhenden Verkehr weitgehend in Parkhäusern und Tiefgaragen unterzubringen, um die wenigen freien Flächen als Aufenthaltsbereiche zu erhalten. Der viergleisige Ausbau der Bahn mit der Lärm- und Erschütterungsproblematik hatte uns dazu gebracht, eine stärkere Konzentration der Stellplätze in einem langgestreckten Parkhaus vorzuschlagen. Das war eine nicht sehr populäre Überlegung.

Ottmann: Glauben Sie tatsächlich, daß die Wettbewerbe, die stattgefunden haben, sich vorteilhaft ausgewirkt haben? Wenn man sich die Ergebnisse dieser zahlreichen Wettbewerbe anschaut, stellt man doch fest, daß immer wieder Konflikte aufgetreten sind. Was war denn Ihrer Ansicht nach das Problem.

Immer wieder gehen überzeugende, mutige Projekte aus Wettbewerben hervor. Die scharfe geistige Konkurrenz stimuliert die Architekten, während Direktaufträge häufig zu konventionellen Routine-Lösungen führen.

Die in Poing gemachten Erfahrungen mit Wettbewerben darf man nicht verallgemeinern. Wettbewerbe führen nur dann zu einem wirklichen Erfolg, wenn es einen starken Willen gibt, prämierte Konzepte umzusetzen. Das hat in Poing möglicherweise gefehlt.

Ottmann: Die Planungen für Poing dauern mittlerweile dreißig Jahre.

Nun, unsere Nettoplanungszeit von den Konzepten bis zum ersten Bebauungsplan betrug etwa sechs Jahre. Aber man darf nicht übersehen, daß eine solche lange Planungszeit nicht unbedingt ein Poinger Spezifikum ist. Auch andere Planungen aus den siebziger Jahren verzögerten sich, weil Großprojekte generell ins Kreuzfeuer der Kritik geraten sind.

Ottmann: Für Poing haben Sie einmal den Begriff der »heiteren Gartenstadt« gebraucht. Durch den zeitlichen Abstand sind inzwischen die Vor- und Nachteile der städtebaulichen Konzeptionen aus den sechziger Jahren hinlänglich bekannt. Darauf haben die Planungen der achtziger Jahre auch entsprechend reagiert. Wie würden Sie vor dem Hintergrund dieser Erfahrungen die Leitidee des Städtebaus der neunziger Jahre definieren – auch in Hinblick auf den Zentrumsbereich in Poing?

Für den kleinen Rest dieses Jahrhunderts und für die weiteren Wohngebiete in Poing könnte diese plakative Formel, in der sich die Dominanz des Grüns über die Bebauung ausdrückt, stehenbleiben. Für die neue Ortsmitte ist das kein taugliches Leitbild. Dort sollte sich, so weit das möglich ist, Urbanität einstellen.

Möller: Wie kam es zu der Form des zentralen Platzes in Poing?

Eine wichtige Aufgabe des Städtebauers besteht darin, funktionale und gestalterisch-räumliche Bezüge aufzubauen. Die Platzanordnung und Platzform entstand aus sinnfällig entwickelten Stadtbaulinien vom alten Ort in die neuen Baugebiete, und genau im Mittelfeld des Zentrumgebietes.

Möller: Welche Bedeutung kam der architektonischen Form der Wohnhäuser innerhalb des Konzepts zu?

Im nördlichen Teil der Ortsmitte haben wir ein Band von Hofformen vorgeschlagen, das als Schutz gegen den Lärm von der Gruberstraße dienen sollte. Wir haben bewußt nicht das städtische Element des geschlossenen Baublocks gewählt, sondern eine Mischform, die offenere Seiten aufweist und fließendere Raumfolgen zuläßt als der Baublock. In diesen Bauformen erschien uns die halb städtische, halb ländliche Situation gut aufgegriffen zu sein.

Ottmann: Bei der Durchsicht der Wettbewerbsbeiträge hatte ich den Eindruck, man könne die Architekten in zwei Gruppen unterteilen: Die eine Gruppe stellte sich auf den Standpunkt, man könne keine Verbindung zwischen den Ortsteilen herstellen und solle deshalb versuchen, eine vernünftige urbane Konzeption für den Marktplatz zu erstellen. Die andere Gruppe hingegen stellte die Verbindung zu Alt-Poing in den Vordergrund. Sie scheinen sich für die erste Gruppe entschieden zu haben.

Nein. Unser Bestreben war immer, die beiden Ortsteile vernünftig miteinander zu verbinden. Deshalb gab es die schon erwähnte Tieferlegung, die einen sanften Übergang zwischen den Ortsteilen erlaubt hätte. Ein nahtloser Übergang wäre natürlich trotzdem nicht möglich.

Jeder Ort wird vorrangig durch die Qualität und die Gestalt seiner Mitte geprägt, weniger durch seine Ränder. Insofern ist den Poingern und den beteiligten Gesellschaften zu wünschen, daß hier eine überzeugende Lösung zustandekommt.

EIN GESPRÄCH MIT
WOLFGANG HEROLD
AM 15. OKTOBER 1996
IN MÜNCHEN

Die Entwicklung einer neuen Gemeinde – Zorneding Am Daxenberg

Sie haben die Entwicklung in Zorneding innerhalb der letzten zwanzig Jahre sehr unmittelbar erlebt?

Ja. Ich bin 1976 nach Zorneding gezogen. Zwei Jahre später wurde ich in den Gemeinderat und 1984 zum Bürgermeister gewählt.

Ursprünglich war Zorneding ein landwirtschaftlich geprägtes Straßendorf, das nach 1945 durch den Zustrom von Heimatvertriebenen und – nach der Motorisierungswelle – durch Zuzug aus München bis 1969 von ca. 1.000 auf 4.000 Einwohner gewachsen war. Der S-Bahn-Bau für die Olympischen Spiele 1972 in München hat die Situation der finanzschwachen Gemeinde grundlegend verändert. Im Zuge des Siedlungsdrucks hatten Landwirte Ende der sechziger Jahre ca. 45 Hektar Land an die Südhausbau verkauft und vor Ablauf der Optionsfrist der Gemeinde deutlich gemacht, daß auch tatsächlich gebaut werden müsse. Denn ansonsten hätten sie ihre Verkaufserlöse zurückzahlen müssen. Die Bebauung, die dann Abschnitt für Abschnitt kam, ist aus meiner Sicht fast mustergültig zu nennen. Denn erschlossen wird die Siedlung nur über eine Straße und einen Ring, so daß es dort kaum Verkehrslärm gibt. Zudem wurden Sammelgaragen eingerichtet, die Auto- und Wohnbereich strikt voneinander trennen. Leider wurde das später durch den Zuzug neuer Bewohner aufgeweicht. Die waren plötzlich nicht bereit, ein paar Meter von der Garage zum Haus zu laufen. Das Befahren der Wohnwege führte zu Klagen über Lärmbelästigung und erschwerte die Durchfahrt von Entsorgungs- und Rettungsfahrzeugen.

Wie ist das Zahlenverhältnis zwischen den Einwohnern der Siedlung »Am Daxenberg« und Alt-Zorneding?

Aufgrund der Gebietsreform 1972, bei der die Gemeinde Pöring zu Zorneding kam, hat Zorneding heute etwa 7.800 Einwohner. Davon entfallen ungefähr 1.800 auf den Ortsteil Pöring und je 3.000 auf den Daxenberg und Alt-Zorneding. Das heißt, die Einwohnerzahl am Daxenberg ist in etwa so hoch wie die im alten Teil der Gemeinde. Deshalb gab es anfangs auch einige Aversionen. Denn manchen der alteingesessenen Zornedinger paßte es nicht, daß die Neuen auch politische Entscheidungen beeinflußten.

Da die Bebauung am Daxenberg im wesentlichen 1984, also vor zwölf Jahren, abgeschlossen war, müßte sich die Situation inzwischen aber doch entspannt haben?

Im Prinzip ja. Man kann nicht behaupten, daß es ernsthafte Konflikte gäbe. Trotzdem weisen die Daxenberger ein anderes Verhalten auf. Für viele, die dort wohnen, ist Daxenberg einfach eine Schlafstadt. Diese Leute haben ihren Lebensmittelpunkt in München und fahren am Wochenende in die Berge. Einen Bezug zu Zorneding haben sie aber nicht. Das merkt man auch daran, daß die Neubürger sich zwar stark im Sportverein, aber wenig in den traditionellen Vereinen engagieren. Andererseits ist dieser Schlafstadt-Charakter auch dadurch bedingt, daß der Ausbau der Infrastruktur zuwenig berücksichtigt wurde. Es gibt in der Großsiedlung selbst zuwenig Einkaufsmöglichkeiten, kaum Handwerksbetriebe und zuwenig Gaststätten. Ein Biergarten und ein Tagescafé fehlen. Insofern ist es verständlich, daß die Daxenberger lieber gleich in der Stadt einkaufen und Essen gehen. Vor diesem Hintergrund kann sich ein urbanes Leben, wie es für den Daxenberg wünschenswert wäre, natürlich nicht entwickeln.

Die Gemeinde hat – das muß man klipp und klar sagen – von den Neubürgern in finanzieller Hinsicht sehr profitiert.

Zu Beginn der siebziger Jahre hatte die Gemeinde nicht einmal mehr das Geld, um ihre Schulden zu bezahlen. Dank der Neubürger, die ihren Lohn- und Einkommensteueranteil indirekt über den Finanzausgleich an die Gemeinde abführen, hat sich das grundlegend geändert. Dies nicht zuletzt deshalb, weil bei den Neuen meistens auch die Frauen, oft finanziell bedingt, berufstätig sind. Die Steuereinnahmen der Gemeinde belaufen sich jetzt etwa auf 12 Millionen Mark, wovon ungefähr acht Millionen Lohn- und Einkommensteuer sind.

Welche Bevölkerungsstruktur weist der Daxenberg auf?

Anfänglich war die Bevölkerungsstruktur sehr einheitlich. Die Zuziehenden waren damals zwischen dreißig und vierzig und hatten Kinder. Dadurch entwickelte sich ein recht harmonisches Miteinander. Inzwischen aber ist die Situation etwas problematischer geworden, weil einige nach mehr als zwanzig Jahren ihre Häuser verkauft haben. In manche der Häuser zogen dann wieder junge Familien mit kleinen Kindern. In der Nachbarschaft aber waren die Kinder inzwischen aus dem Haus und die älter gewordenen Bewohner wollten ihre Ruhe haben. In anderen Fällen, in denen die Wohnungen als Kapitalanlage verkauft wurden, kümmerten sich die Verkäufer wenig darum, wer einzog. Daraus ergaben sich schon einige Konflikte, zumal die Siedlung durch Bauausführung und relativ dichte Bebauung auch recht hellhörig ist.

Andererseits muß man sehen, daß solche Generationenwechsel auch notwendig sind. Denn sonst ergäbe sich die Situation, daß plötzlich die Erstbewohner fast gleichzeitig in Rente gehen, in Kleinwohnungen in attraktiven Gegenden oder in ein Altersheim ziehen. Die Gemeinde verlöre auf einen Schlag ihre Einnahmen aus der Einkommensteuer und könnte ihre Aufgaben nicht mehr finanzieren. Deshalb habe ich mich auch immer dagegen gewehrt, einen Zu-

Wolfgang Herold

1936	in München geboren
1954	Inspektoranwärter bei der Stadt München
1958–84	Beamter im Landratsamt München, Regierung von Oberbayern, Bayerische Landesvertretung in Bonn, Innenministerium und Bayerischen Staatskanzlei in München
1981	Diplomverwaltungswirt (FH), Nachdiplomierung
1984–96	1. Bürgermeister in Zorneding

zug dadurch zu stoppen, daß keine Baugebiete ausgewiesen werden.

Sie erwähnten vorhin das Problem der Schlafstadt: Ist Zorneding in dieser Hinsicht nicht ein typisches Beispiel für die Entwicklungen in den späten sechziger und frühen siebziger Jahren?

Doch, absolut. Es gibt andere Orte, wie beispielsweise Taufkirchen, wo sich die Situation noch viel krasser darstellt. Wenn die Einwohnerzahl von 2.000 auf 14.000 hochschnellt, ist das extrem ungesund. Ganze Städte wurden buchstäblich aus dem Boden gestampft. Dort wurden zwar notwendige Wohnungen für in München beschäftigte oder neu angeworbene Arbeitnehmer gebaut, aber man hat sich zuwenig darum gekümmert, Läden und Handwerksbetriebe anzusiedeln. Gerade für ältere und einkommensschwächere Menschen ist das eine katastrophale Situation, auch hinsichtlich mangelnder sozialer Kontakte. – Zorneding ist in diesem Punkt nicht so extrem, weil sich die Bebauung in vertretbarem Rahmen hielt und es für Anpassungswillige viele Möglichkeiten der Integration gibt. Aber die Probleme sind ähnlich gelagerte wie im gesamten Ballungsraum.

Wäre es nicht die Aufgabe des Gemeinderates, diese Fehlentwicklungen zu korrigieren?

Das ist schwierig, weil der Grund und Boden inzwischen so teuer geworden ist. Daran können die Gemeinden jetzt nichts mehr ändern. Es wäre damals die Aufgabe der Politik gewesen, diesen Entwicklungen entgegenzusteuern. Hans-Jochen Vogel hat beispielsweise immer den Bodenwertausgleich gefordert, leider erfolglos. Idee war, daß die Bauern, die durch ihre Grundstücksverkäufe zu Millionären geworden sind, die Hälfte ihrer Gewinne der Gemeinde zugutekommen lassen. Damit hätten die Gemeinden beispielsweise die Möglichkeit gehabt, preisgünstigen Gewerbegrund anzubieten und Arbeitsplätze vor Ort zu schaffen.

Kommen wir von der Politik noch einmal auf den Daxenberg zurück: Wie sehen Sie als Bewohner die Architektur?

Nun: Die Architektur wurde von vielen kritisiert, als zu monoton empfunden. Deshalb baut man heute andere Häuser, die oft von außen wunderschön aussehen.

Nur haben solche gelegentlich den Nachteil, daß die Grundrisse der Unterbringung vorhandener Einrichtung entgegenstehen. Insofern müssen die Käufer nochmals hohe Summen für einen Innenarchitekten investieren.

Demgegenüber verfügen die Häuser der Südhausbau über Grundrisse, mit denen man etwas anfangen kann. Dort bringt man große Schränke, Regale, Doppelbetten – sogar mit Nachtkästchen – unter. Die Häuser mögen von außen vielleicht etwas einfach wirken, aber sie sind solide gebaut. Solide Bauweise und zweckmäßige Grundrisse sind für viele Käufer ausschlaggebend.

EIN GESPRÄCH ZWISCHEN
PAUL OTTMANN,
HILKE GESINE MÖLLER
UND DR. MATTHIAS OTTMANN
AM 30. SEPTEMBER 1996
IN MÜNCHEN

Planungen der Südhausbau für den Münchner Osten: Poing und Zorneding

Möller: Welche Voraussetzungen der Siedlungsentwicklung im Münchner Osten waren für Poing maßgeblich?

Der Entwicklung des Münchner Ostens und damit Poings und Zornedings wurde weitgehend durch den sogenannten Rahmenplan München Ost aus dem Jahr 1963 bestimmt. Die Probleme, die München seit Jahrzehnten – man kann sagen: seit hundert Jahren – hat, lagen vor allem daran, daß sich die Stadt sehr einseitig nach Westen entwickelt hat. Die Eisenbahnlinien wurden über Pasing zu den Seen, zum Starnberger See und zum Ammersee, sehr intensiv ausgebaut. Demgemäß zogen die Münchner dann in die an der Bahnlinie gelegenen westlichen Vororte, die schnell zu erreichen waren. Der Osten dagegen ist total vernachlässigt worden. Hier gab es vor allem zwei Probleme: Zum einen, daß es keine durchgehende Bahnverbindung vom Hauptbahnhof zum Ostbahnhof gab. Um in die östlichen Vororte, nach Ebersberg, Markt Schwaben oder Zorneding zu kommen, mußte man am Hauptbahnhof aussteigen, mit der Straßenbahn durch München fahren und am Ostbahnhof einen Zug besteigen. Das hat natürlich viel Zeit beansprucht. Das zweite Problem bestand darin, daß man alles, was man nicht im Bereich einer schönen Vorortlandschaft haben wollte, in den Osten gelegt hat: Lagerhallen am Ostbahnhof, die psychiatrische Anstalt in Haar, den Flugplatz in Riem, die Kläranlagen mit anschließenden Speicherseen in Großlappen und Finsing. Aus dieser Erkenntnis, daß München sehr einseitig nach Westen orientiert war, der Osten hingegen völlig vernachlässigt war, kam man zwischen 1963 und 1965 auf den Gedanken, einen Rahmenplan »München-Ost« zu entwickeln. Dieser Rahmenplan war die Vorstufe für die Regionalplanung. Baudirektor Schoener wurde von der Regierung von Oberbayern und der Stadt beauftragt, den Planungsverband Äußerer Wirtschaftsraum München zu initiieren, um die Entwicklung im Osten voranzutreiben. Sein Teilraumgutachten basierte auf drei Prämissen: Zum einen auf der Verkehrsanbindung. Es bestand die Notwendigkeit, ein Nahverkehrsmittel zu schaffen, das den Osten mit der Innenstadt, insbesondere mit dem Hauptbahnhof und damit den westlichen Vororten verbindet. Es mußte also ein Tunnel zwischen Hauptbahnhof und Ostbahnhof geschaffen werden. Das zweite war die Kanalkapazität, die im Osten völlig ungenügend war, weil es kein eigenes Klärwerk gab und Großlappen nicht in der Lage war, weitere Potentiale aufzunehmen. Da eine Siedlung ohne Abwasserentsorgung nicht existieren kann, mußte ein großer Hauptkanal geschaffen werden. Schon 1962 war beschlossen worden, den Abwasserzweckverband München-Ost zu gründen, um für den Bereich zwischen Finsing, Poing, Baldham und Zorneding eine gemeinsame Abwassereinrichtung zu schaffen. Diese sollte aus einem etwa 40 Kilometer langen Hauptkanal, aus zusätzlichen 100 Kilometern Ortskanälen und einer großen Kläranlage im Bereich Finsing bestehen. Die dritte Prämisse schließlich basierte auf der Erkenntnis, daß eine intensive und systematische Besiedelung im Außenbereich gesteuert werden muß, um eine breiartige Ausdehnung zu verhindern, wie man sie von amerikanischen Großstädten kennt. Die Erschließung durch die S-Bahn-Linien bot hier die günstige Voraussetzung, die Siedlungsentwicklung entlang dieser Vorortlinien festzulegen. Die beiden wichtigsten Entwicklungsachsen waren dabei das Wohnsiedlungsband nach Zorneding/Ebersberg und das Wohnsiedlungs- und Gewerbeband nach Poing/Markt Schwaben. Für diese Bereiche haben wir uns dann auch speziell interessiert. Für andere Gebiete der Region wurden ähnliche Rahmenpläne entwickelt, aus denen sich dann der viele Jahre gültige Regionalentwicklungsplan München vom 27. November 1968 ergeben hat.

Glücklicherweise hat der Münchner Stadtrat – ich glaube 1964 – den wichtigen Entschluß gefaßt, die Planungen für eine Unterpflasterbahn aufzugeben und ein klassisches unterirdisches U- und S-Bahnnetz zu bauen und mit den Vorortnetzen zu verbinden. Damit einher ging der Beschluß, den Tunnel zwischen Hauptbahnhof und Ostbahnhof zu bauen und eine große Fußgängerzone vom Odeonsplatz bis zum Stachus anzulegen. Sobald dieser Beschluß gefaßt worden war, haben wir uns sofort um die Baugründe in Zorneding beworben. Gleichzeitig haben wir damals die ersten Grundstücke in Poing gekauft. Diese bestanden aus einem kleinen Gut mit einem Bauernhof und zugehörigen Grundstücken sowie aus Grundstücken, die innerhalb des Rahmenplans München-Ost, im Siedlungsgebiet Poing-Nord gelegen, als Bauland vorgesehen waren.

Der Kauf war jeweils der erste Schritt. Dann begannen aber die Probleme der Realisierung. Im Zentrum stand dabei zunächst die Frage, wie sich der große Abwasserkanal München-Ost realisieren ließe. Das war für uns von besonderer Bedeutung, vor allem in zeitlicher Hinsicht, weil Zorneding den Endpunkt des neuen Kanalsystems bildete. Es wurden zunächst Gespräche mit Baufirmen geführt, die den Hauptkanal vorfinanzieren sollten. Diese Gespräche sind aber im Sande verlaufen. Dann kam man auf die Idee von Beschleunigungszuschüssen: Um eine Baufreigabe für den ersten Siedlungsabschnitt in Zorneding zu bekommen, mußten wir uns verpflichten, Beschleunigungszuschüsse für den Bau des Kanals zu zahlen. Zum zweiten mußten wir eine Behelfskläranlage bauen, um die Zeit bis zur Fertigstellung des Kanals zu überbrücken. Aufgrund dieser Beschleunigungszuschüsse konnte dann 1969 mit dem Bau des Ostsammlers begonnen werden. Damit war die notwendige Voraussetzung für die Bebauung der beiden großen Siedlungsgebiete ab 1970 geschaffen. In Zorneding begannen wir unmittelbar darauf mit dem ersten Bauabschnitt.

Bei Poing-Nord gab es allerdings ein besonderes Problem: Wir hatten dort bereits Grundstücke in der Größenordnung von etwa 100.000 Quadratmetern erworben, als wir erfuhren, daß ein Makler hinter unserem Rücken versucht hat, alle anderen verfügbaren Grundstücke gegen eine Provision von 3 % nach Berlin zu verkaufen. Innerhalb von acht Tagen war ein Maßnahmeträgervertrag zwischen der Gemeinde Poing und der Berliner GEHAG geschlossen worden, welcher der GEHAG die Planungs- und Erschließungsträgerschaft übertragen hat. Als wir davon erfuhren, haben wir unverzüglich die Münchner Kollegen, die schon oft mit uns zusammengearbeitet hatten, an einen Tisch gebeten, um sie zu animieren, das größte Siedlungsgebiet in der Region München mit uns gemeinsam zu kaufen und damit zu verhindern, daß es von den Berlinern dominiert wird. Das Resultat war schließlich die Gründung einer Arbeitsgemeinschaft mit den bayerischen Wohnungsbaugesellschaften GEWOFAG, GWG, Baulandbeschaffungsgesellschaft, der Südhausbau und der GEHAG, bei der die GEHAG als Maßnahmeträger die erste Geige gespielt hat, und dies bis heute. Innerhalb der nächsten eineinhalb Jahre wurden dann gemeinsam mit dem örtlichen Bauunternehmer Blieninger ca. 1,6 Millionen Quadratmeter Grund gekauft. Der Ankauf des Bauerwartungslandes ging glücklicherweise relativ einfach vonstatten, weil wir einen erfahrenen Gütermakler, Diplom-Landwirt Gleich, eingeschaltet hatten. Der hat es sehr gut verstanden, die Bauern zu einem Verkauf zu bewegen, indem er ihnen interessante Ersatzinvestitionen beschafft hat.

Dann ging es an die Planungen. Die Gemeinde Poing, die in diesen Dingen total unerfahren war, glaubte, das Projekt mittels eines Flächennutzungsplanes und Bebauungsplänen bewältigen zu können. Da wir durch ähnliche Siedlungen wie etwa Neubiberg oder Zorneding schon Erfahrung mit Städtebau und Regionalplanung gesammelt hatten, haben wir aber von einem solchen stümperhaften Vorgehen abgeraten. Wir haben der Gemeinde klar gemacht, daß bei einem Projekt dieser Größenordnung – immerhin handelte es sich um eine Ortserweiterung von ca. 7.000 auf 27.000 Einwohner, die laut Rahmenplan als städtebaulicher Schwerpunkt geschaffen werden sollte – eine Begleitung durch die Regierung von Oberbayern, den Planungsverband Äußerer Wirtschaftsraum und das Landratsamt Ebersberg unumgänglich sei. Vor allem haben wir der Gemeinde empfohlen, mit Herrn Dr. Witzmann, dem Leiter der Landesplanung der Regierung von Oberbayern, Kontakt aufzunehmen und mit ihm die Notwendigkeit eines Raumordnungsverfahrens zu besprechen. Dr. Witzmann hielt dies für unumgänglich und wir waren durch den von ihm vorgeschlagenen Ablauf beruhigt, weil uns dies planungsrechtlich sinnvoll erschien und wir zudem dachten, daß das Raumordnungsverfahren spätestens in zwei Jahren abgeschlossen sei und im Anschluß daran das Bauleitverfahren beschleunigt durchgezogen werden könnte.

Doch nach zwei Jahren, als das Raumordnungsverfahren – ein sehr vielschichtiges und kompliziertes Verfahren – nahezu abgeschlossen schien, kamen zwei unerwartete große Probleme auf uns zu: Das erste hing mit dem Flughafen München-Riem zusammen. Poing lag im Bereich der Lärmzonen des Flughafens, ebenso das westlich benachbarte Baugebiet Kirchheim-Heimstetten. Für diese beiden großen Baugebiete wurde ein gemeinsames Lärmgutachten unter Berücksichtigung der Flugsicherheitsaspekte von einem Experten aus Hannover ausgearbeitet. Glücklicherweise mit dem positiven Ergebnis, daß Poing-Nord nicht in die Bauverbotszonen fiel, ebenso nicht in die Einflugschneisen, da diese mit ihrer Nordgrenze genau entlang der Bahnlinie verliefen. Nördlich der Bahnlinie gab es noch die sogenannte bayerische Lärmschutzzone, die aber eine Bebauung mit passiven Schallschutzmaßnahmen erlaubt hat. Da außerdem schon bekannt war, daß der Flughafen München-Riem aufgelöst werden würde, hat man uns seitens der Landesplanungsbehörde Poing-Nord eine positive Beurteilung bei diesem Verfahren zugestanden.

Als wir dachten, nun endlich anfangen zu können, kam das nächste Hindernis: 1973 wurde der Regionale Planungsverband gegründet. Vorher hatte es nur den Planungsverband Äußerer Wirtschaftsraum München gegeben, einen freiwilligen Zusammenschluß von ungefähr 180 Vorortgemeinden, der die Entwicklungen optimal gesteuert hat. Plötzlich aber wurde von politischer Seite durch das 1972 verabschiedete Landesplanungsgesetz die Gründung regionaler Pflichtverbände verordnet. Dieser neue Verband, der aus den ca. 350 Gemeinden der Münchner Region bestand, betrachtete als eine seiner vordringlichen Aufgaben, den Siedlungsdruck in der Region zu vermindern. Nachdem ein Jahr mit unnützen Prüfungsverfahren vertan worden war, forderte der Regionale Planungsverband, Poing müsse ersatzlos gestrichen werden, weil die östliche Region mit Entwicklungsmaßnahmen übersättigt sei und bereits genügend Wohnungen vorhanden seien. Damals kamen die berühmten Richtzahlen auf, die als Wachstumsbremse dienen sollten. Eine Richtzahl ist die Zahl, die einer Gemeinde seitens der Obersten Landesplanungbehörde vorschreibt, wieviele Einwohner von außerhalb zuziehen dürfen. Verglichen mit den sechziger Jahren, die eine Zeit des Aufbaus und des Zuzugs in der Region gewesen sind, war das eine völlige Kehrtwendung.

Matthias Ottman: Was habt Ihr gemacht?

In dieser Situation haben wir dann wirklich alles versucht, um die bereits gefertigte Beschlußvorlage des Planungsverbands rückgängig zu machen. Normalerweise ist dies, wenn die Geschäftsstelle des Planungsverbands entschieden hat, kaum durchzusetzen. Es ist uns trotzdem gelungen. Unser Vorteil bestand darin, daß in der schon erwähnten Arbeitsgemeinschaft die beiden großen städtischen Gesellschaften Mitglieder waren, die GEWOFAG und die GWG. Sie haben sämtliche Münchner Stadtratsdelegierte der Regionalen Planungsversammlung dazu gebracht, zu der entscheidenden Sitzung des Regionalen Planungsverbands zu gehen und Poing-Nord zu befürworten. Wir, die Südhausbau, haben alle unsere regionalen Verbindungen eingesetzt und die Planungsbeiräte aus nicht betroffenen Gebieten im Norden und Westen der Münchner Region 14 überzeugen können, für Poing-Nord zu stimmen. Mit – ich glaube – 14:11 Stimmen wurde die Vorlage der Geschäftsstelle abgelehnt und für die Realisierung von Poing-Nord gestimmt. Somit wurde der planungsrechtliche Vertrauensschutz für Poing-Nord bestätigt. Danach fanden bei der Höheren Landesplanungsbehörde der Regierung von Oberbayern, Herrn Dr. Witzmann, eingehende Gespräche statt, mit dem Ergebnis, daß das ursprüngliche Ausbauziel für Poing-Nord von 20.000 auf 12.000 Einwohner reduziert wurde, ebenso die Anzahl der Arbeitsplätze von 8.000 auf 6.000. Zudem wurde ein Zeitplan aufgestellt, der zwei Entwicklungsstufen vorsah. Wenn ich mich recht erinnere, durfte 1985 nur ein Wachstum bis 6.000 Einwohnern realisiert werden und bis 1990 von 12.000 Einwohnern.

Die regional- und landesplanerischen Weichen waren somit gestellt; das Raumordnungsverfahren konnte Anfang 1976 endlich positiv abgeschlossen werden. Der nächste Schritt war die Einleitung des Bauleitverfahrens mit dem Flächennutzungsplan. Hierbei ergaben sich erneute Schwierigkeiten. Die Regierung hat verlangt, daß ein außenstehender Planer einen fachlich kompetenten Flächennutzungsplan erstellen soll. Auf Anraten des gemeindlichen Planungsberaters Professor Angerer wurde der freischaffende Architekt Gerhard Knopp damit beauftragt. Er verfügte über große Erfahrungen als Flächennutzungsplaner und hat den Plan innerhalb eines Jahres erstellt. Der geschickt ausgearbeitete Flächennutzungsplan hat sich als ein sehr guter Rahmen für die späteren Bebauungspläne herausgestellt und bis heute alle Stürme überstanden. Auf massiven Druck der Bürgergremien, vor allem auch in Bürgerversammlungen, wurde jedoch eine weitere Bremse gegen eine zu schnelle Entwicklung eingebaut, indem statt zwei nunmehr vier Entwicklungsstufen mit acht Wohnbauabschnitten vorgesehen wurden; noch dazu mit der Auflage, daß für die Freigabe der jeweils folgenden Stufe ein hoher Fertigstellungsgrad der vorangegangenen erreicht sein muß.

Anschließend begann das große Ringen mit der Gemeinde. Für den Bebauungsplan der ersten Entwicklungsstufe wurde von der Gemeinde ein Architektenwettbewerb ausgeschrieben. Die Jury war namhaft zusammengesetzt: Vorsitzender war Ministerialdirektor Dr. Koch und sein Vertreter als Fachpreisrichter Professor Angerer. Der 1. Preis wurde seitens der Fachjury dem Städtebauer Architekt Detlev Schreiber zuerkannt. Wir kannten ihn schon von früher, weil er sich bei unserem Wettbewerb für Zorneding beteiligt und dort einen überzeugenden Entwurf vorgelegt hatte.

Als Träger wären wir mit der Wahl von Detlev Schreiber sehr zufrieden gewesen. Aber wieder hatten wir die Rechnung ohne den Wirt gemacht: Die beiden Bürgermeister von Poing, der 1. Bürgermeister Herr Deffner und der 2. Bürgermeister Herr Lauterbach, sowie die Mehrheit des Gemeinderats bestanden darauf, daß Architekt Wiesner als zweiter oder dritter Preisträger den Auftrag bekommen sollte.

Wir haben sofort unser Veto gegen den Wiesner'schen Plan eingelegt und ab diesem Zeitpunkt, das war etwa im Jahr 1980, einen engagierten Kampf gegen die Planung Wiesners geführt. Die Kollegenträger sind leider in ihrem Kampfgeist erlahmt, aber nicht die Südhausbau.

Matthias Ottmann: Warum hast Du Dich so eindeutig gegen diesen Plan gestellt?

Wir erkannten, daß das Wiesner'sche Konzept für diese schöne Voralpenlandschaft total ungeeignet ist, denn es war viel zu hochzonig, und die Maßstäbe zwischen Landschaft und Bebauung haben nicht gestimmt. Außerdem war es der Bebauung von Perlach sehr ähnlich: Poing wäre ein zweites Perlach geworden, mit langen, hohen Gebäudereihen, die sich wie Bandwürmer 400 oder 500 Meter durch die Landschaft gezogen hätten. Perlach war damals schon die Un-Stadt schlechthin und bereits von der Fachwelt gehörig verrissen. Der Gemeinderat wollte jedoch unbedingt den Wiesner-Plan realisieren. Um dies zu verhindern, haben wir uns Unterstützung geholt, indem wir einen der bekanntesten Städtebautheoretiker der Welt, den luxemburgischen Architekten Leon Krier, mit einem Gutachten beauftragt haben. Auf Vorschlag meiner Söhne habe ich ihn in London angerufen. Er sagte sofort zu, kam, besah sich das Ganze und war wie wir der Überzeugung, daß ein zweites Perlach nicht entstehen dürfte. In seinem Gutachten hat er den Nachweis erbracht, daß das Wiesner'sche Projekt städteplanerisch untauglich ist. Krier ist ein guter Redner und hat im Gemeinderat und in der Bürgerversammlung bestechend seine fachlichen Thesen vertreten; leider konnte er nicht den totalen Umschwung bewirken, aber wenigstens starke Zweifel säen.

Möller: Wann war das und wie ging es dann weiter?

Das Gutachten entstand 1983. Die kontroversen Debatten fanden Ende 1983 statt. In einer weiteren Sitzung Anfang 1984 haben wir uns mit dem gemeindlichen Planungsberater Professor Angerer auseinandergesetzt und ihm bewiesen, daß ein Großteil der Wiesner'schen Reihenhausplanung nicht vermarktbar ist. Damit haben wir Professor Angerer auf unsere Seite gezogen und konnten gemeinsam mit ihm einen begabten jungen Stadtplaner, Architekt Ulrich Holzscheiter, gewinnen. Holzscheiter hat dann die ersten Entwürfe für eine Gartenstadtbebauung gemacht und als Pilotprojekt ein Alternativkonzept für das Zentrum vorgelegt, das sowohl bei den Kollegen als auch bei der Gemeinde, vor allem bei Bürgermeister Lauterbach, gut ankam. Nachdem wir mit Hilfe von Architekt Holzscheiter und Professor Angerer den Gemeinderat mehrheitlich überzeugt hatten, wurde das Gartenstadtkonzept offiziell akzeptiert und Architekt Holzscheiter als Gemeindeplaner eingesetzt. Nach fünfjährigem Kampf haben wir es geschafft, die von der Gemeinde favorisierte Wiesner-Planung zu vereiteln und einen vernünftigen Städtebau durchzusetzen, nach dem das heutige Poing entsteht.

Möller: Was ist aus der gleichzeitig geplanten Siedlung Zorneding geworden?

Zorneding Am Daxenberg hat sich sehr erfreulich entwickelt. Während wir für Poing 15 relativ nutzlose Jahre mit Behörden- und Planungskrieg verbrachten, wurde diese Siedlung mit 650 Eigenheimen und 350 Eigentumswohnungen inzwischen komplett als eigenständiger Ortsteil errichtet. Heute wohnen dort etwas 3.500 Neu-Zornedinger oder auch Daxenberger genannt. Dort gibt es ein vielfältiges Freizeitangebot angefangen mit dem Spielberg am Daxenberg über die vielen örtlichen Vereine bis hin zu dem weit über den Ort hinaus bekannten Zornedinger Kunstverein e. V., der ein sehr hohes musikalisches Niveau hat. Durch den Umstand, daß in den siebziger und achtziger Jahren junge Mittelstandsfamilien aus dem Münchner Bereich dorthin gezogen sind, hat sich eine richtige Zusammengehörigkeit entwickelt. Heute wächst dort bereits die dritte Generation heran.

KAPITEL 8

Eigenheimsiedlungen im Wandel

JÖRG BLASS

Die Förderung des Wohneigentums in der Bundesrepublik Deutschland

I. Die Ausgangssituation 1945

Die Wohnungsnot nach Kriegsende

Um die Wohneigentumsförderung als Teil der Wohnungspolitik der Nachkriegszeit verstehen zu können, muß zunächst das Wohnungselend bei Kriegsende als Ausgangspunkt der Wohnungspolitik beleuchtet werden. Der Luftkrieg und die Bodenkämpfe verringerten den Bestand an Wohnraum erheblich. Von den rund 19 Millionen Wohnungen im Reichsgebiet vor Kriegsausbruch gingen insgesamt etwa 4,05 Millionen verloren; auf dem Gebiet der späteren Bundesrepublik waren zwischen 22% und 25% der Wohnungen völlig zerstört oder unbewohnbar; in Bayern waren 12,5% aller Wohnungen bezogen auf 1943 totalzerstört (ohne durch schwere Zerstörungen unbewohnbare Wohnungen).[1] Das Ausmaß der Zerstörungen allein zeichnet aber noch kein vollständiges Bild vom Wohnungsmangel der Nachkriegszeit. Bereits vor Kriegsausbruch fehlte es an Wohnungen, da die Nationalsozialisten den Wohnungsbau kontinuierlich zugunsten der Aufrüstung und Förderung der Schwerindustrie, bis hin zur kriegsbedingten, fast vollständigen Einstellung der Neubautätigkeit nach Kriegsbeginn reduzierten. Der Fehlbestand betrug schon 1937 schätzungsweise eine bis anderthalb Millionen Wohnungen in Deutschland.[2] Berücksichtigt man noch den aufgelaufenen Instandhaltungsstau, der durch Baustoffknappheit und fehlende Arbeitskräfte verursacht wurde, offenbart sich das Bild des völlig unzulänglichen Wohnungsangebots bei Kriegsende in seiner vollen Größe.

Dem stark dezimierten Angebot stand nach dem Krieg zusätzlich eine gestiegene Nachfrage gegenüber. Heimatvertriebene aus den polnisch und sowjetisch besetzten Gebieten sowie Zugewanderte aus der sowjetisch besetzten Zone drängten in der Hoffnung auf eine bessere Zukunft in das spätere Bundesgebiet. Im Jahr 1950 befanden sich 9,43 Millionen Vertriebene und Flüchtlinge im Bundesgebiet (ohne Berlin und Saarland), was einem Bevölkerungsanteil von 19,8% entsprach.[3] Die Nachfrage wurde außerdem noch durch einen Überschuß der Familiengründungen über die Haushaltsauflösungen und den Wohnraumbedarf der Alliierten erhöht.

Unter Berücksichtigung aller Einflußfaktoren kann das Defizit 1950 auf insgesamt 5,9 Millionen Wohnungen geschätzt werden.

Für die Beurteilung der Wohnungspolitik jener Jahre ist jedoch auch die in Zahlen nicht erfaßbare Entwurzelung und Hoffnungslosigkeit vieler Menschen zu berücksichtigen. Die Aussicht auf »dunkle Jahre der Entbehrung«[4] nach den Leiden des Krieges und für die Flüchtlinge ein Neuanfang in einem ›fremden Land‹ ohne soziale Bindungen muß für viele damals sehr entmutigend gewesen sein. Um so wichtiger war die Aufgabe der Wohnungspolitik nach Kriegsende, den Menschen wieder Zuversicht und die Perspektive auf eine bessere Zukunft zu geben. Trost spendete vielen der in überfüllten, teilweise beschädigten Wohnungen, Baracken und feuchten Kellern ausharrenden Menschen der Traum vom eigenen Heim mit Garten.

Vom Kriegsende bis 1950

In den ersten Jahren nach Kriegsende war an den Bau von Eigenheimen noch nicht zu denken. Zum einen bestanden in dem in Besatzungszonen aufgeteilten Land noch nicht die politischen und institutionellen Voraussetzungen und sowohl die Inflation als auch die Unsicherheit jener Zeit konnten nicht die für den Wohnungsbau nötigen, verläßlichen Rahmenbedingungen bieten. Zum anderen gab es weitaus dringlichere Aufgaben wie die Trümmerbeseitigung, die Winterfestmachung der teilweise zerstörten Häuser und die provisorische Unterbringung der Ausgebombten, Vertriebenen und Zugewanderten. Die Wohnungszwangswirtschaft und Wohnraumbewirtschaftung der NS-Zeit wurden deshalb zunächst fortgesetzt.

Erst allmählich wandelten sich die Voraussetzungen für eine staatliche Wohnungspolitik. Ausschlaggebend dafür waren die Einbeziehung der Westzonen in das europäische Aufbauprogramm, die Vereinigung der amerikanischen und englischen Zone zur sogenannten Bizone, die Währungsreform im Juni 1948, nach der es wieder Baustoffe, Arbeitskräfte und Bauland gab und schließlich die Gründung der Bundesrepublik Deutschland auf dem

Gebiet der drei Westzonen durch die Verfassung am 24. Mai 1949.

Angesichts des Wohnungselends stellte sich die Frage nach der Weichenstellung der zukünftigen Wohnungspolitik. Bis zur Gründung der Bundesrepublik hatten die Parteien jedoch nur begrenzten Einfluß auf die Wohnungspolitik, da sich die Alliierten die wohnungspolitischen Kompetenzen weitgehend vorbehielten. Dennoch waren die Jahre der Besatzung eine wichtige Formationsphase für die wohnungspolitischen Programme der Parteien, die noch bis in die Gegenwart hineinwirken. Während die SPD dem Mietwohnungsbau eindeutigen Vorrang gegenüber dem Bau von Eigenheimen einräumte, betrachtete die CDU den Eigenheimbau als das wichtigste Instrument zur Lösung der Wohnungsfrage und die Mietwohnung nur als Konzession an die Massennachfrage. Trotz der gegensätzlichen Positionen gab es den parteiübergreifenden Konsens, daß bis zur Überwindung der schlimmsten Wohnungsnot zunächst staatliche Lenkung und Bewirtschaftung erforderlich seien und der Bau möglichst vieler Wohnungen Vorrang vor der Eigenheimförderung habe.[5]

II. Die direkte Förderung des Wohneigentums

Das I. Wohnungsbaugesetz von 1950

Das am 27.4.1950 unter Wohnungsbauminister Eberhard Wildermuth (FDP) verabschiedete I. Wohnungsbaugesetz fügte die Wohnungsbauförderung in ein einziges Gesetz zusammen und war damit ein Novum in der Geschichte des deutschen Wohnungsbaus.[6] Es ist ein Kind seiner Zeit, da es angesichts des Wohnungselends mehr das Ziel verfolgte, möglichst vielen Menschen ein Dach über dem Kopf zu schaffen als die Wohneigentumsbildung voranzubringen. Dementsprechend wurde im I. Wohnungsbaugesetz die Förderung des Eigenheim- und Kleinsiedlungsbaus[7] dem Mietwohnungsbau lediglich gleichgestellt.

»Bund, Länder, Gemeinden haben den Wohnungsbau unter besonderer Bevorzugung des Baus von Wohnungen, die nach Größe, Ausstattung und Miete (Lasten) für die breiten Schichten des Volkes bestimmt und geeignet sind (sozialer Wohnungsbau) als vordringliche Aufgabe zu fördern mit dem Ziel, daß innerhalb von 6 Jahren möglichst 1,8 Millionen Wohnungen dieser Art geschaffen werden«.[8]

Um den durchschlagenden Erfolg vorwegzunehmen: In den ersten sechs Jahren konnte sogar der Bau von über zwei Millionen Sozialwohnungen gefördert werden.

Wie war die Förderung des Wohneigentums nach dem I. Wohnungsbaugesetz nun ausgestaltet? Die Förderinstrumente des I. Wohnungsbaugesetzes umfaßten öffentliche zinslose und zinsverbilligte Baudarlehen, die Übernahme von Bürgschaften, die Bereitstellung von Bauland und schließlich Grundsteuervergünstigungen für zehn Jahre. In Abhängigkeit von den in Anspruch genommenen Förderinstrumenten führte das I. Wohnungsbaugesetz die Dreiteilung des Wohnungsbaus in den öffentlich geförderten sozialen Wohnungsbau[9], den steuerbegünstigten Wohnungsbau und den freifinanzierten Wohnungsbau ein. Der öffentlich geförderte soziale Wohnungsbau konnte das gesamte Förderinstrumentarium in Anspruch nehmen, dafür unterlagen diese Wohnungen jedoch besonderen Reglementierungen. Es durften bestimmte Wohnraumgrößen[10] nicht überschritten werden (65 qm bzw. 120 qm für größere Familien) und die finanzielle Belastung des Eigentümers (Bewirtschaftungskosten einschließlich Abschreibung und Kapitalkosten) durfte einen bestimmten Betrag, der sich an den Mieten öffentlich geförderter Wohnungen orientierte, nicht überschreiten.[11] Der Eigentümer einer steuerbegünstigten Wohnung mußte dagegen auf öffentliche Baudarlehen verzichten und konnte lediglich die Grundsteuervergünstigung in Anspruch nehmen. Dafür waren aber größere Wohnungen (80 qm bzw. 120 qm für größere Familien) zur Förderung zugelassen. Der frei finanzierte Wohnungsbau schließlich war auch von der zehnjährigen Grundsteuervergünstigung ausgeschlossen, unterlag dafür aber keiner Begrenzung der Wohnfläche.

Schon kurz nach dem Inkrafttreten des I. Wohnungsbaugesetzes wurde die grundsätzliche Diskussion um eine verstärkte Förderung von Eigenheimen erneut entfacht. Mit der Förderung des Eigentumsgedankens ist der Name Paul Lückes[12] eng verbunden.

Lücke, der stark von der katholischen Soziallehre beeinflußt war, verfolgte mit der Eigenheimförderung verschiedene Ziele:[13] Seine familienpolitischen Vorstellungen waren geprägt von der kinderreichen Familie, deren volle Entfaltung er in erster Linie durch ein Eigenheim ermöglicht sah. Mit dem Eigenheim verband Lücke zudem das wirtschaftspolitische Ziel der Selbsthilfe und Eigenversorgung. Dies ist insbesondere im Kontext der damaligen Zeit zu sehen. Angesichts der noch unbefriedigenden wirtschaftlichen Situation und den Erfahrungen der vergangenen Jahrzehnte maß man beiden Zielsetzungen großes Gewicht bei. Schließlich wurde als gesellschaftspolitisches Ziel auch die Förderung eigenverantwortlichen Handelns angestrebt und versucht, die Vertriebenen und Flüchtlinge in die neue Heimat zu integrieren, um so den sozialen Frieden zu sichern.

Durch die Verwirklichung des vermögenspolitischen Zieles einer breiten Streuung des Wohneigentums wurden eine größere Resistenz der Gesellschaft gegenüber extremistischen Strömungen und eine Stärkung der demokratischen Grundhaltung angestrebt: »Die Wohnungspolitik diente – was sie stets tut – auch dazu, das gesellschaftliche und politische System abzusichern«.[14]

Es zeichnete sich in den ersten Jahren nach Einführung des I. Wohnungsbaugesetzes bereits ab, daß das Gesetz trotz seiner durchschlagenden Erfolge für den gesamten Wohnungsbau nicht für das von der CDU/CSU hochgesteckte Ziel einer umfassenden Versorgung der Bevölkerung mit Wohneigentum geeignet war. Deshalb wurde bereits in der Novelle des I. Wohnungsbaugesetzes vom 25.8.1953 in § 19 (2) festgelegt, daß beim Neubau von Wohnungen in erster Linie der Bau von Eigenheimen zu fördern sei. Auch dem seit 1951 wiedereingeführten Wohnungseigentum in Mehrfamilienhäusern durch das Wohnungseigentumgesetz wurde der Vorrang vor Mietwohnungen eingeräumt.[15]

Das II. Wohnungsbaugesetz von 1956
Die Bemühungen Paul Lückes und der CDU/CSU, das Eigenheim zu fördern, gipfelten schließlich im II. Wohnungsbaugesetz von 1956, dem ein langes und zähes politisches Ringen vor allem mit der SPD vorausgegangen war und das mit dem programmatischen Untertitel »Wohnungsbau- und Familienheimgesetz« versehen wurde. Da die größte Wohnungsnot mittlerweile als überwunden galt, wollte man nun erreichen, »weite Kreise des Volkes durch Bildung von Einzeleigentum, insbesondere in der Form von Familienheimen mit dem Grund und Boden [...]«[16] zu verbinden. Eigenheime und Kleinsiedlungen erhielten einen absoluten Fördervorrang und eigengenutzte Eigentumswohnungen einen Vorrang vor dem Bau von Mietwohnungen. Dieser Fördervorrang wurde durch Fördermaßnahmen flankiert, die die finanziellen Lasten der Erwerber mildern sollten. Beispielsweise wurden die Länder verpflichtet, für Eigentümerwohnungen höhere Fördersätze als für Mietwohnungen anzusetzen. Das II. Wohnungsbaugesetz erweiterte die knapp bemessenen Wohnflächengrenzen, um im sozialen Wohnungsbau die Schaffung familiengerechter Wohnungen zu ermöglichen.[17] Weiterhin enthielt das II. Wohnungsbaugesetz aus überwiegend sozialpolitischen, aber auch volkswirtschaftlichen Gründen eine Reihe von Sonderprogrammen für Umsiedler, Sowjetzonenflüchtlinge und Bergarbeiter im Kohlebergbau. Ziel der erst Anfang der sechziger Jahre ausgelaufenen Umsiedlungsprogramme war, die Länder mit dem größten Flüchtlingszustrom (Bayern, Niedersachsen und Schleswig-Holstein) finanziell zu entlasten und eine ausgewogenere Verteilung der Bevölkerung auf alle Länder zu erreichen.

Vergleich und Beurteilung des I. und II. Wohnungsbaugesetzes
Das I. und das II. Wohnungsbaugesetz unterscheiden sich – abgesehen vom Fördervorrang des Wohneigentums – noch in weiteren wesentlichen Aspekten: Während das I. Wohnungsbaugesetz den Schwerpunkt auf die Förderung durch Ersatz des für den Wohnungsbau fehlenden Kapitals durch öffentliche Baudarlehen[18] (Kapitalsubvention) gelegt hatte, konnte durch die leistungsfähiger gewordenen Finanzmärkte im II. Wohnungsbaugesetz zu Ertragssubventionen in Form von Annuitätszuschüssen oder -darlehen bzw. Aufwendungsbeihilfen übergegangen werden.[19] Mit diesem Übergang hängt die Charakterisierung des I. Wohnungsbaugesetzes als Finanzierungsgesetz zusammen, dessen oberstes Ziel es war, möglichst rasch viele Wohnungen entstehen zu lassen. Demgegenüber kann das II. Wohnungsbaugesetz als Verteilungsgesetz bezeichnet werden, da vor allem verteilungs- und familienpolitische Vorstellungen aufgenommen wurden.

Nach der gesetzlichen Verankerung des absoluten Fördervorrangs von Eigenheimen, der formal bis 1967 galt, wäre eigentlich ein rasanter Anstieg ihres Anteiles am sozialen Wohnungsbau zu erwarten gewesen. Tatsächlich aber stieg der Anteil von Eigenheimen in Sozialwohnungen am gesamten Wohnungsbau in den Folgejahren nur wenig.[20] Grund für das Ausbleiben eines durchschlagenden Erfolges war die Weigerung der Länder, feste Quoten für die Aufteilung der Mittel auf Eigentümer- und Mietwohnungen zu akzeptieren.[21] Anders als in der Weimarer Verfassung wurde die Gesetzgebungskompetenz auf dem Gebiet des Wohnungswesens und Städtebaus in die konkurrierende Gesetzgebung des Bundes und der Länder aufgenommen. Der Bund hatte zwar mit den Wohnungsbaugesetzen von seinem Gesetzgebungsrecht Gebrauch gemacht; er hatte aber nur einen Rahmen vorgegeben, in dem die Länder durch ihre eigenen Förderprogramme letztlich die Feinsteuerung der

Förderpolitik umsetzen konnten. Deshalb kommt es einerseits zu Abweichungen von den vom Bund beabsichtigten Förderergebnissen, und andererseits können die Ergebnisse der Wohnungsbauförderung zwischen den Ländern erheblich differieren. Die im föderativen Aufbau liegende und mit dem Subsidiaritätsprinzip begründete Gestaltungsmöglichkeit der Länder ermöglicht es, auf die Besonderheiten des jeweiligen Landes Rücksicht zu nehmen. Es leuchtet ein, daß beispielsweise die Bedürfnisse und Möglichkeiten eines Stadtstaates wie Berlin ganz andere sind als die eines Flächenstaates wie Bayern.

Der Wohnungsbau des ersten Nachkriegsjahrzehnts war trotz aller Anstrengungen durch den Mietwohnungsbau dominiert, was sich an der Entwicklung der Eigentumsquote[22] gut ablesen läßt. Sie sank im Bundesgebiet (Bayern) von 41,0 % (48,6 %) im Jahr 1950 auf 38,0 % (44,0 %) im Jahr 1956 und schließlich auf 34,0 % (41,3 %) im Jahr 1961. Danach stieg die Eigentumsquote wieder und erreichte ihren Stand von 1950 annähernd erst wieder 1993 mit 41,7 % in den alten Bundesländern und 46,9 % in Bayern (vgl. Tabelle im Anhang).

Die Bausparförderung

Als weiteres Förderinstrument des Wohnungseigentums ist 1952 das zunächst vor allem als Ausgleich für das fehlende Eigenkapital geschaffene Wohnungsbauprämienrecht eingeführt worden. Prämienbegünstigt sind dabei insbesondere Beiträge an Bausparkassen bis zur Zuteilung des Bauspardarlehens. Die Prämie wird als fester Prozentsatz von derzeit 10 % der jährlich prämienbegünstigten Aufwendungen errechnet und darf nur in Anspruch genommen werden, wenn das zu versteuernde Einkommen bestimmte Grenzen (Ledige DM 50.000 und Verheiratete DM 100.000) nicht übersteigt. Die Wohnungsbauprämie ist ein Instrument, das bereits vor dem Erwerb von Wohneigentum darauf abzielt, die Eigenkapitalbildung zu fördern, da ein bestimmter Eigenkapitalanteil die Voraussetzung für die Bildung von Eigentum ist und nach dem Erwerb die finanzielle Belastung durch eine höhere Eigenkapitalquote geringer ausfällt.

Wohngeld/Lastenzuschuß

An den monatlichen Belastungen, die aus dem Eigentumserwerb entstehen, setzt das Instrument des Wohngeldes an. Den Eigentümern von Eigenheimen und Eigentumswohnungen, die nach ihren Einkommens- und Familienverhältnissen die Lasten aus dem Wohnungseigentum nicht selbst tragen können, werden Lastenzuschüsse gewährt. Der Lastenzuschuß berechnet sich unter Berücksichtigung von Haushaltsgröße, Familieneinkommen und den Belastungen des selbstgenutzten Wohneigentums.

III. Die indirekte Förderung des Wohneigentums

Neben der Eigentumsförderung auf der Grundlage des II. Wohnungsbaugesetzes erfolgt die Förderung der Eigentumsbildung durch indirekte Fördermaßnahmen vor allem in Form von Steuervergünstigungen. Anders als die direkte Förderung ist die steuerliche Förderung bundeseinheitlich geregelt. Während der Anteil der Bewilligungen im sozialen Wohnungsbau am gesamten Wohnungsbau seit 1951 von der Tendenz her stetig abgenommen hat, stieg die Bedeutung der indirekten Förderung zunehmend.

Die Investitionsgutlösung

Als Instrument der steuerlichen Förderung des Neubaus wurde 1952 die als Investitionsgutlösung bezeichnete Förderung nach § 7b EStG eingeführt, die es dem Bauherrn ermöglichte, über die tatsächliche Abnutzung des Gebäudes hinausgehende erhöhte Absetzungen geltend zu machen. Der steuerliche Vorteil des Bauherrn hing von der Höhe seines Einkommens ab, da für höhere Einkommen höhere Steuersätze gelten. Diese Progressionsabhängigkeit der Steuerersparnis war jedoch unter verteilungspolitischen Aspekten als problematisch zu bewerten, da besonders einkommensstarke Haushalte stärker entlastet wurden als einkommensschwache. Zudem konnten Schuldzinsen bis zur Höhe der an den Einheitswert gekoppelten Eigenmiete geltend gemacht werden. Allerdings verlor der Schuldzinsenabzug für selbstgenutztes Wohneigentum durch die Bindung an die niedrig angesetzten Einheitswerte und deren unterbliebene Anpassung an die Marktentwicklung zunehmend an Bedeutung. Bei der Investitionsgutlösung war der Nutzungswert der eigengenutzten Wohnung entsprechend den Mieten vergleichbarer Wohnungen den Einkünften zuzurechnen.

Ab 1977 wurde der §7 b auf den Kauf bereits bestehender Gebäude ausgedehnt. Ziel dieser Maßnahme war, auch einkommensschwächeren Haushalten den Erwerb preisgünstigerer Altobjekte zu ermöglichen. Die AfA-Sätze wurden im Laufe der Jahre aus konjunkturpolitischen Gründen häufig geändert. Mitte der achtziger Jahre galten die meisten Wohnungsteilmärkte als ausgeglichen, weshalb die Familien- und Vermögenspolitik wieder stärker in den Mittelpunkt des Interesses rückten. Die Diskussionen führten schließlich 1987 zum Übergang von der Investitionsgutlösung hin zur Konsumgutlösung.

Die Konsumgutlösung
Bei der Konsumgutlösung entfällt der Schuldzinsenabzug[23] und die Nutzungswertbesteuerung. Bauherren konnten ab 1987 für festgesetzte Höchstbeträge der Erwerbs- und Herstellungskosten als sogenannte Grundförderung nach § 10 e EStG acht Jahre lang einen bestimmten Teil wie Sonderausgaben von der steuerlichen Bemessungsgrundlage abziehen, wenn sie bestimmte Einkommensgrenzen nicht überschritten. Neben der Grundförderung wurde die Verwirklichung der familienpolitischen Zielvorstellungen durch eine Familienkomponente angestrebt, indem das sogenannte Baukindergeld (§34 f EStG) als fester Betrag von der Steuerschuld abgezogen werden konnte. Dadurch wurde der negative Verteilungseffekt der indirekten Förderung abgemildert.

Die Eigenheimzulage
Seit dem 1.1.1996 wurde die progressionsabhängige steuerliche Wohneigentumsförderung durch eine Bauzulage nach dem Eigenheimzulagengesetz abgelöst. Mit dem Wort Eigenheim wurde ein Begriff gewählt, der durch die Vermischung von der Rechtsform (Eigen im Gegensatz zu Miete) und Wohnform (Heim als der Ort, an den man gehört) positive Emotionen weckt. Die Eigenheimzulage wird acht Jahre lang ausbezahlt. Die Bemessungsgrundlage der Zulage sind die Herstellungs- oder Anschaffungskosten zuzüglich der vollen Anschaffungskosten für den dazugehörenden Grund und Boden. Die jährliche Zulage errechnet sich für Neubauten aus 5 % der Bemessungsgrundlage und kann höchstens DM 5.000 betragen. Bei Altobjekten halbiert sich der Prozentsatz auf 2,5 % der Bemessungsgrundlage, und die Zulage darf höchstens DM 2.500 betragen. Diese Grundförderung wird ergänzt durch eine Kinderzulage in Höhe von DM 1.500, die ebenfalls acht Jahre lang und je Kind gewährt wird. Die Einkommensgrenzen für die Inanspruchnahme liegen, bezogen auf das Einkommen von zwei Jahren bei DM 240.000 für Ledige bzw. DM 480.000 für Verheiratete.

Mit der Eigenheimzulage versucht der Gesetzgeber auch ökologische Ziele zu erreichen. Für ökologisch besonders förderungswürdige Anlagen (Wärmepumpen-, Solar- und Wärmerückgewinnungsanlagen) gewährt er zusätzlich zum Fördergrundbetrag jährlich 2 % der angefallenen Aufwendungen, höchstens jedoch DM 500. Wird ein sogenanntes Niedrigenergiehaus (Wohnungen, deren Jahresheizwärmebedarf den nach der Wärmeschutzverordnung maßgeblichen Wert um mindestens 25 % unterschreitet) erworben, erhöht sich der Fördergrundbetrag um 2 % bzw. maximal DM 400 jährlich.

Die progressionsunabhängige Förderung nach dem Eigenheimzulagengesetz soll es vor allem Beziehern niedriger Einkommen ermöglichen, Eigentum zu bilden. Ein wesentlicher Vorteil dieser Regelung ist, daß sie sehr überschaubar und gut kalkulierbar ist. Es zeichnet sich jedoch bereits heute ab, daß die Eigenheimzulage insbesondere in ländlichen Gebieten greift, wo sie aufgrund der niedrigeren Bodenpreise eine größere Wirkung entfaltet als in Ballungsgebieten, in denen sie angesichts höherer Baulandpreise für viele Haushalte zu gering ist, um den Erwerb eines Eigenheimes zu ermöglichen.

IV. Ausblick

Das III. Wohnungsbaugesetz, das voraussichtlich 1998 verabschiedet wird, behandelt die Förderung des Wohneigentums nur am Rande. In den von Bauminister Klaus Töpfer im November 1996 vorgelegten Eckpunkten für ein neues Wohnungsgesetzbuch wird der Förderung des selbstgenutzten Eigentums ein »hoher Stellenwert« beigemessen. Sie soll künftig als Ergänzungsförderung zum Eigenheimzulagengesetz ausgestaltet werden.

Daß die Eigentumsquote in Deutschland im europäischen Vergleich[24] relativ gering ist, liegt vor allem an den sehr hohen Bauland- und Erschließungskosten. Aber auch die Baukosten sind in Deutschland, bedingt durch die geringe Rationalisierung des deutschen Wohnungsbaus und den sehr hohen Ausstattungsstandard, zu hoch. Es wurde gezeigt, daß die Politik jeweils mehrere Ziele mit der Förderung des Wohneigentums verfolgt hat. Unabhängig davon, auf welche Ziele die Politik künftig das Schwergewicht legen wird, wird die Erreichung der Ziele nur möglich sein, wenn die Reduzierung der Kosten des Bauens als Ansatzpunkt gewählt werden.

Bundesrepublik Deutschland (ohne die neuen Bundesländer) **Bayern**
ab 1992 in Klammern die neuen Bundesländer

Jahr	fertiggestellte Wohnungen im gesamten Wohnungsbau	Eigentums- quote	Bewilligungen im sozialen Wohnungsbau	davon Eigentümer- wohnungen in %	fertiggestellte Wohnungen[1] im gesamten Wohnungsbau	Eigentums- quote[1]	Bewilligungen im sozialen Wohnungsbau[1]	davon Eigentümer- wohnungen in %[1]
1950	372.000	41,0[2]	319.000		60.682	48,6		
1956	591.000	38,0[2]	423.000		91.732	44,0[2]		
1961	565.800	34,0[2]	295.700		101.968	41,3		
1968	519.900	36,4	149.500		97.335	41,2		
1972	660.600	36,0	182.200	34,5	133.862	42,0	16.900	39,5
1978	368.100		135.300	59,8	74.334	41,9	16.000	66,9
1988	208.300	39,3	38.900	67,3	55.276	44,3	7.580	73,8
1992	374.600 (11.500)		90.200 (21.200)	33,5 (51,9)	83.979		12.300	46,1
1993	431.900 (23.600)	41,7 (26,1)	111.400 (39.000)	31,4 (48,7)	93.314	46,9	17.850	32,8
1994	505.200 (68.450)		106.400 (55.600)	34,5 (36,9)	113.334		15.876	34,8
1995	498.800 (103.450)		92.000 (54.200)	32,1 (41,5)	108.084		12.934	42,8

Quelle: Statistisches Bundesamt
1 Statistisches Landesamt Bayern
2 Bundesministerium für Raumordnung, Bauwesen und Städtebau

Anmerkungen

1 Schulz. 1994, 349.
2 Götschmann 1993, 161.
3 Schulz 1994, 35f.
4 Schulz 1994, 45.
5 Schulz 1994, 167 ff.
6 Pergande 1973, 170.
7 Unter einer Kleinsiedlung wird ein Wohnhaus mit Landzulage und Stall bzw. Wirtschaftsteil verstanden.
8 Bundesgesetzblatt 1950, 83.
9 Im öffentlich geförderten sozialen Wohnungsbau werden geförderte Wohnungen umgangssprachlich häufig als Sozialwohnungen bezeichnet, was zu einiger Verwirrung geführt hat.
10 Der Sinn der Wohnraumgrößenbeschränkung ist insbesondere darin zu sehen, daß der Bau von vielen kleinen anstelle von wenigen großen Wohnungen gefördert wurde.
11 Schulz 1988, 415.
12 Paul Lücke war wohnungspolitischer Sprecher der CDU/CSU Bundestagsfraktion, Vorsitzender des Wohnungsbauausschusses des Bundestages von 1950 bis 1957 und Wohnungsbauminister von 1957 bis 1965.
13 Schulz 1988, 418f.
14 Schulz 1988, 419.
15 Bereits im Mittelalter entwickelte sich das Rechtsinstitut des Stockwerkseigentums. Durch dessen ungenügende rechtliche Regelung insbesondere hinsichtlich des Gemeinschaftseigentums gab es jedoch häufig Streitereien unter den Bewohnern und so kam es schließlich zum Verbot der Begründung neuen Stockwerkseigentums durch das BGB von 1900.
Einen kurzen Überblick zum Wohnungseigentumsgesetz gibt Pergande 1973, 190. Die Eigentumswohnung gewann erst ab Mitte der 70er Jahre an Bedeutung.
16 Pergande 1973, 174.
17 Das II. Wohnungsbaugesetz sah insbesondere für den Mietwohnungbau eine Reihe wichtiger Änderungen vor, die im Rahmen der vorliegenden Fragestellung jedoch nicht diskutiert werden können. So ging man beispielsweise im öffentlich geförderten sozialen Wohnungsbau von der Richtsatzmiete zur Kostenmiete über.
18 Für diese Art der Förderung hat sich der Begriff 1. Förderweg durchgesetzt.
19 Die Förderung durch Aufwendungsdarlehen und Aufwendungszuschüsse wurde zu dem seit 1965 zulässigen sogenannten 2. Förderweg ausgebaut. Bei diesem Förderweg können die für den sozialen Wohnungsbau gültigen Einkommensgrenzen um bis zu 60% überschritten werden; er dient insbesondere der Förderung des Wohneigentums.
20 GEWOS 1990 b, 370.
21 Die Gründe werden ausführlich diskutiert in: Schulz, 312.
22 Die Eigentumsquote errechnet sich als Anteil der Eigentümerwohnungen an den Eigentümer- und Mietwohnungen.
23 Zur Konjunkturankurbelung wurde 1992 ein zeitlich befristeter Schuldzinsenabzug für neuerstellte Wohnungen eingeführt.
24 In der Rangfolge innerhalb der EU liegt Deutschland bei der Eigentumsquote an sechster Stelle mit 40% im Jahr 1995 nach Großbritannien 67% (1990), Frankreich 54% (1991), Dänemark 52% (1992), Österreich 50% (1990) und Holland 45% (1990). Vgl. Hämmerlein 1996, 59.

HEIKE HILDEBRANDT

Die Eigenheimsiedlungen Obermenzing und Pullacher Platz. Oder: Ist Wohnbau auch Architektur?

»Architektur ist eine soziale Manifestation. Wenn wir wissen wollen, weshalb gewisse Dinge in unserer Architektur so und nicht anders sind, müssen wir auf die Gesellschaft schauen; denn unsere Bauten und Städte sind ein Abbild unserer Gesellschaft. So gesehen ist das kritische Studium der Architektur in Wirklichkeit zum Studium der sozialen Verhältnisse, die sie hervorbringen.«
Louis Henry Sullivan, 1901

Die fünfziger Jahre sind zeit- und architekturgeschichtlich ein ebenso schwieriges wie komplexes Kapitel, denn: »Skepsis und Optimismus lagen in keiner Zeit so untrennbar dicht nebeneinander wie in den 50er Jahren.«[1] Auch im Wohnbau schlugen sich Unsicherheit und Zuversicht in die Zukunft nieder: Zum einen galt es, die existentielle Not an Wohnraum[2], trotz mangelnder finanzieller Mittel, durch raschen Wiederaufbau der zerstörten Städte zu überwinden; zum anderen bot sich die Chance eines Neubeginns, bei dem die Ziele der »Stadt von morgen« zu verwirklichen waren.[3]

Maßnahmen der Eigenheimförderung in der Nachkriegszeit

Darüber hinaus wird der Wohnbau der Nachkriegszeit ein zentrales politisches Thema, das im ersten Schritt in der Gründung des Bundesministeriums für Wohnungsbau (1949) und in der Verabschiedung des Ersten Wohnungsbaugesetzes von 1950 gipfelt.

Wohnungsbau diente als Mittel zur Wiederbelebung der brachliegenden Bauwirtschaft, ja sogar der Wirtschaft im allgemeinen,[4] wie die Begründung des Entwurfes zeigt.[5] Mit dem Ersten Wohnungsbaugesetz wird eine Dreigliederung der Wohnungsbauförderung eingeführt: der öffentlich geförderte soziale Wohnungsbau, der steuerbegünstigte Wohnungsbau und frei finanzierte Wohnungen.

Flossen bis 1955 die öffentlichen Mittel zum größten Teil in den mehrgeschossigen Miethausbau,[6] änderte sich diese Praxis 1956 mit der Verabschiedung des »Zweiten Wohnungsbaugesetzes (Wohnungsbau- und Familienheimgesetz)«:

»[Es]setzt nicht nur das Erste Wohnungsbaugesetz fort, sondern hat dem sozialen Wohnungsbau eine neue Richtung gegeben, indem es das Familienheim als Eigentumsmaßnahme, d. h. das Eigenheim und die Kleinsiedlung, in den Vordergrund rückt, gleichzeitig aber dem Wohnungsbau für die Wohnungssuchenden mit geringem Einkommen die erste Rangstelle einräumt.«[7]

Der immer stärker werdende Wunsch nach Eigenheim bzw. Eigentumswohnung war schon – vor der Verabschiedung des 2. Wohnbaugesetzes – das Ergebnis einer Befragung, die die Südhausbau GmbH, München, und die Neue Heimat, Hamburg, im Frühjahr 1954 in elf deutschen Städten durchgeführt hatten.[8] Ziele der Befragung waren u. a. »der Diskussion um den Wohnungsbau [...] eine zahlenmäßig konkrete und objektive Basis zu geben« [...] bzw. für die Wohnungsunternehmen »eine einwandfreie exakte Grundlage zu schaffen, um die eigene Woh-

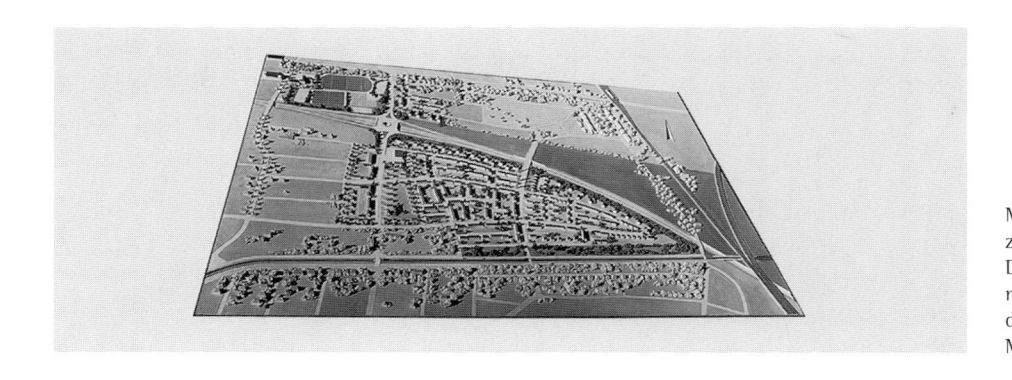

Modell der Siedlung Obermenzing »Am Durchblick«.
Die geplante Autobahn wurde nicht realisiert, führte aber zu der geschwungenen Bebauung. Modell 1957.

nungsbau- und -Betreuungs-Tätigkeit in Zukunft weiter markt- und konsumgerecht gestalten zu können.«[9]

Eigenheime in den fünfziger Jahren:
Die Siedlung »Am Durchblick« in Obermenzing

Ein Beispiel für die Bautätigkeit der Südhausbau GmbH im Bereich des Eigentumwohnbaus ist die Eigenheimsiedlung[10] in München-Obermenzing »Am Durchblick«. In der Zeit von 1957 bis 1960 errichtete die Südhausbau GmbH ca. 500 Reihen- und Doppelhäuser sowie Bungalows zwischen dem Nymphenburger Kanal und der Verdistraße bzw. zwischen Meyerbeer- und Frauendorferstraße.[11] Darüber hinaus entstanden ein Lebensmittelgeschäft, eine Metzgerei und ein Friseurgeschäft; alle drei Ladenbauten mit Wohnung. Das Baugebiet »Am Durchblick« umfaßte eine Gesamtfläche von ca. 450.000 qm.[12]

Die Planung der »Eigenheim-Großsiedlung«, wie sie damals genannt wurde, wurde in einem Exposé der Südhausbau vom 3. Oktober 1956 wie folgt beschrieben:

»Mit der Planung der Siedlung beauftragten wir die Herren [Fritz] Vocke und Baurat [Robert] Borlinghaus, welche als namhafte Architekten die Voraussetzungen für eine großzügige städtebauliche Planung besitzen. Der Bebauungsplan enthält die uns von der Stadtplanung aufgegebene Autobahnlinienführung und das vorgegebene Straßennetz in geringer Abänderung. Ebenfalls wurde der ›Durchblick‹ zum Nymphenburger Park und der geplante große städtische Sportplatz westlich der Geithstraße berücksichtigt. Das Einkaufszentrum liegt nahe der vorgesehenen Autobahnanschlußstelle mit Gaststätte und Kino. Die Bebauung zeigt in ihrem Kern eine dichte, optimale Ausnutzung mit Reihenhäusern und geht nach außen hin in eine aufgelockerte Doppelhaus- und Einzelhausbebauung über. Es wurde für jedes Haus ein Autoabstellplatz auf ›nicht öffentlicher Fläche‹ (gemäß den Forderungen der Stadt) bzw. eine Garage vorgesehen«.[13]

Die Finanzierung der nach §§ 82 und 83 WBauG[14] steuerbegünstigten Häuser erfolgte seitens der Südhausbau GmbH entweder durch öffentliche Mittel (Stabau- und Stadie-Darlehen) oder durch die Inanspruchnahme von Lastenausgleichsmitteln.[15] Die Grundstücke dagegen finanzierte die Südhausbau durch Eigenkapital.[16] Darüber hinaus waren einige Grundstücke des Bauabschnittes VII. Erbbaugrundstücke.[17]

Die Häuser des I. Bauabschnittes, fertiggestellt 1957 bis 1960, kosteten, je nach Größe des Grundstückes und des Hauses bzw. Haustyps, zwischen DM 48.000 und 74.000, die der späteren Bauteile bis höchstens DM 153.000 (Bungalows). Durch die Südhausbau GmbH konnte den Käufern eine Finanzierung durch Hypotheken gesichert werden, wobei allerdings 40 bis 45 % des Kauf-

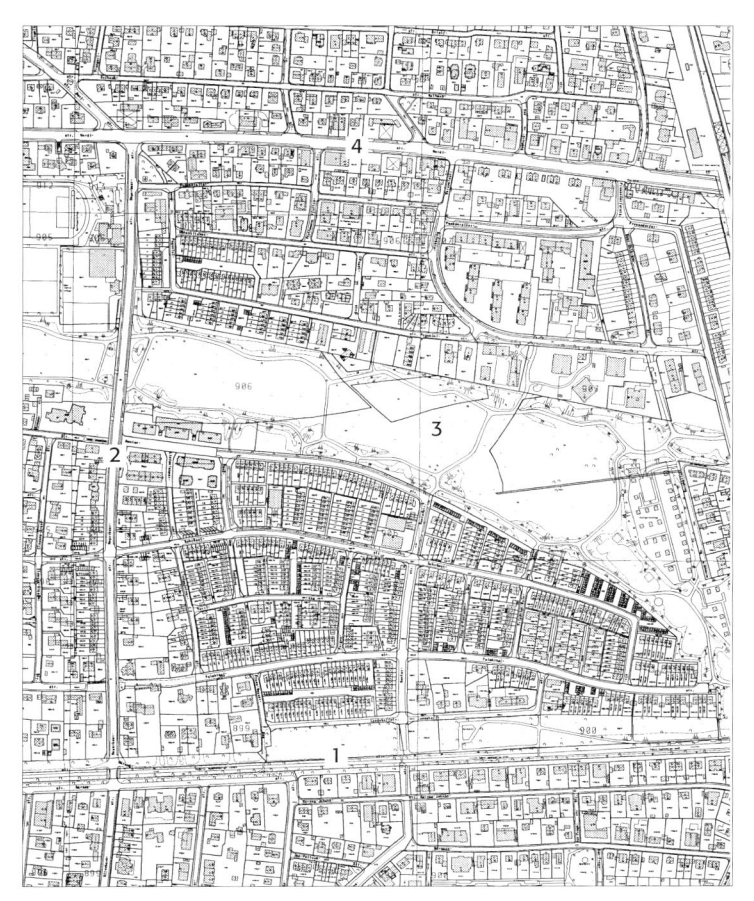

Lageplan der Siedlung »Am Durchblick«. Deutlich wird der schmale Zuschnitt der Reiheneigenheim-Grundstücke.

1 Nymphenburger Kanal
2 Meyerbeerstraße
3 Durchblick
4 Verdistraße

preises als Eigenkapital eingebracht werden mußten.[18] Dabei richtete sich die Südhausbau GmbH auch an Wohnungssuchende mit geringem Einkommen,[19] Kinderreiche und Kriegerwitwen. Die Erwerberlisten[20] der Häuser »Am Durchblick« belegen das breite Spektrum der Käuferschichten: Ein Großteil der Käufer rekrutierte sich aus den Berufen Ingenieure, Ärzte, Regierungsbeamte, Lehrer etc., doch finden sich – absolut gesehen allerdings deutlich geringer vertreten – auch kaufmännische Angestellte, Bäcker, ein Lokführer, Rentner etc. Der Anteil der weiblichen Käufer lag bei ca. 14 %. Unter den Käuferinnen fanden sich, prozentual auf die Gesamtzahl bezogen, erheblich weniger Akademikerinnen; Angaben wie Hausfrau, Witwe, Verkäuferin etc. überwogen.

Dem Käufer standen im I. Bauabschnitt vier Haustypen, in den späteren Bauabschnitten drei weitere zur Auswahl. Auch die jeweiligen Grundstücksgrößen sind unterschiedlich.[21] Sie umfassen 120 qm bis 390 qm, der dabei überbaute Raum reicht von 56 qm bis 144 qm. Folgende Haustypen kamen zur Ausführung:

Bungalow, 1963.
Fertigbau. Foto Mitte der
sechziger Jahre.

Reihenhaus am Friedrich-Rein-
Weg, 1959/60.
Foto 1996.

Bauteil III. Eigenheime am
Nymphenburger Kanal 1957.
Foto 1960.

Reihenhäuser an der Paganinistraße, Bauteil I. Foto 1958.

I. Bauteil
Mittelhaus, 76 qm Wohnfläche, 3 1/2 Zimmer, Küche, Bad
»Kleines« Eckhaus, 76 qm Wohnfläche, 3 1/2 Zimmer,
Küche, Bad
»Mittleres« Eckhaus, 88 qm Wohnfläche, 3 1/2 Zimmer,
Küche, Bad
»Großes« Eckhaus, 117 qm Wohnfläche, 5 1/2 Zimmer,
Küche, Bad

II. bis IX. Bauteil
Mittelhaus, 76 qm, 3 1/2 Zimmer, Küche, Bad
Eckhaus, 86 qm, 4 1/2 Zimmer, Küche, Bad, Kammer
Eckhaus, 101 qm, 4 Zimmer, Küche, Bad, 2 Kammern
Kettenhaus, 112 qm, 4 Zimmer, Eßplatz, Küche, Bad,
2 Kammern, Garage, die als Dachterrasse genutzt werden
kann.

Durch einen Dachgeschoßausbau[22] konnte zusätzliche
Wohnfläche gewonnen werden. Sämtliche Haustypen
sind unterkellert.

Mit den genannten Wohnflächen entsprachen folglich alle Häuser den Bestimmungen des 2. Wohnungsbaugesetzes[23] und fielen demzufolge unter die förde-
rungsfähigen Bauvorhaben.

Die Häuser sämtlicher Bauabschnitte sind im Erd- und
Obergeschoß aus Ziegel- oder Hohlblockmauerwerk,
30 cm, die Umfassungsmauern der Keller in Stampfbeton
ausgeführt, die Dächer mit roten Biberschwänzen erster
Wahl gedeckt.[24] Fenster, Türen und Treppen in den Obergeschossen wurden aus Fichtenholz erstellt, die Fenster
wurden mit 4/4 bzw. 6/4 Bauglas eingeglast. Zur Innenausstattung der Häuser gehörten in allen Bauabschnitten
elfenbeinfarbene Fliesen in Küche und Bad. Als Boden-

Bauteil III, 1959/60.
Foto Mitte der sechziger Jahre.

beläge wurden Kunststeinplatten, Steinholzfußböden bzw. für die Wohnräume Korklinoleum gewählt. Gehörte im I. Bauabschnitt zu den sanitären Anlagen noch ein gußeisernes Spülbecken in der Küche, wurde ab dem II. Bauabschnitt schon ein Nirostabecken eingebaut. Alle Häuser hatten Vollbäder mit emaillierten Badewannen. Sämtliche Häuser erhielten Warmwasserboiler sowie als Grundausstattung der Küche Elektroherde. Während es im I. Bauabschnitt noch zahlreiche Häuser gab, die mit Ofenheizung ausgestattet waren, wurde in den folgenden mindestens eine Warmluftheizung eingebaut. Wahlweise konnte der Käufer gegen Aufpreis auch eine zentrale Warmwasserheizung installieren lassen.[25] 1968 heißt es in der Süddeutschen Zeitung:

»Wohnliche Absonderung und moderner Komfort werden geboten, auch ein andeutungsweiser Übergang zur Natur in Form von Kleingärten, die in die monotone Wiederholung der Fassaden individuelle Akzente setzen [...]«.[26]

Die Außenarchitektur der Siedlung »Am Durchblick« ist rein funktionalistisch: Die Reihen- und Kettenhäuser sind durchgehend zweigeschossig mit durchlaufendem Giebeldach und gliedern sich alternierend in Fassaden mit Fenster-Fenster-Balkon im Erd- und Obergeschoß, bzw. in vierfenstrige Fassaden in Erd- und Obergeschoß. Jedes dritte Haus ist mit einem Balkon ausgestattet. Die Hausreihen setzen sich dem geschwungenen Grundstückverlauf entsprechend fort. Nord-Süd und Ost-West Ausrichtungen entsprechen der Parzellierung bzw. der Straßenführung. Folglich konnte einer berechneten Durchsonnung der Wohnungen – beispielsweise dahingehend, daß alle Wohnzimmer mit Gärten gegen Westen oder Süden gerichtet sind – nicht Rechnung getragen werden.

Besonderer Wert wurde bei der Wohnanlage auf Grünflächen und Erholungsmöglichkeiten gelegt: »Die gärtnerische Anlage des Durchblicks zum Nymphenburger Park wird durch die Verwaltung der Schlösser, Gärten und Seen in Kürze, wenigstens teilweise, erfolgen, so daß damit wohl eine der schönsten städtebaulich gelungenen Anlagen im Stadtbezirk Münchens der Verwirklichung entgegengeht.«[27]

Musterwohnung, Mitte der fünfziger Jahre.

Eigenheime in den achziger Jahren: Pullacher Platz

Etwa 25 Jahre später entsteht durch die Südhausbau in München-Thalkirchen mit dem »Stadthausquartier« Pullacher Platz eine weitere Siedlung mit Wohneigentum von den Architekten Peter Ottmann und Werner Grotzeck.

Die 25 Stadthäuser (1982–1987) von Werner Grotzeck weisen eine bewegte Fassadengestaltung auf und sind durch die Fensterflächen sowie die Vor- und Rücksprünge zum Außenraum geöffnet. Die bepflanzten Terrassen lassen die Begrünung scheinbar bis in die Häuser reichen. Bei den vier Blöcken mit den 104 Eigentumswohnungen (1986–1989) von Grotzeck kontrastieren weiße, nur durch Fenster gegliederte Flächen mit vorkragenden Balkonen sowie einem Mansarddach mit zusätzlichen Dachgauben.

Die 28 Stadthäuser, die von Peter Ottmann geplant und zwischen 1986 und 1989 realisiert wurden, weisen eine schlichtere und geschlossenere Architektur auf. Die flache Fassade wird in der Mittelachse durch einem Giebel mit länglichem Fenster nach oben geöffnet. Die Fensterform wiederholt sich als Gliederungselement rechts und links der Mittelachse. Die Form der Fassade erinnert an alte Backsteingrachtenhäuser. Sie gewinnt ihre Lebendigkeit aus dem Spiel von Fläche und Fenster sowie den plastisch vortretenden Fenstergittern. Peter Ottmanns Häuser setzen sich als gebaute Umwelt von dem äußeren

Werner Grotzeck, Modell für den Pullacher Platz, um 1982.

Lageplan Pullacher Platz.

Grün ab. Architektur und Bepflanzung gehen nicht ineinander über, sondern schaffen einen spannungsreichen Kontrast, der den städtischen Charakter der Siedlung hervorhebt. Die Bezeichnung »Stadthäuser« wird bildhaft umgesetzt.

Auch in den Grundrissen wird dem Anspruch an neue Bedürfnisse stattgegeben, sie können als »funktional, die Hausarbeit erleichternde Grundrisse« bezeichnet werden.[28]

Die Außenmauern der Eigentumswohnungen bestehen aus Ziegelmauerwerk mit Thermohaut, die der Stadthäuser aus Stahl- bzw. Gasbeton. Sämtliche Wohnungen haben Holzfenster mit Isolierverglasung. Die Innenausstattung erfolgte ebenfalls einheitlich: Als Böden der Wohnräume wurde Textilbelag gewählt, die Feuchträume erhielten keramische Bodenbeläge. Bäder und Gäste-WC wurden mit weißen Keramik-Sanitäranlagen ausgestattet. Sämtliche Wohnungen und Häuser verfügen über gasgefeuerte Warmwasserheizungen. Der Kaufpreis lag 1984 zwischen DM 240.000 und DM 585.000.

Geprägt ist das Wohnquartier am Pullacher Platz durch unterschiedlich gestaltete Häuser, die sich jeweils um kleine hofartige Plätze gruppieren. Beruhigte Wohnstraßen ermöglichen Kindern ein ungefährdetes Spielen im Freien. Neben einem kleinen Garten kennzeichnen die in das Haus integrierten Garagen das Stadthaus.

Abwechslung in der Farbigkeit erhalten die Häuser durch ihren hellen Anstrich, die hölzernen Fenster und roten Dächer. Bunte Markisen sind weitere Farbtupfer.

Welche Gemeinsamkeiten bzw. Unterschiede weisen die Wohnanlagen auf? Zunächst kann festgestellt werden, daß beide Wohnanlagen durchaus Zeichen ihrer Zeit sind: Obermenzing als Beispiel für den Funktionalismus

Stadthäuser von Werner
Grotzeck. Foto 1992.

Ludwig-Krafft-Straße.
Rechts Eigentumswohnungen
von Werner Grotzeck.

Stadthäuser von Peter Ottmann.
Foto 1992.

Stadthäuser von Peter Ottmann.
Heinrich-Stieglitz-Kehre.
Foto 1992.

der Nachkriegszeit, der Pullacher Platz mit seiner Formensprache der frühen achtziger Jahre – aufgelockerte Fassaden mit »freien« Grundrissen. Für beide Anlagen läßt sich ein der jeweiligen Zeit entsprechendes, sehr hohes Ausstattungsniveau feststellen.[29] Und bei beiden Anlagen ging es dem Bauherrn um ein zeitgemäßes Verhältnis von Haus und Straße. Während beim Bau »Am Durchblick« auf ausreichende Grün- und Erholungsflächen geachtet wurde – was in den fünfziger Jahren durchaus nicht dem Standard entsprach –, war ein zentrales Thema des Stadtquartiers am Pullacher Platz die Verkehrsberuhigung. Auch diese war zu Beginn der achtziger Jahre noch keine Selbstverständlichkeit.

Unterschiedlich ist sicherlich der Grundtenor der Wohnanlagen. Handelte es sich in Obermenzing noch um ein Objekt der Wohnraumbeschaffung nach dem Krieg – in diesem Fall vor allem für Familien – der so dringend benötigt wurde und möglichst für jedermann erschwinglich sein sollte, ist die Siedlung am Pullacher Platz eher das typische Beispiel einer innerstädtischen Wohnanlage zu Beginn der achtziger Jahre; ein Beispiel, das in jeder deutschen Großstadt in vergleichbarer Qualität zu finden ist. Die Eigenheimsiedlung Obermenzing hingegen nimmt in Größe und Qualität bezüglich der Gesamtplanung, aber auch hinsichtlich der baulichen Ausstattung, eine besondere Stellung ein.

Wohnbauten in der Architekturkritik

Die Betrachtung der nach dem zweiten Weltkrieg entstandenen Architektur beschränkt sich im allgemeinen auf öffentliche und repräsentative Bauten. Der Wohnbau und insbesondere der, der sich dem Thema des raschen und funktionellen Wiederaufbaus bzw. der Wohnungsneubauten widmete, hat in der Literatur eine eher stiefmütterliche Rolle.[30] Häufig werden die Kleinhaussiedlungen der fünfziger Jahre als Fortsetzung der »Blut- und Boden-Architektur« bzw. als falsch verstandener Funktionalismus[31] gesehen. Winfried Nerdinger führt das Phänomen der Kleinhaussiedlung der Nachkriegszeit – wohl ganz richtig – eher auf ökonomische Sparzwänge als auf ideologische Ursachen zurück.[32] Aber auch Siedlungen der achtziger Jahre werden nicht zwingend positiver besprochen. So bezeichnet Gert Kähler beispielsweise den Wohnbau der achtziger Jahre pejorativ als »Neue Deutsche Putzigkeit«[33] Auch hier stellt sich die Frage, ob das Urteil angemessen ist.

Sieht man einmal von Projekten wie beispielsweise der Internationalen Bauausstellung in Berlin von 1987 ab, an der internationale, renommierte Architekten beteiligt waren,[34] ist Wohnungsbau bis heute nahezu anonym: »Man« kennt weder die Auftraggeber, noch die Baugesellschaften, die Architekten oder die Käufer bzw. Mieter. Der alltägliche Wohnbau kann immer noch als sekundäre Bauaufgabe betrachtet werden:

»Was gebaut wurde, waren [...] entweder repräsentative Verwaltungsbauten, öde Zeilen- und Reihenhäuser, interessante Villenviertel und relativ mittelmäßige Gemeinschaftsbauten wie Kirchen und Theater, aber keine ästhetisch ambitionierten oder gar gemeinschaftsbezogenen Architekturkomplexe. Das Geld dafür – in dieser zweiten ›Gründerzeit‹ – wäre sicherlich dagewesen. Doch von einem Baugewerbe, das auf privatwirtschaftlicher Grundlage operiert, läßt sich nun einmal kein gemeinschaftsbetontes Bauen erwarten.«[35]

Ein derartiges – sehr pauschales – Urteil ist nur ein Beispiel für den geringen Stellenwert von Wohnbau in der Architekturkritik.[36] Dabei stellt sich die Frage, ob nicht gerade Wohnsiedlungen wie die der Südhausbau GmbH in München-Obermenzing einen Anstoß geben sollten, Wohnbau auch unter soziologischen Gesichtspunkten zu betrachten, statt lediglich die ästhetischen Qualitäten der »Fassaden«[37] als Bewertungskriterium von Alltagsarchitektur heranzuziehen. Ein wichtiges Qualitätsmerkmal von Architektur ist auch seine Funktionalität, unter die die Akzeptanz seitens der Bewohner subsumiert werden muß. So heißt es z. B. 1968 im Münchner Merkur:

»Die Einwohner der Siedlung sind aber mit dem Wohnen am Durchblick sehr zufrieden. Die Ruhe dort draußen teilt sich dem Besucher sofort angenehm mit. [...] Wer einmal am Durchblick wohnt, wird mit ziemlicher Sicherheit auch seinen Lebensabend dort verbringen.«[38]

Sowohl für die Siedlung Obermenzing, aber auch für die Wohnanlage am Pullacher Platz kann festgestellt werden, daß der Bewohner mit seinen Belangen, die er an das Thema »Wohnen« stellt, berücksichtigt wird. Grund-

Gartenseite der Stadthäuser von
Peter Ottmann.
Foto 1992.

risse und Ausstattung entsprechen den Standards der Zeit, bzw. gehen über sie hinaus – insbesondere sind hierzu die Beheizung, die Ausstattung der Häuser wie Mauerwerk, Fenster, Böden, Elektroinstallationen, Heizungen etc. zu erwähnen.

Viel mehr als Repräsentationsbauten sind Wohnanlagen dem Wandel der Zeit, aber auch den Bedürfnissen und dem Geschmack der Bewohner unterworfen. Individuelle Umbauten und Umgestaltungen werden vorgenommen. Ältere Siedlungen wie beispielsweise Obermenzing sind mittlerweile mehrfach modernisiert worden.[39] Ein Kriterium für die Beurteilung – gerade von Alltagsarchitektur – sollte diese Fähigkeit sein: die Anpassungsfähigkeit der architektonischen Grundgestalt der Häuser an den Geschmack und die Bedürfnisse der Zeit. Denn genau an diesem Punkt stellt sich die Frage, was wohl wichtiger ist: Der Mensch in der Architektur oder die Architektur, der sich der Mensch zu fügen hat.

Sullivan stellte schon 1901 fest, daß »Architektur eine soziale Manifestation« ist. Die Architekturkritik sollte dies vielleicht als Anstoß nehmen, auch Alltagsarchitektur mehr unter sozialen, denn ausschließlich unter ästhetischen Gesichtspunkten zu betrachten. Die Siedlungen Obermenzing und »Pullacher Platz« sind hierbei äußerst geeignete Beispiele von »funktionierender« Architektur, bei der die Belange der Bewohner im Zentrum stehen.

Anmerkungen

1   Bangert 1990, 21.
2   Die Wohnungs- und Volkszählung von 1950 ergab ein rechnerisches Wohnungsdefizit von 6,3 Mio. Wohneinheiten bei einem Gesamtbestand von ca. 10 Mio. Wohneinheiten. (Neue Heimat 1978, S. A44). Hermann Wandersleb benennt das Defizit an Wohnungen mit 5 Mio., (Wandersleb 1966), siehe auch: Krummacher 1988, 441.
3   Ein von der Interbau GmbH anläßlich der Internationalen Bauausstellung in Berlin 1957 herausgegebenes Heft, mit dem Anspruch ›Nichtfachleute über den notwendigen Umbau und die Erneuerung unserer Städte‹ zu unterrichten, ist ein Beispiel für den Optimismus, mit dem Städtebau in den fünfziger Jahre gesehen wurde (Interbau GmbH 1957).
4   »Durch die Inangriffnahme dieses Problems [Wohnungsnot] wird gleichzeitig eine Reihe brennender wirtschaftlicher Probleme lösbar.«, Entwurf eines »1. Wohnungsbaugesetzes«, BT-Drucks. 1/567, 8, zit. aus: Krummacher 1988, 443/444. Das Erste Wohnungsbaugesetz wurde am 24. April 1950 verkündet, nachdem es vom Bundestag einstimmig angenommen wurde.
5   »Die erstaunlichen Leistungen des sozialen Wohnungsbaus in den letzten Jahren wären nicht möglich gewesen ohne die finanzielle Förderung aus öffentlichen Mitteln und ohne die Tätigkeit der Wohnungsbaugesellschaften« (Brandt 1955/56, 351).
6   Wandersleb 1966, 6.
7   Ehrenforth 1958, V.
8   Die in Deutschland erstmalige Befragung nach Wohnwünschen erfolgte 1954 in München, Nürnberg, Regensburg und Ingolstadt durch das freie Wohnungsbauunternehmen SHB GmbH, in Hamburg, Bremen, Kiel, Bremerhaven, Nortorf, Düsseldorf und Münster durch das gemeinnützige Wohnungsunternehmen Neue Heimat. Die Auswertung wurde 1955 unter dem Titel »So möchte ich wohnen« in zwei Bänden von der Neuen Heimat veröffentlicht. So gaben 35% der Befragten an, daß ein Eigenheim ihre bevorzugte Wohnform sei. (Neue Heimat 1955, 21).
Die Befragung fand in der Tagespresse viel Beachtung: siehe dazu z. B. SZ 1954 a, SZ 1955
9   Neue Heimat 1955, 8f.
10 Schulz weist auf die Terminologie »Eigenheim« hin: »Im Unterschied zu den nüchternen Bezeichnungen Wohnung, Wohnhaus, Einfamilienhaus bezieht der Begriff ›Eigenheim‹ den positiv besetzten Gefühlsbereich des Heims ein: das Haus, in das man gehört, den heimatlichen Ort«. (1988, 409).
11 Die Bebauung entstand an folgenden Straßen: Schrämelstraße, Porgesstraße, Menterstraße, Feichhofstraße, Eduard-Fentsch-Weg, Friedrich-Rein-Weg, Landshoffstraße, Paganinistraße, Reussweg, Torriweg, Lindpaintnerstraße.
12 »Nach Fertigstellung [...] dürfte es sich um die größte geschlossene Einfamilienhaussiedlung in München handeln«; so Paul Ottmann in einem Exposé der SHB vom 3. Oktober 1962. (Südhausbau 1962). Die Bebauung der Siedlung erfolgte in drei Bauabschnitten mit insgesamt neun Bauteilen.
13 Südhausbau 1956 c.
14 Ehrenforth 1959.
15 Brief SHB GmbH an die Landeshauptstadt München vom 25.4.1960, Archiv SHB.
16 Ottmann 1996 b.
17 Schriftsatz SHB GmbH, 7. August 1958, Archiv SHB.
18 »[...] wobei die Gesellschaft selbstverständlich Aufbaudarlehen aus dem Lastenausgleich, Arbeitgeberdarlehen, Staatsdienerdarlehen bzw. öffentliche Baudarlehen als Ersatz der Eigenleistung hereinnimmt. Die Beschaffung dieser Sonderfinanzierungsmittel ist jedoch Sache des Käufers.« (SZ, 1958 c).
19 § 1, Abs. 2, 2. Wohnungsbaugesetz.
20 SHB GmbH, Erwerberlisten vom 12.12.1957, 10.6.1959, 21.10.1959, Archiv SHB.
21 Siehe auch SZ 1958 c.
22 »[...] so daß beispielsweise beim Mittelbautyp noch 19 qm zusätzlicher Wohnraum gewonnen werden kann.« (SZ, 1958 c).
23 § 39, Abs. 1, 2. Wohnungsbaugesetz.
24 Bei der Wahl der Baustoffe wurde vertraglich die Beschaffungsmöglichkeit festgehalten: »Sollten Baustoffe, die in der Baubeschreibung genannt, zur Zeit der Bauausführung nicht zu beschaffen sein, so behält sich die SHB GmbH vor, andere, möglichst gleichwertige Materialien zum Einsatz zu bringen.« (Baubeschreibung »Reiheneigenheime in München-Obermenzing-Bauteil I, 9.1.1957).
25 Die Ausstattung der Häuser ist in den Baubeschreibungen (Archiv SHB GmbH) der SHB GmbH detailliert beschrieben.
26 Brockert 1968.
27 Brief SHB GmbH an die Landeshauptstadt München vom 6. Mai 1960, Archiv SHB.
28 Die Wohnungstypen reichen von einer Einzimmerwohnung mit 44.11 qm bis zu einer Dreizimmerwohnung mit 86,26 qm. Die Wohnfläche der Stadthäuser liegt bei 114.08 qm mit einer zusätzlichen Einliegerwohnung mit 32,69 qm.
29 Die Baubeschreibungen der Wohnanlage Obermenzing betonen explizit die gewählte Innenausstattung wie Fliesen, mit genauen Verlegungs-Angaben, Heizungsart, Küchenausstattung etc.; die Baubeschreibungen der Wohnungen und Häuser am Pullacher Platz sind schon etwas ungenauer. Deutlich wird hier die Gewichtung der Ausstattung und ihr Stellenwert im Wohnbau der Zeit.
30 Statements wie z. B.: »Viel wichtiger erscheint die zugegebene unangenehme Auseinandersetzung mit weniger spektakulären, alltäglichen Bauaufgaben, etwa wie mit Parkhäusern [...]« (Preiß, 1989 854) zeigen überdeutlich, daß die Beschäftigung mit Wohnungsbau im Argen liegt.
31 »Die idealtypische Realisierung eines nackten Funktionalismus findet man dort, wo das Interesse der Stilinterpreten nicht hinreicht, wo ästhetische Absichten zur Formierung eines Kanons haltmachen, wo also ›Stil‹ gar nicht erst entstehen kann... [...] In diesem Bereich der Architektur gibt es über die Jahrzehnte hin kaum eine Änderung, keinen ›Stilbruch‹. Die Bautypen haben sich gehalten, sind immer nackter geworden und wurden in der Form des Siedlungsmietshauses über die Zeiten hin durch alle wechselnden politischen Regime zur Norm.« (Klotz 1978, 18/19).
32 Dazu: Nerdinger, 1990, 38–49. Pehnt schreibt: »In der Nachkriegszeit hatte die in den zwanziger und dreißiger Jahren formulierte Architektur vor allen anderen Traditionen die größeren Erfolgsaussichten. Es war zumindest vom Konzept her eine Architektur der Armut, auch wenn sie sich später zu bemerkenswerten Prestigedemonstrationen hergab. Rationalisierung und industrielle Fertigungsmethoden waren von ihren Urhebern bereits reflektiert und in ihrem Formenkanon berücksichtigt, oft sogar vorweggenommen worden.« (Pehnt 1983, 70).
33 Kähler 1987, 80.
34 S.T.E.R.N. 1989.
35 Hermand 1986, 307/308.
36 So z. B. auch Preiß: »[...] der private Bauherr, der aus marktwirtschaftlichen und ideologischen Gründen eine unvergleichbar starke Position in der bundesrepublikanischen Architekturentwicklung einnahm, legte die Freiheit der Kunst als adäquaten Ausdruck seiner gesellschaftlichen Freiheit und seiner künstlerischen und sozialen Verantwortungslosigkeit aus. Alle Versuche der bedeutenden Architekturbewegungen des 20. Jahrhunderts, sich durch Zeitschriften, Bücher, pädagogische Initiativen und Bildung von Vereinen den Bauherren verständlich zu machen, erwiesen sich endgültig als gescheitert, nachdem der Staat sein Bauherrenschaft im Laufe der fünfziger Jahre zunehmend an Privathand delegierte.« Oder auch: »So steht die Wohnzeile seit 50 Jahren vor Augen: gleichförmige Fassaden mit gleichförmigen Fenstern, gleiche Eingänge, die sich allenfalls durch Nummernschilder voneinander unterscheiden. Die Monotonie dieser Bauten entspricht der Definition einer allein zweckmäßigen Architektur. Der wahre Funktionalismus in die unterste, erste Architektur, die allein die primären Bedürfnisse erfüllt«. (Preiß 1989, 855/856)
37 Das Verhältnis von Fassade und ›Bewohnbarkeit‹ wird insbesondere von den Bewohnern der Wohnzeilen, die für die internationale Bauausstellung in Berlin 1987 errichtet wurden, immer wieder thematisiert, da sie sich teilweise mit ihren Belangen nicht berücksichtigt fühlen.
38 Brockert 1968. Bei Gruber heißt es: »Im September vergangenen Jahres hat die Gesellschaft mit dem Verkauf der Eigenheime begonnen. Ende März waren bereits alle Häuser verkauft. Inzwischen liegen wieder 600 Voranmeldungen im Verkaufsbüro vor.« (Gruber 1959). In der Tagespresse wurde die Wohnanlage durchgehend positiv besprochen, siehe dazu u. a.: SZ, 1957, ebd. 1958 a, ebd. 1958 b, ebd. 1959.
39 Donderer 1988, 12/13.

EIN GESPRÄCH
MIT DIPL.-ING. WERNER GROTZECK
AM 20. AUGUST 1996

Stadthaus-Architektur am Pullacher Platz

Wie würden Sie das Verhältnis zwischen Miet- und Eigentumswohnung charakterisieren?

Der Übergang der Mietwohnung in die Eigentumswohnung entwickelte sich, weil Mietwohnungen einfach nicht mehr finanzierbar waren. Zur Hauptaufgabe des Bauens wurde somit der große Sektor Eigentumswohnungen.

Haben sich die Ansprüche an die Eigenheime oder Eigentumswohnungen innerhalb dieses Zeitraums verändert?

Ja, mit Sicherheit. Bei den sozialen Wohnungsbauten der ersten Phase haben wir Kubikmeterpreise von höchstens 50 oder 60 DM gehabt. Die Bauten waren natürlich auch entsprechend bescheiden ausgestattet: Da gab es keine Fliesen an den Wänden, und es gab, zumindestens anfangs, auch noch keine Zentralheizung, sondern eine zentral beförderte Einzelölofenheizung. Die letzten Sozialwohnungen, die ich gebaut habe, entsprachen dann schon einem Standard, der auch beim freifinanzierten Wohnungsbau der damaligen Jahre so zu finden war.

Mitte der siebziger Jahre kam dann ein Loch. Nach der Olympiade rutschte alles etwas nach unten. In dieser Situation, nach vielem Suchen, bin ich auf dieses Grundstück am Pullacher Platz gestoßen. Das gehörte damals einer großen angesehenen Münchner Baufirma, die mich bat, ich möge doch einmal versuchen, das Baurecht abzuklären. Dieses Grundstück hatte eine sehr interessante Geschichte hinter sich: Früher war dort einmal ein bißchen Aulandschaft gewesen, dann wurden die benachbarten Bereiche durch den Trümmerschutt, der dort hingefahren wurde, zu einer etwas interessanteren Landschaft umgestaltet. Unmittelbar auf dem Grundstück war in den Jahren nach dem Krieg alles mögliche betrieben worden, Betonstein- und Werksteinherstellung, Ziegelsplittverarbeitung. Das ursprünglich vorhandene Bauliniengefüge war durch die Ereignisse total überrollt worden. Es waren nur noch Fragmente da. Was ursprünglich einmal an Bauräumen und Straßenräumen existiert hatte, konnte nicht mehr verwendet werden.

Deshalb hatte sich die Firma Heilmann & Littmann dazu entschlossen zu klären, wie man dieses Baugrundstück als solches wieder aktivieren und ein entsprechendes Baurecht etablieren könnte.

War dieses Grundstück vor dem Krieg auch schon von Heilmann & Littmann bebaut worden?

Nein, es war ein leeres Grundstück. Heilmann & Littmann hatte vor dem Krieg eine Straßenrandbebauung entlang der Thalkirchner Straße erstellt und dies war ein rückwärtig gelegenes Grundstück, das über den Pullacher Platz in Form einer Sackgasse erschlossen werden konnte, was für die weitere Entwicklung von großer Bedeutung wurde. Ich habe ein Vorprojekt entwickelt, das den Herren der Firma Heilmann & Littmann auch gut gefiel. Aber Vorstand und Aufsichtsrat beschlossen, selber nicht tätig zu werden, sie wollten das Grundstück verkaufen. Weil es kein geklärtes Baurecht gab, war es natürlich schwierig. Es war nicht klar, was gebaut werden konnte. Ich habe mich bemüht, Interessenten zu finden, und kam mit der Südhausbau ins Gespräch. Die Überlegungen, die ich angestellt hatte, fanden hier sehr viel Gehör. Herr Ottmann hat seine Vorstellungen natürlich auch miteingebracht. Ich habe versucht, sie in die entsprechende Form zu bringen. Das ging relativ rasch, auch weil die Verbindung zur Stadt München damals verhältnismäßig gut war. Es konnten in relativ kurzer Zeit die grundsätzlichen Fragen des Baurechtes geklärt werden.

Wir haben an der Aufstellung des Bebauungsplanes mitgewirkt, und alles lief dann seinen ganz normalen und vernünftigen Weg und dies in einem überschaubaren Zeitrahmen.

Haben Sie den Bau häuserweise vorgenommen?

Nein, entscheidend war die Gruppierung der Gebäude. Der erste Abschnitt, den ich erstellt habe, waren sogenannte Stadthäuser. Es entstanden dann weitere Bauabschnitte mit den Geschoßwohnungen, die hintereinanderweg realisiert wurden. Eine zweite Zeile mit Stadthäusern kam noch dazu.

Das restliche Areal mit einer

Gruppe von Stadthäusern hat Peter Ottmann geplant, und ich glaube, es verträgt sich gut miteinander.

Wie waren Ihre Vorstellungen?

Damals kam dieser Begriff des Stadthauses auf, der aber nicht eindeutig definiert war. Jeder verstand etwas anderes darunter. Ich hatte Gelegenheit, mich ein wenig in San Francisco und London umzuschauen. Dort gibt es solche Häuser ja schon seit eh und je. Bloß bei uns waren sie eine ganz große Ausnahme. In Harlaching sind vor dem Krieg ein paar gebaut worden.

Ist der Typus Stadthaus eine Art Ideenimport aus England?

Ich würde das nicht unbedingt so sehen. Es ist so, daß dieser Typus in Norddeutschland schon viel früher praktiziert wurde als hier. Hier kenne ich nur wenige Gebiete. In Nymphenburg und Bogenhausen gibt es kleine Areale, wo so etwas ähnliches in den zwanziger Jahren gemacht wurde. Aber das waren nur kleine Ansätze. Es hat sich hier nie so ganz durchgesetzt. Auch von seiten der Stadt wurde das immer als etwas sehr Negatives angesehen. Jetzt ist diese Bauweise wieder völlig eingeschlafen, wahrscheinlich gibt es auch nicht immer die geeigneten Grundstücke. Zur Zeit werden andere Bauformen entwickelt, man geht wieder zu sehr strengen Zeilen über, die ich nicht so gern mag. Dieses uniformierte, völlig anonyme Wohnen, das habe ich eigentlich nie sehr geschätzt.

Was kennzeichnet das Stadthaus?

Die Idee dabei ist, daß man in der Stadt anders wohnt als auf dem Land. Das heißt, von Bedeutung ist eigentlich weniger der Gemüsegarten am Haus wie in ländlichen Bereichen üblich, sondern mehr das Haus selber und die Möglichkeit,

Werner Grotzeck
1930	in Memel/Ostpreußen geboren
1948–51	Architekturstudium am Oskar von Miller-Polytechnikum in München
seit 1959	eigenes Büro

alle Annehmlichkeiten, die ein Haus in der Stadt haben könnte, auch zu nutzen. Eine dieser Annehmlichkeiten ist das Auto. Bisher war es üblich, daß Reihenhäuser gebaut wurden, denen irgendwo ein Garagenhof zugeordnet wurde. Entsprechend groß waren die Distanzen zwischen Auto und Haus. Ich hatte mir nun in den Kopf gesetzt – und da bin ich nicht auf taube Ohren gestoßen – das anders zu sehen.

Für den Pullacher Platz habe ich mit meinen Mitarbeitern vier Haustypen entwickelt, die jeweils der örtlichen Situation Rechnung trugen. So entstand immer wieder eine ganz neue Gruppierung. Damit hatten die Bewohner auch nicht den Eindruck, sich in einer anonymen Situation zu befinden, in der alles gleich aussieht.

Die andere Besonderheit besteht in der Erschließungssituation: Jeder hat die Möglichkeit, an sein Haus heranzukommen, ohne weite Wege gehen zu müssen. Das wurde von den Bewohnern natürlich sehr begrüßt.

Gibt es bei der Innenaufteilung auch eine Besonderheit?

Ja, wir haben auch hier ein bißchen differenziert: Der Wohnraum ist durch ein paar Stufen etwas höher, etwas voluminöser und dadurch auch attraktiver gegenüber dem Teil Essen/Kochen mit normaler Raumhöhe. Leider konnten wir uns damals nicht mit dem sogenannten Splitlevel durchsetzen, bei dem verschiedene Ebenen halbgeschossig gegeneinander versetzt sind. Da haben wir trotz vieler Modellversuche nicht ganz das erreicht, was wir wollten. Ich bin aber sicher, daß der Kompromiß, der gefunden wurde, von den Bewohnern voll akzeptiert wird.

Wie sind Sie damals auf die Spielstraße gekommen?

Das war eigentlich die Zwangsläufigkeit eines solchen Erschließungssystems. Wir wollten ja unbedingt, daß wir mit den Autos bis an die Häuser fahren können, mit normalen Straßen wäre das aber nicht möglich gewesen. Daraus entwickelte sich dann die Spielstraße. Denn wir haben die Kinderspielplätze bewußt hier angeordnet, weil wir die Kinder in dem Bereich wissen wollten, in dem sich das ganze Leben abspielt. Das Erschließungssystem in Form von Sackstraßen kam uns entgegen.

Könnte man sagen, daß der entscheidende Unterschied zwischen einem Stadthaus und einem Reiheneigenheim in der Verkehrsanbindung liegt?

Das ist ein Aspekt, aber es gibt auch architektonische Unterschiede: Weil sich im Stadthaus die Garage im Haus befindet, ist man von vornherein ein Stockwerk höher. Im normalen Reihenhaussiedlungsbau ist das völlig atypisch. Das wird gar nicht diskutiert. Gebräuchlich ist noch das Doppelhaus mit der danebenliegenden Garage. Dadurch, daß die Garage beim Stadthaus in das Haus integriert ist, wird für Sammelgaragen oder dergleichen keine Fläche in Anspruch genommen. Das reduziert den Flächenbedarf und vermehrt damit auch die Anzahl der Häuser. Schließlich ein weiterer wichtiger Aspekt beim Stadthaus: Weil man dem Garten nicht die Bedeutung beimißt, die er beim normalen Siedlungshaus hat, kommt man mit winzigen Grundstücken aus.

GESPRÄCH ZWISCHEN
PAUL OTTMANN,
DR. MATTHIAS OTTMANN
UND HILKE MÖLLER
AM 16. APRIL UND 19. APRIL 1996
IN MÜNCHEN

Die Geschichte der Südhausbau

Möller: Wie kam es zur Gründung der Firma Südhausbau?

Mein Großvater Karl Stöhr hat 1885 die gleichnamige Bauunternehmung gegründet. Nach seinem Tode übernahm 1931 sein Bruder, Kommerzienrat Adolf Stöhr, die Leitung. Dieser gründete 1936 als Tochterfirma der Bauunternehmung Karl Stöhr die Südhausbau, die speziell die Errichtung von Wohnsiedlungen mittels privater Initiative betreiben sollte. Damit sollte auch die Auftragssituation der Bauunternehmung gestärkt werden. Der unmittelbare Anlaß, die Südhausbau zu gründen, war ein Großauftrag der Firma Stöhr für die Erstellung von Wohnungen in Fürstenfeldbruck für Angehörige der Reichsluftwaffe. Diese Aufgabe wurde auf die neugegründete Tochtergesellschaft übertragen. Somit war die Errichtung von 90 Wohnungen im eigenen Namen das erste Wohnbauobjekt der Südhausbau; es wurde 1937 fertiggestellt. Die Südhausbau hat in der Folgezeit als nützliches Anhängsel der großen Baufirma Siedlungen in München sowie Wohnanlagen in Fürstenfeldbruck, Penzing, Schweinfurt, Sonthofen, Berchtesgarden und Obertraubling errichtet. Bis 1942 wurden etwa 1.700 Wohnungen im Eigentum der Südhausbau und in Betreuung für dritte Auftraggeber gebaut.

Die Firma hat vor dem Krieg bereits größere städtebauliche Planungen vorgenommen. Unter Chefarchitekt Fritz Herrle, jeweils in Zusammenarbeit mit externen Architekten, wurden 1938 bis 1942 zwei große Gebiete in München gestaltet: Zum einen die Randbebauung der Forstenrieder Straße an der Autobahn nach Garmisch zusammen mit den Architekten Sep und Franz Ruf. Vor dem Krieg wurden dort noch 642 Wohnungen zusammen mit drei weiteren Bauherren dort errichtet, nach dem Krieg die restliche Randbebauung an der Forstenrieder Straße mit 174 Wohnungen, und zwar vorwiegend in Betreuung für die Firma Siemens. Der zweite städtebauliche Komplex am Perlacher Forst wurde mit den Architekten Emil Freymuth und Julius Nebel gestaltet. Dort sollten ca. 2.000 Wohnungen errichtet werden. Ein Teil mit 576 Wohnungen wurde vor dem Krieg fertiggestellt, der Rest wurde nach dem Krieg gebaut.

Möller: Wie ging es nach dem Krieg weiter mit der Firma?

In den ersten Jahren nach dem Krieg beschränkte sich die Tätigkeit der Südhausbau auf die Verwaltung ihrer bestehenden Wohnanlagen. Erst die auf meine Initiative hin erfolgte Einstellung des Wohnungsbaufachmanns Dr. Robert Koppe führte zu einer Wiederaufnahme des Neubauprogramms. Dr. Koppe hatte das Bauvolumen der Südhausbau dank seiner reichen Erfahrungen und Verbindungen als stellvertretender Leiter der Abteilung Siedlungs- und Wohnungsbau bei der Obersten Baubehörde so aktiviert, daß die Südhausbau innerhalb kurzer Zeit in fünfzehn Städten Bayerns ein Programm von ca. 2.000 Wohnungen durchführen konnte. Den Schwerpunkt ihrer Tätigkeit bildete zunächst der Wiederaufbau in München und Nürnberg und die im Einvernehmen mit den Stadtverwaltungen forcierte Errichtung von großen Sozialsiedlungen.

Matthias Ottmann: Wie lange war Dr. Koppe Geschäftsführer?

Dr. Koppe hat den seitens der Muttergesellschaft Stöhr vorgegebenen finanziellen Rahmen der Südhausbau überspannt, insbesondere durch ein über 3.000 Wohnungen (1952 bis 1955) umfassendes Bauprogramm.

Diese investitionsmäßig überzogenen Mietbauvorhaben und Pläne brachten die Südhausbau 1954/55 in eine bedrohliche Lage.

Im März 1955 trennte ich mich deshalb von Dr. Koppe. Mein Bauingenieurstudium hatte ich inzwischen abgeschlossen und nach Ausscheiden bei der Firma Stöhr die Gesellschaftsanteile der Tochtergesellschaft übernommen.

Möller: Wann wurden Sie zum Geschäftsführer der Südhausbau bestellt?

Gleichzeitig mit Koppes Ausscheiden übernahm ich am 27. März 1955 die Geschäftsführung. Mittels einer konsequenten Reorganisation und mit viel Einsatz der zahlenmäßig reduzierten, jedoch fachlich qualifizierten Mitarbeiter, aber auch durch das Vertrauen seitens der Bayerischen Landesboden und Deutschen Bau- und Bodenbank konnten wir die finanzielle Lage in wenigen Monaten konsolidieren.

Möller: Wie konnten Sie das ermöglichen?

Das wesentliche Moment hierbei war die Umstellung des Bauprogramms vorwiegend auf gewinnbringende Eigenheimmaßnahmen. Noch 1955 begannen wir mit einer großen Eigenheimsiedlung in München-Sendling mit 300 Häusern, stellten den Eigenheimteil in der Parkwohnanlage Bogenhausen fertig und suchten mit Nachdruck nach weiteren Eigenheimarealen in München.

Unser Grundstücksreferent Franz Krinninger wurde in Obermenzing fündig: Ein herrliches Baugebiet nördlich des Nymphenburger Kanals im Bereich des sogenannten Durchblicks zwischen Nymphenburger und Blutenburger Schloß konnten wir sukzessive kaufen und dort ein großes Projekt mit über 600 Eigenheimen entwickeln. Zwischen 1955 und 1959 wurde in kürzester Zeit ein Eigenheimprogramm allein in München, und dies in besten Lagen, von über 1.000 Häusern realisiert. Somit stand ein erhebliches Gewinnpotential zur Verfügung, das uns in die Lage versetzte, die Eigenmittel sowohl für die bereits errichteten als auch die in Planung befindlichen Mietwohnanlagen zu finanzieren.

Möller: Wurde die städtebauliche Planung »Am Durchblick« von der Stadt vorgenommen?

Nein, damals beschäftigte die Stadt München noch keine Stadtplaner. Von den wenigen freischaffenden Stadtplanungsarchitekten, die wir kannten, hielten wir Fritz Vocke für am besten geeignet, die städtebauliche Gestaltung des Bebauungsplans für die ca. 400.000 Quadratmeter umfassende Siedlung »Am Durchblick« zu übernehmen. Den ersten Abschnitt nördlich des Durchblicks mit 50 Eigenheimen haben wir bereits 1957 fertiggestellt. Die Häuser haben zwischen 47.000 und 55.000 Mark gekostet, und dies in bester Stadtrandlage Münchens. Sie konnten natürlich sofort verkauft werden. Aber dann tauchte ein ungeahntes Problem auf: Die Verkehrsplaner wollten den herrlichen Durchblick dazu benützen, die Autobahn von Stuttgart in Richtung City zu verlängern. Die Autobahn sollte als Schnellverkehrsstraße über Obermenzing in die Stadt bis zur Theresienwiese hineingeführt werden. Gleichermaßen sollte eine Trasse von Norden nach Süden gelegt werden. Man wollte ein Autobahnkreuz quer durch München bauen, um den Fremden zu ermöglichen, die Stadt vom Auto aus zu erleben. An die Folgen für die Innenstadtgebiete hat man dabei nicht gedacht. Es gab drei konkurrierende Planungen, so daß wir es plötzlich mit drei Alternativtrassen auf unserem Gelände zu tun hatten, dem sogenannten Autobahnstern von Stadtbaurat Högg, der Prädel-Trasse und der Trasse von Helmut Fischer. Daraus resultierte eine Bausperre auf dem südlichen Teil des Baugebiets und somit war der Bau der Masse der Häuser blockiert. Wir sträubten uns mit aller Gewalt gegen diese absurden Ideen.

Ich habe über ein Jahr lang mit der für die Stadtautobahnen zuständigen Obersten Baubehörde verhandelt. Sie hat sich Ende 1958 dann bereit erklärt, auf die Alternativtrassen Prädel und Fischer zu verzichten und nurmehr den Högg'schen Stern vorzusehen. Diese Trassenplanung können Sie noch heute im Südabschnitt der Siedlung »Am Durchblick« erkennen. Die Bebauung zieht sich in einem großen Bogen nach Südosten zum Nymphenburger Kanal, der vorgesehenen Trasse folgend. Diese Bebauungsgrenze mußten wir einhalten. Dadurch haben wir den Südteil freibekommen und konnten unsere Siedlung fertigstellen. Später ist der Högg'sche Autobahnstern ad acta gelegt worden.

Übrigens habe ich 1962 ein Exposé gegen die Hereinführung der Autobahn verfaßt und an alle Mitglieder des Stadtrats versandt. Hierbei warnte ich vor allem davor, das schlechte Beispiel der autogerechten Stadt von Amerika, das ich kurz vorher bei einer USA-Reise erlebt hatte, zu imitieren.

Oberbürgermeister Dr. Hans-Jochen Vogel hat das städtische Schnellstraßenkreuz, das von dem damaligen Planungsberaterteam Jensen/Hartmann/Hidber im Stadtentwicklungsplan 1963 als wesentliches Kernstück des Generalverkehrsplans vorgesehen war, voll mitgetragen. Erst seine Anfang 1970 gemachte Reise nach Amerika und der persönliche Eindruck von den grauenhaften Folgen der Strangulierung der amerikanischen Großstädte durch den Stadtautobahnverkehr hat ihn total umdenken lassen. Als Ergebnis seiner Reise prägte er damals das berühmte Wort: »Mit jeder Milliarde, die man dem Verkehr zuführt, führt man eine Stadt ihrem Tode näher.«

Wiederaufbau

Möller: Inwieweit war die Südhausbau am Wiederaufbau der Stadt München beteiligt?

Der Wiederaufbau der zerstörten Stadt gehörte ab 1952 neben der Errichtung von Neubauten zu den vordringlichen Aufgaben der Südhausbau. Wir haben den Wiederaufbau weitgehend in Form der Betreuung realisiert, weil uns das nötige Geld fehlte, die Grundstücke zu kaufen und die Wiederaufbauten zu finanzieren. Die Eigentümer der Trümmergrundstücke waren daran interessiert, die Wiederaufbauten unter der Voraussetzung einer vernünftigen und für sie passablen Finanzierung selbst durchzuführen. Sie bestand meistens darin, daß der Besitzer eines Trümmergrundstücks – der frühere Rentehausbesitzer – dieses in die Finanzierung einbrachte und ansonsten der Wiederaufbau mit Fremddarlehen und öffentlichen Mitteln finanziert wurde. Die Bewilligungsstellen waren bei der Zusage der öffentlichen Mittel recht entgegenkommend.

Unsere herausragenden Wiederaufbauten waren das Schuhhaus Klein am Marienplatz, dann die Bauten hier rund um das Geschäftshaus, also im Bereich Görres-, Teng-, Ziebland-, Keuslin- und Schellingstraße. Nach dem Krieg bestand dieses Herzstück der Maxvorstadt aus einer einzigen Trümmerlandschaft. Man konnte vom alten nördlichen Friedhof bis zum Hauptbahnhof sehen.

Zu den Schwabinger Wiederaufbauten zwischen Barer-, Theresien-, Schleißheimer- und Elisabethstraße mit etwa 500 Wohnungen kam die Mariahilfstraße, eine umfangreiche Innenstadtsanierung in der Au, westlich der Mariahilfkirche. Dort haben wir 137 Wohnungen auf Trümmergrundstücken gebaut. Insgesamt haben wir in München im Wiederaufbau etwa 1.200 Wohnungen errichtet.

Im Rahmen des Wiederaufbaus Nürnbergs haben wir die Kreuzgassen – sie grenzen direkt an die Stadtmauer an – saniert, die heute noch als Musterbeispiel einer Stadtsanierung angesehen werden. Das war eine rechte Sisyphusarbeit, weil wir es damals für die Realisierung von ca. 60 Wohneinheiten mit ungefähr 50 Eigentümern zu tun hatten. Da gab es noch das alte Stockwerks- und sogar Zimmereigentum; die Eigentümer bzw. Berechtigten, die bei den Grundbuchberichtigungen mitwirken mußten, waren in der ganzen Welt verstreut.

Möller: Wann war die Kernzeit des Wiederaufbaus?

Der Wiederaufbau dürfte so 1952/53 begonnen haben und zog sich bis Mitte der sechziger Jahre hin.

Möller: Woher kam das Baumaterial?

Teils haben wir die alten Ziegel hergenommen. Sie sind feinsäuberlich abgeklopft worden und dann hat man sie wieder verwendet. Natürlich sind auch neue Ziegel geliefert worden, aber deren Produktion war beschränkt, so daß sie entsprechend teuer waren. Man hat oft Ersatzstoffe eingesetzt, u. a. Bimshohlblocksteine und Mantelbetonsteine wie Durisol. Später wurden auch Leichtbetonsteine aus Gasbeton (Hebel) und Schaumbeton (Ytong) verwandt, mit denen man versucht hat, die teuren Ziegel zu substituieren.

Möller: Gab es denn überhaupt Maschinen?

Ja, es gab Maschinen, aber die waren rar. Anfang der fünfziger Jahre sind die Baumaterialien noch auf den Rohbau hinaufgetragen worden. Relativ schnell kamen dann allerdings die Bauaufzüge und später, in den sechziger Jahren, die Turmdrehkräne.

Pfandbriefmarkt

Matthias Ottmann: Wie habt Ihr die Bauten finanziert?

Von den drei Produktionsfaktoren Boden, Arbeit und Kapital hatten wir Boden und Arbeit in Überfülle. Es gab genügend Bauarbeiter und genügend Grundstücke zu günstigsten Bedingungen. Nur Geld war keines da. Wir mußten nicht nur das Eigenkapital beibringen, sonden auch Fremdkapital »herzaubern«. Der Pfandbriefmarkt, der damals als Kapitalbeschaffungsinstrument im Erhard'schen Wirtschaftswunderland entwickelt worden war, kam nur langsam ins Rollen. Der Pfandbrief ist das Refinanzierungsinstrument für den Kapitalmarkt. Der Kapitalmarkt basiert im wesentlichen auf der Emission von Hypothekenpfandbriefen und kommunalen Schuldverschreibungen. Es gab damals aber viel zu wenig private Pfandbriefkäufer, und die Kapitalsammelstellen haben nur dort investiert, wo sie einen Vorteil für sich sahen.

Eine meiner ersten Aufgaben als Geschäftsführer der Südhausbau war es deshalb, mich auf das heikle Gebiet der Provisionen zu begeben und zu versuchen, über sogenannte Finanzmakler an Fremdkapital heranzukommen. Von der kreditgebenden Bank erfuhr man, wieviele Pfandbriefe noch verkauft werden mußten, damit die Hypothek ausgereicht werden konnte. Man hat sich dann bei zwei, drei Adressen erkundigt, ob sie dafür sorgen könnten, daß beispielsweise eine Million Pfandbriefe der Bayerischen Vereinsbank gekauft werden. Der Finanzmakler, der zum Zuge kam, holte sich dann einen Scheck bei mir ab. Die Provision hat zwischen 6 % und 10 % des benötigten Hypothekendarlehens betragen. Der Vermittler ist anschließend beispielsweise zu der Landesrentenanstalt gegangen, bei der er einen Sachbearbeiter kannte, und hat ihn zum Kauf der Pfandbriefe animiert. Dieser hat dann bei der Vereinsbank und nicht bei der Hypo-Bank gekauft. Man mußte quasi das Geld erst einmal zur Bank hintragen, um es dann wieder von ihr geliehen zu bekommen. Diese Art der Geldbeschaffung – man nannte sie den »grauen Kapitalmarkt« – war übrigens absolut legal; die bezahlten Provisionen wurden von der Bewilligungsstelle anerkannt und konnten auch in der Bilanz als sogenannte »Aufgelder« ausgewiesen werden.

Nachdem Dr. Viktor Preusker von Bundeskanzler Adenauer zum Wohnungsbauminister ernannt worden war, hat sich der Pfandbriefmarkt wieder erholt: Preusker veranlaßte 1957, daß neue Pfandbrieftranchen steuerfrei emittiert wurden. Nachdem damals der Steuersatz bei höheren Gewinnen bei 80 % bis 90 % lag, haben sich die großen Steuerzahler regelrecht darauf gestürzt, und plötzlich sind wieder genügend Pfandbriefe gekauft worden. Der Pfandbrief war somit wieder salonfähig und man konnte sukzessive zur üblichen Tarifbesteuerung übergehen. Ab Ende der fünfziger Jahre gab es wieder genügend Hypotheken.

Architekten

Möller: Wer hat jeweils die Planungen für die Siedlungen gemacht?

Wir hatten damals zwischen fünf und sieben Mitarbeiter in der Planung. Die Planungen sind überwiegend bei der Südhausbau erfolgt, oft auch in Zusammenarbeit mit anderen Architekten. Besonders für den Städtebau haben wir uns Fachleute geholt: Vor dem Krieg Franz Ruf, Julius Nebel und Emil Freymuth; in den fünfziger und sechziger Jahren arbeiteten wir im wesentlichen mit den Architekten Fritz Vocke, Ernst Maria Lang und dem Büro von Werz/Ottow zusammen. Wir konnten somit unter mehreren Städteplanern auswählen. Darüber hinaus haben als Entwurfsarchitekten die Herren von Werz/Ottow, Knapp-Schachleitner, Matthä Schmölz, Weißkirchen und Professor Ludwig für uns geplant. Es dürften etwa zwei Drittel Eigenplanung und ein Drittel Fremdplanung gewesen sein.

Möller: Was hat Emil Freymuth für die Südhausbau geplant?

Freymuth hat vor dem Krieg als federführender Architekt die Siedlung am Perlacher Forst gestaltet und nach dem Krieg die Entwürfe für einige Wohnblöcke dieser Siedlung gefertigt.

Ingolstadt

Möller: Die Südhausbau war von der Stadt Ingolstadt als Siedlungsträger beauftragt worden. Welche Maßnahmen wurden dort durchgeführt?

Neben München war Ingolstadt unser Hauptbetätigungsfeld. Ab 1953 hat die Südhausbau als Maßnahmeträger das von der Stadt Ingolstadt offerierte Neubaugebiet im Nordwesten von Ingolstadt gestaltet und bebaut. Die Stadt hat uns zur Starterleichterung Grundstücke zu einem äußerst günstigen Preis angeboten, und mein Vorgänger Dr. Koppe ist darauf eingegangen. Wir haben in 14 Jahren in Ingolstadt über 2.000 Wohnungen gebaut. Der erste Abschnitt, das heutige Komponistenviertel, ist in den Jahren 1953 bis 1959 entstanden.

Sukzessive haben wir dann etwa 150 bis 200 Wohnungen im Jahr gebaut. Das größte Fest in Ingolstadt begingen wir 1966 anläßlich der Errichtung der zweitausendsten Wohnung. Hier im Album kann man gut die Aufteilung in die beiden großen Planungsabschnitte sehen, einmal das bereits erwähnte Komponistenviertel, das noch relativ uneinheitlich war, weil man jeweils einen Block an den anderen gefügt hat, und das ab 1960 städtebaulich geordnete Piusviertel. Nachdem das Bundesbaugesetz gerade verabschiedet worden war, wurde von Architekt Fritz Vocke ein Bebauungsplan für das relativ große Piusviertel mit insgesamt ca. 3.000 Wohnungen konzipiert und gleichzeitig von uns der erste Bauabschnitt in Angriff genommen. Etwa 1.000 Wohnungen, die an das Komponistenviertel anschließen, haben wir davon realisiert; der Rest wurde von anderen Wohnungsbaugesellschaften bebaut. Das gesamte Neubauareal der Südhausbau ist größer als die Ingolstädter Altstadt.

Emilienhof

Möller: Noch einmal ein Blick zurück: Handelte es sich beim Emilienhof nicht auch um eine sehr große Anlage?

Ja, der Emilienhof war mit über 700 Wohnungen eine der ersten großen Sozialsiedlungen in München nach dem Krieg. Der wesentliche Teil des Emilienhofs wurde 1953 begonnen und ist somit nicht unter meiner Regie entstanden. In meiner Zeit ab 1955 wurde der restliche Teil der Siedlung fertiggestellt. Der Emilienhof war die städtebauliche Fortsetzung der bekannten Siedlung Alte Heide von Professor Theodor Fischer, die kurz nach dem Ersten Weltkrieg gebaut worden war. Architekt Oberbaurat Clemens Böhm hat hierfür die städtebauliche Planung gemacht. Ursprünglich wurden 745 Wohnungen, eine Gaststätte und zehn Läden gebaut, zwischen 1989 und 1992 kamen dann durch Aufstockungen, Dachausbauten und einen Neubau im Zuge einer Generalmodernisierung der Anlage weitere 121 Wohnungen hinzu, so daß unsere Alte Heide heute über 866 Wohnungen verfügt. Der Emilienhof wurde durchwegs mit öffentlichen Mitteln finanziert; die Anfangsmieten betrugen 1,10 Mark pro Quadratmeter monatlich. Zusätzlich hat die Bauunternehmung Karl Stöhr noch Arbeitgebermittel zur Unterbringung ihrer Mitarbeiter zur Verfügung gestellt.

Hasenbergl

Möller: Wie kam es zur Beauftragung der Südhausbau für den Bau der Siedlung Hasenbergl?

Im Frühjahr 1959 wurden wir vom Oberbürgermeister Thomas Wimmer beauftragt, uns am Bau des Hasenbergls zu beteiligen. Das war eine Sternstunde für uns, weil dies für die Südhausbau der Einstieg in den Städtebau im größeren Stil war. Die anderen Träger waren die Neue Heimat, die städtische GWG, die Bayerische Gemeinnützige Gesellschaft und das Evangelische Siedlungswerk. Die Neue Heimat wurde von der Stadt zum federführenden Träger bestimmt. Innerhalb kürzester Zeit haben sich die Träger geeinigt, wer welchen Abschnitt macht. Wir haben den Ostabschnitt mit dem herrlichen Kiefernwäldchen zugeteilt bekommen. Mit der Erstellung des Bebauungsplanes wurde ein Team beauftragt, das aus den Architekten Ernst Maria Lang, Fritz Vocke und von Werz/Ottow bestand. Nach nur sechs Monaten lagen sowohl der Bebauungsplan als auch schon Entwürfe für Wohnungsbauten vor. Als Dr. Hans-Jochen Vogel im Frühjahr 1960 die feierliche Grundsteinlegung vornahm, hatte die Südhausbau bereits den Richtkranz für den ersten Wohnbau aufgesetzt. In dreieinhalb Jahren wurden für 18.000 Menschen 5.500 Wohnungen errichtet.

Möller: Gab es eine Ausschreibung für das Hasenbergl?

Nein, die größten Bauträger in München, die weitgehend den Wiederaufbau Münchens getragen hatten, wurden hierfür ausgewählt.

Möller: Wer hat die Einzelplanung für die Häuser gemacht?

Die Einzelentwürfe wurden von unserer Planungsabteilung sowie von Fritz Vocke, Matthä Schmölz und Alexander Freiherr von Branca erarbeitet.

Möller: In welchen Zusammenhang stand das Hasenbergl mit den anderen städtischen Planungen?

Ernst Maria Lang hat das Wort geprägt – ich erinnere mich gut: »Hasenbergl ist das Tor zu Schleißheim«, weil Schleißheim damals als dritte Entlastungsstadt neben Freiham und Perlach geplant war. Die Neue Heimat wurde von OB Vogel und dem Münchner Stadtrat mit der alleinigen Durchführung von Perlach beauftragt, Schleißheim wurde gestrichen und Freiham ist immer noch unbebaut, soll aber jetzt kommen.

Betreuung

Möller: Am Hasenbergl sind doch auch Betreuungsbauten errichtet worden?

Das Eigenkapital war natürlich bei großen Siedlungsprojekten stets knapp. Beim Hasenbergl haben wir uns gesagt, das können wir nicht allein finanzieren; 1.171 Wohneinheiten sind zuviel für uns. Wir haben deshalb einen Teil unseres Siedlungsabschnitts in Form der Betreuung für fremde Bauherren ausgeführt.

Möller: Was heißt Betreuung?

Wir übernehmen die bautechnische und finanzwirtschaftliche Betreuung. Das heißt also, wir handeln, als ob wir Bauherren wären. Der Bauherr schließt mit uns einen Betreuungsvertrag ab, wonach wir seine volle Vertretung übernehmen gegenüber allen Stellen, die in das Vorhaben hineinspielen, Behörden, Banken und Vermessungsstellen. Wir machen die Planung für den Bauherren, vielleicht in Zusammenarbeit mit einem freischaffenden Architekten. Der Bauherr bekommt eine Finanzierungs- und Wirtschaftlichkeitsberechnung mit den voraussichtlichen Kosten; gleichzeitig wird eine Finanzierung offeriert, in der Eigenkapital, öffentliche Mittel und Hypothekarkredite aufgeführt sind. Der Bauherr segnet das Finanzierungskonzept ab, für ihn wird dann der schlüsselfertige Bau errichtet. Meistens sind uns die Baubetreuungskunden auch später als Hausverwaltungskunden erhalten geblieben. Das zeigt, daß sie zufrieden waren.

Aubing

Möller: Wie kam es dazu, daß Sie die große Siedlung Westkreuz einige Jahre später im Rahmen des »Gesamtplans zur Behebung der Wohnungsnot in München« durchführen konnten?

Aubing haben wir relativ früh gekauft. Ich weiß noch, im August 1962 hat mich unser Grundstücksreferent Franz Krinninger im Urlaub angerufen und gesagt: »Ich hab' ein pfundiges Grundstück draußen in Aubing.« Der Preis war günstig. Wir haben schnell entschlossen gekauft, zumal die Grundstücke innerhalb eines höchst interessanten Siedlungsgebietes lagen, das zu den Großsiedlungen gehörte, die im »Gesamtplan zur Behebung der Wohnungsnot in München« vorgesehen waren. Die Siedlung, die zunächst Neuaubing-Ost hieß, hatte, genauso wie die Siedlungen Neuaubing-West und Lerchenauer See, die höchste Dringlichkeitsstufe.

Franz Krinninger hat dann in mühsamer Kleinarbeit ein handtuchgroßes Grundstück nach dem anderen erworben. Relativ bald konnten wir über ein größeres Areal verfügen und der Stadt einen Grundstückstausch vorschlagen. Um sinnvoll bauen zu können, brauchten wir deren Grundstücke. Wir arrondierten mit der Stadt und waren dann Besitzer des ganzen Südabschnittes. Zunächst war seitens der Stadt die städtische GEWOFAG als Maßnahmeträger vorgesehen. Da sie aber kein einziges Grundstück von sich aus erworben hatte, hätte sie nur auf die Grundstücke der Stadt zurückgreifen können. Sie hat sich dann fairerweise entschlossen, von der Federführung zurückzutreten und uns den Vorrang zu lassen. Über die Stadt haben wir einen städtebaulichen Wettbewerb ausgeschrieben, den die GEWOFAG noch mitgetragen hat.

Das Architekturbüro von Werz/Ottow hat den Zuschlag erhalten; ihr städtebaulicher Vorschlag wurde realisiert. Wir haben den Stadtteil »Am Westkreuz« für 12.000 Einwohner in alleiniger Verantwortung durchgeführt.

Im Sommer 1963 fanden zwei große Besprechungen mit dem Bau- und Wohnungsreferenten Helmut Fischer, dem Spiritus rector des Münchner Baugeschehens der Nachkriegszeit, statt. Hierzu wurden jeweils die wichtigsten städtischen Referate geladen, angefangen vom Planungsreferat, der Lokalbaukommission über das Schulreferat, das Sportreferat, das Verkehrsreferat, die Stadtgartendirektion und, nicht zu vergessen, das Wohnungsamt und die Bewilligungsbehörde. Die städtischen Vertreter mußten in diesen beiden Besprechungen ihre Stellungnahmen zur städtebaulichen Konzeption abgeben. Helmut Fischer erklärte dann die Ergebnisse als verbindlichen Beschluß. In diesen beiden Besprechungen wurde die Siedlung somit geboren. Es hat sich auch später nichts mehr an dem geändert, was Helmut Fischer in den beiden Projektbesprechungen festgelegt hat.

Wir haben damals vorgeschlagen, Fertigbauweisen einzusetzen, weil der erste Abschnitt mit 1.100 Einheiten dringend benötigt wurde, und die Mittel bereitstanden. Es wäre nicht möglich gewesen, diese große Anzahl an Wohnungen innerhalb eines Jahres in konventioneller Bauweise auszuführen. Fischer hat unseren Vorschlag akzeptiert und im Rahmen dieser Besprechungen veranlaßt, daß alle Erschließungseinrichtungen, sämtliche Straßen innerhalb des Südabschnittes der Siedlung mit Kanälen, Wasser- und Stromversorgung sofort ausgeführt werden. Innerhalb von wenigen Monaten war die gesamte Erschließung fertig, und wir konnten Anfang 1965 mit der Montage der Häuser beginnen.

In 1 1/2 Jahren haben wir den ersten Siedlungsabschnitt mit ca. 1.150 Wohnungen fertiggestellt, 800 in Fertigbau und knapp 400 konventionell in Ziegelmauerwerk. Die beiden Münchner Fertighausfabriken »Montagebau Hinteregger«, an der wir zwischendurch auch beteiligt waren, und »Bayerische Fertigbau« wurden eingesetzt. Im August 1965 teilten wir auf einer Pressekonferenz mit, daß für die Aufstellung eines Blockes mit 108 Wohnungen – bei einer täglichen Montageleistung von sieben Wohnungen – sechs Wochen benötigt werden und der ganze Bauabschnitt innerhalb eines Jahres fertig sein wird. Das hat der Öffentlichkeit natürlich imponiert, was sich auch im Presseecho zeigte.

Matthias Ottmann: Wie war denn generell die Akzeptanz für dieses neue Bausystem?

Absolut positiv. Jeder hat gesehen, daß beim konventionellen Bauen die Preise nach oben tendieren und sehr schlampig gearbeitet wird. Die Fertigbauweise hatte große Vorzüge: die glatten Wände, die schönen Fugen und die präzise Fabrikation. An den Fertigungstischen in der Fabrik wurden bereits alle Leitungen für die Elektro-, Heizungs- und Sanitärinstallation eingelegt und die Dübel für die Fensterrahmen angebracht. Auf der Baustelle wurden dann die geschoßhohen Teile zum Rohbau zusammengesetzt.

Am Stadtgründungstag 1969 (12. Juni) haben wir ein großes Fest gefeiert. Der erste Abschnitt der Siedlung mit 1.150 Wohnungen, einschließlich Ladenzentrum, wurde eingeweiht und gleichzeitig der Grundstein für das Hochhaus Ramses mit 350 Wohneinheiten gelegt. OB Dr. Hans-Jochen Vogel hielt eine beschwingte Ansprache. Es waren sicherlich 400 bis 500 Leute dort, vor allem viele Kinder. Er hat so angefangen: »Ich mache zunächst einmal einen Vorschlag: Wenn die Kinder alle still sind, dauert meine Rede drei Minuten, wenn sie aber nicht still sind, werde ich mindestens eine Viertelstunde reden.« Er hat uns sehr gelobt, was damals erstaunlich war, weil es vorher zwischen Oberbürgermeister Vogel und uns Meinungsverschiedenheiten wegen Perlach gegeben hatte. Offensichtlich war er von unserer Arbeit und der Siedlung Am Westkreuz beeindruckt; denn er hat unsere weitere Arbeit sehr unterstützt: Das Westkreuz erhielt einen großen Freizeitpark mit vier Bolzplätzen, der ursprünglich eine Bezirkssportanlage werden sollte. Auf unseren Vorschlag hin wurde er für die Bevölkerung freigegeben. Dazu kamen ein Wochenmarkt, zwei Schulen und fünf Kindergärten. Seitens der Stadt wurde außerdem Druck auf die Bundesbahn ausgeübt, so daß die S-Bahn-Station noch vor den Olympischen Spielen 1972 fertig geworden ist. Bis 1973 haben wir den ganzen Südabschnitt mit 2.300 Wohnungen fertiggestellt, überwiegend in Fertigbauweise. Der Bau des 19-stöckigen Ramses, der Dominante des Westkreuzes, erfolgte in konventioneller Bauweise und ist in jeder Hinsicht reibungslos verlaufen. Wir konnten die 350 Wohnungen im Ramses, lange bevor er bezugsfertig war, vom Plan weg verkaufen; die Wohnungen waren sehr gefragt. Wir boten eine große Palette von 23 verschiedenen Wohnungstypen an, von der 1 1/2-Zimmer-Wohnung bis zur 5-Zimmer- und Dachterrassenwohnung.

Möller: Woher kam der Name Ramses?

Das war eine Idee von meiner Frau und mir. Und zwar in Anlehnung an den Namen Hannibal. Hannibal in Stuttgart war Mitte der sechziger Jahre das größte Haus der ganzen Bundesrepublik. Ein Haus mit 3.000 Wohnungen. Damals herrschte die Gigantomanie, man hat nach großen Namen aus der Geschichte gesucht. Für unsere Siedlungsdominante wollten wir ebenfalls einen klingenden Namen und haben den großen Pharaonenkönig und Baumeister Ramses II gewählt. OB Vogel hat das dann sehr nett gesagt: Er wüßte zwar nicht, warum der Name Ramses gewählt wurde, aber er könne es sich denken, entweder weil Ramses die längste Regierungszeit der Pharaonen hatte, so daß der Ramses lange steht, oder weil Ramses der größte Bauherr des alten Ägypten war, oder weil Ramses so viele Kinder hatte, und es später ein kinderreiches Haus wird.

Mein Geschäftsführerkollege Reimar Luft sagte Ende 1969 zu mir: »Lassen Sie uns schnell noch den restlichen Südabschnitt fertig bauen, bevor eine Krise kommt.« Kurz entschlossen haben wir dann das große Grundstück von Baronin von Steinhard, der Gutsherrin des Kreuzhofes in Aubing, gekauft. Mittels der Fertigbauweise konnten wir innerhalb eines Jahres vier Wohnblöcke hinstellen und die 434 Wohnungen sofort verkaufen. Die Siedlung ist nach der großen Krise 1973/77 zu Ende gebaut worden, und zwar von 1979 bis 1982 im Rahmen des von OB Erich Kiesl 1978 ins Leben gerufenen sogenannten »Münchner Wohnraumbeschaffungsprogramms«, zum Teil als freifinanzierte Eigentumswohnungen bzw. als mit öffentlichen Mitteln geförderte Mietwohnungen.

Im nördlichen Abschnitt von Aubing haben wir drei Wohnanlagen mit 218 Einheiten gebaut, den Ravensburger Ring Ost, Ravensburger Ring Mitte und Ravensburger Ring Süd. Letzterer mit 24 Eigentumswohnungen war das Erstlingswerk meines Sohnes Peter, eine wunderschöne Planung mit italienischem Flair.

1983 war das Westkreuz mit 3.500 Wohnungen für 12.000 Menschen komplett fertiggestellt; die Südhausbau hat davon ungefähr 2.600 Wohneinheiten selbst errichtet. Inzwischen ist die Siedlung ein sehr geschätzter, mit Leben erfüllter Stadtteil von München.

Kritik

Möller: Die Siedlung Neuperlach hat viel Kritik hervorgerufen. Gab es beim Westkreuz auch solche kritischen Reaktionen?

Eigentlich nicht. »Am Westkreuz« hat einen konventionellen Anstrich. Wir haben am Westkreuz nur drei Bebauungshöhen, nämlich 4-, 9- und 19-stöckig. Es hat sich bezahlt gemacht, daß wir nicht wie in Perlach mit den Bauhöhen beliebig hin- und hergesprungen sind. Bis heute ist kaum Kritik zu Aubing aufgetreten. Der einzige Kritiker, muß ich zugeben, ist meine Frau. Sie hatte immer etwas Bedenken, daß die Bebauung zu uniform und zu wenig phantasievoll ist.

Vor allem ist die Infrastruktur ausgewogen und das Gemeinschaftsgefühl ausgeprägt. Die Zusammensetzung der Bewohner ist vielfältig. Es wohnen dort neben alteingesessenen Münchnern viele aus dem Sudetenland und Schlesien stammende Familien. Die Struktur der Bevölkerung setzt sich je zur Hälfte aus Mietern und Eigentümern zusammen; das ist die optimale soziale Mischung einer Siedlung.

Möller: Mit dem Beginn der Wirtschaftskrise 1973 kam das Ende der Fertigbauweise. Wurde diese Bautechnik aber nicht auch deshalb eingestellt, weil sie zunehmend ins Kreuzfeuer der Kritik geraten war?

Ich muß sagen, daß an der relativ ausgereiften Massivfertigbauweise, die wir damals praktizierten, die öffentliche Meinung kaum Kritik geübt hat, weil die Wohnungen und Häuser wirklich exzellent dastanden. Es hat natürlich Probleme gegeben, zum Beispiel ist an den Fassaden des Hinteregger-Systems Feuchtigkeit aufgetreten, und zwar an den hohen Gebäuden mit neun Stockwerken. Wir mußten eine zweite Fassade, eine sogenannte Thermohaut vorblenden. Die Feuchtigkeit – meist durch Kältebrücken verursacht – wurde dadurch beseitigt. Alles, was in Vorfertigung niedrig gebaut worden ist, steht heute nach wie vor wie eine Eins da. Wo die Fertigbauweise in Mißkredit kam und sich rufschädigend auswirkte, war in der damaligen DDR. Die Sowjets und ihre Satellitenstaaten haben die Fertigbauweise, möchte ich sagen, zu Tode geritten. Mit ihren phantasielosen Plattenbauten bis zu 15 oder 20 Stockwerken haben sie die schönen alten Stadtkerne verunstaltet. Außerdem war ihre Plattenbauweise technisch unausgereift.

Matthias Ottmann: Aber ich glaube schon, daß das Problem des Städtebaus in den achtziger Jahren zunehmend diskutiert wurde und die Einwohner durch die Erfahrungen aus städtebaulichen Planungen, wie z.B. Perlach, natürlich auch Kritik geübt haben. Du hast mir vor kurzem erzählt, daß die Bauten von Le Corbusier, als Du sie das erste Mal in Berlin gesehen hast, Dich ziemlich abgeschreckt hätten, daß Du Dir auch die Frage gestellt hast, ob das wirklich die neue Richtung, die neue Wohnform sein kann.

Diese großen Wohnmaschinen, das war schon erschreckend. Die Bauten von Le Corbusier – beginnend mit der Internationalen Bauausstellung 1956 in Berlin – haben nach meinem Dafürhalten ein schlechtes Vorbild abgegeben, was dann zu baulichen Ungeheuern wie dem Hannibal mit 3.000 oder 4.000 Wohnungen geführt hat. In Frankreich wurden nach meiner Erinnerung sogar überdimensionierte Le Corbusier-Bauten wieder gesprengt. Im Gegensatz zu diesen war der Ramses mit 350 Wohnungen nur eine Miniaturausgabe. Als Reaktion auf diese damalige Gigantomanie bevorzugt man heute Bauhöhen mit maximal fünf Stockwerken und für Familien mit Kindern zwei- bis dreistöckige Gebäude. Bei Wohnhochhäusern ist seitens der Bevölkerung eine gewisse Ablehnung da, mit Recht, man sollte sie heute nicht mehr bauen.

Elementa 1972

Möller: Sie haben 1972 an dem internationalen Wettbewerb »Elementa« des Bundeswohnungsbauministeriums und der Zeitschrift »Stern« teilgenommen. Was sollte dieser Wettbewerb bezwecken?

Besonders stolz sind wir darauf, daß wir den zweiten Preis des Elementa-Wettbewerbs 1972 für Vorfertigung und flexibles Bauen gewonnen haben. Hierbei ging es um die Innovation eines neuen Fertigteilsystems, das sich konstruktiv relativ leicht bewältigen läßt und eine große Flexibilität der Planung ermöglicht. Auch während des späteren Wohnens sollten noch Veränderungen vorgenommen werden können. Unser Beitrag war eine Gemeinschaftsentwicklung zusammen mit der Baufirma Leonhard Moll und den Architekten Eckert und Pressel. Nach dem Elementa-System haben wir in Nürnberg 141 Eigentumswohnungen gebaut; später in München am Westkreuz nochmals 100 Eigentumswohnungen. Die Elementa 72 war technisch interessant und vielseitig in der Anwendung, aber leider nicht so preisgünstig wie die Großtafelbauweise, die wir vorher praktiziert hatten.

Zorneding

Möller: Wann wurde die Siedlung Zorneding in Angriff genommen?

1965 haben wir die ersten Grundstücke gekauft und zwar diesmal Zug um Zug mit der Ausweisung als Bauland im Bebauungsplan. Wir haben uns mit den Bauern dahingehend geeinigt, daß jeder Verkäufer pro Quadratmeter 25 Mark erhält. Der Vertrag mit den Verkäufern enthielt die Bestimmung, daß der Kauf erst dann rechtskräftig wird, wenn die Gemeinde ihre Zustimmung zum Nachfolgelastenvertrag gegeben hat. Das war der erste städtebauliche Vertrag, den die Südhausbau geschlossen hat. In diesem Nachfolgelastenvertrag stand, daß wir zum Planungs- und Erschließungsträger bestellt werden, die vorgeschlagene Erschließung von der Gemeinde gutgeheißen wird und im Gegenzug erhebliche Leistungen unsererseits für die Gemeinde erbracht werden müssen. Dabei handelte es sich um Nachfolgelasten, die in der Größenordnung von ungefähr 10.000 bis 12.000 Mark pro Wohneinheit lagen. Das heißt, wir mußten – gemessen am Einwohnerzuwachs durch die Siedlung – anteilig für die Schule und den Kindergarten die Kosten tragen sowie auch für den Gemeindebauhof, die Gemeindebibliothek und das Rathaus Zuschüsse zahlen. Zudem haben wir uns verpflichtet, auf unsere Kosten für die Siedlung einen Marktplatz als Treffpunkt und Versorgungszentrum der Bevölkerung zu schaffen. Der Platz wurde 1978 im Rahmen eines großen Siedlungsfestes dem ersten Bürgermeister der Gemeinde offiziell übergeben.

Die Gemeinde hat eine Menge Geld von uns bekommen. Das ist auch der Grund, daß Zorneding bis heute eine der wenigen schuldenfreien Gemeinden der Bundesrepublik ist.

Nach Erwerb der Grundstücke haben wir vier Jahre geplant. Es wurde ein großer Architektenwettbewerb durchgeführt; diesmal zusammen mit dem Leiter des Planungsverbands Äußerer Wirtschaftsraum München, Baudirektor Raimund Schoener als Vorsitzendem der Jury, mit dem wir viele Jahre hervorragend zusammengearbeitet haben. Aus dem Wettbewerb ist als Preisträger wieder das Architektenteam von Werz/Ottow hervorgegangen; nach diesem Plan wurde gebaut. Im ersten Abschnitt haben wir ca. 300 Eigenheime in Fertigbauweise errichtet; wir hatten ja bereits über zehn Jahre Erfahrung damit. Diesmal benutzten wir dreidimensionale Elemente, die in der Fabrik der Bayerischen Fertigbau, einer Tochtergesellschaft der großen Baufirma Philipp Holzmann, hergestellt worden waren. Für ein Haus haben wir ungefähr 10 bis 15 U-Elemente gebraucht. Ein Haus hatte 6 Meter Achsbreite und ca. 12 Meter Tiefe; d. h. vier Elemente mit den Maßen 6 Meter Breite und 3 Meter Tiefe ergaben ein Stockwerk. In zwei Tagen war ein Eigenheim im Rohbau errichtet. Die Fertigbauweise kam gut an, weil uns die Maurer während der Hochkonjunktur oft schiefe Wände und Decken beschert haben, und in den Fertigbauhäusern die Decken gerade waren und die Wände keine Buckel aufwiesen.

Tiefbautechnisch hatten wir beim Daxenberg das Problem des überschüssigen Aushubmaterials. Der Daxenberg besteht aus einer Endmoräne und damit aus sehr unterschiedlichen Bodenschichten (Kies und Lehm). Um das Oberflächenwasser der Moräne abfließen zu lassen, mußten wir Sickerschächte bis auf 30 Meter Tiefe ausheben und für jede Baugrube einen Bodenaustausch vornehmen. Somit stellte sich die Frage: Was machen wir mit den Erdmassen, die bei 1.000 Wohnungen bzw. Eigenheimen anfallen? Die nächste Grube war 10 bis 12 Kilometer entfernt. Wir hätten also den ganzen Münchner Osten mit einer endlosen LKW-Kolonne ständig durchfahren müssen, was mit Verschmutzungen und hohen Kosten verbunden gewesen wäre. Da ist uns die gute Idee gekommen, das Aushubmaterial, auch das aus dem Straßenbau, an Ort und Stelle zu belassen. Und so haben wir einfach die Moräne mittels der ausgehobenen Erdmassen verlängert. Etwa eine Million Kubikmeter Aushub wurden hierbei bewegt, die wir, je nachdem, wo die Baustelle war, 400 bis 1.000 Meter transportierten, um den Berg anzuschütten. Der dabei geschaffene Freizeitpark am Daxenberg bietet bis heute einen schönen Ausblick über die Siedlung bis in die Alpen hinein und bis fast nach Ebersberg. Das Gelände für diesen Berg mußten wir relativ teuer einkaufen; ungefähr eine Million Mark haben wir damals dafür gezahlt. Das konnten wir aber finanzieren, weil wir uns den Abtransport sparen konnten. Auf diese Weise haben wir jedem einen Gefallen getan; die Gemeinde hat sich gefreut, einen kostenlosen Park zu bekommen, die Straßen wurden nicht verschmutzt, was die Straßenämter freute, und wir haben erhebliche Kosten gespart.

Auch während der Krise kam uns diese Siedlung zugute. In den Jahren 1973 bis 1977 konnten bekanntlich weder Wohnungen noch Häuser verkauft werden. Aber es

Paul Ottmann

1923	geboren in München
1942	Abitur am humanistischen Theresien-Gymnasium in München
1942–44	Wehrdienst
1944–49	russische Kriegsgefangenschaft
1949–54	Studium Bauingenieurwissenschaften an der TU München
seit 1955	Geschäftsführer der Südhausbau GmbH

gab eine Marktlücke und das war ein preisgünstiges Haus im Grünen in akzeptabler Nähe zur Großstadt. Genau das konnten wir in Zorneding bieten. Dies war die Geburtsstunde des kostengünstigen Hauses der siebziger Jahre. Es bestand aus dem Erdgeschoß und einem ausgebauten Dach und hatte 92 Quadratmeter Wohnfläche. Wir konnten in der Krise etwa 80 Häuser von diesem Typ verkaufen.

Matthias Ottmann: War da bereits die S-Bahn geplant?

Ja, die S-Bahn war schon da. Wir haben in dem Moment für Daxenberg den Startschuß gegeben, als die S-Bahn 1965 verbindlich durch die Bundesbahn zugesichert worden war. Und dies war die Voraussetzung dafür, daß wir den Bau der Siedlung verantworten konnten.

Nach Beendigung der Krise, also nach 1977, wurden die letzten Abschnitte am Daxenberg realisiert, vornehmlich Eigentumswohnungen im Zentrum und an der daran anschließenden Haupterschließungsstraße, der Herzog-Arnulf-Straße. Auch den Marktplatz konnten wir fertigstellen. Im Jahr 1985 war die Siedlung komplett. Darauf haben wir, wie auch am Westkreuz, immer besonders Wert gelegt, keine Fragmente in die Welt zu setzen, sondern eine Siedlung von A bis Z fertigzustellen.

Möller: Wurde die Siedlung ganz aus Fertigbauteilen gebaut?

Nein. Die Fertigbauweise ist leider in der Krise eingegangen.

Matthias Ottmann: Wegen der Stückzahlen, die seitens der Auftraggeber nicht mehr garantiert werden konnten?

Ja, einmal waren die große Serien nicht mehr möglich, da man nach der Krise nur relativ kleine Projekte durchgeführt hat, zum anderen sind die Baufirmen bei konventioneller Bauweise wieder billiger geworden.

Krise

Möller: Können Sie uns noch etwas über die Wirtschaftskrise in den siebziger Jahren erzählen?

Just im Mai 1973 ist es passiert. Zwei Jahre vorher war die Bauwirtschaft, gepuscht durch die sozialliberale Regierung unter Brandt, zu Höchstleistungen angespornt worden. Ich höre noch Willy Brandt Anfang der siebziger Jahre sagen: »Jetzt müssen wir den Straßenbau ankurbeln, in Deutschland sind Tausende von Kilometern zu bauen, Bauwirtschaft wappnet euch und stellt hierfür Kapazitäten bereit.« Die Baupreise sind zwischen 1969 und 1972 gewaltig angestiegen. Der Preisauftrieb nahm immer gefährlichere Formen an und betrug bis zu 16 % pro Jahr. Wie immer bei inflatorischen Tendenzen handelt es sich um einen Teufelskreis. Die Preise gehen nach oben, was tun die Leute? Sie denken, daß sich ihr Geld entwertet und kaufen. Sie kaufen bevorzugt Realeigentum, also Wohnungen, und durch die übergroße Nachfrage kommt es dann zu inflatorischen Baupreissteigerungen.

Matthias Ottmann: Flucht in das Betongold.

Ja. Dadurch wurde die Wohnungsproduktion übermäßig angeheizt, von 500.000 bis auf 700.000 Wohnungen pro Jahr. Das höchste Ergebnis waren 714.000 Einheiten im Jahr 1974. Neben der Flucht ins Betongold verstärkten Subventionen und günstige Abschreibungs- und Finanzierungskonditionen das Baufieber. Infolgedessen gab es große Sorge um die Stabilität der Währung.

Die Bundesbank zog von heute auf morgen die Bremse. Das war im Mai 1973. Ohne Ankündigung erhöhte sie abrupt den Diskontsatz; innerhalb eines Jahres wurde er von 3 % auf 7 % erhöht. Die Folge war, daß die Zinsen für kurzfristige Kredite – davon waren vor allem die Käufer und Bausparer betroffen – von heute auf morgen von 7 % auf 14 % heraufgesetzt wurden. Die Bausparer und die, die ein Häuschen gekauft hatten, konnten diese hohen Zinsen nicht mehr aufbringen. Sie mußten ihre Häuser abstoßen oder vom Kaufvertrag zurücktreten, so daß innerhalb von wenigen Wochen der Markt total stagnierte. Dies führte in kürzester Zeit zu einem noch nie dagewesenen Zusammenbruch des Wohnungsmarktes; im Gegensatz zu heute, wo die Krise schleichend kommt.

Dieser Attentismus hat von 1973 bis 1977 angehalten. Wir konnten vier Jahre lang nichts verkaufen, mit Ausnahme des vorher erwähnten Zornedings, und hatten teilweise auch Schwierigkeiten mit der Vermietung unserer Wohnungen. Hier in den Häusern der Görresstraße standen die obersten Stockwerke leer, die Leute wollten nicht mehr in den 5. und 6. Stock hinaufziehen. Die Südhausbau hat die Krise überstanden, weil wir nur eine kleine Wohnungshalde durchziehen mußten. Halde nennt man das, was an Wohnungen auf längere Zeit unverkauft oder unvermietet bleibt und langsam verkommt. Sie hat sich in Deutschland auf eine ganze Jahresproduktion von über 500.000 Wohnungen kumuliert, eine Katastrophe für die Bau- und Wohnungswirtschaft. Wir haben alles versucht, um den Absatz wieder anzukurbeln, Annoncen über Annoncen, die Branche hat sich zusammengetan, wir haben gemeinschaftlich geworben. Über die Verbände in Bonn haben wir an die Politiker appelliert, daß der notleidenden Baubranche geholfen und der Krise mit entsprechenden Konjunkturprogrammen gegengesteuert wird. Ich muß sagen, Karl Ravens, der damalige Wohnungsbauminister der SPD, hat sich vorbildlich für die Branche eingesetzt. Alle Bemühungen waren jedoch vergeblich, es wurde nichts gekauft. Erst 1977, nachdem sich die Wohnungsnachfrage nach den langen Jahren der Rezession aufgestaut hatte und vor allem Studenten und junge Ehepaare dringend Wohnraum benötigten, änderte sich die Situation auf dem Wohnungsmarkt. Große Schlangen bildeten sich vor der Süddeutschen Zeitung in der Sendlinger Straße, auf die nächste Zeitung wartend, um als Erster im nächsten Telefonhäuschen auf Wohnungsannoncen reagieren zu können. Ende 1977 war die Krise weitgehend überwunden.

Während der Krise gab es eine unvorstellbare Konkurswelle in der deutschen Bau- und Wohnungswirtschaft. Ungefähr 50 % der Bauträgerkapazität ist durch Konkurs und Liquidation abgeschmolzen. Darunter waren große Firmen wie die Deba und die Baufirmen Mosch und Hubmann, aber auch große Münchner Baufirmen.

Olympisches Dorf

Möller: Haben Sie bei der Planung und dem Bau des Olympischen Dorfes mitgewirkt?

Seit 1968 wurde das Olympische Dorf vorbereitet. Am Bauträgerteam, das den Zuschlag für die Durchführung des Olympischen Dorfes erhielt, war neben der EWO (Dr. Hanns Maier), der Bayerischen Hausbau (Schörghuber), der Bayerischen Gemeinnützigen (Tochter der Bayerischen Landesbank), der Riepl- und Radmer-Gruppe auch die Südhausbau federführend beteiligt. Nach der Auftragserteilung durch die olympische Baugesellschaft mußten wir auf Veranlassung von Ministerpräsident Franz Josef Strauß als weiteren Partner die Firma Deba (Deutsche Baugruppe) und deren Federführung akzeptieren. Nachdem wir die uns vorgegebene Planung der Architekten Heinle und Wischer (dritter Preisträger der olympischen Sportstätten) eingehend studiert hatten, meldeten wir erhebliche Bedenken an. Die Wohnbauten hatten eine trapezförmige Bauform, also unten sehr breit und oben schmal. Ungefähr ein Drittel der Wohnungen war nach unserer Meinung total unverkäuflich, weil durch die Tiefe der Baukörper reine Schlauchwohnungen mit 3,50 Meter Achsbreite und einer Tiefe bis zu 23 Meter entstanden. Da diese Wohnungen nach den Olympischen Spielen verkauft werden sollten, haben wir im Frühjahr 1969 eine Planänderung verlangt. Diese wäre ohne weiteres möglich gewesen, weil wir noch genug Zeit bis zur Olympiade hatten. In einem deutlichen Brief an die Arge-Kollegen stellten wir die Bedingung, entweder die Konzeption der Wohnungen wird geändert, oder wir scheiden aus. Der federführende Träger hat die Forderung abgelehnt mit der Begründung, der Auftrag sei sonst gefährdet. Daraufhin sind wir aus der Arbeitsgemeinschaft ausgeschieden. Jeder hat damals gesagt, die Südhausbau ist verrückt geworden, einen international beachteten, ehrenvollen Auftrag wie die Errichtung des Olympischen Dorfes auszuschlagen und damit nicht in die Baugeschichte einzugehen. Dieser Ausstieg war aber vier Jahre später unser großes Glück, weil wir dadurch keine Halden im Olympischen Dorf in Kauf nehmen mußten. Denn die beteiligten Träger hatten große Schwierigkeiten, die Wohnungen loszuschlagen. Die Deba ist an dieser Baumaßnahme gescheitert und selbst der kleinste Partner, die Bayerische Gemeinnützige, hat noch einen enormen Verlust in Kauf nehmen müssen.

Baulandgeschenk

Möller: Wie kam es zum Baulandgeschenk?

Als Teil des Wohnraumbeschaffungsprogramms wurde 1979 das sogenannte »Einfamilienhausprogramm der Landeshauptstadt München« aufgelegt. Zusammen mit drei anderen Trägern wurden wir daran beteiligt: Das waren die Bayerische Hausbau von Herrn Schörghuber, die Firma GEWOFAG (Tochtergesellschaft der Stadt), die Firma Baulandbeschaffungsgesellschaft (Tochter der Landesbank) und die Südhausbau. Jeder Träger erhielt ein Grundstück zugewiesen für den Bau von Stadthäusern zugunsten weniger gut verdienender Münchner Familien, sogenannter Schwellenhaushalte. Alle vier Bauträger mußten sich gleichen Bedingungen unterwerfen. Zunächst wurde ein gemeinsamer Architektenwettbewerb für die vier Grundstückskomplexe ausgeschrieben, die jeweiligen Preisträger wurden den einzelnen Wohnungsunternehmen zugeteilt. Architekt Werner Grotzeck war der Preisträger unseres Abschnittes an der Westpreußenstraße in München-Denning. Treu und brav haben wir dann diese Stadthäuser gebaut, die sehr schön wurden, und haben sie auch einigermaßen verkaufen können. Weil aufgrund der Stadtratsauflagen vor allem auf das Einkommen der Käufer Rücksicht genommen werden mußte, hatten wir harte Bedingungen hinsichtlich Preisbildung und Preiskontrolle hinzunehmen. Zudem wurde uns ein Risiko- und Gewinnpotential von nur 5 % zuerkannt, dazu mußten wir knappe Verkaufspreise und Termine sowie erhebliche Konventionalstrafen akzeptieren. Beim Wahlkampf von Erich Kiesl 1984 erfuhren wir, daß eine Firma diese Auflagen nicht zu erfüllen hatte und das städtische Grundstück zu einem viel niedrigeren Preis kaufen konnte. Die Südhausbau mußte, wie von der Stadt gefordert, 850 Mark pro Quadratmeter für das Bauland bezahlen, die Bayerische Hausbau dagegen brauchte nur 230 Mark pro Quadratmeter zu zahlen; und dies für ein Grundstück in München-Zamdorf, das nur 1.000 Meter von unserem Areal entfernt lag.

Daraus wurde dann der große Baulandgeschenkskandal, der Georg Kronawitter zum Sieg bei der Oberbürgermeisterwahl verhalf. Als Betroffene haben wir die Behauptung Georg Kronawitters bestätigen können, daß das Grundstück weit unter dem Schätzpreis verkauft worden ist. Immerhin hat die Begünstigung durch Kiesl Schörghuber einen Preisvorteil von 20 Millionen Mark gebracht.

Bauherrenmodell

Möller: Welche Erfahrungen haben Sie mit dem Bauherrenmodell gemacht?

In der Zeit nach 1980 gab es einen erneuten Preisschub. Alle haben aus dem Vollen geschöpft, jeder hat genommen, was zu kriegen war. Vor allem sind die Grundstückspreise exorbitant gestiegen. Für diesen Preisauftrieb war vor allem das Bauherrenmodell verantwortlich. Das Bauherrenmodell wurde Anfang der siebziger Jahre erstmals durch den damaligen Finanzminister Helmut Schmidt über den sogenannten Bauherrenerlaß stark gefördert und sanktioniert. Durch das Bauherrenmodell wollte er dem infolge der neuen Mieterschutzgesetze darniederliegenden freifinanzierten Wohnungsbau Finanzierungshilfen geben. Der Käufer konnte einen wesentlichen Teil der Nebenkosten von der Steuer absetzen. Das System hat gerade dazu herausgefordert, hohe Kosten zu erzeugen und künstlich produzierte Gebühren anzusetzen, weil dadurch die Abschreibungsbasis um so höher war und die hohen Gebühren den Bauherrenmodellbetreibern mehr Profit eingebracht haben. Diese Pseudo-Bauträger, die wie Schwammerln aus dem Boden geschossen sind, haben Grundstücke zu jedem Preis erworben, so daß wir als konventionelle, alteingesessene Wohnungsbaugesellschaft Probleme hatten, noch zu einigermaßen vertretbaren Grundstückspreisen zu kaufen. Dieser Unfug hat einige Jahre gedauert. Das größte Bauherrenmodell-Finanzierungsinstitut im Münchner Raum war die Bayerische Raiffeisenzentralbank, Tochter der Deutschen Genossenschaftsbank; sie hatte den Ehrgeiz, mit einem bestimmten Kreis von Spezialträgern den Münchner Markt zu beherrschen. Ihr Vorsitzender hat noch 1984 erklärt: »In Kürze werden wir 90 % des Münchner Bauherrenmodellmarktes beherrschen.« Marktführer für Bauherrenmodelle waren die sogenannten »Big Seven«, die aus dem Vollen geschöpft und weit überzogene Grundstücksankaufskredite (meist 130 % über dem Grundstückspreis), vor allem von der Raiffeisenzentralbank, erhalten haben. Im Jahre 1985 ist das Ganze wie ein Kartenhaus zusammengefallen. Die Bayerische Raiffeisenzentralbank, dahinter standen 980 Raiffeisenbanken, hat mit einem Schuldenberg von fast 2 Milliarden Pleite gemacht. Einer der größten Pleitiers war der Bauherrenmodellträger Erich Kaufmann, damals bekannt durch sein Antikhaus. Unzählige kleine Handwerker sind durch die Großkonkurse auf der Strecke geblieben.

Mit Hilfe der Banken und mit Förderung der öffentlichen Hand hatte es das Bauherrenmodell verstanden, sich salonfähig zu machen. In der guten Gesellschaft war es nahezu verpönt, kein Bauherrenmodell zu besitzen. Wir haben dieser Mode widerstanden.

Situation heute

Möller: Wie ist die Situation auf dem Wohnungsmarkt heute?

Nach der großen Krise 1973/77 hat sich das Tempo im Wohnungsbau spürbar verlangsamt. Früher lag die jährliche Baukapazität der Südhausbau bei 500 bis 1.000 Einheiten und seit den achtziger Jahren bei etwa 100 bis 200 Eigenheimen und Eigentumswohnungen sowie ca. 100 Mietwohnungen.

Möller: Und das geht jetzt allen Bauträgern so?

Ja, das geht allen so!

Möller: Es heißt aber, die Südhausbau sei immer noch eine der größten Firmen für Wohnungsbau in München?

Ich würde sagen, wir sind im bayerischen Raum nach wie vor als eines der größten Wohnungsbauunternehmen aktiv und erfolgreich und nicht von öffentlichem, gemeindlichem oder gewerkschaftlichem Einfluß abhängig. Die ehemals gemeinnützigen Gesellschaften haben natürlich einen viel größeren Verwaltungsbestand als wir. GEWOFAG und GWG, die beiden großen städtischen Gesellschaften, besitzen jeweils etwa 20.000 Wohnungen. Aber was das wohnungswirtschaftlich/technische Know-how betrifft, sind wir nach wie vor führend in Bayern.

Es gibt kein freies Wohnungsbauunternehmen, das ein Westkreuz, ein Zorneding oder ein Piusviertel gesamtverantwortlich durchführen könnte. Gerade jetzt ist es unser besonderes Bestreben, dieses wichtige Wissen und die wohnungsunternehmerische Erfahrung an die junge Generation weiterzugeben, und es ist vornehmlich die Arbeit meiner Söhne, jüngere Teams aufzubauen, um für das nächste Jahrhundert gewappnet zu sein.

Möller: Spielt die Politik in Ihrer Branche eine wesentliche Rolle?

Ja, der Wohnungsbau hat eine starke politische Komponente. In den fünfziger und sechziger Jahren gab es in Fragen der Wohnungspolitik zwischen den großen Parteien in Bund und Land und noch mehr in den Gemeindeparlamenten weitgehend Übereinstimmung. Der schnellstmöglichen Schaffung von Wohnungen ordneten sich alle parteilichen Interessen unter. Seit Anfang der achtziger Jahre wurde jedoch die Parteipolitik mehr und mehr in die parlamentarischen Gremien hineingetragen. Diese Entwicklung führte in den vergangenen fünfzehn Jahren zu unerfreulichen Kontroversen, vor allem in den Stadt- und Gemeinderäten. Unter dem Dilemma, daß sich keine Mehrheiten für den Wohnungsbau ergeben, leidet die Wohnungsversorgung breiter Bevölkerungsschichten, vor allem im Hinblick auf die Bereitstellung erschwinglicher Wohnungen und Grundstücke.

Mehr Verantwortungsbewußtsein für das Allgemeininteresse unter Hintanstellung eigener politischer Profilierung und gemeindlicher Egoismen wäre hier zum Wohle der Gemeinschaft angebracht.

Möller: Tragen Sie selbst zur Wohnungspolitik bei?

Seit meiner Zeit als junger Geschäftsführer habe ich Verbandspolitik betrieben und die Interessen der freien Wohnungswirtschaft zunächst als bayerischer Landesvorsitzender der freien Wohnungsunternehmen und später im Bundesvorstand privater Wohnungsunternehmen vertreten. Heute, nach Beendigung meiner aktiven Arbeit, leite ich noch den »Wohnungswirtschaftlichen Arbeitskreis in Bayern«, den ich vor 27 Jahren gegründet habe.

KAPITEL 9

Stadt-Ansichten

PETER OTTMANN

Das Hasenbergl:
Weiterbauen an einer Siedlung
der sechziger Jahre

Anfänge

Die Wohnsiedlung Am Hasenbergl wurde Anfang der sechziger Jahre als Stadterweiterung im nördlichen München für 18.000 Menschen erbaut.

Auf Grundlage der städtebaulichen Planung der Architekten Helmut von Werz, Johann Christoph Ottow, Fritz Vocke und Ernst Maria Lang wurden 5.500 Wohnungen, vier Ladenzentren, drei Schulen, zwei Kirchen und diverse andere Einrichtungen erbaut. Durch die rasche Realisierung und durch die aufeinander abgestimmten Planungen der beteiligten Architekten wurde ein deutlich homogenes Siedlungsbild geschaffen.

Der Stadtraum wurde von dem Landschaftsarchitekten Alfred Reich als offenes Kontinuum entwickelt und ist als ›großer grüner Raum‹ erlebbar. Ausgangspunkt der stadträumlichen Disposition ist ein historisches Kiefernwäldchen, das als Nord-Südachse eine deutlich wahrnehmbare Gliederung der Siedlung darstellt und in Verbindung mit den baulichen Dominanten eine gute Orientierung in der Siedlung ermöglicht.

Heute

Der Kernbereich der Siedlung Am Hasenbergl mit 5.500 Wohnungen ist bis heute nahezu unverändert erhalten geblieben. Durch Erweiterungen im nördlichen Anschlußbereich – allerdings ohne städtebauliche Integration in die Stammsiedlung – entstanden in den siebziger Jahren zusätzlich 1.600 Wohnungen.

Die wesentlichste Neuerung seit der Gründungszeit besteht in dem Anschluß an das städtische U-Bahnnetz. Durch diese wichtige verkehrliche Maßnahme ist das Hasenbergl – zumindest in seiner Erreichbarkeit – nahe an die Innenstadt herangerückt.

Der Ausgangspunkt für diese Investition war neben der nahverkehrlichen Integration der nördlichen Stadtteile Münchens die Ausweisung von umfangreichen Siedlungsflächen im Bereich der östlich des Hasenbergls gelegenen ›Panzerwiese‹.

Veränderungen im Bereich des Hasenbergls gegenüber der Entstehungszeit sind insbesondere in der Bevöl-

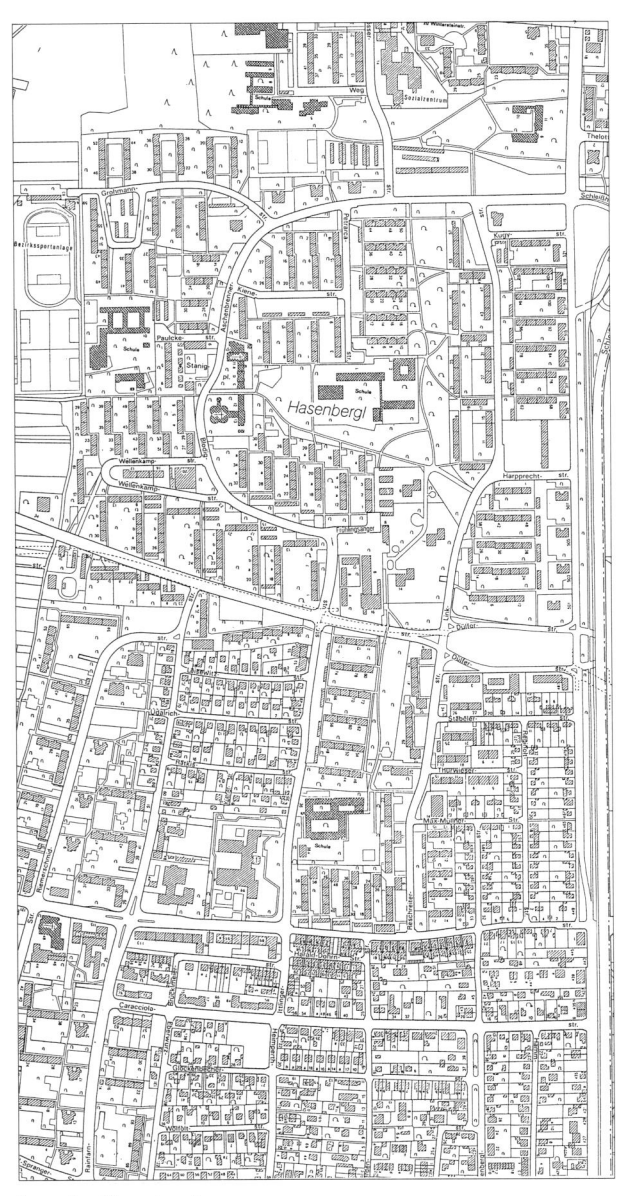

Lageplan Hasenbergl.

kerungsentwicklung und den gewandelten Ansprüchen der Bewohner an die infrastrukturelle Ausstattung festzustellen. So ist neben einer spürbaren Zunahme des Durchschnittsalters der Bewohner ein Rückgang der Bevölkerung von 18.000 (1961) auf 13.000 (1996) Personen anzumerken.

Insbesondere die vorhandenen Schulen sind deshalb von der Schließung bedroht. Anders als bei der ›Überversorgung‹ in Teilbereichen der sozialen Infrastruktur ist in der Situation des Einzelhandels dagegen eine deutliche Unterversorgung – gemessen an heutigen konsumptiven Ansprüchen – festzustellen.

Angesichts dieser Entwicklungen, d. h. den Tendenzen einer verkehrlichen und infrastrukturellen ›Überversorgung‹ bei einer gleichzeitig mangelhaften Güterversorgung vor Ort, entstehen seit den späten achtziger Jahren Überlegungen, entsprechende Entwicklungsmaßnahmen am Hasenbergl einzuleiten.

Zukunft

Für eine Weiterentwicklung der Siedlung Am Hasenbergl sind dabei neben örtlich bedingten Aspekten auch grundsätzliche Fragen der Stadtentwicklung von Bedeutung.

So besteht im Rahmen der allgemeinen ökologischen Orientierung in der Stadtplanung zunehmend die Tendenz zu einer Innenverdichtung der Städte. Statt also neues Bauland auf der ›grünen Wiese‹ auszuweisen, werden bereits besiedelte Gebiete nach Möglichkeit verdichtet.

Als Parameter für die Besiedelungsdichte am Hasenbergl gilt ein Wert von 0,7 (›Geschoßflächenzahl‹ oder ›GFZ‹). Im Vergleich zu Gebieten in der Kernstadt, wo fünffach höhere Vergleichswerte mit einer GFZ von 3,5 oder mehr erzielt werden, ein wahrhaft ›unstädtischer‹ Wert. Als weiterer Vergleichswert läßt sich die aktuelle Planung für das benachbarte Siedlungsgebiet ›Panzerwiese‹ anführen, wo ein zweieinhalbfacher Dichtefaktor von 1,7 angestrebt wird.

Dieser Vergleichsfall ist besonders interessant, weil hier bei einer vergleichbaren stadtplanerischen Themenstellung, nämlich der Siedlungsentwicklung auf bisher unbebautem Boden, zeitbedingt völlig unterschiedliche Maximen für die bauliche Dichte definiert werden.

Neben der ökologischen Orientierung bei der Bestimmung der Besiedelungsdichte ist auch der ökonomische Faktor einer angemessenen Bodennutzung heranzuziehen. Insbesondere in München mit seinen überaus hohen Grundstückspreisen kann durch die Nachverdichtung, d. h. durch den Nichtansatz von Grundstückskosten in der Kalkulation, eine vergleichsweise wirtschaftlichere Realisierung von Wohnungsbauten ermöglicht werden. Hinzuweisen ist dabei jedoch auf diejenigen Kosten, die durch die notwendigen Wohnumfeldverbesserungen im Bereich der Bestandsbauten anfallen. Hierdurch werden die kalkulativen Vorteile im Ansatz der Grundstückskosten wiederum deutlich relativiert.

Weiterbauen am Hasenbergl

Die hier skizzierten Aspekte für eine bauliche Weiterentwicklung des Hasenbergls bedeuten in der Konkretisierung, daß zur besseren Auslastung der Infrastruktur und zur Erzielung einer ökologisch und ökonomisch veranlaßten höheren Dichte am Hasenbergl bis zu 900 neue Wohnungen gebaut werden können.

Weiterhin ist im Hinblick auf die mangelnde Versorgung durch Läden ein spürbarer Ausbau bzw. Neubau der bestehenden Ladenzentren notwendig. Auch sind im Bereich der sozialen Infrastruktur, ausgelöst durch die Bevölkerungsentwicklung, differenzierende Ergänzungen vorzunehmen. So sind insbesondere bisher fehlende Einrichtungen für Jugendliche, Betreuungszentren für alte Menschen sowie Freizeiteinrichtungen zu ergänzen.

Zur Vorbereitung der geplanten Maßnahmen werden seit den initiativen Stadtratsanträgen im Jahre 1987 umfangreiche Planungen in Abstimmung mit den Bewohnern am Hasenbergl durchgeführt. Neben diesen Strukturplanungen werden bereits auch konkrete Objektplanungen vorbereitet, und sind für einige Objekte im nördlichen Hasenbergl bereits erfolgt.

Die Gesamtanlage des Hasenbergls als homogenes Siedlungsbild in einer offenen räumlichen Struktur wird sich durch die Vielzahl der geplanten Eingriffe deutlich verändern. Anders als in der Entstehungsphase, als in kurzer Zeit ein homogenes Siedlungsgefüge entstand, werden sich die neuen Bauten durch die zeitlich differenzierten Entwicklungsströme ganz unterschiedlich entwickeln.

Insgesamt ist für die aktuellen Maßnahmen am Hasenbergl – einschließlich der vorgeschalteten Strukturüberlegungen – ein Realisierungszeitraum von schätzungsweise zwanzig Jahren, d. h. von 1987 bis 2007, anzunehmen.

Damit unterscheidet sich die gegenwärtige Situation grundlegend von der Entstehungszeit des Hasenbergls, als in einem Zeitraum von nur drei Jahren zwischen 1959 und 1961 5.500 Wohnungen samt Erschließung nach dem Grundsatzbeschluß des Stadtrates geplant und durchgeführt wurden.

Auch ist der funktionale und wirtschaftliche Hintergrund bei den neugeplanten Wohnbauten im Vergleich zur Entstehungszeit, als durchgehend Sozialwohnungen gebaut wurden, höher diversifiziert. So werden neben ge-

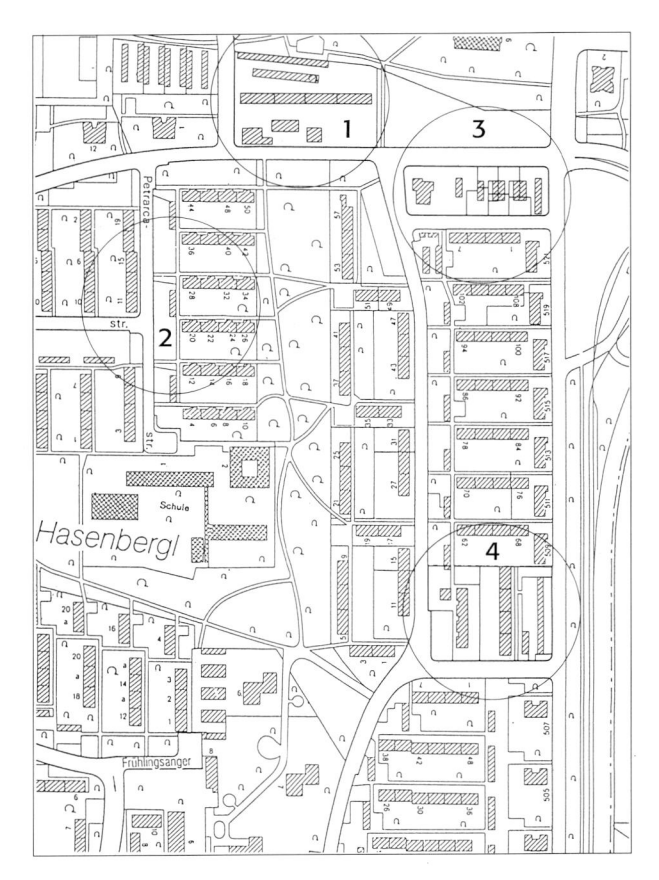

Nordostbereich der Siedlung mit
Bestandsdarstellung, Bereich
Südhausbau.

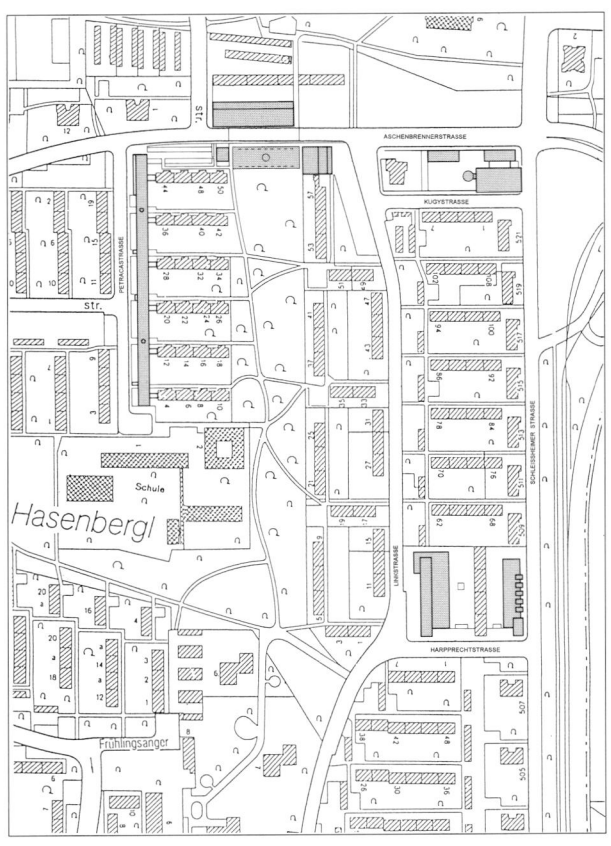

Nordostbereich der Siedlung
mit den Neuplanungen.

förderten Wohneinheiten die zukünftigen Wohnungen auch als Eigentumswohnungen, als freifinanzierte Mietwohnungen und als Sonderwohnformen z. B. für ältere Menschen geschaffen.

**Neue Planungen
der Südhausbau am Hasenbergl**

Die Südhausbau war an der Entstehung des Hasenbergls mit der Errichtung von 1.100 Wohneinheiten und zwei Ladenzentren im nordöstlichen Bereich der Gesamtanlage maßgeblich beteiligt.

Im Rahmen der Gesamtkonzeption zur Nachverdichtung und Stadterneuerung wird die Südhausbau an vier Standorten insgesamt 230 neue Wohnungen bauen. Weiterhin werden die beiden Ladenzentren, die weder in ihrem baulichen Zustand noch in ihrer Größe heutigen Ansprüchen genügen können, neu errichtet.

Auf dem Lageplan ist die räumliche Zuordnung dieser vier Standorte, an denen Neubauten entstehen sollen, entsprechend markiert:

1. Aschenbrennerstraße:
Neubau Ladenzentrum, Altenservice, Kindergarten

2. Petrarcastraße: 130 Wohnungen

3. Kugystraße:
60 Wohnungen, Dienstleistungseinrichtungen, Freizeit und Sport

4. Harprechtstraße:
40 Wohnungen, Neubau Ladenzentrum, Jugendzentrum

Im folgenden werden die Planungen, die sich jeweils in ganz unterschiedlichen Entwicklungsstadien befinden, beschrieben.

Blick von Süden auf die geplanten Neubauten: Platz und Markthalle (Mitte), Kindergarten (rechts), Altenservice (links), im Hintergrund das bestehende Wohnhochhaus.

1. Aschenbrennerstraße

Die Planungen für den Standort Aschenbrennerstraße sind bisher am weitesten fortgeschritten. Im Mai 1997 kann bereits mit dem Bau eines neuen Ladenkomplexes mit ca. 1.600 qm Nutzfläche begonnen werden.

Dem Standort Aschenbrennerstraße, an dem ausschließlich infrastrukturelle Einrichtungen neu errichtet werden sollen, kommt im städtebaulichen Kontext eine Schlüsselrolle zu, weil hier die für das Hasenbergl prägende Raumachse des Grünzuges endet, die durch ein dominantes Scheibenhochhaus als Point de vue aufgenommen wird.

Die in der abstrakten Maßstäblichkeit ursprünglich angestrebte Akzentuierung des Standortes wirkt jedoch vor Ort durch die provisorisch wirkenden Ladengebäude und das nur wenig zum Verweilen einladende Umfeld widersprüchlich

Als weiterer Mangel der bestehenden Situation ist die trennende Wirkung des Scheibenhochhauses zwischen der Stammsiedlung und den zu einem späteren Zeitpunkt weiter nördlich errichteten 1.600 Wohnungen festzustellen. Hier soll mit der Entwicklung einer Wegeachse durch das Hochhaus hindurch eine Integration des nördlichen Siedlungsraumes erreicht werden. Zudem soll der Grünzug mit dem jenseits des Hochhauses gelegenen Park zu einem übergeordneten Wegenetz verknüpft werden.

Als weitere Maßnahme zur Erneuerung der städträumlichen Situation ist die Anlage einer Platzfläche im Vorfeld des Hochhauses angestrebt. Damit soll der öffentliche Raum der Siedlung, der in seiner ursprünglichen Konzeption durchgehend als ›Grün-Raum‹ definiert ist, durch die neuzuschaffende befestigte Platzfläche als ›Grau-Raum‹ eine zumindest partielle Urbanisierung erfahren.

Die Platzfläche wird durch die Neubauten des Ladenzentrums, eines städtischen Kindergartens und eines Servicepavillons für Senioren an drei Seiten eingefaßt. An der vierten Platzseite wird durch die Freistellung der Baumkulisse des Kiefernwaldes ein für die Geschichte und den Stadtraum des Hasenbergls prägendes Element verdeutlicht.

Die Neubauten sind in ihrer plastischen und fassadlichen Wirkung deutlich auf die örtlich-nahe Wahrnehmung hin entwickelt. Durch die materialbetonte Ausführung der raumfassenden Bauteile soll eine ›behagliche‹ Stimmung vermittelt werden.

Die im Bereich der Platzanlage und des Ladenzentrums entstehenden unmittelbaren Übergänge von hoher Öffentlichkeit zu hoher Privatheit werden durch gartenmauerartige Fortsetzungen der Gebäudeumfassungen markiert. Die ›Gartenmauern‹ und die Außenmauern der neuen Gebäude werden in einem lebhaften Konglomerat von Naturstein und Bindematerial die angestrebte Materialbetonung erhalten.

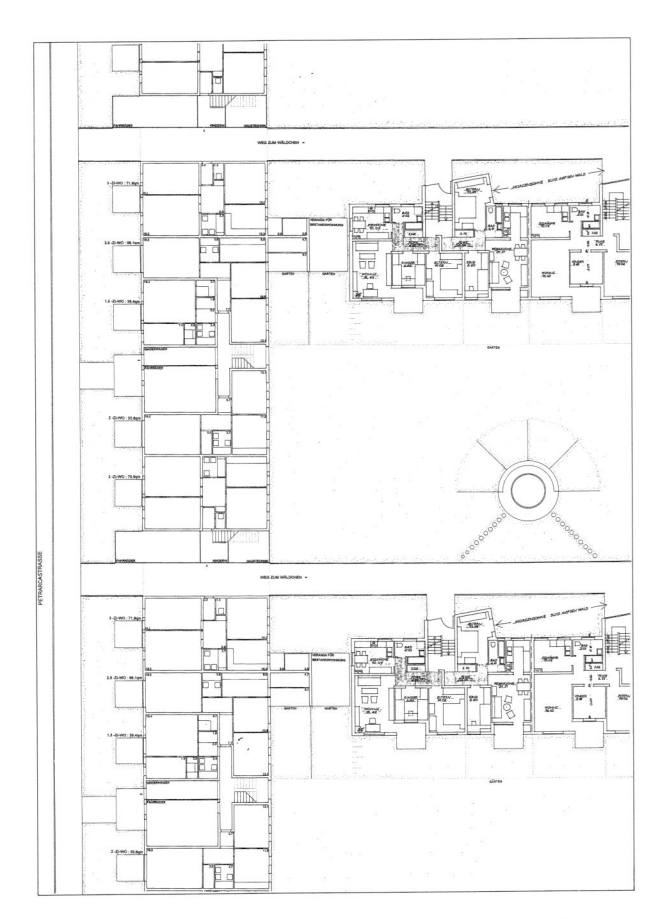

GRUNDRISS ERDGESCHOSS
Die geplanten Neubauten (links) sind zu den Bestandsgebäuden in Abstand gesetzt. Im Bereich der entstehenden Bauwiche sind Wintergärten für die Bestands-Wohnungen vorgesehen.

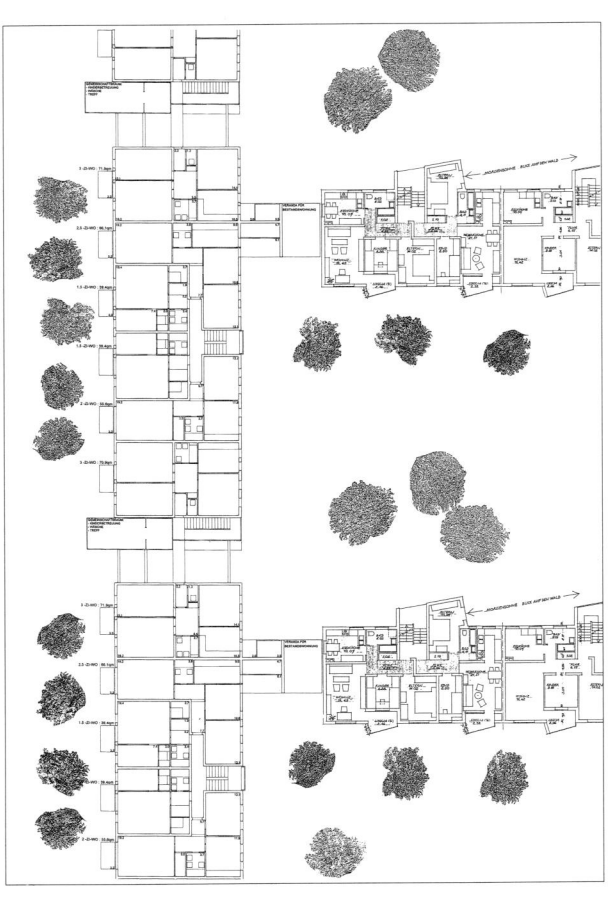

GRUNDRISS OBERGESCHOSS
Im Bereich der haushohen Durchgänge sind für gemeinschaftliche Nutzungen eigene Räume vorgesehen: z. B. für die gemeinsame Kinderbetreuung, Jugendtreff und Seniorentreff.

2. Petrarcastraße

Die Bestandsbauten im Bereich der Petrarcastraße werden durch eine lineare Neubebauung zu einer kammartigen Gesamtstruktur weiterentwickelt.

Parallel zur Petrarcastraße sollen anstelle der jetzt noch bestehenden Garagenanlage ca. 130 neue Wohnungen entstehen. Als übergreifendes Element der straßenbegleitenden Neubauten ist eine deutlich akzentuierte Dachform konzipiert. Das durchlaufende Dach soll die wechselnde Abfolge von Baukörpern und haushohen Öffnungen zum östlich gelegenen Kiefernwald hin zusammenfassen.

Durch die Neubauten wird das bestehende Wohnumfeld in seiner derzeit noch stadträumlich offenen Prägung neu bestimmt. Die nurmehr teilweise geschlossenen Raumfassungen durch die entstehenden Blockecken bedingen eine deutliche Differenzierung des Wohnumfeldes. So entstehen neben den auch bisher bestehenden öffentlichen Raumzonen in den Durchgangsbereichen vom Kiefernwald zur Petrarcastraße auch Bereiche mit deutlich privatem oder wohngemeinschaftlichem Charakter. So werden die privaten Zonen im direkten Anschluß an die Gebäude als Gärten definiert, und die Bereiche für die Hausgemeinschaften als kleine Plätze im Rahmen der neu entstehenden Wohnhöfe gruppiert.

Zusammenfassend läßt sich die zukünftige städtebauliche Entwicklung am Hasenbergl durch die geplanten Maßnahmen als deutliche Differenzierung der Außenräume charakterisieren.

Ausgehend von einem derzeit noch durchgehend neutral geprägten System von zusammenhängenden Grün-Räumen wird in Zukunft eine Hierarchisierung von Raumtypen mit privatisierender Tendenz (Gärten, Plätze für die Hausgemeinschaften) und andererseits mit einer Tendenz zu erhöhter Öffentlichkeit (Platzanlage an der Aschenbrennerstrasse) festzustellen sein.

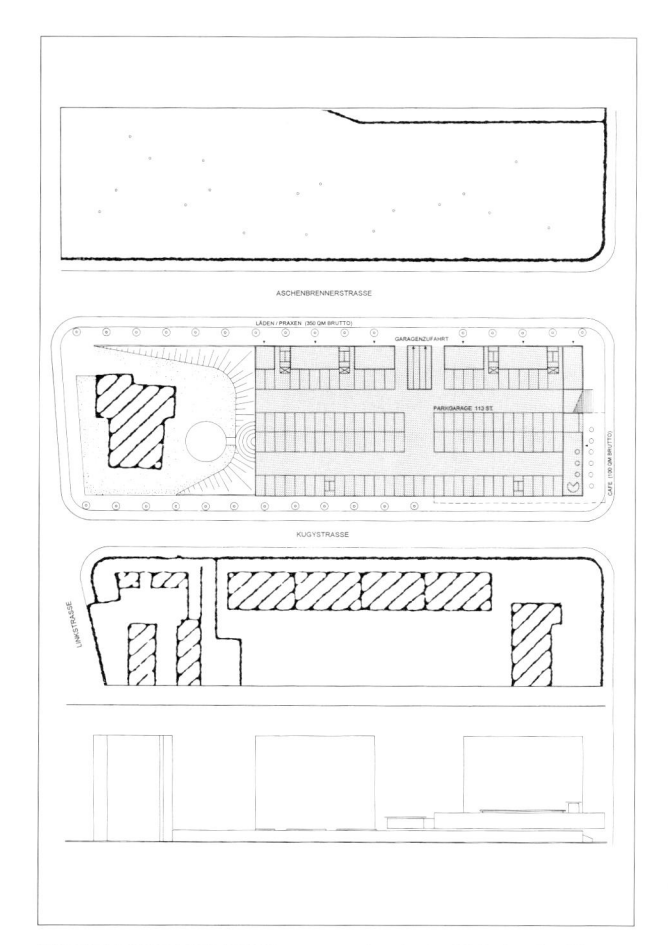

GRUNDRISS ERDGESCHOSS
Integriert in den Sockelbereich mit Versorgungseinrichtungen wird auf zwei Ebenen die hohe Nachfrage nach Garagen abgedeckt. Links ist der Übergang des Sockelbandes auf das Niveau des Bestandsgebäudes zu erkennen.

GRUNDRISS OBERGESCHOSS
Neben Wohnungen, ärztlichen Dienstleistungen ist am Standort Kugystraße die Errichtung einer Sport- und Freizeitanlage geplant (im Bild rechts dargestellt). Die baukörperliche Akzentuierung des Sportzentrums wird durch eine Auskragung dargestellt.

3. Kugystraße

Am Schnittpunkt der Schleißheimerstraße als Hauptverbindung in die Innenstadt und der Aschenbrennerstraße als Hauptzufahrt in den Stammbereich der Siedlung befinden sich derzeit lediglich mehrere Garagenhöfe.

Diese offensichtliche Nichtbewertung übergeordneter Zusammenhänge der Stadtentwicklung bei der Entstehung des Hasenbergls beruht auf der ursprünglichen Konzeption der Siedlung als autonomes städtebauliches Gefüge. Hierbei werden bauliche Akzentuierungen und Bezugnahmen zur Steigerung der stadträumlichen Komposition insbesondere im Inneren des Siedlungsbereiches vorgesehen.

Neben den bereits zitierten Garagenhöfen dieses Standortes ist im Grundstücksumgriff auch ein Punkthaus festzustellen, das in der Achse der Linkstraße gelegen eine Schlüsselfunktion aufweist in der Umlenkung der Sichtbezüge auf das bereits angesprochene Wohnhochhaus hin, das die abschließende Dominante für die Gesamtsiedlung darstellen soll.

Das Ziel der Neuplanung besteht in einer Neutralisierung dieser richtungsgebenden Funktion des Punkthauses, um so entgegen dem ursprünglichen Konzept eine höhere Integration der Siedlung in das weitere Umfeld zu erreichen. So wird das bestehende Punkthaus um zwei weitere Solitäre ergänzt, um hierdurch den wichtigen Schnittpunkt Schleißheimerstraße Ecke Aschenbrennerstraße zu markieren.

Als wesentliches funktionales Merkmal der Neubauten ist die im Bereich des verbindenden Sockelbauwerkes integrierte Sport- und Freizeitanlage darzustellen. In Verbindung mit einem Restaurant mit privilegiertem Ausblick auf die Panzerwiese ist hierdurch der Ausbau des örtlichen Angebotes an bisher fehlenden infrastrukturellen Einrichtungen möglich. In den oberen Geschossen der beiden Neubauten können bis zu sechzig neue Wohnungen geschaffen werden.

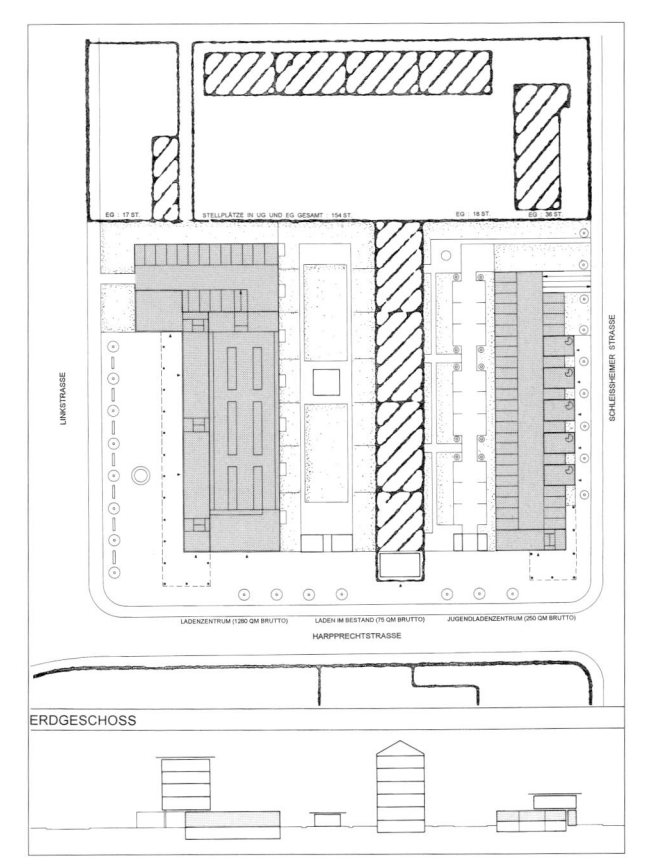

GRUNDRISS ERDGESCHOSS
Durch die Neubebauung soll auch eine Differenzierung des Außenraumes erzielt werden. So entstehen private Grünräume zwischen dem Bestandsbau und den Neubauten. Der öffentliche Raum gruppiert sich in einer Abfolge unterschiedlich genutzter Teilbereiche entlang der drei Straßenseiten.

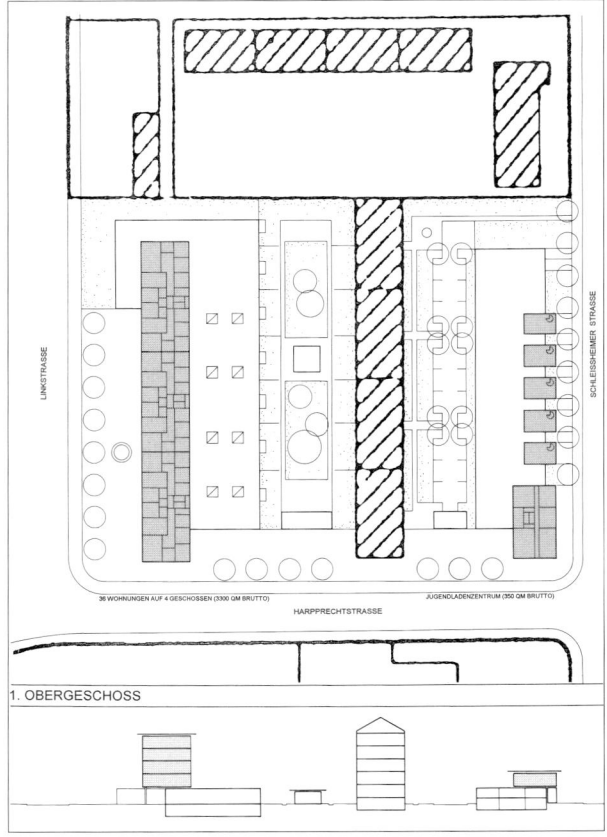

GRUNDRISS OBERGESCHOSS
Im Plangrundriß ist in der Mitte das Bestandsgebäude dargestellt. Links ist das neu geplante Wohngebäude mit Infrastruktur im Erdgeschoß zu sehen. Im Bild rechts sind die variabel zu nutzenden Raumeinheiten des Ladenzentrums für Jugendliche angeordnet.

4. Harpprechtstraße

Am Standort Harpprechtstraße befindet sich derzeit – ähnlich wie bei der zuvor beschriebenen Situation – eine größere Garagenanlage, die unmittelbar an die Schleißheimerstraße angrenzt. Auch hier ist die ›prominente‹ Lage mit Blick auf die Panzerwiese mit einem städtebaulich nicht kompatiblen Bauwerk besetzt.

Bei der geplanten Konzeption soll an dieser Stelle ein alternatives Ladenzentrum mit Begegnungsstätte für Jugendliche entstehen. Hintergrund für diese Nutzung ist die sehr aktiv geführte Jugendarbeit am Hasenbergl, bei der u. a. arbeitslose Jugendliche in professionell geführte Produktentwicklungen integriert sind.

Die von den Jugendlichen teilindustriell oder handwerklich erzeugten Produkte werden in dem neuzuschaffenden Ladenzentrum ausgestellt und vertrieben. Weiterhin können von hier aus handwerkliche Dienstleistungen koordiniert werden.

Die Integration produzierender Tätigkeiten von Jugendlichen am Hasenbergl wird im Vergleich zu den bereits beschriebenen Neuplanungen besonders dazu beitragen, die bisher vorherrschende Monofunktionalität am Hasenbergl zu relativieren.

Als Begegnungsstätte für Jugendliche vom Hasenbergl und der angrenzenden Stadtteile soll ein kollektiv geführtes Café eingerichtet werden.

Als weitere bauliche Maßnahmen an dem Standort Happrechtstraße sollen ein neues Ladenzentrum mit neuzeitlichem Raumprogramm und in den Obergeschossen zusätzlich vierzig neue Wohnungen realisiert werden.

EIN GESPRÄCH MIT
DR. ULI WALTER
AM 20. DEZEMBER 1996
IN MÜNCHEN

Nachkriegsarchitektur und Denkmalschutz

Kümmert sich der Denkmalschutz auch um Nachkriegsbauten?

Selbstverständlich. Die Erfassung von Denkmälern der Nachkriegszeit wird in der Bundesrepublik seit etwa 1980 durchgeführt. In Köln, Frankfurt, Hannover, Hamburg und Berlin sind in den achtziger Jahren mehrere Inventarisationsprojekte gestartet worden, die teilweise in eine vorläufige Listenerfassung mündeten und teilweise publizistisch und wissenschaftlich verwertet wurden. In Bayern ist etwa zur gleichen Zeit eine Diskussion über die Denkmalwürdigkeit von Nachkriegsbauten in Gang gekommen. Die ersten Nachträge in der Münchner Denkmalliste sind in den achtziger Jahren erfolgt. Von den etwa achteinhalbtausend eingetragenen Baudenkmälern in München stammt allerdings bisher nur ein sehr kleiner Teil aus der Nachkriegszeit. Man kann also sagen, daß wir bei der Erfassung von Baudenkmälern aus dieser Zeit noch am Anfang stehen, daß sie aber weiterhin fortgesetzt wird. Ein Schwerpunkt der Inventarisation war bislang der Sakralbau. So sind einige bedeutende Kirchen in die Liste gekommen, darunter die Matthäus Kirche am Sendlinger-Tor-Platz, die Laurentiuskirche von Emil Steffann in Nymphenburg und St. Johann von Capistran von Sep Ruf in Bogenhausen. Im Bereich des Wohnungsbaus sind zwei große Wohnanlagen in der Liste verzeichnet, nämlich die Parkstadt Bogenhausen als Ensemble und die

Siemenssiedlung in Obersendling als eingetragenes Baudenkmal.

Worin unterscheidet sich - allgemein gesagt - die Erfassung als Ensemble von der Erfassung als Baudenkmal?

Die Erfassung als Baudenkmal hat eine weiterreichende Zielsetzung. Damit sind nicht nur die Außenerscheinung und die Siedlungsstruktur geschützt, sondern auch die Grundrisse und die inneren Ausbaudetails - was ja nicht uninteressant ist, wenn man zum Beispiel die beiden Siedlungen Bogenhausen und Obersendling vergleicht: Die Parkstadt Bogenhausen ist aufgrund ihrer Ausrichtung auf den sozialen Wohnungsbau von den Grundrissen deutlich sparsamer und effizienter organisiert als die relativ großzügigen und anspruchsvollen Wohnungen in der Siemenssiedlung.

In der Parkstadt Bogenhausen gibt es inzwischen einen großen Teil an Eigentumswohnungen. Haben Sie da überhaupt Zugriff?

Für den Vollzug des Denkmalschutzgesetzes spielt das eigentlich keine Rolle. Die Situation ist allerdings komplizierter, weil man mehrere Ansprechpartner hat. Wenn nur ein Bauträger zuständig ist, braucht man eine Lösung nur einmal zu diskutieren. Bei Eigentumswohnungen muß dagegen mit jedem einzelnen Wohnungseigentümer verhandelt werden. Im Falle der Siemenssiedlung ist das aber in den letzten Jahren eigentlich ganz gut gelaufen.

Nach welchen Kriterien wurden die Siedlungen in die Denkmalschutzliste aufgenommen?

Sie wurden zunächst unter stadt- und siedlungsgeschichtlichen Aspekten aufgenommen. Die Parkstadt Bogenhausen war die erste Großsiedlung am damaligen Stadtrand und veranschaulicht in exemplarischer Weise die städtebaulichen Zielvorstellungen der fünfziger Jahre in München. Das gilt besonders für die Einbettung der Wohnungen und Wohnhäuser in die Natur, also in Freiflächen und eine gestaltete Parkanlage. Das war für damalige Verhältnisse neu. Denn in den späten vierziger und frühen fünfziger Jahren hatte man ja die relativ kargen Zeilenbauten, wie sie in den dreißiger Jahren entwickelt wurden, fortgesetzt. Da wären etwa die GWG-Siedlungen und die GEWOFAG-Anlagen der Nachkriegszeit zu nennen, die einfach das Schema der dreißiger Jahre in die fünfziger Jahre hineinziehen und fortsetzen. Die Parkstadt Bogenhausen dagegen nimmt den zentralen Park als Gestaltungs- und Strukturelement in die Siedlungskonzeption mit auf und gruppiert dazu die Punkthäuser. Das war für München, wahrscheinlich sogar für Bayern, ein Novum. Dieses Konzept mit den gruppierten Punkthäusern erhielt dann in der Siemenssiedlung durch die strahlenförmigen Sternhäuser einen ganz besonderen architektonischen Charakter.

Es handelt sich also um die Highlights aus den fünfziger und sechziger Jahren, die unter Denkmalschutz gestellt werden?

Es gibt noch weitere Hochhäuser - so nannte man sie damals - im geschlossenen Bausystem etwa von Sep Ruf oder Martin Elsässer. Das Wohnhaus an der Theresien-/Ecke Türkenstraße und ein weiteres in der Heßstraße, in der Nähe der Neuen Pinakothek, stammen von Sep Ruf. Letzteres hat eine Art Laubengangerschließung zur Straße hin, was damals absolut neu war und typologisch interessant ist. Nicht zuletzt aus diesem Grund ist das Gebäude in die Denkmalliste gelangt. Das sogenannte Hochhaus in der Türkenstraße findet sich als Klassiker der Fünfziger-Jahre-Wohnhausarchitektur in vielen Abbildungen und Büchern über die Architektur der Zeit in München und wurde zuletzt im Zusammenhang mit der Sep Ruf-Ausstellung als wirklich epochemachender Bau in den Mittelpunkt gestellt. Das war auch Anlaß dafür, es in die Liste aufzunehmen. Es sind tatsächlich die Highlights der Fünfziger-Jahre-Architektur, die als Denkmäler erfaßt werden, also eine strenge Auswahl.

In fünfzig Jahren werden »normale« Häuser demnach nicht mehr erhalten sein, zumindest nicht in ihrer ursprünglichen Substanz?

Die Erhaltung wird sich wohl auf die geschützten Baudenkmäler beschränken. Aber das gilt genauso für die Wohnhäuser der Gründer-

Dr. Uli Walter

1958	geboren in Kehl
1979–92	Studium der Kunstgeschichte in München und Paris Schwerpunkt u. a.: Stadtumbau, Industriearchitektur, Sozialer Wohnungsbau
seit 1994	Gebietsreferent am Landesamt für Denkmalpflege in München Spezialgebiet: Architektur- und kunsthistorische Fragen des 20. Jahrhunderts

zeit und des frühen 20. Jahrhunderts. Viele Gebäude dieser Zeit sind in München noch existent, doch nur ein Bruchteil von ihnen ist in der Denkmalliste verzeichnet.

Hat das Denkmalschutzamt ein Interesse daran, mehr Siedlungen aus dieser Zeit unter Denkmalschutz zu stellen oder sagen Sie sich, daß der Erhalt einiger weniger Highlights ausreichend ist?

Es gibt eine ganze Reihe von Siedlungsanlagen, die von den formalen Kriterien her signifikant für die Baukunst der fünfziger Jahre sind. Natürlich erschließen sich die formalen Charakteristika nicht auf den ersten Blick. Es sind oftmals ganz schmucklose Fassaden, die ihr Dekorum pointiert auf gewisse Punkte oder Zonen beschränken, wie zum Beispiel die Supraporten oder die gestalterisch wichtigen Eingangssituationen, die Rhythmisierung durch Fenster oder auch neue Fenstertypen.

Weitere formale Charakteristika sind natürlich die Farben und die Oberflächen, gerade im Zusammenklang von verschiedenen Farben und Materialien, wie beispielsweise die eloxierten Schaufenster, die in Kontrast zu Natursteinplatten oder Gehwegplatten gesetzt werden. Auch frühe Kunststoffe,

die erstmals in den fünfziger Jahren breitere Verwendung im Bauwesen fanden, sind hier von Interesse. Doch gerade dieses sensible Zusammenspiel verschiedener Oberflächen, Materialien und Farben fällt der Sanierung dieser Gebäude zum Opfer. Wenn ein filigran ausgebildetes Fenster der fünfziger Jahre heute durch ein Isolierglasfenster ersetzt wird, geht das Spezifische des Gebäudes an der Fassade verloren. Das muß man ganz klar sagen.

Sie sagten eingangs, daß die Bauten der fünfziger Jahre selbstverständlich im Blickpunkt der Denkmalpflege stünden. Welche konkrete Aufgabe hat der Denkmalschutz hier?

Der Denkmalschutz hat die Aufgabe, die Gebäude in ihrer historischen und künstlerischen Aussagekraft zu erhalten und fachgerecht zu behandeln. Das heißt, wir versuchen, die damaligen Baumaterialien, Werkstoffe und Handwerksverfahren zu berücksichtigen, und wir versuchen, die »Substanz« der historischen Architektur zu bewahren. Wir bemühen uns weiter, daß die eventuell unumgängliche Erneuerung in bezug auf Material, Technik und Erscheinungsbild, also in der Detailausbildung, dem historischen Zustand in seinen formalen Charakteristika entspricht.

Heutzutage wäre es aber doch auch schwierig, Originalmaterialien wiederzuverwenden?

Ja, die Vorstellungen haben sich geändert. Zwar könnte man ein Fenster der fünfziger Jahre durchaus reparieren oder nachbauen, aber natürlich hat sich die Gesetzeslage verändert. Es gibt eine neue Wärmeschutzverordnung, eine Lärmschutzverordnung und den wichtigen Aspekt der Energieeinsparung. Unter Berücksichtigung dieser Aspekte muß die Erneuerung im Detail abgestimmt werden, um möglichst viele formale Charakteristika der Fünfziger-Jahre-Architektur in den Erneuerungsprozeß einzubringen und so den Gestaltwert der Gebäude zu tradieren.

Bei den Bauten der Nachkriegszeit wäre es ja durchaus möglich, das Original zu erhalten, im Gegensatz zu den früheren Bauten, die zum größten Teil im Krieg zerstört wurden.

Das ist richtig. Die Nachkriegsarchitektur macht den weit überwiegenden Teil der jetzt vorhandenen Bausubstanz aus. Von daher besteht tatsächlich die Möglichkeit, gezielt die Gebäude auszusuchen, die man für schützenswert erachtet. Wir sind dabei allerdings an die Formulierungen im bayerischen Denkmalschutzgesetz gebunden, daß ein Baudenkmal aus vergangener Zeit stammt, also einer abgeschlossenen historischen Epoche zugehörig ist. Diese Epochenzäsur, die natürlich nur aus der Rückschau festgestellt werden kann, macht man derzeit etwa mit dem Datum 1968 fest. Zu diesem Zeitpunkt war der Wiederaufbau im engeren Sinne abgeschlossen und in der politischen und gesellschaftlichen Entwicklung ein neuer Ansatz gefunden. Das schließt nicht aus, daß in einigen Jahrzehnten eine neue Epochenzäsur, meinetwegen das Jahr 1989, festgelegt wird.

Allerdings werden augenblicklich Überlegungen angestellt, ob nicht auch das Olympiagelände mit dem Olympischen Dorf und das BMW-Hochhaus in die Denkmalliste aufgenommen werden sollten. Zusammen mit der Paketposthalle an der Arnulfstraße wären das dann die jüngsten Baudenkmäler in der bayerischen Denkmalliste.

Haben Sie damit zu kämpfen, daß vielen Leuten noch das Bewußtsein dafür fehlt, Bauten aus den fünfziger Jahren als denkmalwürdig anzusehen?

Man stößt tatsächlich sehr oft auf Vorbehalte gegenüber der Fünfziger-Jahre-Architektur.

Zum einen gibt es die Befürchtung, daß alles, was man so sieht, in die Denkmalliste aufgenommen werden könnte. Dann wäre die Denkmalliste mit Bauten aus den fünfziger Jahren überfüllt. Der andere Vorbehalt bezieht sich auf die bautechnischen Mängel der Gebäude. Dazu zählen konstruktive Mängel, die auf die Verwendung schlechten Betons zurückzuführen und tatsächlich nur schwer zu beheben sind, sowie Probleme im Hinblick auf den Schallschutz und die schon erwähnte fehlende Wärmeisolierung. Ein weiterer Vorbehalt betrifft die ästhetische Seite. Viele reden hier vom »Muff« der fünfziger Jahre und meinen, die Bauten seien nicht schön genug, um als Denkmäler erhalten zu werden.

Meiner Ansicht nach muß man hier aber differenzieren. Entscheidend ist zum einen die Bauaufgabe, zum anderen der spezifische Standort, der in der Stadtplanung und der Architektur dieser Zeit eine wichtige Rolle spielte. Beispielsweise gibt es einen klaren gestalterischen Unterschied zwischen den Fünfziger-Jahre-Häusern in der Altstadt und denen in Schwabing. In der Weinstraße und im Bereich um den Marienplatz finden sich hervorragende Lösungen mit sehr schönen ornamentierten Sichtziegelfassaden, die die damals diskutierte Münchner Stillage des Wiederaufbaus veranschaulichen. Bei den Gebäuden außerhalb der Altstadt durfte dagegen moderner gebaut werden. Hier hat man höher gebaut und in der Gestaltung, zum Beispiel durch Aufglasungen der Stirnseite, modernere Lösungen gewählt.

Insofern bin ich der Meinung, daß man Städtebau und Architektur der fünfziger Jahre zusammen sehen muß. Man kann Fassaden nicht aus ihrem Kontext herauslösen und isoliert bewerten. Man muß den übergeordneten städtebaulichen Zusammenhang sehen, man muß die städtebauliche Nachbarschaft berücksichtigen, um eine Lösung der Fünfziger-Jahre-Architektur auch wirklich in ihrem historischen Entstehungskontext würdigen zu können. Wichtig erscheint mir, den Blick dafür zu schärfen, wie sensibel die Gebäude dieser Zeit formal aufgebaut sind. Wie also etwa eine Treppe mit ganz schlichten Treppengeländern auf entsprechende Proportionen und Verhältnisse der dazugehörigen Fensterverglasungen, der Türen, oder der Wandbespannungen reagiert; wie im Material ein Eisengeländer mit den nebenan befindlichen Leuchten korrespondiert; wie mit der Lichtführung gearbeitet wird; wie im Außenbereich die Wegeführung eine ganz organische Weise der Freiflächengestaltung zeigt, die auch im Zusammenhang mit der Art der Bepflanzung steht. Das sind alles sehr sensible Merkmale, die in der Regel unbeachtet bleiben. Man denkt darüber nicht nach. Man erneuert, ohne das, was erneuert wird, zu kennen und ohne sich des historischen Werts dieser sensiblen Gestaltungen bewußt zu sein. Das erscheint mir das größte Manko. Aber die Denkmalpflege kann, wie gesagt, ihre Aktivitäten nur auf eine begrenzte Auswahl richten. Was im Stadtbild unversehens verlorengeht, ist schon bedenklich. Es geht soweit, daß gute, stimmige Bauten aus den fünfziger Jahren saniert werden und zu gesichtslosen Bauten mutieren, die weder zeitgenössisch noch historisch sind, sondern nur einen völlig unbefriedigenden Mischmasch darstellen.

FERDINAND STRACKE **Der urbane Raum**

1. Die Talk-Show der Olympier
Man stelle sich vor, trotz unüberwindlich scheinender Schwierigkeiten ist es gelungen, Herrn **Camillo Sitte** aus Wien, Herrn Edouard Jeanneret, genannt **Le Corbusier**, aus Paris und Herrn **Rem Koolhaas** aus den Niederlanden zu einer Talk-Show einzuladen. Frau Zaha Hadid aus London hat im letzten Augenblick abgesagt und wissen lassen, daß ihr das Thema nichts sage. Von Herrn Daniel Libeskind hatte man gar keine Antwort erhalten. Als Moderator konnte man überraschenderweise **Vilém Flusser** gewinnen, der – nachdem man Platz genommen hatte und das Mineralwasser hingestellt worden war – gleich zur Sache kam und sich statt einer Begrüßung oder Eingangsrede selbst zitierte:

»Die Nomadologie der Neunziger begründet die Hypothese, wonach die Seßhaftigkeit daran ist, überwunden zu werden [...]. Wir haben zehntausend Jahre gesessen und jetzt werden wir entlassen [...]. Wir werden aus der Architektur entlassen [...]. Es wird nicht mehr konstruiert werden [...] doch die Mauern sind das Thema.«

Flusser führt zu seiner Nomadisierungsthese weiter aus, daß Mauern um uns herum seien und Raum bilden, und daß diese Mauern Löcher zur Kommunikation brauchen, daß diese Löcher Telefon, TV, Computerterminal etc. heißen, und daß der Seßhafte sich dank dieser Löcher identifizieren und definieren kann. Mit dem Ende der Seßhaftigkeit wird auch der Raum, sei es der private

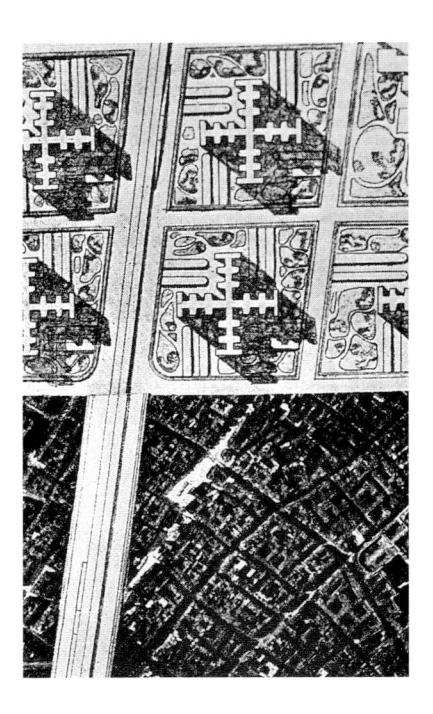

Le Corbusier.
Plan Voisin – Vorschlag für Paris.
Im unteren Teil sind die Viertel zu sehen, die durch die obere Planung ersetzt werden sollen. Die beiden Pläne haben denselben Maßstab. Entwurf 1925.

oder der öffentliche obsolet: »Wir sind weder zeitlich noch räumlich definierbar!«

Herr Sitte zeigt deutlichen Unmut, Herr Koolhaas und Herr Flusser haben sich mit einem kurzen, verständnisvollen Nicken verständigt, Herr Corbusier gestikuliert deutliche Zustimmung. Da er immer schon etwas dazu neigte, sich im Diskurs vorzudrängen und eigentlich mit Herrn Sitte gar nicht reden möchte, zitiert auch er: »Es gab eine Zeit, zu der mich die Lektüre Camillo Sittes, des Wieners, hinterlistig für ein malerisches Stadtbild gewann. Die Beweisführung Sittes war geschickt, seine Theorien schienen richtig; sie waren auf die Vergangenheit gegründet. In Wahrheit waren sie die Vergangenheit selbst!«

Auch wenn Sie sagen, Herr Sitte, daß Sie die Gradlinigkeit der Straßenzüge mißlich finden, von monotonen Häuserkisten reden und Sie Reinhard Baumeister anprangern, der »rechtwinklige Kreuzungen in der Straße vorteilhaft« findet, dann, Herr Sitte, erwidere ich: »Der rechte Winkel ist das zum Handeln notwendige und ausreichende Werkzeug, weil er den Raum mit vollkommener Eindeutigkeit zu bestimmen dient«!

Flusser wundert sich, hatte er doch gerade angedeutet, daß wir Räume nicht mehr brauchen, da streiten sich diese beiden um deren Gestalt. Dabei ist Herr Sitte, jetzt sichtlich erregt, noch nicht einmal dazu gekommen, sich entsprechend zu äußern. Doch das holt er jetzt nach: »Ja, wo steckt denn der Architekt, der sich vor einem schiefwinkligen Bauplatz fürchtet?« ... Es fallen Worte wie »Anfänger« oder von »fabrikmäßigem Herunterlinieren«.

»Städtebau [meine Herren] dürfte nicht bloß eine technische Frage, sondern müßte im eigentlichen und höchsten Sinne eine Kunstfrage sein.« Sehen Sie doch, »hier in unserem mathematischen Jahrhundert sind Stadterweiterungen und Städteanlagen beinahe eine rein technische Angelegenheit geworden. Die künstlerische Seite des Problems ist von mindestens ebenso großer Wichtigkeit.«

Herr Corbusier befindet halblaut, daß sich Herr Sitte wiederhole. Der, jetzt so recht in Rage, ignoriert diesen eleganten Star aus Paris; er erhebt sich, die Uhrkette blinkt an gewölbter schwarzer Weste, er hebt die Hände und nach einigen Zitatfragmenten wie -« [...] alte Stadt: Harmonie und sinnberückende Wirkung [...] neue Stadt: Zerfahrenheit und Langweiligkeit!« – kommt er endlich zum Thema Platz. Aktuell sieht er darin lediglich eine »Unterbrechung des monotonen Häusermeeres, um mehr Licht und Luft zu gewähren.« »Ganz anders im Altertum! Da waren die Hauptplätze jeder Stadt ein Lebensbedürfnis ersten Ranges, indem auf ihnen ein großer Teil des öffentlichen Lebens sich abspielte [...].«

»Ja, ja«, unterbricht Vilém Flusser, und verweist auf »Beziehungsfelder«, auf die Tatsache, daß wir uns nach der »Informationsrevolution« nicht mehr über einen Ort identifizieren müssen. Er will gerade über den Wertverlust der Menschheit durch die Seßhaftigkeit, seine Bindung an den Oikos (den er gern Küche nennt), den langsamen Niedergang zwischen Paläolithikum und Neolithikum – vom Jäger zum Bauern – reden, da wird er etwas laut von Corbusier unterbrochen: Pardon, Herr Flusser, aber dem, was der Herr Sitte soeben sagte, muß unbedingt widersprochen werden: Ihre »Verherrlichung der geschwungenen Linie« und ihr »Scheinbeweis von nicht zu überbietenden Schönheit«, Herr Sitte, wie es in »Ihrem Werk voller Willkürlichkeit« heißt, ist »widersinniges Verkennen« des »Maschinismus der neuen Zeit«. »Die gekrümmte Straße ist der Weg der Esel, die gerade Straße der Weg des Menschen.« Meine Urbanistik, meine Ville Contemporaine sind geometrisch, orthogonal, das Spiel von Freiflächen und Solitärbauten ersetzt den romantischen Platzraum ebenso wie die da-

Camillo Sitte
geb. 1843 in Wien, gest. 1903, gründet 1875 die Gewerbeschule in Salzburg, die er bis 1893 leitet, ab 1889 Direktor der K. u. K. Staatsgewerbeschule in Wien, veröffentlicht 1889 das Buch »Der Städtebau nach seinen künstlerischen Grudsätzen – in neuer und alter Zeit.« und formuliert damit die theoretischen Grundlagen der Stadtbaukunst und des malerischen Städtebaus.

Le Corbusier
geb. 1887 in La-Chaux-de-Fonds, Schweiz, gest. 1965,
Schüler von A. Perret in Paris und P. Behrens in Berlin, war der einflußreichste Architekt des 20. Jahrhunderts, rastloser Künstler, Autor und Herausgeber zahlreicher Schriften, darunter die 1943 erschienene »Charta von Athen«, zeichnet sich als Architekt durch weltweite Planungs- und Bautätigkeit aus.

Vilém Flusser
geb. 1920 in Prag, gest. 1991, Emigration 1939 über London nach São Paolo, leitende Tätigkeiten in der Industrie, 1959 Dozent für Wirtschaftsphilosophie und ab 1963 Professor für Kommunikationsphilosophie an der Universität São Paulo, zahlreiche Publikationen sowie Gastprofessuren in Europa und den USA.

Rem Koolhaas
geb. 1944 in Rotterdam, tätig als Journalist und Drehbuchautor in Amsterdam, studiert Architektur an der AA in London, 1972 Stipendiat in New York, gründet 1975 in London das Office for Metropolitan Architecture (OMA), veröffentlicht 1978 »Delirious New York« als retrospektives Manifest für Manhattan, seit 1980 mit OMA von Rotterdam aus weltweit tätig.

mit einhergehende Seßhaftigkeit. Mein Plan Voisin zeigt, daß man den ganzen alten Plunder platt machen und statt dessen neue aufstrebende Hochhäuser bauen kann; »Kristallkörper höher als irgendein Gebäude der Welt, das im All spiegelt, zu schweben scheint, funkelt [...] Feuerwerk«!

Wie Sie sehen, Herr Sitte, ist Romantik nicht meine Sache, vive la function. »Der Städtebau kann nicht von ästhetischen Motiven bestimmt werden, sondern von funktionellen.«

Camillo Sitte, jetzt sehr erregt, entgegnet: Herr Corbusier, wenn Sie den Straßenraum, den Platz »töten« wollen, wie man es Ihnen nachsagt und wie ich es aus Ihren Beschreibungen nur schließen kann, bitte, aber ich sage Ihnen, die Zeit wird über Sie hinweggehen!

Nach der Moderne, nach der Zeit des »Neuen Bauens« wird eine Epoche kommen, die sie die »Postmoderne« nennen. Die Idee von der »gegliederten und aufgelockerten Stadt« ist ein Siedlungsmodell, ebenso wie Ihre Großsiedlungsstrukturen, denen die »Schöne Wirkung« und der »Ort zum Verweilen« fehlen. In der Postmoderne, Herr Corbusier, ist der städtische Raum nicht mehr Zwischenraum, wie bei Ihnen. Der »schöngestaltete Platz« im räumlichen Gewebe, behutsam erneuert, wird seine Renaissance erleben.

Le Corbusier macht keinen Hehl daraus, daß er in Camillo Sitte eine Zeitströmung verkörpert sieht, die den Schmuck, das Dekor, aber auch das Symbol wieder feiert. Robert Venturi mit seinem dekorierten Schuppen und Charles Moore mit seiner Piazza de Italia in New Orleans erscheinen vor seinem geistigen Auge und er ist zutiefst empört. Im Begriff dies mit einem Zitat von Gertrud Höhler zu belegen, das meint, »daß wir immer ungezwungener in beliebige Fächer der abgelaufenen Kulturgeschichte greifen, hier und dort leihen, unbekümmert um den mitgeführten Sinn, der den Reprisen anhaftet«, unterbricht Flusser das Streitgespräch. Rem Koolhaas hat bisher geschwiegen, er mochte nicht an dem Zitaten-Fight teilnehmen. Einmal weil er selbst erst noch lebender Anwärter auf den Olymp zu sein glaubt und deshalb nicht auf das Zitat zurückgreifen muß, und zum anderen, hier schämt er sich ein wenig, weil er sich in seinem jüngst erschienenen 1.346 Seiten starken Architekturbilderbuch durch die Faksimile-Darstellung aus Teilen seines anderen Buchs (Delirious New York), sehr weit in das Selbstzitieren vorgewagt hat. Als ihn Flusser bittet, etwas über seine kollektiven oder öffentlichen Räume zu sagen und von welcher Idee von Öffentlichkeit oder Gemeinschaft er dabei ausgehe, schweigt er lange, nur zögernd (wie häufig etwas schwer verständlich) meint er:

»Wir interpretieren unsere Projekte als öffentliche Gebäude, ganz entgegen der allgemeinen Tendenz des Verschwindens des öffentlichen Raumes. Ich komme mehr und mehr zu der Auffassung, daß für die Architektur wichtig sein könnte, eine Art von Widerstand zu entwickeln. Das gilt auch für die intellektuellen Einflüsse. Da ist Derrida, der sagt, daß die Dinge nicht mehr ganz sein können, da ist Baudrillard, der sagt, daß die Dinge nicht mehr echt sein können, da ist Virilio, der sagt, daß die Dinge nicht mehr da sein können, und dann gibt es die Chaostheorie, die ebenfalls einen starken Einfluß

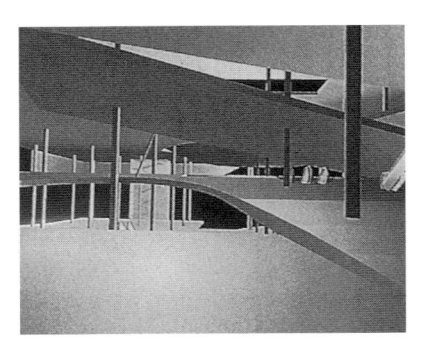

Rem Koolhaas.
Oben: Bibliotheque de France, 1989.
Mitte, unten: Die Bibliotheken von Jussieu, 1992–1993.
Ein komplexes dreidimensionales Raumgefüge schafft einen sich kontinuierlich transformierenden, fließenden Raum.

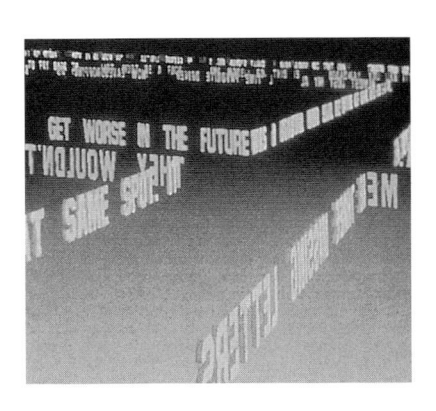

Jeffrey Shaw »Legible City«.
Auf der Grundlage realer Stadtgrundrisse entsteht aus Buchstaben, Worten und Sätzen ein dreidimensionaler Raum. Der Besucher kann mit Hilfe eines Echtzeit-Computer-Grafik-Systems die virtuellen Räume durchfahren. Durch die Stadt zu fahren, bedeutet zugleich, sie zu lesen.

hat. Ich finde – seit 1989 –, daß die Architektur die Pflicht hat, sich diesen Tendenzen entgegenzustellen.

Ich bin zum Beispiel der Meinung, daß eines der prägnantesten und provokativsten Elemente des Programms für die Nationalbibliothek in Paris darin bestand, den Gedanken einer »Gemeinschaftseinrichtung« inmitten des vollständigen Zusammenbruchs des öffentlichen Raumes neu zu formulieren – gegen die offensichtliche Homogenisierung der elektronischen Medien, gegen den Verlust des Ortes, gegen den Triumph der Fragmentierung. Ich habe immer mehr den Eindruck, daß es an einem bestimmten Punkt überzeugender sein könnte, die entgegengesetzte Richtung einzuschlagen und sich dem Unvermeidlichen zu widersetzen.« Und zu Ihrer Frage nach der Öffentlichkeit: »Natürlich gibt es noch eine Öffentlichkeit: die von Fernsehen und Radio«. Koolhaas spricht dann weiter von Gemeinschaften oder von Kollektiven, die aber etwas anderes sind als Öffentlichkeit. »Es gibt gelegentlich Momente ... Teil einer solchen Gemeinschaft zu sein.«

Flusser erkennt sofort, daß es sich hier um temporäre soziale Formationen handelt, moderne Nomaden vielleicht, für die der Ort eines Ereignisses wichtiger ist, als ein gebauter, urbaner Raum. Leider bleibt die Erörterung über den urbanen Raum ohne Ergebnis. Wie so oft sind nicht Eloquenz und Zitatenreichtum der Grund, sondern das Ende der Sendezeit.

2. Fragen an den urbanen Raum

Die Talk-Show läßt Fragen offen, insbesondere diejenige, ob der Mensch in Zukunft sich selbst noch raumbezogen definiert. Wird er den, wie auch immer gestalteten, öffentlichen Raum als benutzbaren Lebensraum brauchen oder genügen virtuelle

Computeranimationen, Cyberspace als bildhaftes Raumerlebnis? Reale Bilder, wie wir sie bei zwei- bis dreihundert Stundenkilometern Reisegeschwindigkeit aus dem ICE-Fenster wahrnehmen, unterscheiden sich doch kaum noch von illusionären Bildern. Welchen Sinn für Raumdimensionen wird der Mensch in Zukunft haben, dessen Mobilitäts- und Wahrnehmungserfahrungen sich von denen Camillo Sittes und Le Corbusiers, aber auch von der unseren wesentlich unterscheiden werden?

Welches Bedürfnis wird er in einer Zeit hochgradiger elektronischer Vernetzung nach urbanem Raum haben? Stadtraum wird in modernen Agglomerationen längst durch persönliche Mobilität und Medienkommunikation ersetzt. Dennoch ist zu vermuten, daß sich diese Menschen (wie wir) bei einem Campari in der Tageszeit zwischen dem weichen nachmittäglichen Licht und der heraufkommenden Dämmerung, dem (sinnberückenden) Erlebnis des Campo in Siena, einem der schönsten urbanen Orte vergangener Seßhaftigkeit, nicht entziehen können.

Das Dialogfragment der »Olympier« hat deutlich gemacht, daß urbaner Raum über seine Bestimmung als Ort für bestimmte Zwecke oder Funktionen hinaus in seiner Eigenart, in seiner Historie immer bestimmt wurde durch das Zusammenwirken
- gesellschaftlicher Kräfte,
- physischer und physikalischer Gesetzmäßigkeiten,
- zeitabhängiger Ästhetik und Symbolik.

Der Wandel der Gestalt und der Bedeutung des urbanen Raumes, auch wenn man ihn nur im begrenzten historischen Zeitraum des 19. und 20. Jahrhunderts betrachtet, macht den wechselnden Einfluß dieser drei Paradigmen deutlich. Der urbane Raum wird ein Spiegel des sozialen Wandels. Das betrifft Neuschöpfungen ebenso wie die Neuinterpretation einer vorhandenen Substanz.

Camillo Sitte führt den Neuen Markt in Wien als Beispiel einer geschlossenen Platzanlage an.

Das 19. Jahrhundert in seinen gigantischen, gründerzeitlichen Stadterweiterungen zeigt eigentlich keine eigenen, neuen Raumschöpfungen. Es übernimmt Figurationen sehr pragmatisch aus dem Fundus der Historie. Es entwickelt allenfalls eigene Raummaßstäblichkeit, die einem bürgerlichen Repräsentationsbedürfnis entspricht und dabei auf herrschaftliche Formen und Elemente zurückgreift. Es fehlt eine autonome Haltung und damit eigentlich auch das Künstlerische.

Erst die suburbanen Entwicklungen, wie z. B. die Gartenstadtbewegung am Beginn dieses Jahrhunderts, erzeugen neue Siedlungsmuster, die bisher ohne Vorbild waren. Die soziale Zielsetzung dieser Bewegung spiegelt sich in Raumkonzepten, die allerdings mangels anderer Leitbilder zunächst an klassizistischen Vorgaben orientiert sind. Der Maßstab wird humaner, die Raumfolge und die Raumbewegung tragen Anzeichen von Poesie, zuweilen von Romantik.

Mit seinem Buch »Der Städtebau nach seinen künstlerischen Grundsätzen« eröffnet 1889 Camillo Sitte, heute würde man sagen, einen kritischen Diskurs. Gestützt auf seine Analysen öffentlicher Räume, insbesondere von Plätzen im Städtebau der Renaissance und des Barock, formuliert er Antithesen zur Gestalt der Stadt des 19. Jahrhunderts, reklamiert den Mangel an Stadtbaukunst, die sich für ihn in Raumgrößen, Proportionen, in Architektur und Ausstattung darstellt.

Der soziale und der künstlerische Impetus zu Beginn unseres Jahrhunderts, der zugleich als eine Absage an das vergangene zu sehen ist, hat eine nachhaltige Wirkung auf neue städtebauliche Entwicklungen: der Typus der Siedlung, vornehmlich der Wohnsiedlung, entsteht sowohl im suburbanen Raum, wie auch in Form von Stadterweiterungen, die sich von den gründerzeitlichen nicht nur in ihrer Nutzung, sondern in der bewußten Gestaltung des Raumes, d. h. der Straßen und Plätze aber auch der Blockinnenräume unterscheiden. (z. B. Borstei in München oder Jarre-Stadt in Hamburg)

Architektur und Städtebau der Moderne oder das »Neue Bauen« signalisieren vor dem Hintergrund einer sozial orientierten Wohnbaupolitik vor und nach dem Ersten Weltkrieg Aufbruchstimmung, neue Form, neue Technik, neues Raumgefühl. Die Zeile wird zum vorherrschenden Bautypus der neuen Siedlungen. Erstmals entsteht Zwischenraum. Straße und Platz werden zunächst noch klar räumlich formuliert, jedoch z. B. mit Bruno Tauts Hufeisen in der Großsiedlung Britz in Berlin neu definiert; es entsteht ein Raum, der weder öffentlich noch privat ist, also halböffentlich (nach H. P. Bahrdt). Wenn nach der Charta von Athen und den Maximen der »geglie-

Königsplatz in München nach der Umgestaltung durch die Nationalsozialisten. Foto um 1937.

Königsplatz in München in seiner ursprünglichen Form aus dem 19. Jahrhundert. Foto um 1932.

derten und aufgelockerten Stadt« der Freiraum grün ist und der Erholung dienen soll, ist der Wandel vom Zier-Platz des 19. Jahrhunderts zu einem sozialen Ort evident. Taut nennt den Straßenraum in seiner Siedlung Onkel Tom's Hütte in Berlin den »Außenwohnraum«.

Wenngleich der Baustil wechselt, die räumliche Ausprägung der Siedlungen aus der Zeit des Nationalsozialismus bleiben denen der Moderne ähnlich, auch wenn diese diffamiert und bekämpft wird. Die Gliederung in überschaubare Siedlungseinheiten dient jedoch der Überwachung und Kontrolle und nicht vorrangig den positiven sozialen Implikationen des Neuen Bauens. Auch beim Umgang mit der überkommenen Substanz der Großstadt des vergangenen Jahrhunderts gibt es eine Übereinstimmung zwischen den Vertretern der Moderne und den Nazi-Planern; die Wertschätzung der historischen Stadt war gering. Le Corbusier setzte sich ebenso rigoros im Plan Voisin über die Substanz von Paris hinweg wie es Albert Speer im Umgang mit Berlin oder München praktizierte. Der neu definierte städtische Raum jedoch hat weder Ähnlichkeit in der Gestalt noch in der zugemessenen Bedeutung. Mit Hilfe von Achse und Symmetrie, mit Hilfe von gigantischen Raum- und Architektur-Dimensionen produziert die Nazi-Planung Bilder von Macht und Einschüchterung, von Größenwahn und Untergangsmythos.

Die Nachkommen der Moderne generieren neben den, an historischen Mustern orientierten Wiederaufbau im Siedlungsgefüge den Zwischenraum; frei fließend, grün und sozial. Bauliche Großformen in freier Figuration wie auch in Symmetrien begrenzen die Erholungsflächen, die eine der Grundfunktionen des funktionalen Städtebaus erfüllen: die Regeneration neben Wohnen und Arbeiten. Der geschlossene Straßenraum verschwindet, ein frei geführtes hierarchisch geordnetes Straßennetz hat nur noch reine Verkehrsfunktion. Mit der Zentralisierung der Versorgungs- und Gemeinschaftseinrichtungen verschwinden die für die Stadtstraße typischen kleinen Läden, Kneipen und Einrichtungen, die bis dahin den kommunikativen, öffentlichen Raum manifestiert haben.

Auch die sogenannte Raumstadt, wie sie Walter Schwagenscheidt Ende der fünfziger Jahre in der Nordweststadt Frankfurt am Main realisierte, zeigt Gruppierungen unterschiedlicher Gebäudetypen, zumeist solitärer Wohngebäude, die zwar keinen urbanen Raum in den Formen von Platz und Straße erzeugen, die jedoch versuchen, soziale Gemeinschaft durch das Zusammenfügen unterschiedlicher Wohnformen in einer solchen Gruppierung entstehen zu lassen.

Der funktionale Städtebau verzichtet auf den über alle Jahrhunderte in der europäischen Stadtentwicklung als räumlich formulierten urbanen Ort des gemeinschaftlichen Handelns.

Auch die zuletzt hochverdichteten aber monofunktionalen Groß-Siedlungen der sechziger und siebziger Jahre vermögen den urbanen Raum der Vergangenheit nicht wiederzufinden. Zeichen für Raumbildung liegen jedoch in großformatigen Figurationen wie beim Märkischen Viertel in Berlin vor. Hier entstehen neue Maßstäbe, die sich aus den bisherigen Bindungen anthropologischer Fähigkeiten wie Gehen, Hören, perspektivisches Sehen usw. zu lösen beginnen und möglicherweise als Reaktion auf eine Raum-/Zeit-Maßstäblichkeit und neue Wahrnehmungsfähigkeiten reagieren.

In den achtziger Jahren verblassen die Thesen, daß Städtebau gleich Wohnungsbau anzusehen sei, wie auch die Gestaltidee der städtebaulichen Großform. Neues und dabei uraltes Objekt der städtebaulichen Anstrengungen ist wieder die bestehende Stadt, ihre Rettung als kulturelles Erbe und ihre Revitalisierung.

3. Eine Antwort
Die Sehnsucht nach dem urbanen Raum zeitigt im »fin de siècle« zwei Richtungen:

Es ist eine nie dagewesene Verschönerungswelle, die die vorhandenen, vernachlässigten und von Funktionen verlassenen städtischen Räume erfaßt. Der öffentliche Raum wird Thema, er wird identitätsstiftender Faktor in der kommunalen Konkurrenz, er wird politischer Ablaß-Ort im Aufschwung Ost. Ursprüngliche Funktionen wie Markt, Gericht oder Huldigung haben sich längst in zentrale Innenräume zurückgezogen, zu denen z.B. die Passagen der achtziger Jahre gehören, neue urbane Räume, die komfortabler sind als Straße und Platz. Die Gestaltungselemente, die Möblierungen in dieser Kampagne gleichen sich von Husum bis Garmisch; die schöne neue gute Stube wird wieder zum Ort (klein-)bürgerlicher Eleganz und Selbstdarstellung. Zur Belebung wird manche architektonische Peinlichkeit einfach »festivalisiert«, wie Walter Siebel und Hermann Häußermann diese artifizielle Öffentlichkeits-Erzeugung bezeichnen.

Die Tatsache, daß wir es nicht aufgeben, uns um den urbanen, öffentlichen Raum zu mühen,

– ob wir z.B. die Nazi-Eingriffe, d.h. den ebenen Plattenbelag, der die Raumspannung des Königsplatzes in München zerstört hatte, wieder entfernen und das Bild, wie es Klenze und Sckell gesehen hatten, wieder herstellen,
– ob man in Hildesheim dem Marktplatz durch Neubau des im Kriege zerstörten Knochenhauer Amtshauses nach Abriß eines modernen Hotels seine mittelalterliche Größe per Falsifikat zurückgibt,
– ob die Plätze Barcelonas in einer beispielhaften Weise durch Einsatz von guter Architektur und Kunst zu neuen Kristallisationspunkten im Stadtgefüge reaktiviert werden, beweist: Der öffentliche Raum wird weiter Thema im Städtebau bleiben.

Trotz tiefgreifender sozio-kultureller Veränderungen, sensationeller technologischer Zukunftsvisionen, trotz der Leitbilder der Moderne, vertreten durch Le Corbusier, trotz der Absage an den öffentlichen Raum durch Rem Koolhaas und Vilém Flusser: Der urbane Raum wird seine hohe Bedeutung für das Städtische behalten. Räume und Orte in der Stadt lassen sich in historischen Prozessen verändern, neu definieren, mit vielleicht noch unbekannter Bedeutung besetzen. Die Stadtplätze werden nicht unbedingt nach den Bildern von Camillo Sitte zu gestalten sein; eine Spekulation über zukünftige Bilder ist ohnehin irrelevant. Entscheidend für die Zukunft des urbanen Raumes wird sein, daß sich eine anthropologische Konstante nicht aufheben läßt. Unwichtig in welcher Form, Menschen brauchen als Gegengewicht zur Privatheit eine Art von Öffentlichkeit, wie auch immer diese definiert sein mag. Diese wird Orte brauchen, reale Orte, die sich aus der jeweiligen gesellschaftlichen Befindlichkeit definieren oder interpretieren, aber die nicht fiktiv oder virtuell sein können. Imaginäre Bilderwelten werden, solange der Mensch sinnlichen wie physiologischen Gesetzmäßigkeiten unterworfen ist, nicht diejenigen Orte ersetzen, zu denen man gehen kann und dabei den Widerhall seiner Schritte auf edlem Pflaster vernimmt, etwa zu nächtlicher Stunde, wenn Bürgermeister von urbanem Leben an solcherlei Orten träumen.

Zitate aus:

Camillo Sitte.
Der Städtebau nach seinen künstlerischen Grundsätzen.
Reprint der 4. Auflage von 1909, Braunschweig/Wiesbaden 1983.

Le Corbusier.
Grundfragen des Städtebaus.
Stuttgart 1945.

Ulrich Conrads Hg.
Charta von Athen.
Texte und Dokumente.
Braunschweig/Wiesbaden 1984.

Programme und Manifeste zur Architektur des 20. Jahrhunderts.
Braunschweig 1975.

Rem Koolhaas.
Die Entfaltung der Architektur.
Arch+ 117, Juli 1993, Aachen.

Vilém Flusser.
auf, und, davon.
Eine Nomadologie der Neunziger.
Herbstbuch, Verlag Droschl 1990.

Literatur

Abel 1950: Adolf Abel. **Regeneration der Städte, des villes, of towns.** Zürich 1950.

Aicher/Drepper 1990: Florian Aicher und Uwe Drepper. **Robert Vorhoelzer – Ein Architektenleben.** Ausstellungskatalog. München 1990.

Albers 1980: Gerd Albers. »Theodor Fischer und die Münchner Stadtentwicklung bis zur Mitte unseres Jahrhunderts.« In: **Bauen in München 1890–1950.** (Arbeitsheft 7 des Bayerischen Landesamtes für Denkmalpflege.) Hg. Bayerisches Landesamt für Denkmalpflege. München 1980, 6–25.

Albers 1984. Gerd Albers und Alexander Papageorgiou-Venetas. **Stadtplanung. Entwicklungslinien 1945–1980.** 2 Bände. Tübingen 1984.

Alte Heide 1979: **Festschrift zum 60jährigen Bestehen der Alten Heide.** München 1979.

Ammermann 1993: Ursula Ammermann und Christine Scheiblauer. »Neues Wohnen im Hasenbergl. Chance für eine alternde Siedlung.« In: **Münchner Projekte. Die Zukunft einer Stadt.** Hg. Christian Ude. München 1993, 61–75.

Angermair 1989: Elisabeth Angermair. **Thomas Wimmer und sein München.** Eine Stadt im Aufbau 1948–1960. München 1989.

Architekten und Denkmalpflege 1975: **Architekten und Denkmalpflege. Neue Architektur in historischer Umgebung.** Hg. Manfred F. Fischer, Friedhelm Grundmann und Manfred Sack. München 1975.

Aufbauzeit 1984: **Aufbauzeit. Planen und Bauen in München 1945–1950.** Katalog zum Architekturteil der Ausstellung »Trümmerzeit« im Münchner Stadtmuseum 1984. Hg. Winfried Nerdinger. München 1984.

Bahrdt 1968: Hans Paul Bahrdt. **Humaner Städtebau. Überlegungen zur Wohnungspolitik und Stadtplanung für eine nahe Zukunft.** Hamburg 1968.

Bangert 1990: Albrecht Bangert. **Die 50er Jahre.** München 1990.

Bärnreuther 1993: Andrea Bärnreuther. **Revision der Moderne unterm Hakenkreuz. Planungen für ein »neues München«.** München 1993.

Bauen in München 1970: **Bauen in München 1960–1970.** Hg. Baureferat der Landeshauptstadt München. München 1970.

Bauen in München 1980: **Bauen in München 1890–1950.** (Arbeitsheft 7 des Bayerischen Landesamtes für Denkmalpflege.) Hg. Bayerisches Landesamt für Denkmalpflege. München 1980.

Bauer 1988: Richard Bauer (Hg.). **Ruinen-Jahre. Bilder aus dem zerstörten München 1945–1949.** München 1988.

Bauer 1993: Reinhard Bauer. **Schwabing. Das Stadtteilbuch.** München 1993.

Bauer 1995: Reinhard Bauer. **Maxvorstadt zwischen Münchens Altstadt und Schwabing.** Das Stadtteilbuch. München 1995.

Bauer/Graf 1985: Richard Bauer und Eva Graf. **Nachbarschaften. Altmünchner Herbergsviertel und ihre Bewohner.** 2. Aufl. München 1984.

Bauliche Probleme München 1969: »München.« Sonderheft über planerische und bauliche Probleme Münchens in den vergangenen zehn Jahren. **Der Aufbau 11,** 1969.

Baumeister 1955: »Wohnanlage für Angestellte der Siemens & Halske A.G. in München-Obersendling.« In: **Baumeister 52,** 1955, 205–227.

Bausinger 1963: Hermann Bausinger, Markus Braun, Herbert Schwedt. **Neue Siedlungen.** Stuttgart 1963.

Bayerisches Arbeitsministerium 1946: **Das Wohnhaus im Aufbau.** Die Wohntypenvorschläge für den Wohnungsbau 1946 in Bayern. Hg. Bayerisches Arbeitsministerium. München 1946.

Beblo 1933: Fritz Beblo. »Münchener Stadtrandsiedlungen (Reichskleinsiedlung).« In: **Technisches Gemeindeblatt 36,** Nr. 18, 1933, 205–209.

Becker 1967: Horst Becker. **Wohnungsbau und Stadtentwicklung.** Demonstrativbauvorhaben des Bundesinnenministeriums für Wohnungswesen und Städtebau. München 1967.

Becker 1981: Ruth Becker. »Grundzüge der Wohnungspolitik in der BRD seit 1949.« In: **ARCH+ 57/58,** 1981, 64–68.

Benjamin 1963: Walter Benjamin. **Städtebilder.** Frankfurt 1963.

Bentmann 1979: Reinhard Bentmann und Michael Müller. **Die Villa als Herrschaftsarchitektur.** Frankfurt/M. 1979.

Bernard/Winter 1996: Ulrich Bernard und Klaus Winter, Planungsverband Äußerer Wirtschaftsraum München, befragt von Dr. Matthias Ottmann und Jörg Lippert. **Interview** am 30. September 1996.

Berndt 1969: Kurt Berndt. **Die Montagebauarten des Wohnungsbaues in Beton.** Wiesbaden, Berlin 1969.

Berthold 1990. Eva Berthold und Nobert Matern. **München im Bombenkrieg.** Düsseldorf 1990.

Beyme 1987: Klaus von Beyme. **Der Wiederaufbau.** Architektur und Städtebaupolitik in beiden deutschen Staaten. München, Zürich 1987.

Beyme 1992: Klaus von Beyme, Werner Durth, Niels Gutschow, Winfried Nerdinger, Thomas Topfstedt (Hg.). **Neue Städte aus Ruinen. Deutscher Städtebau der Nachkriegszeit.** München 1992.

Birkenhäuser 1987: J. Birkenhäuser. »Das Image von München.« In: **München. Weltstadt in Bayern.** Hg. J. Birkenhäuser. Kallmünz 1987, 1–11.

Blaschke 1980: Evi Blaschke und Sieghart Claasen (Hg.). **Alte Dorfkerne und neue Stadtrand-Siedlungen.** Aubing und Lochhausen/Langwied an der westlichen Stadtgrenze Münchens. Sozialgeographische Analyse des Untersuchungsgebietes Aubing/Neuaubing. (Arbeitsmaterialien zur Raumordnung und Raumplanung des Lehrstuhls für Wirtschaftsgeographie und Regionalplanung der Universität Bayreuth, Heft 4). Bayreuth 1980.

Blohm 1994: Katharina Blohm, Ulrich Heiß, Christoph Hölz, Birgit-Verena Karnapp, Regina Prinz, Dagmar Rinker. **Architekturführer München.** Hg. Winfried Nerdinger. Berlin 1994.

Bode 1968: Peter M. Bode. »Olympisches Wohnen: abgestuft, modisch. Nachträgliche Anmerkungen zum Modellentwurf des Münchner Olympischen Dorfes.« In: **Süddeutsche Zeitung**, 10. September 1968, 12.

Bode 1992: Peter M. Bode (Hg.). **München in den 50er Jahren.** Architektur des Wiederaufbaus am Beispiel von Hans Fries. München 1992.

Borgmann 1991: Nicola Borgmann. **Architektur und Städtebau in München 1943–1949.** Die Planungsphase des Wiederaufbaus der Stadt München unter besonderer Berücksichtigung des Konzeptes von Karl Meitinger. Magisterarbeit an der LMU München 1991 (Manuskript).

Bortz 1972: J. Bortz. »Beiträge zur Anwendung der Psychologie auf den Städtebau. II. Erkundungsexperiment zur Beziehung zwischen Fassadengestaltung und ihrer Wirkung auf den Betrachter.« In: **Zeitschrift für experimentelle und angewandte Psychologie** 19, 1972, 226–281.

Boustedt 1961: Olaf Boustedt. **Die Wachstumskräfte einer Millionenstadt – dargestellt am Beispiel Münchens.** München 1961.

Brandt 1955/56: Franz Brandt. »Die freien Wohnungsunternehmen in Bayern.« In: **Handbuch und Informator für die Bauwirtschaft.** 10 Jahre Wiederaufbau. München 1955/56, 351ff.

Breckner 1993: Ingrid Breckner. **Wohnen zwischen Macht und Ohnmacht.** Lernen durch Erfahrung in einem nutzerorientierten Wohnprojekt. München 1993.

Breitling 1967: Peter Breitling. **Der Einfluß sozialer, wirtschaftlicher, gestalterischer und rechtlicher Gesichtspunkte auf Hausform und Bauweise.** Diss. Braunschweig 1967.

Brockert 1968: Heinz Brockert. »Ein Trampelpfad über die Äcker.« In: **Münchner Merkur**, 19. Dezember 1968.

Büge/Griesheimer 1940: Max Büge und Friedrich Griesheimer. **Der Bau von Volkswohnungen. Die Bestimmungen und Erlasse.** Eberswalde, Berlin, Leipzig 1940.

Christmann 1973: Wolf Christmann. »Das Olympische Dorf ist eine Geisterstadt. Verzögern sich die Einzugstermine für die Eigentumswohnungen?« In: **Münchner Merkur**, 19. Januar 1973, 9.

Cremer 1992: Ulrich Cremer. **Wohnbau zwischen Dauer und Veränderung.** Konzepte und Erscheinungsformen baulicher Entwicklungsfähigkeit. Stuttgart 1992.

Cronauer 1967: Ingenieurbüro Cronauer (Hg.). **Aus unserer Arbeit.** Information Nr. 1, Mai 1967.

Dahinden 1980: Justus Dahinden. »Von Branca, Alexander.« In: **Contemporary Architects.** Hg. Muriel Emanuel und Dennis Sharp. London 1980, 853–855.

Dantscher 1974: Ralf Dantscher. **Bürgerinitiativen. Modell Maxvorstadt.** München 1974.

Denkmäler in Bayern 1985: **Denkmäler in Bayern I. 1.** Landeshauptstadt München. Bearbeitet von Heinreich Habel und Helga Hinnen. Hg. Michael Petzet. 2. Aufl. München 1985.

Deuerlein 1974: »Die politische Entwicklung Bayerns 1945 bis 1972.« In: **Handbuch der Bayerischen Geschichte.** Hg. Max Spindler. München 1978, 583–642.

Deutsche Bauzeitung 1972: »Olympiapark München.« In: **Deutsche Bauzeitung 8**, 1972, 799–838.

Dheus 1968: Egon Dheus. **München – Strukturbild einer Großstadt.** Stuttgart 1968.

Dheus 1972: Egon Dheus. **Die Olympiastadt München. Entwicklung und Struktur.** Stuttgart 1972.

Dheus 1974: Egon Dheus. **Münchner Wirtschaft.** Grünwald 1974.

Dick 1990: »Festansprache zum 40-jährigen Bestehen des Planungsverbandes Äußerer Wirtschaftsraum München.« In: **40 Jahre Planungsverband Äußerer Wirtschaftsraum.** Hg. Planungsverband Äußerer Wirtschaftsraum. München 1990.

Doll 1984: Florian Doll. »Sanierung der Außenanlagen im ›Emilienhof‹.« In: **Südhausbau informiert 1**, 1984, 23.

Donderer 1988: Uli Donderer. »Ausbauen und erneuern jetzt besonders aktuell.« In: **Geldjournal 2**, 1988, 12–13.

Dresel 1985: AG Peter Dresel und Rossmann + Partner mit Karl Bauer. »Erneuerung und Ergänzung in Wohngebieten aus den 50er und frühen 60er Jahren.« In: **Deutsches Architektenblatt 11**, 1985, 1459–1464.

Dürr 1991: Kajetan Dürr. **Historische Entwicklung der Münchner Stadtbezirke.** Hg. Münchner Forum (Berichte und Protokolle Nr. 103). München 1991.

Durth 1987: Werner Durth und Niels Gutschow. **Architektur und Städtebau der Fünfziger Jahre** (Schriftenreihe des deutschen Nationalkomitees für Denkmalschutz, Bd. 33). Bonn 1987.

Durth 1988: Werner Durth und Niels Gutschow. **Träume in Trümmern. Planungen zum Wiederaufbau zerstörter Städte im Westen Deutschlands 1940–1950.** 2 Bde. Braunschweig, Wiesbaden 1988.

Durth 1993: Werner Durth und Niels Gutschow. **Träume in Trümmern. Stadtplanung 1940–1950.** München 1993.

Durth 1994: Werner Durth und Niels Gutschow. **Architektur und Städtebau der 30er/40er Jahre.** (Schriftenreihe des deutschen Nationalkomitees für Denkmalschutz, Bd. 48 und 46). Bonn 1994.

Duvigneau 1989: Hans Jörg Duvigneau und Ludwig Schönfeld. **Wohnungspolitik und Wohnungswirtschaft in der Bundesrepublik Deutschland.** Hg. Gesamtverband Gemeinnütziger Wohnungsunternehmen (GGW). Materialien Heft 23. Köln 1989.

Ehlers 1973: Henning Ehlers, Sigrid Ehlers-Schrammer, Erika Tannenbaum. **Grundlagen und Bedingungen der Planung im öffentlich geförderten Wohnungsbau der BRD und ihr Einfluß auf Bebauungsweise, Bauform, Grundrißbildung.** Diplomarbeit TU Berlin. Berlin 1973.

Ehrenforth 1959: Werner Ehrenforth. **Zweites Wohnungsbaugesetz. Wohnungsbau- und Familienheimgesetz. Kommentar.** Köln, Berlin, Bonn 1958.

Eiber 1992: Ludwig Eiber. **Frauenholz. Lagerleben in der Nachkriegszeit.**

Katalog zur Ausstellung der Projektgruppe ›Frauenholz‹. 21. Mai-14. Juni 1992 im AW-Dorf Hasenbergl. Ingolstadt 1992.

Ellwein 1993. Thomas Ellwein. **Krisen und Reformen.** Die Bundesrepublik seit den sechziger Jahren. München 1993.

Faller 1996: Peter Faller. **Der Wohngrundriss.** Stuttgart 1996.

Fehl 1987: Gerhard Fehl und Juan Rodriguez-Lores (Hg.) **Die Kleinwohnungsfrage.** Zu den Ursprüngen des sozialen Wohnungsbaus in Europa. Hamburg 1987.

Fehl 1994: Gerhard Fehl. »Typisierter Wohnungsbau im ›Dritten Reich‹.« In: **Architektur und Städtebau der 30er/40er Jahre.** Ergebnisse der Fachtagung in München (26.-28. November 1993) des Deutschen Nationalkomitees für Denkmalschutz. Hg. Deutsches Nationalkomitee für Denkmalschutz. Bonn 1994, 74-83.

Fehl 1995. Gerhard Fehl. **Kleinstadt, Steildach, Volksgemeinschaft.** Zum ›reaktionären Modernismus‹ in Bau und Stadtbaukunst. Bauwelt Fundamente. Braunschweig/Wiesbaden 1995.

Feicht 1983: Heinz Feicht. »Kontinuität und Wandel im Wohnungsbau.« In: **Stadt 30**, 1983, 40-45.

Fey 1936: Walter Fey. **Leistungen und Aufgaben im Deutschen Wohnungs- und Siedlungsbau.** Berlin 1936.

Fey 1951: **Der Wohnungbau in der Bundesrepublik Deutschland.** Zwischenbilanz und Vorschau. Im Auftrage des Bundesministers für Wohnungsbau bearbeitet von Dr. Walter Fey. Bonn 1951.

Fiehler 1937: **München baut auf.** Ein Tatsachen- und Bildbericht über den nationalsozialistischen Aufbau der Hauptstadt der Bewegung. München 1937.

Fisch 1968a: Ludwig Fisch. »57 wollen das Olympia-Dorf bauen. Entscheidung über die Bauträgerschaft noch Ende des Monats. Erster Spatenstich im Frühjahr. Lob und Kritik.« In: **Süddeutsche Zeitung**, 13. August 1968.

Fisch 1968b: Ludwig Fisch. »Olympia-Dorf endgültig vergeben. Das Finanzministerium bestätigt: Die Deba-Gruppe erhielt den Zuschlag.« In: **Süddeutsche Zeitung**, 2. Oktober 1968, 13.

Fisch 1973: Ludwig Fisch. »Olympia-Dorfgemeinde hofft auf Zuzug. Besuch in der umstrittenen Wohnanlage. Die meisten Bewohner loben die Lebensbedingungen.« In: **Süddeutsche Zeitung**, 4./5. August 1973, 13-14.

Fisch 1988: Stefan Fisch. **Stadtplanung im 19. Jahrhundert. Das Beispiel München bis zur Ära Theodor Fischer.** München 1988.

Fischer 1947: Helmut Fischer. **Zerstörung und Wiederaufbau in München.** Manuskript vom 6. September 1947 (Monacensia Literaturarchiv und Bibliothek).

Fischer 1960: Helmut Fischer. »Bericht – Der Wohnungsbedarf in München – Die Deckung des Wohnungsbedarfs.« In: **Gesamtplan zur Behebung der Wohnungsnot in München.** Hg. Stadtrat der Landeshauptstadt München. München 1960, 7-39.

Fischer 1990: Gerd Fischer. **Architektur in München seit 1900. Ein Wegweiser.** Braunschweig 1990.

Fischer 1994: Gerd Fischer. **Architektur in München seit 1900. Ein Wegweiser.** Braunschweig 1994.

Flender 1969: A. Flender und W. Hollatz. **Wohnungsbau im Spiegel der Zeit.** Soziale, technische, finanzielle und städtebauliche Aspekte einer großen Aufgabe. Hannover 1969.

Forssmann 1975. J. Forssmann. »Zur Praxis der Sanierungsplanung in München.« In: **Stadtsanierung. Stand und Problematik in der Praxis.** (Hg.) Die kooperierenden Lehrstühle für Planung an der Rheinisch-Westfälischen TH Aachen. Köln 1975, 290-301.

Frampton 1991: Kenneth Frampton. **Die Architektur der Moderne – Eine kritische Baugeschichte.** Stuttgart 1991.

Franke 1972: J. Franke und J. Bortz. »Beiträge zur Anwendung der Psychologie auf den Städtebau. I. Vorüberlegungen und erste Erkundungsuntersuchungen zwischen Siedlungsgestaltung und Erleben der Wohnumgebung.« In: **Zeitschrift für experimentelle und angewandte Psychologie 19**, 1972, 76-106.

Franke 1975: J. Franke und G.-W. Rothgang. »Beiträge zur Anwendung der Psychologie auf den Städtebau. IV. Zusammenhänge zwischen baulichen Merkmalen und dem Image von Siedlungsgebieten.« In: **Zeitschrift für experimentelle und angewandte Psychologie 22**, 1972, 471-498.

Freudenberger 1927. **Josef Freudenberger.** 2 Bände. München 1927.

Friedrich 1982: Karin Friedrich. »Wie die Geisterstadt lebendig wurde. Zehn Jahre Olympiadorf. Freuden und Sorgen in der Siedlung beim früheren Oberwiesenfeld.« In: **Süddeutsche Zeitung**, 31. Juli/ 1. August 1982, 17-18.

Fünfundzwanzig Jahre Stadtteil Neuperlach 1990: **Fünfundzwanzig Jahre Stadtteil Neuperlach.** Sonderdruck aus dem Heimatbuch 790-1990-1200 Jahre Perlach. Hg. Bayerische Städte- und Wohnungsbau GmbH. München 1990.

Gans 1974: Herbert J. Gans. »Die ausgewogene Gemeinde: Homogenität oder Heterogenität in Wohngebieten?« In: **Stadt- und Sozialstruktur.** Arbeiten zur sozialen Segregation, Ghettobildung und Stadtplanung. Hg. Ulfert Herlyn. München 1974, 187-208.

Gartenstadt 1933: **Gartenstadt und Villensiedlung Pasing.** Pasing 1933.

Gebhard 1980: Helmut Gebhard. »Wohnungsbau zwischen Heimatschutz und neuer Sachlichkeit.« In: **Bauen in München 1890-1950.** Eine Vortragsreihe in der Bayerischen Akademie der Schönen Künste (Arbeitsheft 7, Bayerisches Landesamt für Denkmalpflege), München 1980, 65-89.

Gebhard 1984: Helmut Gebhard, Günther Grzimek, Gerhard Knopp u. a. **Freiräume im Städtebau. München und Umgebung.** Hg. Deutsche Akademie für Städtebau und Landesplanung, Landesgruppe Bayern. München 1984.

Gering 1990: Anja Gering. **Heimat Hasenbergl. Lokale Identifikation in einer Münchener Großsiedlung?**

Eine qualitative Untersuchung zur lokalen Identifikation in einer Großsiedlung am nördlichen Stadtrand von München. Unveröffentlichte Diplomarbeit am Geographischen Institut der Technischen Universität München. München 1990.

Gesamtplan 1960: **Gesamtplan zur Behebung der Wohnungsnot in München.** ›Münchener Plan‹. Hg. Stadtrat der Landeshauptstadt München. München 1960.

Gesellschaft durch Dichte 1963/64: **Gesellschaft durch Dichte.** Kritische Initiativen zu einem neuen Leitbild für Planung und Städtebau. Hg. Gerhard Boeddinghaus. Mitschnitt von Vorträgen der Tagungen »Gesellschaft durch Dichte« 1963 und »Großstadt, in der wir leben möchten« 1964. Braunschweig, Wiesbaden 1995.

GEWOS 1990 a: GEWOS-Institut für Stadt-, Regional und Wohnforschung GmbH. **Wohnungsmarktanalyse und -prognose für den Raum München.** Situationsanalyse, Dezember 1990. Hamburg 1990.

GEWOS 1990 b: GEWOS. **Wohnungspolitik nach dem 2. Weltkrieg.** Schriftenreihe des Bundesministers für Raumordnung, Bauwesen und Städtebau. Heft Nr. 482. Bonn-Bad Godesberg 1990.

GEWOS 1992. GEWOS-Institut für Stadt-, Regional und Wohnforschung GmbH. **Wohnungsmarktanalyse und -prognose für den Raum München.** Ergebnisse der Prognose bis zum Jahr 2000. Tischvorlage der Prognoseergebnisse vom 4. Januar 1992.

Gibbins 1988: Olaf Gibbins. **Großsiedlungen.** Bestandspflege und Weiterentwicklung. München 1988.

Giesler 1977: Hermann Giesler. **Ein anderer Hitler.** Bericht seines Architekten Hermann Giesler. Erlebnisse – Gespräche – Reflexionen. Leoni 1977.

Gisbertz/Gase 1936: Wilhelm Gisbertz und Walther Gase. **Das Deutsche Kleinsiedlungsrecht.** Wortlaut und Erläuterung sämtlicher Vorschriften. Stuttgart, Berlin 1936.

Göhner 1977: Werner Göhner. »Olympia hat sich gelohnt. Ein neues Stadtviertel mit Weltgeltung. Keine finanzielle Bürde. 600 Meter langer Rollsteig geplant.« In: **Münchner Stadtanzeiger,** 4. Januar 1977, 3.

Goldberg 1994: Undine Goldberg. »Das olympische Dorf.« In: **Die Utopie des Designs.** Kunstverein München 1994, 102–103.

Götschmann 1993: Dirk Götschmann. »Jedermann Hauseigentümer – Motive, Ziele und Ergebnisse der öffentlichen Förderung des privaten Wohneigentums in Deutschland.« In: **Wohnungspolitik im Sozialstaat.** Hg. Günther Schulz. Düsseldorf 1993. 141–168.

Greger 1973: Burkhard Greger. **Städtebau ohne Konzept.** Kritische Thesen zur Stadtplanung der Gegenwart. Hamburg 1973.

Grub 1979: Hermann Grub. **Erholungsraum Stadt.** Innerstädtische Erholungslandschaft am Beispiel der Stadt München. Stuttgart 1979.

Gruber 1959: Edmund Gruber. »Ganze Reihen neuer Häuser.« In: **Süddeutsche Zeitung,** 22. Mai 1959.

Günter/Hasse 1976: Roland Günter und Rolf Hasse. **Handbuch für Bürgerinitiativen.** Analysen, Berichte, Erfahrungen. Berlin 1976.

GWG 1965: Gemeinnützige Wohnstätten- und Siedlungsgesellschaft mbH. **Zehntausend Wohnungen.** München 1965.

Habel 1976: Heinrich Habel. »Denkmalpflege in München seit 1945.« In: **Die Kunst unsere Städte zu erhalten.** Hg. Arbeitskreis Städtebauliche Denkmalpflege der Thyssen-Stiftung. Stuttgart 1976, 182–192.

Haerendel 1995: Ulrike Haerendel. **Stadtverwaltung und Wohnungsbaupolitik in München 1933 bis 1945.** Diss. München (Manuskript) 1995.

Hafner 1993: Thomas Hafner. **Vom Montagehaus zur Wohnscheibe – Entwicklungslinien im deutschen Wohnungsbau 1945–1970.** Basel, Boston, Berlin 1993.

Hämmerlein 1996: Hans Hämmerlein. **Einführung in die Wohnungswirtschaft – Ein Leitfaden in Thesen und Übersichten.** Baden-Baden 1996.

Harbers 1955: Guido Harbers. »Die Siemens-Wohnstadt in München.« In: **Die Bauzeitung 60,** 1955, 252–258.

Harbers 1959: Guido Harbers. »Sozialer Wohnungsbau in München. Arbeiten von Dipl.-Ing. Fritz Vocke, München.« In: **Die Bauzeitung 64,** 1959, 436–438.

Harlander 1988. Tilmann Harlander, Katrin Hater, Franz Meiers. **Siedeln in der Not.** Umbruch von Wohnungspolitik und Siedlungsbau am Ende der Weimarer Republik. Hamburg 1988.

Harlander 1995: Tilman Harlander. **Zwischen Heimstätte und Wohnmaschine.** Wohnungsbau und Wohnungspolitik in der Zeit des Nationalsozialismus. Basel, Berlin, Boston 1995.

Harlander/Fehl 1986: Tilman Harlander und Gerhard Fehl (Hg.). **Hitlers Sozialer Wohnungsbau 1940–1945.** Wohnungspolitik, Baugestaltung und Siedlungsplanung. Aufsätze und Rechtsgrundlagen zur Wohnungspolitik, Baugestaltung und Siedlungsplanung aus der Zeitschrift »Der Soziale Wohnungsbau in Deutschland«. Hamburg 1986.

Hartmann 1970: Egon Hartmann und Dieter Wahls. »Stadtteil Perlach.« In: **Bauen in München 1960 bis 1970.** Hg. Baureferat der Landeshauptstadt München. München 1970, 37–47.

Hartstein 1966: Erich Hartstein. »Olympische Spiele 1972 in München?« In: **Münchner Leben.** Sonderheft Sportstadt München, März 1966, 32–33.

Hassenpflug 1966: Gustav Hassenpflug und Paulhans Peters. **Scheibe, Punkt und Hügel.** München 1966.

Hederer 1979: Oswald Hederer (Hg.). **Bauten und Plätze in München.** Ein Architekturführer. München 1979.

Heil 1967: Karolus Heil. **Wohnungen für Obdachlose.** Entwicklung der Wohnanlage Hasenbergl-Nord/Frauenholz. Befunde einer soziologischen Studie. München 1967.

Heil 1971: Karolus Heil. **Kommunikation und Entfremdung. Menschen am Stadtrand – Legende und Wirklichkeit.** Eine vergleichende Studie in einem Altbauquartier und in einer neuen Großsiedlung in München. Stuttgart 1971.

Heinle/Wischer 1980: Erwin Heinle, Robert Wischer und Partner. **Eine Stadt zum Leben.** Das olympische Dorf München. Freudenstadt 1980.

Heinritz 1987: Günter Heinritz. »Münchens Umlandbeziehungen.« In: **München – Ein sozialgeographischer Exkursionsführer.** (Münchener Geographische Hefte Nr. 55/56) Hg. Robert Geipel und Günter Heinritz. Kallmünz, Regensburg 1987, 141–163.

Heisler 1994: Andreas Heisler. **Stadt und Boden.** Zur Stadterweiterungsdiskussion der Jahrhundertwende und den Grundstücksverhältnissen in München 1860–1910. München 1994.

Henn 1987: Ursula Henn. Die **Mustersiedlung Ramersdorf in München.** Ein Siedlungskonzept zwischen Tradition und Moderne. München 1987.

Henschen/Wetter 1972: Henschen und Wetter. **Anti-Olympia.** München 1972.

Herde 1993: Christian Herde. **Wohnen in München. Projekte, Ansätze, Ideen.** München 1993.

Herlyn 1970: Ulfert Herlyn. **Wohnen im Hochhaus.** Eine empirisch-soziologische Untersuchung in ausgewählten Hochhäusern der Städte München, Stuttgart, Hamburg und Wolfsburg. Stuttgart 1970.

Herlyn 1974: Ulfert Herlyn (Hg.). **Stadt und Sozialstruktur.** Arbeiten zur sozialen Segregation, Ghettobildung und Stadtplanung. Nymphenburger Texte zur Wissenschaft 19. München 1974.

Herlyn 1987: Ulfert Herlyn, Adelheid von Saldern, Wulf Tessin. **Neubausiedlungen der 20er und 60er Jahre.** Ein historisch-soziologischer Vergleich. Frankfurt/M. 1987.

Hermand 1986: Jost Hermand. **Kultur im Wiederaufbau.** Die Bundesrepublik Deutschland 1945–1965. München 1986.

Heusler 1993: Andreas Heusler. »Kriegswirtschaft und Zwangsarbeit in Giesing 1939–1945.« In: **Unter den Dächern von Giesing.** Hg. Thomas Guttmann. München 1993, 78–89.

Heusler 1996: Andreas Heusler. **Ausländereinsatz.** Zwangsarbeit für die Münchner Kriegswirtschaft. München 1996.

Hexelschneider 1972: Erhard Hexelschneider, Gusti Heine, Siegfried Zeimer. **München – Stadt im Blickpunkt.** Eine dokumentarische Analyse. Frankfurt/M. 1972.

Hoffmann/Repenthin 1965: Ot Hoffmann und Christoph Repenthin. **Neue urbane Wohnformen. Gartenhofhäuser, Teppichsiedlungen, Terrassenhäuser.** Gütersloh, Berlin 1965.

Holl 1974: Oskar Holl. »Altstadtsanierung und Stadtentwicklung am Beispiel Münchens. Nach dem Ende des Wachstumsdenkens – für eine menschliche Stadt.« In: **Alte und moderne Kunst 136/137,** 1974, 60–118.

Howard 1898. Ebenezer Howard. **A Peaceful Way to Real Reform.** London 1898 (Neuausgabe: Garden Cities of Tomorrow. London 1902). Deutsche Ausgabe Jena 1907.

Interbau GmbH 1957: Interbau GmbH (Hg.). **Die Stadt von morgen.** Internationale Bauausstellung. Berlin 1957.

Invitation 1966: **Olympic Games 1972/ Jeux Olympiques 1972. Invitation** to Munich. Capital of Bavaria. Germany/Invitation à Bavière. Allemagne. München 1966.

Irion 1991: Ilse Irion und Thomas Sieverts. **Neue Städte. Experimentierfelder der Moderne.** Stuttgart 1991.

Jacobs 1961: Jane Jacobs. **The Death and Life of Great American Cities.** New York 1961.

Junghanns 1994: Kurt Junghanns. **Das Haus für Alle.** Zur Geschichte der Vorfertigung in Deutschland. Berlin 1994.

Kähler 1987: Gert Kähler. »Regionalismus ist kein Stil.« In: **Abschied von der Postmoderne.** Zur Überwindung der Orientierungskrise. Hg. Gert Kähler. Wiesbaden 1987, 76–99.

Kähler 1996: Gert Kähler. »Nicht nur Neues Bauen.« In: **Geschichte des Wohnens (Bd.4): 1918–1945 Reform, Reaktion, Zerstörung.** Hg. Gert Kähler. Ludwigsburg, Stuttgart 1996, 303–452.

Kaiser 1970: Ulrich Kaiser. **Zahlt sich München aus?** Ideen und Investitionen für 1972. Frankfurt/M. 1970.

Kirschenmann 1977: Jörg C. Kirschenmann und Christian Muschalek. **Quartiere zum Wohnen.** Bauliche und sozial-räumliche Entwicklung des Wohnens. Stuttgart 1977.

Klotz 1978: Heinrich Klotz. **Gestaltung einer neuen Umwelt.** Kritische Essays zur Architektur der Gegenwart. Luzern, Frankfurt 1978.

Klotz 1992: Alexander Markus Klotz. **60 Jahre im Rückblick.** Siedlergenossenschaft München-Freimann eG 1932–1992. Festschrift. München 1992.

Klotz 1993: Alexander Markus Klotz. »›Als Siedler kommen nur Erwerbslose oder Kurzarbeiter in Frage...‹ Vorgeschichte, Aufbau und Anfangsjahre der Reichskleinsiedlung Am Perlacher Forst.« In: **Unter den Dächern von Giesing.** Politik und Alltag 1918–1945. Hg. Thomas Guttmann. München 1993, 199–221.

Klotz 1994. Heinrich Klotz. **Kunst im 20. Jahrhundert: Moderne – Postmoderne – Zweite Moderne.** München 1994.

Kostof 1992. Spiro Kostof. **Das Gesicht der Stadt.** Geschichte städtischer Vielfalt. Frankfurt/New York 1992.

Kostof 1993. Spiro Kostof. **Die Anatomie der Stadt.** Geschichte städtischer Strukturen. Frankfurt/New York 1993.

Knorr 1939: Wolfgang Knorr. »Bevölkerungspolitische Forderungen im Wohnungsbau.« In: **Bauen, Siedeln, Wohnen 19,** 1939, 77–81.

Köpf 1974: Hans Köpf. »Stadtqualität. Ein Report nach Beispielen aus Österreich und Süddeutschland.« In: **Zeitschrift für Stadtgeschichte, Stadtsoziologie und Denkmalpflege 1,** 1974, 60–118.

Körbling 1996: Hans-Dieter Körbling, Ministerialrat im Bayerischen Staatsministerium für Landesentwicklung und Umweltfragen, befragt von Jörg Lippert. **Interview** am 16. Oktober 1996.

Krause 1991: Leo Krause. **Münchener Geschoßsiedlungen der 50er Jahre.** Miscellanea Bavarica Monacensia, Band 112. München 1991.

Krauss 1947: Friedrich Krauss. »Der Anteil des historischen Bestandes am Charakter einer Stadt.« Vortrag 1947. In: **Aufbauzeit. Planen und Bauen in München 1945–1950**. Katalog zum Architekturteil der Ausstellung »Trümmerzeit« im Münchner Stadtmuseum 1984. Hg. Winfried Nerdinger. München 1984, 71–73.

Krauss 1985: Marita Krauss. **Nachkriegskultur in München**. Münchner städtische Kulturpolitik 1945–1954. München 1985.

Krieg 1984: Nina A. Krieg. »München leuchtend und ausgebrannt. Denkmalpflege und Wiederaufbau in den Nachkriegsjahren.« In: **Trümmerzeit in München**. Kultur und Gesellschaft einer deutschen Großstadt im Aufbruch 1945–1949. Hg. Friedrich Prinz. Münchner Stadtmuseum 1984, 69–89.

Krier 1984: Leon Krier 1984. »Kritik am Flächennutzungsplan Poing-Nord.« In: **Baumeister 4**, 1984.

Krummacher 1988: Michael Krummacher. »Sozialer Wohnungsbau in der Bundesrepublik in den fünfziger und sechziger Jahren.« In: **Massenwohnung und Eigenheim**. Wohnungsbau und Wohnen in der Großstadt seit dem Ersten Weltkrieg. Hg. Axel Schildt und Arnold Sywottek. Frankfurt, New York 1988, 440–460.

Kühnemann 1969: Jörg Kühnemann. »Neue Wohnanlagen in München.« In: **München**. Eine Stadt im Umbruch. Hg. Länderdienst-Verlag, Berlin-West in Zusammenarbeit mit der Landeshauptstadt München. Berlin, Basel 1969, 44–49.

Landesinstitut für Bauwesen 1995: Landesinstitut für Bauwesen und angewandte Bauschadensforschung Aachen (Hg.). **Verbesserung von Großsiedlungen der 60/70er Jahre**. Ergebnisbericht zum fachlichen Erfahrungsaustausch mit dänischer, französischer und niederländischer Beteiligung vom 26. bis 28. Oktober 1994 in Schloß Raesfeld. Aachen 1995.

Laturell 1970: Volker D. Laturell. **Feldmoching**. Die Enstehungs- und Entwicklungsgeschichte eines Münchener Stadtteils. Mit den Ortsteilen Ludwigsfeld, Hasenbergl, Eggarten, Fasanerie-Nord, Harthof und Lerchenau. München 1970.

Lauter 1973: Bernt Lauter. »Zentrum Perlach – Leiden und Sterben einer Konzeption.« In: **Bauwelt 28**, 1973, 1238–1245.

Le Corbusier 1962. Le Corbusier. **An die Studenten. Die ›Charte d'Athènes‹**. Reinbeck 1962.

Lehmbruch 1980: Hans Lehmbruch. »Der Wettbewerb für die Anlage der Maxvorstadt.« In: **Klassizismus in Bayern, Schwaben und Franken**. Architekturzeichnungen 1775–1825. Hg. Winfried Nerdinger im Auftrag des Münchner Stadtmuseums. München 1980, 199–207.

Leitenstorfer 1946: Hermann Leitenstorfer. »Die Stadt München, ihr Werden und Wiedererstehen.« In: **Geistige Welt 4**, 1946, 27–36.

Leitl 1968: Alfons Leitl. »Hansjakob Lill 1913–1967.« In: **Das Münster 21**, 1968, 393–424.

LH München 1950: **Beiträge zur Soziographie Münchens**. Hg. Wiederaufbaureferat der Landeshauptstadt München. Bearbeitet von Helmut König. München 1950.

LH München 1952: **7 Jahre Wiederaufbau in München**. Ein Querschnitt durch den Wiederaufbau Münchens 1945–1952. Zusammengestellt vom Wiederaufbaureferat der Landeshauptstadt München. Text und Gestaltung: Helmut König. München 1952.

LH München 1954: **München 1953**. Leistungen und Probleme einer Stadt als Großbaustelle. Ein Bericht des Wiederaufbaureferenten Stadtrat Helmut Fischer der bayerischen Landeshauptstadt zur Jahreswende. München 1954.

LH München 1955: **München im 10. Nachkriegsjahr**. Skizzen vom Wiederaufbau einer weltbekannten Stadt. Ein Rückblick auf das Baugeschehen im Jahr 1954 von Stadtrat Helmut Fischer, Wiederaufbaureferent der Landeshauptstadt München. München 1955.

LH München 1958: **München setzt Stein auf Stein**. Das Baureferat der Landeshauptstadt München berichtet über die Bautätigkeit der letzten Jahre. Zusammengestellt von Dr. Helmut König. Im wesentlichen abgeschlossen nach dem Stande von Ende April 1958. München 1958.

LH München 1962: **Wohnungsbau in München**. Hg. Referat für Tiefbau und Wohnungswesen der Landeshauptstadt München. Text: Edmund Gruber. München 1962.

LH München 1969: **Gesamtplan zur Behebung der Wohnungsnot in München – 1. Münchener Plan – Abschlußbericht**. Hg. Landeshauptstadt München. München 1969.

LH München 1970: Landeshauptstadt München. **Stadtentwicklungsplan mit Gesamtverkehrsplan**. Kurzfassung 1970. München 1970.

LH München 1976: **Gesamtkonzept zur Stadtteilsanierung Haidhausen**. Hg. Landeshauptstadt München. Überarbeitete Fassung. München 1976.

LH München 1979. **Einfamilienhausprogramm**. Dokumentation über das Ergebnis von Plangutachten 1979. LH München mit Südhausbau GmbH, Gemeinnützige Wohnungsfürsorge AG, Bayerische Hausbau GmbH und Bayerische Landesbausparkasse. München 1979.

LH München 1983: **Stadtentwicklungsplan 1983**. Hg. Landeshauptstadt München. München 1983.

LH München 1985: **Entwicklungsperspektiven für die Münchner Innenstadt**. Arbeitsberichte zur Stadtentwicklungsplanung. Hg. Landeshauptstadt München. München 1985.

LH München 1992: Landeshauptstadt München. **Neues Wohnen im Hasenbergl**. München 1992.

Ludwig 1979: Johannes Ludwig. »Die Entstehung einer neuen Tradition in der Architektur. Fünfzig Jahre in eigener Erfahrung von 1929–1979.« In: **Zwischen Transformation und Tradition**. Städtebau in der Zweiten Hälfte des 20. Jahrhunderts. Festschrift für Gerd Albers. München 1979, 76–81.

Luther 1966: Edgar Luther. »Erläuterungen zur Strukturplanung.« In: **Perlach – Entlastungsstadt für München**. Sonderdruck aus der Zeitschrift Baumeister 8, 1966, 53–58.

Luther 1969: Edgar Luther. »Stadtplanung und ihre Durchführung.« In: Der Aufbau. Zeitschrift für Planen, Bauen und Wohnen 11, 1969, 438–445.

Luther 1970: Edgar Luther. »Die Verwirklichung eines Planungsleitbildes.« In: Bauen in München 1960 bis 1970. Hg. Baureferat der Landeshauptstadt München. München 1970, 7–9.

MAG 1952: Ein halbes Jahrzehnt Schuttbeseitigung und Wiederaufbau in München. Tätigkeitsbericht der Münchener Aufbaugesellschaft m.b.H. für die Zeit von Anfang 1947 bis Ende 1951. München 1952.

Mantler 1982: Rolf Mantler. Partizipaorische Stadtentwicklungspolitik. Erläutert an Münchner Fallbeispielen. Frankfurt 1982.

Marczuk 1989: M. Marczuk. Ursachen, Ausmaß und Konsequenzen einer sich ändernden Bewohnerstruktur in der Münchener Großsiedlung ›Am Hasenbergl‹. Unveröffentlichte Diplomarbeit am Geographischen Institut der Technischen Universität München. München 1989.

Materialien 1976: Materialien zur Stadterneuerung durch Sanierung und Modernisierung. München 1976.

Mayr 1989: Armin Mayr. »›Back to the City?‹ Erleben wir eine Renaissance unserer innerstädtischen Wohngebiete?« In: Münchener Geographische Hefte 60, 1989, 27–55.

Megele 1951: Max Megele. Baugeschichtlicher Atlas der Landeshauptstadt München. München 1951.

Megele 1960: Max Megele. Baugeschichtlicher Atlas der Landeshauptstadt München. Die Stadt im Jubiläumsjahr 1958. München 1960.

Meitinger 1946: Karl Meitinger. Das Neue München – Vorschläge zum Wiederaufbau. München 1946.

MGS/GFS 1989: Wohnen und Arbeiten in Haidhausen. Hg. Münchner Gesellschaft für Sanierung und Gruppe für sozialwissenschaftliche Forschung. München 1989.

Michael 1982: Richard Michael. Überlastete Kernstadt – zersplittertes Umland. Münchner Forum, Heft 25. München 1982.

Mitscherlich 1965: Alexander Mitscherlich. Die Unwirtlichkeit unserer Städte. Anstiftung zum Unfrieden. Frankfurt/M. 1965.

Mitscherlich 1996: Alexander Mitscherlich. Die Unwirtlichkeit unserer Städte – Anstiftung zum Unfrieden. Frankfurt/M. 1996. Erstausgabe Frankfurt/M. 1965.

Möbel der Gegenwart 1953. Hg. Sozialwerk für Wohnung und Hausrat Möbel der Gegenwart für den Sozialen Wohnungsbau. Bonn 1953.

Morsey 1995. Rudolf Morsey. Die Bundesrepublik Deutschland. Entstehung und Entwicklung bis 1969. Oldenbourg Grundriß der Geschichte. München 1995.

Mosler 1969: Walter Mosler. »Neuer Wohnungsbau.« In: Der Aufbau 24, 1969, S. 450–456.

Mücke 1967: Ewald Mücke. »Die Städtebaufunktion und Struktur der Entlastungsstadt Perlach.« In: Entlastungsstadt Perlach in München. Hg. Neue Heimat Bayern. München 1967, 37–42.

Mücke 1970: Ewald Mücke. »Stadtentwicklungsplan und Gesamtverkehrsplan.« In: Bauen in München 1960 bis 1970. Hg. Baureferat der Landeshauptstadt München. München 1970, 10–14.

München 1979: Alexander Freiherr von Branca. Ausstellung in der Fachhochschule München, Fachbereich Architektur vom 15. November bis 15. Dezember.1979. Idee und Konzept: Enno Burmeister. München 1979.

München 1993: Bauen im Nationalsozialismus. Bayern 1933–1945. Hg. Winfried Nerdinger. Münchner Stadtmuseum 1993.

München 1996: München '96. Die bayerische Landeshauptstadt im Spiegel der Zahlen. Hg. Presse- und Informationsamt der Landeshauptstadt München. München 1996.

München und seine Bauten 1912. München und seine Bauten. Hg. Bayerischer Architekten- und Ingenieur-Verein. München 1912.

München und seine Bauten 1984: München und seine Bauten nach 1912. Hg. Bayerischer Architekten- und Ingenieurverband e.V. München 1984.

München/Munich/Monaco 1966: München/Munich/Monaco. Stadt im Grünen. Zentrum der Kultur. Spiele der kurzen Wege. Hg. Landeshauptstadt München. München 1966.

Münchner Bauzeitung 1953: »Beispielgebender sozialer Wohnungsbau in München. Der Emilienhof.« In: Münchner Bauzeitung 1, Nr. 4, 1953, 1 und 6.

Münchner Forum 1970: Öffnet die Höfe. Höfe der Münchner Innenstadt. Hg. Arbeitskreis Wirtschaft und Funktion der Münchner Innenstadt. Münchner Forum, Heft 2, 1970:

Nerdinger 1979: Winfried Nerdinger. »Die ›Kunststadt‹ München.« In: Die Zwanziger Jahre in München. Katalog zur Ausstellung im Münchner Stadtmuseum. Mai bis September 1979. München 1979, 93–111.

Nerdinger 1988: Winfried Nerdinger. Theodor Fischer. Architekt und Städtebauer 1862–1938. Ausstellung der Architektursammlung der TU München und des Münchner Stadtmuseums in Verbindung mit dem Württembergischen Kunstverein. Berlin 1988.

Nerdinger 1990: Winfried Nerdinger. »Materialästhetik und Rasterbauweise – Zum Charakter der Architektur der fünfziger Jahre.« In: Architektur und Städtebau der 50er Jahre. Ergebnisse der Fachtagung in Hannover (Schriftenreihe des deutschen Nationalkomitees für Denkmalschutz, Bd. 41). Hg. Werner Durth, Niels Gutschow. Bonn 1990, 38–49.

Nerdinger 1992: Winfried Nerdinger. »München: Bewährte Kontinuität.« Neue Städte aus Ruinen. Deutscher Städtebau der Nachkriegszeit. München 1992, 334–348., In: Klaus von Beyme, Werner Durth, Niels Gutschow, Winfried Nerdinger, Thomas Topfstedt (Hg.).

Nerdinger 1993. Winfried Nerdinger. Bauhaus-Moderne im Nationalsozialismus. Zwischen Anbiederung und Verfolgung. München 1993.

Nerdinger 1994: Winfried Nerdinger. »Einführung.« In: Katharina Blohm, Ulrich Heiß, Christoph Hölz, Birgit-Verena Karnapp, Regina Prinz, Dagmar Rinker. Architekturführer

München. Hg. Winfried Nerdinger. Berlin 1994.

Neue Heimat 1955: Neue Heimat (Hg.). **So möchte ich wohnen!** Ergebnisse einer wohnungswirtschaftlichen Befragung der Bevölkerung in 11 deutschen Städten. Hamburg 1955.

Neue Heimat 1970: **15 Jahre Wohnungs- und Städtebau der Neuen Heimat Bayern.** Gemeinnützige Wohnungs- und Siedlungsgesellschaft m.b.H. München 1955–1970. München 1970.

Neue Heimat 1978: Neue Heimat (Hg.). **Jahresbericht 1977/78.** Hamburg 1978.

Neumeier 1988: Gerhard Neumeier. »Königlich-bayerisch Wohnen?« In: **München – Musenstadt mit Hinterhöfen.** Die Prinzregentenzeit 1886–1912. Hg. Friedrich Prinz und Marita Krauss. München 1988, 119–123.

Niethammer 1972: Lutz Niethammer. **Entnazifizierung in Bayern.** München 1972.

Novy/Zwoch 1991: **Nachdenken über Städtebau.** Neun Aufsätze. Hg. Klaus Novy, Felix Zwoch in der Reihe Bauwelt Fundamente. Braunschweig, Wiesbaden 1991.

Oberhofer 1980: Betty Oberhofer. **Pasing einst eine Stadt an der Würm.** Das Dorf, die Stadt, der Stadtteil. München 1980.

Oberste Baubehörde 1951: **Leitfaden für den staatlich geförderten sozialen Wohnungs- und Kleinsiedlungsbau in Bayern.** Heft 1: Förderungsbestimmungen mit Erläuterungen. Hg. Oberste Baubehörde im Bayerischen Staatsministerium des Innern. München 1951.

Oberste Baubehörde 1955: **125 Jahre Bayerische Oberste Baubehörde.** München 1955.

Oberste Baubehörde 1973: **Sozialer Wohnungsbau in Bayern.** Hg. Bayerisches Staatsministerium des Innern, Oberste Baubehörde. München 1973.

Oberste Baubehörde 1980: **150 Jahre Bayerische Oberste Baubehörde im Bayerischen Staatsministerium des Innern.** Hg. Bayerisches Staatsministerium des Innern, Oberste Baubehörde. München 1980.

Ohly 1947: Bodo Ohly. »Utopie oder Ausweg? Planung einer neuen Stadt.« In: **Bayerische Rundschau 2**, 1947.

Olympiadorf 1973: »Das Olympiadorf belastet Bauträger und Banken. Erst 43 % aller Wohneinheiten verkauft. Jährliche Zinsbürde von 20 Millionen Mark. Stagnierender Absatz.« In: **Süddeutsche Zeitung**, 19. Juli 1973, 15.

Olympische Bauten I 1969: **Bauten der Olympischen Spiele 1972 München 1972.** Architekturwettbewerbe. Stuttgart, Bern 1969.

Olympische Bauten II 1970: **Olympische Bauten München 1972.** 2. Sonderband. Bestandsaufnahme Herbst 1970. Architekturwettbewerbe. Stuttgart, Bern 1970.

Olympische Bauten III 1972: **Olympische Bauten München 1972.** 3. Sonderband. Bauabschluß: 1972. Architekturwettbewerbe. Stuttgart 1972.

Ottmann 1967: Paul Ottmann. »Die Münchner Siedlungsbauprobleme – Überlegungen zur augenblicklichen Situation.« **Vortrag** im Rotary-Club in München am 5. Oktober 1967 (Manuskript Archiv Südhausbau).

Ottmann 1970: Paul Ottmann. »Aus Fehlern der Nachkriegsstädte neue Impulse für den Städtebau.« **Vortrag** im Rotary-Club in München am 30. April 1970 (Manuskript Archiv Südhausbau).

Ottmann 1984: Linde Ottmann. »Chronologie einer Planung. Eine ›Unendliche Geschichte‹.« In: **Südhausbau informiert 1**, 1984.

Ottmann 1986: Paul Ottmann. »50 Jahre Südhausbau«. In: **50 Jahre Südhausbau.** Festschrift. München 1986, o. S.

Ottmann 1991: Paul Ottmann. **Ballungszentrum München, seine Entwicklung zur Großregion.** Vortrag am 31. Januar 1991 (Manuskript Archiv Südhausbau).

Ottmann 1995: Peter Ottmann. »Urbanisierung von Ladenzentren der 60er Jahre in München.« In: **Making Cities Livable.** New Urban Neighborhoods. Gleichnamiger Tagungsband, Historisches Kaufhaus, Freiburg, 5.–9. September 1995, 157–159.

Ottmann 1996 a: Paul Ottmann. **Ein Wohnungsbauunternehmer blickt zurück.** Die Firmengeschichte der Südhausbau seit 1949. München 1996.

Ottmann 1996 b: Paul Ottmann befragt von Hilke Möller. **Interview** am 30. September 1996.

Ottow 1996: Johann Christoph Ottow befragt von Hilke Möller. **Interview** am 24. Juli 1996.

Pehnt 1983: Wolfgang Pehnt. **Das Ende der Zuversicht.** Berlin 1983.

Peltz-Dreckmann 1978: Ute Peltz-Dreckmann. **Nationalsozialistischer Siedlungsbau.** Versuch einer Analyse der die Siedlungspolitik bestimmenden Faktoren am Beispiel des Nationalsozialismus. München 1978.

Pergande 1973: Hans-Günther Pergande (unter Mitarbeit von Jürgen Pergande). »Die Gesetzgebung auf dem Gebiete des Wohnungswesens und des Städtebaues.« In: **Deutsche Bau- und Bodenbank Aktiengesellschaft 1923–1973 – 50 Jahre im Dienste der Bau- und Wohnungswirtschaft.** Frankfurt/M. 1973, 11–209.

Peschel 1992: Wolfgang Peschel und Teresa Maria Taddonio. **Leben in Fürstenried: Geschichte und Gegenwart eines Münchner Stadtteils.** München 1992.

Peters 1958: Paulhans Peters. **Wohnhochhäuser, Punkthäuser.** München 1958.

Peters 1973: Paulhans Peters. **Häuser in Reihen, Mehrfamilienhäuser, Kettenhäuser, Häusergruppen.** München 1973.

Peters 1984: Karl-Heinz Peters. **Wohnungspolitik am Scheideweg – Wohnungswesen, Wohnungswirtschaft, Wohnungspolitik.** Berlin 1984.

Petzet 1979: Michael Petzet. »Denkmalpflege heute.« In: **Jahrbuch der Bayerischen Denkmalpflege 29**, 1975, 12–18.

Pfister 1946: Rudolf Pfister. »Wiederaufbau der deutschen Städte.« In: **Baumeister 1946**, 105.

Planung 1970: »Planung der Olympiabauten in München.« In: **Deutsche Bauzeitung 1**, 1970, 81–92.

Planungsverband Äußerer Wirtschaftsraum 1963. **Rahmenplan München-Ost.** Erläuterungsbericht. Hg. Planungsverband Äußerer Wirtschaftsraum München. München 1963.

Planungsverband Äußerer Wirtschaftsraum 1968: **Regionalentwicklungsplan München**. Hg. Planungsverband Äußerer Wirtschaftsraum. München 1968.

Planungsverband Äußerer Wirtschaftsraum 1990: **Informationsblatt 1950–1990**. Hg. Planungsverband Äußerer Wirtschaftsraum. München 1990.

Preis 1945: Karl Sebastian Preis. **Der erste Schritt zum Wiederaufbau unserer Stadt**. München 1945.

Preiß, 1989: Achim Preiß. »Die Architektur der fünfziger Jahre.« In: **Bauwelt 19**, 1989, 854–857.

Prinz 1984: Friedrich Prinz (Hg.). **Trümmerzeit in München**. Kultur und Gesellschaft einer deutschen Großstadt im Aufbruch 1945–1949. Münchner Stadtmuseum 1984.

PROGNOS 1978: Prognos AG. Regionale Wohnungsmarktuntersuchung Raum München. Unterlagen für das 14. Arbeitsgespräch am 10. März 1978 (Archiv Südhausbau).

Rabeler 1986: Gerhard Rabeler. **Wiederaufbau und Expansion westdeutscher Städte 1945 bis 1960 im Spannungsfeld von Reformideen und Wirklichkeit**. Ein Überblick aus städtebaulicher Sicht in zwei Teilen. Dissertation an der Fakultät für Architektur der TU München. München 1986.

Rademacher 1985: Bettina Rademacher. »Im Olympiadorfkern ist der Wurm. Schwere Schäden an öffentlichen Flächen. Verteilung der Sanierungskosten noch nicht geklärt.« In: **Süddeutsche Zeitung**, 2. April 1985, 13.

Rainer 1972: Roland Rainer. **Lebensgerechte Außenräume**. Zürich 1972.

Rainer 1974: Roland Rainer. **Für eine lebensgerechtere Stadt**. Wien, München, Zürich 1974.

Rasp 1981: Hans-Peter Rasp: **Eine Stadt für tausend Jahre**. München. Bauten und Projekte für die Hauptstadt der Bewegung. München 1981.

Regionaler Planungsverband München 1987: **Regionalplan München**. Hg. Regionaler Planungsverband. München 1987.

Reinborn 1996: Dietmar Reinborn. **Städtebau im 19. und 20. Jahrhundert**. Stuttgart, Berlin, Köln 1996.

Reinhardt 1957: Georg Reinhardt. **Sozialer Wohnungsbau im Lande Bayern**. Hg. und bearbeitet von Georg Reinhardt, Dr. Michael Schneider und Albrecht Bufler im Bayerischen Staatsministerium des Innern, Oberste Baubehörde. München 1957.

Rodenstein 1988: Marianne Rodenstein. **Mehr Licht, mehr Luft**. Konzepte im Städtebau seit 1750. Frankfurt a. M., New York 1988.

Ruppert 1987: Karl Ruppert. »Spezielle Aspekte des innerbayerischen Wanderungsfeldes von München unter besonderer Berücksichtigung der Stadt-Rand-Wanderung.« In: **Landesentwicklungspolitik und Stadtregionen in Bayern**. Entwicklungen, Strukturen, Konflikte und planerische Konzepte. Hg. Akademie für Raumforschung und Landesplanung. Hannover 1987, 234–247.

S.T.E.R.N. 1989: S.T.E.R.N. Gesellschaft der behutsamen Stadterneuerung Berlin mbH (Hg). **Internationale Bauausstellung Berlin 1987**. Projektübersicht. Berlin 1989.

Sanierung Haidhausen 1980: **Die Sanierung des Münchner Stadtteils Haidhausen**. Sozial- und Stadtstrukturelle Folgen. Hg. Sozialforschungsinstitut München. Jahresbericht. München 1980.

Scarpa 1986: Ludovica Scarpa. **Martin Wagner und Berlin**. Architektur und Städtebau in der Weimarer Republik. Braunschweig/Wiesbaden 1986.

Scharnagl 1945: Karl Scharnagl. Brief des Oberbürgermeisters an das Referat 12 vom 23.9.1945. In: **Ruinen-Jahre. Bilder aus dem zerstörten München 1945–1949**. Hg. Richard Bauer. München 1988, 43–45.

Scheiblauer 1990: Christine Scheiblauer und Reiner Schmidt. »Entwicklungskonzept Hasenbergl«. In: **Garten + Landschaft 4**, 1990, 39–45.

Schickel 1993: Gabriele Schickel. »Siedlungen und Luftschutz. ›Siedeln heißt nicht bauen, sondern viel mehr‹.« In: **Bauen im Nationalsozialismus. Bayern 1933–1945**. Hg. Winfried Nerdinger. Ausstellungskatalog München 1993, 253–264.

Schmidt 1997: Helmut Schmidt. »Gratwanderung«. Interview mit Helmut Schmidt. In: **Süddeutsche Zeitung Magazin**, 24. Januar 1997, 12–13.

Schmidt-Grohe 1968: Johanna Schmidt-Grohe. »Vorolympischer Kampf.« In: **Süddeutsche Zeitung**, 12. August 1968.

Schmitt 1964: Karl Wilhelm Schmitt. **Mehrgeschossiger Wohnungsbau**. Stuttgart 1964.

Schnell 1963: Hugo Schnell. »Neue Kirchenbauten in Süddeutschland.« In: **Das Münster 16**, 1963, 378–416 und 429–432.

Schnell 1964: Hugo Schnell. **Stadtpfarrkirche St. Nikolaus am Hasenbergl**. Kleiner Kirchenführer Nr. 803. München 1964.

Schöner Wohnen – Besser Leben 1957: »Schöner Wohnen – Besser Leben.« In: **Wie bauen – wie wohnen?** Heft 6. Hg. Deutscher Sparkassenverlag Stuttgart. Stuttgart 1957.

Schönmann 1993: Hans Günther Schönmann. »Geschichte des deutschen Hypothekarkredits.« In: **Handbuch des Hypothekarkredits**. Hg. Konrad Rüchardt. Frankfurt/M. 1993, 819–981.

Schultz 1971: Uwe Schultz (Hg.). **Umwelt aus Beton oder Unsere unmenschlichen Städte**. Hamburg 1971.

Schulz 1988: Günther Schulz. »Eigenheimpolitik und Eigenheimförderung im ersten Jahrzehnt nach dem Zweiten Weltkrieg.« In: Axel Schildt und Arnold Sywottek (Hg.). **Massenwohnung und Eigenheim**. Wohnungsbau und Wohnen in der Großstadt seit dem Ersten Weltkrieg. Frankfurt, New York 1988, 409–439.

Schulz 1994: Günther Schulz. **Wiederaufbau in Deutschland – Die Wohnungsbaupolitik in den Westzonen und der Bundesrepublik von 1945 bis 1957**. Düsseldorf 1994.

Seldte 1939: Franz Seldte. **Sozialpolitik im Dritten Reich 1933–1938**. München, Berlin 1939.

Selig 1978: Heinz Jürgen Selig. **Münchner Stadterweiterung von 1860 bis 1910. Stadtgestalt und Stadtbaukunst. München 1978.

Selig 1988: Heinz Selig. »Theodor Fischers Wirken in München.« In: **Theodor Fischer zum 50. Todestag.** Hg. Referat für Stadtplanung und Bauordnung in Zusammenarbeit mit dem Presse- und Informationsamt der LH München. München 1988, 9–13.

Seydel 1969: Erich Seydel. »Olympisches Dorf jetzt auf festen Grund und Boden. Verbriefung mit Käufergruppe. Alle Auflagen werden planungsgerecht erfüllt.« In: **Bayerische Staatszeitung**, 9. Mai 1969.

Sitte 1889: Camillo Sitte. **Der Städtebau nach seinen künstlerischen Grundsätzen.** Ein Beitrag zur Lösung moderner Fragen der Architektur und monumentalen Plastik unter besonderer Beziehung auf Wien. Wien 1889.

Sozialer Wohnungsbau 1973: **Sozialer Wohnungsbau in Bayern.** Hg. Bayerisches Staatsministerium des Innern – Oberste Baubehörde. München 1973.

Sozialgeographischer Führer 1987: **München – Ein sozialgeographischer Exkursionsführer.** Münchener Geographische Hefte Nr. 55/56. Hg. Robert Geipel und Günter Heinritz. Kallmünz, Regensburg 1987.

Spindler 1974: Max Spindler. **Bayerische Geschichte im 19. und 20. Jahrhundert.** München 1974/75.

Spindler 1978: Max Spindler (Hg.). **Handbuch der Bayerischen Geschichte.** München 1978.

Stadtentwicklungsplan 1962: **München.** Stadtentwicklungsplan – Gesamtverkehrsplan. Hg. Arbeitsgemeinschaft Stadtentwicklungsplan München. München 1962.

Stadtentwicklungsplan 1963: **Stadtentwicklungsplan einschließlich Gesamtverkehrsplan der Landeshauptstadt München.** Hg. Landeshauptstadt München. München 1963.

Stadtentwicklungsplan 1975: **Stadtentwicklungsplan.** Hg. Landeshauptstadt München. Referat für Stadtforschung und Stadtentwicklung. München 1975.

Städtetag Nürnberg 1965: **Leben in der Stadt?!** Neue Schriften des Deutschen Städtetages. Hg. Deutscher Städtetag Nürnberg. Köln 1965.

Stadtgestalt und Denkmalschutz 1979: **Stadtgestalt und Denkmalschutz im Städtebau.** Eine Dokumentation des Bayerischen Landeswettbewerbes 1977/78. München 1978.

Stadtteilführer 1978: **Stadtteilführer für's Hasenbergl.** Stand November 1978. Hg. Gemeinwesen Arbeitsteam, Wintersteinstraße 46 mit Unterstützung der Kirchengemeinden Evangeliumskirche, Mariae Sieben Schmerzen, St. Nikolaus. München 1978.

Stadtverwaltung 1940: »Die Stadtverwaltung der Hauptstadt der Bewegung im Kriegsjahr 1940.« In: **Wirtschafts- und Verwaltungsblatt der Hauptstadt der Bewegung 15. Dezember 1940/Januar 1941,** 49–62.

Stangl 1976: Hans Stangl. **Aubing Anno Dazumal.** Pasing 1976.

Stangl 1979: Hans Stangl (Hg.). **Bauerndorf Aubing.** Dokumentation. Festschrift 50 Jahre Landwirtschaftliche Interessensgemeinschaft Aubing. München 1979.

Statistisches Handbuch 1928: **Statistisches Handbuch der Stadt München.** Hg. Statistisches Amt der Stadt München. München 1928.

Statistisches Handbuch 1938: **Statistisches Handbuch der Hauptstadt der Bewegung für die Jahre 1927 bis 1937.** Hg. Hauptverwaltungsamt und Statistisches Amt. München 1938.

Statistisches Jahrbuch 1993: **Statistisches Jahrbuch der Stadt München.** Hg. Statistisches Amt der Landeshauptstadt München. München 1993.

Steiner 1960: A. H. Steiner, M. Guther, K. Leibbrand. **München – Stellungnahme der Planungsberater zum Wirtschaftsplan vom 1.3.1958 und zum Generalverkehrsplan vom 2.7.1958.** München 1960.

Steiner 1987: Otto Steiner. **Streifzug eines Pfarrers und Zeitgenossen am Hasenbergl.** Rothenburg o. T. 1987.

Sting 1969: Hellmuth Sting. **Der Grundriß im mehrgeschossigen Wohnungsbau.** Stuttgart 1969.

Stock 1970: Walter Stock. »Flächennutzungsplan.« In: **Bauen in München 1960 bis 1970.** Hg. Baureferat der Landeshauptstadt München. München 1970, 15–26.

Straßen- und Verkehrsausbau 1972: **Olympiastadt München. Straßen- und Verkehrsausbau eines Jahrzehnts.** Sonderdruck aus Straße und Autobahn 8, 1972.

Strecker 1970: Rainer Strecker. »Versuch einer Analyse der Hintergründe der Planung von Neu-Perlach.« In: **Berichte und Protokolle des Münchner Forum 13,** 1970, 1–22.

Stuttgart 1963: **Der soziale Wohnungsbau in Deutschland.** Richtig planen, gut wohnen, rationell bauen. Katalog zur Ausstellung ›Der soziale Wohnungsbau in Deutschland‹. Zusammengestellt vom Bundesministerium für Wohnungswesen, Städtebau und Raumordnung, organisiert vom Institut für Auslandsbeziehungen, Stuttgart. Stuttgart 1963.

Südhausbau 1956 a: **1936–1956.** Südhausbau GmbH München. Festschrift. München 1956.

Südhausbau 1956 b: **20 Jahre Wohnungsbau – Planen, bauen, verwalten.** München 1956.

Südhausbau 1956c: Südhausbau GmbH. **Eigenheim-Großsiedlung München-Obermenzing.** Exposé vom 13. November 1956 (Archiv Südhausbau).

Südhausbau 1960: Südhausbau GmbH. **Besichtigung der Reihenhaussiedlungen an der Murnauer Straße und in Obermenzing »Am Durchblick« sowie unserer Wohnhaussiedlung an der Brudermühlstraße.** Brief an die Landeshauptstadt München, Referat für Tiefbau und Wohnungswesen vom 6. Mai 1960 (Archiv Südhausbau).

Südhausbau 1961a: **Südhausbau GmbH 1936–1961.** Festschrift. München 1961.

Südhausbau 1961b: Südhausbau GmbH BE-GE-Bau GmbH. **Wohnungswirtschaftliche Tätigkeit 1959–1962.** Geschäftsbericht 1961. München 1961.

Südhausbau 1962: Südhausbau GmbH. **Autobahnverbindung durch unser Einfamilienhausgebiet Obermenzing »Am Durchblick«.** Exposé vom 3.10.1962 (Archiv Südhausbau).

Südhausbau 1963: **Südhausbau GmbH - BE-GE-Bau GmbH. Tätigkeitsbericht 1963–1965. Geschäftsbericht 1963.** München 1963.

Südhausbau 1968: Südhausbau GmbH – Südbaucommerz K.G. **Wohnsiedlungen, Eigenheime, Städtebau. Ein Tätigkeitsbericht in Bildern 1960–1967.** München 1968.

Südhausbau 1971: **35 Jahre Südhausbau. 35 Jahre Wohnungs- und Städtebau. Festschrift.** München 1971.

Südhausbau 1986: **50 Jahre Südhausbau. Festschrift.** München 1986.

SZ 1954a: »Das Streiflicht [Thema: So möchte ich wohnen].« In: **Süddeutsche Zeitung**, 19. Juli 1954.

SZ 1954b: A. W. Althen. »Grundriß der Gemütlichkeit.« In: **Süddeutsche Zeitung**, Nr. 162, 17./18. Juli 1954.

SZ 1955: A. W. Althen. »Durch die Wand geflüstert...« In: **Süddeutsche Zeitung**, Nr. 279, 24. November 1955.

SZ 1957: »Richtfest mit Klagemauer.« In: **Süddeutsche Zeitung**, 24. September 1957.

SZ 1958 a: »Siedlung mit Blick auf Nymphenburg.« In: **Süddeutsche Zeitung**, 14. April 1958.

SZ 1958 b: »Ein neues Stadtviertel in Obermenzing.« In: **Süddeutsche Zeitung**, 17. September 1958.

SZ 1958 c: »Neue große Eigenheim-Siedlung in Obermenzing.« In: **Süddeutsche Zeitung**, 20./21. September 1958.

SZ 1959: »Siedlung zwischen zwei Schlössern.« In: **Süddeutsche Zeitung**, 25. Mai 1959.

Thalgott 1993: Christiane Thalgott. »Riem und Freiham – Wohnen in neuen Siedlungen.« In: **Münchner Projekte. Die Zukunft einer Stadt.** Hg. Christian Ude. München 1993, 33–46.

Thürmer-Rohr 1976: Christina Thürmer-Rohr. »Denkmalpflege und Bewohnerinteressen. Zur Frage der Erhaltung ›Humaner Wohnformen‹.« In: **Bewertungsfragen der Denkmalpflege im städtischen Raum.** Hg. Institut für Bau- und Kunstgeschichte der TU Hannover. Hannover 1976, 77–92.

Tzschaschel 1987: Sabine Tzschaschel. »Neuperlach – Lebensqualität in einer Satellitenstadt.« In: **München – Ein sozialgeographischer Exkursionsführer.** (Münchener Geographische Hefte Nr. 55/56) Hg. Robert Geipel und Günter Heinritz. Kallmünz, Regensburg 1987, 503–535.

Venturi 1978. Robert Venturi. **Komplexität und Widerspruch in der Architektur.** Bauwelt Fundamente. Braunschweig/Wiesbaden. 2. Aufl. 1993.

Venturi 179. Robert Venturi, Denise Scott Brown, Steven Izenour. **Lernen von Las Vegas.** Zur Ikonographie und Architektursymbolik. Bauwelt Fundamente. Braunschweig/Wiesbaden 1979.

Vogel 1963: Hanns Vogel und Fritz Haberland. **1200 Jahre Pasing.** 763–1963. Offizielle Festschrift. Hg. Landeshauptstadt München. München-Pasing 1963.

Vogel 1969 a: Hans-Jochen Vogel. »München – Vorwort.« In: **Der Aufbau. Zeitschrift für Planen, Bauen und Wohnen 11**, 1969, 437.

Vogel 1969 b: Hans-Jochen Vogel. »Vorwort.« In: Katrin Zapf, Karolus Heil und Justus Rudolph. **Stadt am Stadtrand – Eine vergleichende Untersuchung in vier Münchner Neubausiedlungen.** Frankfurt/M. 1969, 7f.

Vogel 1972: Hans-Jochen Vogel. **Die Amtskette. Meine 12 Münchner Jahre. Ein Erlebnisbericht.** München 1972.

Voigt 1984: Wolfgang Voigt. »Wohnhaft. Die Siedlung als panoptisches Gefängnis.« In: **ARCH+ 1984**, S. 82–89.

Voigt 1986. Wolfgang Voigt und Christian Weller. **Fünf Jahrzehnte Wohnungs- und Städtebau in Bayern.** Am Beispiel GBW AG. München 1986,

Wahba 1996: Annabel Wahba. »Wo der Lorbeer schon verwelkt ist. Mit kühner Architektur wollte man einst imponieren – geblieben ist nur der Katzenjammer immenser Sanierungskosten.« In: **Süddeutsche Zeitung**, 11. November 1996, 37.

Walter 1993: Uli Walter. **Sozialer Wohnungsbau in München – Die Geschichte der GWG (1918–1993).** München 1993.

Wandersleb 1966: Hermann Wandersleb. »20 Jahre Wohnungsaufbau 1946/1966.« In: **Der Bauwegweiser – Das eigene Haus 8**, 1966, 3–24.

Wandersleb 1966: Hermann Wandersleb. »20 Jahre Wohnungsaufbau 1946/1966. Aus Ruinen wurden Wohnungen.« In: **Das eigene Haus 3**, 1966, 3–10.

Weeber 1971: Rotraut Weeber. **Eine neue Wohnumwelt.** Beziehungen der Bewohner eines Neubaugebiets am Stadtrand zu ihrer sozialen und räumlichen Umwelt. Stuttgart, Bern 1971.

Wenz 1993. Martin Wenz. **Wohn-Stadt.** Frankfurt/Main 1993.

Weyerer 1988: Bendikt Weyerer. **München zu Fuß.** 20 Stadtteilrundgänge durch Geschichte und Gegenwart. Hamburg 1988.

Wichmann 1986: Hans Wichmann. **Sep Ruf.** Bauten und Projekte. Stuttgart 1986.

Wießner 1989: Reinhard Wießner. »Münchner Wohnungsteilmärkte im Wandel und die Relevanz geographischer Forschungsperspektiven.« In: **Münchner Geographische Hefte 60**, 1989, 8–24.

Will 1984: Thomas Will (Hg.). **Der Auer Mühlbach. Architektonisches Entwerfen als Integration des Ortes.** München 1984.

Will 1993: Camilla Will. »City-Management in München. Partizipation bei der Innenstadtentwicklung.« In: **Neue Wege der Planungskultur, Wohnbund.** Hg. Joachim Brech. Darmstadt 1993, 149–154.

Wohnmodelle 1990: Bayerisches Staatsministerium des Inneren, Oberste Baubehörde (Hg.). **Wohnmodelle Bayern 1984–1990.** Beispiele des sozialen Wohnungsbaus. Erfahrungen aus der Vergangenheit – Wege in die Zukunft. München 1990.

Wohnungsbau 1956: **Wohnungsbau für Minderbemittelte.** Bericht über eine Tagung der Volkswirtschaftlichen Arbeitsgemeinschaft für Bayern am 6. Dezember 1955. Hg. Michael Schneider. Berlin 1956.

Wohnungsbestand 1986: **Der Woh-**

nungsbestand in Großsiedlungen in der BRD. Hg. Bundesministerium für Raumordnung, Bauwesen und Städtebau. Bonn, Bad Godesberg 1986.

Zapf 1969: Katrin Zapf, Karolus Heil und Justus Rudolph. **Stadt am Stadtrand – Eine vergleichende Untersuchung in vier Münchner Neubausiedlungen.** Frankfurt/M. 1969.

Zech 1975: Uli Zech. »Stadtentwicklung und Sanierung in München.« In: **Stadtsanierung.** Stand und Problematik in der Praxis. Hg. Die kooperierenden Lehrstühle für Planung an der Rheinisch-Westfälischen TH Aachen. Köln 1975, 274–285.

Zimmermann 1984: Florian Zimmermann. **Wohnbau in München.** 1800-1850. München 1984.

Zukowsky 1994: John Zukowsky (Hg.). **Architektur in Deutschland 1919–1939.** Die Vielfalt der Moderne. München, New York 1994.

Abbildungsnachweis

Aicher/Drepper 1990: 50
Arch + 111: 272 unten
Arch + 117: 272 oben
Architekturmuseum der TU München: 55, 56 oben
Aufbauzeit 1984: 49
Bauen in München 1970: 110, 113, 143
Bauen in München 1980: 54 unten
Baumeister 1955: 84 oben
Bayerischer Städtebau: 111, 116, 133 unten, 161
Bertram Luftbild-Verlag, München: 112
Blohm 1994: 12 rechts
Die Bauzeitung 55, 1950: 51 (Messerschmittbau)
Ulrich Holzscheiter: 212
Raimund Koch, Berlin: 15, 24, 25 unten, 26 links, 30 oben, 38, 45, 59, 60, 65 oben, 66, 81, 91, 93, 101 unten, 109, 117, 119, 121 unten, 122 unten, 134 oben, 139, 153 oben und e, 154 links, 155, 159, 162, 163, 167, 168, 171 unten, 196, 227 230, 231, 236 oben rechts, 250, 252, 256, 259 rechts
Leon Krier: 211
V. L. Lampugnani, Architektur und Städtebau des 20. jahrhunderts, Stuttgart 1980: 11
Iris Lauterbach. Bürckratie und Kult. München/ Berlin 1995: 274
Le Corbusier et Pierre Jeanneret. W. Boesiger und O. Stonorov. Zürich 1960: 270
Luftbildarchiv Städtisches Vermessungsamt München: 53, 105 Mitte (Ausschnitt), 164 (Ausschnitt), 165 (Ausschnitt), 177, 181
Luther 1966: 141
Meitinger 1946: 47
Jens Müller, München: 259 Mitte
München 1993: 12 links
München und seine Bauten 1984: 83
Sigrid Neubert, München: 57, 104 unten, 105 unten, 123, 148, 149 unten, 150, 151, 152 oben, 156, 157, 166, 169, 170, 171 oben, 220, 234, 236 links oben, 237 oben, 257, 259 links
Peter Neußer: 199, 218 (Ausschnitt)
Alfred Orendt: 68, 69, 70, 96, 130 oben, 248
Peter Ottmann: 263, 264, 265, 266
Planungsverband Äußerer Wirtschaftsraum München: 202
Regionaler Planungsverband München: 206
Franz Ruf: 13 links, 33, 34 unten, 41, 43, 85, 132, 267
Camillo Sitte. Der Städtebau nach seinen künstlerischen Grundsätzen: Reprint 4. Auflage, Braunschweig 1983: 273
Sozialgeographischer Führer 1987: 144
Stadtarchiv München: 17, 18, 19, 20, 21, 25 oben, 26 rechts, 48, 54 oben, 63, 68 oben (Ausschnitt), 73, 75, 77, 80 (Ausschnitt), 128, 129 oben, 129 unten (Ausschnitt), 130 links Detail
Städtisches Vermessungsamt München: Lagepläne
Südhausbau-Archiv: 27, 28, 29, 30 unten, 32, 34 oben, 35, 36, 37, 39, 56 unten, 58, 65 unten, 87, 88, 89, 90, 99, 101 oben, 102, 104 oben, 105 oben, 118, 120, 121 oben, 122 oben, 131, 146, 152 unten, 154 rechts, 174, 175, 193, 194, 209, 224, 236 Mitte und unten, 237 unten, 238, 245, 246, 247, 249
TAP-Studio, München: 213, 214, 219, 224, 239, 240, 241
Walter 1993: 84 unten, 100 (Ausschnitt)